2021 시험대비

9급 공무원

파워↑
특강

행정학개론

Preface

2000년대 들어와서 꾸준히 이어지던 공무원 시험의 인기는 현재에도 변함이 없으며 9급 공무원 시험 합격선이 꾸준히 상승하고 높은 체감 경쟁률도 보이고 있습니다.

최근의 공무원 시험은 과거와는 달리 단편적인 지식을 확인하는 수준의 문제보다는 기본 개념을 응용한 수능형 문제, 또는 과목에 따라 매우 지엽적인 영역의 문제 등 다소 높은 난도의 문제가 출제되는 경향을 보입니다. 그럼에도 불구하고 합격선이 올라가는 것은 그만큼 합격을 위한 철저한 준비가 필요하다는 것을 의미합니다.

행정학개론은 문제출제경향이 특징적입니다. 시행처 별로 다소 상이하겠지만, 최근으로 올수록 법과 연계된 이론, 시사적 문제, 지엽적인 부분에서 출제빈도가 높아진다는 것이 공통적입니다. 따라서 기본이론 학습을 토대로 다양한 유형의 문제를 풀어보는 것이 중요합니다.

본서는 광범위한 내용을 체계적으로 정리하여 수험생으로 하여금 보다 효율적인 학습이 가능하도록 구성하였습니다. 핵심이론에 더해 해당 이론에서 출제된 기출문제를 수록하여 실제 출제경향 파악 및 중요 내용에 대한 확인이 가능하도록 하였으며, 출제 가능성이 높은 다양한 유형의 예상문제를 단원평가로 수록하여 학습내용을 점검할 수 있도록 하였습니다. 또한 2020년 최신 기출 문제분석을 수록하여 자신의 실력을 최종적으로 평가해 볼 수 있도록 구성하였습니다.

신념을 가지고 도전하는 사람은 반드시 그 꿈을 이룰 수 있습니다. 서원각 파워특강 시리즈와 함께 공무원 시험 합격이라는 꿈을 이룰 수 있도록 열심히 응원하겠습니다.

Structure

step 1

핵심이론 정리

방대한 양의 기본이론을 체계적으로 정리하여 필수적인 핵심이론을 담았습니다. 행정학개론을 기초이론, 정책론 및 기획론, 조직론, 인사행정론, 재무행정론, 행정환류론, 지방행정론으로 구분하여 체계적으로 이해하기 쉽도록 구성하였습니다. 서원각만의 빅데이터로 구축된 빈출 사료를 수록하여 이론 학습과 동시에 문제 출제 포인트 파악이 가능합니다.

step 2

기출문제 파악

공무원 시험에서 가장 중요한 것은 기출 동향을 파악하는 것입니다. 이론정리와 기출문제를 함께 수록하여 개념이해와 출제경향 파악이 즉각적으로 이루어지도록 구성했습니다. 이를 통해 문제에 대한 이해도와 해결능력을 동시에 향상시켜 학습의 효율성을 높였습니다.

step3

예상문제 연계

문제가 다루고 있는 개념과 문제 유형, 문제 난도에 따라 엄선한 예상문제를 수록하여 문제풀이를 통해 기본개념과 빈출이론을 다시 한 번 학습할 수 있도록 구성하였습니다. 예상문제를 통해 응용력과 문제해결능력을 향상시켜 보다 탄탄하게 실전을 준비할 수 있습니다.

step 4

최신기출 분석

부록으로 최근 시행된 2020년 국가직 및 지방직, 서울시 기출문제를 수록하였습니다. 최신 기출 동향을 파악하고 학습된 이론을 기출과 연계하여 정리할 수 있습니다.

step 5

반복학습

반복학습은 자신의 약점을 보완하고 학습한 내용을 온전히 자기 것으로 만드는 과정입니다. 반복학습을 통해 이전 학습에서 확실하게 깨닫지 못했던 세세한 부분까지 철저히 파악하여 보다 완벽하게 실전에 대비할 수 있습니다.

핵심이론정리

1. 이론 정리
행정학개론 핵심이론을 이해하기 쉽게 체계적으로 요약하여 정리했습니다.

2. 기출문제 연계
이론학습이 기출문제 풀이와 바로 연결될 수 있도록 이론과 기출문제를 함께 수록하였습니다.

3. 포인트 팁
학습의 포인트가 될 수 있는 중요 내용을 한눈에 파악할 수 있도록 구성하였습니다.

문제유형파악

1. 단원별 예상문제
기출문제 분석을 통해 예상문제를 엄선하여 다양한 유형과 난도로 구성하였습니다.

2. 핵심을 콕!
핵심이론을 반영한 문제 구성으로 앞서 배운 이론복습과 실전대비가 동시에 가능합니다.

3. 친절한 해설
수험생의 빠른 이해를 돕기 위해 세심하고 친절한 해설을 담았습니다.

실전완벽대비

1. 2020년 국가직, 지방직 기출문제
최신 기출문제를 풀며 출제 경향을 파악하고, 스스로의 학습상태를 점검할 수 있습니다.

2. 무료 동영상강의 제공
서원각에서 무료로 제공하는 기출해설 강의를 통해 학습능률을 높였습니다.

3. 실전감각 up!
최신 기출문제를 통해 실전감각을 익히고 보다 완벽하게 시험에 대비할 수 있습니다.

Contents

01 행정학의 기초이론

		학습일	복습일	난이도	성취도
01 행정의 의의	10	/	/	上 中 下	○ △ ×
단원평가	21				
02 현대행정의 특징	25	/	/	上 中 下	○ △ ×
단원평가	44				
03 행정학의 발달	51	/	/	上 中 下	○ △ ×
단원평가	90				
04 행정의 가치	100	/	/	上 中 下	○ △ ×
단원평가	118				

02 정책론 · 기획론

		학습일	복습일	난이도	성취도
01 정책론	126	/	/	上 中 下	○ △ ×
단원평가	159				
02 기획론	169	/	/	上 中 下	○ △ ×
단원평가	175				

03 조직의 구조와 관리

		학습일	복습일	난이도	성취도
01 조직이론의 기초	182	/	/	上 中 下	○ △ ×
단원평가	203				
02 조직구조론	208	/	/	上 中 下	○ △ ×
단원평가	228				
03 조직과 개인 및 환경	236	/	/	上 中 下	○ △ ×
단원평가	248				
04 조직관리론	258	/	/	上 中 下	○ △ ×
단원평가	288				
05 조직변동론	296	/	/	上 中 下	○ △ ×
단원평가	317				

04 인사행정론

		학습일	복습일	난이도	성취도
01 인사행정의 기초	324	/	/	上 中 下	○ △ ×
단원평가	348				
02 채용	356	/	/	上 中 下	○ △ ×
단원평가	362				

		학습일	복습일	난이도	성취도
03 능력발전	367	/	/	上 中 下	○ △ ×
단원평가	376				
04 사기	380	/	/	上 中 下	○ △ ×
단원평가	389				
05 근무규율	393	/	/	上 中 下	○ △ ×
단원평가	411				

05 재무행정론

		학습일	복습일	난이도	성취도
01 예산의 기초이론	418	/	/	上 中 下	○ △ ×
단원평가	436				
02 예산과정	442	/	/	上 中 下	○ △ ×
단원평가	456				
03 예산제도	461	/	/	上 中 下	○ △ ×
단원평가	477				

06 행정환류론

		학습일	복습일	난이도	성취도
01 행정책임 및 행정통제	484	/	/	上 中 下	○ △ ×
단원평가	499				
02 행정개혁	502	/	/	上 中 下	○ △ ×
단원평가	513				

07 지방행정론

		학습일	복습일	난이도	성취도
01 지방자치단체와 국가와의 관계	520	/	/	上 中 下	○ △ ×
단원평가	526				
02 지방자치	531	/	/	上 中 下	○ △ ×
단원평가	574				

부록 최신 기출문제 분석

		학습일	복습일	난이도	성취도
2020. 6. 13. 제1회 지방직/제2회 서울특별시 시행	584	/	/	上 中 下	○ △ ×
2020. 7. 11. 인사혁신처 시행	597	/	/	上 中 下	○ △ ×

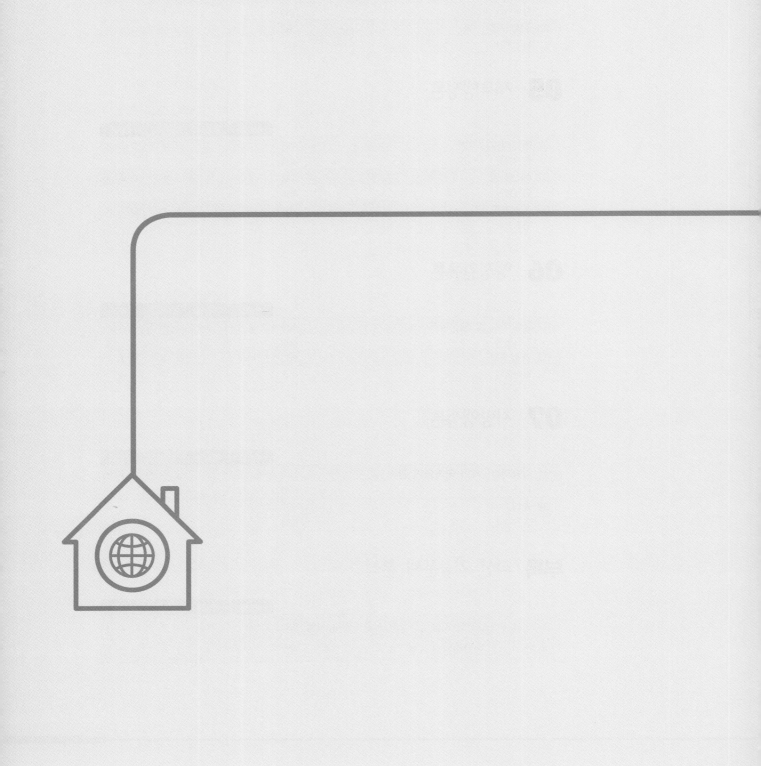

01

행정학의 기초이론

01 행정의 의의

02 현대행정의 특징

03 행정학의 발달

04 행정의 가치

01 행정의 의의

section 1 행정의 개념

(1) 행정학적 행정개념의 변천

① 행정관리설(1887년 ~ 1930년대 이전)

   ㉠ 행정을 공공사무의 관리라는 사회적 기술의 과정 및 체계로서 정치영역 밖에 존재하는 것이라고 주장한다.

   ㉡ 능률지상주의로 원리와 법칙을 적용함으로써 최고의 능률을 도모할 수 있다고 주장한다.

   ㉢ **정치 · 행정이원론** : 행정은 정치권력을 의미하는 것이 아니라 공공사무의 관리 · 기술적 과정임을 강조하여 행정의 가치판단적인 성격을 배제한다.

   ㉣ **공 · 사행정일원론** : 행정이 가치중립적 기능을 수행하므로 행정과 경영의 동질성을 강조하는 공 · 사행정일원론적 입장을 취한다.

   ㉤ **X이론적 인간관** : 전통적 행정이론에서 인간은 대체로 비관적으로 인식하는 X이론적 인간관, 합리적 경제인관에 입각한다.

   ㉥ **학자** : W. Wilson, L.D. White, L.H. Gulick, L.F. Urwick, W.F. Willoughby, F.J. Goodnow

> **Point 팁**   W. Wilson의 「행정의 연구」 ··· 행정은 정치 밖의 고유한 영역에 있고 이는 사무의 영역이다.

② 통치기능설(1930년대 후반 ~ 1940년대 중반)

   ㉠ **개념** : 행정을 통치과정을 수행하여 정책을 결정 · 집행하는 일련의 작용으로 이해하여 단순한 기술적 관리 과정으로 한정하지 않고 정책결정 및 입법기능까지 담당하는 것으로 본다.

   ㉡ 정치 · 행정일원론 및 공 · 사행정이원론의 입장을 취한다.

   ㉢ 행정의 기능을 입법 · 정책결정과 집행 · 관리기능으로 인식하여 행정과정을 정치과정의 부분요소로 파악한다.

   ㉣ 사회적 능률성의 강조 및 정책, 목적, 규범, 가치 등을 중시한다.

   ㉤ **학자** : M.E. Dimock, P.H. Appleby

> **Point 팁**   M.E. Dimock ··· 통치는 정책형성과 정책집행으로 이루어졌는데 둘은 상호 배타적이 아니라 상호 협조의 과정이다.

③ **행정행태설**(1940년대 ~ 1960년대 초반)

ㄱ **개념** : 행정을 설정된 목표를 달성하기 위해서 계산된 인간의 합리적 · 협동적인 집단행동이자 의사결정과정의 연속으로 보는 논리실증주의적 이론이다.

ㄴ 행정에 정치기능이 내포되어 있음을 인정하면서 '행정학의 과학화'를 위하여 가치판단을 배제하고 사실명제만을 연구대상으로 삼아야 한다고 주장한다.

ㄷ 연구의 초점은 인간의 행동과 행태에 둔다.

ㄹ 의사결정을 파악하는 경우 사회심리학적 방법을 취한다.

ㅁ 가치판단을 배제하고 순수한 과학성을 추구한다.

ㅂ 새정치 · 행정이원론이며 공 · 사행정일원론의 입장을 취한다.

ㅅ **학자** : H.A. Simon, C.I. Barnard, F. Nigro, D. Waldo

Point 팁   H.A. Simon … 행정과 경영의 차이는 단지 양적인 차이에 불과하며 질적인 차이는 없다.

④ **발전기능설**(1960년대)

ㄱ **개념** : 발전도상국의 행정기능의 다양화에 따라 나타난 발전을 위한 행정개념으로 행정을 국가발전목표를 달성하기 위하여 발전정책의 형성, 관리집행, 발전기획의 관리기능을 주도하는 것으로 파악한다.

ㄴ **행정우위론** : 근대화 과정에 있는 신생국 등 대부분의 발전도상국가에서 국가발전사업을 추진하는 데 있어서 효율적인 조직이 행정관료조직 밖에 없다는 점 등을 근거로 행정우위론을 제시하였다.

ㄷ **행정의 능동성 강조** : 사회변화에 대처하여 사회를 의도적 · 계획적으로 변화시키는 주체로 인식하여 행정의 능동성을 강조한다.

ㄹ **새정치 · 행정일원론과 공 · 사행정이원론** : 행정인의 발전지향성과 사회에 대한 변화주체로서의 입장을 강조함으로써 행정우위론적 정치 · 행정일원론과 공 · 사행정이원론의 입장을 취한다.

ㅁ 행정이념으로서 효과성을 강조한다.

ㅂ **학자** : M.J. Esman, E.W. Weidner, E. Braibanti

⑤ **신행정론**(가치주의 행정학) : 1970년대

ㄱ **배경**

- 1960년대 미국의 다양한 사회문제 발생과 행태주의의 한계 : 행태주의는 가치배제적 · 가치중립적 입장이었으므로 사회문제에 대한 해결책(가치판단 필요)을 제시하지 못하였다.

- 후기행태주의(탈행태주의) 대두 : 사회문제에 대한 적실성 있는 해결책 제시를 강조하였고 특히, 적실성(relevance)과 행동(action ; 처방)을 중시하였다.

기출문제

ⓒ 특징
- 행정개념 : 사회문제 해결을 위한 목표를 설정하고, 사회문제 해결 정책 수립·
결정 및 집행기능을 수행하였다.
행정의 적극적 역할 : 목표설정 및 정책결정기능(가치판단) + 정책집행기능
- 적실성(relevance)과 행동(action ; 처방, 해결책) : 가치주의, 주관주의, 규범주의, 반논리실증주의, 탈행태주의
- 정치·행정새1원론(행정우위의 1원론), 공·사행정새2원론, 환경에 대한 행정의 독립변수적 역할(사회변동기능, 복지·분배·형평) 중시하였다.
- 행정변수 : 적극적 행정인(가치관·태도)
- 행정이념 : 사회적 형평성(가장 중시), 대응성·민주성 중시하였다.

ⓒ 학자 : 왈도(D. Waldo), 프레드릭슨(G. Frederickson)

Point
정책화기능설(정책론) : 1970년대 – 탈행태주의·신행정론의 시각과 유사
① 행정의 의미 : 공공정책 형성에 중요한 역할을 하는 정치과정의 일부 → 정책형성(결정)기능 강조. 다양한 이해관계의 조정 기능 중시
② 행정의 핵심을 공공정책의 형성(결정) 및 집행으로 보고 정책결정과정상 갈등의 완화와 순기능적 갈등의 조성을 중시
③ 학자 : I. Sharkansky, J. Davis, D. Allenworth

⑥ 신공공관리론과 신국정관리론(뉴거버넌스론) : 1980년대 이후
ⓐ 배경
- 1970년대 정부실패와 정부재정능력의 한계 : 1970년대말 석유파동(Oil shock)과 스태그플레이션(Stagflation)을 겪으면서 계층제 중심의 기존 패러다임의 한계를 체감하게 되었다.
- 복지국가위기론 : 복지국가의 한계로 정부의 과도한 부담과 복지재정적자가 심화되었다.
ⓑ 특징
- 공공행정(public administration)의 公共(public)을 정부의 동의어가 아닌 정부 이전의 개념으로 인식하고 Governance를 정부, 준정부, 반민반관(半民半官), 비영리조직, 자원봉사 등 여러 조직의 공공활동으로 파악하였다. 공공서비스의 공급체계를 구성하는 다원적 조직체 또는 조직네트워크의 상호작용패턴인 인간의 집단적 활동으로 파악하였다.
- Government는 주로 국가·정부의 통치기구 등의 조직체를 가리키는 경우가 일반적인 데 반해, Governance는 지역사회로부터 국제사회에 걸치는 여러 공공조직에 의한 행정서비스공급체계의 복합적 기능에 중점을 두는 포괄적 개념으로 통치·지배보다 경영의 의미가 강하다.
- 신공공관리론(new public management) : 시장지향적 작은 정부를 지향하였다. 행정의 경영화·시장화를 중시하였고, 신보수주의와 신자유주의 이념을 기반으로 정치·행정2원론(탈정치화)을 추구하였다.

주로 내부적 관점에서 기업의 경영방식과 가격과 경쟁에 기반을 두고 있는 시장 기법을 도입하는 데 초점을 두었다. 민영화, 민간경영기법도입, 규제완화, 감축관리, 성과중심정부를 강조하였다.

- 신국정관리론(New Governance) : 참여지향적 작은 정부를 지향하였다. 정부, 시장, 시민사회 등 모든 사회구성단위들의 네트워크 형성을 통한 참여와 협력을 중시하였다. 참여주의와 공동체주의를 기반. 정치·행정1원론(재정치화)을 추구하였다.

ⓒ 학자 : C. Hood, G. Peters, D. Osborne, T. Gaebler, P. Plastrick, R. Rhodes

(2) 행정의 개념

① 광의(廣義)의 행정(adminstration)

ⓐ 행정을 고도의 합리성을 띠는 협동적 집단행위로 이해한다.

ⓑ 조직일반에 적용될 수 있는 관리기술이나 인간의 집단적 협동의 측면에 초점을 둔다.

ⓒ 공(公)·사(私)를 구분하지 않고 정부조직·기업·비영리민간단체 등 모든 조직의 보편적·공통적 현상이다.

② 협의(狹義)의 행정…광의의 행정 중 공행정(public administration)만을 의미한다.

ⓐ 공적 목적(공익)의 달성을 위한 정부나 공공조직의 기능과 역할을 말한다.

ⓑ 목적과 주체 면에서 사행정(私行政, private administration)과 구별된다.

ⓒ 행정은 정치권력을 바탕으로 한 공공정책의 형성 및 구체화한다. 즉, 행정은 권력성을 바탕으로 한 정치적 속성과 관리성을 바탕으로 한 경영의 속성을 동시에 지닌다.

③ 거버넌스 관념의 대두

ⓐ 1980년대 이후 신보수주의·신자유주의를 기반으로 한 신공공관리론과 참여주의·공동체주의를 기반으로 한 신국정관리론의 대두로 인해 행정개념에 변화가 나타난다. 국가나 정부 행정에 중점을 두던 전통적 행정개념과 달리 public administration의 public(공공)을 government(정부)가 아닌 governance(거버넌스, 협치[協治])로 파악하였다.

ⓑ 사회문제 해결을 위한 정부·시장·시민사회의 공·사(公·私)부문 간 네트워크 구성과 협력적 활동을 중시하였다.

(3) 행정의 특성

① **가치추구와 공익지향성** … 행정은 공공문제의 해결과 공공욕구의 충족을 통한 국민의 삶의 질 증대를 추구하였다.

② 공공서비스 생산·공급·분배와 관련된 활동으로 정책 형성·집행, 행정기관의 내부관리, 참여자 간 네트워크 구축·관리 등을 포함한다.

문 행정에 대한 설명으로 옳지 않은 것은?

▶ 2015. 6. 27. 제1회 지방직

① 행정은 정부의 단독행위가 아니라 사회의 다양한 주체들이 함께 참여하는 협력행위로 변해가고 있다.

② 행정은 사회의 공공가치 실현을 목적으로 한다.

③ 행정은 민주주의의 원칙에 따라 재원의 확보와 사용에 있어서 국회의 통제를 받는다.

④ 행정의 본질적 가치로는 능률성, 책임성 등이 있으며 수단적 가치로는 정의, 형평성 등을 들수 있다.

Tip 행정의 본질적 가치로는 공익성, 사회적 형평, 정의, 자유, 평등, 복지가 있으며, 수단적 가치로는 합법성, 능률성, 민주성, 합리성, 효과성, 가외성, 생산성, 신뢰성, 투명성 등이 있다.

정답 ④

13

③ 다양한 부문과의 상호작용 및 협력 관계 형성 … 행정의 수행은 정치권력과 공권력을 배경으로 정부에 의해 이뤄지지만 정부가 독점하는 것은 아니며 준정부기관, 민간기관과의 상호작용과 협력을 통해 이루어진다.

④ 정치과정과의 밀접한 연관성(정치성) … 민주주의 정치제도를 전제로 국민의 의견을 존중하고 국민에게 책임을 진다.

section 2 행정과 경영(공행정과 사행정)

(1) 공행정과 사행정

① 의의 … 공행정이란 국가 또는 공공기관이 공익이나 특정 목표를 달성하기 위해서 행하는 활동을 의미하며, 사행정이란 사기업이나 민간단체가 조직목표를 달성하기 위해서 행하는 활동을 의미한다. 시대적·사회적 배경에 따라 양자의 유사점을 강조하는 공·사행정일원론 또는 양자의 차이점을 강조하는 공·사행정이원론이 주장되어 왔다. 오늘날은 양자 간의 차이를 강조하는 공·사행정이원론이 주류를 차지하고 있지만 그 차이는 상대적·양적 차이에 불과한 것으로 본다.

[정치·행정·경영의 관계]

시기	행정개념	정치·행정관계	공·사행정관계
1880 ~ 1920년대	행정관리설	정치·행정이원론	공·사행정일원론
1930년대	통치(정치)기능설	정치·행정일원론	공·사행정이원론
1950년대	행정행태설	새 정치·행정이원론	새 공·사행정일원론
1960년대	발전기능설	새 정치·행정일원론	새 공·사행정이원론
1980년대	신공공관리론	탈정치화	새 공·사행정일원론

② 유사점

㉠ 목적달성수단 : 목표달성을 위한 수단이다.

㉡ 관료제적 성격 : 전문화, 분업, 계층제, 일반적인 법규체계 등을 구조적 특성으로 하는 대규모의 조직체이다.

㉢ 협동행위 : 목표달성을 위한 협동적이고 집단적인 노력이 필요하다.

㉣ 관리기술 : 행정은 어떻게 하면 인적·물적 자원을 효율적으로 이용·관리하느냐 하는 것이 주된 임무이기 때문에 관리기술성을 지니게 되며 이러한 광범위한 관리적 행위는 공·사행정의 구분없이 이루어지게 된다.

㉤ 의사결정 : 조직의 목표를 효율적으로 달성하기 위하여 여러 대안 중에서 최선을 선택하는 행위를 하게 된다.

㉥ 봉사성 : 행정은 국민에게, 경영은 소비자에게 서비스를 제공한다.

😀 다음 중 행정에 대한 개념으로 부적절한 것은?

▶ 2009. 7. 19. 서울특별시

① 최근 행정의 개념에는 공공문제의 해결을 위하여 정부 외의 공·사조직들 간의 연결 네트워크, 즉 거버넌스(governance)를 강조하는 경향이 있다.

② 넓은 의미의 행정은 협동적 인간 노력의 형태로서 정부조직을 포함하는 대규모 조직에서 보편적으로 나타난다.

③ 좁은 의미의 행정은 행정부 조직이 행하는 공공목적의 달성을 위한 제반 노력을 의미한다.

④ 행정과 경영은 비교적 유사한 활동이라고 할 수 있으나 그 목적은 다르다.

⑤ 행정은 정치과정과는 분리된 정부의 활동으로 공공서비스의 생산 및 공급, 분배에 관한 모든 활동을 말한다.

Tip 행정은 정치와 절대 분리될 수 없다. 행정은 정치적 환경하에서 이루어지고 정치적 영향을 받으며, 정치적 지지를 얻어야 한다.

| 정답 ⑤

    ⓐ **개방체제** : 개방체제로서 외부환경과의 유기적인 상호의존작용관계를 유지하여야 한다.

③ **차이점**

    ㉠ **주체** : 공행정의 주체는 정부, 사행정의 주체는 사인이나 기업(법인)이다.

    ㉡ **목표** : 공행정은 공익을 최고의 궁극적인 목표가치로 삼고 질서유지 · 공공복지 · 봉사 등 다원적인 목표를 추구하고 있으나, 사행정은 이윤의 극대화라는 일원적 목표를 추구한다.

    ㉢ **독점성, 경쟁성** : 공행정은 독점성을 지니고 있어 경쟁성이 없거나 극히 제약된다. 이에 반해 사행정은 독점성을 지니기 어렵고 경쟁성이 강하기 때문에 상대적으로 능률성이 높으며 따라서 봉사의 질이 높다.

    ㉣ **능률성과 성공의 척도** : 공행정은 능률성과 성공 여부에 대한 단일의 척도가 없으나, 사행정은 이윤이 그 척도로서 이용된다. 더 나아가 공공행정은 능률을 측정하고 성과를 계량화할 수 없는 경우가 많으나 사행정은 능률측정이 용이하고 계량화가 가능하다.

    ㉤ **권력수단의 유무** : 행정은 강제적 · 정치적 권력을 가지지만, 경영은 원칙적으로 그러한 권력을 지니지 않으며 공리적 권력을 주된 통제수단으로 삼는다.

    ㉥ **정치적 성격** : 행정은 정당 · 의회 · 이익단체 · 국민 등의 참여 · 비판 · 통제를 직접적으로 받아들이게 된다는 점에서 정치적 성격을 강하게 내포하지만, 경영은 행정만큼 정치적 성격이 강하지 않다.

    ⓐ **법적 규제** : 행정은 경영에 비해 엄격한 법적 규제를 받게 된다. 이에 반해 경영은 직접적으로는 자체의 정관이나 회사규칙에 의하여 운영되므로 법적 규제를 직접적으로 받지는 않는다.

    ⓞ **평등성** : 행정은 '모든 국민은 법률 앞에 평등하다'는 이념에 입각하여 모든 국민에게 평등하게 적용하지만, 경영은 이윤의 극대화를 추구하여야 하므로 고객에 따라 달리 취급한다.

    ⓩ **자율성과 획일성** : 행정은 법규의 엄격한 준수가 요구되며 행정기관은 상하관계를 이루고 있어 고도의 획일성과 일관성을 유지하나 경영은 고도의 자율성과 행동의 자유를 보유한다.

    ⓧ **공개성** : 민주주의국가인 경우 행정은 공개성의 원칙에 따라 공개적으로 행해지지만, 경영은 경영상의 노하우가 기업기밀로서 유지된다.

    ㉿ **활동의 규모와 영향력의 범위** : 행정은 활동의 규모와 그 영향력의 범위가 거대하고 포괄적이지만, 경영은 경제분야에 국한된다.

    ⓣ **활동 · 업무의 긴급성** : 행정기관의 활동은 경영에 비하여 긴급성을 강하게 지니며 따라서 우선권을 가진다.

    ⓟ **신분보장** : 행정은 구성원의 신분을 법으로 보장하기 때문에 경영에 비해 모집, 임용, 승진, 배치에 관리자의 주관을 배제할 수 있다.

기출문제

문 다음 중 공행정과 사행정의 비교설명으로 옳지 않은 것은?
▶ 2005. 5. 8. 경상북도

① 양자 모두 목표달성을 위한 수단이라는 점에서 유사하다.
② 정치행정이원론, 전통적 행정학에서는 공사행정의 유사점을 강조했다.
③ 공 · 사행정은 정도상의 차이뿐만 아니라 본질적 차이가 있다.
④ 공행정은 국가나 공공기관의 행정이고, 사행정은 사기업의 경영이다.

Tip 공행정과 사행정은 상대적 차이를 인정할 수 있을 뿐 본질적으로 차이는 없다.

문 경영과 구분되는 행정의 속성이라고 보기 어려운 것은?
▶ 2014. 4. 19. 안전행정부

① 행정은 사익이 아닌 공익을 우선적으로 추구한다.
② 행정은 모든 시민을 평등하게 대우하여야 한다.
③ 행정조직 구성원은 원칙상 법령에 의해 신분이 보장된다.
④ 행정은 효과적인 업무수행을 위해 관리성이 강조된다.

Tip 효과적인 업무수행을 위한 관리성은 경영과 행정 모두에서 강조된다.

정답 ③, ④

기출문제

ⓗ **노동권의 제약**: 행정은 공무의 특수성 등으로 인하여 경영에 비해 노동권의 제약을 많이 받게 된다.

[행정과 경영의 차이점]

구분	행정	경영
목적	공익, 질서유지 등 다원적 목적(공익)	이윤 극대화라는 일원적 목적(사익)
주체	국가 또는 공공기관	기업
정치적 성격	강함	상대적으로 약함
권력수단	강제적·정치적 권력수단 이용	공리적 권력(권력수단 없음)
법적 규제	엄격	완화
규모, 영향력	광범위	협소
독점성 등	독점성, 비경쟁성, 비능률성	비독점성, 경쟁성, 능률성
활동의 긴급성	있음	없음(약함)
노동권의 제약	많음	적음
기대수준	높음	낮음
신분보장	강함	약함
기타 성격	공개성, 평등성, 획일성, 타율성	비밀성, 불평등성, 자율성

④ **행정과 경영의 상호관계** … 공행정과 사행정에 대하여는 양자 간의 유사성을 강조하는 입장(공·사행정일원론)과 차이점을 강조하는 입장(공·사행정이원론)이 대립되어 왔는데 양자 간의 차이를 인정하는 입장이 통설이라 할 수 있다. 그러나 오늘날 대규모 기업체의 출현, 민간기업의 정치성 및 영향력 증대, 기업의 사회적 책임성·윤리성의 강조, 제3의 영역의 대거 출현, 위탁 또는 계약에 의한 위임행정의 대두 등으로 인하여 공행정과 사행정, 또는 행정과 경영은 점점 융합·접근하는 경향을 보인다.

section 3 정치와 행정

(1) 정치·행정이원론(기술적 행정학)

① **성립배경** … 1829년 이후 계속되어 온 엽관주의로 인해 집권당이 행정을 지배하게 되어 행정의 독자성과 자주성 및 전문성이 저하되어 행정의 비능률을 초래했다. 행정의 전문성과 자주성을 보장하기 위해 행정과 정치를 분리시킬 필요성이 대두되었고, 이 시기에 태동한 과학적 관리론의 영향을 받아 행정은 정치적으로 중립적이고 비권력적인 관리기술로 발전하게 되었다.

② **내용** … 행정에서 정치성을 분리하여 사무와 관리기술로서 파악하고, 과학적 관리론을 도입하여 조직관리의 보편적인 방법론을 등장시켰으며, 능률성을 행정의 지도이념으로 인식하였다.

③ **영향** … 합리성과 능률성을 제고한 행정기구 및 관리의 개선과 행정학의 독자적 영역구축에 필요한 이론적 기초를 제공하였고, 직업공무원제와 실적주의의 수립에 관한 이론적 정당성을 제공하였다.

④ **비판** … 현대에 이르러 정치와 행정을 분리하는 것은 무의미하고, 행정을 관리기술로만 파악할 경우 현대행정을 이해하기 어려우며, 지나치게 능률과 효율을 강조한 나머지 인간적 측면을 경시하는 결과를 초래한다는 비판을 받았다.

(2) 정치 · 행정일원론(기능적 행정학)

① **성립배경** … 1929년 대공황을 극복하기 위해 시행한 New Deal정책과 제2차 세계대전 이후 행정권과 행정기능의 전문화 증대로 인해 행정의 정책결정기능은 점진적으로 강화되어 일반적 현상으로 인식되면서 정치 · 행정이원론에 대한 회의와 비판이 심화되었다.

② **내용** … 행정과정을 포괄적인 정치과정의 부분적 요소로 파악하고 행정기능을 정책결정과 관리 및 집행으로 인식한다.

③ **영향과 비판** … 행정현상을 보다 포괄적으로 파악하여 행정이론의 범위가 확대되는 계기가 되었으나, 행정의 지나친 비대화를 초래하여 부작용이 발생하게 되었다.

(3) 새정치 · 행정이원론(행정행태론)

① **성립배경** … 1940년대 이후 H. A. Simon을 중심으로 한 행태론자들에 의해 행정학의 과학화를 추구하기 위해 제기되었다.

② **내용** … 연구의 초점을 인간의 행태에 두어 이를 경험적 · 실증적으로 연구하고 논리적 실증주의의 입장에서 가치와 사실을 이원화하여 행정은 사실명제만을 다루고 가치판단을 배제하였다. 과학적인 연구방법론의 탐색과정에서 나타났으며, 행정을 정책형성기능과 가치판단의 부정이 아닌 연구대상 자체로서 분리하여 파악해야 한다고 하였다.

(4) 새정치 · 행정일원론(발전행정론)

① **성립배경** … 1960년대 신생 독립국들의 발전문제가 당시 사회과학계의 주요 관심이 되었으며 Esman, Weider 등은 기존의 통설을 뒤집는 행정우위론을 내세우게 된다.

문 **정치 · 행정 이원론에 대한 설명으로 옳은 것은?**

▶ 2020. 7. 11. 인사혁신처

① 정당정치의 개입으로부터 자유로운 행정 영역을 강조하였다.

② 1930년대 뉴딜정책은 정치 · 행정 이원론이 등장하게 된 중요 배경이다.

③ 과학적 관리론과 행정개혁운동은 정치 · 행정 이원론의 한계를 지적하였다.

④ 정치 · 행정 이원론을 대표하는 애플비(Appleby)는 정치와 행정이 단절적이라고 보았다.

Tip ② 1930년대 뉴딜정책은 정치 · 행정 일원론(통치기능설)이 등장하게 된 중요 배경이다.

③ 과학적 관리론과 행정개혁운동(공직개혁으로서 진보주의 운동)은 정치행정이원론이 등장하게 된 배경이 되었다.

④ 정치 · 행정 일원론(통치기능설)을 대표하는 애플비(Appleby)는 정치와 행정은 단절적 · 배타적이기보다는 협조적이며 연속선상에 있다고 보았다.

┃정답 ①

② 내용 … 정치부문이나 민간부문이 취약한 신생국의 경우 행정이 발전의 주도적 역할을 수행해야 한다는 점을 들어 행정우위의 정치·행정일원론을 제시하였다.

③ 비판 … F.W. Riggs는 행정기능의 우위를 인정하고 이에 지나치게 의존할 경우 행정독재의 우려가 있으므로 정치발전의 우선이 필요하다고 하였다.

section 4 행정과정과 행정변수

(1) 행정과정

① 전통적 행정과정과 현대적 행정과정

구분	전통적 행정과정 (근대입법국가에서의 행정과정)	현대적 행정과정 (현대행정국가에서의 행정과정)
정치와 행정	정치·행정2원론(행정관리론) • 행정을 수단적 기술적 차원에서 파악하여 정책이나 법령을 집행하는 기능으로 봄. • 가치판단기능 배제(행정의 정책결정기능 부인) • 행정을 수단적, 기술적 차원에서 파악 • L. Gulick의 POSDCoRB도 전통적 행정과정	정치·행정1원론(발전행정론·신행정론 등) • 행정기능을 수단과 목표의 연쇄과정으로 이해하므로, 행정에 대한 체계적 연구가 가능함. • 행정의 주도적 역할 중시(목표설정·정책결정 기능) • 행정기능을 수단과 목표의 연쇄과정으로 이해하여 행정의 체계적 연구 가능
인간관	강제적 지시·명령 강조(자율적 동기부여 경시)	자율적 동기부여에 의한 동작화(motivation)
환경관	폐쇄체제론(외부 환경과의 환류 경시, 환경을 경시한 정태적 과정)	개방체제론(외부환경과의 환류 중시, 환경과의 동태적 상호작용)
행정과정	• 기획(Planning) • 조직화(Organizing) • 실시(Activating) • 통제(Controlling)	• 목표설정(Goal-setting) • 정책결정(Policy-Making) • 기획(Planning) • 조직화(Organizing) • 동기부여(Motivating ; 동작화) • 통제·평가(Controlling) • 환류·시정조치(Feedback)

㉠ **목표설정**(Goal-setting) : 행정이 달성하려는 이상적인 미래상태를 설정하는 단계로 가치판단적 성격을 지닌다.

㉡ **정책결정**(Policy - Making) : 정부의 장래 활동지침을 결정하는 단계로 가치판단적 성격을 지닌다.

ⓒ **기획**(Planning) : 정책목표의 구체화와 목표달성을 위한 세부 활동계획을 수립한다.

※ 전통적 행정과정이나 귤릭의 POSDCoRB에서의 기획(planning)은 집행에 관한 계획이지, 정책결정이나 목표설정과는 거리가 멀다.

ⓔ **조직화**(Organizing) : 인적·물적 자원, 정보자원 및 조직구조를 동원·편제(編制)하는 단계이다. 예를 들면, 구조는 계층제에서 동태적 조직으로, 인사는 소극적 실적주의에서 적극적 인사행정으로, 예산은 통제중심에서 기획중심의 PPBS로 조직하는 것이다.

ⓜ **동작화·동기부여**(Motivating) : 구성원의 자발적 복종을 유도하기 위한 유인을 제공하고 규제하는 과정이다. 일방적 지시·명령보다는 인간성을 존중하고, 적극성·창의성을 높이는 방향으로 이루어진다.

ⓗ **통제·평가**(Controlling) : 실적·성과를 목표나 기준과 비교하는 심사분석 및 평가를 실시한다.

ⓢ **환류·시정조치**(Feedback) : 평가결과 목표나 계획대로 이루어지고 있지 않은 경우 시정조치(개혁·처벌)를 하는 단계이다.

② POSDCoRB – 귤릭(L. Gulick)

㉠ 「행정과학논문집(Papers on the Science of Administration ; L. Gulick & L. Urwick, 1937)」에서 L. Gulick이 제시한 전통적 행정과정이다.

㉡ 기획(Planning), 조직화(Organizing), 인사(Staffing), 지휘(Directing), 조정(Coordinating), 보고(Reporting), 예산(Budgeting)의 두문자를 따서 만든 합성어이다.

㉢ **하향적 분업, 하향적 관리** : 부하의 능력·적성이나 동기부여를 고려하지 않은 하향적 조직관리방식이다.

㉣ **최고관리층의 7대 기능** : 최고관리층 측근의 막료(참모)조직 편성시 기준으로 사용한다.

㉤ **성격**(행정관리론의 성격과 동일) : 공·사행정1원론, 정치·행정2원론, 고전적 조직론, 행정변수로서 구조 중시, 기계적 능률성 강조, 폐쇄체제관, X이론적 인간관(경제인·합리인)

🔒 다음 중 귤릭(L. H. Gulick)이 제시하는 POSDCoRB에 대한 설명으로 가장 옳지 않은 것은?
▶ 2016. 6. 25. 서울특별시
① P는 기획(Planning)을 의미한다.
② O는 조직화(Organizing)를 의미한다.
③ Co는 협동(Cooperation)을 의미한다.
④ B는 예산(Budgeting)을 의미한다.

Tip L. Gulick & L. Urwick의 최고관리자의 7대 기능(POSDCoRB)
㉠ P : Planning(기획)
㉡ O : Organizing(조직)
㉢ S : Staffing(인사)
㉣ D : Directing(지휘)
㉤ Co : Coordinating(조정)
㉥ R : Reporting(보고)
㉦ B : Budgeting(예산)

정답 ③

(2) 행정변수

① **행정변수** … 행정활동에 영향을 주는 요인으로 행정현상을 구성하는 요소나 변인(變因)을 말한다. 시대·상황에 따라 가변적·유동적이다.

② **행정의 3대 변수** … 구조, 인간, 환경

※ 4대 변수로 기능(목표·목적)을 추가하거나, 5대 변수로 기능과 이념(이데올로기)을 추가

구조 (structure)	• 조직의 공식적 제도·체계 • 비공식 집단은 포함되지 않음 • 관련 이론 : ㉠ 고전적 행정이론(행정관리론, 과학적관리론, 행정원리론, 관료제론, 고전적조직론, Gulick의 POSDCoRB)−구조의 능률적 구성원리 모색. ㉡ 관리과학, 상황적응이론, 탈관료제론, 공공선택론
인간·행태 (people)	• 인간 행태(행동, 동기, 성격, 의사결정유형, 개인관계, 귀속감, 신뢰감, 충성심) • 관련 이론 : 신고전적 행정이론, 인간관계론, 행태주의, 행태과학, 동기부여이론
환경 (environment)	• 행정에 영향을 미치는 외적 요인(정치·경제·사회·문화·이데올로기·과학기술 등) • 관련 이론 : 생태론, 비교행정론, 체제이론, 발전행정론, 신행정론, 정책론, 현대조직론.
기능 (function)	• 공식적·외형적 제도·구조·법칙·형식이 실제 수행하는 역할 • 관련 이론 : 구조기능주의, 생태론(선진국과 다른 환경에 처해있는 후진국 행정의 기능 연구), 비교행정론(각 국가 간 기능의 비교 연구), 체제이론(환경에 대응하는 체제의 기능 연구)에서 강조.
가치관과 태도	• 인간의 미래지향적·성취지향적·창의적·쇄신적·적극적 가치관과 태도·신념 • 행정의 적실성과 처방성 강조 − 행정을 환경과 상호작용하는 능동적·적극적인 독립변수로 파악. • 관련 이론 : 발전행정론(발전인), 신행정론(적극적 행정인)

1 다음 중 경영과 구분되는 행정의 속성으로 보기 어려운 것은?

① 행정은 독점성을 지니고 있어 경쟁성이 없거나 극히 제약된다.
② 행정은 강제적 · 정치적 권력을 가진다.
③ 행정은 공익을 최고의 궁극적인 목표가치로 삼는다.
④ 행정은 목표달성을 위해 협동적이고 집단적인 노력을 필요로 한다.

2 다음 중 공행정에 대한 설명으로 옳지 않은 것은?

① 공행정은 모든 국민에게 평등하게 적용된다.
② 공행정은 능률성과 성공 여부에 대한 단일의 척도가 없다.
③ 공행정은 정부 권력 하에 운영되어 법적규제를 직접적으로 받지 않는다.
④ 공행정은 목표달성을 위한 수단이라는 점에서 사행정과 유사하다.

3 정치 · 행정이원론과 관련된 설명으로 옳은 것은?

① 행정관리의 능률성을 이념으로 한다.
② 행정의 정책결정기능을 강조한다.
③ 관리의 효율보다 정치적 대응성을 선호한다.
④ 행정의 가치지향성을 강화한다.

4 Gulick이 제시한 POSDCoRB에서 최고관리층의 기능이 아닌 것은?

① 통제   ② 조직

③ 기획   ④ 보고

5 아래 표에서 행정학적 행정개념에 따른 시기와 정치, 행정, 경영 간의 관계가 옳게 연결된 것은?

	행정개념	시기	정치행정관계	공사행정관계
①	행정관리설	1880~1920년대	정치·행정이원론	공·사행정이원론
②	행정과정설	1930년대	정치·행정일원론	공·사행정이원론
③	통치기능설	1930년대	새정치·행정이원론	새공·사행정일원론
④	행정행태설	1940년대	새정치·행정이원론	새공·사행정일원론

6 정치·행정이원론, 기술적 행정학에서 중시된 변수로 Gulick, Urwick, Taylor 등이 주장한 행정변수는?

① 인간   ② 구조

③ 가치관   ④ 환경

7 다음 중 행정권 강화요인의 근거로 옳지 않은 것은?

① 대중 민주주의가 출현하였다.

② 의회기능의 강화로 전문적 지식을 가진 행정관료가 필요하게 되었다.

③ 행정부가 입법부와 사법부의 권한을 흡수하였다.

④ 행정수요의 증가로 적극적인 행정이 중요시 되었다.

8 사이먼(H.A. Simon)의 행정이론과 관계가 있다고 보기 어려운 것은?

① 행정은 사회적 집단현상이다.

② 행정은 의사결정과정을 핵심으로 한다.

③ 행정이란 목표 달성을 위한 인간의 합리적인 협동행위이다.

④ 행정은 기능적 행정이론의 입장에서 연구될 필요가 있다.

9 행정과 법의 관계에 대한 설명으로 옳지 않은 것은?

① 법규는 행정에 합리적·합법적 권위를 부여하는 원천이다.

② 법은 행정활동을 정당화하는 기능을 수행한다.

③ 정부가 행정을 수행하는 과정에서 국민의 권리구제를 위한 사법적 결정을 하는 경우도 있다.

④ 경직적인 법규의 적용은 행정과정에서 목표와 수단이 전도되는 상황을 유발시킬 수 있다.

10 정치·행정이원론과 관련된 설명으로 옳은 것은?

① 행정관리의 능률성을 이념으로 한다.

② 행정의 정책결정기능을 강조한다.

③ 관리의 효율보다 정치적 대응성을 선호한다.

④ 행정의 가치지향성을 강화한다.

정답및해설

1	④	2	③	3	①	4	①	5	④
6	②	7	②	8	④	9	③	10	①

1 ④ 목표달성을 위한 협동적이고 집단적인 노력은 행정과 경영 모두에서 강조된다.

2 ③ 공행정은 사행정에 비해 엄격한 법적규제를 받게 된다.

3 정치·행정이원론 … 행정의 능률을 강조한 행정관리론에서 강조한 이론으로, 통치기능을 정치와 행정으로 분리시켜 행정영역에 과학적 연구방법을 적용함으로써 조직과 관리의 원리를 발견하려고 하였다. 또한, 능률을 행정의 최고지도이념으로 생각하였고, 행정의 정치적 중립과 실적주의 확립으로 행정의 전문화와 관리의 능률성을 추구했다.

4 L. Gulick의 POSDCoRB이론 … 기획(Planning), 조직(Organizing), 인사(Staffing), 지휘(Directing), 조정(Coordinating), 보고(Reporting), 예산(Budgeting)

5 ① 행정관리설 – 공·사행정일원론
② 행정과정설 – 행정법학적 행정개념
③ 통치기능설 – 정치·행정일원론, 공·사행정이원론

6 구조란 법제·목표·직책·절차·역할 등을 말하는 것으로, 정치·행정이원론, 기술적 행정학에서 중요한 행정변수로 파악하였다.

7 ② 의회기능의 상대적인 약화로 인해 현명한 판단을 위해서는 전문적 지식을 가진 행정관료가 필요하게 되었다.

8 ④ Simon의 행태론은 가치와 사실을 구분하여 객관적 사실을 중심으로 연구하였다. 행정의 가치판단기능을 중시하는 기능적 행정이론과는 무관하다.

9 ③ 정부가 행정을 수행하는 과정에서는 공무원의 권익보호나 국민의 권리구제를 위한 준사법적 결정을 하는 경우도 있다. '사법적' 심사를 통한 국민의 권리구제는 사법부의 역할이다.

10 ① 정치·행정이원론에서는 정치와 행정을 분리하여 행정에 있어서 관리적 측면, 능률성을 강조하였다.
②③④는 정치·행정일원론의 입장이다.

02 현대행정의 특징

기출문제

section 1 행정국가의 성립

(1) 행정국가의 의의

① 개념 … 입법이나 사법에 비하여 행정이 우월한 지위에 있는 국가 즉, 행정권이 강화된 국가로서 19세기 유럽의 입법국가와 상대되는 개념이다.

② 등장시기 … 서구의 경우 산업혁명(1765) 이후로 보며 행정국가화의 적극적 계기가 된 사건은 1929년의 세계경제대공황으로 본다. 신생국의 경우 제2차 세계대전 이후, 한국의 경우 6·25 이후부터 본격적으로 행정국가가 성립되어 갔다.

③ 국가관의 변천

　㉠ 18세기

　　• 절대왕정의 강력한 중상정책으로 부국강병을 달성하였다.

　　• 근세국가, 절대국가, 중상국가, 군주국가, 통치(경찰)국가의 개념이다.

　㉡ 19세기

　　• A. Smith의 자유주의 사상의 대두로, 국가권력의 극소화를 강조하였다.

　　• 근대국가, 입법국가, 자유국가, 소극국가, 야경국가의 개념이다.

　　• 시장실패를 초래하였다.

　㉢ 20세기

　　• 1929년 대공황 이후 Keynes의 수정자본주의 주창으로 국가가 시장경제에 개입하게 되었다.

　　• 현대국가, 행정국가, 복지국가, 적극국가, 봉사국가의 개념이다.

　　• 정부실패를 초래하였다.

　㉣ 최근

　　• Osborne의 기업가형 정부가 대두되었다.

　　• 신공공관리, 신자유주의에 입각한 행정이 이루어졌다.

　　• 민간화, 감축관리가 실시되었다.

④ 20C초 행정권의 강화요인

　㉠ 대의제 정치와 현실 간의 괴리 : 사회·경제적인 변화로 행정의 양적 증가, 질적 전문화가 이루어지고 입법부와 사법부가 대처하기 힘든 변화로 인해 위임입법이 증가되어 행정부가 준입법적·준사법적 기능까지 담당하게 되었으며 행정국가화를 초래하게 되었다.

문 행정국가에 대한 설명으로 가장 적절한 것은?

▶ 2009. 7. 19. 서울특별시

① 행정의 팽창은 시장실패의 가능성을 증가시킨다.

② 행정의 과부하는 행정수요의 감소를 가져온다.

③ 정책이 정책을 낳는 관성은 행정의 팽창을 가져온다.

④ 행정국가는 삼권분립을 전제하지 않는 국가구성 원리이다.

⑤ 다양한 위기상황은 행정국가에서 최소국가로의 발전을 자극한다.

Tip ① 행정의 팽창은 정부실패의 가능성을 증가시킨다.
　② 행정의 과부하는 행정효율성의 감소를 가져온다.
　④ 행정국가는 전통적인 삼권분립을 저해하기는 하나 전제로 하지 않는 것은 아니다.
　⑤ 다양한 위기상황은 행정국가로의 발전을 자극한다.

정답 ③

ⓛ 행정의 자유재량권 확대 : 산업혁명 이후 경제발전, 인구증가, 도시화, 기술발달 등으로 인한 행정수요의 증가로 적극적인 행정이 중요시되었다.

ⓒ 의회 기능의 상대적 약화 : 의회정치는 사라지고 정당정치와 다수결의 원리만 남았으며, 사회 기능의 변화로 인해 현명한 판단을 위해서는 전문적 지식을 가진 행정관료가 필요하게 되었다.

② 대중민주주의의 출현 : 정부의 기능 강화를 원하는 국민의 요구에 따라 복지국가의 적극적인 정부로 변화되었다.

ⓜ 입법부와 사법부의 권한 흡수 : 행정이 준입법·준사법의 기능을 수행하게 되었고 예산제도와 행정재판권도 흡수하였다.

(2) 현대행정국가의 특징

① 양적 특징

ㄱ 행정기능이 확대되고 업무량이 증가하였다.

ㄴ 공무원 수가 증가하였다.

ㄷ 재정(예산)규모가 팽창되고 국고보조금이 증대되었다.

ㄹ 행정조직, 행정기구가 증가하였다.

ㅁ 공기업·준정부조직·행정위원회·막료(참모)기관이 증가하였다.

② 질적 특징

ㄱ 행정이 전문화·기술화·복잡화되었다.

ㄴ 행정의 재량권이 증대되었다(준입법·준사법 기능).

ㄷ 정책결정 및 기획이 중시되고, 관리과학(OR)과 체제분석(SA)이 발달하였다.

ㄹ 행정에 컴퓨터를 활용하였고, 행정조사와 통계를 중시하였다.

ㅁ 전문직업관료가 증가하였다.

ㅂ 행정이 광역화·국제화되었다.

ㅅ 행정조직이 동태화(탈관료제·탈계층제)되었다.

ㅇ 인사행정이 적극화되었다.

ㅈ 예산의 관리와 계획지향성을 중시하였다.

ㅊ 행정책임과 행정통제를 중시(내부통제 중시)하였다.

ㅋ 신중앙집권화와 광역행정이 이루어졌다.

(3) 행정권 강화(행정국가화)의 문제점

① 정부실패로 인한 비효율이 발생하였다.

② 대의제(의회민주주의)가 약화되었고, 외부통제(국회·법원·국민에 의한 행정통제)의 한계가 드러났다.

기출문제

③ 국민의 피동화와 정부에의 의존성 심화 … 자발적 참여나 민주주의 원리가 경시되었다.

④ 행정권의 확대 · 집중화에 따라 시민적 자유가 제약되고 민간의 자율성 · 창의성이 저해되었다.

⑤ 복지정책 증가와 재정적자 심화 … 행정국가는 형평성을 높이기 위해 복지정책을 강화했지만 재정적자 누적으로 인해 재정파탄을 초래하였다.

⑥ 행정의 특수이익화 … 이익집단, 정당이 직접 행정에 접촉하여 공익을 침해하였다.

⑦ 신중앙집권화와 광역행정 등에 의해 지방자치가 약화되었다.

section 2 정부기능의 확대 논의 – 공공재의 과다공급설과 과소공급설

(1) 공공재의 과다공급설(over – supply hypothesis) – 재정팽창(정부팽창) 원인

① 피콕(A. Peacock)과 와이즈만(J. Wiseman)의 대체효과(전위효과 ; Displacement Effect) … 전쟁 · 재난 · 위기시 증대된 조세는 평시로 환원되어도 그대로 유지되면서 재정이 팽창. 전쟁이나 위기시(경제공황)에는 조세부담 증대에 대한 국민의 허용수준이 높아지게 되는데(문지방효과 ; threshold effect), 위기 시에 증액된 조세는 위기가 끝난 후에도 원상태로 돌아가지 않고(단속적 효과 ; 톱니바퀴 효과 ; ratchet effect), 새로운 사업계획 추진에 이용되는 대체효과가 발생하여 재정팽창 유발. 이 경우 원래는 민간에서 사용될 재원을 정부가 사용하게 되므로 공공지출(정부지출)이 민간지출(사적지출)을 대체하게 된다.

② 바그너(A. Wagner)의 법칙 … 경제발전과정에서 1인당 국민소득이 증가할 때 국민경제에서 차지하는 공공부문의 상대적 크기가 증가하는 현상(공공재 수요의 소득탄력성이 큼). 국가경제의 성장(1인당 GNP의 성장)에 따라 행정수요(정부개입 요구)가 증가하므로 공공부문의 규모가 확대되고, 도시화의 진전과 사회의 상호의존관계 심화는 정부개입의 강화를 요구하게 되어 재정지출의 확대를 유발하게 된다.

③ 보몰의 병(Baumol's Disease) 비용질병(cost disease) … 정부서비스는 노동집약적인 생산구조(정부지출 중 인건비 비중이 높음)를 지니므로 민간부분보다 생산성이 낮으며(생산성 격차 가설), 자본지출을 통한 생산성 향상이 곤란하다고 봄. 공공부문의 생산성은 민간보다 낮으나 임금상승은 유사한 수준을 유지해야 하며, 공공부문은 민간부문보다 인원감축에도 많은 제약이 있으므로 비용절감이 곤란하고 정부지출규모는 확대된다.

④ **재정착각**(재정환상)(fiscal illusion) … 납세자가 공공사업의 비용과 편익의 귀착에 대한 인식능력을 상실한 상황으로 정부서비스의 편익이 무형적이고 정부서비스 비용의 중요 부분을 차지하는 조세를 납세자가 감지 못하는 경우가 많아서 나타나는 착각현상을 말한다.

　㉠ **간접세** : 소비세 같은 간접세의 납세자는 조세부담의 진정한 몫을 제대로 인식하지 못함. 소비세 부과는 물가상승을 수반하여 실질소득이 감소하지만, 납세자들은 이를 즉각적으로 인식하지 못하므로, 실질적인 세부담을 과소평가하고 공공재의 비용부담을 싼 것으로 생각하는 재정착각에 빠진다.

　㉡ **공채 발행** : 재정지출이 공채발행에 의한 경우 공채는 미래의 세금징수로써 갚는 것이므로 국민은 미래의 세금부담을 지게 되지만, 현시점에서는 직접적인 부담을 주지 않으므로 심리적으로 재정지출에 따르는 부담감을 느끼지 않으며 재정팽창에 대한 저항이 약화된다.

　㉢ **국고보조금** : 중앙정부가 지방자치단체에 보조금을 교부하는 보조금제 중심의 재정분권은 세입과 세출 인식 수준에 괴리가 발생하며 자치단체와 주민들은 재정착각을 갖게 되어 재정책임성과 재정운영의 효율성을 저해한다.

⑤ **제국형성 관료제국주의**(Empire Building) … 조직의 관리자들은 불필요하게 인원, 예산, 기구, 권한 등을 무조건 확대하려는 경향을 지닌다.

　㉠ **파킨슨 법칙** : (본질적)업무량의 증감과 무관하게 매년 일정비율 공무원 수 증가하면 인건비 증가하게 되고 이는 재정팽창으로 연결된다.

　㉡ **니스칸넨**(W. Niskanen)**의 예산극대화가설** : 관료들은 자신의 효용을 극대화하기 위해 필요 이상으로 자기부서 예산을 많이 확보함으로써 사회적 적정수준의 산출량보다 더 많은 공공서비스를 생산한다.

⑥ **로위**(T. Lowi)**의 이익집단자유주의**(Interest Group Liberalism) … 다원주의 사회에서 이익집단의 다양한 활동이 나타나고, 영향력이 강한 특정 이익집단의 요구에 대응하면서 정부기능 확대. 각종 이익집단으로 대표되는 시민은 정부에게 더 많은 서비스를 요구하므로 정부규모가 팽창되며, 납세자의 돈으로 특정 이익집단의 요구를 충족시키는 데에만 공공지출이 이루어지면 공유지의 비극을 초래할 수 있다(활동적 소수의 폐해).

⑦ **브레난**(H. Brennan)**과 뷰캐넌**(J. Buchanan)**의 리바이어던 가설**(Leviathan Hypothesis)
　㉠ 공공 부문의 총체적 규모는 중앙정부의 조세 및 지출 권한의 분권화와 반비례해 변화된다는 것. 이는 공공지출에 대한 통제 권한이 집중화될 경우, 정치인·관료·특수이익 로비스트들의 선호가 재정정책에 반영됨으로써, 정부의 재정 지출이 늘어나고 규모가 과도하게 팽창하게 된다는 것을 말한다.

기출문제

ⓒ 대의민주주의 하에서 다수결투표는 투표의 거래(vote trading), 즉 log-rolling에 의해 과다지출을 초래. 개별 사업 하나하나를 보면 바람직하지 못하지만, 표의 교환행위(담합)를 통해 서로 불필요한 사업을 끼워서 거래함으로써 정부사업이 팽창하게 된다.

ⓒ 공공재를 무상으로 공급받으려는 일반대중은 더 큰 정부지출에 적극적으로 반대하지 않는 투표성향을 보이므로, 정부는 이를 이용해 세금증대, 공채발행 등으로 적자재정에 대한 의존은 증가. 적자재정은 조세부담이 미래세대로 전가되는 것을 의미하므로, 현재 세대는 재정팽창에 대해 별 부담을 느끼지 않는다(재정착각). 또한 특수이해집단(기업), 정치인(국회상임위원회 위원), 행정관료가 결탁(철의 삼각)하여 정부 지출을 계속 늘리려고 하는 경향이 있다.

ⓔ 뷰캐넌은 재정헌법(財政憲法, fiscal constitution) 제정으로 예산 한도를 법률로 정해야 한다고 주장한다.

⑦ **양출제입(量出制入) : 세입과 세출의 비연계성**

㉠ **가계(家計)운영 → 양입제출(量入制出) :** 수입을 고려하여 지출을 정한다(수입과 지출의 연계).

ⓒ **정부운영 → 양출제입(量出制入) :** 지출을 고려하여 수입을 정함 → 정부의 수입과 지출은 직접 연계되지 않음. 정부는 지출의 소요가 있으면 수입을 확대. 수입확대를 위해 정부는 국채나 지방채를 발행하거나 반대급부 없이 강제 징수하는 세금으로 수입에 충당하므로 재정팽창이 발생하게 된다.

⑨ **할거적 예산결정구조** … 예산을 합리적·총체적으로 결정하지 못하고, 부문별로 결정·조정하는 편린적(fragmentational)·할거주의적 과정을 거칠 경우 예산이 중첩 편성되고 낭비된다. 중앙집권적인 단방제 국가보다는 연방제처럼 분권화된 국가는 지역 간 중복되는 사업이 이루어질 가능성이 더 높다.

⑩ **지출한도(Expending Belt)의 부재(不在)** … 정부치출의 팽창을 통제하는 대항력(길항력[拮抗力] ; countervailing force)이 없으므로 재정이 팽창된다. 정부사업은 한번 생기면 쉽게 없어지지 않고 자생력을 지니게 된다.

⑪ **국제시장에 대한 개방형 무역구조** … 무역의존도가 높은 개방형 무역구조 하에서는 국가재정 팽창. 수입·수출 관련 정책과 외환관리, 항만·공항 등 사회간접자본 확충 등이 필요하기 때문이다.

⑫ **사회복지제도의 확산** … 사회복지정책 증대는 재정팽창을 초래하며 호황시 행한 사회복지 공공지출은 불황시 폐지가 어렵다.

⑬ **기타** … 경쟁이 치열한 소선거구제(선거과열에 따른 선심성 공약·사업 증대와 재정 낭비), 다원주의적 사회구조(다양한 사회구성원의 요구와 영향력의 증대에 따른 행정활동의 증가) 등이 있다.

기출문제

Point 파킨슨 법칙(Parkinson's Law) = 상승하는 피라미드 법칙 : 공무원 수(인력) 증가의 원인 설명

㉠ 의미 : 공무원 수는 본질적 업무량(행정수요를 충족시키기 위한 업무량)의 유무·경중·증감과 무관하게 매년 일정비율로 증가한다.
본질적 업무량이 감소하는 경우에도 공무원 수는 증가한다.

㉡ 공무원 수 증가의 원인 : 부하배증과 업무배증이 반복·순환하면서 본질적 업무량과 무관하게 공무원 수가 증가된다.

부하배증의 법칙 (제1공리)	인간의 심리적 특성상 상관은 자신의 지위강화와 권력신장을 위해 동료보다 부하 수를 늘림.
업무배증의 법칙 (제2공리)	부하가 증대되면 파생적 업무(통솔을 위한 지시·보고·협조·감독 등)가 증가되어(공무원들은 서로를 위해 일을 만들어 냄), 파생적 업무를 담당하는 공무원 수가 다시 증가됨.

㉢ 한계·비판
• 지나치게 심리적 측면을 강조한다.
• 새로운 행정수요에 따른 본질적 업무의 증가로 공무원 수가 증가하는 경우도 있다.

(2) 공공재의 과소공급설(under-supply hypothesis)

① 갈브레이드(J. Galbraith)의 의존·선전효과

㉠ 민간재 : 생산자가 새로운 상품을 만들어 광고·선전 등의 수단으로 소비자의 욕망을 자극한다.

㉡ 공공재 : 선전이나 광고가 없어(의존효과가 없음) 공적 욕구의 자극이 미흡하게 되고 공공재가 과소공급된다.

② 듀젠베리(J. Duesenberry)의 전시·과시효과 … 민간재는 타인의 소비에 자극을 받는 경향(과시효과[Demonstration Effect] ; 후진국이나 저소득자가 각각 선진국이나 고소득자의 소비양식을 모방하여, 소비를 증대 시키는 경향)이 있지만, 공공재에 대해서는 그런 경향이 약하다.

③ 머스그레이브(R. Musgrave)의 조세저항(Citizen's Failure) … 민간재는 비용을 부담한 만큼 소비하므로 자신의 부담액만큼 자신의 편익으로 환원되지만, 공공재는 자신의 부담액보다 돌아오는 편익이 적다(조세와 소비 간 연계의 불분명성)고 판단하여 과도한 조세부담에 대해 저항(조세저항)하게 되고 재정부족으로 인한 공공재의 과소공급으로 연결된다. 조세저항으로 인한 적정 공공재의 공급실패를 시민실패(citizen's failure)라고 한다.

※ 일반적으로 재정착각(Fiscal Illusion ; 재정환상)은 공채발행·간접세와 관련되어 공공재의 과다공급설에 해당되지만, Musgrave의 재정착각은 자신이 부담하는 것보다 적게 편익을 누리다고 여겨 조세저항을 초래하는 것이므로 과소공급설과 관련된다.

④ **다운스**(A. Downs)**의 투표자의 합리적 무지**(Rational Ignorance) … 합리적 개인은 사적 이익을 추구하며, 정보 수집에 따른 비용과 이에 따른 편익을 고려하여 정보수집 여부를 판단한다. 공공재의 경우 개인적 편익에 비해 비용이 너무 많으므로, 합리적 의사결정자는 공공재에 대해 적극적인 정보수집을 하지 않는다. 따라서 합리적인 판단을 하는 투표자는 합리적 무지의 상태에 있고, 이들은 공공서비스의 공급에 대해 정확하게 평가하지 못하고, 그 확대에 대해 저항하게 된다.

section 3 행정의 기능

(1) 사회안정화기능(소극적 기능)과 사회변동기능(적극적 기능)

① **사회안정화 기능**(P. Pigors) … 소극적 기능(치안, 국방, 외교, 경제규제)으로 행정은 전통보호자 · 사회안정자 · 정책집행자가 된다.

② **사회변동 촉진 · 유도기능**(B. Adams, G. Coons) … 적극적 기능(교육, 건설, 개발, 복지)으로 행정은 사회변동담당자 · 변동관리자 · 정책결정자가 된다.

(2) 디목(M. Dimock)의 행정기능 분류

	고전적 · 소극적 · 권력적 기능, 고유의 기능 ←		현대적 · 적극적 · 비권력적 · 파생적 기능 →	
	질서기능		봉사기능	
기능	보안 (protection)	규제(regulation) −19C말	원호 (assistance)	직접봉사 (direct service)
대내적 기능	범죄, 풍속, 보건, 교통, 소방, 영업, 소음, 천재지변대책	기업독점 통제, 노동조합 통제, 주식 · 증권 통제, 통화 · 도량형 통제	구호, 원호, 연금, 보험, 사업보조	교육사업, 체신, 철도, 주택, 전기, 병원, 박물관 · 도서관 · 공원
대외적 기능	외교, 국방, 교포보호, 외국인재산통제, 전시동원	이민규제, 귀화, 출입국, 외환, 무역, 관세규제	교포원호, 우방원조, 국제기구와 협력	국제우편 · 후진국 개발, 교포를 위한 사업 (교육 · 도서관)

기출문제

(3) 기획기능(정책결정기능)과 정책집행기능

① 기획기능 … 정책결정, 계획수립을 통해 방향키(방향타) 기능(steering)을 하며 정치성이 강하다.

② 집행기능 … 결정된 정책·계획의 집행을 통해 노젓기 기능(rowing)을 하며 경영성이 강하다.

(4) 정부기능의 행사과정과 성질별 분류

① 규제기능 … 법령에 근거하여 법적으로 국민의 권리를 제한하거나 의무를 부담시키는 활동으로 가장 많은 비중을 차지한다.

② 조장·지원 기능 … 특정분야의 사업이나 활동을 적극적으로 지원·조장하는 활동이다. 정부가 직접 사업주체가 되거나 특정 분야를 위해 지원 법령을 제정하고 재정·금융상 지원 등을 하는 활동을 말한다.

③ 중재·조정 기능 … 사회 내 분쟁 발생 시 객관적 위치에서 이해관계자 간의 갈등을 조정·중재하고 합의를 도출한다.

④ 기업행정기능 … 정부기업의 수익사업 기능(우편·우체국예금·양곡관리·조달·수도사업 등)을 말한다.

(5) 활동영역과 행정기능

① 주요기능(본질적 기능) … 국민의 행정수요를 직접 충족시키기 위한 기능을 말한다.
  ㉠ 법과 질서유지 기능 : 국가의 1차적 기능으로 다른 정부기능은 법과 질서가 유지된다는 조건하에서 이루어진다.
    • 관계부서 : 법무부, 국가정보원
  ㉡ 국방 및 외교 기능 : 국민의 생명·재산을 외적으로부터 보호하고 외국과의 외교관계를 유지한다. 법과 질서유지 기능과 함께 주권적 기능에 해당한다.
    • 관계부서 : 국방부, 외교부, 통일부, 국가안전보장회의
  ㉢ 경제적 기능 : 여러 경제정책을 통해 기업 및 소비자의 경제활동을 보장한다. 더 나은 경제적 삶을 영위하도록 경제에 관여하고 경제개발을 위한 사회간접자본 및 과학기술·정보 분야 등에 대한 투자를 실시한다.
    • 관계부서 : 기획재정부, 농림수산식품부, 국토교통부, 산업통상자원부
  ㉣ 사회적 기능 : 국민의 사회적 욕구를 충족시키는 기능이다. 국민의 최저생활 수준 보장 등의 사회보장제도, 노동자의 최저임금과 작업안전 보장, 국민의 보건 향상, 쾌적한 환경 확보 등을 위한 활동을 한다.
    • 관계부서 : 보건복지부, 고용노동부, 환경부, 국가보훈처, 여성가족부
  ㉤ 교육·문화적 기능 : 국민들의 교육 및 체육 활동을 담당하고 예술 및 문화 활동을 보장한다.
    • 관계부서 : 교육부, 문화체육관광부

② **부수적·파생적 기능**···직접 국민을 대상으로 하는 것이 아니라 공무원 및 행정활동을 위해 필요한 활동(인사, 예산·회계·조달, 시설관리, 통제·감사 등)을 말한다.

(6) 이념에 따른 정부관 – 진보주의와 보수주의

기출문제

구분		보수주의 정부관	진보주의 정부관
이념		자유방임적 자본주의, 기독교적 보수주의, 최소한의 정부(소극국가, 야경국가)	혼합자본주의국가, 규제된 자본주의, 개혁주의, 복지국가, 사회주의, 평등주의
인간관		• 합리적 경제인관(이기적 인간). • 오류 가능성이 없는 인간.	• 경제인의 인간관 부정. • 인간은 욕구, 협동, 오류가능성이 있다고 봄
시장과 정부		• 자유시장을 신봉하고 정부를 불신 • 정부는 개인의 자유를 위태롭게 하며 경제조건을 악화시키는 전제적 횡포를 보임	효율성과 공정성(기회균등), 번영 및 진보에 대한 자유시장의 잠재력을 인정하되, 시장의 결함과 윤리적 결여를 인지하고, 이러한 시장실패는 정부의 치유책으로 수정될 수 있다고 봄
		• 최소한의 정부(정부 불신 → 작은 정부) • 기계적 정부관(소극적 정부관)	• 적극적인 정부(정부 개입 중시 → 큰 정부) • 유기체적 정부관(적극적 정부관)
가치판단	자유	간섭이 없는 소극적 자유, 국가(정부)로부터의 자유 강조→보수적 자유주의	자유를 열렬히 옹호 – 무엇인가 할 수 있는 적극적 자유, 국가(정부)에로의 자유 → 진보적 자유주의
	평등	기회의 평등(기회균등)과 경제적 자유 강조 – 형식적 평등(소득·부나 기타 경제적 결과의 평등은 경시)	결과의 평등 증진을 위한 실질적인 정부 개입 허용 – 실질적 평등
	정의	교환적(평균적) 정의(거래의 공정성)	배분적 정의(부의 공정한 분배)
선호정책		소외집단 지원 정책에 반대(복지정책 대상집단의 도덕적 해이를 혐오)→ 복지정책 축소, 성장(효과성·생산성) 중시	소외집단을 위한 정책, 빈곤층, 소수민족, 여성들을 위한 기회 확보 및 확대를 위한 정책을 선호→복지정책, 분배(형평성) 중시
		조세 감면	조세제도를 통한 소득재분배.
		경제적 규제 완화, 시장 지향 정책	의료보장·소비자보호, 공해 없는 환경 등 공익 목적을 위한 정부의 경제적 규제 선호
		개량적(改良的)적 변화(점진적 변화)	개혁적 변화
실례		• 기독교 보수주의 지지 • 낙태 금지를 위한 정부 권력 사용 찬성 • 공립학교의 종교교육 찬성 • 총기휴대 찬성, 자주국방(매파), 세계질서 구축(미국)	• 기독교 보수주의 반대 • 낙태금지를 위한 정부 권력 사용에 반대 • 공립학교의 종교교육 반대 • 총기휴대 금지, 평화군축(비둘기파)
관련 정권		우파정권과 신보수주의와 신자유주의	유럽 좌파정권과 제3의 길

문 다음 보기 내용의 시장실패에 대한 설명으로 옳지 않은 것은?

▶ 2015. 6. 27. 제1회 지방직

한 마을에 적당한 크기의 목초지가 있었다. 그 마을에는 열 가구가 오순도순 살고 있었는데, 각각 한 마리의 소를 키우고 있었고 그 목초지는 소 열 마리가 풀을 뜯는 데 적당한 크기였다. 소들은 좋은 젖을 주민들에게 공급하면서 튼튼하게 자랄 수 있었다. 그런데 한 집에서 욕심을 부려 소 한 마리를 더 키우면서 문제가 시작되었다. 다른 집들도 소 한 마리, 또 한 마리 등 욕심을 부리기 시작하면서 목초지는 풀뿌리까지 뽑히게 되었고, 결국 소가 한 마리도 살아갈 수 없는 황폐한 공간으로 바뀌고 말았다.

① 위에서 나타나는 시장실패의 주된 요인은 무임승차자 문제이다.
② 보기의 사례에 나타난 재화는 배제불가능성과 함께 소비에서의 경합성을 특징으로 한다.
③ 보기의 사례는 '공유지의 비극(tragedy of the commons)'에 대한 설명이다.
④ 이러한 시장실패를 해결하기 위한 방법의 하나는 재화의 재산권을 명확히 하는 것이다.

Tip 보기에 나타난 시장실패의 주된 요인은 공유지의 비극 문제이다.

|정답 ①

---

section 4 시장실패와 정부실패

(1) 시장실패

① 정부개입의 근거로서의 시장실패 … 자원의 효율적인 배분은 완전경쟁에서만 가능하지만 현실적으로는 불완전경쟁이 존재하고 공공재, 외부효과 등이 존재하므로 자원의 비효율적 배분이 나타나게 되는데, 이와 같이 시장이 자원의 효율적 배분에 실패하는 것을 시장실패라고 한다. 이러한 시장실패는 사회적 유의성은 고려하지 않고, 개인의 사적 이익만을 추구하는 이기주의에서 출발한다. 이는 개인의 합리적 선택이 사회적 합리적 선택을 보장하지 않는다는 '죄수의 딜레마' 이론에 근거한다.

② 공유지의 비극과 죄수의 딜레마(시장실패 상황에 대한 설명)

㉠ 공유지의 비극(The Tragedy of the Commons) - 하딘(D. Hardin)

• 의의

- 개인과 공공의 이익이 서로 맞지 않을 때 개인의 이익만을 극대화한 결과 경제주체 모두가 파국에 이르게 된다는 이론으로 G. Hardin이 제시하였다.

- 주인 없는 일정한 면적의 목초지를 공동으로 이용하는 경우, 각 목동들이 이기적으로 개인의 이익을 위해 경쟁적으로 소를 늘려 방목하면 목초지의 재생능력을 초과하는 사용으로 인해 황폐화되어 결국 아무도 소를 키울 수 없게 되는 전체의 손실을 초래한다. 이는 개인이익의 극대화 추구가 공익의 파괴와 나아가 개인이익 자체의 파괴까지 초래한다는 논리이다.

- 이는 개인적 합리성과 사회적 합리성의 충돌(개인 효용과 사회 효용의 부조화)이며, 집단행동의 딜레마(이기적 행태로 인해 효과적 대처를 못하고 모두가 피해를 봄)이다.

• 내용

- 공유지는 성격상 비배제성·경합성을 지니므로 무료 사용이 가능하여 과다사용하게 되고, 이것이 자원손실로 이어져 타인의 사용을 저해하는 상황을 초래한다. 이는 자기 이익만 극대화하려는 개인의 이기적 성향(합리적 경제인)에서 비롯된 것이다.

- 자유방임상태에 두면 사익을 추구하려는 이기적 경향이 공익을 침해하여 시장실패를 초래할 수 있음을 시사(이기적 개인의 사익추구가 사회전체의 이익을 줄 것이라는 A. Smith의 예정조화관과 반대되는 주장)한다. 따라서 자원고갈이나 황폐화를 막기 위한 적절한 정부규제나 개입의 필요성을 설명한다. 공유지의 비극은 시장실패 외에도 개개인의 자기이익추구 경향으로 인해 공익이 저해되는 상황을 포괄적으로 설명한다.

- 소유권이 불분명하게 규정된 희소 자원이 낭비되는 현상으로 재화의 '공급'이 아니라 재화의 '보호'에 관한 것이다..

- 편익은 개인에게 집중, 비용은 전체에게 분산된다(행위자들이 "개인의 편익이 공멸로 인해 부담하게 될 비용보다 크다."라고 인식할 때 발생.).

- 한 사람의 선택행위가 다른 사람에게 부정적 외부효과를 초래하는 현상.

기출문제

• 해결 방안

–소유권의 명확한 설정(사유재산권 확립, 공유재의 사유화)–하딘(G. Hardin) : 공유재의 소유권을 설정(배제성)하여 개인의 권한과 책임을 명확히 하면 자원의 적절한 이용을 유도할 수 있다고 본다(공유지의 소유권을 국가가 가지고 사용자에게 세금 부과). ※ 이면도로 지정주차제, 소유권을 설정하고 세금이나 사용료 징수

–정부규제 : 과다소비를 방지하기 위한 정부규제와 위반 시 처벌한다. ※ 금어(禁漁)기간 어획시 벌금

–공동체의 자율해결(자발적 합의)–오스트롬(E. Ostrom) : 공동체 구성원인 사용자간에 공멸을 방지하기 위한 자율적 합의를 형성하여 이용권을 제한하는 규칙(제도)을 설정한다(정부개입 없는 해결방안).

ⓛ 죄수(수인(囚人)·용의자·공범)의 딜레마(Prisoner's Dilemma)

상황	자백 여부		형량(刑量)	
	甲	乙	甲의 형량	乙의 형량
A	자백	자백	3년	3년
B	자백	부인	0년	5년
C	부인	자백	5년	0년
D	부인	부인	1년	1년

범죄혐의가 불확실한 상황에서 두 명의 공범이 심문을 당하는 경우, 둘 모두에게 좋은 대안은 둘 다 범죄를 부인하여 모두 1년형을 선고받는 경우이다(공익 ; 상황 D). 그러나, 상대가 자백할 경우 자신도 자백하는 것이 유리하며 상대가 부인할 경우에도 자신은 자백하는 것이 유리하므로 결국 둘 모두 자백을 선택하여 둘 다에게 불리한 상황 A라는 결과를 초래하게 된다.

• 사회적 수준의 합리적 선택(공익) : 함께 범죄를 부인함이 유리(상황 D)

• 개인적 수준의 합리적 선택(사익) : 각자 자백이 유리 → 상황 A 초래

ⓒ 「공유지의 비극」과 「죄수의 딜레마」의 시사점

• 개인적 합리성의 추구가 사회적·집단적 합리성으로 연결되지 못함을 설명한다. 부분최적화가 전체최적화를 항상 보장하는 것은 아니다.

• 자유방임상태에 두면 사익을 추구하려는 이기적 경향이 공익을 침해한다. 시장실패 상황을 설명할 수 있다.

• 보이지 않는 손(가격기구)에 의한 자율조정기능을 신뢰하기보다는 적극적인 정부개입의 필요성을 정당화한다.

기출문제

😊 시장실패 원인에 대응하는 정부의 방식에 대한 설명으로 가장 옳지 않은 것은?

▶ 2016. 6. 25. 서울특별시

① 외부효과 발생에 대해서는 보조금 혹은 정부규제로 대응할 수 있다.
② 자연독점에 대해서는 공적공급 혹은 정부규제로 대응할 수 있다.
③ 정보의 비대칭성에 대해서는 보조금으로 대응할 수 있다.
④ 불완전경쟁에 대해서는 보조금 혹은 공적공급으로 대응할 수 있다.

Tip 불완전경쟁에 대해서는 정부규제로 대응할 수 있다.

③ **시장실패의 요인**

㉠ **공공재의 문제**: 공공재는 국가가 생산하여 불특정 다수인이 혜택을 보는 재화로서, 비배제성·비경합성·비시장성의 속성을 지니므로 그 충분한 공급을 위하여 정부가 개입하게 된다.

㉡ **외부효과의 문제**: 외부효과가 존재하면 시장은 자원을 효율적으로 배분하는 역할을 하지 못하므로 정부의 개입이나 규제가 필요하다.

㉢ **불완전경쟁 문제**: 소수생산주체에 의해 과점체제가 형성되는 경우 이들에 의하여 상품가격이 좌우되므로 이에 대한 규제의 필요성에 의해 정부개입이 요구된다.

㉣ **불완전정보 문제**: 거래에 참여하는 양쪽 중 한쪽만 정보를 가지고 있을 경우에는 정보의 편재로 시장이 효율적으로 작동할 수 없기 때문에 정부개입이 요구된다.

㉤ **소득분배의 불공평성**: 시장메커니즘은 능률성을 추구하므로 소득분배를 보장할 수 없다. 그러므로 빈부 격차의 심화를 완화시키기 위해 정부는 규제를 통하여 경제적 약자의 생존권을 보호해야 한다.

④ **시장실패의 원인별 정부의 대응방식**

구분	공적 공급(조직) -정부가 직접 공급	공적 유도(유인) -보조금 등 금전적 수단을 통해 유인구조 전환	정부규제(권위) -법적 권위에 기초한 정부규제
불완전경쟁 (독과점)			○
자연독점 (요금재)	○		○
정보의 비대칭성		○	○
외부효과의 발생		○ (외부경제일 경우)	○ (외부비경제일 경우)
공공재의 존재	○		

▌정답 ④

(2) 정부실패

① **작은 정부의 근거로서의 정부실패** … 시장실패가 정부개입의 필요조건은 될 수 있지만 충분조건은 되지 못한다. 왜냐하면 재선가능성을 중시하는 정치인의 단기적 결정, 파킨슨 법칙에 의해 설명될 수 있는 정부의 팽창과 관료권력의 증대, 정치적 보상체계의 왜곡 등은 필연적으로 민간부문에서의 자유로운 의사결정을 교란하게 되고, 이에 따라 또 다른 효율성 상실을 초래할 수도 있기 때문이다. 다시 말해 시장의 실패가 일어난 바와 같이 정부의 실패가 일어날 수도 있으며, 이와 같은 정부실패의 존재는 작은 정부의 근거가 된다.

② **정부실패원인**

　　⊙ **행정기구의 내부성과 조직내부목표**: 정부조직은 이윤, 매상 등의 명확한 성과기준이 없으므로 자기활동의 행동기준으로서 조직내부목표를 필요로 하며, 이를 내부성(internalities)이라 한다. 이러한 행정활동에 관한 목표·기준을 설정하는 데 있어서 관료 자신의 개인적 이익이나 소속기관의 이익을 우선적으로 고려함으로써 사회전체의 목표와 조직내부목표 사이에 괴리가 있게 된다. 이러한 논리는 Niskanen의 예산극대화설이나 Parkinson의 부처제국주의 등과도 관련된다.

Point 팁 정부조직의 내부성의 특성
　⊙ 관료의 예산증액 추구성향
　ⓒ 공공재의 높은 기술수준을 나타내기 위한 기술적 과잉반응성향
　ⓒ 정보수집·관리기능의 역이용성향
　ⓔ 정부규제기관과 피규제산업의 밀착과 같은 이익집단의 옹호성향

　　ⓒ **조직 내 비능률과 서비스 제공비용의 계속적 증가**: 정부공급 서비스의 수요는 정치과정을 통하여 표출되므로 비통합적이며 계속 증가되는 경향이 있다. 공공조직에서는 서비스생산의 한계비용이 한계편익을 훨씬 상회하여도 서비스의 제공이 계속되며, 또한 행정조직도 독점기업과 동일하게 시장의 경쟁압력에 노출되는 기회가 적기 때문에 조직 내의 최적 자원배분에 실패할 가능성이 있다.

　　ⓒ **정부개입의 파생적 효과**: 정부는 거대조직이므로 외부에 영향을 미치는 수단에 유연성이 결여되고 관련기술이 불확실하므로 정책효과가 광범함에도 불구하고 미리 예측하기 어렵다.

　　ⓔ **소득분배에의 관여와 권력분배의 불평등**: 분배정의를 실현하기 위한 정부의 직접개입이 각종 보조금이나 세제상의 우대조치, 특정산업의 보호·육성 등으로 오히려 분배의 불공평을 초래할 수도 있고 부당한 소득격차나 소득불평등을 초래할 가능성이 있을 뿐만 아니라 권력의 편재 내지 불평등의 원인이 될 수 있다.

문 전통적으로 정부는 시장실패의 교정수단으로 간주되었으나 수입할 당제, 가격통제, 과도한 규제 등 정부의 지나친 개입은 오히려 시장을 악화시킬 수 있다는 주장이 대두되었다. 이러한 정부실패의 요인에 대한 설명으로 옳지 않은 것은?

▶ 2014. 3. 22. 사회복지직

① 공공조직의 내부성(internality)
② 비경합적이고 비배타적인 성격의 재화
③ 정부개입으로 인해 의도하지 않은 파생적 외부효과
④ 독점적 특혜로 인한 지대추구행위

Tip 비경합적이고 비배타적인 성격의 공공재 과소공급은 시장실패의 원인이다.

문 다음의 정부실패 중 민영화를 통해 효과적으로 해결하기 어려운 유형은?

▶ 2011. 6. 11. 서울특별시

① 사적 목표의 설정
② 비용체증
③ 권력의 편재
④ 파생적 외부효과
⑤ X-비효율

Tip 파생적 외부효과는 정부의 보조금을 삭감하거나 규제를 완화함으로써 해결하는 것이 효과적이다.

정답 ②, ④

ⓜ **정치적 보상체계의 왜곡**: 어떤 경제·사회적 문제가 있을 때 정치인이나 관료들이 그 문제에 대한 효율적이고 합리적인 접근방법과 해결책을 구체적으로 모색, 검토하기보다는 문제의 해악만을 강조하고 문제해결의 당위성만을 강조함으로써 얻을 수 있는 정치인의 보상 때문에 무책임하게 정부활동을 확대하는 경향이 있다.

ⓗ **정치인의 단견**: 정치인들은 장기적으로는 커다란 부작용과 손실을 초래하더라도 단기적 이익을 제공하는 정책을 추진하는 반면, 장기적으로는 이익이지만 단기적으로 손해를 초래하는 바람직한 정책의 추진은 기피하거나 연기하는 경향이 있다.

ⓢ **비용과 편익의 분리**: 정부정책은 수익자(소수의 집단)와 비용부담자(다수의 국민)가 서로 분리되어 있는 경우가 많아 이익을 노리는 소수집단이 정치적 조직화와 로비를 통해 자신의 주장을 관철하려 노력하게 된다.

ⓞ **정부산출의 정의 및 측정 곤란성**: 정부정책의 최종목표는 정의·측정이 곤란하다. 이러한 한계는 산출물 중심의 성과측정을 유도하여 목표의 전환을 유발할 위험이 있다.

ⓩ **최저선과 종결메커니즘의 결여**: 정부부문에 있어서는 민간기업의 손익계산서와 같은 최저선을 판단할 기준이 존재하지 않는다. 또한 활동이 부진하고 효과성이 없는 기관을 해체시킬 수 있는 종결메커니즘도 없다.

ⓩ **더 많은 예산·인력의 확보**: 명확한 조직목표 달성의 평가기준이 없는 정부조직은 얼마나 많은 예산과 인력을 확보하느냐에 따라 중요도와 영향력을 평가하고자 한다.

ⓚ **정보의 불충분**: 국민은 정부활동에 대한 정보가 불충분하여 대리인인 정부의 활동에 대한 적정한 개입과 통제가 확보되지 못하고, 정부는 시장에 대한 정보의 불충분으로 시장에 대한 적정한 개입과 통제가 이루어지지 못하기도 한다.

ⓣ **행정의 경직성**: 적정시기에 정책개입이 이루어지지 못한다.

④ **정부실패의 원인별 대응방식**

구분	민영화	정부보조 삭감	규제완화
사적 목표 설정(행정조직의 내부성)	○		
X-비효율, 비용체증(비용≠수익)	○	○	○
파생적 외부효과		○	○
권력의 편재	○		○

㉠ 민영화

- 개념 : 공공부문의 역할을 축소하고 민간부문의 역할을 증대시켜 작은 정부를 지향하는 것으로서, 일반적으로 정부재산의 임대·매각, 업무의 민간위탁, 공기업의 민영화 등을 의미하고, 광의로는 정부규제의 완화도 포함한다.
- 민영화의 필요성과 이점
- 효율성의 제고
- 정부규모의 적정화와 작은 정부 실현
- 근린행정의 구현
- 업무의 전문성 제고
- 행정서비스의 질 향상
- 민간경제의 활성화
- 정부재정의 건전화
- 보수인상요구의 자제
- 방법
- 공기업의 민영화 : 공기업을 민간에 매각하는 것으로서 주식회사 형태로 전환하여 주식을 매각하는 것도 포함한다.
- 계약에 의한 민간위탁 : 정부가 필요로 하거나 공급해야 하는 재화나 서비스를 계약에 의해 민간에서 공급하게 하는 것을 말한다.
- 생산보조금 : 보조금을 주어 민간에서 공공부문의 기능을 수행할 수 있게 하는 방법을 말한다.
- 독점판매권 : 정부가 설정한 업무기준하에서 특권을 부여받은 민간조직이 일정한 서비스를 생산, 공급하게 하는 방법을 말한다.
- 구매권(Voucher) : 소비자에게 재화, 서비스를 구입할 수 있는 구매권을 주는 바우처제도이다.
- 공동생산 : 종래에는 정부만이 담당하던 서비스 제공 업무에 전문가인 공무원과 민간이 공동으로 참여하는 것으로 자원봉사활동에 의해 정부활동을 보완하는 경우를 말한다.
- 규제완화 : 시장경제 주체의 활동에 대한 제한의 완화 및 폐지를 말한다.
- 민영화의 폐단과 한계
- 책임성의 저하 : 민간위탁이나 준정부조직의 경우 공공의 관심사가 민간부문의 책임으로 전가되어 사적으로 이익화 할 수 있고, 서비스에 대한 책임소재가 불분명해진다.
- 도덕적 해이(역대리인 이론) : 민간부문이 도덕적·기술적으로 성숙되어 있지 않은 경우 정치권이나 관련 공무원과의 결탁이나 이권에 연루될 소지가 크며, 소비자나 국가가 민간 기업에 대한 정보 부족으로 최적업체를 선정하지 못하거나 통제가 곤란하다는 역대리인 이론의 폐단도 생길 수 있다.

－안정성의 저해 : 도산우려가 있는 기업과 이윤추구가 이뤄지지 않으면 사업을 포기할 수 있는 민간은 서비스의 안정적 공급을 저해한다.

－형평성의 저해 : 구매력이 없는 저소득층은 서비스를 기피하는 형평성의 문제를 불러일으킨다.

－저렴한 서비스의 제약 : 시장에서는 원가계산에 기초하거나 수익자부담주의에 입각하게 되므로 서비스 제공비용이 정부에 의한 공급 때보다 상승할 우려가 높다.

Point 팁 민영화의 저해요인

ㄱ Cream Skimming 현상 : 정부는 수익이 나지 않는 적자사업만 민영화하려 하고, 민간기업은 흑자기업만 인수하려 한다.

ㄴ 주무관청의 반대 : 공기업의 경우 관료들의 퇴직 후 자리를 보장해주는 등 공무원의 잠재적 이해관계를 반영하므로 정부부처는 공기업의 민영화를 꺼려한다.

ㄷ 노조의 반대 : 민영화가 될 경우 구성원은 극단적인 노조활동을 할 수 없어 임금인상요구의 억제가 생길 수 있으며, 구성원들 간 경쟁의 압력에 시달려 대체로 민영화를 원치 않는다.

ㄴ **규제완화**

• 의의 : 시장경제 주체의 활동에 대한 제한의 완화 또는 폐지를 의미하며, 이러한 규제완화를 통하여 종래 규제를 받았던 산업에 경쟁체제를 도입하여 신규기업의 진입으로 가격·서비스·요금체계의 다양화를 이룩하며 소비자의 수요에 탄력적으로 대응할 수 있다.

• 특성 : 사회적 규제는 경제적 규제와 달리 어느 정도 범위를 축소하거나 적용을 완화시킬 수 있으나 완전히 이루어지기는 어려우므로 주로 경제적 규제완화를 의미한다.

ㄷ **사회기반시설에 대한 민간투자제도**

• 의의 : 민간재원을 활용한 사회기반시설 확충 방식. 민간기업의 자금·기술·지식·경영노하우 등을 적극 활용하고 시장경쟁원리를 도입하여 공공부문의 경영성과를 제고하는 한편 고품질의 공공서비스를 제공하기 위한 공공사업 추진방식. 부족한 사회기반시설 투자재원을 민간으로부터 동원하여 재정적자의 누적에 따른 국가채무부담을 줄이려는 노력에서 시작

• 유형

BOO (Build−Own−Operate)	민간사업자가 건설하여 소유권을 가지며(own) 직접 운용(operate)하여 투자비를 회수하는 방식. 정부투자재원 부족문제를 해결하고 민간참여로 경영효율성 향상 가능
BTO (Build−Transfer−Operate)	민간사업자가 건설하여 준공시 소유권을 정부에 이전(transfer)하는 대신 민간사업자가 직접 운영(operate)하여 투자비를 회수하는 방식. 적자시 정부보조금으로 사후에 운영 수입 보장
BOT (Build−Operate−Transfer)	민간사업자가 건설하여 일정기간 소유하고 직접 운영(operate)하여 투자비를 회수한 후 소유권을 정부에 이전(transfer)하는 방식. 종래 가장 일반적인 민간투자유치방식
BTL (Build−Transfer−Lease)	민간사업자가 건설하여 준공과 동시에 해당 시설의 소유권이 정부에 귀속되며(transfer) 민간사업자에게 일정기간 시설관리운영권을 인정하되, 그 시설을 정부가 협약에서 정한 기간 동안 임차하여(lease) 사용·수익하며 임대료를 지급하는 방식. 최종사용자의 사용료(기숙사 입실료, 미술관 입장료 등)는 민간사업자가 아닌 주무관청으로 귀속됨. 정부가 적정수익률을 반영하여 임대료를 산정·지급하므로 민간기업의 투자위험은 감소됨
BLT (Build−Lease−Transfer)	민간사업자가 건설하여 일정 기간 시설을 타인에게 임대(lease)하고 임대료로 투자비를 회수한 후 사업 종료시에 소유권을 정부에 이전(transfer)하는 방식

기출문제

문 민간투자사업자가 사회기반시설 준공과 동시에 해당 시설 소유권을 정부로 이전하는 대신 시설관리운영권을 획득하고, 정부는 해당 시설을 임차 사용하여 약정기간 임대료를 민간에게 지급하는 방식은?

▶ 2020. 6. 13. 제1회 지방직

① BTO(Build-Transfer-Operate)
② BTL(Build-Transfer-Lease)
③ BOT(Build-Own-Transfer)
④ BOO(Build-Own-Operate)

Tip BTL : 민간투자사업자가 사회기반시설 준공(B) → 해당 시설 소유권을 정부로 이전(T) ⇨ 대신 시설관리운영권을 획득하고, 정부는 해당 시설을 임차 사용(L)하여 약정기간 임대료를 민간에게 지급

[민간투자제도 간 비교]

추진방식	수익형 민자사업(BOT, BTO)		임대형 민자사업(BLT, BTL)	
운영방식			 ⟨BTL⟩	
대상시설	수익사업 : 최종 수요자에게 사용료 부과로 투자비 회수가 가능한 시설(독립채산형) - 고속도로, 항만, 지하철, 경전철, 주차빌딩 등		비수익사업 : 최종 수요자에게 사용료 부과로 투자비 회수가 어려운 시설(서비스 구입형) - 학교·일반철도·수목원·공공임대주택·복지시설(노인요양시설) 등	
투자비 회수	최종 사용자의 사용료 (수익자부담 원칙)		정부의 시설임대료 (정부 재정 부담)	
사업리스크	민간이 수요위험 부담 (운영수입의 변동 위험) → 적자보전협약에 의해 최소운영수익보장(MRG)※ 필요		민간의 수요위험 배제 (운영수입 확정)	
수익률	높은 위험에 상응한 높은 수익률		낮은 위험에 상응한 낮은 수익률(수익률 사전 확정)	
유형	BOT 방식	BTO 방식	BLT 방식	BTL 방식
운영주체	민간이 운영(기업은 시설대상자산으로부터 일정 기간 동안 사용료 수익을 소비자로부터 받는 방식)		정부가 운영(기업은 Lease 대상자산을 기초로 일정 기간 동안 임대료를 정부로부터 받는 방식)	
소유권 이전 시기	운영 종료 시점	준공 시점	운영 종료 시점	준공 시점
운영기간 동안 시설 소유	민간	정부	민간	정부

※ 최소운영수입보장제도(MRG ; Minimum. Revenue Guarantee) : 완공 후 시설이용 수요 부족으로 투자금 회수 곤란시 일정 범위에서 최소한의 운영수입을 정부가 보장해주는 제도로 책임운영에 대한 도덕적 해이를 유발함에 따라 2009년 폐지하고, 투자위험분담제도(손실·이익을 민간과 공공부문이 공유)로 전환하였다.

정답 ②

section 3 정보화사회

(1) 의의

① **개념** … 산업사회 이후에 나타난 사회로서 어떠한 물질, 재화, 에너지(산업사회)보다도 정보의 가치, 지식, 기술이 중시되는 사회를 말한다.

② **특성**

　㉠ 규격화, 정형성, 획일성이 아닌 다양성을 갖는다.

　㉡ 가치의 다원화와 권력의 분산화를 통해 탈계층성이 강조된다.

　㉢ 전문적인 지식과 기술이 강조되어 신지식인이 등장한다.

　㉣ 전자정부가 나타난다.

　㉤ 행정서비스의 질(신속성, 정확성, 능률성)이 향상된다.

　㉥ 공급자가 아닌 고객수요자가 중심이 된다.

　㉦ 산업사회의 소품종 대량생산체제에서 다품종 소량생산체제로 전이된다.

　㉧ 비표준화된 서비스의 요구가 많아진다.

(2) 정보화사회가 추구하는 가치

① **인간성의 중시** … 개성을 강조하고 인간성을 중시하는 방향으로 나아가야 한다.

② **민주화** … 민주화는 정보화를 통해 달성될 수 있으며 동시에 정보화 사회를 위해 반드시 필요한 가치이다.

③ **형평화** … 정치 · 경제 · 사회 · 문화의 각 부문에 있어 평등화의 방향으로 진행되어야 한다.

④ **합리화** … 상품의 고부가가치화, 의사결정상의 불확실성과 위험을 감소시킨다는 의미에서 합리화에도 기여된다.

⑤ **창조화** … 각 사회영역에 존재하는 경직성과 관료성을 타파하고 쇄신, 혁신, 창조성을 사회전체에 확신시켜줄 수 있다.

⑥ **국제화** … 국가 간의 정보유통이 활발하게 이루어지고 상호관계가 확대되는 세계주의적 가치관이 중시된다.

(3) 정보화사회의 역기능

① 인간성 상실, 윤리감의 상실과 소외현상이 발생할 수 있다.

② 관료들의 문제불감증 현상이 초래될 수 있다.

③ 마타이 효과, 정보의 그래샴 법칙 등 정보독점에 따른 기업, 지역, 국가 간 격차증대 및 집권화의 위험이 나타날 수 있다.

④ 컴퓨터 보안문제와 개인의 사생활 침해문제가 나타난다.

1 일반적으로 정부에 의한 시장개입의 정당성은 해당 재화를 시장에 맡겨 놓았을 때 나타나는 부작용, 즉 시장실패에 있다. 시장실패가 발생하는 경우로 옳지 않은 것은?

① 외부효과가 발생하는 산업
② 불완전한 정보가 제공되는 식품의 유통
③ 비경합성과 비배제성의 특성을 갖는 공공재의 생산
④ 계약에 의한 민간위탁산업

2 다음 중 현대행정의 특성으로 옳지 않은 것은?

① 정치권력을 배경으로 한다.
② 목적달성을 위한 수단의 적합화를 추구하는 합리성을 가진다.
③ 공공성과 공익성을 추구한다.
④ 광의로 조직일반에 작용할 수 있는 인간 개개인의 측면에 초점을 맞추는 개념이다.

3 행정국가에 대한 설명으로 가장 적절한 것은?

① 행정의 팽창은 시장실패의 가능성을 증가시킨다.
② 행정의 과부하는 행정수요의 감소를 가져온다.
③ 정책이 정책을 낳는 관성은 행정의 팽창을 가져온다.
④ 행정국가는 삼권분립을 전제하지 않는 국가구성 원리이다.

4 다음 중 정부규제기관의 포획현상에 관한 설명으로 옳지 않은 것은?

① 포획현상을 경제규제보다 사회규제에서 잘 나타난다.
② 규제기관이 피규제기관의 입장에 동조하는 것이다.
③ 규제기관에 대한 관심이 낮아지면 포획현상이 촉발되기 쉽다.
④ 규제행정의 공평성을 저해하게 된다.

5 정부기능과 업무의 재구축을 위해 도입한 시장성 검증(Market testing)에서 적용하는 원칙으로서 옳지 않은 것은?

① 반드시 정부가 책임지지 않아도 되는 업무는 민영화
② 반드시 정부가 직접 수행해야 하는 기획업무는 기업화
③ 반드시 정부가 직접 수행해야 하는 집행업무는 내부경쟁촉진
④ 반드시 필요하지 않는 업무는 폐지

6 다음 중 시민공동생산에 대한 설명으로 가장 옳지 않은 것은?

① 재정확대를 수반하지 않으면서 지역사회가 필요로 하는 공공서비스를 확보할 수 있게 한다.
② 시민들의 무임승차자 문제를 해결하기 위한 대안이다.
③ 관료제의 비효율성에 대한 비판적 시각을 기초로 하고 있다.
④ 모든 서비스영역에 시민공동생산이 가능한 것은 아니다.

7 민간이양에 관한 설명으로 옳지 않은 것은?

① 시장실패 보완을 위해서는 민간이양이 적절하다.
② 정부독점기업을 민영화하는 것도 민간이양의 한 방법이다.
③ 비대한 정부영역을 줄임으로써 작은 정부를 실현하게 된다.
④ 정부보유주식을 민간에게 매각하는 방법이 있다.

8 큰 정부론과 작은 정부론의 논쟁에 대한 설명으로 옳지 않은 것은?

① 작은 정부론은 민영화의 확대를 주장하지만, 또다른 시장실패를 유발할 수 있다는 점에서 네트워크 거버넌스의 필요성이 제기되기도 한다.
② 공공재는 시장에서 적절하게 제공되지 못하므로 정부가 제공해야 한다는 주장은 시장에 대한 정부의 개입을 강조한다.
③ 작은 정부론은 정부의 개입이 초래하는 대표적 정부실패의 사례로 독점으로 인해 발생하는 X-비효율성을 제시한다.
④ 큰 정부론자는 "비용과 편익이 괴리되어 시장실패가 발생하는 경우, 정부가 시장에 개입해야 한다"라고 주장한다.

9 다음 중 정부팽창의 원인으로 옳지 않은 것은?

① 경제성장에 따른 공공부문의 확대, 도시화의 진전, 사회의 상호의존관계 심화
② 전쟁·재난의 영향과 대체효과
③ 인사행정의 소극성
④ 이익집단의 영향

10 정보화사회의 역기능으로 옳지 않은 것은?

① 인간성, 윤리성의 상실과 소외현상 발생

② 행정의 특수이익화 우려

③ 개인의 사생활 침해문제

④ 정보독점에 따른 기업, 지역, 국가간 격차 증대 및 집권화의 위험

11 복지국가의 실현방안으로서 평등주의에 기초하는 제도로 극빈자나 노동력이 결여된 자 또는 원호보호대상자에 한해 원조·구호·구제하는 사업은?

① 공공부조   ② 건강보험

③ 노후보험   ④ 국민연금

12 사회보험과 공공부조에 대한 설명으로 잘못된 것은?

	구분	사회보험	공공부조
①	재원조달	수혜자와 고용주 및 국가의 보조금	조세수입
②	적격조건	사전의 노동이나 기여금에 의한 실적	개인의 요구와 이에 대한 자격조사
③	성격	빈곤에 대처하는 사후적 성격	빈곤화 방지를 위한 사전적 성격
④	대상	노동능력이 있는 자	노동능력이 없는 자, 원호보호 대상자

13 정보화와 전자정부 등에 대한 설명으로 옳지 않은 것은?

① e-거버넌스는 모범적인 거버넌스를 실현하기 위하여 다양한 차원의 정부와 공공부문에서 정보통신기술의 잠재력을 활용하기 위한 과정과 구조의 실현을 추구한다.

② 웹 접근성이란 장애인 등 정보 소외계층이 웹사이트에 있는 정보에 접근할 수 있도록 편의를 제공하는 것을 말한다.

③ 빅데이터(big data)의 3대 특징은 크기, 정형성, 임시성이다.

④ 지역정보화 정책의 기본 목표는 지역경제의 활성화, 주민의 삶의 질 향상, 행정의 효율성 강화이다.

14 시장실패 및 정부실패에 대한 설명으로 옳지 않은 것은?

① 시장실패를 초래하는 요인은 공공재의 존재, 외부효과의 발생, 불완전한 경쟁, 정보의 비대칭성 등이다.

② 시장실패를 교정하기 위한 정부 역할은 공적 공급, 공적 유도, 정부 규제 등이다.

③ 정부개입에 의해 초래된 의도하지 않은 결과 때문에 자원배분상태가 정부개입이 있기 전보다 오히려 더 악화될 수 있다.

④ 정부실패는 관료나 정치인들의 개인적 요인 때문에 발생하며, 정부라는 공공조직에 내재하는 구조적 요인 때문에 발생하는 것은 아니다.

15 시장실패와 정부실패에 대한 설명으로 적절하지 않은 것은?

① 시장실패는 시장기구를 통해 자원배분의 효율성을 달성할 수 없는 경우를 의미한다.

② 비배제성과 비경합성을 가진 공공재의 존재는 시장실패의 주요 원인 중 하나이다.

③ X 비효율성으로 인해 시장실패가 야기되어 정부의 시장개입 정당성이 약화된다.

④ 정부실패는 시장실패에 대응하는 개념으로 행정서비스의 비효율성을 야기한다.

정답및해설

1	④	2	④	3	③	4	①	5	②
6	②	7	①	8	④	9	③	10	②
11	①	12	③	13	③	14	④	15	③

1 ④ 정부실패에 대한 정부 대응정책에 해당한다.

2 ④ 현대행정은 광의적으로 인간 협동의 측면에 초점을 맞추는 개념으로 예를 들어 공공단체, 사기업체, 민간단체, 군사단체 등을 들 수 있다.
  ※ 현대행정의 특징
   ㉠ 안정성, 계속성 : 안정성, 계속성을 바탕으로 국가사회의 변화에 대응하고 그 발전을 촉진하며 관리하는 것이다.
   ㉡ 공익성, 공공성 : 공익을 추구하기 위한 작용이어야 하며, 공공적 성격에 따라 특징지어진다.
   ㉢ 정치성, 정책성, 권력성 : 정치적 환경 속에서의 정치권력을 배경으로 한 공공정책의 형성 및 구체화로, 이를 위해 정치권력에 의한 강제력이 수반되어야 한다.
   ㉣ 합리성 : 합리적 결정을 추구하는 것으로, 최소의 비용과 노력으로 최대의 목표달성을 기하는 것이다.
   ㉤ 협동성, 집단성 : 협동적 집단행위를 통하여 그 목적을 구체화하는 과정이다.
   ㉥ 기술성(처방성) : 공공사무의 관리 및 집행에 있어서 체계적인 기술을 필요로 하는 것이다.

3 ① 행정의 팽창은 정부실패의 가능성을 증가시킨다.
  ② 행정의 과부하는 행정효율성의 감소를 가져온다.
  ④ 행정국가는 전통적인 삼권분립을 저해하기는 하나 전제로 하지 않는 것은 아니다.

4 ① 포획현상은 이익집단을 규제해야 할 행정부가 오히려 이익집단의 특수이익을 반영하는 현상으로, 경제규제에서 주로 나타난다.

5 시장성 검증(Market testing) … 똑같은 예산을 가지고 공공조직과 민간조직을 경쟁시켜 탈락되는 공공부문을 민간인에게 이관시키는 제도를 말한다.
  ② 시장성 검증은 신공공관리론에서 강조하는 내용이며, 신공공관리론에서는 반드시 정부가 직접 수행해야 하는 기획업무를 기업화할 수 없다.

6 ② 서비스에 직접 참여하지 않는 특정인을 배제하기가 곤란하므로 근원적으로 무임승차자 문제를 해결하기가 곤란하다. 무임승차자 문제를 원칙적으로 해결할 수 있는 대안은 수익자 부담원칙, 응익성원칙, 사용자부담원칙 등이 있다.
  ※ 공동생산 … 종래에는 정부만이 담당하던 서비스 제공 업무에 전문가인 공무원과 민간이 공동으로 참여하는 것으로, 자원봉사활동에 의해 정부활동을 보완하는 경우를 말한다.

7 ① 민간이양은 정부실패의 보완방법이다. 시장실패를 보완하기 위해서는 정부규제(개입)가 강화되어야 한다.

8 ④ 비용과 편익의 괴리는 정부실패 현상이다.

※ 큰 정부론과 작은 정부론

㉠ 큰 정부론 : 정부개입을 강조하는 진보주의에 해당되며 전통적 정부가 한 예이다.

㉡ 작은 정부론 : 1970년대말 정부실패로 대두된 신자유주의에 해당되며 신공공관리론 하의 기업가적 정부가 한 예이다.

9 정부팽창의 원인으로는 ①②④ 외에도 관료제의 발달, 정부서비스의 노동집약적 성격, 사회복지제도의 확산, 과학기술의 비약적 발달 등을 들 수 있다.

10 ② 행정국가의 문제점이다.

※ 정보화 사회의 역기능

㉠ 인간성 상실, 윤리감의 상실과 소외현상이 발생할 수 있다.

㉡ 관료들의 문제불감증 현상이 초래될 수 있다.

㉢ 마타이 효과 발생이나 정보의 그레샴 법칙 등의 정보독점에 따른 기업, 지역, 국가간 격차 증대 및 집권화의 위험이 나타날 수 있다.

㉣ 컴퓨터 보안문제와 개인의 사생활 침해문제가 나타난다.

11 공공부조 … 스스로 생활유지능력이 없는 사람들에게 국가나 지방자치단체가 인간다운 생활을 영위할 수 있도록 지원하는 사회복지제도의 하나이다. 우리나라 사회보장기본법에서는 공공부조를 '국가 및 지방자치단체의 책임하에 생활유지능력이 없거나 생활이 어려운 국민의 최저생활을 보장하고 자립을 지원하는 제도'라고 규정하고 있다.

12 ③ 두 설명이 바뀌었다. 사회보험이 빈곤화 방지를 위한 사전적 성격이라면, 공공부조는 빈곤에 대처하는 사후적 성격을 가진다.

13 ③ 빅데이터(big data)의 3대 특징은 다양성(Variety), 속도(Velocity), 규모(Volume)이다.

14 ④ 정부실패는 정부라는 공공조직에 내재하는 구조적 요인(독점적 성격, 관료제적 특징) 때문에 발생하기도 한다.

15 ③ X 비효율성으로 인해 정부실패가 야기되어 정부의 시장개입 정당성이 약화된다.

03 행정학의 발달

기출문제

section 1 관방학과 슈타인 행정학

(1) 관방학(官房學)

① 개념 … 국내의 자원 개발을 통하여 관방재정의 충실화를 기함으로써 근대 민족통일국가의 형성 및 강대화를 도모하였던 일종의 정책학이다.

② 의의 … 16세기 중엽부터 18세기 말까지 독일 및 오스트리아를 중심으로 발달한 절대군주국가의 통치·행정의 사상을 담고 있는 행정학의 기원이다.

③ 성립 및 발달배경

  ㉠ 정치적 배경 : 경찰국가체제의 절대주의적 지배시대에 성립되었다.

  ㉡ 사회적 배경 : 영국, 프랑스 등의 유럽국가들은 중상주의 정책을 중심으로 식민지 건설에 주력했다. 그러나 독일과 오스트리아는 절대국가로의 시작이 뒤처졌기 때문에 국내에서의 부의 축적을 위해 당시 봉건영주를 포섭하기 위한 통치기술의 일환으로 등장했다.

  ㉢ 사상적 배경 : 봉건영주들의 국가활동에 대한 협력을 얻기 위해 그 근본사상을 행복촉진주의적 복지국가관에 기초한 것으로 계몽사상 및 인도주의 사상의 영향을 받았다.

④ 평가 … 경찰국가·절대군주국가의 수립에 공헌하였으나 절대군주를 위한 정치적 시녀로서의 역할을 강조하여 복지에 기여하지는 못했다. 또한 정치와 행정을 분화해주지 못하여 독자적인 학문으로서의 행정학체계의 정립에도 기여하지 못했다.

(2) 슈타인(Stein) 행정학

① 의의 … Justi의 경찰개념을 헌정과 행정으로 구분하고 서로 상대적 우위를 점하는 관계라는 독자적인 행정이론을 구성하였다.

② 내용 … 당시 관방학의 근본개념이었던 경찰을 헌정과 행정의 두 개념으로 분리시켜, 헌정을 가치판단적인 정책결정 및 형성기능으로, 행정을 사실적인 정책집행기능으로 파악하고 양자의 관계를 상호우위라는 개념으로 설정하였다. 헌정은 개인이 국가의사의 결정에 참여하는 대국가적 권리로, 행정은 국민 개개인의 복리향상을 촉진할 임무를 수행하기 위한 국가의 행위 또는 활동 수단으로 보았다.

問 다음 중 관방학에 대한 설명으로 옳지 않은 것은?

▶ 2003. 4. 12. 강원도

① 봉건 영주를 포섭하기 위한 것이다.
② 국가권력이 미분화되었다.
③ 정치학의 시녀 역할을 수행하였다.
④ 헌정과 행정으로 분리되었다.

Tip 슈타인(Stein)은 관방학을 비판하며 헌정과 행정을 분리하는 행정이론을 내세웠다.

정답 ④

③ 평가 … 행정법학의 발전에 이바지했고, 독자적인 행정학 체계를 이루었으나 보수주의적 사회개량주의의 입장에서 고찰된 점, 초기 행정법학은 행정의 법적 적합성의 집중에 주력했다는 점과 헌법 등 여러 공법이 제정되어 학자들이 필연적으로 공법의 해석에 전념하지 않을 수 없게 되었다는 점 등으로 비판을 받았다.

section 2 미국 행정학의 발달

(1) 성립과정

① 사상적 배경

    ㉠ 해밀턴 주의 : 중앙집권화에 의한 능률적 행정방식을 강조했다.

    ㉡ 제퍼슨 주의 : 제퍼슨은 미국 독립선언의 천부인권사상과 국민주권설의 강력한 주창자로서 민주주의 사상과 행정의 분권화를 강조했다. 그는 최소의 행정이 최선의 정부라는 신념으로 지방분권을 주장했다.

    ㉢ 잭슨 주의 : 모든 관직의 정치적 임명과 공직경질제에 의한 철저한 민주주의 이념을 추구했으며 엽관주의 행정을 주장했다.

② 발달요인

    ㉠ 행정기능의 확대 : 남북전쟁과 산업혁명을 계기로 미국 자본주의는 매우 빠른 발전을 거듭하여 독점자본주의를 성립시켰다. 이에 따라 빈부 격차, 노동운동의 발전, 도시화, 사회악의 증가, 자원고갈 등의 사회문제가 발생하여 정부의 행정기능이 확대·강화되었다.

    ㉡ 과학적 관리론 : F.W. Taylor에 의해 사기업에서 큰 성과를 거둔 과학적 관리론은 능률주의적·기술적 행정학의 발전에 기여하고, 행정개혁운동과 행정조사운동을 자극하여 행정능률의 향상을 촉진했다.

    ㉢ 엽관제의 폐해 극복 : 엽관제를 배격하는 공무원제도 개혁운동이 전개되었고, 1883년에는 실적주의에 입각한 인사제도를 확립하게 된 펜들턴법(Pendleton Act)이 제정되었다.

    ㉣ 행정조사운동 : 1906년 뉴욕 시정연구소에서 시작되어 1912년 절약과 능률에 관한 대통령연구회(Taft위원회) 등의 활동이 행정학 이론의 발전에 크게 기여했다.

기출문제

❓ 엽관주의와 실적주의에 대한 설명으로 옳은 것만을 모두 고르면?
▶ 2014. 4. 19 안전행정부 시행

㉠ 엽관주의는 실적 이외의 요인을 고려하여 임용하는 방식으로 정치적 요인, 혈연, 지연 등이 포함된다.
㉡ 엽관주의는 정실임용에 기초하고 있기 때문에 초기부터 민주주의의 실천원리와는 거리가 멀었다.
㉢ 엽관주의는 정치지도자의 국정지도력을 강화함으로써 공공정책의 실현을 용이하게 해 준다.
㉣ 실적주의는 정치적 중립에 집착하여 인사행정을 소극화·형식화시켰다.
㉤ 실적주의는 국민에 대한 관료의 대응성을 높일 수 있다는 장점이 있다.

① ㉠㉢   ② ㉡㉣
③ ㉡㉤   ④ ㉢㉣

Tip ㉠ 정실주의에 대한 설명이다. 엽관주의는 정당에 대한 충성도 및 공헌도를 관직의 임용기준으로 삼는다.
㉡ 엽관주의는 선거를 통해 민주성, 책임성을 확보함으로써 민주주의의 실천원리로 대두되었다.
㉤ 실적주의는 국민에 대한 관료의 대응성을 저해한다는 단점이 있다.

정답 ④

(2) 기술적 행정학(정치 · 행정이원론)

① **의의** ··· 행정은 정치권력이 아닌 공공사무의 관리 · 기술 · 수단을 의미하며 정치 분야가 아닌 경영의 분야이다(공 · 사행정일원론).

② **내용** ··· 행정에 있어서 능률성을 강조한다. 이를 위해 상의하달식 의사전달방식을 택하여 권위적 지배 · 복종관계를 중시하고, 권한 · 책임한계의 명확화와 공식성 · 표준화 수준을 높이기 위해 공식구조를 강조하며 외부환경에 대한 문제보다는 내부의 관리절차와 수단만을 중시한다.

③ **평가** ··· 정치에 대한 행정의 독자성을 중시하고 행정학 발달의 토대를 마련했다는 점에서 의의가 있으나 비공식조직의 중요성을 간과했고, 사회적 능률성을 무시했으며 외부환경 변수를 고려하지 못했다. 또한 인간의 심리적 · 감정적 요인에 대한 중요성을 인식하지 못했다는 한계가 있다.

(3) 기능적 행정학(정치 · 행정일원론)

① **의의** ··· 기술적 행정학의 한계를 극복하기 위해 나온 이론으로 행정은 정책결정 기능과 형성기능을 적극적으로 수행해야 한다고 본다.

② **성립배경** ··· 1929년 세계대공황을 극복하기 위해 등장한 뉴딜정책은 행정의 정책결정기능을 강조하게 된 배경이 되었고, 이때부터 행정을 정치적 기능이라는 차원에서 이해하기 시작했다.

③ **내용** ··· 사회문제의 적극적인 해결을 위해 가치중립성을 벗어나 가치지향성을 추구하게 되었고 이를 행정의 정책결정기능과 형성기능을 통해 구체화하였으며, 투입된 비용과 산출이 인간과 사회의 이익을 위해 얼마나 기여했는가를 판단기준으로 하는 사회적 능률성을 강조하게 되었다.

section 3 과학적 관리론과 인간관계론

(1) 과학적 관리론의 의의

① **개념** ··· 19세기 말 이후 주로 미국에서 발전된 산업경영과 관리의 합리화와 능률화를 위한 체계로서, 최소의 투입으로 최대의 산출을 확보할 수 있는 최선책을 찾기 위해 과학적 관리기술을 적용하려는 이론이다.

② **성립배경** ··· 19세기 말 초기 자본주의의 발달로 인한 공장의 난립, 비능률 · 비과학적 운영, 개인주의와 적자생존의 원리는 경쟁과 대립을 격화시켜 결국 경제공황을 초래했다. 이러한 위기를 타개하기 위한 경영합리화의 요청으로 과학적 관리론이 대두되었다.

기출문제

문 정치-행정 일원론에 대한 설명으로 가장 옳지 않은 것은?
▶ 2019. 6. 15. 제2회 서울특별시

① 공공조직의 관리자들은 정책 결정자를 위한 지원, 정보제공의 역할만을 수행한다.
② 공공조직의 관리자들은 정책을 구체화하면서 정책 결정 기능을 수행한다.
③ 공공조직의 관리자들이 수집, 분석, 제시하는 정보가 가치판단적인 요소를 내포한다.
④ 행정의 파급효과는 정치적인 요소를 내포한다.

Tip 정치-행정 일원론이란 정책의 결정과 집행이 그 주체나 시기 면에서 분리되지 않는다는 관점이다. 정치와 행정이 불가분의 관계에 있어 행정에서의 정책 가치 판단, 정책결정 기능을 중시한다. 반면에 정치-행정 이원론은 정치와 행정이 본질적으로 다르다고 보는 입장이다.
① 공공조직의 관리자들은 정책결정자를 위한 지원, 정보제공의 역할만을 수행한다고 보는 것은 정치-행정 이원론에 해당한다.

정답 ①

문 행정가치 중 수단적 가치에 대한 설명으로 가장 옳지 않은 것은?

▶ 2017. 6. 24. 제2회 서울특별시

① 대외적 민주성을 확보하기 위해 행정통제가 필요하다.
② 수단적 가치는 본질적 가치의 실현을 가능하게 하는 가치들이다.
③ 전통적으로 책임성은 제도적 책임성(accountability)과 자율적 책임성(responsibility)으로 구분되어 논의되었다.
④ 사회적 효율성(social efficiency)은 과학적 관리론의 등장과 함께 강조되었다.

> **Tip** 사회적 효율성은 인간관계론의 등장과 함께 강조되었다. 과학적 관리론은 기계적 효율성을 강조하였다.

문 행정개혁수단 가운데 테일러(F. Taylor)의 과학적 관리법 내용을 가장 잘 반영하고 있는 것은?

▶ 2012. 4. 7. 행정안전부

① 다면평가제(360-degree appraisal)
② 성과상여금제(bonus pay)
③ 고위공무원단제(Senior Civil Service)
④ 목표관리제(MBO)

> **Tip** 과학적 관리법은 직무분석을 통하여 적정과업량을 설정하고 차별성과급을 통해 생산성을 제고하자는 행정개혁운동이다. 테일러(Taylor)는 과학적 관리법에서 최초로 성과급 보수제도를 창안·적용하였다. 성과에 따라 차별적으로 상여금을 지급하는 성과상여금제는 이러한 과학적 관리법을 반영했다고 볼 수 있다.

‖정답 ④, ②

③ 특징

    ㉠ 전문화·분업의 원리 중시를 통한 행정의 전문성을 강조하였다.

    ㉡ 계층제 형태의 공식구조와 조직을 중시하였다.

    ㉢ 경제적·합리적 인간관(X이론적 인간관)과 기계적 능률성을 중시하였다.

    ㉣ 폐쇄체제적 환경(환경변수 무시)이다.

    ㉤ 상의하달식 의사전달체계이다.

    ㉥ 시간과 동작의 연구를 통해 일일 과업량을 설정하였다.

(2) 주요 내용

① 테일러 시스템(Taylor System)

    ㉠ 기업관리의 4대 원칙

      • 주먹구구식 관리를 지양하고 과학적 관리법을 발견해야 한다.

      • 과학적인 방법으로 종업원을 선발해야 한다.

      • 과학적인 방법으로 종업원의 교육훈련을 실시해야 한다.

      • 노동자와 경영자 간에 업무를 명확히 구분해야 한다.

    ㉡ 과업관리의 4대 원칙

      • 요소별 시간과 동작연구 : 과학적 방법으로 생산공정의 요소단위를 발견하고 연구·분석한다.

      • 업무의 표준화 : 발견된 최선의 방법을 통해 모든 공정과정 및 작업조건을 표준화한다.

      • 일일과업의 부여 : 표준화된 공정에 따라 개개인에게 적절한 일일과업을 부여한다.

      • 성과급제도의 확립 : 과업의 성공에는 높은 임금이, 실패에는 손해의 부과가 따르는 경제적 유인으로서의 동기부여가 강조된다.

② 포드 시스템(Ford System) … 작업공정을 Gilbreth의 기본동작연구를 이용하여 세분화·전문화·표준화하고 이를 기계로 대치하여 이동조립법을 실시했다. Ford는 경영이 이윤추구의 수단보다는 사회대중에 대한 봉사의 수단이 되어야 한다고 주장하였다. 즉, 일상품의 저가격과 임금수준의 향상을 통해 대중의 생활수준 향상을 경영을 통한 봉사의 목적으로 보았다.

(3) 과학적 관리론의 영향과 비판

① 영향

    ㉠ 정치·행정이원론(기술적 행정학)의 성립에 기여했다.

    ㉡ 행정의 과학화를 강조했다.

    ㉢ 행정의 능률화에 기여했다.

    ㉣ 행정조직의 구조, 분업화, 직제에 관심을 유발시켰다.

ⓜ 직위분류제의 도입으로 과학적 인사관리 발전에 기여했다.

ⓗ 행정개혁의 원동력이 되었다.

② 한계

ㄱ 공익을 우선으로 해야 하는 행정에 있어서는 기계적인 능률원리를 적용하는 데 일정한 한계가 있다.

ㄴ 조직과 인간을 기계로 간주하여 인간의 부품화, 인간성의 상실, 종속변수로서의 인간이라는 인식을 초래하였다.

ㄷ 폐쇄형의 이론으로서 조직과 환경과의 상호의존작용을 무시하고 있다.

ㄹ 합리적 경제인관에 입각하여 경제적 동기의 지나친 강조로 인간의 사회적·심리적 요인 등을 간과하였다.

ㅁ 정치가 개입되는 행정을 경영과 동일시하고 있다.

ㅂ 비공식 조직을 무시하고 있다.

ㅅ 기계적 능률관, 즉 능률을 기계적·물리적으로만 인식하고 있다.

ㅇ 관리자 행태의 연구·분석이 없었다.

(4) 인간관계론

① **개념** … 조직의 생산성 향상을 위하여 현실적인 상호 관계, 사회적·심리적·비합리적·비공식적 요인에 요점을 두어 인간을 관리하는 기술 내지 방법에 관한 이론·관리체계이다. 과학적 관리론의 한계를 보완해준다는 데 의의가 있으며 E. Mayo의 호손실험이 대표적이다.

② **성립배경**

ㄱ 호손실험으로 발견된 과학적 관리법에 대한 모순과 세계대공황으로 새로운 관리기법이 요구되었다.

ㄴ 과학적 관리법 적용에 따른 대규모 조직의 비인격성 및 인간의 기계화 심화가 초래되자 이러한 문제를 해결할 수 있는 새로운 관리기법이 필요하였다.

③ **내용 및 특징**

ㄱ **사회심리적 요인의 중시**: 조직구성원의 근무의욕은 사회심리적 요인에 따라서 좌우된다고 본다.

ㄴ **비합리적·감정적 요소의 중시**: 인간관계는 일련의 비합리적·감정적인 요소에 따라 작용한다.

ㄷ **비합리적·사회적 존재의 강조**: 인간은 합리적·경제적 존재가 아니라 비합리적·사회적 존재로 간주된다.

ㄹ **비공식집단의 중시**: 비공식집단의 사회적 규범에 의해 생산성의 수준이 결정된다.

행정학의 주요 이론과 그에 대한 비판이 바르게 연결되지 않은 것은?

▶ 2014. 3. 22. 사회복지직

① 공공선택론 – 인간을 이기적이고 합리적인 존재로 가정한 것은 지나친 단순화이다.
② 거버넌스론 – 내재화된 변수가 많고 변수 간의 유기적 관계를 강조하기 때문에 모형화가 어렵다.
③ 신제도론 – 제도와 행위 사이의 정확한 인과관계를 설명하는 데 한계가 있다.
④ 과학적 관리론 – 인간을 지나치게 사회심리적이고 감정적인 존재로 인식한다.

> **Tip** ④는 인간관계론의 특성이다. 과학적 관리론은 인간을 합리적이고 경제적인 존재로 인식하고 있다.

정답 ④

ⓜ 조직관리의 민주화·인간화 강조 : 원활한 의사전달, 민주적 리더십, 참여의 확대에 의한 심리적 욕구의 충족 등이 능률향상에 크게 기여한다.

④ 영향

　ⓐ 비공식조직의 중요성을 인식하는 계기가 되었다.

　ⓑ 합리적 경제인관에서 사회인관으로, X이론적 인간관에서 Y이론적 인간관으로 변화하였다.

　ⓒ 인간을 사회·심리적 욕구를 지닌 전인격적 존재로 파악하게 되었다.

　ⓓ 인간 자체가 아닌 인간 행태를 독립변수화시켰다.

　ⓔ 인간관리의 민주화·인간화가 이루어졌다.

　ⓕ 적극적 인사행정의 등장배경이 되었다.

⑤ 한계

　ⓐ 합리적 경제인관을 과소평가하였다.

　ⓑ 지나친 비합리주의와 감정지향적 성향을 가진다.

　ⓒ 공식조직·외부환경과의 관계를 경시하였다.

　ⓓ 합리성과 비합리성, 공식조직과 비공식조직의 지나치게 대립적인 이원론적 도식이다.

　ⓔ 자아실현인관에 대한 인식이 미약하다.

　ⓕ 보수주의적 성향을 가진다.

　ⓖ 연구대상으로 관리층을 경시하였다.

(5) 과학적 관리론과 인간관계론의 관계

① 유사점

　ⓐ 외부환경적 요인을 무시하는 폐쇄체제적 관점을 갖는다.

　ⓑ 생산성과 능률의 향상을 궁극적 목적으로 제시한다.

　ⓒ 관리계층을 연구대상에서 제외한다.

　ⓓ 하층 작업관리를 위한 기술로서 고안되었다.

　ⓔ 조직과 개인을 궁극적으로 조화관계로 인식한다.

　ⓕ 정치·행정이원론(공·사행정일원론)의 입장이다.

　ⓖ 인간행동의 피동성을 전제로 한다.

　ⓗ 동기부여의 외재성을 중시한다.

　ⓘ 인간을 수단화한다.

② 차이점

과학적 관리론	인간관계론
기계적 능률관	사회적 능률관
기계적, 기술적, 합리적, 경제적 모형	사회체제모형
합리적 경제인관	사회적 인간관
공식적 구조 중심	비공식구조, 소집단 중심
경제적 유인	사회심리적 유인
하향적 의사전달	상향적 · 하향적 의사전달
여건조성으로 자동적 균형	적극적 개입전략으로 균형

section 4 행태론적 접근법

(1) 의의

이념 · 제도 · 구조가 아닌 인간적 요인에 초점을 두는, 인간행태의 과학적 · 체계적 연구방법을 말한다. H.A. Simon의 「행정행태론」이 대표적이며 다양한 인간행태를 객관적으로 수집하고 경험적 검증을 거친 후 인간행태의 규칙성을 규명하고 이에 따라 종합적인 관리를 추구한다.

(2) 내용

① 논리적 실증주의 … 과학적 방법과 경험주의적 방법에 입각하여 행정현상을 사실명제와 가치명제로 구분하고 행정학은 경험적으로 검증 가능한 사실문제만을 연구대상으로 할 것을 주장한다.

② 새정치 · 행정이원론 … 행정을 목적을 설정 · 집행하는 의사결정과정의 연속체로 보고 권위, 갈등, 의사전달 등을 중시한다.

③ 객관화와 계량화 … 개념의 조작적 정의를 통해 객관적인 측정방법을 사용하며, 자료를 계량적 방법에 의해 분석한다.

④ 과학성 … 사회현상도 엄밀한 과학적 연구가 가능하다.

⑤ 인간행태의 규칙성 … 행태의 규칙성 · 상관성 및 인과성을 경험적으로 입증하고 설명할 수 있다고 본다.

⑥ 방법론적 개인주의 … 집단의 고유한 특성을 인정하지 않고, 연구의 기초단위가 인간의 개인적인 가시적 행태가 된다.

⑦ 종합과학적 성격 … 종합과학적 성격을 강조하고 행정문화를 중시한다.

기출문제

🔖 **문** 행정학 이론의 발달에 대한 설명으로 가장 옳지 않은 것은?
▶ 2016. 6. 25. 서울특별시

① 행정관리론은 행정학의 기본가치로서 능률성을 강조하였다.
② 행태주의는 과학적 설명보다는 실질적인 처방을 강조하였다.
③ 호손실험에서는 비공식집단의 역할에 주목하였다.
④ 윌슨(W. Wilson)은 정치행정이원론을 주장하였다.

Tip 행태주의는 실질적인 처방보다 과학적 설명을 강조하였다.

▌정답 ②

(3) 평가

① 공헌

    ㉠ 행정연구에 광범위하게 적용되어 행정의 과학화에 기여하였다.

    ㉡ 인간행태를 연구하는 사회학, 사회심리학, 행정학 등 사회과학 분야에 영향을 미쳤다.

② 비판

    ㉠ 연구방법이나 기술의 신뢰성 확보에 지나치게 치중하여 연구대상과 범위를 지나치게 제약하고 있다.

    ㉡ 정책결정은 가치선택의 문제임을 간과하고, 가치판단을 배제하여 결과적으로 현상유지적인 보수주의적 행정에 빠지게 되었다.

    ㉢ 사회심리학적 접근방법을 적용하여 조직과 환경과의 작용을 무시했다.

    ㉣ 개도국이나 신생국에 적용하기 곤란한 보편화의 문제점 등이 있다.

section 5 생태론적 접근법

(1) 의의

① **개념** … 행정을 일종의 유기체로 파악하여 행정체제와 환경 간의 상호작용관계에 연구의 초점을 둔다. 행정체제의 개방성을 강조하고, 환경에 대한 행정의 종속변수적 측면을 강조한 거시적 접근법이다.

② **대두배경(1940년대 후반 ~ 1950년대 초)** … 전통적 행정연구방법은 제도중심의 기술적 연구방법으로서 실제적인 행정현실과 괴리가 있었고, 선진국의 제도는 신생국에 기대한 성과를 거두지 못하고 역기능이 심화되었다.

(2) 내용

① Gaus의 생태론

    ㉠ 행정에 영향을 미치는 환경적 요인 : 주민, 장소, 물리적 기술, 사회적 기술, 욕구와 이념, 재난, 지도자의 인품이 행정에 영향을 미치는 요인이라 하였다.

    ㉡ 평가

      • 행정의 외부적 요소를 고려한 폭넓은 시도라는 점에 의의가 있다.

      • 내부적인 관리적 · 기술적인 국면에 주의를 기울이지 않은 한계가 있다.

      • 미국에 국한된 지역학문적 성격이 강하다.

② Riggs의 생태론
ㄱ 농업사회와 산업사회모형

기출문제

구분	농업사회	산업사회
정치적 요인	• 정치권력의 근거는 천명 • 형식상 권력은 작으나 실제 개인 권력은 큼	• 정치권력의 근거는 국민 • 형식상 권력은 크나 실제 행사되는 권력은 미약
사회적 요인	• 배타성 강한 혈연적 집단구조 • 폐쇄적	• 실적 중심의 2차적 집단 중심 • 개방적
경제적 요인	• 자급자족적 경제체제 • 질서 유지 · 징세에만 관여하는 소극적 행정	• 시장경제 중심의 상호의존적 경제체제 • 적극적 · 최대의 행정
이념적 요인	• 육감이나 직관에 의한 인식 • 지식의 단순성	• 경험에 의한 인식 • 지식의 다양성
의사전달	• 의사소통의 미약 • 하의상달의 제약 • 동화성 · 유동성이 낮음	• 의사전달의 원활 • 하의상달 · 수평적 전달 원활 • 동화성 · 유동성이 높음

ㄴ 프리즘적 사회의 특징 : Riggs는 이후 사회이원론을 수정 · 보완하여 농업사회와 산업사회의 중간 영역에 프리즘적 사회를 설정하고 이를 통해 신생국의 사회를 설명하였다.
• 고도의 이질성 : 전통적 요인과 현대적 · 분화적 특징이 고도로 혼합되어 있는 현상이 뚜렷하고 현대적인 도시 · 행정 장치와 역할이 미분화된 족장 · 원로 등에 의하여 지배되는 촌락과 혼재하면서 기형적 행정현상이 일어나고 있다.
• 기능 및 행태의 중복 : 분화되지 않은 기능과 분화된 기능이 공존 · 중첩되고 있으며 공존 · 양립되기 어려운 공식적 · 합리적 행정행태와 비공식적 · 비합리적 행정행태가 중복되고 있다.
• 다분파주의와 파벌도당 : 씨족적 · 종파적 · 지역적 연대에 의하여 결속되는 공동체의 존재로 말미암아 대립 · 투쟁이 심한 다분파 작용이 만연되고 있고 이러한 영향으로 겉으로는 현대적인 조직 · 결사이지만 파벌도당의 성격을 띠고 있다.
• 연고우선주의 : 가족관계 · 친족관계 등의 작용에 의한 관직임용방식이 널리 답습되고 있다.
• 형식주의 : 공식적 행동규범과 실제 적용 사이에 불일치현상이 나타나고 있다.
• 다규범주의 : 현대적 규범과 전통적 규범 · 관습이 충돌하여 의견일치가 잘 이루어지지 않으며, 상황에 따라 적용되는 규범의 성격에도 차이가 심하다.
• 가격의 불확정성 : 상품교환수단으로서 가격메커니즘이 사용되고 있으나 전통사회의 보답성 · 의리성이 잔재하여 가격이 불확정성 · 신축성을 띠고 있다.
• 가치의 응집현상 : 사회가치 · 권력가치가 통합되어 소수엘리트가 이를 독점하는 현상이 현저하다.

- 양초점성 : 관료의 권한이 법제상으로는 상당히 제약되고 있으나 현실적으로는 큰 영향력을 행사하는 이중적 특징을 가지고 있다.
- 권한과 통제의 불균형 : 권력구조는 고도로 집권화되어 있는 데 반하여 통제는 분산되어 있다.
- 상·하향적 누수체제와 전략적 지출 : 관료는 세출예산을 횡령하고 세입 중 일부는 국고에 들어가지 않으며, 따라서 상납과 위로금 전달 등 불법적 지출이 있게 된다.
- 신분·계약관계의 혼합 : 공식적·형식적으로는 계약이 법적 권리의무관계의 기초이나 현실적으로 개인적 신분·사회적 지위 등 신분적 질서가 강하게 작용한다.
- 의존증후군 : 권력자가 생산에 공헌도는 낮으면서 권력을 이용하여 생산자로부터 재화를 수탈하여 이들의 노력에 의존하는 현상이 뚜렷이 나타나고 있다.
- 정부기구와 관직의 증대 : 근대화의 포부와 복지에 대한 열망에 의하여 촉진되는 정부기구의 확대와 관직의 증대현상이 현저하게 나타나고 있다.
- 총체적 불안정 : 정치·경제·사회·문화적 불안정을 보이고 있다.

[F.W. Riggs의 사회삼원론]

구분	농업사회(융합사회)	프리즘적 사회	산업사회(분화사회)
사회구조	농업사회	전이·과도·굴절사회	산업사회
관료제 모형	안방모형	사랑방 모형	사무실 모형
특징	(이원론의 농업사회와 동일)	고도의 이질성·다분파성, 형식주의, 가격의 부정가성 등	(이원론의 산업사회와 동일)

(3) 생태론의 평가

① 공헌

㉠ 개방체제적 연구 : 행정체제를 개방체제로 파악하여 문화적·환경적 요인과의 상호관련성 속에서 행정을 고찰함으로써 행정행태의 특징을 보다 더 생생하게 파악할 수 있게 하였다.

㉡ 비교행정의 방향제시 : 행정을 보편적 이론으로 보지 않고 정치·경제·사회·문화적 조건에 따라 특수성이 다르게 나타나는 것으로 보게 되어 비교행정의 기초가 되었고, 중범위이론의 구축에 자극을 주어 행정학의 과학화에 기여하였으며, 학제적 교류를 촉진시켰다.

㉢ 종합과학적 연구를 촉진 : 제도에 치중했던 전통적 방법론 대신 행정의 종합적 연구를 촉진시켰다.

② 비판

　㉠ **정태적 균형이론** : 근본적으로 구조 – 기능적 분석에 입각한 정태적 균형관계를 유지하는 체계로서 보았을 뿐 동태적 관계로 보지 않았으므로 사회의 역동적인 변화를 설명할 수 없다.

　㉡ **결정론적 견해** : 행정체제를 사회체제에 종속된 하위체제에 불과하다고 본다.

　㉢ **신생국 발전의 비관** : 행정의 운명론적인 환경과의 순환적 인간관계에 따라 매우 비관적 · 패배주의적인 입장을 취한다.

　㉣ **독립변수적 인간의 역할 무시** : 문화의 역사를 창조하는 인간의 독립변수적 역할을 무시하고 있다.

section 6 체제론적 접근법

(1) 의의

① **체제(system)의 개념** … 복수의 구성요소가 상호 의존작용관계 속에서 질서와 통일성을 유지하면서 환경과 끊임없이 영향을 주고받는 집합체 내지 실체를 의미한다.

② **체제론적 접근방법**(Parsons, Bertalanffy, Scott, Etzioni) … 행정현상을 하나의 유기체로 보아 행정을 둘러싸고 있는 다른 환경적 요소와의 관련 속에서 행정현상을 연구하려는 개방체제적 접근법이다.

(2) 체제의 특징과 기능

① 특징

　㉠ **하위요소 간의 상호 의존성** : 체제는 여러 부분(하위 체제)들이 서로 기능적으로 연결되어 있으며, 전체가 주위 환경과 구분되는 경계를 가진 하나의 집합이다.

　㉡ **폐쇄체제와 개방체제** : 체제는 환경과의 상호작용이 없는 폐쇄체제로서 인식될 수도 있고, 또한 환경과 상호작용하는 개방체제로서 인식될 수도 있다. 일반적으로 언급되는 체제는 개방체제이다.

　㉢ **투입 – 전환 – 산출 – 환류** : 체제는 외부환경과의 관계에서 투입 – 전환 – 산출 – 환류의 기능적 구조를 갖는다. 그리고 체제는 목표 달성에 기여하는 순기능과 그에 상반되는 역기능을 가진다.

　㉣ **정태적 균형과 동태적 균형** : 체제는 정태적 균형을 유지할 수도 있고, 동태적 균형을 유지할 수도 있다.

기출문제

⏵ 조직이론의 유형들을 발달 순으로 옳게 나열한 것은?
▶ 2018. 6. 23. 제2회 서울특별시

㉠ 체제이론
㉡ 과학적 관리론
㉢ 인간관계론
㉣ 신제도이론

① ㉠→㉡→㉣→㉢
② ㉡→㉢→㉠→㉣
③ ㉡→㉠→㉢→㉣
④ ㉢→㉡→㉣→㉠

Tip ㉡ 과학적 관리론 : 19세기 말 ~20세기 초 행정학 성립기의 고전적 행정이론
㉢ 인간관계론 : 1920년대 말 ~1930년대 신고전적 행정이론
㉠ 체제이론 : 1950~1960년대 행정과 환경의 관계를 연구한 거시이론
㉣ 신제도이론 : 20세기 후반 개인의 행동에 대한 제도적 제약 연구

정답 ②

🙂 다음 중 개방체제적 특성에 해당하는 것은 모두 몇 개인가?

▶ 2010. 8. 14. 국회사무처(8급)

㉠ 등종국성(equifinality)
㉡ 정(+)의 엔트로피
㉢ 항상성
㉣ 선형적 인과관계
㉤ 구조 기능의 다양성
㉥ 체제의 진화

① 2개   ② 3개
③ 4개   ④ 5개
⑤ 6개

Tip ㉡㉣은 혼돈이론의 특징이다.
㉡ 개방체제는 엔트로피의 발동을 거부하는 부(-)의 엔트로피를 중시한다.
㉥ 개방체제는 체제와 환경간의 균형을 확보함으로써 안정과 질서를 추구하는 정태적 균형이론으로서 목적성을 띤 변화나 정치, 사회의 변동 또는 발전을 잘 설명하지 못한다는 지적을 받는다.

정답 ③

② **개방체제의 특징**(Katz & Kahn)

㉠ **전체성** : 각 구성요소와 환경과 구분되는 하나의 집합체로서 전체성을 지녀야 한다.

㉡ **동태적 항상성** : 항상성은 동태적 안전 상태를 설명하는 개념으로서, 정태적 균형과는 구별된다. 개방체제는 환경과의 관계에서 에너지의 투입과 생산물의 유출을 계속하지만 전체적으로 체제의 특징은 불변한다.

㉢ **등종국성** : 등종국성(동일종국성)은 서로 상이한 시작조건과 진로를 통하여도 결국에 가서는 동일한 최종 성과를 나타낸다는 것이다.

• 구조·기능의 다양성 : 다양한 환경에 적응할 수 있도록 내부의 구조나 기능 또한 환경에 적합하게 다양성을 유지할 것이 요구된다.

• 목표 달성의 다양성 : 개방체제는 신축적인 전환 과정을 가지고 있기 때문에 투입 자원과 전환 과정을 달리하여 같은 목표를 달성하는 것이 가능하다.

㉣ **부정적 엔트로피**(negative entropy) : 개방체제는 반노폐기제를 통해 소비하는 것 이상의 에너지를 받아들여 스스로를 유지하고 발전시키는 속성을 지닌다. 조직이 해체·소멸로 움직여 가는 엔트로피(entropy), 즉 노폐화 현상을 지속적으로 제거한다.

㉤ **부정적 환류**(negative feedback) : 부정적 환류란 어떤 표준이나 규범으로부터의 이탈이 곧 그것을 바로잡는 행위를 촉발시키는 것을 말한다. 예를 들어 체온이 정상적인 한계를 초과하여 올라갈 때 땀을 흘리는 반응을 통해 체온의 상승을 막도록 하는 신체적 기능이 작용하는 것을 말한다.

㉥ **체제의 진화** : 개방체제는 환경으로부터의 도전에 대응하고 기회를 활용할 수 있도록 다양성을 갖추고, 분화된 부분들을 전체로서 통합할 수 있는 능력에 따라 끊임없이 진화되어 간다.

③ **체제론적 접근방법의 특징**(관점)

㉠ **총체주의적 관점** : 체제론적 접근방법은 모든 체제는 하나의 총체 또는 전체로서 그 구성 부분들의 단순한 합계와는 다른 특성을 지니게 되므로 총체에 대한 거시적 분석이 필요하다고 본다.

㉡ **계서적 관점** : 일련의 현상 사이에 형성되는 관계의 배열이 계서적이라고 본다. 하위 체제는 보다 복잡한 상위 체제에 속한다고 보는 이 관점은 체제의 발전 방향을 시사해 준다.

㉢ **목적론적 관점** : 체제는 유목적적으로 설계되었다고 본다. 특히 살아있는 모든 유기체의 적응적·목적추구적인 속성을 강조한다.

㉣ **관념적 모형** : 체제론적 접근방법은 광범한 관념적 모형에 의하여 모든 과학을 통합시키려는 접근방법이라고 볼 수 있기 때문에 경험주의적 관점이 전제라고 볼 수는 없다.

  ◎ **시간중시의 관점** : 개방체제는 외적 환경과 교호 작용을 하면서 시간의 흐름에 따라 동태적인 변동을 겪지만, 한편으로는 항상성을 유지한다.

④ **기능**(T. Parsons의 AGIL 기능)

  ㉠ **적응기능**(Adaptation) : 환경의 변동에 적응하기 위한 기능으로 인적 · 물적 자원의 조달, 국민의 요구에 대한 반응, 사회적 지지와 정당성의 획득 등이 이에 해당된다.

  ㉡ **목표달성기능**(Goal Attainment) : 행정체제가 달성하고자 하는 목표를 설정하고 이를 구체화하는 기능이다.

  ㉢ **통합기능**(Integration) : 각 하위체제의 노력 · 활동을 원활하게 조직화하고 상호 조정하는 기능으로서 행정지도 · 기획조정 · 행정질서의 유지 · 제재 등이 이에 해당된다.

  ㉣ **체제유지기능**(Latent Pattern Maintenance) : 잠재적 형상유지 및 긴장관리 기능이라고도 하며 교육 · 문화 등과 같이 세대를 계승하면서 창조와 재생산을 가능케 하는 기능이다.

(3) 행정체제(Sharkansky)

① **환경**(Environment) ⋯ 행정체제의 외부환경으로, 정치적 · 사회적 · 문화적 현상을 포괄하며 고객, 수혜자, 압력단체 등으로 구성된다.

② **투입**(Input) ⋯ 환경으로부터 행정체제의 전환과정에 전달되는 것을 의미하며 이러한 투입으로서는 국민의 요구 · 이해 · 지지 · 반대 · 무관심, 정부부문 · 입법부 · 사법부의 요청 · 판단 · 지시 · 법규 등의 형태로 제기되는 요구 등이 있다.

③ **전환**(Conversion) ⋯ 투입물을 산출물로 변형시켜 가는 과정으로서 공식구조나 정책결정절차, 행정인의 개인적 성향 · 경험과 가치관의 갈등 및 이러한 현상을 조정하고 해결하는 과정에서 이루어진다.

④ **산출**(Output) ⋯ 행정활동의 결과를 환경으로 보내는 것으로서 공공 재화 · 서비스, 법령 · 정책 · 계획, 사회구성원에 대한 행동규제 등이 있다.

⑤ **환류**(Feedback) ⋯ 투입에 대한 산출의 결과가 다음 단계의 환경요소에 연결되는 과정, 즉 산출의 결과가 다시 투입과정에 미치는 영향을 말하며 행정책임문제, 행정평가제도, 행정통제, 행정개혁 등을 통해 이루어진다.

기출문제

(4) 체제론적 접근법의 유형

① **일반체제이론** … 복잡하고 역동적인 현상을 이해할 수 있는 거시적이고 종합적인 틀을 발전시키며, 다양하고 전문화된 여러 영역의 지식을 통합시키는 기초를 마련한다.

② **체제철학적 접근방법** … 문제해결에 체계적인 사고를 할 수 있도록 체제적 사고능력을 개발시켜 주는 접근방법으로, 개방체제나 체제의 규모가 크고 비합리적 규범이 작용하는 인간중심 조직에 적합하다.

③ **체제관리** … 조직을 하나의 체제로 보고 상위체제나 하위체제와의 상호작용이나 투입에 대한 산출관계를 규명한다.

④ **체제분석적 접근방법** … 문제해결이나 효과적인 의사결정을 위한 과학적 의사결정방식으로 계량적 기법을 통해 체제운영의 효율성을 높이려 한다. 따라서 폐쇄체제이거나 규모가 작고 합리적 규범이 지배하는 기계중심 조직에 적합하다.

(5) 체제론의 평가

① 공헌
  ㉠ 다양성을 띤 여러 행정체제나 행정단위의 비교분석을 위한 일반이론의 정립이 가능하다.
  ㉡ 체제 간의 기능적인 관계규명에는 규범적인 것이 배제되므로 행정이론의 과학화에 기여한다.
  ㉢ 거시적 분석하에 구성요소 간의 상호 의존작용관계를 밝혀준다.
  ㉣ 문제해결과 의사결정의 합리화에 기여한다.

② 한계
  ㉠ 균형이론에 치중한 결과, 정태적·현상유지적 성격 때문에 사회의 변동을 설명하기 곤란하며 사회개혁 및 발전지향성이 미약하여 발전도상국의 경우에는 부적합하다.
  ㉡ 사회과학적 지식의 종합으로 체제론의 본질적 독자성이 희석되고 있다.
  ㉢ 전환과정에 대한 구체적 설명이 부족하다.
  ㉣ 독립변수로서의 개인을 과소평가하기 쉽다.
  ㉤ 제도적·구조적 접근방법에 비해 관찰과 연구의 실제적 가능성에 문제가 있다.

section 7 비교행정

(1) 비교행정의 의의

각국의 행정의 특수성을 형성하는 역사적·정치적·사회적 조건을 규명하고, 행정에 영향을 미치는 환경의 변동상황을 비교하여, 일반적으로 적용될 수 있는 행정이론을 검증·확장하기 위한 일련의 체계적·과학적 행정연구를 의미한다. 구조·기능적 분석에 입각하여 사회의 분화정도에 따라 융합사회, 분화사회로 나누고 그 중간단계로 프리즘적 사회를 제시하였다.

(2) 발달요인

① **신생국 원조의 성과 미흡** … 제2차 세계대전 종전 이후 후진국 및 신생국에 대한 미국의 대외원조정책이 강화되었으나 실패로 돌아가고 이에 대한 반성이 제기되었다.

② **행정학의 과학화 필요성과 전통적 방법론에 대한 비판** … 전통적 행정이론은 일부 선진국에만 적용되는 특수지역적 학문에 불과하다는 인식을 갖게 되어 세계 여러 나라에 보편타당하게 적용될 수 있는 행정이론의 과학화를 추구하게 되었다.

③ **영향** … 제2차 세계대전 이후 비교정치론은 종래의 제도중심적 접근방법에서 기능 중심으로, 일부 서구선진국 중심에서 신생국·후진국에도 많은 비중을 두는 연구경향을 갖게 되었으며 이러한 연구경향은 비교행정론에 큰 영향을 미쳤다.

(3) 비교행정의 접근방법

① **Riggs의 분류** … Riggs는 비교행정의 접근방법 경향이 종래의 규범적 접근방법에서 경험적 접근방법으로, 개별적 접근방법에서 일반법칙적 접근방법으로, 비생태적 접근방법에서 생태적 접근방법으로 전환하고 있다고 지적했다(생태론적 접근방법 참조).

② **Heady의 분류**

    ㉠ **수정된 전통적 접근방법** : 주로 조직이나 제도에 중점을 두어 비교론적으로 서술하는 데 그친다.

    ㉡ **발전지향적 접근방법**(Weidner, Esman) : 비교행정의 연구모형이 사회적 변화를 충분히 고려하지 않고 있으며, 지나치게 추상적·포괄적이라고 비판하고 발전행정을 별도의 연구대상으로 할 것을 주장했다.

    ㉢ **일반체제 접근방법** : 특정한 부문의 행정을 하나의 체제로 간주하여 이에 영향을 미치는 인사행정, 재무행정, 지방행정 등은 물론 환경적 요인 등을 고려하여 행정의 모든 측면을 연구하려는 방법이다.

② **중범위이론 모형**: 일반체제이론이 지나치게 포괄적인 까닭에 실증적인 자료에 의한 뒷받침이 어려우므로 연구대상 및 범위를 좁혀 집중적으로 연구하는 것이 효과적이라는 관점에서 제기된 방법이다.

(4) 평가

① 공헌
- ㉠ 후진국 및 신생국의 행정행태를 개방체제적 관점에서 고찰하여 행정행태의 특성 형성에 관련되는 사회·문화적 환경요인을 규명했다.
- ㉡ 일반체제모형의 정립으로 비교행정론의 발전에 크게 기여했다.
- ㉢ 행정의 종합과학적 연구를 촉진시켰다.
- ㉣ 발전행정론의 대두에 교량 역할을 했다.

② 비판
- ㉠ 정태적 균형이론으로 사회의 변동과 발전을 충분히 다루지 못했고 발전적 엘리트 기능의 파악이 불충분하다.
- ㉡ 환경을 지나치게 강조하여 신생국의 발전과 근대화에 비관적이다.
- ㉢ 정신적·인간적 요인을 과소평가한다.
- ㉣ 서구적 편견·준거기준에만 의존하고 있으며 프리즘적 행태의 부정적 측면만 지나치게 강조했다.

section 8 발전행정

(1) 의의

① **개념** … Weidner, Esman, Diamant, Eisenstadt 등이 주장한 이론으로 국가발전사업의 관리에 선도적 역할수행을 통해 신속한 국가발전을 이루기 위해서 행정을 질적 변동과 양적 성장을 내포하는 가치지향적·인위적·의도적·동태적인 방향으로 발전시키는 것을 말한다.

② 발달배경
- ㉠ 정태적인 비교행정론이 처방성이 부족하다고 비판을 받게 되자 1960년대에는 실용적인 목표지향적이고 규범적인 행정이론이 모색되었다.
- ㉡ 포드 재단, 하와이대학 부설 동서문화센터, 비교행정연구회 등의 활동이 발전행정의 발달에 크게 기여했다.

기출문제

③ 특징

　　㉠ 행정 우위의 새정치 · 행정일원론의 입장이다.

　　㉡ 행정의 과학성보다 기술성과 처방성을 강조하고 이를 위해 체제분석과 정책분석을 활용한다.

　　㉢ 독립변수로서 미래지향적이고 쇄신적인 발전인을 중시한다.

　　㉣ 목표지향적 이론으로 효과성과 기획기능을 중시한다.

　　㉤ 문제해결을 위해 계획적으로 사회변동을 유도, 관리, 촉진한다.

　　㉥ 기관형성을 중시하고 쇄신적 관료제를 강조한다.

　　㉦ 하의상달적 의사소통과 리더십을 중시한다.

　　㉧ 심사분석과 환류기능을 중시한다.

(2) 접근방법

① **행정체제적 접근방법**(행정체제 자체의 발전전략)

　　㉠ **균형적 접근방법** : 발전은 행정전반에 걸쳐 동시에 이루어질 수 있도록 해야 한다고 본다.

　　㉡ **불균형적 접근방법** : 행정의 중요한 국면부터 먼저 발전시킨 후, 이를 기반으로 전체적인 발전을 도모하는 것이 보다 현실적이라고 본다.

② **사회체제적 접근방법**(타 체제와의 전체적인 발전전략)

　　㉠ **균형적 접근방법**(Riggs, Eisenstadt) : 전체 사회체제의 균형적 발전을 동시에 추진해야 한다고 본다.

　　㉡ **불균형적 접근방법**(Esman, Weidner) : 행정체제와 기타 체제와의 상호의존적 관계를 도외시하는 것은 아니지만, 행정이 발전의 주도적 역할을 담당해야 한다고 본다.

(3) 비판

① **행정의 비대화** … 행정 주도의 국가발전으로 행정의 비대화와 독주를 초래할 우려가 많으며, 피동적 국민의 양산, 정치발전의 저해, 의회 · 정당 · 이익단체 · 비관료세력의 정책투입기능 약화, 독재정치의 강화 등을 야기할 수 있다.

② **서구적 편견** … 발전도상국의 발전모형과 전략을 모색함에 있어서 지나치게 서구적 편견에 사로잡혀 있다.

③ **공정성의 문제** … 관료의 자원 · 가치배분권의 공정성 확보에 어려움이 있으며 부정과 부조리를 초래할 우려가 많다.

④ **다양한 발전의 경로 봉쇄** … 행정주도의 발전전략은 결과적으로 다른 발전경로를 봉쇄하게 된다.

⑤ 과학성의 결여 … 가치판단을 지나치게 강조하고 있고 이론의 성격도 처방적·규범적이라 과학적 이론의 형성이 곤란하다.

[비교행정과 발전행정의 비교]

구분	비교행정	발전행정
행정이념	1950년대의 패러다임, 보편성, 일반성, 합법성, 민주성	1960년대의 패러다임, 특정성, 전문성, 합법성, 능률성, 민주성, 효과성, 생산성
합목적성	정태적, 일반법칙의 모색	동태적, 목표지향적
방법론적 가치관	기능주의, 체제의 특징을 중시	실용주의, 체제의 능력을 중시
변수로서의 행정	종속변수로서의 행정, 발전에 대한 비관주의	독립변수로서의 행정, 성장에 대한 낙관주의
이론의 성향	균형이론	변동이론, 불균형이론
분석지침	체제분석	체제분석 + 정책분석
사회변동과 행정	전이적 변화의 행정	계획된 변화의 행정
행정형태	지식·정보의 양만을 중시	쇄신, 성취지향성을 요구
행정학의 초점	과학성, 진단차원	기술성, 처방차원

section 9 신행정론

(1) 의의

① 개념 … 기존의 전통적 행정이론이나 행태론 등의 보수성과 정태성에 대한 반발과 미국 후기산업사회의 현실을 배경으로 적절한 행정이론의 정립과 이론의 현실적 적용을 내용으로 하는 행정이론의 새로운 사조로서 후기행태주의, 정책과학, 공공선택이론, 현상학, 행위주의, 비판행정학 등과도 긴밀한 관계를 가지며 발전했다. 사회적 형평성·인본주의적 경향 등을 특징으로 한다.

Point 팁 후기행태주의
   ㉠ 의의 : 가치중립적인 과학적·실증적 연구보다 가치평가적인 정책연구를 지향하는 입장이며 정책과학(1970년대)의 발전에 견인차 역할을 했다.
   ㉡ 대두 : 정치체계론자 D.Easton에 의해 행정학에 도입하여 행정의 정책지향성 또는 가치지향성, 실행과 적실성을 강조하고 정책과학, 현상학 등과 함께 신행정학의 중심이 되었으며, 그 후 비판행정학이나 담론이론 등 후기산업사회 행정이론의 계기가 되었다.

ⓒ 특징
- 주의주의(主意主義), 주관주의 표방
- 지식과 기술을 급박한 사회적 문제 해결에 사용할 것을 주장
- 정치학자와 행정학자들이 공공정책이 취해야 할 기본방향에 의견제시 주장

② 발달배경

㉠ 1970년대 전후 미국의 사회적 혼란기를 극복하기 위해 나타났다.
- 정치적 상황 : 월남전 패전, 워터게이트 사건 발발
- 경제적 상황 : 풍요 속의 빈곤, 스태그플레이션
- 사회적 상황 : 인종 갈등, 신·구세대 갈등

㉡ Johnson 대통령이 '위대한 사회 건설'이라는 슬로건과 큰 정부론을 제시하였다.

㉢ **미노브룩회의**: 1968년 Syracuse 대학에서 Waldo 등 소장파 학자들에 의해 개최되어 새로운 행정학의 방향을 모색함으로써 신행정학의 기원이 되었다.

③ 특징

㉠ **사회적 평등 강조** : 탈계층제를 강조하였고, 가치판단적이며, 현실적합성을 추구하였다.

㉡ **가치주의 중시** : 가치와 규범을 중시하고 인본주의를 추구하였다.

㉢ **사회변화에 대한 대응성** : 현실적합성과 처방성을 중시하였다.

(2) 내용

① 주요 접근방법

㉠ **현상학적 접근방법**
- 개념 : 현상세계에 대한 개개인의 지각으로부터 야기되는 인간의 행동을 철학적·심리학적으로 연구하는 것으로 객관적인 경험·사실보다는 인간의 내면적인 의식·경험세계를 연구하는 분야이다.
- 특징 : 인간중심적 접근으로서 기술문명과 물질주의, 관료제화 등에 의하여 초래되는 인간소외의 본질에 관심을 가지며 실증주의적·계량주의적 방법을 비판하고, 의도가 결부된 의미있는 행동과 타인과의 사회적 상호작용을 중시해야 한다고 주장한다. 철학, 도덕 등도 엄격한 경험과학으로 재정립될 수 있다고 보며 상호인식작용을 중시한다.

㉡ **역사주의적 접근방법**
- 개념 : 과거 특정 시점에서 행정체제의 발달을 이해하려고 노력하는 입장으로 법적 접근법과 어느 정도 유사하며 1960년대 이후 미국에서 강조되었다.
- 특징 : 인간존재의 순환론에 입각하여 과거를 이해하는 것을 현재의 문제를 능률적으로 해결하는 방법으로 제시한다.

기출문제

🔎 **신행정학**(New Public Administration)에 대한 설명으로 옳지 않은 것은?
▶ 2011. 4. 9. 행정안전부

① 왈도(Waldo), 마리니(Marini), 프레드릭슨(Frederickson) 등이 주도하였다.
② 기업식 정부운영을 주장하면서 신자유주의적 행정개혁에 앞장섰다.
③ 행태주의의 한계를 지적하면서 가치문제와 처방적 연구를 강조하였다.
④ 고객인 국민의 요구를 중시하는 행정을 강조하고 시민참여의 확대를 주장하였다.

Tip ② 신공공관리론에 대한 설명이다.

정답 ②

② 주요 내용

　㉠ 문제해결능력이 없는 가치중립적·현상유지적인 행태론과 실증주의를 비판했다.

　㉡ 규범적·사회적 형평을 강조했다.

　㉢ 대외적 효과성, 변화와 대응성을 강조했다.

　㉣ 정책문제해결과 정책분석을 중시했다.

　㉤ 행정의 독립변수 역할과 적극적 행정인의 역할을 강조했다.

　㉥ 수익자·고객 중심의 행정지향과 참여확대를 추구했다.

　㉦ 사회적 적실성을 갖추기 위해 '처방적·수익자 지향적·목적지향적'인 행정 연구방향을 제시했다.

　㉧ 비계층적·탈관료제적인 협력체제를 모색했다.

(3) 평가

① 너무 급진적인 면을 내포하고 있다.

② 관료들의 가치지향적 행동을 지나치게 강조·의존하고 있으며 이로 인한 행정의 통일성·능률성의 저해와 관료의 과도한 권한 확대가 우려된다.

③ 사회적 형평성의 구체적 기준이 불명확하며, 후진국과 신생국에의 적용과 참여의 확보 또한 곤란하다.

④ 비계층제적 조직의 모색은 현실적으로 불가능하다.

⑤ 행정인의 적극적이며 공정한 자세의 확보는 어렵다.

⑥ 시민, 특수이익과 행정목표, 공익과의 대립이 있는 경우에 해결이 곤란하다.

[발전행정과 신행정론의 비교]

구분	발전행정	신행정론
공통점	행정인의 적극적 역할 중시, 정치·사회문제의 처방성 및 적절성 강조, 과학성 부족, 변화지향적, 행정일원론, 가치지향성, 효과성·효율성	
차이점	• 1960년대 개발도상국에 적용 • 공무원 위주의 행정성장 • 발전 위주 • 기관형성 중시	• 1970년대 선진국에 적용 • 참여 위주의 행정분배 • 윤리 위주 • 기관형성 비판

반실증주의 철학

① 현상학
    ㉠ 의의 : 현상에 대한 개개인의 내면적인 의식으로부터 행태가 나오며, 외면적인 행태보다는 내면적인 의도가 연관된 '의미있는' 행태를 연구해야 한다는 접근방법이다.
    ㉡ 특징
      • 인본주의(인간중심적 접근법) : 인간을 목표달성의 도구로 보지 않고 인간소외의 본질을 파악하려 했으며, 인간을 능동적이고 자발적인 자아로 간주하였다.
      • 행위(action) 중시 : 의도가 결부된 '의미있는 행동(행위)'과 '타인과의 사회적 상호작용(사회성)'의 연구성을 강조하였다.
      • 철학적 연구방법 : 철학, 도덕, 가치 등도 경험과학으로 재정립이 가능하다고 주장하였다.
      • 주관주의 및 간주관성 : 주관적 내면세계나 자유로운 의사소통, 대면적 접촉에 의한 상호인식작용을 중시하였다.
② 비판행정학 … 인간의 자유를 구속하는 관료제, 법률 등을 규명하고 사회개선과 인간해방, 의미있는 인간생활의 조건을 규정하고 설계하려는 것이다.
    ㉠ **인식론적 관점** : 도구적 이성이 아닌 비판적 이성을 강조한다.
    ㉡ **특징**
      • 사회는 고립된 '부분'이 아니라 전체적인 '연관'이며 주관적 세계와 객관적 세계를 망라해야 한다.
      • 인간의 내면적인 '이성(reason)'을 중시한다.
      • 인간소외를 극복하려는 것이다.
      • 이성의 획일화·절대화·타율화를 부정하고 기존의 진리가 최고불변의 진리라는 고정관념을 배격하며 '비판적 이성'을 중시한다.
      • 왜곡 없는 자유로운 의사소통과 담론으로 참여배제, 인간소외, 권력과 정보의 비대칭성, 왜곡된 의사소통을 극복해야 한다고 주장한다.
③ 담론이론 … 행정을 시민들의 의견을 수렴하여 시민들의 의도를 반영하는 담론적 행위로 보는 주장이다.
    ㉠ **이론적 기초** : 구성주의, 현상학, 해석학
    ㉡ **이념적 기초** : 의사소통에 의한 행정의 민주성, 정당성, 대응성 확보

기출문제

문 신행정학(New Public Administration)의 핵심 내용으로 옳은 것만을 모두 고른 것은?
▶ 2017. 4. 8. 인사혁신처

㉠ 효율성 강조
㉡ 실증주의적 연구 지향
㉢ 적실성 있는 행정학 연구
㉣ 고객중심의 행정
㉤ 기업식 정부 운영

① ㉠, ㉡
② ㉡, ㉢
③ ㉢, ㉣
④ ㉣, ㉤

Tip 신행정론은 행정행태론 등 기존의 행정학을 비판하면서 대두된 가치주의의 행정학이다. 행정행태들이 강조하는 실증주의와 과학주의에서 벗어나 행정의 규범성, 가치의 발견과 실천, 개인과 조직의 윤리성, 고객 중심의 행정, 사회형평의 실현 등 현실의 문제를 해결하려고 하였다.

정답 ③

문 **공공선택론에 대한 설명으로 옳지 않은 것은?**

▶ 2016. 6. 18. 제1회 지방직

① 공공선택론은 역사적으로 누적 및 형성된 개인의 기득권을 타파하기 위한 접근이다.
② 공공선택론은 공공재의 공급에서 경제학적인 분석도구를 적용한다.
③ 공공선택론에서는 공공서비스를 독점 공급하는 전통적인 정부관료제가 시민의 요구에 민감하게 대응할 수 없는 장치라고 본다.
④ 공공선택론은 공공서비스의 효율적 공급을 위해서 분권화된 조직장치가 필요하다는 입장이다.

Tip 공공선택론은 역사적으로 누적 및 형성된 개인의 기득권을 유지하기 위한 보수적 접근이라는 비판을 받는다.

문 **공공선택이론에 대한 설명으로 옳지 않은 것은?**

▶ 2018. 5. 19. 제1회 지방직

① 사회의 비시장적인 영역들에 대해서 경제학적 방식으로 연구한다.
② 시민들의 요구와 선호에 민감하게 부응하는 제도 마련으로 민주행정의 구현에도 의의가 있다.
③ 전통적 관료제를 비판하고 그것을 대체할 공공재 공급방식의 도입을 강조한다.
④ 효용극대화를 추구한다는 합리적 개인에 대한 가정은 현실 적합성이 높다고 평가받는다.

Tip 효용극대화를 추구한다는 합리적 개인에 대한 가정은 현실적 합성이 낮다고 평가받는다.

┃정답 ①, ④

section 10 공공선택이론

(1) 의의

① 의의 … 공공재와 공공서비스를 시장과 같이 시민 개개인이 선호를 표현하고 스스로 선택할 수 있도록 하여 공공재에 대한 선호를 어떻게 조정해야 바람직한 선택이 될 수 있는지를 연구하는 이론이다.

② 공공선택이론의 성립배경과 문제의식
  ㉠ 파레토 최적의 실현 및 공공부문의 시장경제화
  ㉡ 계층구조의 한계
  ㉢ 시민 개개인의 선호 중시

Point 팁 **공공선택이론의 기본가정과 특징**
  ㉠ 방법론적 개체주의 : 개인들을 연구대상으로 하는 개체 중심의 방법론을 취한다.
  ㉡ 합리적인 이기주의자 : 모든 개인은 효용의 극대화 전략에 의한 의사결정을 하며, 수단적·공식적 합리성을 추구한다.
  ㉢ 민주주의적 방법에 의한 집단적 결정 중시 : 소비자 중심의 민주적 행정패러다임에 의한 집합적인 정책결정을 중시한다(비용의 극소화, 동의의 극대화).
  ㉣ 재화와 용역의 공공성 및 정책의 파급효과 강조 : 공공재의 비배제성·공공성, 정책의 효과를 중시하며, 따라서 정책분석기능도 중시한다.
  ㉤ 제도적 정치 마련 강조 : 제도적 정치는 의사결정에 영향을 끼치게 되므로 공공재의 공급과 생산에 적절한 제도적 정치가 마련되어야 한다.

(2) 공공선택이론의 모형

① **뷰캐넌(Buchanan)과 털록(Tullock)의 비용극소화모형** … 정책결정에 있어 동의의 극대화를 위해 참여자를 증가시킬 경우 비용도 증가되므로 비용의 극소화와 동의의 극대화를 조화시켜 적정한 수의 참여자를 찾으려는 모형이다.

② **오스트롬(Ostrom) 부부의 모형**
  ㉠ 행정을 수행하는 개인(관료 포함)도 타인처럼 부패할 수 있다. 전문관료는 더 이상 윤리인으로서 최선의 공공재 공급자가 아니다.
  ㉡ 권한이 분산되지 않거나 다른 기관들 간에 견제와 통제가 이루어지지 않는다면 권력은 남용될 가능성이 커진다.
  ㉢ 행정은 정치영역이므로 공공서비스의 공급은 정책결정자에 의해 결정된다.
  ㉣ 다른 기관과의 조정은 계층체제 내의 제한된 명령권뿐만 아니라 상호이익, 경쟁, 판결 등에 의한 계약에 의해 이루어진다.

ⓜ 계층적인 단일의 명령계통은 여러 환경에 의해 다양한 공공재나 공공서비스를 요구하는 주민들의 다양한 선호에 거대한 행정조직이 대응하지 못할 뿐만 아니라 능률성도 떨어진다.

ⓑ 안정적인 정치적 질서의 유지를 위해서는 거부권을 가진 여러 기관에 권위가 배분되어야 하며, 복합적 명령관계와 다수기능을 내용으로 하는 중첩적·동태적 조직구조를 형성하여야 한다.

③ **다운즈(Downs)의 이론** … 정당에 물적·인적자원을 제공할 수 있는 기업 등을 위한 정책 수립은 결과적으로 일반 국민들의 이익에 반하게 되는 정책들로 정책실패가 발생된다는 것이다.

④ **니스카넨(Niskanen)의 관료예산극대화가설** … 관료의 이익을 극대화하기 위하여 예산을 극대화하는 형태를 보이는데, 그 결과 정부의 산출물은 적정 생산수준보다 2배의 과잉생산이 이루어진다고 주장한다.

⑤ **투표정치모형** … 공공서비스를 선택함에 있어 투표방식을 통해서는 최선의 사회적 선택이 이루어질 수 없다는 '정부실패' 현상을 설명하는 이론이다.
  ㉠ **K.J. Arrow의 불가능성 정리** : 투표행위가 그 역설적 현상으로 인해 바람직한 사회적 선택을 확보해 주지 못한다는 이론이다.
  ㉡ **중위투표자정리(median voter Theorem)** : 양대 정당체제하에서 시민의 선호가 서로 다른 다수의 대안적 사업(정책)이 존재할 때 두 정당은 집권에 필요한 과반수의 득표를 얻기 위해 극단적인 사업보다는 주민의 중간수준의 선호사업에 맞춘 정책을 제시하게 된다.
  ㉢ **투표의 교환(Log rolling)** : 담합에 의해 자신의 선호와는 상관 없는 대안에 투표하는 집단적 의사결정행태이다.
  ㉣ **티부가설(Tievout Hypothesis)** : 공공재의 적정공급은 국민의 선호와 관계없이 정치적 과정을 통하여 공급될 수밖에 없다는 이론이다.

(3) 공공선택론의 유용성과 한계

① **유용성**
  ㉠ 시민들의 다양한 요구와 선호에 민감하게 응할 수 있는 제도적 장치 마련의 계기가 되었다.
  ㉡ 관할구역을 배타적으로 설정하지 않고 다중관료장치에 의해 지역이기주의나 외부효과 문제에 대응할 수 있는 가능성을 제시하였다.

② **한계**
  ㉠ **시장실패 우려** : 경제학적 가정의 편협성과 시장논리에 의한 경제적 동기만을 중시하여 시장실패의 논란이 제기되고 있다.

문 티부(Tiebout) 모형의 가정(assumptions)으로 옳지 않은 것은?
▶ 2016. 4. 9. 인사혁신처

① 충분히 많은 수의 지방정부가 존재한다.
② 공급되는 공공서비스는 지방정부 간에 파급효과 및 외부효과를 발생시킨다.
③ 주민들은 언제나 자유롭게 이동할 수 있다.
④ 주민들은 지방정부들의 세입과 지출 패턴에 관하여 완전히 알고 있다.

Tip 티부가설은 공급되는 공공서비스는 지방정부 간에 파급효과 및 외부효과를 발생시키지 않는다고 전제한다.
※ 티부가설 … 주민들이 지역(지방자치단체) 간에 자유롭게 이동할 수 있기 때문에 지방공공재에 대한 주민들의 선호가 표시되며, 따라서 지방공공재 공급의 적정 규모가 결정될 수 있다. 다음과 같은 가정을 전제로 한다.
㉠ 다수의 지역사회(지방정부) 존재
㉡ 완전한 정보
㉢ 지역 간 자유로운 이동 – 완전한 이동
㉣ 단위당 평균비용 동일 – 규모의 경제 작용하지 않음, 규모수익불변
㉤ 외부효과의 부존재
㉥ 배당수입에 의한 소득 – 재산세
㉦ 한 가지 이상의 고정적 생산요소 존재
㉧ 최적규모의 추구 – 규모가 크면 주민 유출, 작으면 주민유입

정답 ②

기출문제

🔍 행정학의 접근 방법에 대한 설명으로 옳은 것은?

▶ 2020. 7. 11. 인사혁신처

① 법적·제도적 접근 방법은 개인이나 집단의 속성과 행태를 행정 현상의 설명변수로 규정한다.
② 신제도주의 접근 방법에서는 제도를 공식적인 구조나 조직 등에 한정하지 않고, 비공식적인 규범 등도 포함한다.
③ 후기 행태주의 접근 방법은 행정을 자연·문화적 환경과 관련하여 이해하면서 행정체제의 개방성을 강조한다.
④ 툴민(Toulmin)의 논변적 접근 방법은 환경을 포함하여 거시적인 관점에서 행정 현상을 분석하고, 확실성을 지닌 법칙발견을 강조한다.

Tip ① 법적·제도적 접근 방법은 헌법이나 법률에 근거한 각종 제도·기관·직제 등을 연구하는 이론으로 개인이나 집단의 속성과 행태를 고려하지 못한다.
③ 생태론에 대한 설명이다.
④ 논변적 접근방법은 자연현상의 법칙성을 연구하는 과학과는 달리 행정현상과 같은 가치측면의 규범성을 연구할 때는 결정에 대한 주장의 정당성을 갖추는 것이 중요하다고 보고 행정에서 진정한 가치는 자신들의 주장에 대한 논리성을 점검하고 상호 타협과 합의를 도출하는 민주적 절차에 있다고 본다.

┃정답 ②

ⓛ 국가역할에 대한 보수적 견해 : 국가의 역할을 경시하고 정부기능이나 역할의 억제, 자유의 극대화만을 중시한다.
ⓒ 현실적합성의 부족 : 공공선택론에 기초를 둔 해결책도 현실적합성이 높지 않다는 비판이 제기된다.

section 11 신제도론적 접근법

(1) 의의

① 제도와 인간의 행태 사이의 동태적인 관계를 설명하는 새로운 제도이론이다.
② 제도는 인간이 창조한 종족변수인 동시에 인간의 행동을 구속하는 독립변수이다.

Point 팁 구제도론과 신제도론

구분	구제도론	신제도론
개념	공식적인 법령	공유하고 있는 규범
형성	외생적 요인에 의해 일방적으로 결정	제도와 행위자 사이의 상호작용으로 형성
특성	공식적·구체적·정태적	비공식적·상징적·도덕적·문화적·동태적
접근법	거시주의	거시와 미시의 연계

(2) 유파

① 사회학적 신제도주의(문화적 신제도주의)

ㄱ 의의
• 제도의 범위를 가장 넓게 정의한다. 제도를 공식적 규칙이나 절차, 규범뿐 아니라 '문화'라는 차원으로 이해한다.
• 조직과 환경과의 관계를 중시하는 '조직이론'을 토대로 하며, 형이상학적 신비주의나 현상학, 민속학, 인지심리학 등에 기초를 두고 있다.

ㄴ 특징
• 제도의 비공식적 측면과 인지적 측면을 중시한다.
• 제도의 변화를 제도적 동형화의 과정으로 파악한다.
• 구조적 동질화의 과정을 증명하기 위해 해석학 및 귀납적 방법론을 사용한다.

ㄷ 한계
• 조직 간 제도의 차이점 설명이 곤란하다.
• 제도적 압력에 대한 조직의 다양한 전략적 대응을 무시한다.
• 권력관계와 갈등을 무시한다.
• 제도화의 이유로서 기술적 능률성을 무시한다.

② 합리적 신제도주의

ⓐ 의의

- 행위자들은 일반적으로 자신의 고정된 선호의 집합을 지니고 있고, 개인은 이러한 선호를 극대화하기 위한 수단으로 전략적 · 계산적 행동을 취한다고 가정한다.
- 공공선택이론, 주인−대리인 이론, 거래비용경제학, 공유재 이론 등이 이에 속한다.

ⓑ 특징

- 집단행동의 딜레마를 해결하기 위한 장치로서 제도를 인식한다.
- 개인의 선호체계는 주어진 것으로 가정한다.
- 행위자의 전략적 행위와 안정적 균형을 중시한다.
- 개인의 전략적 선택의 결과로서의 제도를 중시한다.

ⓒ 한계

- 행위자의 선호 형성에 대한 설명이 없다.
- 제도의 동태적이고 비공식적인 측면을 소홀히 한다.
- 이론의 실제 적용과 현실에 대한 설명이 미흡하다.

③ 역사적 신제도주의

ⓐ 의의

- 제도를 '장기간에 걸친 인간행동의 정형화된 유형' 또는 '정치체제나 경제체제의 구조에 내포된 공식 · 비공식적 절차, 규칙, 규범, 판례' 등으로 본다.
- 인류의 보편적 제도는 없으며 국가가 제도형성의 주체라는 입장으로 정치적 신제도주의라고도 한다.

ⓑ 특징

- 독립변수와 종속변수로서의 제도 인식
- 정치적 영역의 상대적 자율성의 중시
- 정책연구에서의 역사와 맥락에 대한 강조
- 권력관계의 불균형과 정책
- 역사발전의 비효율성, 제도의 지속성과 경로의존성

ⓒ 한계

- 사회과학의 연구결과의 축적과 이에 기반한 체계화 · 일반화된 이론의 발달을 기대하기 어렵다.
- 제도와 행위 간의 정확한 인간관계를 제시하지 못한다.
- 제도의 변화보다 제도의 지속성에 대한 설명에 치중하였다.

기출문제

문 신제도주의에 대한 설명 중 가장 옳은 것은?
▶ 2017. 3. 18. 제1회 서울특별시

① 합리적 선택 제도주의는 방법론적 전체주의 입장에서 제도를 개인으로 환원시키지 않고 제도 그 자체를 전체로서 이해함을 강조한다.
② 역사적 제도주의는 선진 제도 학습에 따른 제도의 동형화를 강조한다.
③ 사회학적 제도주의는 기존 경로를 유지하려는 제도의 속성을 강조한다.
④ 사회학적 제도주의는 조직구성원이 제도를 넘어선 효용극대화의 합리성에 따라 행동하기보다 주어진 제도 안에서 적합한 방식을 찾아 행동할 가능성이 높음을 강조한다.

Tip ① 합리적 선택 제도주의는 방법론적 개체주의 입장에서 제도를 개인으로 환원시킨다.
② 역사적 제도주의는 제도의 지속성과 제도형성의 과정을 강조한다. 제도의 동형화를 강조하는 것은 사회학적 제도주의이다.
③ 기존 경로를 유지하려는 제도의 속성을 강조하는 것은 역사적 제도주의이다.

정답 ④

[신제도론의 유파별 비교]

구분	사회학적 신제도주의	합리적 신제도주의	역사적 신제도주의
개념	개인의 행위를 제약하는 의미구조, 상징, 인지적·도덕적 기초, 사회문화	개인들의 전략적 상호작용에 의하여 제도가 구조화	동일 목적의 제도가 나라마다 다르게 형성되는 역사적 특징
범위	제도 자체를 분석	개인의 거래행위 분석	국가, 정치체제 = 제도
선호	제한, 내생적(사회적 제약이 개인선호를 결정)	고정, 외생적(사회적 제약을 받지 않음)	내생적(집단의 선호를 결정하는 '정치체제'가 개인선호를 재형성)
접근법	귀납적(경험적, 현상학)	연역적, 방법론적 개체주의	귀납적(사례연구, 비교연구)

(3) 공유재 이론

① 의의 … 경제적 생산활동의 결과는 경제활동과 사회를 지배하는 규칙에 크게 달려 있다고 보고 행위규칙을 중시하였다.

② 신제도론의 적용 … 시장실패의 요인을 막으려면 국가가 관여하든지, 이해당사자의 합의를 통해 행위규칙을 형성해야 한다.

section 12 신공공관리론(New Public Management)

(1) 의의

① 개념 … 종래의 권력적 행정작용에서 벗어나 주민에게 효율적으로 공공서비스를 제공하는 작지만 강하고 효율적인 정부로 가기 위한 행정개혁의 시도로 볼 수 있다.

② 등장배경

  ㉠ 역사적 배경 : 정보화사회에서 계층제 중심의 체제는 비효율적이었으며, 사회복지정책의 후퇴, 정부규모의 비대화 비판 등 정부에 대한 불신이 심화되면서 작은 정부를 지향하게 되었다.

  ㉡ 이론적 배경 : 신관리주의, 신자유주의, 공공선택이론, 신제도론 등에 이론적 기반을 둔다.

Point 팁 신보수주의·신자유주의·제3의 길

구분	신보수주의	신자유주의	제3의 길
시기	1960년대	1990년대	1990년대 중반이후
강조점	감축관리	총체적 행정개혁	공동체 정신

(2) 주요 내용

① **신공공관리론의 패러다임** … 거버넌스(국정경영)를 중시하고 분권화와 민영화, 시장화 등에 의하여 정부와 국민을 동반자적 관계로 보고 국민의 복지증진, 질서 유지를 위한 방향키의 역할을 정부의 주된 임무로 인식한다.

ㄱ **시장주의** : 공공서비스의 생산에서 공공적인 결정과 집행에 의존하지 않고 가격에 따라 움직이는 시장의 원리에 의존하려는 것이다. 정부의 관여없이 중요한 경제문제를 해결한다는 의미에서 신공공관리론을 신자유주의적 관리라고 부르기도 한다.

ㄴ **신관리주의** : 인사 · 예산 등 내부통제의 완화를 통해 일선관료에게 재량권과 책임을 부여하여 성과 향상을 꾀하자는 것으로 경영의 부분을 도입한 것이다. 가장 좁은 의미의 신공공관리론이다.

② **특징**

ㄱ **정부기능의 감축 및 공공부문의 시장화** : 계약에 의한 민간위탁, 공기업화 등에 의한 감축관리를 한다.

ㄴ **정부와 민간의 공동생산체제 확대** : 개인도 공동생산자로서 인식한다.

ㄷ **행정조직을 비롯한 인사 · 재정의 신축성 · 탄력성 추구** : 조직의 재구축, 기술 및 과정의 재설계, Re-Orientation 등 조직의 분권화 및 책임운영기관을 도입한다.

ㄹ **개방형 임용제** : 경력직 공무원을 축소하고 유능한 인재를 계약제에 의하여 임용한다.

ㅁ **절차 · 과정보다 결과 · 성과에 중점** : 목표의 명확화, 결과 달성을 위한 명확한 책임 할당, 목표치의 설정, 적절한 인센티브 제공, 성과의 측정 및 보고, 필요한 사후관리 및 조치 등을 중시한다.

ㅂ **고위관리자의 개인적 책임 · 역할 강조** : 조직과 관리자에게 권한을 부여함으로써 혁신과 창의성을 고취시킨다.

ㅅ 성과급을 도입하고 근무성적평정제도를 강화한다.

ㅇ **기업형 정부 구현** : 벤치마킹 등을 통한 국내 · 외 기업의 우수한 경영방식 등을 수용함으로써 행정에 경영마인드를 도입하여 정부의 생산성을 극대화한다.

ㅈ **총체적 품질관리(TQM) 등에 의한 고객지향적 행정관리** : 소비자 주권의 행정을 구현하기 위해 종래 효과성 등의 행정이념이 지배하던 양의 개념 대신 고객에 대한 행정서비스의 질의 제고에 초점을 둔다.

ㅊ **예산회계규정의 완화** : 절약예산의 이월 허용, 총액예산제도 도입, 발생주의 회계제도 도입 등 예산회계 규정을 완화한다.

문 **전통적 관리와 TQM(Total Quality Management)에 대한 설명으로 가장 옳지 않은 것은?**
▶ 2018. 6. 23. 제2회 서울특별시

① 전통적 관리체제는 기능을 중심으로 구조화되는 데 비해 TQM은 절차를 중심으로 조직이 구조화된다.

② 전통적 관리체제는 개인의 전문성을 장려하는 분업을 강조하는 데 비해 TQM은 주로 팀 안에서 업무를 수행할 것을 강조한다.

③ 전통적 관리체제는 상위층의 의사결정을 위한 정보체제를 운영하는 데 비해 TQM은 절차 내에서 변화를 이루는 사람들이 적시에 정확한 정보를 소유하는 데 초점을 둔다.

④ 전통적 관리체제는 낮은 성과의 원인을 관리자의 책임으로 간주하는 데 비해 TQM은 낮은 성과를 근로자 개인의 책임으로 간주한다.

Tip 전통적 관리체제(엄격한 분업구조)는 낮은 성과의 원인을 근로자 개인의 책임으로 간주하는 데 비해 TQM은 협업을 중시하는 관리방식이므로 낮은 성과의 원인이 동기유발과 팀워크 관리를 책임지는 관리자에게 있다고 본다.

정답 ④

ㅋ **정부규제의 개혁**: 규제의 비용과 효과를 면밀히 검토하여 규제 이외의 다른 대안을 탐색한다.

(3) 방법

① TQM(총체적 품질관리) … 고객만족을 목표로 서비스의 질을 향상시키기 위하여 전 생산공정 과정에서의 하자여부를 총체적으로 재검토하는 기법으로 조직전체의 책임이 강조되고 팀워크가 중시되며 전체적 입장에서 투입과 과정의 계속적인 개선을 모색하는 장기적·전략적인 품질관리를 위한 원칙 또는 관리철학이다.

② Downsizing … 정부의 비대·비효율에 대응한 정부인력·기구·기능의 감축을 의미하고 일선으로의 권한위임이나 업무의 분산처리방법을 강조한다.

③ Benchmarking System … 국내외 우수한 기업이나 조직의 성공사례를 그대로 모방하여 유사한 조직이나 기업에 적용시킴으로써 불확실성을 감소시키고 성공확률을 높이는 경영방식이다. 각국에서는 사행정의 이러한 관리기법을 공행정에 도입하여 적극 활용하고 있다.

④ Restructuring … 유형·무형의 사회간접자본을 재구축하자는 것으로, 경영관리 상태를 개선하기 위해 조직의 사업구조나 업무 재구축 등의 과감한 조처를 통해 관리향상을 모색하는 의도적·체계적인 관리기법이다.

⑤ Reengineering … 재공정이라고도 하는데 조직의 업무과정을 근본적으로 재설계하는 것을 말한다. 즉, 점진적 개선보다는 극적인 업무성과의 향상을 도모하기 위하여 업무프로세스(process)를 기본적으로 처음부터 재공정하여 현재의 조직구조나 절차를 버리고 근본적인 재설계를 하는 관리기법이다.

⑥ Reorientaion … 자유경제의 시장원리와 성과지향적 경제원칙을 수용해서 '보호보다는 경쟁, 규제보다는 자유'를 지향하는 새로운 관리목표의 재설정을 의미한다.

⑦ Outsourcing … 외주화 또는 민간위탁이라고도 말하며 정부행정기관이 행정서비스를 제공함에 있어서 민간공급자의 경쟁을 통한 상업적인 계약에 의해 행정업무를 대신 수행하도록 하는 방식이다.

⑧ **시장성 검정(market testing)** … 공공부문 내의 기존 사업들을 전반적으로 검토하여 폐기하는 것으로 전략적 외부위탁, 시장성 평가, 민영화, 내부구조조정 등을 판단하는 기능검토과정이다.

⑨ **시민헌장제도(Citizen's Charter)** … 공공서비스의 기준과 내용, 제공절차와 방법, 잘못된 서비스의 시정 및 보상 등을 구체적으로 정하여 이를 시민의 권리로 공표하고 실현을 국민에게 약속하는 것이다.

(4) 오스본과 게블러(D. Osborne & T. Gaebler)의 「정부재창조(Reinventing Government, 1992)」

기업가적 정부운영의 10대 원리를 제시

구분	전통적 관료제	기업가적 정부(entrepreneurial government)	
정부역할	노젓기(rowing), 사공	방향키(steering), 조타수	촉매적·촉진적 (Catalytic) 정부
정부활동	서비스 직접 제공 (serving)	지역사회 권한 부여 (empowering)	지역사회가 주도하는 정부
서비스 공급 방식	서비스의 독점적 공급 (monopoly)	경쟁 도입(competition)	경쟁적 정부
	행정메커니즘 (인위적 질서체제)	시장메커니즘 (자율적 질서체제)	시장지향적 정부
관리기제	규칙·규정 중심 관리 (role-driven)	임무·사명 중심 관리 (mission-driven)	사명·임무중심 정부
관리방식	투입중심 예산 (budgeting-inputs)	성과·결과 중심 예산 (funding outcomes)	결과[성과]지향 정부
	지출 지향(spending)	수익 창출(earning)	기업가적 (Enterprising) 정부
	사후 치료·치유(cure)	예측·예견과 사전예방(prevention)	미래지향적·예견적 정부
	집권적 계층제 (명령·통제) (hierarchy)	분권·참여·팀워크 (participation/teamwork)	분권적 정부
주체·책임성	관료(행정)중심	고객(국민)중심 (customer driven)	고객지향 정부

(5) 한계

① 공공서비스의 공급을 정부기관 밖에서 하면 심각한 윤리적·관리적 책임문제가 제기될 수 있다.

② 계층 간의 형평성이 약화될 수 있다.

③ 성과의 측정이 어렵다.

④ 정부와 관료제에 대한 계속적 비판은 공무원의 사기저하를 부르고 공직에 대한 불신을 초래한다.

⑤ 공공부문과 민간부문의 환경 간의 근본적 차이를 도외시하고 있다.

기출문제

문 행정이론에 대한 설명으로 가장 옳지 않은 것은?
▶ 2017. 3. 18. 제1회 서울특별시

① 신공공관리론에서는 국민을 납세자나 일방적인 서비스 수혜자가 아닌 정부의 고객으로 인식한다.

② 탈신공공관리론은 신공공관리론의 결과로 나타난 재집권화와 재규제를 경계한다.

③ 뉴거버넌스론의 하나인 유연조직모형에서는 관리의 개혁방안으로 가변적 인사관리를 제시한다.

④ 신공공서비스론에서는 공익을 공유된 가치에 대한 담론의 결과물로 인식한다.

> **Tip** 탈신공공관리론은 신공공관리론에 대한 비판적 관점에서 신공공관리론의 한계를 수정·보완하였다. 탈신공공관리론은 재집권화와 재규제를 주장한다.

문 신공공서비스론의 주장으로 보기 어려운 것은?
▶ 2017. 12. 16. 지방직 추가선발

① 관료가 반응해야 하는 대상은 고객이 아닌 시민이다.

② 정부의 역할은 방향제시(steering)가 아닌 노젓기(rowing)이다.

③ 관료의 동기부여 원천은 보수나 기업가 정신이 아닌 공공서비스 제고이다.

④ 공익은 개인이익의 단순한 합산이 아닌 공유하고 있는 가치에 대해 대화와 담론을 통해 얻은 결과물이다.

> **Tip** 노젓기(rowing)는 전통적 행정이론에서, 방향잡기(steering)는 신공공관리론에서 주장한 정부의 역할이다. 신공공서비스론은 정부의 역할로 시민에게 봉사하는 것을 주장한다.

정답 ②, ②

기출문제

問 신공공서비스론의 기본원칙에 대한 설명으로 옳지 않은 것은?

▶ 2015. 3. 14. 사회복지직

① 관료역할의 중요성은 시민들로 하여금 그들의 공유된 가치를 표명하고 그것을 충족시킬 수 있도록 도와주는 데 있다.

② 관료들은 시장에만 주의를 기울여서는 안 되며 헌법과 법령, 지역사회의 가치, 시민의 이익에도 관심을 기울여야 한다.

③ 예산지출 위주의 정부 운영 방식에서 탈피하여 수입 확보의 개념을 활성화하는 것이 필요하다.

④ 공공의 욕구를 충족시키기 위한 정책은 집합적 노력과 협력적 과정을 통해 효과적으로 달성될 수 있다.

Tip 신공공서비스론은 시장주의에 반발하고 공동체적 가치를 중시하므로 수입확보의 활성화를 강조하지 않는다. 수입확보를 강조하는 것은 신공공관리론이다.

정답 ③

Point **탈신공공관리론**

탈신공공관리(post-NPM)은 2007년 T. Christensen와 P. Laegreid가 「신공공관리론을 넘어」를 출간하면서 본격화되었다.

비교		신공공관리론(NPM)	탈신공공관리론(post-NPM)
정부 기능	기본 철학	시장지향주의 – 규제완화	정부의 정치·행정적 역량 강화 – 재규제, 정치적 통제 강조
	주요 가치	경제성, 능률성	민주성, 형평성도 함께 고려
	정부 규모	감축 – 민영화, 민간위탁	민영화에 대한 신중한 접근
조직 구조	기본 모형	탈관료제	관료제와 탈관료제의 조화
	구조 특징	비항구적·유기적 구조 – 임시조직 활용, 분권화	재집권화(조정 중시) – 분권화와 집권화의 조화

section 13 신공공서비스론(New Public Service)

(1) 등장

① 신공공관리론의 지나친 시장 지향성과 고객 의존성에 대한 한계를 인식하였다.

② 대의민주주의의 실패를 극복하는 대안으로서의 신공공관리론의 한계를 인식하고, 대리인체제 극복을 위해 시민의 직접참여를 유도, 국정 수행방식을 개혁하려는 입장이다.

(2) 의의

① 개념

　㉠ 행정과정에서 시민참여를 바탕으로 한 대화, 담론 등을 통해 행정업무를 수행할 것을 주장한다.

　㉡ 국가의 주인인 시민의 권리를 회복시키고 지역공동체 의식의 복원을 강조한다.

② 배경

　㉠ 이론적 배경 : 지역공동체와 시민사회모델, 시민 재창조론, New Governance 등에 이론적 기반을 둔다.

　㉡ 현실적 배경 : 기존 관료제에 대한 거부와 신공공관리론의 공공성 및 형평성 손상 문제 등

(3) 7가지 기본원칙(R. Denhardt와 J. Denhardt)

① 행정의 역할은 방향잡기(조정)보다는 시민에 대한 봉사[서비스](Serve, rather than steer) … 정부역할은 규칙제정과 같은 방향잡기가 아닌 시민에 대한 서비스(봉사)에 초점을 두어야 한다. 정부는 정책과정에서 의제설정, 관련 당사자의 참여, 문제해결을 위한 토론·타협을 지원하는 역할을 수행해야 한다.

기출문제

　　㉠ **정책에 대한 시각** : 정책은 다양한 집단의 상호작용 결과로 나타나므로 정부는 사회를 움직이는 과정에서 중요한 역할을 담당하는 하나의 행위자에 불과하며, 정책에 대한 책임을 전적으로 감내할 필요는 없다.

　　㉡ **관료역할 – 봉사**(service) : 관료의 역할은 지역사회가 직면한 문제를 해결하기 위해 공유가치를 창출하고 의사일정을 마련하여 관련 당사자들을 한 자리에 모아 문제해결 방안을 촉진하며 시민과 지역공동체 간 이익을 중재하고 협상하게 함으로써 시민들의 공유된 이익을 달성하도록 도와주고 모든 사람에게 더 나은 생활을 보장해야 함. 따라서 시민들에게 힘을 실어주고 시민에게 봉사하는 정부의 역할을 강조하므로 정부 규모의 일방적 축소를 지양(止揚)한다.

② **공익은 부산물이 아니라 목적**(The public interest is the aim, not the by‒product) … 공익은 공유된 가치를 창출하는 담론을 통해 얻은 결과물이다.(공익에 대한 담론 중시). 행정인은 공익에 대해 집단적으로 공유할 수 있는 개념을 구축하여 개인적 선택에 의한 빠른 해결책을 찾기 보다는 공유할 수 있는 이해와 책임을 창조해야 한다. 관료는 시민들이 담론을 통해 공동가치를 표현하고 공익에 대한 집단적 의미로 발전시키는 공적 에너지의 장을 만드는 역할을 해야 한다.

③ **행정의 활동방식은 전략적 사고와 민주적 행동**(Think strategically, act democratically) … 정부는 지역공동체에 시민들이 자발적으로 참여하고 책임성을 다하도록 지원적 · 조장적 역할을 수행한다. 공동의 비전을 형성하고 실천하기 위해 모든 당사자들이 합심 · 협력하게 하려면 전략적 사고에 의한 계획과 민주적 실천이 필요하다.

④ **고객이 아니라 시민에게 봉사**(Serve citizens, not customers) … 공무원은 고객이라는 단기적이고 이기적인 손님의 요구에 단순히 반응하기 보다는 시민 사이의 믿음 · 협동관계를 구축해야 한다. 정부는 직접적인 고객(구매력을 가진 자) 이외의 사람들(약자)에게도 봉사하므로 형평성에 대한 요청을 져버려서는 안 된다.

⑤ **책임의 다원성 – 책임은 단순하지 않음**(Accountability isn't simple) … 정부책임의 범위는 단순히 시장지향적 · 성과지향적인 이윤 추구 · 달성이 아니라, 법률과 헌법, 공동체가치, 정치규범, 전문직업적 기준, 시민들의 이해에 이르기까지 광범위함. 이러한 다면적 책임이 요구되는 상황에서는 관료들이 정책결정을 독자적으로 해서는 안 되며 시민참여와 토론을 거쳐야 한다.

⑥ **생산성(능률성)보다는 인간적 가치(민주성) 중시**(Value people, not just productivity) … 생산성 개선을 부인하지는 않지만 인간을 존중하고 인간을 통한 관리를 강조한다. 공공조직이나 공공조직에 참여하는 네트워크는 인간존중에 바탕을 둔 공유된 리더십과 협동의 과정을 통해 운영될 때 성공할 수 있다.

신공공관리론과 뉴 거버넌스론에 대한 설명으로 옳은 것은?

▷ 2013. 8. 24. 제1회 지방직

① 신공공관리론에서 관료의 역할은 조정자이며, 뉴 거버넌스론에서 관료의 역할은 공공기업가이다.
② 신공공관리론과 뉴 거버넌스론에서는 정부의 역할로서 노젓기(rowing)보다는 방향잡기(steering)를 강조한다.
③ 신공공관리론과 뉴 거버넌스론에서는 산출(output)보다는 투입(input)에 대한 통제를 강조한다.
④ 신공공관리론에서는 부문 간 협력에, 뉴 거버넌스론에서는 부문 간 경쟁에 역점을 둔다.

Tip ① 신공공관리론에서 관료의 역할은 공공기업가이며, 뉴거버넌스론에서 관료의 역할은 조정자이다.
③ 신공공관리론과 뉴거버넌스론에서는 투입보다는 산출에 대한 통제를 강조한다.
④ 신공공관리론은 부문 간 경쟁을 강조하는 데 비해, 뉴거버넌스론에서는 부문 간 협력에 역점을 둔다.

∥정답 ②

⑦ 기업가정신보다 citizenship(시민정신·시민의식)과 공공서비스의 가치 중시(Value citizenship and public service above entrepreneurship) … 공무원은 거버넌스 과정의 책임 있는 참여자이지 단순한 기업가가 아니다. 공무원은 공적자금의 관리자, 공공조직의 유지자, 시민정신과 민주적 담론의 촉진자, 공동체가 성립되게 하는 촉진자, 일선업무의 지도자(street-level leader ; 길바닥 수준의 리더, 시민에 근접한 일선의 리더)로서 역할을 통해 시민에게 봉사할 책임을 진다.

(4) 평가

① **긍정적 측면**
ㄱ 민주주의의 규범적 모델 제시하여 능률성 위주의 개혁에 대한 근거를 제공한다.
ㄴ 공무원이 지녀야 할 규범적 방향을 제시한다.
ㄷ 합의, 담론, 공론 등 민주행정의 모습을 제시한다.

② **부정적 측면**
ㄱ 구체적 대안이 부족하였다.
ㄴ 시민의 참여가 불평등하였다.
ㄷ 참여를 위한 비용적 측면을 고려하지 않았다.

section 14 국정관리(Governance)

(1) 의의

종래의 일방적 통치가 아니라 분권화·민영화·시장화 등에 의해 정부와 국민을 동반자적 관계로 보고 국민의 복지, 질서유지를 정부의 주된 임무로 인식하는 것이다.

(2) 거버넌스의 등장 배경

① **전통적 정부의 한계** … 전통적인 대의민주주의와 거대한 정부관료제(계층제, 명령과 통제, 법과 규정에 의한 행정, 집권적 조정 중시)는 시민의 다양한 욕구와 의사를 반영하지 못하였다(too big for small problems and too small for big problems).

② **재정위기** … 재정 위기에 직면하여 국가는 장기적·사회적 비용절감차원에서 정책네트워크나 개인·공공 간 연계를 강화함으로써 문제를 해결하고자 하였다.

③ **사회문제의 변화** … 사회문제의 복잡성 증가로 인해 정부만으로 해결할 수 없는 공공문제가 증가하였다.

기출문제

④ **중앙정부의 공동화**(空洞化 ; hollowing－out) **현상** … 신공공관리론의 민영화, 탈규제 등의 혁신정책으로 국가기능은 점점 공동화 현상을 맞게 되고, 정부의 독점적 지위나 권위주의적 국가주의는 약화되었다.

⑤ **공 · 사 영역 2분법의 해체** … 복잡한 환경에 대응하고 공공문제를 해결하기 위해 정부, 시장, 시민사회가 협력해야 하므로 공 · 사영역의 이분법적 구조는 해체된다.

⑥ **시민사회의 역량 강화** … IT기술의 발전, 정보화의 진전, 세계화 · 지방화에 따른 연대는 시민단체의 영향을 강화시킨다.

⑦ **세계화와 지방화** … 세계화와 지방화의 심화는 상부에서 하부로 권력이동을 촉진하고 새로운 사회적 연계관계를 형성하였다.

⑧ **참여주의와 공동체주의** … 대내적 참여로서 부하직원의 참여, 대외적 참여로써 시민참여를 중시하는 참여주의와 개인의 권리와 의무보다는 연민, 정의 등의 공동체적 덕목을 중시하는 공동체주의를 이론적 기반으로 한다.

(3) 피터스(G. Peters)의 뉴거버넌스 모형

전근대적 권위를 극복하고 등장한 전통적 정부(관료제 구조)가 지닌 독점, 계층제, 영속성, 내부규제의 문제점을 해소하기 위한 네 가지 국정관리 유형을 제시하였다. 어느 한 모형에 집착할 것이 아니라 각 국가의 상황에 맞는 행정개혁 추진을 권고한다.

① **시장정부**(market) … 전통적 정부의 '독점성'에 대한 문제 제기, 저비용 · 고효율을 추구한다.

　㉠ 시장의 효율성에 대한 신뢰에 기반(민간부문 관리활동이 전통적 관료제 모형보다 본질적으로 우월하다고 전제)한다.

　㉡ 경쟁원리 도입, 계층 수 축소, 정책형성 및 집행의 분권화, 성과에 따른 차등 보상 등 민간 관리기법을 적용하였다.

　㉢ 시장의 요구 · 선호에 민감하게 대응하며, 시민을 납세자로서뿐 아니라 소비자로 인식하여 많은 선택권을 부여하였다.

　㉣ 한계 : 순수공공재 영역 등에는 적용이 불가능하며 행정서비스의 안정성을 침해한다.

② **참여정부**(participative) … 전통적 정부의 '계층제'에 대한 문제를 제기하고, 참여와 협의를 추구한다.

　㉠ 의사결정과정에 하급구성원과 시민의 참여를 최대한 보장한다. 내부 참여(참여관리론, 일선관료제론), 외부 참여(담론민주주의, 공동체주의), 국정 운영에 대한 사회적 이해관계집단의 관여 명확화하였다.

기출문제

      ⓛ 조직구조는 계층 수가 적은 평면구조이고 구성원의 참여가 촉진되도록 다양한 위원회와 자문집단을 활용한다.

      ⓒ 참여중심 관리방법(TQM, team제)을 활용하고, 정책과정의 상향적 접근방법 선호하였다.

      ⓔ 한계 : 정책 결정의 일관성 및 적시성이 저해되고, 책임성이 모호해진다.

③ **신축적 정부**(유연한 정부, 융통성 있는 정부)(flexible) … 전통적 정부의 '영속성(항구성)'에 대한 문제 제기하며, 저비용의 조정을 추구한다.

      ⓐ 관료제 구조의 안정성·항구성·경직성은 현상유지 관행을 고착화하여 조직의 역동성을 저해하고 정책을 보수화하므로 기존 조직의 신속한 종식과 조직구조의 신축성 강조하여 가상조직의 구성을 처방한다.

      ⓛ 환경변화에 대한 적응과 조정을 위한 융통성·유연성을 강조한다.

      ⓒ 직업공무원제를 탈피하여 상근직 보다 시간제 근무와 임시직을 확대하고, 정규직을 축소, 고위공무원단제도를 활용하였다.

      ⓔ 한계 : 직업공무원제와 상충되고 행정서비스 지속성이 저해되며 조직몰입도가 낮아진다.

④ **탈규제정부**(저통제정부)(deregulated) … 전통적 정부의 '내부규제'에 대한 문제 제기를 하며 관료의 창의성과 활동주의(activism)를 지향한다.

      ⓐ 정부관료제가 공공봉사 의지를 지닌 대규모의 헌신적 구성원으로 구성되어 있다고 전제한다. 재량이 규제보다 더 나은 결과를 가져온다는 인식에 기반하여 정책과정에서 관료에게 강력한 정책형성 역할을 부여한다.

      ⓛ 내부통제를 위한 규제가 제거되면 정부관료제가 역동적으로 효율적으로 기능할 것으로 본다.

      ⓒ 내부규제에 초점을 두므로 조직구조에는 관심이 없고 관리에서도 참여정부 모형과 유사하다.

      ⓔ 한계 : 관료의 재량 남용과 부패가 우려되고, 내부통제가 약화된다.

[피터스의 뉴거버넌스 모형 비교]

기출문제

구분	전통적 정부	시장정부	참여정부	신축정부 (유연한 정부)	탈규제 (저통제)정부
문제진단	전근대적 권위	독점	계층제	영속성 (경직성)	내부규제
구조의 개혁방안	계층제 관료제	분권화 책임운영기관	평면조직(계층제 완화) 자문위원회	가상조직 Task Force	통제기관의 평가기관화
관리의 개혁방안	• 직업공무원 • 내부규제 • 절차적 통제	• 성과급 • 민간부문의 기법 • 목표관리제	• 총체적 품질관리(TQM) • 팀제 • 권한위임 • 서비스 헌장제	• 가변적 인사관리(임시직, 계약직) • 직업공무원제 탈피	• 관리상 재량권 확대 • 리더십 강조 • 조직몰입
정책결정 개혁방안	정치·행정 2원론	내부시장 시장적 유인	협의 (consultation) 협상 (negotiation)	실험(experimentation) 시행착오	기업가적 정부 (entrepreneurial government)
공익기준	안정성 (지속성) 평등	저비용 (low cost) 산출·성과	참여(involvement), 협의 (consultation), 투명성	저비용 (low cost) 조정 (coordination)	창의성 (creativity) 활동주의 (activism)
조정	상의하달, 명령통일, 계층제	보이지 않는 손	하의상달	조직개편 새로운 조직유형 도입	관리자의 이익
오류 발견 및 수정	절차, 내부규제	소비자·생산자의 선호 등에 의한 시장적 신호	시민참여기제 등의 정치적 신호	오류의 제도화(고착화) 방지	자기교육효과 등을 통한 보다 많은 오류 수용
공무원 제도	직업공무원제	• 시장기제로 대체 • 직업공무원단 해체	• 계층제 축소 • 직급별 공무원의 축소	• 임시고용제 활용 • 고위공무원단 활용	• 내부규제 철폐 • 관료들의 창의성 유도
책임성	대의정치 장관책임론	시장에 의존 창의성 보다 생산성 강조	소비자 불만에 의존 (정치적 신호와 유사)	명확한 제안 없음	사후통제에 의존

기출문제

section 15 신국정관리론(New-Governance)

(1) 의의

① **개념** … 국정관리 이후의 개념으로 서비스 연계망을 관리하는 정부의 활동을 의미한다.

② **구성요소**
　㉠ 정부 및 비정부조직에 의한 다양한 공공서비스의 제공
　㉡ 신뢰를 기반으로 하는 상호작용
　㉢ 네트워크(연계망)에 의한 공공서비스 공급을 담당

(2) 신공공관리론과 신국정관리론(뉴거버넌스)

① **유사점**

　㉠ **정부실패의 극복－작은 정부** : 신공공관리는 시장메커니즘을 통한 정부개혁과 작은 정부, 신국정관리는 협치를 통한 작은 정부를 지향한다.

　㉡ **정부역할 축소－직접적인 노젓기가 아닌 방향잡기(steering)(전략적 목표설정)** : 신공공관리론은 정부를 방향잡기의 중심부에 놓지만, 신국정관리는 권위·집권·주도와 같은 불평등한 힘의 관계가 아니라 평등한 관계에서 함께하기를 추구한다.

　㉢ **공공부문과 사적부문을 양분하지 않고 협력을 인정** : 신공공관리는 정부관료제가 사적부문의 아이디어를 사용해 효율성을 높여야 한다고 보지만, 신국정관리는 공공부문과 사적부문의 행위자가 함께 일한다고 보는 점에서만 다르다.

　㉣ **투입에 대한 통제 보다는 산출에 대한 통제를 강조** : 신공공관리론은 투입보다는 산출(성과)에 초점을 두고 고객이 원하는 산출이 되도록 통제한다. 신국정관리론은 과정을 중시하지만 시민의 능동적 참여 과정에 의한 산출이 되도록 통제 한다.

　㉤ **시민에 대한 대응성** : 신공공관리는 관료의 업무성과 제고를 통해 시민의 요구에 대응하려는 소극적·제한적 관점이다. 신국정관리는 시민을 국정관리의 한 주체로 인식하고 그들과의 신뢰·협력과 상호존중에 초점을 두는 적극적 관점이다.

　㉥ **책임성 문제를 지님** : 신공공관리는 민간집행과 통제 곤란 등으로 책임성이 저해되며, 신국정관리는 다수의 참여에 따른 책임회피의 문제가 발생한다.

　㉦ **대의민주주의에 대한 비판적 입장** : 신공공관리는 사람들의 시장에서의 신호를 중시하고 신국정관리는 직접참여를 강조하므로 사람들은 그들의 의사를 반영하기 위해서 대표자를 선출할 필요가 없어진다.

② 차이점

구분	신공공관리론(NPM)	신국정관리(New Governance)
경쟁 vs 신뢰	시장원리에 입각한 경쟁의 원리를 중시	신뢰를 기반으로 조정과 협조를 중시
시장화 vs 참여	행정기능의 상당부분이 민영화, 민간위탁 등을 통해서 국가로부터 민간에게 이양-시장논리에 의한 행정문제 해결	국가의 역할을 부정하기보다는 민간의 힘을 동원하고, 공동체 구성원들의 적극적 참여에 의한 공적 문제 해결
고객 vs 시민	공리주의에 입각하여 국민을 국정의 대상인 '고객'으로 파악 '서비스의 객체'	시민주의에 바탕을 두고 국민을 덕성을 지닌 '시민'으로 파악 '서비스의 주체나 자발적 참여자'
효율 vs 민주	㉠ 시장논리에 따라 행정의 생산성이나 효율성을 중시 ㉡ 행정의 경영화 중시(정치·행정2원론 성격이 강함)	㉠ 구성원 간의 참여·합의 중시, 행정의 민주성 등에 초점 ㉡ 행정의 정치성을 중시(정치·행정1원론 성격이 강함)

[관료제 패러다임, 신공공관리, 신국정관리(뉴거버넌스) 비교]

구분	관료제 패러다임	신공공관리	신국정관리 (New Governance)
인식론적 기초	현실주의	신자유주의	공동체주의
관리기구	계층제	시장	서비스 연계망(공동체)
관리가치	능률성	결과 (효율성·생산성)	신뢰 / 과정 (민주성·정치성)
정부역할	방향키, 노젓기	방향키(steering)	
관료역할	행정가	공공기업가 (public entrepreneur)	(네트워크) 조정자 (coordinator)
작동원리	내부규제	경쟁체제 (시장메커니즘)	신뢰와 협력체제(파트너십)
서비스	독점공급	민영화, 민간위탁	공동공급 (시민, 기업 등 참여)
관리방식	규칙위주	고객지향	임무중심
분석수준	조직 내 관계	조직 간 상호작용	

기출문제

문 혼돈이론(chaos theory)에 대한 설명으로 옳지 않은 것은?
▷ 2011. 5. 14. 상반기 지방직
① 현실의 복잡성과 불확실성을 극복하기 위해 단순화, 정형화를 추구한다.
② 비선형적, 역동적 체제에서의 불규칙성을 중시한다.
③ 전통적 관료제 조직의 통제중심적 성향을 타파하도록 처방한다.
④ 조직의 자생적 학습능력과 자기 조직화 능력을 전제한다.

Tip 혼돈이론은 전통적 관료제 조직의 통제적 성향과 구조적 경직성을 타파하기 위해 창의적 학습과 개혁을 촉진한다. 이에 필요한 제한적 무질서를 용인하고 때에 따라 의식적으로 무질서를 조성하기도 한다.

문 포스트모더니즘에 기초한 행정이론의 특징으로 가장 옳지 않은 것은?
▷ 2018. 6. 23. 제2회 서울특별시
① 맥락 의존적인 진리를 거부한다.
② 타자에 대한 대상화를 거부한다.
③ 고유한 이론의 영역을 거부한다.
④ 지배를 야기하는 권력을 거부한다.

Tip 포스트모더니즘은 보편적 진리보다는 맥락 의존적인 진리를 강조한다.

정답 ①, ①

section 16 혼돈이론(Chaos Theory)

(1) 의의

혼돈이론은 혼돈상태를 연구하여 폭넓고 장기적인 변동의 경로와 양태를 찾아보려는 접근방법이다. 혼돈이론이 강조하는 것은 결정론적인 비선형적·역동적 체제에서의 불규칙적인 행태에 대한 질적 연구이다.

(2) 특징

① 질적 연구방법 … 장기적인 행태변화의 일반적 성격을 탐구하는 질적 연구에 역점을 둔다.

② 조직을 복잡한 체제로 인식(통합적 접근) … 대상체제, 즉 행정조직을 개인과 집단, 그리고 환경적 세력이 교호작용하는 복잡한 체제로 보면서 통합적 접근을 중시한다.

③ 혼돈을 발전의 불가결한 조건으로 이해 … 혼돈을 발전의 불가결한 조건으로 이해한다. 혼돈을 회피와 통제의 대상으로 보지 않고 긍정적인 활용 대상으로 삼으려 한다.

④ 조직의 자생적 학습 능력과 자기 조직화 능력

⑤ 반관료제적 처방 … 혼돈이론의 처방적 선호는 반관료적이다. 창의적 학습과 개혁을 촉진하기 위해서 제한적 무질서를 용인하고, 필요하다면 이를 의식적으로 조성해야 한다고 처방한다.

section 17 포스트모더니티 행정이론

(1) 모더니티에 대한 회의와 비판

포스트모더니즘이 비판하는 것은 어떤 이론이나 또는 특정한 패러다임이 아니라 과학이 특권적 지위를 가진 이성의 형태 또는 진리의 매개체라는 모더니스트적인 사고의 근본 가정에 관한 것이다.

① 구성주의

② 현실과 언어의 매개

③ 상대주의·다원주의

④ 해방주의

⑤ 행동과 행동의 과정 중시

⑥ 감성의 선호

(2) 포스트모더니티의 행정이론의 특징(D. Farmer)

① **상상** … 상상은 소극적(부정적)으로는 규칙에 얽매이지 않는 행정의 운영이며, 적극적(긍정적)으로는 문제의 특수성을 인정하는 것이다.

② **해체(탈구성)** … 해체는 텍스트(언어, 몸짓, 이야기, 설화, 이론)의 근거를 파헤쳐 보는 것이다.

③ **영역해체**(탈영역화, 학문 영역 간의 경계 파괴) … 포스트모더니티에 있어서의 모든 지식은 그 성격과 조직에 있어서 "고유" 영역이 해체된다. 즉, 지식의 경계가 사라진다.

④ **타자성** … 타자성은 즉자성에 대비되는 개념이다. 즉자성이란 타인의 존재를 인정하지 않는 자족의 상태를 말한다. 타자성이란 나 아닌 다른 사람을 인식적 객체(타자)로서가 아니라 도덕적인 타자로 인정하는 것이다. 타자성은 타인에 대한 개방성, 다양성의 선호, 메타설화(상위설화), 절대적 진리나 보편적 원리에 대한 반대, 그리고 기존 질서에 대한 반대 등을 특징으로 한다.

1 정부의 역할에 대한 입장을 바르게 설명하는 것만 모두 고른 것은?

> ㉠ 진보주의 정부관에 따르면, 정부에 대한 불신이 강하고 정부실패를 우려한다.
> ㉡ 공공선택론의 입장은 정부를 공공재의 생산자로 규정하고, 대규모 관료제에 의한 행정의 효율성을 높이는 것이 중요하다고 본다.
> ㉢ 보수주의 정부관은 자유방임적 자본주의를 옹호한다.
> ㉣ 신공공서비스론 입장에 따르면, 정부의 역할은 시민들로 하여금 공유된 가치를 창출하고 충족시킬 수 있도록 봉사하는 데 있다.
> ㉤ 행정국가 시대에는 최대의 봉사가 최선의 정부로 받아들여졌다.

① ㉠㉡㉢　　　　　　　　　　　　　　② ㉡㉢㉣
③ ㉢㉣㉤　　　　　　　　　　　　　　④ ㉠㉣㉤

2 신공공관리와 뉴거버넌스의 특징 중 가장 유사성이 높은 것은?

① 관리기구　　　　　　　　　　② 정부역할
③ 관료역할　　　　　　　　　　④ 서비스

3 신제도주의 행정학에 대한 설명으로 가장 거리가 먼 것은?

① 합리선택적 제도주의는 제도의 발생을 거래비용개념으로 설명한다.
② 사회문화적 제도주의는 인류의 보편적 제도를 강조한다.
③ 정부활동의 성과에 영향을 미치는 제도적 장치를 규명한다.
④ P. Hall은 신제도주의를 역사적 · 합리선택적 · 사회문화적 제도주의로 구분한다.

4 다음 중 정부에 대한 이해를 달리하는 제도는?

① 공립학교의 운영   ② 성과연계예산

③ 법규중심의 통제   ④ 계층제 조직

5 진보주의 정부관을 설명하고 있는 내용 중 가장 적절한 것은?

① 적극적 자유 강조

② 합리적·경제적 인간관

③ 낙태금지를 위한 정부규제 찬성

④ 기회의 평등 강조

6 다음 중 신행정론에 대한 설명으로 옳지 않은 것은?

① 가치중립적이며 효율성을 강조하는 이론을 비판한다.

② 행정의 책임성과 능동적인 대처를 강조한다.

③ 고객에 대한 관심과 서비스를 강조한다.

④ 시민의 참여와 사회적 형평성 등을 추구하는 실증주의적 연구방법을 사용한다.

7 미국행정학의 발달배경에 대한 설명으로 옳지 않은 것은?

① 행정기능의 확대   ② 해밀턴주의

③ 엽관주의의 도입   ④ 과학적 관리론

8 다음 중 TQM에 대한 설명으로 옳지 않은 것은?

① 고객지향적 성격을 띠고 있다.

② 직원들에게 권한이 부여되어야 한다.

③ 형평성 증진이 목표이다.

④ 최고관리자의 리더십과 지지가 필요하다.

9 행정에 사기업의 효율성을 접목시켜 시장기제의 과감한 도입을 강조한 이론은?

① 행정행태론   ② 발전행정론

③ 공공선택이론   ④ 신관리주의

10 과학적 관리론과 인간관계론에 대한 비교 설명으로 옳지 않은 것은?

① 과학적 관리론은 폐쇄체제적 관점을 인간관계론은 개방체제적 관점을 갖는다.

② 과학적 관리론과 인간관계론 모두 생산성과 능률성의 향상을 궁극적 목적으로 한다.

③ 과학적 관리론과 인간관계론은 상호보완적 관계라고 할 수 있다.

④ 과학적 관리론과 인간관계론 모두 정치 · 행정이원론의 입장을 취한다.

11 다음은 행정학의 여러 이론들이다. 시대순으로 옳게 연결한 것은?

> ㉠ 통치기능설   ㉡ 행정관리설
> ㉢ 신행정론   ㉣ 행정행태론
> ㉤ 신공공관리론   ㉥ 발전행정론

① ㉠ - ㉣ - ㉡ - ㉢ - ㉥ - ㉤   ② ㉠ - ㉣ - ㉡ - ㉥ - ㉢ - ㉤

③ ㉡ - ㉣ - ㉠ - ㉥ - ㉢ - ㉤   ④ ㉡ - ㉠ - ㉣ - ㉥ - ㉢ - ㉤

12 '인간의 행위는 합목적적이고 의도적'이라고 설명하는 하몬(M.M. Harmon)의 행위이론과 가장 부합하는 접근방법은?

① 체제론적 접근방법   ② 역사적 접근방법

③ 현상학적 접근방법   ④ 기능적 접근방법

13 다음 중 리그스가 제시한 일반체제모형에서 프리즘사회의 특징으로 옳지 않은 것은?

① 현대적 요인의 집중   ② 분화와 미분화의 존재

③ 연고우선주의   ④ 가격의 불확정성

14 다음 설명 중 행태론적 접근방법과 가장 관계가 없는 것은?

① 행정의 실체는 제도나 법률이다.

② 가치중립성을 지킨다.

③ 연구의 초점은 행정인의 형태이다.

④ 사회현상도 자연과학과 같이 과학적 연구가 가능하다.

15 다음 중 개방체제의 특징에 해당하지 않는 것은?

① 엔트로피(Entropy)   ② 동적 균형 유지

③ 항상성   ④ 투입 · 전환 · 산출과정

16 행정체제 중 투입에 대한 내용으로 옳지 않은 것은?

① 행정평가제도　　　　　　　　　② 국민의 요구
③ 행정인의 행동에 대한 무관심　　④ 자원

17 발전은 행정전반에 걸쳐 동시에 이루어질 수 있도록 해야 한다는 입장으로, 인사·재무·기획·조직관리 등이 상호 연관되어 합리화됨으로써 발전이 이루어질 수 있다고 보는 발전행정의 접근방법은?

① 사회체제적 접근방법
② 사회규범적 접근방법
③ 행정체제적 접근방법
④ 조직관리적 접근방법

18 행정이론에 대한 설명으로 옳지 않은 것은?

① 신행정론(신행정학)은 실증주의와 행태주의를 비판하면서 행정학의 실천성과 적실성, 가치문제를 강조하였다.
② 공공선택론은 공공부문의 비시장적 의사결정을 경제학적으로 연구하며, 전통적인 관료제를 비판하였다.
③ 신공공서비스론은 시장주의와 신관리주의를 결합한 이론으로 행정의 효과성과 능률성을 극대화하고자 하였다.
④ 뉴거버넌스론은 정부, 시장, 시민사회 간 신뢰와 협동을 강조한다.

19 행정학의 발달에서 〈보기 1〉의 인물과 〈보기 2〉의 주장한 내용을 바르게 연결한 것은?

〈보기 1〉

㉠ 리그스(F. Riggs)　　　　　　　　㉡ 가우스(J. Gaus)

㉢ 화이트(L. White)　　　　　　　　㉣ 사이먼(H. Simon)

〈보기 2〉

A. 행정이론은 동시에 정치이론을 의미한다.

B. 조직의 최고관리층은 기획, 조직, 인사, 지휘, 조정, 보고, 예산 기능을 담당한다.

C. 정치와 행정의 관계는 연속적이기 때문에 양자를 구별하는 것은 적절하지 않다.

D. 원리주의의 원리들은 과학적인 실험을 거치지 않은 격언(proverb)에 불과하다.

① ㉠ - A　　　　　　　　　　　　② ㉡ - B

③ ㉢ - C　　　　　　　　　　　　④ ㉣ - D

20 T. Parsons가 체제론적 접근방법에서 제시한 행정체제의 기능으로 옳지 않은 것은?

① 적응기능　　　　　　　　　　　② 목표달성기능

③ 통합기능　　　　　　　　　　　④ 통제기능

정답및해설

1	③	2	②	3	②	4	②	5	①
6	④	7	③	8	③	9	④	10	①
11	④	12	③	13	①	14	①	15	①
16	①	17	③	18	③	19	④	20	④

1 ㉠ 진보주의 정부관이 아닌 보수주의 정부관에 대한 설명이다.

㉡ 공공선택론의 입장은 정부를 공공재의 생산자로 규정하고 있으며 대규모 관료제에 의한 행정보다 관료제를 타파하고 관할권의 중첩 및 다양한 의사결정단위의 잠재적 거부권 행사가 행정의 효율성을 증진시킨다고 본다.

2 신공공관리론과 뉴거버넌스

구분	신공공관리론	뉴거버넌스
인식론적 기초	신자유주의	공동체주의
관리기구	시장	연계망
관리가치	결과	신뢰
정부역할	방향잡기	방향잡기
관료역할	공공기업자	조정자
작동원리	경쟁(시장메커니즘)	협력체제
서비스	민영화, 민간위탁	공동공급(시민기업 참여)
관리방식	고객지향	임무중심
분석수준	조직 내	조직 간

3 신제도주의

㉠ 합리적 제도주의 : 거래비용의 최소화가 제도발생의 원인이라고 본다.

㉡ 역사적 제도주의 : 개별국가의 역사적 맥락이나 경로의존성에 의한 특수한 제도 형성을 강조한다.

㉢ 사회문화적 제도주의 : 현상학이나 민속방법론, 인지심리학에 기초하여 특정사회의 문화적 제약을 제도로 인식하므로 모든 상황에 적용되는 인류의 보편적 제도를 추구할 수 없게 된다. 제도가 특정사회로부터 정당성을 인정받는 것이 내부적인 기술적 합리성보다 더 중요하다.

4 성과연계예산은 신공공관리론에 입각한 기업형 정부에 대한 특징이며 나머지는 전통적 정부모형의 특징에 해당한다.

※ 전통적 정부모형과 기업형 정부의 특징

전통적 정부	기업형 정부
노젓기(rowing)	방향키(steering) 역할 : 촉진적 정부
직접 해줌(service)	권한 부여(empowering) : 지역사회가 주도하는 정부
독점 공급	경쟁 도입 : 경쟁적 정부
규칙중심 관리	임무중심 관리 : 임무지향 정부
투입중심	성과중심 : 결과지향 정부
관료중심	고객중심 : 고객지향 정부
지출지향(지출절감)	수익창출 : 기업가 정신 가진정부
사후치료	예측과 예방 : 미래에 대비하는정부
집권적 계층제(명령과 통제)	참여와 팀워크(협의와 네트워크 형성) : 분권화된 정부
행정 메커니즘	시장 메커니즘 : 시장 지향적 정부

5 진보주의와 보수주의

구분	진보주의	보수주의
인간관	욕구, 협동, 오류의 가능성 인정	합리적 · 경제적 인간관
평등	결과적 평등 강조(정부개입 인정)	기회의 평등과 경제적 자유 강조
자유	적극적 자유	소극적 자유
시장 – 정부평가	자유시장의 효율성 신뢰 정부 불신	발전에 대한 자유시장의 잠재력 인정 정부개입에 의한 시장실패 치유
선호정책	경제적 규제 완화 시장 지향 조세 감면	소외집단을 위한 정책 공익 목적의 정부 규제 조세제도를 통한 부의 재분배

6 ④ 실증주의 행태론의 특징이다. 신행정론은 가치중립적 · 현상유지적 · 보수적인 행태론이나 논리적 실증주의를 비판하고, 개선방향으로 규범주의를 지향한다.

※ 신행정론의 특징
ⓐ 적극적 행정인의 중요성
ⓑ 수익자 지향성과 참여의 확대
ⓒ 사회적 형평성 > 효과성 > 능률성(3E)
ⓓ 고객지향적 행정과 고객의 참여
ⓔ 중립성의 지양과 행정책임의 강화
ⓕ 합의에 의한 의사결정
ⓖ 반계층제적 입장과 새로운 조직론 모색
ⓗ 현상학적 접근법의 중시
ⓘ 탈행태론, 후기행태론, 제2세대 행태론, 가치지향적

7 ③ 엽관제의 폐해를 극복하고자 공무원제도의 개혁운동이 전개되었고, 1883년에는 실적주의에 입각한 인사제도를 확립하게 된 펜들턴법이 제정되었다.

8 TQM(총체적 품질관리) … 고객만족을 목표로 서비스의 질을 향상시키기 위하여 전 생산공정과정에서의 하자 여부를 총체적으로 재검토하는 기법으로, 조직전체의 책임이 강조되고 팀워크가 중시되며 전체적 입장에서 투입과 과정의 계속적인 개선을 모색하는 장기적·전략적인 품질관리를 위한 원칙 또는 관리철학이다.

9 신관리주의 … 인사·예산 등 내부통제의 완화를 통해 일선관료에게 재량권과 책임을 부여하여 성과향상을 꾀하자는 것으로 가장 좁은 의미의 신공공관리론이다.

10 ① 과학적 관리론과 인간관계론 모두 외부환경적 요인을 무시하는 폐쇄체제적 관점을 갖는다.

11 행정관리설(1880) → 통치기능설(1930 ~ 1940) → 행정행태론(1940) → 발전행정론(1960) → 신행정론(1970) → 신공공관리론(1980)

12 ③ 현상학이란 현상세계에 대한 개인의 지각으로부터 행태가 나타난다는 것으로, 이는 E. Husserl이 정립하였고 Harmon 등이 행정학에 도입하였다.

13 ① 프리즘사회는 전통적 요인과 현대적 요인이 공존하는 이질혼합성을 나타낸다.
　　※ F.W. Riggs의 사회삼원론

구분	농업사회(융합사회)	프리즘적 사회	산업사회(분화사회)
사회구조	농업사회	전이·과도·굴절사회	산업사회
관료제 모형	안방 모형	사랑방 모형	사무실 모형
특징	이원론의 농업사회와 동일	고도의 이질성·다분파성, 형식주의, 가격의 부정가성 등	이원론의 산업사회와 동일

14 행태론적 접근방법 … 이념·제도·구조가 아닌 인간적 요인에 초점을 두는, 인간행태의 과학적·체계적 연구방법을 말한다. H.A. Simon의 「행정행태론」이 대표적이며, 다양한 인간행태를 객관적으로 수집하고 경험적 검증을 거친 후 인간행태의 규칙성을 규명하고 이에 따라 종합적인 관리를 추구한다.

15 ① 엔트로피(Entropy)란 모든 폐쇄체제 내에서는 에너지 손실이 발생하고 에너지를 획득할 수 없으므로 결국 그 체제는 소멸해 버린다는 법칙으로 개방체제는 부정적 엔트로피이다.
　　※ 개방체제의 특징
　　　　㉠ '환경 → 투입 → 전환 → 산출 → 환류'라는 역동적 과정
　　　　㉡ 안정상태, 동적 항상성 유지
　　　　㉢ 정보투입·제어피드백(진로에서 이탈 방지)·부호화 과정(투입의 수용은 선택적으로 이루어짐)
　　　　㉣ 통합과 조정
　　　　㉤ 분화(동질적인 것을 이질화)
　　　　㉥ 정보처리 메카니즘
　　　　㉦ 등종국성

16 ① 환류의 대표적인 예이다.

17 발전행정론에 있어서 행정체제적 접근방법은 행정의 모든 부분이 골고루 발전해야만 국가발전이 가능하다는 입장이다.

18 ③ 시장주의와 신관리주의를 결합한 이론으로 행정의 효과성과 능률성을 극대화하고자 한 이론은 신공공관리론이다.

※ 신공공관리론과 신공공서비스론의 비교

구분	신공공관리론	신공공서비스론
이론	경제이론, 실증주의	민주주의, 실증주의, 현상학, 비판이론, 포스트모더니즘
합리성과 행태모형	기술적 · 경제적 합리성, 경제적 인간관	전략적 합리성, 정치적 · 경제적 · 조직적 합리성에 대한 다원적 접근
공익에 대한 입장	개인들의 총이익	공유 가치에 대한 담론의 결과
관료의 반응 대상	고객	시민
정부의 역할	방향잡기	서비스 제공자
정책목표의 달성기제	개인 및 비영리기구를 활용한 정책목표 달성기재와 유인체제 창출	동의된 욕구를 충족시키기 위한 공공기관, 비영리기관, 개인들의 연합체 구축
책임에 대한 접근	시장지향적	다면적(공무원은 법, 지역공동체 가치, 정치규범, 전문적 기준 및 시민들의 이익에 기여)
행정재량	기업적 목적을 달성하기 위해 넓은 재량을 허용	재량이 필요하지만 책임이 수반됨
기대하는 조직구조	기본적 통제를 수행하는 분권화된 공조직	조직 내외적으로 공유된 리더십을 갖는 협동적 구조
관리의 동기유발	기업가정신, 정부의 규모를 축소하려는 이데올로기적 욕구	공공서비스, 사회에 기여하려는 욕구

19 A – 가우스(Gaus)

B – 귤릭(Gulick) (최고관리층의 7대 기능 : POSDCoRB)

C – 디목(Dimock), 애플비(Appleby) 등 (정치행정일원론)

20 Parsons은 체제론적 접근방법에서 행정체제의 기능으로 적응, 목표달성, 통합, 체제유지의 4가지를 제시하였다.

04 행정의 가치

section 1 행정가치의 의의와 유형

(1) 행정가치의 의의

① **행정가치** … 행정체계가 추구하는 바람직한 행정과 그를 위한 지침이 되는 기준(행정이념)이다. 행정이 지향하는 방향·이상·최고가치·규범, 지도정신, 행정철학, 이상적 미래상 등을 말한다.

② **행정가치 연구의 강조 배경** … 행정학에서 가치에 대한 본격적 연구는 신행정론 등장 이후 - 신행정론은 1960년대 미국사회의 혼란에 대해 기존 행정학(행태주의)이 사회문제 해결에 도움이 되지 못했음을 비판하고 사회문제의 해결을 위한 현실적합성과 실천성(action)을 갖는 처방적 지식의 필요성을 강조하면서 가치문제가 주요한 연구대상으로 부각되었다.

③ **행정가치의 다양성·유동성** … 대와 장소·상황에 따라 강조되는 행정가치가 다름

④ **행정가치의 역할** … 행정의 방향과 지침 제시, 행정활동에 대한 평가기준, 행정목표의 설정과 행정의 존재가치를 부여한다.

(2) 행정가치의 분류

본질적 가치	수단적·비본질적 가치
가치 자체가 목적이 되는 가치, 행정을 통해 이룩하고자 하는 궁극적 가치. 결과에 상관없이 만족을 줄 수 있는 가치.	본질적 가치를 실현하게 하는 가치. 사회적 가치의 배분 절차나 실제적 행정과정에서 구체적 지침이 될 수 있는 가치
공익, 정의, 복지, 형평, 자유, 평등 등	민주성, 합법성, 책임성, 투명성, 능률성, 효과성, 생산성, 합리성, 가외성, 중립성, 적합성, 적절성 등

(3) 행정가치(행정이념)의 시대적 변천

기출문제

19C	입법국가	합법성	법률에 적합한 행정
19C말	행정관리론	기계적 능률성	능률성 투입에 대한 산출의 비율(기계적 능률)
1930년대	통치기능설 인간관계론	민주성 (사회적 능률성)	대외적으로 국민을 위하고, 대내적으로 공무원의 인간적 가치를 존중 (인간관계론은 대내적 민주성만 관련)
1940년대	행태론	합리성	목표에 대한 수단의 적합성
1960년대	발전행정	효과성	목표달성도, 질적인 개념
1970년대	신행정론	사회적 형평성	사회적 약자(소외계층) 위주의 행정
1980년대	신공공관리론	생산성(효율성)	효과성(질)+능률성(양), 비용가치(VFM : Value For Money)의 증대
1990년대	뉴거버넌스	신뢰성	신뢰성 정부에 대한 믿음, 사회적 자본

(4) 행정가치 간 관계

① **충돌 또는 보완관계** … 행정 가치 간에는 항상 충돌되거나 항상 조화되는 것이 아니라 상대적으로 충돌가능성이 더 크거나 조화가능성이 더 큰 경우가 있을 뿐이다.

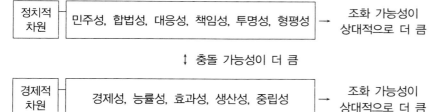

② **행정가치 간 우선순위**

㉠ 행정가치 간의 우선순위는 엄격히 구별 곤란하다. 이념 간 상호보완적·상대적 성격을 가지며, 역사적·정치적·상황적 요인에 따라 그 평가기준이 달라진다.

㉡ 상대적으로 본질적 가치(상위이념 ; 공익·형평성)가 수단적·도구적 가치(하위이념)에 우선한다.

㉢ 상대적으로 정책결정과정에서는 본질적 가치가 중요하고 결정된 정책의 집행과정에서는 수단적 가치가 중요하다.

기출문제

문 공익에 대한 설명으로 옳은 것은?
▶ 2019. 4. 6. 인사혁신처
① 「국가공무원법」은 제1조에서 공무원은 국민 전체의 봉사자로서 공익을 추구해야 함을 명시하고 있다.
② 「공무원 헌장」은 공무원이 실천해야 하는 가치로 공익을 명시하고 있다.
③ 신공공서비스론에서는 공익을 행정의 목적이 아닌 부산물로 보아야 한다는 점을 강조한다.
④ 공익에 대한 실체설에서는 공익을 사익 간 타협 또는 집단 간 상호작용의 산물로 본다.

Tip ① 국가공무원법 제1조에 '국민 전체의 봉사자'는 명시되어 있지만 공익 추구 의무는 명시적으로 규정되어 있지 않다.
③ 신공공서비스에서는 행정에서 공익은 부산물이 아니라 목적이라고 본다.
④ 공익을 사익 간 타협 또는 집단 상호작용의 산물로 보는 것은 과정설이다.

|정답 ②

section 2 공익

(1) 의의

① **개념** … 사회공공의 이익, 불특정 다수인의 이익으로서, 개인이나 집단의 대립적 특수이익을 초월한 사회 전체에 공유된 가치를 말한다.

② **특성**

㉠ **사회의 기본적·보편적 가치** : 선험적(先驗的)이 아니라, 경험적·역사적으로 확립된 사회의 기본적 가치이며, 공동체 자체의 이익이다.

㉡ **무차별적 귀속성** : 공익은 누구에게나 귀속된다.

㉢ 불특정 다수의 이익이지만, 사회적 약자의 이익도 고려하며 정의·형평·자유·평등 관념도 내포한다.

㉣ **상황적응성** : 역사적·동태적 성격을 가지며, 가변성·유동성·변동성, 불확정성·상대성·신축성을 띤다.

㉤ **가치지향적·규범적 성격(바람직한 방향)** : 행정의 존재가치(외부지향성)와 규범적 기준(사회적 능률·가치배분적 기능)을 가진다.

㉥ 집합소비성(공동소비성)이나 외부경제효과가 큰 재화

㉦ **인위적 구성** : 공익은 사람이 만든 개념으로 인위적 창안물이며 수단적 고안품이다.

㉧ **갈등의 가능성** : 공익 개념은 추상적이며 그 내용을 객관화하고 검증하기 곤란하므로 주관적 주장들이 충돌될 수 있다.

③ **공익의 강조 배경**

㉠ **행정관의 변천과 쇄신적 정책결정의 추구** : 20C 행정국가화되면서 행정의 적극성, 공익실현을 위한 쇄신적 결정이 요구되었다.

㉡ **변동담당자로서 행정인의 적극적 역할 기대** : 변동대응·예측·유도, 특수이익 간 대립조정 등 공익수호자로서 역할을 한다.

㉢ **공무원의 재량권·자원분배권 확대** : 재량권행사에 윤리·가치판단문제가 개입되기 시작하였다.

㉣ 관료제의 비민주적 경향에 따른 행정행태의 윤리적 준거기준의 필요성이 대두되었다.

㉤ **정치·행정1원론** : 행정의 정책결정기능 중시되며 정책결정(가치판단) 기준으로서 공익을 중시하게 되었다.

㉥ **신행정론 대두와 행정철학 중시** : 사회적 형평성, 행정책임이 강조되면서 행정이론의 철학적 윤리적 기반에 대한 관심이 증대되었다.

Ⓐ **다수결 원칙에 대한 의문** : 종래 최선의 공익결정방법이던 다수결 원칙이 항상 공익구현의 유일한 방법인지에 대한 의문이 제기되었다.

④ **공익의 기능**

㉠ 행정의 규범적·윤리적 기준, 행정책임 확보를 위한 최상위 기준이 되고 관료제의 일탈을 방지한다.

㉡ 국가 행위 및 행정활동을 정당화하고 정책과 사업계획의 평가기준이 된다.

㉢ 다양한 사회세력 간 대립된 이익의 조정을 통해 상호 공존체제 확립에 기여한다.

㉣ **주관적 가치의 객관화·보편화** : 주관적이고 편협한 가치를 객관적이고 보편적인 가치로 전환하여 공무원의 책임성을 높인다.

㉤ 소외집단이나 잠재적 이익집단 같은 비조직화된 이익도 고려한다.

(2) 공익의 본질

① **실체설**(규범설·적극설)

㉠ **의미**

- 공익을 사익을 초월한 선험적(先驗的)·실체적·규범적·도덕적 개념으로 파악하며 공동체를 개인에 우선시키는 견해이다. 사회나 국가는 하나의 유기체로서 개인의 속성과 다르고 개인의 단순한 집합과 다른 실체가 있으므로, 공익도 사익과 별도로 공공선(common good)으로서 규범적으로 존재한다고 본다.
- 공익은 사익의 단순한 총화가 아닌 실체적·적극적 개념이며, 사익과는 질적으로 다른 전혀 별개의 개념이다.
- 적극적으로 공익의 내용을 정의하므로 적극설·규범설이라 하며 전체주의·집단주의 관점이다.

㉡ **특징**

- 인간의 이성에 의해 공익의 의미를 정의할 수 있다는 합리주의 관점이다. 정책결정의 합리모형과 맥을 같이 한다.
- 공익을 전체효용의 극대화하고 도덕적 절대가치, 공유하는 이익으로 이해한다.

  ※ 전체효용의 극대화를 강조하는 입장은 사회구성원의 효용을 계산한 다음 전 구성원의 총효용을 극대화함으로써 공익에 도달할 수 있다고 본다(공동체이익은 공동체 구성원의 이익을 모두 모은 것). 소비자의 효용이나 만족의 극대화를 추구하는 공리주의나 후생경제학자의 관점이다.

  ※ 도덕적 절대가치를 공익의 실체로 보는 관점에서는 사회공동체나 국가의 모든 가치를 포괄하는 절대적인 선의 가치가 있다고 가정한다.

- 공익의 실체에 대해 자연법, 정의, 형평, 복지, 인간존중 등 단일한 가치로 표현된다.
- 사회를 유기체적 공동체로 인식하고 사익은 공동체의 이익에 종속하는 것이므로 공익과 사익의 갈등은 있을 수 없다고 본다. 공익과 사익이 상충되는 경우 사익은 당연히 희생된다(공익 우선). 공익은 대립적 이익들을 평가할 수 있는 기준을 제시할 수 있으므로 집단이기주의에 대응할 수 있다.

🔖 **공익에 대한 설명으로 가장 옳지 않은 것은?**

▶ 2018. 6. 23. 제2회 서울특별시

① 과정설은 공익을 서로 충돌하는 이익을 가진 집단들 사이에 상호조정과정을 거쳐 균형상태의 결론에 도달했을 때 실현되는 것이라고 본다.

② 실체설에서도 전체효용의 극대화를 강조하는 입장에서는 사회구성원의 효용을 계산한 다음에 전 구성원의 총효용을 극대화함으로써 공익에 도달할 수 있다고 본다.

③ 실체설에서 도덕적 절대가치를 공익의 실체로 보는 관점에서는 사회공동체나 국가의 모든 가치를 포괄하는 절대적인 선의 가치가 있다고 가정한다.

④ 실체설에서는 적법절차의 준수를 강조하며 국민주권원리에 의한 행정의 중심적 역할을 강조한다.

Tip 적법절차의 준수를 강조하며 국민주권원리에 의한 행정의 중심적 역할을 강조하는 것은 과정설이다.

‖ 정답 ④

‖ **103**

📝 공리주의적 관점에서 공익을 설명
한 것으로 옳은 것만을 모두 고르면?

▶ 2020. 7. 11. 인사혁신처

㉠ 사회 전체의 효용이 증가하면 공
익이 향상된다.
㉡ 목적론적 윤리론을 따르고 있다.
㉢ 효율성(efficiency)보다는 합법성
(legitimacy)이 윤리적 행정의
판단기준이다.

① ㉠   ② ㉢
③ ㉠, ㉡   ④ ㉡, ㉢

Tip ㉠ 공리주의는 공익에 관한
실체설과 관련되며, 공익
을 사회전체 효용의 극대
화로 본다.
㉡ 최대다수의 최대행복을 추
구하는 공리주의는 결과를
중시하는 목적론적 윤리론
을 따른다.
㉢ 공리주의는 도덕적 의무나
법칙보다는 최선의 결과를
가져오는 행위를 강조하므
로 형평성·합법성보다는
효율성이나 성과 등 결과적
가치를 강조한다.

정답 ③

- 국가는 우월적 지위에서 목민적(牧民的) 역할을 수행한다. 도덕적 가치를 공익으로 인식하고 이러한 도덕적 가치에 의한 시민의 덕성을 함양하는 것이 국가의 역할이라고 본다.
- 공익의 실체를 규정하는 엘리트와 관료의 적극적 역할을 강조한다.
- 투입기능이 활성화되어 있지 않은 개도국과 관련되어 있다.

ⓒ 한계
- 단일적 가치가 있다고 주장하나 인간의 규범적 가치관에 따라 공익관이 달라지므로, 통일적 공익관을 도출하기 곤란하다.
- 공익개념이 추상적이며 객관성·구체성이 결여된다.
- 이념적 경직성이 강해 공익 개념 해석에 융통성이 부족하며 국민 개개인의 주장이나 이익을 무시할 수 있다.
- 소수관료의 주관적 가치에 의해 공익 내용이 결정될 경우 비민주적 결정을 초래(전체주의·권위주의 체제)한다.

② 과정설(소극설)
ⓐ 의미
- 공익은 실체적 내용이 선험적으로 존재하지 않으며, 사익 간 경쟁·대립을 조정하는 과정에서 형성된다고 본다. 다양한 이해관계가 조정을 통해 공익이 되는 점에서 다원화된 사회의 특성을 반영하며 뉴거버넌스도 이러한 맥락에서 이해된다.
- 공익개념을 소극적으로 정의하므로 소극설이라고도 하며 다원주의, 현실주의, 개인주의 관점을 기반으로 한다.

ⓑ 특징
- 사회집단의 특수이익이나 사익과 본질적으로 구분되는 사회전체의 이익(공익)은 존재하지 않는다고 보며, 공익의 개념이나 역할에 대한 인식이 매우 소극적이다.
- 공익의 유일성·선험성 부정하며, 공익관념은 다수성·복수성과 가변성을 지닌다.
- 공익은 사익과 본질적 차이가 아닌 상대적 양적 차이로 본다.
- 공익은 사익의 총합 또는 사익 간 타협·조정의 결과이다. 공익은 제도나 절차·과정을 통해 형성되고, 사회집단 간 타협·협상·투쟁을 통해 내용이 변형된다. 공익은 상호경쟁적·대립적인 이익이 조정과 균형된 결과이다. 절차적 합리성을 중시하며 적법절차를 강조한다.
- 각 이익집단이 추구하는 목표가 다르고 특수한 사익이 공익화될 수 있으므로 공익과 사익은 갈등관계가 된다.
- 투입기능이 활발하고 다원화된 선진국에 적용되며 정책결정론에서 점증모형, 다원주의와 관련되어 있다.
- 공익결정에 있어서 행정관료보다는 다수의 이해관계자가 더욱 적극적인 역할을 수행한다.
- 민주적 조정과정에 의한 공익의 도출을 중시하므로 국가는 개인들이 개별적 이익을 위해 자유스럽게 활동하도록 하는 것이 공익을 극대화 시키는 것이며 따라서 정부의 활동은 중립적 조정자로서 역할로 제한된다.

ⓒ 한계
- 조직화되지 못한 일반시민이나 잠재집단 및 약자의 이익 반영이 곤란하다(활동적 소수의 이익만 반영).
- 도덕적·규범적 요인을 경시하고 국가이익이나 공동이익의 존재를 고려하지 않는다(집단이기주의의 우려).
- 특수이익 간 경합·대립이 자동적으로 공익으로 전환된다는 것은 기계적 관념이다.
- 토의·협상·경쟁과정이 발달되지 못한 신생국에서는 적용이 곤란하다.
- 대립적 이익들을 평가할 수 있는 기준을 제시하지 못한다. 행정인의 가치판단 기능을 소홀히 여긴다.
- 대립된 이익이 조정된 결과가 특수이익을 반영한 것이어서 전체의 이익을 고려하지 못할 수 있다.

section 3 사회적 형평성(social equity)과 정의

(1) 사회적 형평의 의미

① 일반적으로 평등·공정성(fairness)·사회정의(social justice)를 의미한다. 정부가 시민의 모든 계층·인종·분야 등에 사회적 재화와 서비스를 균등하게 분배하는 것을 말한다. 부유층이나 특정집단 대신 사회적·경제적·정치적으로 불리한 입장에 있는 계층을 위하여 국가의 특별한 배려에 의해 서비스 배분에 있어 공평성과 평등성을 보장하는 것이다.

② 소유권적 정의가 아니라 사회적 재화와 용역의 공정한 배분, 즉 행정의 적극적인 가치주의의 실현으로 배분적 정의를 강조한다. 법률적·객관적·실체적·가치중립적 개념이기보다는 윤리적·도덕적·가치함유적 개념이다.

③ 비용·산출의 총량을 강조하는 능률성·효과성과 달리, 비용부담자와 편익향유자가 누구인가가 중시된다.

(2) 대두 배경

① 사회적 배경 … 1967년 흑인폭동 이후 사회적 약자를 위한 사회복지정책(Johnson 정부의 「The Great Society」)을 추진하였다.

② 학문적 배경 … 신행정론은 전통적 이론이 능률지상주의와 조직의 대내적 측면만을 강조하고 사회적·경제적 소수자를 고려하지 않았다고 비판하고, 사회적 약자를 배려하는 행정을 주장하였다(형평성(equity)은 효과성, 효율성과 함께 신행정론의 3E를 구성).

③ 이론적 배경 … J. Rawls의 정의론 – 사회적 형평 ≒ 사회적 정의, 자유주의적 평등주의 철학의 기본에 이론적 기반을 둔다.

기출문제

(3) 사회적 형평성의 유형

① 교환적 정의 … 거래 당사자 간 몫을 공정하게 주고받는 개념이다.

② 배분적 정의 … 사회구성원 간 사회적 가치가 공정하게 나누어지는 것을 말한다.

③ 수평적 형평성

㉠ 동일 대상은 동일하게 대우(동등한 여건에 있는 사람들을 동등하게 취급)하는 것을 말한다. 공공서비스를 제공하는 데 그 결정기준이 되는 특성에 상응하는 같은 양의 서비스를 받도록 하는 것이다.

㉡ 소득·가정환경 등 조건이 동일한 사람들에게 동일한 공공서비스가 제공된다.

㉢ 적용 례 : 선거에 있어서 1인 1표주의(보통선거), 비용부담의 문제에서 수익자부담의 원칙(응익주의), 공개경쟁채용시험(실적주의), 비례세제도, 납세와 국방의 의무 등에 적용된다.

④ 수직적 형평성

㉠ 다른 대상은 다르게 대우(대등하지 않은 상황 하에 있는 사람들을 서로 다르게 취급)하는 것을 말한다. 서로 다른 상황에 처해 있는 사람들을 좀 더 동등하게 만들 것을 목적으로 하는 판단의 기준이다.

㉡ 이질적 특성을 가진 사람에게 서비스를 배분할 때 이러한 차이를 고려하는 기준(주민수요·납세능력·최소한도의 생활수준 등)에 따라야만 형평성이 확보된다. 각 개인의 특성(성별·연령·거주지역·재산 등)상 정도의 차이가 있는 사람들에게는 다른 기준의 공공서비스가 제공된다.

㉢ 적용 례 : 공직임용상의 대표관료제(임용할당제), 누진소득세, 종합부동산세, 역교부세(재정력이 강한 지방으로부터 취약한 지방으로 교부세를 이전)저소득층에 대한 생계비 지원, 재분배정책 등에 적용된다.

(4) 롤스(J. Rawls)의 정의론

① 특징

㉠ 롤스는 정의를 공평으로 보면서 배분적 정의가 평등원칙에 입각해야 함을 강조한다. 정의란 공정한 배경 속에서 합리적 계약자들 간 합의를 통해 도출되며(절차적 정의관, 사회계약론 입장) 그렇게 도출된 원칙을 바탕으로 사회적·경제적 불평등은 공정한 기회균등 조건 아래 최소수혜자에게 최대이익이 될 때만 허용할 수 있다고 본다.

㉡ 자유주의와 사회주의의 양극단을 지양하고, 자유와 평등의 조화를 추구하는 중도적 입장이다. Rawls는 공리주의가 다수효용의 극대화를 위하여 소수자 이익의 침해를 묵인하는 것을 비판하며 자유주의적 이론체계에서 사회주의적 요구를 결합함으로써 자유주의적 평등을 실현하려 한다.

㉢ 의무론(절대론·법칙론)적 관점이다.

② 가정 … 원초적 상태(Original Position) - 공정한 합의의 조건이다. 정의의 원리가 도출되는, 즉 결정이 공정하고 전원일치의 합의가 가능한 이념적·가설적 상황을 연역적으로 전제한다.

　㉠ 당사자 간의 결정을 선택하는 절차상 동등한 권리(절차적 정의)이다.

　㉡ 자원의 적절한 부족상태여야 한다.

　㉢ 인지상 조건 - 무지의 베일(Veil of Ignorance) : 정보의 제약(자신의 능력, 가치관 및 심리성향, 사회경제적 지위 등을 모름)으로 인해 공정한 전원일치의 합의 도출이 가능해야 한다.

　㉣ 동기상 조건 - 상호무관심적 합리성 : 타인의 이해관계는 고려하지 않고 자신의 이해관계만 고려하며 이익극대화를 추구해야 한다.

　㉤ 불확실성 하의 의사결정원칙 - 최소극대화 전략(Maximin Rule) : 장래에 자신이 어떤 위치에 처하게 될지 모르는 불확실한 상황에서 위험회피적 성향을 유도하여 합리적 인간은 최악의 상황을 염두에 두고 자신의 이익 극대화를 위한 선택을 할 것으로 가정한다. 사회전체에서 가장 열악한 조건에 있는 사회구성원의 복지를 개선하는 것(최악의 결과 중 최선의 대안선택)이 정의의 원칙에 합당하다.

③ 사회 정의의 기본원리

　㉠ 정의의 제1원리 - 평등한 자유의 원리(Equal Liberty Principle = 기본적 자유의 평등원리)[정치적 측면] : 모든 사람은 다른 사람의 유사한 자유와 상충되지 않는 한도 내에서 가능한 한 최대의 동등한 자유를 가져야 하며, 기본적 권리가 모든 사람에게 절대적으로 평등하게 부여되어야 한다는 자유우선의 원칙이다.

　㉡ 정의의 제2원리 - 차등조정의 원리[사회·경제적 측면] : 자유 이외의 사회적·경제적 가치의 불평등을 균형화되도록 조정(정당한 불평등의 조건)해야 한다.

　　• 기회균등원리 : 불평등의 근원이 되는 직위·직책은 모두에게 균등하게 공개되어야 한다. 능력발휘의 기회는 모든 사람에게 균등하게 주어지고 자신의 능력에 따라 적합한 지위를 담당할 수 있어야 한다.

　　• 차등원리(Difference Principle) : 기회균등 원리가 전제되고 저축의 원리와 조화되는 범위 내에서 불평등에 대한 시정은 가장 불리한 지위에 있는 자(극빈층)에게 최대의 이익이 돌아가도록 조정되어야 한다. - 최소극대화 원리(Maximin ; 최악의 상황에 있는 자에게 가장 많은 편익을 제공하는 것)

　㉢ 바람직한 정책기준(우선순위) : 전체적 자유 > 자유의 평등한 보장(1원리) > 기회균등원리 > 차등원리 > 총효용이나 총이익의 극대화

롤스(J. Rawls)의 정의론에 대한 설명으로 옳지 않은 것은?
▶ 2018. 4. 7. 인사혁신처

① 자유와 평등의 조화를 추구하는 중도적 입장보다는 자유방임주의에 의거한 전통적 자유주의 입장을 취하고 있다.
② 사회의 모든 가치는 평등하게 배분되어야 하며, 불평등한 배분은 그것이 사회의 최소수혜자에게도 유리한 경우에 정당하다고 본다.
③ 현저한 불평등 위에서는 사회의 총체적 효용 극대화를 추구하는 공리주의가 정당화될 수 없다고 본다.
④ 원초적 자연상태(state of nature) 하에서 구성원들의 이성적 판단에 따른 사회형태는 극히 합리적일 것이라고 가정하는 사회계약론적 전통에 따른다.

Tip 롤스는 자유와 평등의 조화를 추구하는 중도적 입장을 취한다.

정답 ①

문 행정이념에 대한 설명으로 가장 옳지 않은 것은?

▶ 2018. 6. 23. 제2회 서울특별시

① 디목(Dimock)은 기술적 능률성을 대체하는 개념으로 사회적 능률성을 제시하고 있는데, 이는 행정이 그 목적 가치인 인간과 사회를 위해서 산출을 극대화하고 그 산출이 인간과 사회의 만족에 기여하는 것을 의미한다.

② 1930년대를 분수령으로 하여 정치행정이원론의 지양과 정치행정일원론으로 전환과 때를 같이해서 행정에서 민주성의 이념이 대두되었다.

③ 효과성은 수단적·과정적 측면에 중점을 두는 반면에 능률성은 목표의 달성도를 중시한다.

④ 합법성은 법률적합성, 법에 의한 행정, 법에 근거한 행정, 즉 법치행정을 의미한다. 합법성을 지나치게 강조하는 경우 수단가치인 법의 준수가 강조되어 목표의 전환(displacement of goal), 형식주의를 가져올 수 있다.

> **Tip** 능률성(투입 대비 산출비율)은 수단적·과정적 측면에 중점을 두는 반면에 효과성(목표 대비 산출비율)은 목표의 달성도를 중시한다.

section 4 비본질적 행정가치(수단적 행정가치)

(1) 합법성

① 의의 … 법에 의한 행정을 말한다. 법에 근거한 법치행정으로 법률 위반을 금지하고 법률적 근거를 요구한다. 법 적용·해석의 객관성·형평성을 추구한다.

② 장점·순기능
  ㉠ 법적 안정성과 행정의 예측가능성을 증대시킨다.
  ㉡ 법 앞에서 모두가 평등하다.
  ㉢ 자의적 행정 방지하고, 행정의 객관성·공정성을 확보할 수 있다.
  ㉣ 행정의 통일성·일관성이 확보된다.

③ 한계·단점
  ㉠ 합법성을 지나치게 강조한다. 법만능주의, 행정편의주의적 법해석, 형식주의, 동조과잉(同調過剩 ; 목표보다 규칙·법규를 지나치게 중시하는 경향)로 인해 목표전환(목표보다 수단을 중시)을 초래한다.
  ㉡ 행정의 경직성 ⇨ 행정의 적응성·탄력성·유연성 저해 : 법률 체계의 규범성·안정성만을 중시하므로 변화와 쇄신적 행정을 저해한다. 개별적 특수상황을 고려하지 못한다.
  ㉢ 현대행정의 복잡·전문화로 인해 모든 행정을 규정하는 것은 곤란하다. 적극적 행정을 위해 합목적적 행정행위도 요구되므로 합목적성과의 조화가 필요하다.

(2) 능률성(Efficiency ; 효율성)

① 의미 … 투입에 대한 산출의 비율($\frac{산출}{투입}$)을 극대화(투입 극소화, 산출극대화)하는 것으로 최소의 비용으로 최대의 산출을 얻는 것을 말하며 효과를 고려하지 않는다.

② 변천 … 기계적 능률(경제적 가치 중시)에서 사회적 능률(인간적 가치 중시)로 변화하였다.

구분	기계적 능률	사회적 능률(민주성·인간성)
배경	• 산업사회 등장, 19C말 행정국가화와 행정기능의 확대로 인해 많은 예산 필요→조세부담 가중 • 엽관주의의 폐해(비능률·예산낭비), 과학적 관리론의 영향, 절약·능률의 요구, 행정관리론(정치·행정2원론) 대두	• 과학적 관리론의 기계적 능률관(인간의 기계화)에 대한 비판과 인간관계론의 등장 • 통치기능설(정치·행정1원론)의 등장(Dimock은 행정의 능률은 타산적·공리적 관점이 아니라 사회목적 실현, 인간가치 구현, 다원적 이익의 통합·조정 등 사회적 차원에서 인식할 것을 주장)

의미 내용	산출/투입 극대화. 최소의 비용(투입극소화), 최대의 산출(산출극대화), 단순한 비용·편익의 비교-수단의 합리성만 강조 • Simon은 기계적 능률을 대차대조표적 능률(성과를 계량화하여 객관적인 기준에 따라 능률성을 평가)로 파악 • Gulick : 능률은 행정가치 체계의 제1공리(axiom number one)이며, 최고의 善(The Basic Good)	• 대외 : 사회의 목적·발전에 기여, 국민요구에 부응 • 대내 : 조직 구성원의 인간가치 실현(조직 내 인간적 관리) • 목적가치인 인간과 사회를 위한 산출의 극대화(산출이 인간·사회의 만족에 기여). 인간존엄성, 사회적 효용을 기준 • 능률에 대한 민주적 개념(능률의 민주적 달성, 능률성과 민주성의 조화)
특징	사실의 문제(sein)	가치의 문제(sollen)
	• 내적 능률, 운영상 능률 • 물리적·기계적·공학적 능률 • 절대적 능률, 단기적 능률, 양적(수량적)·산술적 능률 • 몰가치적·객관적·타산적·대차대조표적 능률 • 합리적 능률	• 발전적 능률, 봉사적 능률 • 인간적·민주적 능률, 복합적·종합적 능률 • 상대적 능률, 장기적 능률, 질적 능률 • 가치적·규범적·주관적 능률 • 합목적적 능률
조직	공식적 조직, 관료제, 계층제	비공식적 조직, 탈관료제
인간	경제인·합리인, X이론	사회인·자아실현인, Y이론
한계	• 민주성과의 충돌 : 조직 내 문제만 주로 다뤄 고객(국민)과의 상호관계를 경시. 인간적 가치를 무시한 수량적 개념 • 질적·가치적 차원과 목적 경시, 수단의 합리성에만 초점 • 가외성의 필요성(중복·여분의 타당성) 경시 • 행정부문에서의 능률성 확보의 곤란성 : 투입(비용)·산출(편익)의 계량적 측정 곤란, 관료제의 역기능이 능률성을 저해	• 측정 곤란성(양적·객관적 평가기준이 모호함) • 능률 개념의 모호화로 인해 능률 개념의 유용성·실용성·이론적 정확성이 약화됨. • 민주성·효과성의 개념과의 중첩 • 노력·시간·경비의 남용에 대한 변명 구실을 제공

기출문제

문 행정 가치에 대한 설명으로 옳지 않은 것은?
▶ 2020. 6. 13. 제1회 지방직

① 공익 과정설에 따르면 사익을 초월한 별도의 공익이란 존재할 수 없다.
② 롤스(Rawls)는 사회정의의 제1원리와 제2원리가 충돌할 경우 제1원리가 우선이라고 주장한다.
③ 파레토 최적 상태는 형평성 가치를 뒷받침하는 기준이다.
④ 근대 이후 합리성은 목표를 달성하는 수단과 관련된 개념이다.

Tip 능률성의 이론적 배경-파레토 최적 : 투입(비용) 대비 산출(편익)을 고려해 자원을 배분한다면 최적의 자원배분이 이루어지는데 이러한 최적의 자원배분 상태를 파레토최적이라 함. 파레토 최적은 소득의 공평한 분배(형평성)를 고려하지 않는 경제적 개념이다.

정답 ③

(3) 민주성(Democracy)

① 의의

㉠ 대외적으로 공익, 인간의 자유·평등·존엄을 확보하기 위해 행정체제를 국민의, 국민을 위한, 국민에 의한 체제로 나아가게 하는 것 : 국민의 의사가 우선시 되고(참여·대표성), 국민을 위한 행정(대응성·봉사)을 추구하며 국민에 대한 책임(통제)을 진다.

㉡ 대내적으로 행정조직관리의 인간화·인격화·분권화 추진 : 인간의 비합리적·감정적·사회심리적 요인을 중시한다.

② 민주성과 능률성과의 관계 … 기계적 능률로 보면 상반관계, 사회적 능률로 보면 상호보완·조화관계에 있다.

㉠ 상반관계

┌ 민주성 : 목적 가치 – 인간의 권리와 자유, 국민참여 등 보장
│   – 인간적 개념, 질적 측면
└ 능률성 : 수단 가치 – 산출 / 투입의 수치적 비율
                      – 비인간적·기계적 수치만 통용, 양적 측면

→ 민주성만 강조하면 능률성이 저해되고, 능률성만 중시하면 민주성이 저해될 수 있다.

㉡ 상호보완 : 사회적·인간적 능률로 이해하면 상호조화가 가능하다. 민주적 능률의 추구가 가능하다.

(4) 효과성(Effectiveness)

① 의의

㉠ 질적인 개념으로서 목표의 달성도를 의미한다. 공익과 비교하여 평가되는 행정행위에 대한 외적 영향을 분석하는 개념이다.

㉡ 1960년대 발전행정론이 대두되면서 신생국의 지배적 행정이념으로 등장하였다.

㉢ 효과성은 능률성과 달리 비용을 고려하지 않았다.

㉣ 효과성은 실적을 행정목표와 대비시켜 파악할 수 있으므로, 효과성의 측정·평가를 위해서는 행정기관의 목표가 명확하게 설정되어야 한다.

② 능률성과 효과성

능률성(Efficiency)	효과성(Effectiveness)
산출 / 투입 *비용 고려	목표 / 산출 또는 효과/산출 *비용 고려 안 함
직접적 · 구조적 · 정태적 · 양적 · 과정적 · 단기적 성격	간접적 · 기능적 · 동태적 · 질적 · 결과적 · 장기적 성격
조직 내의 관계(내적)	조직과 환경과의 관계(외적)
수단과 목적이 단절된 상태 하에서 적은 노력 · 시간 · 경비로 산출극대화를 추구하는 기계공학적 · 경제학적 개념	수단과 목적이 연결된 상태 하에서 현실적 산출의 목적 충족 정도인 목표달성도를 의미하는 사회학적 개념
• 하위목표적 성격, 수단적 개념 − 개별적 수단에 초점 • 행정과정상 직접목적, 즉 수단과 관련하여 평가 　（예 예산공무원 − 최소자원으로 목표달성)	• 상위목표적 성격, 목적적 개념 − 조직적 · 전체적 목표에 초점 • 조직의 최종목표와 비교해 그 달성도를 평가 　（예 기획담당자 − 비용보다 목표 달성에 중점)
구조적 단일 목표의 달성비율	기능적 전체 목표의 달성비율

③ 효과성의 한계

　㉠ 비용을 고려하지 않으므로 낭비적 요소가 내재된다.

　㉡ 목표 달성만 강조하는 성장제일주의 정책은 법규를 무시하여 합법성을 저해하고 절차를 소홀히 하여 민주성을 저해하며 소득분배를 경시하여 형평성을 저해할 수 있다.

　㉢ 행정 목표 자체가 동태성 · 다원성을 지니므로 효과성 기준의 적용이 곤란하다.

(5) 생산성(Productivity)

① 의미

　㉠ 최소투입으로 최대산출을 기하되(능률성), 그 산출의 원래 목표를 얼마나 달성했는가(효과성)를 나타낸다.

　㉡ 최종산출의 양적 측면을 표시하는 능률성과, 질적 측면을 표시하는 효과성을 통합시킨 개념이다.

② 전개 ··· 1970년대 이후 감축관리론 · 공공선택론, 1980년대 이후 신공공관리론에서 특히 강조한다. 정부실패 이후 행정활동의 양적 · 질적 변화와 재정적자 심화되었으며 국제화 · 개방화 · 세계화에 따른 행정환경 변화 상황에서 행정의 경쟁력 확보와 함께 강조되었다.

🔎 행정이 추구하는 가치에 대한 설명으로 옳지 않은 것은?
▶ 2019. 6. 15. 제1회 지방직

① 합리성은 어떤 행위가 궁극적인 목표달성을 위한 최적의 수단이 되느냐를 가리키는 개념이다.

② 효과성은 투입 대비 산출의 비율을, 능률성은 목표의 달성도를 나타내는 개념이다.

③ 행정의 민주성은 대외적으로 국민 의사의 존중수렴과 대내적으로 행정조직의 민주적 운영이라는 두 가지 측면이 있다.

④ 수평적 형평성이란 동등한 것을 동등하게 취급하는 것, 수직적 형평성이란 동등하지 않은 것을 서로 다르게 취급하는 것을 의미한다.

Tip 효과성과 능률성에 대한 설명이 반대로 되었다. 효과성은 목표의 달성도를, 능률성은 투입 대비 산출의 비율을 나타내는 개념으로 효율성이라고도 한다.

정답 ②

③ 행정의 생산성 측정의 곤란성

  ㉠ **명백한 산출물 단위의 부재(不在)** : 공공재는 비배제성·비경합성을 띠기 때문에 명확한 측정단위를 계산하는데 어려움이 있다.

  ㉡ **명확한 생산함수의 부재** : 생산성에 영향을 주는 변수의 명확한 식별이 곤란하다.

  ㉢ 정부활동의 질적·추상적·무형적·다목적적 기능을 수행한다.

  ㉣ 정부활동의 상호의존성(상호외부효과 reciprocal externality)으로 인해 단일기관의 관점에서 생산성 측정이 곤란하다.

  ㉤ **적절한 자료·정보의 부족** : 자료의 신뢰도 문제로 인해 생산성 지표의 질이 저하된다.

(6) 합리성(Rationality)

① 의의

  ㉠ 일반적으로 어떤 행위가 궁극적 목표달성의 최적 수단이 되느냐의 여부를 가리는 개념으로 목적과 수단, 원인과 결과 간 관계에 관한 타당한 근거를 가지고 행동하는 것이다. 수단의 합목적성에 입각한 목적·수단의 연쇄 또는 목적·수단의 계층제에 기초한다.

  ㉡ 의식적·체계적 사유과정이다. 현실을 의식적으로 극복하려는 정신작용으로 구체적 사건 속에서 특정의 유형성을 발견하는 것을 말한다.

② 합리성의 유형

  ㉠ **만하임**(K. Mannheim)

기능적 합리성 (functional rationality)	• 목표달성에 순기능을 하는 행위(목표성취에의 기여). 일련의 행동이 일정한 목표달성을 위해 효과적으로 조직되어 행동이 전체적인 행동계열 속에 적절하게 자리 잡혀 있는 것 • Weber의 형식적 합리성과 유사, 관료제는 대표적인 기능적 합리성을 위한 구조 • 산업화의 진행은 사회의 기능적 합리성을 촉진하지만, 실질적 합리성과의 왜곡을 확대하여 새로운 대중과 엘리트의 분할 초래. 즉, 산업사회 등장에 따른 기능적 합리성의 증대가 실질적 합리성의 증대로 연결되지는 못함.
실질적 합리성 (substantial rationality)	이성적 사고작용과 판단을 중심으로, 특정상황에서 여러 사건이나 구성요소 간 상관관계를 규명하는 것.

ⓛ 사이먼(H. Simon)

내용적(실질적) 합리성 (substantive)	• 목표달성을 위한 최적 수단을 선택하는 정도. 효용 · 이윤의 극대화를 가져오는 효율적인 행위 • 결과적 · 객관적 합리성과 연관
절차적 합리성 (procedural)	• 문제해결과정에서의 합리성. 의식적인 인지절차상 사유과정의 산물(심리학적 의미) • 결과보다는 인지적 · 지적 과정을 중시하는 주관적 · 과정적 · 제한적 합리성 • 목표달성에 최적안이 선택되지 않았어도(내용적 합리성 결여), 이성적인 사유과정을 거친 경우 절차적 합리성을 충족. Simon은 인간의 인지능력상 한계로 인해 내용적 합리성의 확보는 곤란하다고 보고 절차적 합리성을 중시(만족모형)

[합리성 유형 간 관계]

구분	합리성의 의미		K. Manheim	H. Simon
경제학적 차원	목표 달성을 위한 최적 수단	내용 중심	기능적 합리성	내용적(실질적) 합리성
심리학적 차원	이성적 사고, 의식적 체계적 사유(思惟) 과정, 심사숙고	과정 중심	실질적 합리성	절차적 합리성

ⓒ 디징(P. Diesing)

기술적 합리성 (technical)	목표에 대한 합의는 완전하나 목표와 수단의 관계가 불분명할 때 최소의 노력으로 목표를 달성하는 최적 수단을 발견하는 것으로, 목표 · 수단 연쇄관계(목표 · 수단 계층제)를 핵심으로 함(효과성)
경제적 합리성 (economic)	비용과 편익(효과)을 측정 · 비교해 가장 좋은 목표를 평가 · 선택하는 합리성으로서 2개 이상의 목표가 서로 경쟁을 벌일 때 비용에 비해 편익이 큰 목표를 선정하는 것과 관련됨(능률성)
사회적 합리성 (social)	사회체제 구성요소 간 통합이나 상호의존성을 확보하거나, 사회 내 다양한 힘과 세력들이 질서 있는 방향으로 조정되고, 갈등을 해결할 수 있는 사회제도의 유지 · 개선과 관련됨(통합성)
법적 합리성 (legal)	확립된 규칙과 선례에 부합되고 있는가(예측가능성과 공식적 질서 강조)를 기준으로 하면서 규범적 관점에서 요구됨. 인간의 권리 · 의무관계에서 인간생활의 갈등을 해결할 필요가 있을 때 제기됨(합법성)
정치적 합리성 (political)	사회 내 여러 세력들의 정책결정과정 · 구조를 개선하는 합리성. 보다 바람직한 정책을 추진할 수 있는 정책결정구조의 합리성을 의미하며, 가장 영향력이 크고 비중이 높은 합리성이다. 목표에 대한 합의가 불완전할 때 나타나며, 대안은 정치적 구조에 미칠 영향의 정도에 따라 평가됨

기출문제

문 행정에 있어서 가외성에 대한 설명으로 옳은 것은?
▶ 2010. 5. 22. 상반기 지방직

① Landau는 권력분립 및 연방주의를 가외성 현상으로 보았다.
② 정보체제의 안전성을 증진시키기 위해서는 초과분의 채널이나 코드가 없는 비가외적 설계가 필요하다.
③ 불확실성이 커질수록 가외성의 필요성은 줄어든다.
④ 조직내외에서 가외성은 기능상 충돌의 가능성을 없애는 역할을 한다.

Tip ② 정보체제의 안전성을 증진시키기 위해서는 초과분의 채널이나 코드가 있는 가외적 설계가 필요하다.
③ 불확실성이 커질수록 가외성의 필요성이 커진다.
④ 조직내외에서 가외성은 중첩과 중복으로 인한 기능상 충돌의 가능성을 크게 하고 책임의 모호성을 초래할 수 있다.

정답 ①

(7) 가외성(加外性 ; Redundancy)

① 배경
- ㉠ 행정환경의 불확실성이 증대(역동성·복잡성)되고, 행정의 위기관리기능 필요해지면서 능률성의 한계에 봉착하게 되었다.
- ㉡ 1960년대 정보과학, computer기술, Cybernetics이론 발달과 함께 논의되고, 랜다우(M. Landau)가 행정학에 도입하였다.

② 의미 … 조직의 구조·활동을 중복·반복되게 운영하는 것으로 행정체제나 행정과정상 기본적 구성요소 이외에 초과분·잉여요소를 지니는 것을 말한다.
- ㉠ 중첩성(overlapping) : 어떤 행정기능이 특정기관에 분화되지 않고, 여러 행정기관들이 중복적·상호의존적으로 수행된다. 어떤 문제가 발생하거나 사업·과제가 부여될 경우 여러 기관이 상호의존성을 가지면서 중첩적으로 공동으로 관리한다(예 재난발생시 재난안전본부와 국토교통부, 경찰소방기관 등이 합류하여 처리).
- ㉡ 반복성(중복성 ; duplication) : 동일한 행정기능을 여러 행정기관들이 독자적으로 수행한다(예 동일 기능을 하는 민원창구의 중복 설치).
- ㉢ 동등잠재력(등전위현상 ; equipotentiality) : 조직 내에서 주된 기관의 기능이 작동하지 않을 때 동일 잠재력을 지닌 다른 지엽적·보조적 기관이 대행하는 것을 말한다(예 직무대리, 권한대행).

③ 적용상황
- ㉠ 불확실성의 상황 : 미래 예측의 과학적 분석이 곤란하고 문제 상황이 불확실한 경우에 필요하다. 불확실성에 대한 소극적 대처방안을 모색한다(불확실성을 전제로 하여 이에 대응하는 방안을 모색).
- ㉡ 분권적 구조 : 기능·결정의 분산. 가외성은 그 자체가 독립적 기능을 내포하므로, 집권적 구조에서는 가외성 장치의 설치가 곤란하고, 행정체제 내부기능이 수직적·수평적으로 분산되는 분권적 구조이어야 한다.
- ㉢ 잉여자원의 존재 : 여분을 설치할 수 있을 만큼 기용자원이 충분해야 한다.
- ㉣ 협상의 사회 : 반복적 대화의 자세가 필요하다.
- ㉤ 조직의 체제성·신경구조성

④ 기능효용
- ㉠ 행정의 적응성·유연성·융통성을 증진한다.
- ㉡ 행정의 신뢰성·안정성·계속성·지속성을 증진한다.
- ㉢ 정보의 다양성·정확성 확보 : 오류 정보 입수가능성 방지하고 다원적이고 정확한 정보를 입수한다.

ⓔ **창조성 · 창의성 · 개혁성** : 동질적 부품 · 기능의 상호작용으로 창조적 · 쇄신적 아이디어를 확보한다.

ⓜ 조직성원의 지식 · 정보 · 기술의 수용범위의 한계를 극복한다.

ⓗ **효과성 증진, 목표전환현상의 완화** : 목표에 대한 맹종성 탈피하고 융통성을 부여하여 목표전환을 방지한다.

ⓢ **연구방법의 편의성** : 복잡한 조직체제상 중복요소를 동일 묶음기호로 표시하여 복잡한 행정현상의 단순화를 도모한다.

⑤ **한계**

ⓐ **비용 · 효과상의 문제** : 가외성 장치의 설치 · 유지 비용은 미설치시 손해액이나 실패 시 손실복구비용보다 적어야 한다. 공행정에서는 효과가 정신적 · 심리적인 것이 많아 비용과 대비하기 곤란하다.

ⓑ **가외성과 능률성(경제성 · 효율성)간 충돌** : 가외성과 능률성은 일반적으로 충돌되는 개념으로 본다.

ⓒ 자원동원능력에 한계가 있다(재원부족).

ⓓ **감축관리와 갈등 및 조화 문제** : 개념상 충돌되지는 않지만 능률성만을 강조하는 감축관리는 가외성과 충돌될 수 있다. 가외성이 조직의 효과성 증진을 위한 장치인 점에서 조화가 가능하다.

ⓔ **운영상 한계** : 기능중복에 의한 책임한계가 불명확하고 권한의 상충 · 갈등이 발생한다.

ⓗ 집권적 구조에는 부적합하다.

section 5 행정문화

(1) 의의

① **개념** … 행정인의 가치관, 태도, 사고방식, 의식구조, 신념체계로서 행정인들의 행동지침이나 행동규제의 틀로서 작용한다. 또한 전체 사회문화 속에 존재한 하위문화로서 사회문화의 상호 유기적인 의존작용을 하게 되며 역사적 · 상황적 제약성이 존재하여 자연히 동태성과 상대성을 지니게 된다.

② **변동요인과 항구적 요인**

㉠ **변동요인** : 행정인의 의지, 기술의 발달, 경제적 요인, 외래문화의 접촉 · 수용 등이 있다.

㉡ **항구적 요인** : 역사적 · 전통적 요인이다.

정답 ①

기출문제

(2) 선진국과 후진국의 행정문화

선·후진국 간 행정문화의 차이는 경제, 사회구조, 이념, 환경적·생태적인 요인에 의하여 나타난다. 선진국의 행정문화는 후진국보다 분화적이며 개인주의적이고 합리성을 추구하고 목표지향적인 반면, 후진국의 행정문화는 가치의 분화가 덜 되어 있고 전통적인 인습에 얽매인 비합리적인 요인이 많이 나타나고 있다.

(3) 우리나라 행정문화의 개선방안

① 가치의 다원화 … 가치관념이 권력 이외의 경제·예술·사회사업·교육 분야 등을 높이 평가함으로써 행정이 다른 분야와 평등관계를 이루어야 한다.

② 엘리트의 분산 … 엘리트의 다원화와 분야별 교류를 촉진시켜 행정관료의 우월의식을 불식시켜야 다른 사회문화의 발전도 도모할 수 있다.

③ 교육과 훈련의 강화 … 사실지향적·개방적·과학적 사고에 기초한 교육·훈련을 통해 관료들의 의식구조를 변화시켜야 한다.

④ 공공부문의 축소 및 민간부문의 확대 … 민간부문에 대한 행정의 간섭을 최소화함으로써 부정부패를 막고 행정의 독선을 방지하며, 민간의 자율적인 발전을 꾀할 수 있다.

⑤ 제도의 개선 … 번문욕례(red tape)를 지양하고 행정절차를 간소화하여야 한다.

section 6 사회지표

(1) 의의

① 개념 … 사회적 상태를 총체적으로 나타내어 생활의 양적·질적인 측면을 측정하여 인간생활의 전반적인 복지수준을 파악 가능하게 해주는 척도로서 사회적 상태의 해석과 판단지침이 되도록 하는 자료의 역할을 한다.

② 대두요인
  ㉠ 경제지표의 한계 : 물량중심의 경제지표로는 총체적인 삶의 질을 측정할 수 없었다.
  ㉡ 사회개발의 추진 : 사회개발정책의 추진이 일반화됨에 따라 총체적인 정보체계로서의 사회지표개발의 필요성이 나타났다.
  ㉢ 정확한 사회정보에 대한 관심 증대 : 학자 및 여러 기관의 사회현상 파악과 미래상황의 예측 및 연구를 위해 정확한 사회정보조사의 필요성이 대두되었다.
  ㉣ 행정의 생산성의 분석·평가의 필요성 : 사회복지정책은 사회지표에 크게 의지하는 바가 크고 또한 성과평가의 평가기준으로 사회지표가 활용된다.

③ 기능

　　㉠ 국민생활수준의 측정 및 변동의 분석·판단의 지침이 된다.

　　㉡ 사회상태의 종합적 측정과 국민복지수준의 측정에 이용된다.

　　㉢ 사회적 욕구·수요·문제점의 발견 및 분석에 도움을 준다.

　　㉣ 행정목표 설정의 구체적 기준으로서의 역할을 한다.

　　㉤ 정책목표·정책·기획 등을 설정·평가하는 기준이 된다.

④ 성격

　　㉠ **인본주의적 성격** : 인간중심의 삶의 질을 높이기 위한 정보를 중시한다.

　　㉡ **규범적 성격** : 특정 사회가 지향하는 가치·목표에 관한 정보로서의 성격을 갖는다.

　　㉢ **종합성** : 사회상태를 종합적으로 파악하도록 체계화되어야 한다.

　　㉣ **변동성** : 사회개발의 규범적 목표와 관심의 변화에 따라 사회지표의 정의와 개념은 변화한다.

　　㉤ **사회상태의 종합적 측정** : 사회상태의 전체적·종합적인 정보와 아울러 개별적인 개인수준의 정보를 포함한다.

　　㉥ **성과정보적 성격** : 투입보다는 산출, 원인보다는 결과·효과면의 정보를 가급적 중시한다.

　　㉦ **시차적 적응성** : 생활의 질 등의 일반적 추세와 시차적 변동을 측정하고 비교할 수 있어야 한다.

(2) 문제점

① 수량적 측정이 곤란한 경우가 많다.

② 객관적 지표와 주관적 지표가 일치하지 않는 경우가 많다.

③ 사회지표를 구성하는 항목, 범위, 변수 등을 설정함에 있어 합의가 도출되지 않았다.

④ 주관적 만족도와 욕구충족도는 개인의 입장이나 문화에 따라 상이하다.

⑤ 사회조사는 상당한 시간과 노력, 비용이 필요하며 지표와 조사 자체의 정확한 설계가 어렵다.

⑥ 중복계산되거나 누락되는 경우가 많다.

⑦ 계량적 수치에 집착하여 지나치게 일방적인 판단을 할 우려가 크다.

기출문제

1 공익에 대한 설명으로 가장 옳지 않은 것은?

① 과정설은 개인의 사익을 초월한 공동체 전체의 공익이 따로 있다고 보는 견해이다.

② 실체설은 사회 전 구성원의 총효용을 극대화함으로써 공익에 도달할 수 있다고 보는 견해이다.

③ 과정설은 공익이 사익의 총합이거나 사익 간의 타협·조정 과정을 통해 얻어지는 것으로 보는 견해이다.

④ 실체설은 사회공동체 내지 국가의 모든 가치를 포괄하는 절대적인 선의 가치가 있다고 보는 견해이다.

2 공익 개념을 설명하는 접근방법들 중에서 정부와 공무원의 소극적 역할과 관련 깊은 것은?

① 사회의 다양한 집단 간에 상호이익을 타협하고 조정하여 얻어진 결과가 공익이다.

② 사회 구성원의 개별적 이익을 모두 합한 전체이익을 최대화한 것이 공익이다.

③ 정의 또는 공동선과 같은 절대가치가 공익이다 .

④ 특정인이나 집단의 특수이익이 아니라 사회 구성원이 보편적으로 공유하는 이익이 공익이다.

3 사회적 형평성에 대한 설명으로 옳은 것은?

> ㉠ 정당한 불평등의 개념을 포함하고 있다.
> ㉡ 투입 대비 산출의 비율로 표현되는 경제적 개념이다.
> ㉢ 동일한 것은 동일하게 취급하는 것은 수직적 형평성이다.
> ㉣ 신행정론의 등장과 함께 강조되기 시작하였다.

① ㉠, ㉡   ② ㉠, ㉣

③ ㉡, ㉢   ④ ㉢, ㉣

4 사이먼(H. A. Simon)의 절차적 합리성(procedural rationality)에 대한 설명으로 옳은 것은?

① 절차적 합리성은 행위자의 목표와 행위선택의 우선순위가 분명한 것을 말한다.

② 절차적 합리성은 객관적 합리성이라고도 하는데 주어진 여건 속에서 가능한 최선의 대안을 선택하는 합리성을 말한다.

③ 절차적 합리성은 행동 대안을 선택하기 위하여 사용된 절차가 인간의 인지능력과 여러 가지 한계에 비추어 보았을 때 얼마만큼 효과적이었는가의 정도를 의미한다.

④ 절차적 합리성은 결정이 생성되는 과정보다 선택의 결과에 더 관심을 갖는다.

5 P. Diesing의 합리성 유형에 대한 옳은 설명은?

① 기술적 합리성(technical rationality)은 경쟁 상태에 있는 목표를 어떻게 비교하고 선택할 것인가 하는 것을 의미한다.

② 경제적 합리성(economical rationality)은 주어진 목표를 가장 잘 달성할 수 있는 수단을 찾는 것을 의미한다.

③ 사회적 합리성(social rationality)은 사회 내의 여러 세력들의 정책결정과정을 개선하는 것을 의미한다.

④ 법적 합리성(legal rationality)은 보편성과 공식적 질서를 통하여 예측가능성을 높이는 것을 의미한다.

6 가외성(Redundancy)에 대한 설명으로 적절한 것은?

㉠ 조직구성원의 정보 수용범위의 한계 극복
㉡ 대통령의 거부권, 만장일치제, 계층제
㉢ 목표의 전환 방지
㉣ 체제의 창조성에 기여
㉤ 정책결정의 불확실성에 대한 적극적 대처방안
㉥ 사회적 자본과의 조화

① ㉠, ㉡, ㉥　　　　　　　　　　② ㉠, ㉢, ㉣
③ ㉡, ㉣, ㉤　　　　　　　　　　④ ㉢, ㉤, ㉥

7 행정이념에 대한 설명으로 옳지 않은 것은?

① 기계적 효율성은 정치·행정이원론 시대에 경영학의 과학적 관리론이 행정학에 도입되면서 중시되었다.

② 예산의 분배과정에 있어 선택과 집중을 하는 것은 행정의 형평성을 강조하는 것이다.

③ 사회적 효율성은 행정의 사회목적 실현과 다원적 이익들 간의 통합조정 및 구성원의 인간가치의 실현 등을 강조한다.

④ 행정의 능률성과 효과성은 행정의 본질적 가치라기보다는 수단적 가치이다.

8 롤스(J. Rawls)의 사회 정의의 원리와 거리가 먼 것은?

① 원초상태(original position) 하에서 합의되는 일련의 법칙이 곧 사회정의의 원칙으로서 계약 당사자들의 사회협동체를 규제하게 된다.

② 정의의 제1원리는 기본적 자유의 평등원리로서, 모든 사람은 다른 사람의 유사한 자유와 상충되지 않는 한도 내에서 최대한의 기본적 자유에의 평등한 권리를 인정하는 것이다.

③ 정의의 제2원리의 하나인 차등 원리(difference principle)는 가장 불우한 사람들의 편익을 최대화해야 한다는 원리이다.

④ 정의의 제1원리가 제2원리에 우선하고, 제2원리 중에서는 차등원리가 기회균등의 원리에 우선되어야 한다.

9 기계적 효율성과 사회적 효율성에 대한 개념으로 옳지 않은 것은?

① 사이먼(Simon)은 기계적 효율성을 대차대조표적 효율성이라고 표현하고 성과를 계량화하여 객관적인 기준에 따라 효율성을 평가한다고 보았다.

② 사회적 효율성은 사회목적 실현과 다원적인 이익들 간의 통합 조정을 내용으로 한다.

③ 기계적 효율성은 디목(Dimock)이 강조한 개념이다.

④ 사회적 효율성은 민주성의 개념으로 이해되기도 한다.

10 행정이론의 패러다임과 추구하는 가치를 바르게 연결한 것은?

① 행정관리론 – 절약과 능률성

② 신행정론 – 형평성과 탈규제

③ 신공공관리론 – 경쟁과 민주성

④ 뉴거버넌스론 – 대응성과 효율성

정답및해설

1	①	2	①	3	②	4	③	5	④
6	②	7	②	8	④	9	③	10	①

1 ① 실체설에 대한 설명. 과정설은 사익과 무관한 공익은 없다고 본다.

②④ 실체설은 공익을 전체효용의 극대화, 도덕적 절대가치, 공유하는 이익으로 이해한다. 전체효용의 극대화를 강조하는 입장은 사회구성원의 효용을 계산한 다음 전 구성원의 총효용을 극대화함으로써 공익에 도달할 수 있다고 보며(공동체이익은 공동체 구성원의 이익을 모두 모은 것), 소비자의 효용이나 만족의 극대화를 추구하는 공리주의자나 후생경제학자의 관점이다. 도덕적 절대가치를 공익의 실체로 보는 관점에서는 사회공동체나 국가의 모든 가치를 포괄하는 절대적인 선의 가치가 있다고 가정한다.

2 공무원의 소극적 역할을 전제하는 것은 공익관에서 과정설에 해당된다.

①은 과정설에 해당되는 반면, 나머지는 공무원의 적극적 역할을 전제로 하는 실체설에 해당된다.

②의 경우 과정설은 사익의 총합을 공익으로 이해하는 반면 실체설은 사익의 총합과 공익을 별개로 이해한다. 지문에서 사회 구성원의 개별적 이익(효용)을 모두 합한 전체이익(효용)을 최대화한 것이 공익이라는 표현은 실체설과 관련된다. 예를 들어 사회 구성원이 A, B, C 세 명뿐일 때 A의 효용 100, B와 C의 효용 0인 정책(총합 100)이 A의 효용 20, B의 효용 30, C의 효용 30인 정책(총합 90)보다 공익에 합치된다고 본다. 즉, 실체설에서는 개인 간 합의의 과정을 고려하지 않는다.

3 ㉠ 회적 형평성은 수평적 형평성과 수직적 형평성을 포함한다. 수직적 형평성은 정당한 불평등이나 합리적 차별과 관련되며 대등하지 않은 상황 하에 있는 사람들을 서로 다르게 취급하는 것으로 서로 다른 상황에 처해 있는 사람들을 좀 더 동등하게 만들 것을 목적으로 하는 판단의 기준이다.

㉡ 투입 대비 산출의 비율로 표현되는 경제적 개념은 능률성(efficiency)이다.

㉢ 동일한 것은 동일하게 취급하는 것은 수평적 형평성이다.

㉣ 신행정론은 전통적 이론이 능률지상주의와 조직의 대내적 측면만을 강조하고 사회적 · 경제적 소수자를 고려하지 않았다고 비판하고, 사회적 약자를 배려하는 행정이 필요하다고 보면서 사회적 형평성을 강조하였다.

4 ①, ②, ④는 내용적 합리성에 해당되며 ③이 절차적 합리성에 대한 설명이다.

5 ①은 경제적 합리성, ②는 기술적 합리성, ③은 정치적 합리성.

6 ㉠, ㉢, ㉣만 옳다.

㉡ 만장일치제, 계층제는 가외성 장치가 아님. 법률안 거부권은 가외성 장치.

㉤ 가외성은 불확실성에 대한 적극적 대처방안(불확실성 자체의 제거)이 아니라 소극적 대처방안(불확실성의 발생을 전제로 한 대응방안)

㉥ 사회적 자본(social capital)의 증가는 가외성의 필요성을 약화시킨다.

7 ② 예산의 분배과정에 있어 선택과 집중은 필요한 분야에 대한 합리적 자원배분을 하는 것으로 효율성(능률성)을 강조하는 것이며, 합리주의(총체주의) 예산결정이론에서 중시한다.

8 롤스(J. Rawls)는 그의 저서 「정의론」에서 정의의 제1원리가 제2원리에 우선하고 제2원리 중에서는 '기회균등의 원리'가 '차등원리'에 우선한
다고 주장한다.

9 ③ 기계적 효율성을 강조한 사람은 Gulick이다. 디목(Dimock)은 사회적 효율성을 강조하였다.

10 ② 신행정론 - 형평성과 참여
③ 신공공관리론 - 경제성과 생산성
④ 뉴거버넌스론 - 신뢰성

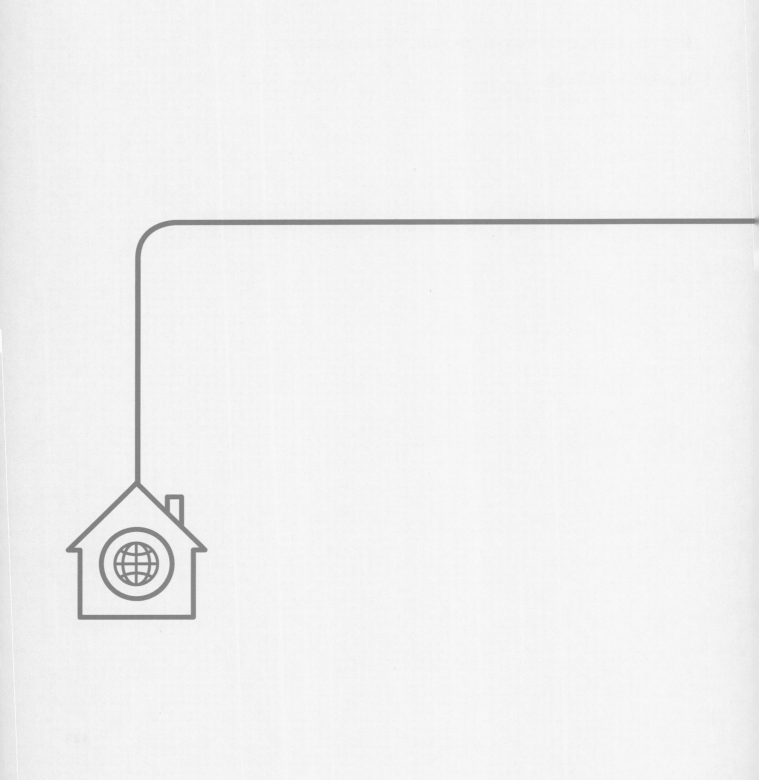

02

정책론 · 기획론

01 정책론

02 기획론

01 정책론

기출문제

문 정책과 정책유형이 바르게 짝지어진 것은?

▶ 2011. 4. 9. 행정안전부

㉠ 영세민을 위한 임대주택 건설
㉡ 재정경제부와 기획예산처를 기획재정부로 통합
㉢ 기업의 대기오염 방지 시설 의무화
㉣ 광화문 복원

① ㉠ 분배정책 ㉡ 구성정책
㉢ 추출정책 ㉣ 상징정책
② ㉠ 상징정책 ㉡ 추출정책
㉢ 규제정책 ㉣ 구성정책
③ ㉠ 규제정책 ㉡ 재분배정책
㉢ 추출정책 ㉣ 상징정책
④ ㉠ 재분배정책 ㉡ 구성정책
㉢ 규제정책 ㉣ 상징정책

Tip ㉠ 빈곤층을 위한 재분배정책
㉡ 정부조직을 개편하는 구성정책
㉢ 환경오염 규제 등의 규제정책
㉣ 궁궐 복원 등의 상징정책

문 로위(Lowi)의 정책유형 중 선거구의 조정 등 헌법상 운영규칙과 관련된 정책으로 가장 옳은 것은?

▶ 2019. 6. 15. 제2회 서울특별시

① 구성정책
② 배분정책
③ 규제정책
④ 재분배정책

Tip 선거구의 조정, 정부기관 신설, 공무원의 보수 및 연금 조정 등은 Lowi의 정책유형 중 구성정책에 해당한다.

정답 ④, ①

section 1 정책의 본질

(1) 정책의 의의

① **개념** … 바람직한 사회를 달성하기 위해 권위 있는 정부기관이 공식적으로 결정한 중요한 행동의 지침이다.

② **특성**

　㉠ **목표지향적·규범적 성격** : 공익을 위해 구체적인 목표를 가지고 집행된다.

　㉡ **강제성·구속성** : 결정 및 집행주체는 권위 있는 정부기관이기 때문에 집행에 있어서도 공식적인 강제력과 구속력을 가진다.

　㉢ **복합성** : 정책의 결정은 정치적·사회적 이해관계가 복잡하게 얽혀있는 상태에서 이루어진다.

　㉣ **행동지향성, 지침성, 변화유발성** : 정책은 공익이라는 당위적인 가치를 구체적인 행동으로서 현실화한다. 따라서 행정행위의 지침이 되고 행동화를 통해 변화를 초래한다.

　㉤ **거시성·총체성** : 가치와 규범을 내포하기 때문에 하위의 지침, 계획 등에 비해 거시적이고 총체적인 성격을 갖는다.

　㉥ **인본주의** : 인간의 삶의 질에 대한 관심이 증가됨에 따라 정책에도 인본주의적 성격이 강화되고 있다.

③ **정책의 3대 구성요소**

　㉠ **정책목표** : 정책을 통하여 실현하고자 하는 바람직한 상태로서 추상적 목표와 구체적 목표로 나눈다.

　㉡ **정책수단** : 목표달성을 위한 행동방안으로서 정책의 실질적 내용을 구성하는 가장 중요한 요소이다.

　㉢ **정책대상집단** : 정책집행으로 인해 영향을 받는 집단으로서 재화와 서비스를 제공받는 집단을 정책수혜자, 비용을 부담하게 되는 집단을 정책비용부담자로 분류한다.

④ 정책수단(행정수단)의 분류(L. Salamon, 노화준)

　㉠ 강제성(coercion) : 개인이나 집단의 행태를 제한하는 정도를 말한다.

강제성	정책수단	효과성	능률성 (효율성)	형평성	관리 가능성	합법성, 정당성 (정치적 지지)
높음	경제규제, 사회규제	높음	높음/ 낮음	높음	낮음	높음/낮음
중간	바우처, 공적 보험, 보조금, 공기업, 대출보증, 직접대출, 계약, 벌금(교정조세)	중간	높음	중간	중간	중간
낮음	불법행위 책임(손해책임법), 정보제공, 조세지출	낮음	중간	낮음	중간	높음

　㉡ 직접성(directness) : 공공활동을 허가하거나 재원을 조달하거나 개시한 주체가 그 수행에 관여하는 정도를 말한다.

직접성	정책수단	효과성	능률성 (효율성)	형평성	관리 가능성	합법성, 정당성 (정치적 지지)
높음	공적 보험, 직접대출, 정보제공, 공기업, 경제적 규제, 정부소비(직접시행)	높음	중간	높음	높음	낮음
중간	조세지출, 계약, 사회적 규제, 벌금	낮음/ 중간	중간	낮음	낮음	높음
낮음	손해책임법(불법행위 책임), 보조금, 대출보증, 정부출자기업, 바우처	낮음	높음	낮음	낮음	높음

(2) 정책의 유형

① 학자들의 분류

　㉠ Almond와 Powell : 추출정책, 분배정책, 규제정책, 상징정책

　㉡ Lowi : 분배정책, 재분배정책, 규제정책, 구성정책

　㉢ Salisbury : 분배정책, 재분배정책, 자율규제정책, 규제정책

　㉣ Ripley and Franklin : 분배정책, 재분배정책, 경쟁적 규제정책, 보호적 규제정책

정책유형에 대한 설명으로 가장 옳지 않은 것은?
▶ 2018. 6. 23. 제2회 서울특별시

① 로위(Lowi)는 정책의 유형에 따라 정책의 결정 및 집행과정이 달라진다고 보았으며, 정책유형에 따라 정치적 관계가 달라질 것으로 가정하고 있다.

② 로위(Lowi)는 정책유형을 배분정책, 구성정책, 규제정책, 재분배정책으로 구분하였으며, 구분의 기준이 되는 것은 강제력의 행사방법(간접적, 직접적)과 비용의 부담주체(소수에 집중 아니면 다수에 분산)이다.

③ 로위(Lowi)의 분류 중 재분배정책의 예는 연방은행의 신용통제, 누진소득세, 사회보장제도이고, 구성정책의 예는 선거구 조정, 기관신설 등이다.

④ 리플리 & 프랭클린(Ripley & Franklin)은 보호적 규제정책을 제시하는데, 이는 소수자나 사회적 약자, 그리고 일반대중을 보호하기 위해서 개인이나 집단의 권리 행사나 행동의 자유를 제한하는 정책이다.

Tip 로위(Lowi)는 정책유형을 배분정책, 구성정책, 규제정책, 재분배정책으로 구분하였으며, 구분의 기준이 되는 것은 강제력의 행사방법(간접적, 직접적)과 강제력의 적용대상(개인의 행위, 행위의 환경)이다.

정답 ②

문 정책을 규제정책, 분배정책, 재분배정책, 추출정책으로 분류할 때 저소득층을 위한 근로장려금 제도는 어느 정책으로 분류하는 것이 타당한가?
▶ 2015. 6. 27. 제1회 지방직

① 규제정책
② 분배정책
③ 재분배정책
④ 추출정책

Tip 저소득층을 위한 근로장려금 제도는 고소득층으로부터 저소득층으로 소득이 이전되는 재분배정책에 해당한다.

문 정부가 국민에게 영향을 미치는 정책산출은 정책결정 과정을 통해서 이루어진다. 이러한 정책결정 과정에서 정책의제에 영향을 미치는 공식적 참여자에 해당되지 않는 것은?
▶ 2014. 3. 22. 사회복지직

① 지방자치단체장
② 대통령 비서실장
③ 정당 사무국장
④ 국회의원

Tip 정당 사무국장은 공무원이 아니므로 비공식적 정책참여자이다.

② **정책의 성격에 의한 분류**

　㉠ **분배정책**: 특정한 개인이나 집단에 공공서비스와 편익을 배분하는 것이다. 수출 특혜금융, 지방자치단체에 대한 국가보조금 지급, 주택자금대출, 농어촌 지원대책, 철도 · 체신사업 등이 해당된다.

　㉡ **규제정책**: 특정한 개인이나 집단의 사유재산과 경제활동에 통제 및 제한을 가하여 행동이나 재량권을 규제하는 정책이다. 환경오염과 관련된 규제, 독과점 규제, 기업활동 규제 등이 있다.

　　• **경쟁적 규제정책**: 많은 이권이 걸려 있는 서비스나 용역을 특정 개인이나 집단에 부여하고 특별한 규제를 가하는 정책이다. 각종 자격의 인 · 허가와 관련된다.

　　• **보호적 규제정책**: 사적인 활동에 제약을 가하여 일반 대중을 보호하려는 정책이다. 기업의 독과점을 규제하여 다수의 일반 소비자들을 보호하는 것이 대표적인 예이다.

　　• **자율적 규제정책**: 규제대상이 되는 당사자에게 규제기준 설정과 집행을 위임하는 정책이다. 변호사협회 등이 이에 속한다.

　㉢ **재분배정책**: 부와 재화를 많이 가진 집단으로부터 그렇지 못한 집단으로 이전시키는 정책이다. 누진과세, 영세민 취로사업, 임대주택의 건설 등이 해당된다.

　㉣ **구성정책**: 정부기관의 기능 · 구조 변경 또는 신설 등과 관련된 정책이다.

　㉤ **추출정책**: 국내 · 외의 환경으로부터 인적 · 물적자원을 확보하는 것으로 조세, 병역 등이 해당된다.

　㉥ **상징정책**: 국가의 정당성 확보 또는 국민의 자긍심을 높이기 위한 정책으로 궁궐 복원, 군대 열병 등이 그 예이다.

(3) **정책과정과 참여자**

① **정책과정** … 정책의 형성부터 종결에 이르기까지의 일정한 과정이다. 정책과정은 학자에 따라 다르나 대체로 정책의제 형성 → 정책분석과 결정 → 정책집행 → 정책평가 → 정책종결과 환류(Feed Back)의 과정을 갖는다.

Point, 팁 정책과정에 관한 견해
　㉠ T. Dror : 기본정책결정단계 → 정책결정단계 → 정책결정 이후단계
　㉡ Anderson : 의제형성 → 정책결정 → 정책집행 → 정책평가
　㉢ Jones : 확인 → 형성 → 합법화 → 집행 → 평가 → 종결
　㉣ Lasswell : 정보 → 건의 → 처방 → 발동 → 적용 → 평가 → 종결

┃**정답** ③, ③

② 정책과정의 참여자

　㉠ 정책결정담당자(공식적 참여자)

　　• 행정수반 : 대통령은 실질적으로 정부의 중요한 정책결정을 주도하며, 고위직공무원의 임명권을 통하여 정책결정에 간접적으로 큰 영향력을 행사한다.

　　• 입법부 : 의회의 관계위원회는 관계행정기관, 이익집단과 더불어 철의 삼각관계를 형성하여 정책형성에 큰 영향력을 발휘할 수 있다.

　　• 공무원 : 정책문제의 기술적 성격과 복잡성, 관료조직의 고도의 전문성과 지속성·안정성, 입법부의 정보부족에 의한 위임입법의 확대, 정보화·전문화 추세에 의한 관료의 영향력 강화와 정보에 대한 기술과 조직의 독점 등에 의하여 정책의 전 과정에 광범하고 깊이 개입하게 되었다.

　　• 사법부와 지방자치단체도 분권화와 지방화에 따라 정책결정과정에서의 역할이 점차 커져가고 있다.

　㉡ 비공식적 참여자

　　• 이익집단 : 특정 문제에 관하여 이해관계 및 관심을 공유하는 자발적인 집단을 말하며, 압력단체라고도 한다.

　　• 정당 : 이익결집기능을 담당하며, 정책결정단계에서도 집권 여당은 정부에 영향력을 행사하고, 정당의 정책을 직접 입법부에 제출하여 실질적으로 정책형성을 주도한다.

　　• 일반시민과 전문가 : 최근에는 시민이나 전문가가 직접 정책과정에 참여하여 자신의 이익을 정책에 반영하고자 하는 경우가 늘어나고 있다.

　　• 정책공동체 : 정부가 정부 외부의 전문가를 고용하여 함께 정책을 결정하는 의사결정체계를 말한다. 전문성과 객관성의 확보에 유리하고 정부가 비대화되는 것을 방지할 수 있으며, 유동적으로 전문가를 채용할 수 있도록 하는 장점이 있다.

section 2 정책의 형성

(1) 정책형성의 개념

정책문제를 해결하기 위한 최적행동대안을 탐색, 설계, 설득하여 정책을 공식적으로 채택하는 일련의 과정으로서 분석(탐색, 설계)과 정치(설득, 채택)의 통합과 가치판단, 사실판단, 전략판단의 통합을 통해 이루어진다.

(2) 정책의제형성

① 의의 … 정부가 사회문제를 정책적으로 해결하기 위하여 검토하기로 결정하는 행위 또는 과정을 말한다.

문 우리나라의 정책과정 참여자에 대한 설명으로 옳지 않은 것은?
▶ 2017. 6. 17. 제1회 지방직

① 대통령은 국회와 사법부에 대한 헌법상의 권한을 통하여 영향력을 행사하며, 행정부 주요 공직자에 대한 임면권을 통하여 정책과정에서 주도적 역할을 수행한다.

② 행정기관은 법률 제정과 사법적 판단을 통하여 정책집행과정에서 실질적인 영향력을 행사한다.

③ 국회는 국정조사나 예산 심의 등을 통하여 행정부를 견제하고, 국정감사나 대정부질의 등을 통하여 정책집행과정을 평가한다.

④ 사법부는 정책집행으로 인한 사회적 갈등상황이 야기되었을 때 판결을 통하여 정책의 합법성이나 정당성을 판단한다.

Tip 법률 제정은 국회의 권한이며, 사법적 판단은 사법부의 권한이다.

문 다원주의적 민주국가의 정책과정에 대한 설명으로 옳은 것은?
▶ 2011. 4. 9. 행정안전부

① 정책의제설정은 대부분 동원모형에 따라 이루어진다.

② 사법부가 정책결정과정에서 담당하는 역할이 미미하다.

③ 엘리트가 모든 정책영역에서 지배적인 권력을 행사한다.

④ 각종 이익집단은 정책과정에 동등한 정도의 접근기회를 갖는다.

Tip ① 다원주의적 민주국가에서의 정책의제설정은 대부분 외부주도모형에 따라 이루어진다.
② 다원주의적 민주국가에서는 정책결정과정에서 사법부가 담당하는 역할이 강하다.
③ 엘리트이론에 대한 설명으로 다원주의적 민주국가의 정책과정과 거리가 멀다.

정답 ②, ④

🔊 **정책과정에서 행위자 사이의 권력관계 이론에 대한 설명으로 가장 옳지 않은 것은?**

▶ 2018. 6. 23. 제2회 서울특별시

① 헌터(Hunter)는 지역사회연구를 통해 응집력과 동료의식이 강하고 협력적인 정치 엘리트들이 지역사회를 지배한다는 엘리트론을 주장한다.

② 무의사결정(nondecision-making)론은 권력을 가진 집단은 자신들에게 불리하거나 바람직하지 않다고 생각되는 특정 이슈들이 정부 내에서 논의되지 못하도록 봉쇄한다고 설명한다.

③ 다원론을 전개한 다알(Dahl)은 New Haven시를 대상으로 한 연구에서 정책결정을 담당하는 엘리트가 분야별로 다른 형태를 보인다고 설명한다.

④ 신다원론에서는 집단 간 경쟁의 중요성은 여전히 인정하면서 집단 간 대체적 동등성의 개념을 수정하여 특정집단이 다른 집단보다 더욱 강력할 수 있다는 점을 인정하였다.

Tip Hunter의 명성접근법 … 엘리트이론 중 하나로 폐쇄적이고 응집력 있는 엘리트 집단에 의한 의사결정을 중시하였다. 다만 헌터는 정치적 엘리트보다는 기업인, 변호사 등 소수의 기업엘리트가 정책을 주도한다고 보았다.

‖정답 ①

② **정책의제의 유형**

㉠ **공중의제와 공식의제** : 공중의제는 공식적으로 채택하기 이전의 의제로서 체제의제 · 환경의제 등으로 불리며, 공식의제는 공식적으로 채택한 의제로서 정부의제 · 기관의제 · 제도의제 등으로 쓰이기도 한다.

㉡ **강요의제와 선택의제** : 강요의제는 선거나 국회심의사항 등 재량의 여지가 없이 정책결정자가 고려해야 하는 의제이며, 선택의제는 재량권이 인정되는 것이다.

㉢ **문제정의의제 · 제안의제 · 협상의제 · 계속의제** : 문제정의의제는 문제정의의 대상이 되는 의제, 제안의제는 문제정의단계를 지나 해결책과 관련하여 제기되는 의제, 협상의제는 지지가 적극적이고 강력하게 요구되고 있는 정책적 협상을 위한 의제, 계속의제는 정기적으로 제기되는 습관적 의제이다.

③ **정책의제 형성과정**

㉠ **Eyestone** : 정책의제 형성과정에 정부기관 외에 비공공부문과 제3부문의 의제설정도 포함시켰다.

• 사회문제의 인지 : 사회의 많은 성원이 문제를 인지하고 해결이나 시정을 요구
• 사회쟁점화 : 해결방안에 관해 이견을 가진 관련집단이 참여
• 공중의제화 : 일반대중이 정부가 해결방안을 강구해야 한다고 공감하는 단계
• 공식의제화 : 공적 권한을 가진 정부당국이 검토하기로 결정한 단계

㉡ **R. Cobb** : 사회문제 → 사회적 이슈 → 공중의제(체제의제) → 공식의제(정부의제)

㉢ **Johnson** : 사건의 인지 → 문제정의(문제내용분석) → 결집 및 조직화(공동의 이해관계자들의 조직화) → 대표(정부에 귀속시키고자 하는 노력) → 의제채택

④ **정책의제형성의 이론적 관점**

㉠ **의사결정론** : 의사결정과정을 주의집중단계 → 설계 → 선택단계로 나누고 정책의제형성은 주의집중단계로 보았다.

㉡ **체제이론** : 정치체제에는 능력상 한계가 있기 때문에 채택할 문제의 수를 줄여야 한다고 주장했다. 사회적 요구나 이슈가 정치체제나 그 하위체제에의 진입여부를 결정하는 과정을 gate-keeping이라 하고, 진입여부를 결정하는 개인, 기관을 문지기(gate-keeper)라고 규정했다. 그러나 어떤 문제를 문지기가 선호하는가에 대한 설명이 없다는 비판을 받았다.

㉢ **엘리트이론** : 정책과정에 참여하는 특정 소수에 의해 국가의 정책이 좌우되는 것으로 보는 관점이다.

• 고전적 엘리트이론(19세기 말 유럽)

– 사회는 권력을 가진 소수 엘리트와 가지지 못한 일반대중으로 구별되고, 소수의 동질적이고 폐쇄적인 정치지도자(엘리트)가 다수의 일반대중을 지배한다.

- 엘리트들은 자율적이고, 다른 계층에 책임을 지지 않으며 자신들의 이해관계를 고려하여 정책을 결정한다.
- 미국의 고전적 민주주의에 대한 비판적 견해인 과두제의 철칙에 기반한다.
- 미국의 엘리트이론(1950년대)
  - C.W. Mills의 지위접근법 : 미국사회 전체를 지배하는 권력엘리트는 정치적으로 중요한 기관의 지도자로서 군 – 산업엘리트복합체가 정책결정에서 중요한 역할을 수행한다는 입장이다.
  - F. Hunter의 명성접근법 : 사회적 명성이 있는 소수자들이 담배연기 자욱한 방에서 결정한 정책을 일반대중은 조용히 수용한다는 입장이다.
ⓔ **다원론** : 형식적으로는 소수가 정책과정을 좌우하고 있지만, 실질적으로는 선거 등의 방법으로 시민에 의해 실현된다고 파악했다.
- 고전적 다원론(이익집단론, 초기의 다원론)
  - 엘리트가 대중의 요구에 민감하게 움직인다.
  - 사회의 각종 이익집단은 정부의 정책과정에 동등한 접근기회를 가지고 있다.
  - 이익집단 간에는 영향력의 차이는 있으나 게임의 규칙을 준수하여 전체적으로 권력균형을 유지한다.
  - 정부는 이익집단과 동등한 하나의 집단으로서 중개인이나 심판관 역할만 수행한다.
- R. Dahl의 다원론
  - 부와 명예, 권력을 가진 집단은 서로 다르다고 보고 사회가치는 다양한 세력에게 분산되어 있다고 전제한다.
  - 다수에 의한 정치가 이뤄지고 어떠한 사회문제든지 정치체제로 침투할 수 있다고 전제한다.
  - 정책문제는 특정세력의 의도와는 무관하게 외부에서 무작위적으로 채택된다고 간주한다.
ⓜ **신엘리트이론(무의사결정론)** : 정책의제설정에서 지배엘리트의 이해관계와 일치하는 사회문제만 정책의제화된다는 이론이다.
- 다원론의 반발로서 어떤 문제는 정책의제로 채택되고 어떤 문제는 왜 방치·기각되는가에 대한 물음에서 출발한 이론으로 대규모 흑인폭동(1960년대)을 계기로 발전된 이론이다.
- 주로 의제채택과정에서 나타나지만 결정·집행·평가 등 정책과정 전반에 걸쳐 나타난다.
- 무의사결정은 의도적인 현상으로 은밀하게 나타난다.
ⓗ **신다원론** : 순수다원주의를 부분적으로 비판하면서 무의사결정론 등의 신엘리트이론 요소를 부분적으로 수용하는 관점이며, 정부가 좀 더 능동적·전문적으로 기능한다고 본다.
- 자본주의 국가에서는 기업집단에 특권을 부여할 수밖에 없다.

❓ 무의사결정론에 대한 설명으로 옳지 않은 것은?

▶ 2020. 7. 11. 인사혁신처

① 정치체제 내의 지배적 규범이나 절차가 강조되어 변화를 위한 주장은 통제된다고 본다.
② 엘리트들에게 안전한 이슈만이 논의되고 불리한 이슈는 거론조차 못하게 봉쇄된다고 한다.
③ 위협과 같은 폭력적 방법을 통해 특정한 이슈의 등장이 방해받기도 한다고 주장한다.
④ 조직의 주의집중력과 가용자원은 한계가 있어 일부 사회문제만이 정책의제로 선택된다고 주장한다.

> **Tip** 일부 사회문제만 정책의제로 선택되는 이유로 주의집중력의 한계를 드는 것은 H. Simon의 견해이며, 체제의 과부하를 막기 위해 환경에서의 투입요소를 체제의 능력범위 내로 선별 수용하면서 체제의 문지기(행정부 首班)가 선호하는 문제가 의제화된다는 것은 체제이론의 시각이다.

정답 ④

📖 **정책네트워크에 대한 설명으로 옳지 않은 것은?**

▶ 2019. 4. 6. 인사혁신처

① 정책네트워크의 참여자는 정부뿐만 아니라 민간부문까지 포함한다.
② 정책공동체(policy community)에 비해서 이슈네트워크(issue network)는 제한된 행위자들이 정책과정에 참여하며 경계의 개방성이 낮은 특성이 있다.
③ 헤클로(Heclo)는 하위정부모형을 비판적으로 검토하면서 정책이슈를 중심으로 유동적이며 개방적인 참여자들 간의 상호작용 현상을 묘사하기 위한 대안적 모형을 제안하였다.
④ 하위정부(sub-government)는 선출직 의원, 정부관료, 그리고 이익집단의 역할에 초점을 맞춘다.

Tip 이슈네트워크는 다양한 행위자들이 정책과정에 참여하는 개방적 특성을 보인다. 반면, 정책네트워크는 제한된 행위자들이 정책과정에 참여하며 개방성이 낮은 특성을 보인다.

‖**정답** ②

• 정부는 중립적 조정자가 아닐 수도 있으며 전문화된 체제를 갖춘 능동적 개입자로 전제한다.
• 국가관료 간의 내적 견제, 정부기구의 분화를 통한 민주주의 확립 필요성을 강조한다.

ⓧ **정책네트워크모형** : 다원론과 엘리트이론, 조합주의에 대한 대안으로 등장한 것으로 정책을 다양한 공식, 비공식참여자들 간의 참여와 상호작용의 산물로 보고 사회학이나 문화인류학의 네트워크 분석을 이용, 정책과정을 포괄적 · 체계적으로 설명하기 위한 모형이다.

• 하위정부모형(3자 연합, 철의 삼각, 정책망모형) : 의원, 정부관료, 이익집단 대표의 3자 연합을 정책과정에서 핵심세력으로 간주하며, 다원주의와 엘리트주의의 절충적 중간입장에 있다.

– 포획이론 : 정책당국이 공익보다는 이익집단의 요구와 주장에 호응하고 동조하게 되는 현상을 설명한 것이다.

– 지대추구이론 : 특정 개인이나 기업이 자신의 독점적 권한을 보장받을 목적으로 적극적 로비를 하여 정부의 시장개입을 유도하고, 관료는 공익의 추구를 위한 정책결정이 아닌 특정 개인과 기업의 이익을 보장하게 되어 결과적으로 공익에 반하는 결과를 초래한다는 것이다.

• 이슈공동체모형 : 공통의 기술적 전문성을 가진 다양한 견해의 대규모 참여자들을 함께 묶는 불안정한 지식공유 집단이며, 특정한 경계가 존재하지 않는 광범위한 정책연계망이다.

– 사회가 점차 다원화되면서 철의 삼각 같은 결정체제가 더 이상은 곤란해졌다는 인식에서 등장했다.

– 이슈를 제기하는 데 치중하고 구성원 간 인식에 대한 공유나 책임감이 없고 갈등을 증폭시키기도 한다.

• 정책공동체모형 : 정책결정에 필요한 전문지식은 전문가, 학자, 행정관료들의 공식 · 비공식 상호 접촉과 의견교환에 의해 획득되며 이것이 이루어지는 장소가 정책공동체이다.

– 뉴거버넌스와 연관된 개념으로 정책공동체는 하나의 가상적 공동체로서 사안별로 구성된다.

– 정책공동체는 이슈공동체에 비해 내부에서 Zero-Sum Game이 발생하지 않아 갈등이 적고 기본인식을 같이한다.

– 정책의 합리성 제고, 다양한 요구의 반영, 정책혼란 감소, 인재의 검증과 발탁의 장점이 있다.

⑤ **정책의제 설정을 좌우하는 요인** … 정책의제 설정에 영향을 미치는 변수로는 일반적으로 의제설정 주도집단의 힘, 정치체제의 구조, 정치이념 등의 정치적 요소 및 문제의 특성 등을 들 수 있다.

Point 팁 Cobb & Elder의 정책의제 설정기준 … 전례의 유무, 시기적 적합성, 복잡성 또는 단순성, 구체성 또는 일반성, 사회적 유의성

⑥ 정책의제형성모형

㉠ 외부주도형

- 정부 외부의 집단에 의해 이슈가 제기되는 경우로서 다원화되고 평등한 사회일수록 외부주도형에 의존할 가능성이 크다.
- 사회문제 → 공중의제 → 정부의제의 순서를 따른다.
- 정책과정 전반을 외부집단이 주도하고, 외부집단 간의 경쟁으로 인하여 점진적인 해결에 머무르는 수가 많다는 특징을 갖는다.

㉡ 내부주도형(동원형)

- 정부 내의 정책결정자들에 의하여 주도되어 거의 자동적으로 정책의제가 채택되는 경우로 정부의제가 된 이후 공중에게 알려지게 되므로 행정 PR을 필요로 한다.
- 발전전략을 채택한 개발도상국이나 후진국에서 볼 수 있다.
- 사회문제 → 정부의제 → 공중의제의 순서를 따른다.
- 전문가의 영향력이 크고, 정책결정과정과 내용이 좀 더 분석적이다.

㉢ 내부접근형(음모형)

- 동원형과 같이 정책결정자들에 의해 자발적으로 정책의제화가 진행되지만, 외부 국민들과는 관계없이 정부관료제 내부에서만 이루어진다는 차이가 있다.
- 권위적이고 불평등한 사회일수록 이에 의존할 가능성이 크다.
- 사회문제는 곧바로 정부의제가 된다.
- 무기구입계약과 같은 외교·국방 등의 문제이거나 일반 대중에게 알려지면 곤란한 사안을 다루어야 할 때 이용하기도 한다.

(3) 정책결정

① 의의 … 정부기관이 정책을 동태적 과정을 거쳐 공적 문제의 해결을 위하여 미래의 바람직한 정부의 대안을 탐색·선택하는 과정을 말한다.

② 의사결정과의 비교

구분	정책결정	의사결정	유사점
주체	정부	정부, 기업, 개인	• 문제해결이나 목표달성을 위해 여러 대안 중 하나 또는 복수의 최선의 대안을 선택·결정 • 주로 정치적·행정적 의사결정을 정책결정이라 함
결정사항	정부활동지침	모든 합리적 대안 선정	
성격	공적 성격	공·사적 성격	
근본이념	공익성	공익 또는 사익	
계량화	곤란	용이	

문 콥(Cobb)과 그의 동료들이 주장한 주도 집단에 따른 정책의제 설정의 유형에 대한 설명으로 옳지 않은 것은?
▶ 2010. 11. 7. 국회사무처

① 외부주도형은 정책담당자가 아닌 외부 사람들의 주도에 의해 특정 문제를 정부가 해결해야 할 문제로 받아들이게 되는 경우이다.
② 동원형은 정책담당자들에 의해 자발적으로 정책의제가 형성되는 경우이다.
③ 내부접근형은 일반대중이나 관련 집단들의 지원을 유도하기 위한 노력을 수행한 뒤에 의제를 채택한다.
④ 동원형은 정부의 힘이 강하고 민간부문의 힘이 취약한 후진국에서 많이 나타난다.
⑤ 내부접근형은 부와 권력이 집중된 나라에서 흔히 나타나는 유형이다.

Tip 내부접근형은 동원형처럼 정책담당자들에 의해 자발적으로 정책의제화가 진행되는 것이다. 국민이 사전에 알면 곤란한 문제를 다룰 때나 의도적으로 국민을 무시하는 정부에서 나타난다. 주도집단이 정책내용의 공중의제화를 억제하기 때문에 일종의 음모형에 속한다고 할 수 있다.

정답 ③

③ 유형

㉠ 비정형적 정책결정과 정형적 정책결정(H. Simon)

• 정형적 의사결정 : 의사결정과정이 신속하고 원활하며 합리성을 명확히 추구하여, 행동의 조정과 통제를 수월하게 한다.

• 비정형적 의사결정 : 적응적이고 창의적인 의사결정을 가능하게 한다.

㉡ 가치결정과 사실결정

• 가치결정 : 윤리적 · 당위적인 가치판단에 근거하는 결정이다.

• 사실결정 : 경험적 사실은 바탕으로 한 결정이다.

㉢ 전략적 결정과 전술적 결정

• 전략적 결정 : 조직의 목표설정이나 존속, 발전과 같은 추상적이고 근본적인 문제에 대해 무엇을 하는가에 관한 결정이다.

• 전술적 결정 : 전략적 결정을 실현하기 위한 구체적인 수단을 결정하는 것이다.

㉣ 개인적 결정과 집단적 결정

• 개인적 결정 : 관리자 개인의 판단에 의해 대안을 선택하는 것이다.

• 집단적 결정 : 관계자와 전문가 등이 참여하여 대안에 대한 분석을 거쳐 결정하는 것이다.

④ 과정(G.B. Galloway)

㉠ 정책문제의 인지 : 정책문제는 공공성을 띠며, 복잡하고 동태적이며 상호의존적이다. 또한 과거 정책상의 역사적 산물인 경우가 많은데, 필요한 정보가 부족하게 되거나 문제의 중요성을 파악하는 데 편견이나 선입견이 작용하는 경우, 잘못된 정책목표의 설정으로 연결되는 현상인 '제3종 오류'를 범할 수 있다.

㉡ 목표의 설정 : 문제를 현실적으로 계획기간 동안 달성하고자 하는 상황을 명확히 하는 것을 말한다. 설정기준은 적합성과 적절성을 들 수 있다.

㉢ 정보수집 및 분석 : 정책대안의 설계에 필요한 정보를 수집하고 분석하는 과정으로서 주로 MIS(정보관리체계)를 활용한다.

㉣ 대안의 작성 및 비교 · 분석 : 수집한 정보의 분석을 토대로 구성요소의 대안적 내용을 작성하고, 체제분석이나 관리과학기법을 활용하여 대안들을 비교 · 분석한다. 체제분석은 관리과학보다 분석범위나 활용범위가 넓으며 PPBS, 비용 – 편익분석, 비용 – 효과분석 등이 체제분석의 주된 기법이다.

㉤ 최선의 대안 선택 : 대안평가 후 가장 적절한 대안을 선택한다. 그러나 대안은 언제나 합리적으로만 이루어질 수는 없으며, 여러가지 요인에 의해 제약이 따르기도 한다.

⑤ 미래예측기법
　㉠ 미래예측기법의 유형
　　• 투사 : 역사적 경향을 장래로 연결하여 미래를 예측하는 기법으로, 미래에 대해 결정론적 입장에 있으며 방법론적 진술이나 유사한 사례로써 이루어진다.
　　• 예견 : 과학적·이론적 근거에 의한 예측으로 유사한 과정이나 관계에서 나타나는 인과관계의 유추를 통해 탐색한다. 대표적인 기법으로 경로분석, 선형계획, 회귀분석 등이 있다.
　　• 추측 : 미래상태에 대한 주관적 판단으로 이루어지며 직관적인 진술의 형태를 취한다. 정책기획집단의 내재적 통찰력과 창의력 및 암묵적 지시 등의 미래에 대한 지시적 주장에 의존하며, 대표적인 것으로 델파이 기법 등이 있다.

[미래예측기법의 유형별 사용기법]

유형	산출	근거	기법
직관적 주관적 예측 (intuitive)	추측(推測) (conjecture)	주관적 판단, 통찰력 역논리적 추론, 질적 예측	• 브레인스토밍(brainstorming) • 일반델파이(conventional delphi) • 정책델파이(policy delphi) • 교차[상호]영향분석 (cross-impact analysis) • 실현가능성분석 (feasibility assessment technique) • 명목집단기법(nominal group method) • 변증법적토론 (dialectical discussion method) • 패널토의, 자유토론 • 비계량적 시나리오 작성 • 역사적 유추
연장적 예측 (extrapolative)	투사(投射) (projection)	추세연장 (외삽법), 경향분석, 귀납적 예측	• 외삽법·보외법(구간 외 추정) • 전통적 시계열분석 (classical time-series analysis) • 선형경향추정 • 최소자승경향추정 (least-squares trend estimation) • 지수가중법 (지수평활법 : exponential weighting) • 자료전환법(data transformation) • 격변기법 (대변동법 : catastrophe methodology) • 흑선기법(black-thread technique) • 이동평균법(moving average)

문 집단의 의사결정 기법 중 미래 예측을 위해 전문가 집단의 반복적인 설문조사 과정을 통하여 의견 일치를 유도하는 방법은?

▷ 2017. 6. 24. 제2회 서울특별시

① 델파이 기법(Delphi method)
② 브레인스토밍(Brainstorming)
③ 지명반론자 기법(Devil's advocate method)
④ 명목집단 기법(Normal group technique)

Tip ③ 지명반론자 기법 : 집단을 둘로 나누어 한 집단이 제시한 의견에 대해서 반론자로 지명된 집단의 반론을 듣고 토론을 벌여 본래의 안을 수정하고 보완하는 일련의 과정을 거친 후 최종 대안을 도출하는 방법
④ 명목집단 기법 : 제한된 토론 후 표결로 대안을 확정짓는 집단적 미래예측기법

문 정책델파이에 대한 설명으로 옳지 않은 것은?

▷ 2012. 5. 12. 상반기 지방직

① 일반적인 델파이와 달리 개인의 이해관계나 가치판단이 개입될 수 있다.
② 정책문제 해결을 위한 정책대안을 개발하고 그 결과를 예측하기 위해 만들어진 방법이다.
③ 대립되는 정책대안이나 결과가 표면화되더라도 모든 단계에서 익명성이 보장되어야 한다.
④ 정책문제의 성격이나 원인, 결과 등에 대해 전문성과 통찰력을 지닌 사람들이 참여한다.

Tip 정책델파이는 선택적 익명(selective anonymity), 식견 있는 다수의 창도(이해당사자 포함), 구성된 갈등, 양극화된 통계처리(불일치와 갈등의 의도적 부각), 컴퓨터 회의방식을 특징으로 한다.

정답 ①, ③

| 이론적 인과적 예측 (theoretical) | 예견(豫見) (prediction) | 이론적 모형, 연역적 예측 | • 선형계획(linear programming)
• 경로분석(path analysis)
• 상관분석(correlation analysis)
• 회귀분석(regression analysis), 마르코프 분석
• 투입−산출분석(input−output analysis)
• PERT(계획평가사정기법) / CPM(중요경로분석)
• 시뮬레이션(모의분석 : simulation)
• 구간추정(interval estimation)
• 이론지도(theory mapping)
• 대기행렬이론(queueing theory)
• 게임이론(game theory)
• 의사결정수 분석 (decision tree analysis)
• 계량적 시나리오 작성
• 계층화분석 (AHP ; Analytical Hierarchy Process)
• 자료포락분석 (DEA : data envelopment analysis)
• Q−방법론(Q Methodology) |

직관적 예측	비인과적 예측	주관적 · 질적(정성적) · 비합리적 · 비논리적 예측	기존 자료 활용 안함
연장적 예측	비인과적 예측	객관적 · 양적(정량적) · 합리적 · 논리적 예측	기존 자료 활용
이론적 예측	인과적 예측		

ⓛ 주관적 · 직관적 방법(질적 예측)

• 브레인 스토밍(Brain Storming) : 특정 문제에 대하여 비판을 자제하고 자유분방한 토론으로 광범위한 아이디어를 수집하는 집단토의기법으로, 모든 아이디어를 거르지 않고 수집한 다음 실현가능성이 없는 의견을 제거해 나가면서 결론이나 대안을 마련한다.

• 델파이 기법
− 의의 : 주제에 대하여 경험과 판단을 체계적으로 유도 · 대조하는 방법으로 문제의 예측 · 진단 · 결정에 있어 의견의 일치를 볼 때까지 전문가 집단으로부터의 반응을 체계적으로 도출하여 분석 · 종합하는 조사방법이다.
− 방법 : 각 전문가들에게 개별적으로 설문서와 종합된 결과를 전달 · 회수하는 과정을 거듭하여 독립적이고 동등한 입장에서 의견을 접근해 나갈 수 있도록 한다.
− 장점
∙ 응답자의 익명성이 유지되므로 외부적인 영향력으로 결론이 왜곡되는 것을 방지할 수 있다.

- 통제된 환류과정을 반복함으로써 주제에 대한 관심을 높일 수 있다.
- 응답의 결과가 통계적으로 처리됨으로써 비교적 객관적인 결론을 도출할 수 있다.

- 단점
- 델파이 과정에서 응답자가 불성실한 응답을 하거나 조작될 가능성이 있다.
- 응답집단인 전문가들의 자질과 역량이 부족할 경우 문제가 된다.
- 설문의 작성방법에 따라 응답이 좌우될 수 있고, 형식적 응답이 등장할 수 있다.
- 소수 의견이 묵살될 가능성이 있다.
- 정치적 의사결정상 이해관계의 개입이 불가피하다.

Point 팁 일반델파이와 정책델파이의 비교

구분	전통적 델파이 (일반델파이 conventional delphi)	정책델파이(policy delphi)
적용영역	일반문제(기술적인 문제)에 대한 예측	정책문제에 대한 예측
익명성	철저한 익명성	선택적 익명성(중간에 상호교차토론 허용)
통계처리	통계처리를 통한 의견의 평균치 · 중위(衆位)값 발견	의견차이나 갈등을 부각시키는 양극화된 통계처리
합의	전문가 간 합의(근접된 의견)의 도출	구성[조성]된 갈등 – 극단적 · 대립적 견해의 유도와 존중
응답자	동질적 정책전문가를 응답자로 선정	정책전문가와 이해관계자, 정책관련자 등 다양한 응답자 선정
토론	없음	컴퓨터를 통한 회의방식, 대면토론도 활용
유사점	주관적 예측기법, 다수의 응답자 선정, 반복과 통제된 환류, 의견의 통계처리	

ⓒ 과학적 계량적 방법(양적 예측)

- 선형계획(LP) : 관리결정의 계량적 기법(관리과학)의 일종으로 확실한 상황하에서 한정된 자원을 경쟁적 활동에 가장 적절한 방법으로 배분하여, 생산량을 심플렉스기법(간단한 일차부등식)을 이용하여 극대화시키려는 의사결정분석기법이다.
- 민감도 분석 : 선형계획으로 도출된 결과를 분석하고 해석을 내리는 데 분석의 수단을 제공해 주고 통찰력을 높여 줄 수 있는 방법이다.
- 시계열 분석 : 시간의 흐름에 따라 변화를 예측하는 기법으로 시간을 독립변수로 하여 과거로부터 현대까지의 변화를 분석함으로써 미래를 예측하는 기법으로 투사법, 경향분석이라고도 한다.
- 회귀분석 : 하나의 변수와 다른 변수들 간의 상관관계를 설정함으로써 하나의 계량적 변수의 값을 예측하는 데 이용하는 통계적 기법의 하나이다.
- 목적계획법 : 다수의 상충되는 목표 가운데 우선순위에 따라 순차적으로 설정된 목표들과 실현된 목표 간의 편차의 합이 극소화되도록 하는 대안을 식별해 내는 방식이다.

기출문제

문 정책분석활동의 핵심은 정책대안의 결과에 대한 예측이다. 다음 중 이론적 미래예측에서 사용하는 분석기법으로 거리가 먼 것은?
▶ 2013. 9. 7. 국회사무처

① 이론지도 작성
② 인과관계모델링
③ 구간추정
④ 시계열분석
⑤ 회귀분석

Tip 정책대안의 결과 예측
㉠ 추세연장적 예측 : 시계열분석, 이동평균법, 선형경향추정, 지수가중, 자료변환 등
㉡ 이론적 예측 : 이론지도 작성, 이론적 모형화, 인과관계모델링, 구간추정, 회귀분석 등
㉢ 판단적 예측 : 의도와 여론, 델파이기법, 교차영향분석, 시나리오 작성, 실현가능성

정답 ④

⑥ 정책결정의 합리성 저해요인

㉠ 정책결정자

- 권위주의적 성격 : 상호 간 의사전달이 무시되어 민주적 토의가 불가능하여 비합리적인 결정을 할 우려가 높다.
- 전근대적 가치관 : 정책결정자의 전근대적 가치관으로 인해 갈등과 대립이 발생할 가능성이 많다.
- 정보와 지식의 부족 : 정책내용과 필요성에 대한 몰이해로 비합리적인 결정이 야기된다.
- 병리적 관료행태 : 변동에 대한 거부감, 무사안일주의, 형식주의 등은 합리적인 결정의 방해요소가 된다.
- 개인적 성향 : 정책결정자 자신의 경력과 성향 및 선입견이 영향을 미친다.

㉡ 정책결정구조

- 의사전달의 장애 : 부처할거주의와 관료제의 역기능으로 인해 의사전달이 왜곡되거나 순조롭지 못하여 합리적인 정책결정을 어렵게 한다.
- 지나친 집권화 : 참여기회의 제한과 적은 수의 대안으로 일방적인 정책결정이 이루어지기 쉽다.
- 행정참모기능의 약화 : 정책전담능력의 한계로 체계적인 정책분석이 어렵다.
- 복잡한 절차와 문서주의 : 절차적 비합리성과 비능률성을 초래한다.
- 표준운영절차의 작동 : 행정선례와 절차의 중시로 쇄신적 결정에 한계가 있다.

㉢ 환경적 요인

- 목표와 문제의 다양성 : 타 정책과의 상충 또는 우선순위의 문제가 생긴다.
- 투입기능의 취약성 : 여론에 의한 투입기능의 약화는 합리적 정책결정을 저해한다.
- 매몰비용(sunk cost)의 작용 : 이미 시행된 정책이나 환경적 요인으로 인해 회수가 불가능한 비용이 존재하여 선택의 범위가 제한된다.
- 정치 · 사회적 요인 : 국민의 의식수준 미달, 연고주의, 부정부패 등의 문제가 있다.

㉣ 분석기법상의 약점

- 평가기준 간의 모순이 발생할 가능성이 많다.
- 양적 측정의 어려움이 있다.
- 정책평가의 주관성을 배제하기 어렵다.

⑦ 정책결정 이론모형

㉠ 합리모형

- 의의 : 합리적인 경제인인 정책결정자는 전지전능한 존재라는 가정하에 목표달성의 극대화를 위한 합리적 대안을 탐색 · 추구하는 이론으로 종합성, 합리성, 체계성, 완전분석성, 근본적 검토 등을 특징으로 하는 이상론적인 정책결정과정을 가리킨다.

- 내용 : 의사결정자는 문제를 분명히 인식하고, 명확한 목표를 세워, 문제해결을 위한 모든 대안들을 체계적·포괄적으로 탐색하고, 각 대안들의 결과를 가능한 모든 정보를 동원하여 분석·예측한 후, 각 대안들의 결과를 B/C분석 등에 의해 체계적으로 비교·평가하여, 그 중에서 최적의 대안을 선택한다. 이때 목표·가치와 수단·사실은 엄격히 구분되며, 정책결정이 합리적으로 이루어지는 결정체제가 존재하고, 인적·물적 자원은 풍부하다고 전제한다.
- 비판(Lindblom & Braybrook)
  - 의사결정자의 능력이 전능하다는 가정은 오류이다.
  - 완전한 정보와 지식 동원은 현실적으로 불가능하다.
  - 정보의 수집과 대안의 탐색과정 및 비교과정에 소요될 비용을 고려하지 않았다.
  - 평가의 기준과 우선순위는 언제나 명확하지 않다.
  - 현실에서 목표·가치와 수단·사실은 구분이 어렵다.

ⓒ **점증모형**(Lindblom & Wildavsky)
- 의의 : 인간의 지적 능력의 한계와 정책결정수단의 기술적 제약을 인정하고, 정책대안의 선택은 종래의 정책이나 결정의 점진적·순차적 수정이나 부분적인 약간의 향상으로 이루어진다고 보며, 정치적 합리성을 중요시한다.
- 내용
  - 기존정책의 수정·보완 : 정책결정자는 모든 대안을 포괄적으로 분석·평가하기보다 현존정책에 비하여 약간 향상된 정책에만 관심을 가지며, 비교적 한정된 수의 정책대안만 검토하고, 장래의 사회목표추구보다 현재의 구체적 결함의 보완을 목적으로 한다.
  - 계속적 정책결정 : 상황변화를 고려해서 여러 차례 결정을 수행해 나간다.
- 비판
  - 안정된 사회를 위한 모형 : 기존정책의 결과가 만족스러운 것이어야 하고, 해결해야 할 문제와 수단도 안정성을 지녀야 하므로 개발도상국에는 적합하지 않다.
  - 쇄신의 저해 : 과감한 개혁과 쇄신이 필요해지는 경우 점증주의의 보수적 성격으로 인해 대응이 늦어지거나 거부될 수 있다.
  - 안이한 정책결정의 조장 : 무사안일을 정당화할 우려가 있고 결과적으로 사회가치의 근본적인 재배분을 필요로 하는 정책보다 임기응변적 정책을 모색하는 데 집중하게 된다.
  - 강자의 과대대표 : 당파 간의 협상과 상호 조절을 강조하나 이러한 과정은 현실적으로 강자에게 유리하다. 그러므로 모든 정책은 강자를 과대대표하고 약자를 과소대표하게 된다.
  - 정책의 축소 및 종결의 곤란 : 기존 정책의 존폐 필요성의 여부와 무관하게 점차 규모가 커질 수 있다.

기출문제

❓ 정책결정 모형에 대한 설명으로 옳은 것만을 모두 고르면?
▶ 2020. 6. 13. 지방직/서울특별시

㉠ 만족 모형에서는 정책결정을 근본적 결정과 세부적 결정으로 구분한다.
㉡ 점증주의 모형은 현상유지를 옹호하므로 보수적이라는 비판을 받고 있다.
㉢ 쓰레기통 모형에서 의사결정의 4가지 요소는 문제, 해결책, 선택기회, 참여자이다.
㉣ 갈등의 준해결과 표준운영절차(SOP)의 활용은 최적모형의 특징이다.

① ㉠, ㉡   ② ㉠, ㉣
③ ㉡, ㉢   ④ ㉢, ㉣

Tip ㉠ 혼합탐사모형에서 정책결정을 근본적 결정과 세부적 결정으로 구분한다.
㉣ 갈등의 준해결과 SOP의 활용은 회사모형의 특징이다.

❓ 다음 설명에 해당하는 정책결정 모형은?
▶ 2020. 7. 11. 인사혁신처

지난 30년간 자료를 중심으로 전국의 자연재난 발생현황을 개략적으로 파악한 다음, 홍수와 지진 등 두 가지 이상의 재난이 한 해에 동시에 발생한 지역을 중심으로 다시 면밀하게 관찰하며 정책을 결정한다.

① 만족모형
② 점증모형
③ 최적모형
④ 혼합탐사모형

Tip 전국-개략적(근분적 결정), 일부 지역-면밀 관찰(세부적 결정)하는 것은 혼합탐사모형에 해당한다.

정답 ③, ④

문 정책결정모형에 대한 설명으로 옳지 않은 것은?

▶ 2019. 6. 15. 제1회 지방직

① 린드블롬(Lindblom)같은 점증주의자들은 합리모형이 불가능한 일을 정책결정자에게 강요함으로써 바람직한 정책결정에 도움을 주지 못한다고 주장한다.

② 사이먼(Simon)의 만족모형은 합리모형에 대한 심각한 도전이자, 인간의 인지능력이라는 기본적인 요소에서 출발했기에 이론적 영향이 컸다.

③ 에치오니(Etzioni)는 합리모형과 점증모형의 단점을 극복하기 위하여 최적모형을 주장하였다.

④ 스타인부르너(Steinbruner)는 시스템 공학의 사이버네틱스 개념을 응용하여 관료제에서 이루어지는 정책결정을 단순하게 묘사하고자 노력하였다.

Tip 에치오니(Etzioni)는 합리모형과 점증모형의 단점을 극복하기 위하여 혼합주사모형을 주장하였다. 혼합주사모형은 정책결정을 위한 대안 탐색과 분석에서 기본적 결정(fundamental decision)과 부분적 결정(bit decision)의 복합적 방식을 사용하는 정책결정 모형으로, 정책결정을 기본적 결정과 부분적 결정으로 나누어 기본적 결정에서는 중요한 대안의 중요한 결과만을 고려하고, 그 기본적 결정의 테두리 안에서 세부적인 결정을 하는 방식이다. 최적모형은 Y.Dror가 초합리성을 강조한 모형이다.

ⓒ **만족모형(Simon & March)**

• 의의 : 인간의 인지능력 · 시간 · 비용 · 정보 등의 부족으로 최적 대안보다는 현실적으로 만족할 만한 대안을 선택하게 된다는 제한된 합리성을 가정한다.

• 내용 : 몇 개의 대안만을 무작위적이고 순차적으로 탐색하고, 복잡한 상황을 단순화시켜 대안의 중요한 결과만을 예측하여, 만족할 만한 대안을 선택한다.

• 평가 : 실제 의사결정에 대한 비교적 정확한 설명을 하고 있으며, 의사결정에 있어서 비용의 중요성을 지적하고 있다. 그러나 중요한 대안이 무시될 수 있고, 쇄신적 · 창조적 대안의 탐색을 포기하기 쉽다는 단점이 있다.

ⓓ **혼합주사모형(Etzioni)**

• 의의 : 규범적 · 이상적 접근방법인 합리모형과 현실적 · 실증적 접근방법인 점증모형을 혼용함으로써 현실적이면서도 합리적인 결정을 할 수 있다고 본다.

• 내용 : 모든 정책결정이 동일한 성격을 가진 것이 아니라 기본적 결정과 부분적 결정이 있다고 전제하고 기본적 결정은 합리모형으로, 부분적 결정은 점증모형으로 한다.

• 평가 : 이론적 독자성이 없고 단순한 절충혼합의 성격을 띠고 있어 합리모형과 점증모형의 결함을 극복하지 못하고 있다.

ⓔ **연합모형(Cyert & March)**

• 의의 : 만족모형을 발전시켜 조직에 있어서의 의사결정에 확대 · 적용시킨 모형이며, 회사조직의 행태를 조직의 구조 · 목표의 변동이나 기대의 형성과 선택의 관점에서 파악하려고 하므로 회사모형이라고도 한다.

• 내용

－갈등의 준해결 : 조직은 하위조직들로 구성된 연합체이며 각각의 목표를 가지고 있어서, 이들 목표 간의 갈등은 협상을 통한다 해도 완전 해소될 수는 없고 항상 납득할 수 있는 수준에서 불완전하게 해결된다.

－불확실성의 회피 : 조직의 환경은 유동적이므로 대안이 가져올 결과를 불확실한 것으로 보고, 조직은 단기적 전략에 치중하고, 관련자들과 타협을 하며, 예측 가능한 결정절차를 선호한다.

－문제중심적 탐색 : 조직은 시간과 능력의 제약으로 인해 모든 상황을 고려하기보다는 문제가 발생한 경우에 탐색을 시작하여 적절한 해결방안을 찾는다.

－표준운영절차(SOP)의 중시 : 경험이 축적되어감에 따라 가장 효율적이라고 생각되는 결정절차를 마련해 두고 이를 활용하여 의사결정을 한다.

• 비판 : 연합모형의 준거대상은 사기업 또는 자율성이 강한 조직이기 때문에, 공공부문의 의사결정에 적용하는 데에는 한계가 있으며 권위적 조직의 의사결정에는 적용에 한계가 있다.

정답 ③

ⓑ **최적모형**(Dror)

- 의의 : 합리모형의 비현실적인 측면과 점증주의의 보수적인 측면을 모두 비판하고 규범적이고 처방적인 입장에서 제시된 것으로, 계량적인 면과 질적인 면을 적절히 결합시키고 합리적인 요소와 초합리적인 요소를 함께 고려하여야 함을 강조했다.
- 내용
  - 질적 측면의 강조 : 계량적 분석도 중요하지만 질적 분석도 고려하여 개선할 필요가 있다.
  - 초합리적 요인의 강조 : 계량화가 곤란한 불확실성 하에서는 결정자의 직관·영감·육감 등의 초합리성을 동시에 다룬다.
  - 경제적 합리성 강조 : 대안의 탐색과 선택에 있어서 경제성을 감안한 합리성을 중요시한다.
  - 환류의 강조 : 정책결정능력의 향상을 위해 계속적인 검토·개선을 강조한다.
  - 정책결정의 3단계 : 광의의 정책결정은 정책을 어떻게 결정할 것인가에 관한 초정책결정, 일반적 의미의 정책결정, 환류에 의해 일어나는 정책변동을 위한 후정책결정 등의 3단계로 이루어진다.
- 평가 : 초합리성의 개념을 도입하여 사회적 변동상황하에서의 혁신적 정책결정이 거시적으로 정당화될 수 있는 이론적 근거를 제시하였으나, 초합리성은 구체적으로 규명하기가 매우 난해하고 기본적으로 경제적 합리성을 중시하므로 정책결정에 있어 다원화된 사회적 과정에 대한 고찰이 불충분하다.

ⓐ **공공선택이론모형**(Vincent Ostrom & Elinor Ostrom)

- 의의 : 행정을 근본적으로 공공재의 공급과 소비로 파악하고, 국민의 투표를 통한 선호를 표출시킴으로써 공공재를 스스로 선택할 수 있도록 하는 공공선택을 주장하였다.
- 가정 : 개인의 행동을 기본적 분석단위로 보고 합리적으로 자기의 이익을 추구하며 효용을 극대화하려는 목표를 실천한다는 홉스적 인간관을 전제로 하고 있다. 또한 공공재의 효율적인 생산과 공급은 제도적 장치의 마련을 통해 가능하다는 입장을 기본으로 하고 있다.
- 내용 : 종래의 엄격한 계층제하의 관료는 변화하는 환경조건에 부응하지 못하고 대규모 행정체제의 능력을 감소시키며, 전문화 및 정치기능을 경시하고, 서비스의 형평을 고려하지 못하여 정부실패의 원인을 야기하므로, 다양한 권력층 사이에 권한을 분산시키고 선호가 동질적인 집단별로 관할권을 중첩시키는 것이 필요하다고 본다.
- 평가 : 행정의 분권화와 자원배분의 효율성 및 행정의 민주화에 기여할 수 있으나, 사회적 불평등 방지를 위한 정부의 역할을 과소평가하고 시장의 순기능만을 지나치게 강조한 한계가 있다.

문 앨리슨(Allison) 모형에 대한 설명으로 옳은 것은?

▶ 2019. 4. 6. 인사혁신처

① 합리적 행위자 모형에서는 국가 전체의 이익과 국가목표 추구를 위해서 개인의 이익을 고려하지 않는 것을 경계하며 국가가 단일적인 결정자임을 부정한다.

② 조직과정모형에서 조직은 불확실성을 회피하기 위하여 정책결정을 할 때 표준운영절차(SOP)나 프로그램 목록(program repertory)에 의존하지 않는다.

③ 관료정치모형은 여러 다양한 문제에 관심을 갖는 다수의 행위자를 상정하며 이들의 목표는 일관되지 않는다.

④ 외교안보문제 분석에 있어서 설명력을 높이기 위한 대안적 모형으로 조직과정모형을 고려하지는 않는다.

Tip ③ 관료정치모형은 정책결정의 주체를 정책결정에 참여하는 관료들 개인(다수행위자)으로 상정하며 이들의 목표는 일관되지 않다고 본다. 이는 정부를 단일 주체로 보는 합리적 행위자 모형이나 하위조직인 부처를 주체로 보는 조직과정모형과 크게 구별된다.

① 합리적 행위자 모형은 정부를 잘 조직된 유기체로 본다. 정책은 정부에 의해 결정되며, 참여자들은 모두가 국가 이익을 위한 정책을 합리적인 방법으로 선택한다고 가정한다.

② 조직과정모형은 사이어트와 마치가 제안한 회사모형을 바탕으로 하는데, 회사모형과 마찬가지로 불확실성을 회피하기 위해 경험을 통해 학습하게 된 행동규칙인 표준운영절차나 프로그램목록에 의존한다.

④ 외교안보문제 분석에 있어서 설명력을 높이기 위한 대안적 모형으로 조직과정모형을 고려한다.

┃정답 ③

◎ Allison의 의사결정모형

• 의의 : Allison은 국가의 정책결정이 이루어지는 상황은 획일적이지 않아 정책결정이 전개되는 상황적인 특성에 따라 그에 적합한 결정모형을 복합적으로 적용해야 한다는 대안을 제시했다.

• 내용

구분	합리모형(모형 Ⅰ)	조직모형(모형 Ⅱ)	관료정치모형(모형 Ⅲ)
조직관	조정과 통제가 잘된 유기체	하위조직들의 연합체	독립적인 개인적 행위자들의 집합체
권력소재	최고지도자	반독립적인 하위 조직들이 분산소유	개인적 행위자들의 정치적 자원에 의존
행위자의 목표	조직전체의 목표	조직전체의 목표와 하위조직들의 목표	조직전체 · 하위조직 · 개별 행위자들의 목표
목표의 공유	매우 강함	약함	매우 약함
정책결정의 양태	최고지도자가 직접 명령하고 지시	SOP와 프로그램	목록에서 대안 추출

㉣ 기타

• 사이버네틱스모형 : 합리모형과 극단적으로 대립되는 적응적 · 관습적 의사결정모형으로, 불확실한 상황하에서 시행착오를 거쳐 정보를 지속적으로 제어하고 환류하는 가운데 점진적인 적응을 해나간다고 본다. 적응적 의사결정, 불확실성의 통제, 집단적 의사결정에의 도입, 도구적 학습 등이 특징이다.

• 쓰레기통모형 : J. March, M. Cohen, Olsen 등이 주장한 모형으로서 문제 · 해결책 · 선택기회 · 참여자의 흐름이 우연히 동시에 한 곳에서 모여질 때 의사결정이 성립된다고 파악한다. 즉 의사결정은 조직화된 환경, 참여자, 목표수단이 불확실한 상태에서 우연한 계기로 인해 정책결정이 이루어진다고 보는 것이다.

(4) 정책분석

① 의의 … 넓은 의미로서 의사결정자의 판단의 질을 높여주기 위한 각종 대안에 대한 과학적인 비교 및 체계적인 검토와 분석을 뜻하며 대체로 분석의 차원과 유형에 따라 정책분석, 체제분석, 관리과학의 세 차원으로 구분된다.

② 관리과학

㉠ 의의와 특징 : 과학적 · 계량적 기법을 이용한 접근방법으로, 과학적 원리와 기법 및 절차를 강조하고 폐쇄체제를 전제로 한 체계적 접근방법을 취한다. 수리적 모형구성과 계량적 분석을 강조하며 사회심리적 측면보다 경제적이고 기술적 측면에 관심을 가진다. 현실적이고 실증적 모형보다는 규범적 모형을 추구한다.

ⓒ 한계
- 가치문제, 질적 분석을 경시한다.
- 최근의 정책결정에 집중하여 정책문제의 제도적 맥락성을 경시한다.
- 비합리적 요소와 현상 등을 무시한다.
- 고도의 판단이나 쇄신을 필요로 하는 대안의 탐색은 기대할 수 없다.
- 전체사회목표, 기본정책 등의 문제를 경시한다.
- 수리적 모형에 의존하므로 복잡한 사회문제를 적절히 다루기 어렵다.
- 수리적 모형과 과학적 방법으로는 사회의 기본적 동향을 예측하기 곤란하다.

ⓒ 관리과학기법
- 관리정보체제(MIS) : 행정의 기획, 조직, 동작화 및 통제의 기능을 효율화시키고 의사결정에 필요한 정보를 수집·가공·축적하여 필요한 정보를 제공해 주는 체제이다.
- EDPS : 컴퓨터 등에 의해 자료처리를 행하는 것으로서 대량의 자료를 신속하게 연산할 수 있고, 기억용량이 무한에 가까우며, 논리적·객관적 판단능력을 구비했다.
- 사이버네틱스(인공두뇌학) : 불확실한 외부환경 변화에 대응하면서 최적의 동작을 얻기 위한 환류와 제어의 반복으로 이루어져 있다. Net-working, Feedback, 정보의 처리로 구성되어 있다.
- 운영연구(OR) : 시스템 운영개선에 관한 문제들의 최적의 해답을 제공하는 방법이다. 수학적 개념과 계량적 모형을 행정과정에 적용하여 조직 전반에 걸쳐 개혁하려는 방법으로서 주로 재고관리·자원배분·대기결정·우선순위결정·대체결정 등에 적용된다.
- PERT와 CPM : 비정형적인 신규사업이나 비반복사업의 성공적 달성을 위한 계획 또는 시간공정기법이다.
- 선형계획(LP) : 주어진 일정 제약조건하에서 최적분배점을 알아냄으로써 한정된 자원을 효율적으로 이용하기 위한 수리계획모형의 하나이다.
- 대기행렬이론 : 서비스를 기다리는 집단에 대해 서비스를 제공하는 데 필요한 직접비용과 그 집단들의 대기에 필요한 간접비용의 합을 최소화하는 데 목적을 둔 분석기법이다.
- 게임이론 : 어떠한 상황에 대해 복수의 의사결정자가 존재하고, 각자가 복수의 대체적인 행동안을 가지고 있는 경우, 특정의 의사결정자에 의한 특정의 행동안의 선택결과가 다른 의사결정자의 행동안의 선택에 좌우될 때의 이론적 분석체계이다.
- 동적 계획법(DP) : 시간적 변수를 중시하며 둘 이상의 단계에 걸쳐 있는 한 체계의 가장 효율적인 운영을 탐색해 내는 기법이다.
- 모의실험 : 현실의 불확실성, 가변성, 동적 상호관계, 복잡한 상호의존성을 중요한 요소로 분리하여 이들을 하나의 가상적 체계로 모형화하여 실험을 거쳐 최적의 답을 얻는 방법이다.

기출문제

문 쓰레기통 모형에 대한 설명으로 옳지 않은 것은?
▶ 2015. 3. 14. 사회복지직
① 명확하지 않은 인과관계를 토대로 해결책이 제시되는 경우가 많다.
② 이해관계자들의 지속적인 의사결정 참여가 어렵다.
③ 목표나 평가기준이 명확하지 않은 경우가 많다.
④ 현실 적합성이 낮아 이론적으로만 설명이 가능한 모형이다.

Tip ④ 합리모형의 한계에 해당한다.

정답 ④

③ 체제분석(System Analysis : SA)

㉠ 의의

- 개념 : 의사결정자가 최적대안을 선택하는 데 도움을 주기 위한 체계적이고 과학적인 접근방법으로, 계량평가를 전제로 질적 가치문제에 대한 평가를 하게 된다.
- 과정 : 관리과학보다는 활용범위가 넓으며 문제의 명확한 과정(개념적 단계) → 탐색(조사 · 연구 단계) → 평가(분석적 단계) → 해석(판단 단계) → 검증 단계의 과정을 거쳐 이루어지게 된다.

㉡ 특징

- 문제를 체제적 관점에서 조직적 · 체계적으로 분석한다.
- 계량적 · 미시적 방법을 주로 활용한다.
- 대안 및 행동방안을 검토하는 기준으로서 경제적 합리성을 중시한다.
- 모든 문제를 동시에 분석하기보다 부분적 분석으로 해결책을 모색하려는 부분적 최적화를 추구한다.

㉢ 장점

- 과학적 · 체계적 분석으로 합리적 의사결정이 가능하다.
- 자원의 합리적 배분으로 목표달성에 기여한다.
- 객관적이고 과학적인 의사결정에 공헌한다.
- 미래의 불확실한 상황을 분석 및 판단하여 의사결정의 위험도를 줄일 수 있다.

㉣ 한계

- 목표의 계량적 측정이 어렵다.
- 시간과 비용 등의 제약요인과 목표 및 목표달성수단의 유동성 등의 제약이 수반된다.
- 불확실하고 복잡한 문제의 분석에 있어서의 객관성과 과학성에는 한계가 있다.
- 계량적 분석의 중시로 질적 요인과 질적 분석이 경시될 우려가 있다.

㉤ 비용편익분석

- 의의 : 투입되는 비용과 산출량의 상관관계를 고려하여 편익이 큰 것을 기준으로 대안선택의 여부를 결정하거나 또는 우선순위를 명백히 하는 기법을 말한다.
- 특징
- 비용편익분석은 공공프로그램이 사회에 가져오는 무형적인 것을 포함한 모든 종류의 비용과 편익을 측정한다.
- 전통적인 비용편익분석은 경제적 합리성을 반영한다. 즉 공공투자의 기회비용은 흔히 민간부문에 투자했을 때 얻을 수 있는 순편익을 근거로 계산된다.
- 현대적인 비용편익분석은 사회적 비용편익분석이라고도 일컬어지며 재분배편익의 측정에도 사용된다.
- 평가기준(Net Present Value)
- 순현재가치방법 : 편익과 비용들이 모두 금전적 단위로 측정되었을 경우에는 순현재가치의 순서로 결정하는 방법이 경제적 능률성에 대한 최선의 척도이다.

문 경제적 비용편익분석(benefit cost analysis)에 대한 설명으로 옳지 않은 것은?

▶ 2013. 8. 24. 제1회 지방직

① 비용과 편익을 가치의 공통단위인 화폐로 측정한다.
② 장기적인 안목에서 사업의 바람직한 정도를 평가할 수 있는 방법이다.
③ 편익비용비(B/C ratio)로 여러 분야의 프로그램들을 비교할 수 있다.
④ 형평성과 대응성을 정확하게 대변할 수 있는 수치를 제공한다.

Tip 비용편익분석은 경제적 효율성만을 대상으로 분석하기 때문에 형평성 및 대응성을 정확하게 대변하는 수치를 제공하지 못한다.

정답 ④

Point 팁 순현재가치방법의 종류

㉠ 순현재가치(NPV) = (편익의 현재가치) − (비용의 현재가치)

→ 순현재가치(NPV) > 0일 때 사업을 채택한다.

㉡ 한계순현재가치(MNPV) = (△편익의 현재가치) − (△비용의 현재가치)

→ 편익의 증분 − 비용의 증분, 즉 한계순현재가치(MNPV) > 0일 때 사업을 지속한다.

− 비용편익비율기법 : 가장 널리 이용되는 경제적 능률성의 척도이며 비용편익비가 1보다 큰 투자사업은 편익의 현재가치가 비용의 현재가치보다 큰 것을 의미하기 때문에 일단 선택가능한 대안으로 본다.

Point 팁 비용편익비율 기법의 종류

㉠ 비용편익비(B/C) = 편익의 현재가치/비용의 현재가치

→ 가장 일반적인 기준으로 비용편익비(B/C) > 1일 때 사업을 채택한다.

㉡ 한계편익비용비(MB/MC) = △편익의 현재가치/△비용의 현재가치

→ 한계편익비용비(MB/MC) > 1일 때 사업을 지속한다.

− 내부수익률(IRR)방법 : 비용편익비율이 1이 되거나 또는 순현재가치가 0이 되도록 하는 할인율로서 내부수익률이 가장 큰 대안이 능률적인 것으로 판단할 수 있다.

• 장점

− 가치의 공통단위인 화폐로 측정되며 수치비교가 가능하다.

− 하나의 정책이나 프로그램의 제한된 범위를 넘어 편익을 사회 전체의 소득과 연결시킬 수 있다.

− 편익의 순능률성이 화폐단위로 표현되므로 전혀 다른 분야의 프로그램을 상호 비교할 수 있다.

• 한계

− 경제적 능률성에 대한 강조로 형평성 등의 기준이 무시될 수 있다.

− 화폐는 측정수단으로 적절하지 못하며 특히 목표의 적합성을 다루는 경우 문제가 있다.

− 시장가격을 이용할 수 없는 재화의 경우 주관적으로 가격을 추정해야 하는 문제가 발생한다.

㉃ 비용효과분석(E/C분석)

• 의의 : 각 대안의 소요비용과 그 효과를 대비하여 대안을 선택하는 것으로 비용은 화폐단위로 측정하고, 효과는 재화·서비스 또는 가치 있는 효과단위를 계량적 척도로 사용한다. 이러한 특성으로 화폐가치로 측정될 수 없는 질적 분석의 분야에서 비용·편익분석의 대안으로 이용된다.

• 특징

− 효과를 화폐로 고정시키지 않으므로 정책문제에의 적용이 용이하다.

− 기술적 합리성을 요약적으로 나타낸다.

문 정책대안의 비교평가기준 중 내부수익률(IRR : Internal Rate of Return)에 대한 설명으로 옳지 않은 것은?

▶ 2010. 4. 10. 행정안전부

① 여러 가지 정책대안들을 비교할 때, 내부수익률이 낮은 대안일수록 좋은 대안이다.

② 정책대안의 순현재가치를 0으로 만드는 할인율을 의미한다.

③ 사업이 종료된 후 또다시 투자비가 소요되는 변이된 사업유형에서는 복수의 내부수익률이 존재할 수 있다.

④ 내부수익률에 의한 사업의 우선순위는 사회적 할인율을 적용한 순현재가치에 의한 사업의 우선순위와 다를 수 있다.

Tip 내부수익률이 높을수록 좋은 대안이다.

문 비용·편익분석에 대한 설명으로 옳지 않은 것은?

▶ 2020. 6. 13. 제1회 지방직

① 분야가 다른 정책이나 프로그램은 비교할 수 없다.

② 정책대안의 비용과 편익을 모두 가시적인 화폐 가치로 바꾸어 측정한다.

③ 미래의 비용과 편익의 가치를 현재가치로 환산하는데 할인율(discount rate)을 적용한다.

④ 편익의 현재가치가 비용의 현재가치를 초과하면 순현재가치(NPV)는 0보다 크다.

Tip 분야가 다른 정책이나 프로그램이라도 비용과 편익을 화폐가치라는 동일한 척도로 측정하여 비교할 수 있다(이종사업에도 적용 가능).

정답 ①, ①

문 비용편익분석과 비용효과분석에 대한 설명으로 옳지 않은 것은?

▶ 2016. 6. 18. 제1회 지방직

① 순현재가치(NPV)는 할인율의 크기에 따라 그 값이 달라지지만, 편익 · 비용 비(B/C ratio)는 할인율의 크기에 영향을 받지 않는다.

② 내부수익률은 공공프로젝트를 평가하는 데 적절한 할인율이 알려져 있지 않을 경우 유용하게 사용할 수 있다.

③ 비용효과분석은 비용과 효과가 서로 다른 단위로 측정되기 때문에 총효과가 총비용을 초과하는지의 여부에 대한 직접적 증거는 제시하지 못한다.

④ 비용효과분석은 산출물을 금전적 가치로 환산하기 어렵거나, 산출물이 동일한 사업의 평가에 주로 이용되고 있다.

Tip 순현재가치와 편익 · 비용 비는 둘 다 할인율을 통해 미래가치를 현재가치로 환산하여 평가해야 하므로 할인율의 크기에 따라 그 값이 달라져 영향을 받는다.

정답 ①

- 화폐단위로 환산할 수 없는 외부경제와 무형의 가치분석에 적합하다.
- 고정비용 또는 고정효과의 문제를 다루는 점에서 가변비용을 다루는 비용편익분석과 다르다.

Point 팁 비용효과분석의 충족성 기준

㉠ 최소비용기준 : 효과의 수준이 확정되면 최소비용의 대안을 제안한다.

㉡ 최대효과기준 : 허용할 수 있는 비용의 상한선을 확정한 후, 그 비용으로 가져오는 효과를 비교한다.

㉢ 한계효과성기준 : 동일한 척도로 한계효과성을 비교할 수 있는 경우이다.

㉣ 비용 – 효과성기준 : 재화와 서비스의 단위당 비용을 비교한다.

- 장점과 한계 : 적용이 용이하고 시장가격으로 가치측정이 어려운 문제의 분석에 적합하다. 그러나 효과는 계량화가 어려우므로 불가피하게 주관적 판단이 개입되어 객관성을 확보하기 어렵다.

[비용편익분석과 비용효과분석의 비교]

구분	비용편익분석(B · C분석)	비용효과분석(E · C분석)
측정단위	비용 · 편익 모두 화폐가치로 측정	• 효과(편익)의 현재가치 계산이 힘들 때 사용 • 효과(산출 · 결과)를 물건 · 서비스단위로 표현(측정단위 다양)
	비용과 편익을 동일기준(NPV, B/C)으로 비교	비용과 효과(편익)의 측정단위가 달라 동일기준으로 양자의 비교가 곤란한 경우 사용
변화요소	가변비용 또는 가변편익의 문제유형 분석 – 비용과 편익이 같이 변화	고정비용 또는 고정효과의 문제유형 분석 – 비용이나 효과 중 하나가 반드시 고정(비용 일정시 최대 효과, 효과 일정시 최소 비용)
적용범위	동종사업 간이나 이종사업 간 비교에 모두 활용	동종사업 간 비교시 사용. 이종사업 간 비교가 곤란
중점	경제적 합리성에 치중, 능률성 중시	목표 · 수단 간 기술적 · 도구적 합리성에 치중, 효과성 분석
시관	장기분석에 이용	단기분석에 이용
이용대상	양적 분석에 적합	외부경제, 무형적 · 질적 가치의 분석에 적합(공공재 · 준공공재에 적용 용이)

④ **정책분석**(협의의 정책분석)

㉠ 의의 : 정책목표를 달성하기 위한 최선의 대안을 선택하도록 하는 정책의 사전적 평가로, 수집된 자료·정보를 근거로 정책대안을 체계적으로 탐색하고 분석하여 결과를 예측함으로써 최선의 대안이 선택되도록 하는 활동이다.

㉡ 특징

• 정책의 기본가치를 탐구하고 장기목표를 연구한다.
• 복잡하고 광범위한 사회현상문제를 심도있게 검토한다.
• 혁신적이고 창조적인 정책대안의 적극적 개발과 기존 정책대안의 쇄신을 강조한다.
• 경제적 분석모형과 정치적 점증모형을 혼합적용하여 경제적 합리성과 정치적 합리성을 함께 고려한다.
• 계량적 분석과 질적 분석 모두를 강조한다.
• 사회적 합리성과 형평성, 공익성, 초합리성 등이 고려된다.
• 규범적 타당성과 현실적 실현가능성의 동시추구가 강조된다.
• 광의의 합리성을 추구한다.
• 최적화된 정책보다는 다른 모든 대안보다 나은 경우를 상정하는 정책의 선호화를 받아들인다.

㉢ 한계 및 문제점

• 문제의 다양성과 목표설정의 곤란 : 사회문제의 복잡성과 다양성이 문제의 인지를 어렵게 하며, 목표의 유동성 및 다양성과 이해관계의 대립 등으로 목표설정이 어렵게 된다.
• 정보 및 능력의 부족 : 자료와 정보의 부족 및 부정확성, 정책분석자의 계산능력 및 정보처리능력의 부족으로 정책대안의 미래결과와 영향 예측이 어렵다.
• 비계량화 : 문제의 많은 중요한 측면이 계량화되기 어렵거나, 때로는 분석자가 계량화에 너무 의존할 위험도 있다.
• 객관적 분석의 곤란 : 현실적 실현가능성의 강조, 정책결정자의 입장과 필요 및 이해관계, 정치적 변수에 따라 영향을 받기 때문에 객관적 분석이 어렵다.
• 분석결과의 활용능력 및 권력의 제약 : 정책분석의 결과인 지식은 이를 활용할 능력과 권력을 가지고 있지 않는 한 정책결정에 크게 기여하기 어렵다.

(5) 정책집행

① 의의 … 권위있는 정책지시를 실천에 옮기는 과정이다. 정책집행에 대한 연구가 이루어지면서 정책형성과 정책평가에 영향을 주고받는 정책과정의 한 부분으로 보게 되었다.

② 특징

㉠ 정책집행은 정치적 성격을 가진다.
㉡ 정책과 정책결과 또는 영향을 이어주는 매개변수이다.
㉢ 명확하지 않은 계속적 과정으로, 정책결정 및 정책평가와 상호작용을 한다.

정책집행의 성공 가능성에 대한 설명으로 옳지 않은 것은?
▶ 2017. 6. 17. 제1회 지방직

① 정책집행연구의 하향론자들은 복잡한 조직구조가 정책의 성공적 집행을 도와준다고 주장한다.
② 정책목표와 정책수단이 구체적일수록 정책집행이 성공할 가능성이 커진다는 주장이 있다.
③ 불특정다수인이 혜택을 보는 경우보다 특정한 집단이 배타적으로 혜택을 보는 경우에 강력한 지지를 얻을 수도 있다.
④ 배분정책은 규제정책이나 재분배정책에 비하여 표준운영절차(SOP)에 따라 원만한 집행이 이루어질 가능성이 더 크다.

Tip 정책집행연구의 하향론자들은 성공적인 정책의 집행을 위해서는 목표가 명확해야 하고 조직구조는 단순해야 한다고 주장한다.

정책집행의 상향적 접근방법에 대한 설명으로 옳은 것은?
▶ 2017. 4. 8. 인사혁신처

① 대표적인 모형은 사바티어(Sabatier)의 정책지지 연합모형(Advocacy Coalition Framework)이다.
② 정책결정과 정책집행은 뚜렷하게 구분된다고 본다.
③ 집행현장에서 일선관료의 재량과 자율을 강조한다.
④ 안정되고 구조화된 정책상황을 전제로 한다.

Tip ① 정책지지 연합모형은 통합모형이다.
②④ 하향식 접근방법과 관련된 설명이다.

▮**정답** ①, ③

▮**147**

문 **정책집행의 하향식 접근(top-down approach)에 대한 설명으로 옳은 것만을 모두 고르면?**
▶ 2020. 6. 13. 지방직/서울특별시

㉠ 집행이 일어나는 현장에 초점을 맞춘다.
㉡ 일선공무원의 전문지식과 문제해결능력을 중시한다.
㉢ 하위직보다는 고위직이 주도한다.
㉣ 정책결정자는 정책집행에 영향을 미치는 정치적 · 조직적 · 기술적 과정을 충분히 통제할 수 있다.

① ㉠, ㉡   ② ㉠, ㉢
③ ㉡, ㉣   ④ ㉢, ㉣

Tip ㉠㉡은 상향식 접근, ㉢㉣은 하향식 접근

③ 정책집행연구의 접근방법 – 하향식 접근법과 상향식 접근법

구분	하향적 집행론 (Top-down Approach)	상향적 집행론 (Bottom-up Approach)
의의	• 정책집행의 실패를 막고 성공적 정책집행을 위한 조건 · 전략을 알아내기 위한 연구로 바람직한 집행이 이뤄질 수 있는 규범적 처방 제시 • 정책집행을 정책목표 달성을 위해 채택된 정책결정 내용을 충실히 이행하는 수단적 행위로 인식하고 정책결정자 입장에서 파악	• 정책집행이 실제로 현장에서 어떻게 이루어지는지 기술하고 설명하는 데 중점을 두는 경험적 실증적 연구 • 정책집행을 다수의 참여자 사이에서 발생하는 상호작용으로 이해. 일선관료와 대상집단의 입장에서 파악
특징	• 정치 · 행정2원론과 합리모형에 근거, 집행의 비정치성 • 정책결정자의 관점 • 규범적 처방의 제시 • 거시적 · 연역적 접근	• 정치 · 행정1원론과 점증모형 • 일선관료 중시 • 집행문제의 해결에 초점 • 미시적 · 귀납적 접근
연구 목적	• 성공적 집행의 좌우요인 탐구(거시적 · 연역적 연구) • 정책결정자의 집행과정에 대한 영향력을 다룸 • 성공적 정책집행의 요건 및 정책집행 실패요인 파악	• 집행현장의 실제 상태를 기술 · 설명(미시적 · 귀납적 연구) • 정책결정자의 집행과정에 대한 영향력 행사에 의문을 제기하고 집행현장을 더 중시
연구 중점	• 정책결정자가 의도한 정책효과 달성을 위한 집행체제의 운영방식에 초점 • 정책 및 정책결정자 관점－정책결정자에게 규범적 처방 제시 －연구대상 : 중앙정부의 정책결정과 정책집행 －주요행위자 : 정책결정자	• 집행현장에 참여하는 다수 행위자들(정책네트워크)의 전략적인 상호작용에 초점 • 결정자의 의도보다는 일선기관이나 일선관료의 행태에 중점 －연구대상 : 정책 영역 내의 일선집행 네트워크 구조 －주요행위자 : 정책집행자(일선관료), 정책대상 집단
연구 방향	정책결정(최상층) → 결정집행(최하층) : 정책결정자의 의도, 정책내용을 명확히 서술하고 목표달성을 위한 집행자들의 행위를 단계별로 구체화한 후 집행현장으로 연구대상을 이동(하향적 조명).	결정집행(최하층) → 정책결정(최상층) : 집행현장의 일선관료에서 출발하여 이들과 직접 접촉하는 대상집단 · 관련이해집단 · 지방정부기관을 파악하고 상부집행조직 · 정책내용 연구로 이동(상향적 조명).

정답 ④

기출문제

집행 전략	• 중앙통제적 정형적 집행전략 : 정책의 명확성, 집행요원·대상집단의 정책순응을 강조 　－정책집행자의 재량 제한 　－집행관련집단의 참여에 대해 소극적임 　－집행절차 : 표준운영절차(SOP) 사용	• 현지적응적 집행전략 : 세밀한 집행지침, 과도한 중앙통제는 집행의 신축성을 저해하고 정책실패를 초래한다고 봄 　－일선관료의 광범위한 재량 중시 　－집행관련집단의 참여를 중시 　－집행절차 : 상황에 맞는 절차 사용
평가 기준	• 집행의 충실도와 성과－정책목표의 달성도(효과성) • 정책결정자의 의도를 실현하는 것이 성공적 정책집행 　－집행의 성공 요건 : 결정자의 통제력과 집행자의 순응	• 평가기준 불명확－집행현장에서의 적응성·문제해결력 중시 • 집행의 성공은 집행자가 주어진 여건에서 역할의 충실한 수행이라는 상황적 기준으로 파악 　－집행의 성공 요건 : 정책집행자의 역량과 재량
적용 상황	• 핵심정책이 있고 비교적 구조화된 상황에 적합. • 명확한 정책지침, 목표수정 필요성 낮음 • 정책관련자 간 정책내용에 대한 합의 • 기존 이론·기술이 확실 • 정책이 요구하는 변화의 범위가 좁음	• 핵심정책이 없고 독립된 다수 행위자가 개입하는 동태적 상황 • 신축적 정책지침, 목표수정 필요성 높음 • 정책관련자 간 정책내용에 대한 갈등 • 기존 이론·기술이 불확실 • 정책이 요구하는 변화의 범위가 넓음
이론 배경	정치·행정2원론(정책결정과 정책집행 구분)	정치·행정1원론(정책결정과 정책집행 미구분)
합리성	완전한 합리성, 도구적 합리성(목표를 달성시키는 수단)	제한적 합리성, 절차적 합리성, 진화론적 합리성(환경에 적응)
Elmore	전방향적 집행(forward mapping)	후방향적 집행(backward mapping)
Berman	정형적 집행 (programmed implementation)	적응적 집행 (adaptive implementation)

④ 정책집행자의 유형(Nakamura & Smallwood)

㉠ 고전적 기술관료형 : 정책결정자들에 의해 만들어진 정책목표를 받아들여 이를 실천하기 위한 활동을 하고 기술적 수단을 강구하며 목표달성을 위해 노력한다.

㉡ 지시적 위임형 : 목표달성을 위해 필요한 범위 내에서 행정적 · 기술적 · 협상적 권한은 집행자들이 가진다.

㉢ 협상자형 : 정책결정자가 목표를 수립하고 결정하지만 집행과정에서 집행자들과 협상과정을 거친다.

㉣ 재량적 실험가형 : 정책집행자들은 정책목표의 구체화 · 정책수단 · 시행을 자기책임하에 관장한다.

㉤ 관료적 기업가형 : 정책집행자들이 강력한 권한을 갖고 정책과정 전체를 관장하며 결정권까지 행사한다.

⑤ 정책집행에 영향을 미치는 요인

㉠ 내용적 · 내적 요인

• 정책목표의 명확성 : 정책의 목표와 수단이 대립하지 않고 명확해야 하며 이를 뒷받침할 지식의 완전성의 여부가 중요시된다.
• 의사소통의 효율성 : 명령과 지시가 계층통로를 통해 이동하면서 왜곡되지 않아야 한다.
• 집행자의 성향과 능력 : 정책집행기관의 책임자가 어떤 태도와 능력을 가지고 있는가에 따라 정책집행의 내용과 결과에 큰 영향을 미친다.
• 자원 : 인적 · 물적 자원이 수반되지 않으면 효과적인 집행이 어려워진다.
• 집행절차 : 표준운영절차의 확립과 적용상 공정성 · 합리성도 확보해야 한다.

㉡ 환경적 · 외적 요인

• 환경적 여건의 변화 : 해당 정책을 둘러싼 정치적 사회적 환경의 변화와 대중매체와 여론의 지지도 등의 요인이 정책집행에 영향을 미친다.
• 정책대상집단의 태도와 정치력 : 대상집단의 규모, 조직화 정도, 리더십, 요구되는 행태변화의 정도, 대상집단이 가진 사회적 · 교육적 배경과 그들이 가진 유사한 경험의 존재여부에 따라 달라진다.

Point 성공적인 정책집행의 요건
㉠ 적실성 : 독특한 집행상황에 적절한 행동화가 필요하다.
㉡ 민본성 : 대상집단의 기대와 요구를 실질적으로 충족시킬 수 있어야 한다.

⑥ 정책집행의 순응과 불응

  ㉠ 의의 : 순응이란 정책집행자나 정책대상집단이 정책결정자의 의도나 정책 또는 법규의 내용과 일치하는 행위를 하는 것을 의미하고, 이와 상반되는 행위를 불응이라 한다. 불응의 구체적 형태로서는 의사전달에 대한 고의적 조작, 지연, 정책의 임의변경, 불집행, 형식적 순응, 정책 자체의 취소 등을 들 수 있다.

  ㉡ 순응과 불응의 원인과 순응의 확보방안

순응의 원인	불응의 원인	순응의 확보방안
• 권위의 존중 • 합리적 · 의식적 수용 • 정부의 정통성 • 자기이익의 추구 • 처벌 · 제재의 가능성 • 정책집행기간 장기화	• 기존 가치체계와의 갈등 • 법에 대한 선택적 불응 • 집단의 불응 • 금전상의 이익 • 정책의 모호성	• 교육과 설득활동 • 선전에 의한 호소 • 정책수정 또는 관행의 채택 • 제재수단의 사용 • 적극적 편익제공

(6) 정책평가

① 의의

  ㉠ 개념 : 정책이 본래의 목표에 맞게 수행되고 있는지의 여부와 그 결과에 대한 사후평가와 분석으로서 정책결정의 환류기능을 수행한다.

  ㉡ 목적

  • 정책에 대한 국민의 만족도를 파악한다.
  • 합리적인 정책결정에 도움이 되는 정보를 제공한다.
  • 정책의 환류를 위해 기준과 정보를 습득한다.
  • 정부활동의 경제성과 효율성을 제고한다.
  • 정부활동의 법적 · 관리적 책임을 확보한다.
  • 정책집행의 효율성 및 정책의 계속여부에 대한 판단자료를 제공한다.

② 종류

  ㉠ 총괄평가 : 정책집행의 결과가 의도했던 목표를 달성했는가를 판단하는 활동으로 정책효과성 평가라고 볼 수 있으며, 정책효과와 수단 간의 인과관계를 중점적으로 분석한다. 주로 정책집행의 완료 이후에 이루어진다.

  ㉡ 과정평가 : 정책집행상의 문제점을 파악하고 이를 극복할 수 있는 집행전략을 마련하는 데 초점을 둔 평가방법으로서 도중평가, 모니터링, 형성평가 또는 과정상의 평가 등과 유사하며 정책집행전략과 유사한 면이 많다.

기출문제

📖 **일반적인 정책평가의 절차를 순서대로 연결한 것은?**
▶ 2017. 3. 18. 제1회 서울특별시

㉠ 인과모형의 설정
㉡ 자료 수집 및 분석
㉢ 정책목표의 확인
㉣ 정책평가 대상 및 기준의 확정
㉤ 평가 결과의 환류

① ㉠ → ㉡ → ㉢ → ㉣ → ㉤
② ㉡ → ㉢ → ㉠ → ㉣ → ㉤
③ ㉢ → ㉣ → ㉠ → ㉡ → ㉤
④ ㉣ → ㉠ → ㉡ → ㉢ → ㉤

Tip 정책평가의 절차
  ㉠ 정책목표의 확인 : 정책을 통해 달성하고자 하는 목표를 확인하는 단계
  ㉡ 정책평가 대상 및 기준의 확정 : 평가의 대상과 평가기준을 구체적으로 확정하는 단계
  ㉢ 인과모형의 설정 : 모형을 통해 현실세계를 단순화하는 단계
  ㉣ 자료 수집 및 분석 : 관련 자료를 수집하고 분석하는 단계
  ㉤ 평가 결과의 환류 : 평가 결과를 이용하여 정책의 효과성 제고에 활용하는 단계

정답 ③

기출문제

⊕ 정책평가에 대한 설명으로 가장 옳지 않은 것은?

▶ 2018. 6. 23. 제2회 서울특별시

① 총괄평가(summative evaluation) 는 정책이 종료된 후에 그 정책이 당초 의도했던 효과를 가져왔는지 의 여부를 판단하는 활동이다.

② 메타평가(meta evaluation)는 평가자체를 대상으로 하며, 평가활동과 평가체제를 평가해 정책평가의 질을 높이고 결과활용을 증진하기 위한 목적으로 활용된다.

③ 평가성 사정(evaluability assessment)은 영향평가 또는 총괄평가를 실시한 후에 평가의 유용성, 평가의 성과증진 효과 등을 평가하는 활동이다.

④ 형성평가(formative evaluation)란 프로그램이 집행과정에 있으며 여전히 유동적일 때 프로그램의 개선을 위해서 실시하는 평가이다.

> **Tip** 평가성 사정은 영향평가 또는 총괄평가를 실시하기 전에 평가의 유용성, 평가실시의 가능성, 평가의 성과증진효과 등을 평가하는 활동이다. 평가를 위한 사전평가이다.

┃정답 ③

Point 팁 정책평가 기준(Nakamura & Smallwood)

㉠ 능률성 : 최소의 비용으로 산출의 극대화 여부를 비용과 관련시켜 성과의 질과 양을 파악하는 것이며, 투입과 수단의 극대화를 목표로 한다.

㉡ 효과성 : 정책이 의도한 본래의 목표를 어느 정도 달성했는지 여부를 정책이 산출한 서비스의 양을 측정단위로 하여 평가한다.

㉢ 수익자 대응성 : 정책혜택이 수익자의 욕구를 어느 정도 충족시켰는지 여부를 평가한다.

㉣ 주민만족도 : 주민의 지지기반을 확보한 수준을 평가한다.

㉤ 체제유지도 : 정책의 목표, 구조, 기능 등이 잘 작동함으로써 체제의 환경변화에 대한 적응력을 높여 체제유지에 어느 정도 기여하였는가를 정책평가의 기준으로 삼는다.

③ **정책평가를 위한 사회실험**

㉠ **비실험**

• 개념 : 통제집단을 구성하지 못하는 경우 이들 통제집단과 실험집단의 구분 없이 정책처리를 하는 실험으로, 최초 실험설계 시 비교집단이 존재하지 않는다.

• 특징 : 내적 타당도는 낮으나 실행가능성이나 외적 타당도는 가장 높다. 통계적 비실험(통계적 분석)은 실험에 영향을 준 혼란변수의 영향을 파악하기 위하여 정책실시 전후를 여러 차례 비교·관찰하는 통계적 방법(시계열분석 등)으로서 주로 내적 타당도가 낮은 비실험이나 준실험의 약점을 보완하는 데 사용된다.

㉡ **진실험**

• 개념 : 실험집단과 통제집단의 동질성을 확보하여 행하는 사회실험방법이다.

• 특징 : 외적 타당도 및 실행가능성은 낮으나 내적 타당도는 높은 편이다.

Point 팁 진실험의 문제점

㉠ 모방효과 : 통제집단이 실험집단의 태도를 모방하는 효과(확산효과 또는 오염)가 나타난다.

㉡ 비용의 문제 : 실험대상집단이 광범위한 경우 많은 시간과 비용이 소요된다.

㉢ 호손효과 : 대상자들이 실험대상으로 관찰되고 있다는 사실을 알게 되면 평소와 다른 행동을 하게 되어 외적 타당성의 문제가 발생한다.

㉣ 실행가능성 : 무작위로 두 집단으로 나누어 하나의 집단에만 정책을 집행한다는 것은 불가능한 경우가 많다.

㉢ **준실험**

• 개념 : 진실험방법이 갖는 정치적·기술적 문제를 완화하기 위한 방법으로서, 실험집단과 통제집단의 동질성을 확보하지 않고 행하는 실험이다.

• 특징 : 외적 타당도 및 실행가능성은 높으나 내적 타당도는 낮은 편이다.

④ **정책평가의 타당성**

㉠ **의의** : 정책평가가 정책의 효과를 얼마나 진실에 가깝게 추정해내고 있는지를 나타내는 개념이다.

ⓛ 종류(Cook & Campbell)

- 구성적 타당성 : 처리, 결과, 모집단 및 상황들에 대한 이론적 구성요소들이 성공적으로 조작화된 정도를 의미한다.
- 통계적 결론의 타당성 : 정책의 결과가 존재하고 이것이 제대로 조작되었다고 할 때, 이에 대한 효과를 찾아낼 만큼 충분히 정밀하고 강력하게 연구설계가 이루어진 정도를 말한다.
- 내적 타당성 : 정책집행결과상 변화의 인과론적 명확성 정도를 나타낸다. 즉, 결과에 대하여 찾아낸 효과가 다른 경쟁적인 원인이 아닌 정책에 기인된 것이라고 볼 수 있는 정도를 말한다.

[인과적 추론의 조건(J. S. Mill)]

시간적 선행성(선후성)	원인이 되는 사건·현상은 결과보다 시간적으로 먼저 발생해야 함	상관관계 파악	내적 타당성은 세 조건이 모두 충족되어야 함
상시연결성(연관성)·공변성	원인과 결과는 공동으로 변해야 함		
경쟁가설의 배제 (비허위적 관계일 것)	결과는 원인에 의해서만 설명되어야 하며, 다른 변수(제3의 변수)에 의한 설명 가능성은 배제되어야 함(경쟁가설 배제)	인과관계 파악	

- 외적 타당성 : 내적 타당성을 확보한 정책평가가 다른 상황에도 그대로 적용될 수 있는 정도를 말한다. 즉, 실험결과나 관찰된 효과가 다른 상황에서도 얼마나 일반화될 수 있는가의 정도를 나타낸다.

Point 팁 타당도와 사회적 실험과의 관계

구분	내적 타당도	외적 타당도	실현 가능성
진실험	높음	낮음	낮음
준실험	낮음	높음	높음

⑤ 정책평가시 인과적 추론을 어렵게 만드는 제3의 변수

- X : 독립변수(independent variable)
- Y : 종속변수(dependent variable)
- Z : 제3의 변수

* 독립변수는 정책수단, 종속변수는 정책효과에 해당

기출문제

❓ 정책평가의 논리에서 수단과 목표 간의 인과관계에 대한 설명으로 옳은 것만을 모두 고르면?

▶ 2020. 6. 13. 지방직/서울특별시

ⓐ 정책목표의 달성이 정책수단의 실현에 선행해서 존재해야 한다.
ⓑ 특정 정책수단 실현과 정책목표 달성 간 관계를 설명하는 다른 요인이 배제되어야 한다.
ⓒ 정책수단의 변화 정도에 따라 정책목표의 달성 정도도 변해야 한다.

① ⓐ   ② ⓒ
③ ⓐ, ⓑ   ④ ⓑ, ⓒ

Tip ⓐ 시간적 선행성 조건에 위배된다. 정책수단의 실현(원인변수)이 정책목표의 달성(결과변수)에 선행해서 존재해야 한다.

| 정답 ④

153

문 정책변수에 대한 설명으로 옳은 것만을 모두 고르면?

▶ 2020. 7. 11. 인사혁신처

㉠ 매개변수 – 독립변수의 원인인 동시에 종속변수의 원인이 되는 제3의 변수

㉡ 조절변수 – 독립변수와 종속변수 간에 상호작용 효과를 나타나게 하는 제3의 변수

㉢ 억제변수 – 독립변수와 종속변수 간에 상관관계가 없는데도 있는 것으로 나타나게 하는 제3의 변수

㉣ 허위변수 – 독립변수와 종속변수 모두에게 영향을 미치며 이들 사이의 공동변화를 설명하는 제3의 변수

① ㉠, ㉢

② ㉠, ㉣

③ ㉡, ㉢

④ ㉡, ㉣

Tip ㉠ 매개변수 : 독립변수와 종속변수의 사이에서 독립변수의 결과인 동시에 종속변수의 원인이 되는 변수
㉢ 허위변수에 대한 설명이다.

	허위변수	독립변수와 종속변수가 실제 관계가 없는 데도(또는 통계적 상관관계만 있는데도) 관계가 있는 것처럼 보이게 하는 변수
X·········Y ↖ ↗ Z 독립변수와 종수변수에 모두 영향	억제변수	독립변수와 종속변수가 상관관계가 있는 데도 없는 것으로 보이게 하는 변수(사실적 상관관계를 약화·소멸시킴)
	왜곡변수	독립변수와 종속변수 간 사실상의 관계를 정반대의 관계로 나타나게 하는 변수
	혼란변수	독립변수와 종속변수가 상관관계가 있는 상황에서 양 변수에 영향을 주어 관계를 과대 또는 과소 평가하게 만드는 변수(교란변수)
X ⟶ Y ↑ Z	조절변수	독립변수와 종속변수 사이에서 제2의 독립변수. 두 변수 간 관계(상호작용효과)를 강화시키거나 약화시킴 **예** 다이어트 요법 A, B(독립변수)의 체중감소효과(종속변수) 측정시 효과 동일 다이어트 요법 A, B에 각각 운동요법 결합시 체중감소효과가 A보다 B가 큰 경우 운동요법은 조절변수
X⟹Z⟹Y	매개변수	독립변수와 종속변수의 사이에서 독립변수의 결과인 동시에 종속변수의 원인이 되는 변수 • 집행변수 : 정책이나 프로그램의 내용을 실행해 옮기는 데 채택된 구체적 행정적 전략 • 교량변수 : 정책목적의 달성에 앞서 나타나야 할 일종의 중간 결과
Z⟹X⟹Y	선행변수	인과관계에서 독립변수에 앞서면서 독립변수에 대해 유효한 영향력을 행사하는 변수 * 선행변수가 의미를 가지려면 ㉠ 선행변수, 독립변수, 종속변수가 상호 관련이 있고, ㉡ 선행변수를 통제할 때 독립변수와 종속변수 간 관계가 사라지면 안 되며, ㉢ 독립변수를 통제할 때 선행변수와 종속변수와의 관계가 사라져야 한다.

(7) 타당도

① 내적 타당도의 저해요인 … 내적 타당도를 저해하는 요인에는 외재적 요인과 내재적 요인이 있으며, 외재적 요인은 실험상황 밖에서 실험적 처리와 전혀 무관하게 실험집단과 통제집단을 구성할 때 서로 다른 개인들을 할당함으로서 발생하는 요인으로 선발요소(선정요인)가 있다. 선발요소는 실험집단과 통제집단을 구성할 때 무작위 배정을 통해 제거할 수 있다. 내재적 요인은 실험적 처리과정 내에서 발생하는 요인으로서 처리를 하는 동안에 일어나는 변화, 측정도구에 일어나는 변화, 혹은 연구 그 자체에 대한 반작용효과 등이다.

㉠ 외재적 요인 : 실험집단과 통제집단을 구성할 때 두 집단에 서로 다른 성질의 구성원들을 선발하여 할당함으로서 오게 될지도 모르는 편견이다. 이를 선발요소(선정요인)라고 부른다.

정답 ④

ⓛ 내재적 요인

- 역사적 요소(history) : 연구기간 동안에 일어나는 사건이 개인이나 집단에 영향을 미쳐 대상변수에 중요한 영향을 미치는 경우이다. 실험기간이 길수록 역사적 사건이 나타나게 될 확률은 높아지게 된다.

  예 수질개선장치 설치, 홍수 발생, 오염물질의 해소

- 성숙효과(maturation) : 평가에 동원된 집단구성원들이 정책효과와는 관계없이 스스로 성장함으로써 나타날 수 있는 효과이다. 관찰기간이 길수록 성숙효과가 나타날 가능성이 높다.

  예 우유급식, 청소년의 자연적인 성숙, 체중의 증가

- 상실요소(피실험자 상실, experimental mortality) : 연구대상들이 연구기간 동안에 이사, 전보 등으로 변화를 보였을 때 나타난다. 이것이 실험집단과 비교집단에서 서로 다른 성격과 비율로 탈락한다면 이들 두 집단의 구성을 처음과 다르게 함으로써 결과에 대한 잠재적 편견의 원천이 된다.

- 측정요소(testing) : 측정 그 자체가 연구되고 있는 현상에 영향을 줄 수 있다. 프로그램을 도입하기에 앞서 받은 테스트의 효과가 개개인들의 심리를 자극함으로써 프로그램 집행 후의 그들의 측정 점수를 높아지게 할 수도 있다. 그러므로 프로그램을 집행하기 전후의 테스트 점수의 차이는 반드시 프로그램에서 온 것이라고는 할 수 없을 것이며, 오히려 프로그램을 집행하기 전에 개인들이 테스트 경험을 통하여 얻어진 것이라고 할 수도 있는 것이다.

- 회귀인공요소(통계적 회귀요소, regression artifact) : 실험 직전의 측정결과를 토대로 집단을 구성할 때, 평소와는 달리 유별나게 좋거나 나쁜 결과를 얻은 사람들이 선발된 경우, 이들이 실험진행 동안 자신의 원래 위치로 돌아가게 되면 측정결과에 대한 해석이 제대로 될 수 없다. '회귀 – 인공요소'라고도 하며, 일종의 실험 직전 반응효과에 해당한다.

  예 연수생을 대상으로 영어시험을 치른 후 최하위 20%에 해당하는 연수생들에게 특강을 실시하고 그 효과를 평가하려고 할 때 나타난다.

- 측정(검사)도구의 변화(instrumentation) : 정책이나 프로그램의 집행 전과 집행 후에 측정하는 절차나 도구가 달라지는 것을 말한다.

- 선발과 성숙의 상호작용 : 실험집단과 비교집단에서 선발된 개인들이 최초에도 다를 뿐만 아니라 그들 두 집단의 성장 또는 성숙의 비율이 다를 수도 있다.

- 처치와 상실의 상호작용 : 실험집단과 통제집단에 무작위 배정이 이루어진 경우라 할지라도, 이들 집단들 간에 서로 다른 처치로 인해서 처치 기간 동안에 두 집단으로부터 서로 다른 성질의 구성원들이 상실됨으로 인해 결과에 왜곡을 가져다주는 경우를 말한다.

문 정책평가에서 내적 타당성에 대한 설명으로 옳지 않은 것은?
▶ 2019. 6. 15. 제1회 지방직

① 준실험설계보다 진실험설계를 사용할 때 내적 타당성의 저해요인이 다양하게 나타난다.
② 정책의 집행과 효과 사이에 존재하는 인과관계의 추론이 가능한 평가가 내적 타당성이 있는 평가이다.
③ 허위변수나 혼란변수를 배제할 수 있다면 내적 타당성을 높일 수 있다.
④ 선발요인이나 상실요인을 통제하기 위해서는 무작위배정이나 사전측정이 필요하다.

Tip 준실험설계보다 진실험설계를 사용할 때 내적 타당성의 저해요인이 감소되어 내적 타당도가 높아진다.

문 다음 내용에서 정책평가의 내적 타당성을 위협하는 요인은?
▶ 2016. 4. 9. 인사혁신처

정부는 혼잡통행료 제도의 효과를 측정하기 위해 혼잡통행료 실시 이전과 실시 후의 도심의 교통 흐름도를 측정, 비교하였다. 그런데 두 측정시점 사이에 유류가격이 급등하는 상황이 발생하였다.

① 상실요인(mortality)
② 회귀요인(regression)
③ 역사요인(history)
④ 검사요인(testing)

Tip 제시된 상황은 유류가격 급등이라는 뜻밖의 사건 발생으로 내적 타당성이 저해되는 경우이다.

정답 ①, ③

❶ 정책평가에 대한 설명으로 옳지 않은 것은?

▶ 2012. 4. 7. 행정안전부

① 정책평가의 외적 타당도란 특정한 상황에서 얻은 정책평가의 결과를 일반화할 수 있는 정도를 말한다.
② 정책평가의 내적 타당도란 관찰된 결과가 다른 경쟁적 요인들보다는 해당 정책에 기인하는 것이라고 판단할 수 있는 정도를 의미한다.
③ A라는 정책이 집행된 이후에 그 정책의 목표 B가 달성된 것을 발견한 경우, 정책평가자는 A와 B 사이에 인과관계가 존재한다고 결론을 내릴 수 있다.
④ 신뢰도는 동일한 측정도구를 반복하여 사용했을 때 동일한 결과를 얻을 확률을 의미한다.

Tip 추정되는 원인과 발생한 결과의 적합성 정도는 내적 타당도와 관련된다. A와 B사이의 인과관계의 추론이 정확하기 위해서는 '시간적 선행조건', '공동변화의 조건', '경쟁가설 배제의 원칙의 3가지를 충족해야 한다. 따라서 단순히 A라는 정책이 집행된 이후 그 목표인 B가 달성된 것만으로, A와 B 사이에 인과관계가 존재한다고 결론을 내릴 수는 없다.

❷ 정책변동의 유형 중 정책평가로부터 얻은 정보가 정책채택 단계에서 다시 활용되는 경우로, 정책목표는 유지하면서 정책수단을 새로운 수단으로 대체하는 것은?

▶ 2012. 4. 7. 행정안전부

① 정책유지   ② 정책혁신
③ 정책종결   ④ 정책승계

Tip 정책승계는 정책목표가 변동되지는 않지만 정책수단인 사업, 조직, 예산 등에 있어서 중대한 변화가 발생한다.

정답 ③, ④

② **외적 타당도의 저해요인** … 실험연구의 결과에 영향을 미치는 또 다른 요인으로 외적 타당도의 문제(external invalidity)를 들 수 있다. Campbell & Stanley(1963)는 외적 타당성 문제를 실험연구 결과의 현실에 대한 일반화 정도와 관련되어 나타나는 오류라고 설명한다.

㉠ **표본의 비대표성** : 실험집단으로 선정된 표본이 일반화하고자 하는 모집단을 대표할 수 없을 경우 일반화 할 수 없다.
㉡ **실험조작과 측정의 상호작용** : 실험 전 측정과 피조사자의 실험조작의 상호작용으로 실험의 결과가 나타난 경우 이를 일반화하기 곤란하다.
㉢ **상이한 실험집단과 통제집단의 선택과 실험조작의 상호작용** : 무작위배정에 의한 동등화가 이루어지지 않은 두 집단에 실험적 변수를 적용시킴으로써 발생하는 상호작용 때문에 예기치 못한 효과가 발생하게 되는데 이를 일반화하기는 곤란하다.
㉣ **다수적 처리에 의한 간섭(multiple-treatment interference)** : 다수의 실험적 처리를 실시함으로써 그것 자체가 실험적 효과에 미치는 간섭 또는 영향을 생각할 때 그러한 처치를 전혀 받지 않은 모집단에 일반화할 수 있을까 문제된다.
㉤ **실험조작의 반응효과 또는 호손 효과** : 실험집단 구성원이 실험대상이라는 사실로 인하여 평소와는 다른 심리적 행동을 보이는 현상으로 대표적인 저해요인이다.

Point 팁 내적 타당도 및 외적 타당도의 위협요소

	내적 타당도 위협요소	외적 타당도 위협요소
외재적 요소	• 선발(선정)요소	• 표본의 비대표성 – 크리밍효과(조건이 좋은 구성원들로 실험집단을, 조건이 나쁜 구성원들로 비교집단을 설정)
내재적 요소	• 역사적 요소 • 성숙요소 • 선발과 성숙의 상호작용 • 상실요소 • 처치와 상실의 상호작용 • 측정요소 • 측정(검사)도구의 변화 • 회귀인공요소	• 실험조작과 측정의 상호작용 • 실험조작의 반응효과(호손효과) • 다수적 처리에 의한 간섭 • 상이한 실험집단과 통제집단의 선택과 실험조작의 상호작용

③ **정책평가의 타당성과 신뢰성의 관계**

㉠ **신뢰성의 개념** : 측정도구가 어떤 현상을 반복하여 측정시 측정대상을 얼마나 일관성(Consistency) 있게 측정되는가의 정도를 말한다. 동일한 측정도구를 시간적 간격을 두고 사용했을 경우 동일한 결과를 얻을 확률이다.
㉡ **신뢰성의 검증방법** : 재검사법, 반분법(이분법), 복수양식법(동질이형법), 문항 간 내적 일관성 분석

ⓒ 타당성과 신뢰성의 관계 : 타당성은 내용적 인과관계를 따지는 것(내용)이지만 신뢰성은 측정도구의 측정결과에 대한 일관성을 따지는 것(형식)이다.
- 신뢰성이 낮으면 타당성도 낮다(신뢰성은 타당성의 필요조건 – 타당성이 확보되려면 최소한 신뢰성은 전제되어야 함).
- 신뢰성이 높다고 항상 타당성이 높은 것은 아니다(신뢰성은 타당성의 충분조건은 아님).
- 타당성이 높으면 신뢰성도 높다.
- 타당성이 낮다고 항상 신뢰성이 낮은 것은 아니다.

(8) 정책변동

① 의미 … 정책과정 중 획득하게 된 새로운 정보·지식이 다른 단계로 환류되어 정책내용(정책목표·정책수단·정책대상집단 등)과 정책집행방법(정책집행담당조직·정책집행절차)에 변화가 나타나는 것을 말한다. 정책을 독립변수로서 파악하고, 정책순환의 최종단계를 중시하면서 단일 정책의 점증적 변동이 아닌 다수 정책의 동태적 변동에 초점을 둔다.

② 정책변동의 유형 – 호그우드와 피터스(B. Hogwood & B. Peters)

ⓐ 정책혁신(innovation) … 정부가 과거에 관여하지 않던 분야에 개입하기 위해 새로운 정책을 결정하는 것이다. 기존에 없던 새로운 정책 및 정책수단(조직·예산)을 수립한다(무[無]에서 유[有] 창조).
  🇨 인터넷의 이용 활성화에 따른 사이버 범죄 수사대 신설

ⓑ 정책유지(maintenance)
- 기존 정책의 기본 성격을 유지하는 것이다. 기존 정책의 내용·담당조직·예산의 기본골격을 유지하며 약간씩만 수정·변경한다.
- 기존 정책을 새로운 정책으로 대체하는 것이 아니라 본래의 정책목표를 달성하기 위하여 프로그램의 산출이나 정책수단의 일부나 집행절차를 조정하는 수준이다.
  🇨 정책수혜 대상자의 수나 수혜액, 수혜자의 자격 등 조정
- 의도적 변경이 아닌 적응적 변화 : 정책을 유지하겠다는 의도적 결정에 의한 것이 아니며 정책결정 후에 집행과정에서 일어나는 변화와 현재의 특수상황에 적응하기 위하여 이뤄지는 경우가 많다.

ⓒ 정책승계(succession)
- 기존 정책의 목표는 유지하되 의도적으로 정책의 기본 성격을 바꾸는 것을 말한다. 정책의 근본적 수정을 필요로 하는 경우로 정책내용, 담당조직, 예산항목 등을 대폭 수정·변경하거나 이들을 모두 없애고 새로운 정책으로 대체하는 것이다. 신·구 정책 간 상당한 연계성·중첩성 있으며 기존 정책을 수정·조정하는 것이다.

기출문제

🔋 정책평가를 위한 측정도구의 타당성과 신뢰성에 대한 설명으로 옳지 않은 것은?
▶ 2020. 7. 11. 인사혁신처
① 타당성은 없지만 신뢰성이 높은 측정도구가 있을 수 있다.
② 신뢰성이 없지만 타당성이 높은 측정도구는 있을 수 없다.
③ 신뢰성은 측정도구의 타당성을 담보할 수 있는 충분조건이다.
④ 타당성이 없는 측정도구는 제1종 오류를 범하는 원인이 될 수 있다.

Tip ③ 측정의 일관성이 있어도 정확성까지 보장할 수는 없다. 타당성이 확보되려면 신뢰성이 전제되어야 하나 신뢰성이 확보되었다 해서 반드시 타당성이 확보되는 것은 아니다. 즉, 신뢰성이 타당성의 충분조건은 아니다.

┃정답 ③

기출문제

정책변동에 대한 설명으로 옳지 않은 것은?

▶ 2020. 7. 11. 인사혁신처

① 킹던(Kingdon)의 정책흐름이론에 따르면 정책변동은 정책문제의 흐름, 정치의 흐름, 정책대안의 흐름이 결합하여 이루어진다.

② 무치아로니(Mucciaroni)의 이익집단 위상변동모형에서 이슈 맥락은 환경적 요인과 같이 정책의 유지 혹은 변동에 영향을 미치는 정책요인을 말한다.

③ 실질적인 정책내용이 변하더라도 정책목표가 변하지 않는다면 이를 정책유지라 한다.

④ 정책목표를 달성하기 위한 전반적인 정책수단을 소멸시키고 이를 대체할 다른 정책을 마련하지 않는 것을 정책종결이라 한다.

Tip ③ 정책목표가 변하지 않지만 실질적인 정책내용이 변하는 것은 정책승계이다. 정책유지의 경우 정책목표나 실질적인 정책내용의 변화는 없다.

- 정책변동 중 가장 중요한 유형이다. 정책혁신·정책종결보다 빈도가 높다(이유: 정책종결보다 저항이 적고, 정책의 결합이나 부적응 문제는 부분적인 경우가 많다. 정책혁신보다 자원소요가 적고 대부분의 문제영역에서 정책들이 나와 있어 정책공간이 과밀화되어 있다.).
- 정책목표가 변화하지 않는 점은 정책유지와 유사하나 정책승계는 정책수단인 사업, 담당조직, 예산항목 등에서 중대한 변화가 나타난다는 점에서 정책유지와는 다르다.

[정책유지와 정책승계 비교]

정책유지	목표 유지 **예** 청년실업해결	적응적 (adaptive) 변화	소폭 변경(산출이나 정책수단 일부 조정), 기본적 성격 유지 **예** 청년인턴제 대상 기업 및 지원금액 조정
정책승계		의도적 (purposive) 변경	대폭 변경(수단 자체의 변경 포함), 기본적 성격 변화 **예** 청년인턴제를 폐지하고 청년실업자 구직촉진수당제로 전환

- 선형승계[정책대체] : 정책목표를 변경시키지 않는 범위 내에서 기존 정책을 없애고, 완전히 새로운 내용의 정책으로 대체한다(부분대체, 정책환원, 정책 재도입 등).
- 정책 통합 : 두 개 이상의 기존 정책을 하나로 통합한다.
- 정책 분할 : 하나의 정책을 두 개 이상으로 분리한다.
- 부분 종결 : 정책 일부는 유지하고, 일부는 완전 폐지하여 축소된 새로운 형태의 정책이 나타난다.
- 비선형승계 : 정책유지, 대체, 종결, 추가 등이 세 개 이상 복합적으로 나타나는 것을 말한다(복합적 승계).
- 우발적 승계 : 예기치 않았던 원인 또는 우연한 계기로 인하여 발생한 정책승계이다.

  예 어떤 새로운 정책의 채택에 수반하는 부수적 효과 때문에 기존 정책의 승계가 일어나는 경우.

ⓔ **정책종결**(termination) : 정부가 개입을 전면 중단하고 의도적으로 기존 정책 및 정책 관련 조직·예산·법령을 폐지하고, 다른 정책으로 대체되지 않는 것을 말한다.

정답 ③

1 규제정책에 대한 설명 중 가장 거리가 먼 것은?

① Lowi는 정책의 한 유형으로 규제정책을 제시하였다.
② 개인·집단의 행동이나 재량권에 제재나 제한을 가한다.
③ 환경오염, 독과점을 방지할 때 많이 사용되는 정책이다.
④ 재산이나 권리를 많이 소유한 집단에게서 그렇지 않은 집단으로 이전시킨다.

2 정책결정모형 중 점증주의 모형에 대한 설명으로 옳지 않는 것은?

① 정책의 축소, 종결작업이 매우 어렵다.
② 정책결정과정이 소수 몇몇 집단에 의해 주도될 가능성이 있다.
③ 환경변화에 대한 적응력은 강하고 혁신이 필요한 시기에 적합하다.
④ 사회가 불안정할 때는 적용이 곤란하다.

3 로위(Lowi)의 정책분류와 그 특징을 연결한 것 중 옳지 않은 것은?

① 배분정책 – 재화와 서비스를 사회의 특정 부분에 배분하는 정책으로 수혜자와 비용부담자 간 갈등이 발생한다.
② 규제정책 – 특정 개인이나 집단에 대한 선택의 자유를 제한하는 유형의 정책으로 정책불응자에게는 강제력을 행사한다.
③ 재분배정책 – 고소득층으로부터 저소득층으로의 소득이전을 목적으로 하기 때문에 계급대립적 성격을 지닌다.
④ 구성정책 – 정부기관의 신설과 선거구 조정 등과 같이 정부기구의 구성 및 조정과 관련된 정책이다.

4 정책영향의 평가에 대한 타당성의 측면에 대한 설명 중 옳지 않은 것은?

① 구성의 타당성은 처리, 결과, 모집단 및 상황들에 대한 이론적 구성요소들이 성공적으로 조작된 정도를 말한다.

② 결론의 타당성은 만일 정책의 결과가 존재하고 이것이 제대로 조작화되었다고 할 때, 이에 대한 효과를 찾아낼 만큼 충분히 정밀하고 강력하게 연구 설계가 된 정도를 말한다.

③ 내용적 타당성이란 조작화된 변수들 간의 실질적 내용이 일치하는 정도를 말한다.

④ 내적타당성이란 조작화된 결과에 대하여 찾아낸 효과가 다른 경쟁적 원인들에 의해서가 아니라 조작화된 처리에 의한 것이라는 추정의 정도를 말한다.

5 정책평가의 목적으로 적절하지 않은 것은?

① 정책대안의 예측 결과에 대한 비교·평가

② 목표의 충족 여부 파악

③ 성공과 실패의 원인 제시

④ 목표달성을 위해 사용된 수단과 하위 목표의 재규정

6 다음 중에서 엘리트이론에 상대되는 정책 이론모형으로서의 다원주의이론의 특성에 해당하는 것으로 묶인 것은?

> ㉠ 권력은 대중의 요구에 민감하게 반응한다.
> ㉡ 권력을 가진 사람들 간에는 응집성이 강하다.
> ㉢ 이익집단들 간에는 영향력의 차이는 있지만 전체적으로 균형을 유지하고 있다.
> ㉣ 정부는 정책과정에서 주도적인 역할을 수행한다.
> ㉤ 권력은 다수에게 분산되어 있다.

① ㉠, ㉢, ㉤
② ㉣, ㉤
③ ㉠, ㉡, ㉢
④ ㉡, ㉢, ㉣

7 정책네트워크에 대한 설명으로 가장 적절한 것은?

① 정책문제망은 정책공동체보다 폐쇄적이다.
② 정책문제망의 권력게임은 일반적으로 포지티브섬 게임이다.
③ 정책네트워크에는 참여자들의 상호작용을 규정하는 공식적 규칙이 없다.
④ 이익집단의 증대와 경쟁 격화는 하위정부모형의 적실성을 약화시킨다.

8 정책문제의 특성에 대한 설명으로 옳지 않은 것은?

① 정책문제는 당위론적 가치관의 입장에서 정의하는 것이 중요하다.
② 정책주체와 객체의 행태는 주관적이지만 정책문제는 객관적이다.
③ 특정 문제의 발생 원인이나 해결 방안 등은 다른 문제들과 상호 연관성을 갖는다.
④ 정책수혜집단과 정책비용집단이 있다는 것을 의미하는 차별적 이해성을 갖는다.

9 정책유형과 사례를 바르게 연결한 것은?

> ㉠ 추출정책 – 부실기업 구조조정
> ㉡ 상징정책 – 노령연금제도
> ㉢ 규제정책 – 최저임금제도
> ㉣ 구성정책 – 정부조직 개편
> ㉤ 분배정책 – 신공항 건설
> ㉥ 재분배정책 – 지방자치단체에 지원되는 국고보조금

① ㉠, ㉡, ㉤
② ㉠, ㉣, ㉥
③ ㉡, ㉢, ㉥
④ ㉢, ㉣, ㉤

10 "많은 희생자를 발생시킨 다중이용시설의 갑작스러운 붕괴사고 이후 정부는 다중시설에 대한 보다 강화된 안전관리 조치를 실행했다." 이와 같은 정책변동 상황을 설명하기에 가장 적합한 이론은?

① 드로(Dror) – 최적모형

② 사이먼(Simon) – 만족모형

③ 킹던(Kingdon) – 정책창모형

④ 앨리슨(G. Allison) – 관료정치모형

11 엘리슨 모형에 관한 설명으로 옳지 않은 것은?

① 모델 Ⅰ은 개인적 차원의 합리적 결정을 설명하는 합리모형의 시각을 국가 정책설정과정에 유추한 것이다.

② 모델 Ⅱ는 표준운영절차(SOP)에 의한 정책 결정 양상도 발생한다고 본다.

③ 엘리슨 모형은 1960년대 초 쿠바의 미사일 위기 사건을 설명하기 위해 개발된 이론모형이다.

④ 엘리슨 모형의 모델 Ⅲ은 조직과정모형으로, 정책결정의 주체를 참여자들 개개인으로 본다.

12 정책평가에 대한 설명으로 가장 옳은 것은?

① 선발요인은 정책평가의 내적 타당성을 저해하는 외재적 요소다.

② 정책평가 결과를 일반화할 수 있는 정도를 통계적 결론의 타당성이라고 한다.

③ 평가의 신뢰성은 측정이나 절차가 그 효과를 얼마나 정확하게 평가하는가를 의미한다.

④ 정책평가를 위한 진실험 방법은 다른 방법에 비해 실행 가능성 문제가 심각하게 발생하지 않는다.

13 정책평가방법에 대한 설명으로 옳지 않은 것은?

① 진실험설계는 정책을 집행하는 실험집단과 집행하지 않는 통제집단을 구성하되, 두 집단이 동질적인 집단이 되도록 한다.
② 정책의 실험과정에서 실험대상자와 통제대상자들이 서로 접촉하는 경우에는, 모방효과가 나타날 수 있다.
③ 준실험설계는 짝짓기(matching) 방법으로 실험집단과 통제집단을 구성하여 정책영향을 평가하거나, 시계열적인 방법으로 정책영향을 평가한다.
④ 준실험설계는 자연과학 실험과 같이 대상자들을 격리시켜 실험하기 때문에, 호손효과(Hawthorne effects)를 강화시킨다.

14 정책의제의 설정에 영향을 미치는 요인에 대한 설명으로 옳지 않은 것은?

① 일상화된 정책문제보다는 새로운 문제가 보다 쉽게 정책의제화된다.
② 정책 이해관계자가 넓게 분포하고 조직화 정도가 낮은 경우에는 정책의제화가 상당히 어렵다.
③ 사회 이슈와 관련된 행위자가 많고, 이 문제를 해결하기 위한 정책의 영향이 많은 집단에 영향을 미치거나 정책으로 인한 영향이 중요한 것일 경우 상대적으로 쉽게 정책의제화된다.
④ 국민의 관심 집결도가 높거나 특정 사회 이슈에 대해 정치인의 관심이 큰 경우에는 정책의제화가 쉽게 진행된다.

15 살라몬(L. M. Salamon)이 제시한 정책수단의 유형에서 직접적 수단으로만 묶은 것은?

㉠ 조세지출(tax expenditure)	㉡ 경제적 규제(economic regulation)
㉢ 정부소비(direct government)	㉣ 사회적 규제(social regulation)
㉤ 공기업(government corporation)	㉥ 보조금(grant)

① ㉠, ㉡, ㉢
② ㉠, ㉣, ㉥
③ ㉡, ㉢, ㉤
④ ㉣, ㉤, ㉥

16 정책유형과 그 사례를 바르게 연결한 것은?

① 분배정책(distribution policy) – 사회간접자본의 구축, 환경오염방지를 위한 기업 규제
② 경쟁적 규제정책(competitive regulatory policy) – TV · 라디오 방송권의 부여, 국공립학교를 통한 교육서비스
③ 보호적 규제정책(protective regulatory policy) – 작업장 안전을 위한 기업 규제, 국민건강보호를 위한 식품 위생 규제
④ 재분배정책(redistribution policy) – 누진세를 통한 사회보장지출 확대, 항공노선 취항권의 부여

17 중앙정부의 정책과정 참여자 중 비공식 참여자는?

㉠ 정당	㉡ 국무총리
㉢ 대통령	㉣ 이익집단
㉤ 전문가집단	㉥ 시민단체
㉦ 언론	㉧ 부처 장관

① ㉠, ㉡, ㉢, ㉤, ㉥
② ㉠, ㉢, ㉣, ㉥, ㉧
③ ㉠, ㉣, ㉤, ㉥, ㉦
④ ㉡, ㉢, ㉣, ㉤, ㉧

18 다음 중 무의사결정론에 대한 설명으로 옳지 않은 것은?

① 정책의제설정에서 지배엘리트의 이해관계와 일치하는 사회문제만 정책의제화 한다는 이론이다.
② 정부는 정책의제설정 시에는 관여하지 않고 방임자적 입장을 취한다.
③ 관료이익과 상충되거나 과잉충성과 과잉동조의 형태를 보일 때 나타나는 현상이다.
④ 신엘리트이론이라고 할 수 있다.

19 W. N. Dunn은 예측기법을 연장적·이론적·직관적 예측으로 분류했다. 다음 중 이론적 예측 기법은 몇 개인가?

㉠ 시계열 분석	㉡ 선형경향추정
㉢ 구간추정	㉣ 회귀분석
㉤ 상관분석	㉥ 정책 델파이
㉦ 교차영향분석	㉧ 브레인스토밍

① 2개   ② 3개

③ 4개   ④ 5개

20 비용편익분석과 비용효과분석에 대한 틀린 설명은?

① 비용효과분석에서 효과는 물건이나 용역의 단위 또는 측정 가능한 효과로 나타내어진다.

② 비용편익분석은 경제적 합리성을 강조하지만 비용효과분석은 기술적 합리성을 강조한다.

③ 비용효과분석은 총효과가 총비용을 초과하는지의 여부에 대한 직접적 증거는 제시하지 못한다.

④ 비용효과분석은 측정대상이 이질적이어도 효과성만으로 비교 분석이 가능하다.

정답및해설

1	④	2	③	3	①	4	③	5	①
6	①	7	④	8	②	9	④	10	③
11	④	12	①	13	④	14	①	15	③
16	③	17	③	18	②	19	②	20	④

1 ④ 재분배정책에 해당한다.

2 실제 정책결정은 항상 합리적인 결정을 하는 것이 아니라 현실을 긍정적이고, 그것보다 약간 향상된 결정에 만족하여 현재보다 크게 다른 쇄신적·창의적 합리성을 추구하는 것을 말한다.
과감한 개혁이 필요한 경우 점증주의의 보수적 성격으로 인해 대응이 늦어지거나 거부될 수 있다.

3 수혜자와 비용부담자 간 갈등이 발생하는 정책은 규제정책과 재분배정책이다.

4 정책평가의 타당성에는 내적 타당성, 외적 타당성, 구성적 타당성, 통계적 결론의 타당성 등이 있으며 내용적 타당성은 해당되지 않는다.
내용적 타당성이란 시험의 타당도 중 하나로 시험내용이 직무수행 능력요소와 부합되는지를 의미하는 것이다.
※ Cook과 Campbell의 정책평가 타당성 종류

종류	내용
내적 타당성	조작화된 결과에 대하여 찾아낸 효과가 다른 경쟁적인 원인(외생변수)들에 의해서라기보다는 조작화된 처리(원인변수)에 기인된 것이라고 볼 수 있는 정도
외적 타당성	실험결과를 다른 상황에까지 일반화(이론화)시킬 수 있는지의 정도
구성적 타당성	처리, 결과, 모집단 및 상황들에 대한 이론적 구성요소들이 성공적으로 조작화 된 정도
통계적 결론의 타당성	정밀하고 강력하게 연구설계(평가기획)가 이루어진 정도로서 제1종 및 제2종 오류가 발생하지 않은 정도

5 정책대안의 예측결과를 비교·평가하는 것은 정책대안의 우선순위를 알아보기 위해 정책결정 과정에서 수행하는 정책분석에 해당한다.

6 ㉠, ㉢, ㉤이 다원주의이론의 특성에 해당한다.
㉡ 다원주의에서 구성원 간 권력은 분산되어 있다고 전제한다. 권력을 가진 사람들 간에 응집성이 강한 것은 엘리트이론이다.
㉣ 다원주의 하에서 정부는 정책결정과정에서 주도적인 역할을 하지 못하고 중립적이고 수동적인 심판관 역할을 하는데 그친다.

7 ① 정책문제망은 개방적이다.
② 정책문제망의 권력게임은 네거티브섬 게임이다.
③ 정책네트워크에는 제도로서의 규칙이 존재한다.

8 ① 정책문제의 가치판단 함축성(significance): 정책문제는 이미 그 정의 속에 가치판단의 결과가 내포되어 있다 문제시되는 상황을 정부가 해결을 목적으로 공식적으로 채택한 것이라고 할 때에, 이미 채택되는 과정에서 많은 가치판단이 이루어진 결과로서 정책문제가 정의된다. 정책문제는 단순히 현실 필요성이나 실현가능성에만 입각해서 정의되어서는 안 되며, 당위적인 가치관에 입각하여 정의되는 것이 바람직하다. 정책문제가 당위론적인 가치관의 입장에서 정의될 때, 우리 사회의 미래 지향적 발전 및 인간 존엄성의 실현가능성은 더욱

166

커지게 때문이다.

② 정책문제의 주관성(subjectivity) 및 인공성(artificiality) : 정책문제는 문제가 야기된 상황은 선택적으로 해석·분류·정의·평가되므로, 문제 상황은 객관적이지만 정의된 정책문제는 주관적이며 개인의 선입견, 가치관 등에 따라 달라진다. 정책문제는 문제는 환경에 대해 작용하는 사고의 산물이며, 분석에 의하여 정의되는 주관적 요소이다.

③ 정책문제의 상호연관성(interdependence) : 어떤 문제든지 그 발생원인이나 해결방안, 해결의 결과 등이 다른 문제들과 상호연관성을 갖고 있다. 따라서 어느 특정 문제의 해결은 다른 문제를 악화시키거나 새로운 문제를 야기할 수도 있는 반면 다른 정책문제의 해결에 도움을 줄 수도 있다.

④ 정책문제의 차별적 이해성(differential interest) : 정책문제는 어떤 이익에 대해 차별적인 성격을 지닌다. 대개의 경우 문제로 인해 고통을 받고 있는 사람이 있는 반면에, 문제를 해결하지 않고 방치함으로써 이익을 받게 되는 사람도 존재한다. 따라서 정책문제로 채택되어 문제해결을 시도하게 되면, 정책을 통해 문제가 해결되어 이익을 보는 수혜자집단과 불이익을 당하는 비용부담집단 사이에 이익에 대한 재분배(가치배분)가 실현된다.

※ 정책문제의 특성이 아닌 것 : 객관성, 자연성, 합리성, 상호독립성, 가치중립성, 정태성·일관성

9 ㉢, ㉣, ㉤이 옳다.
㉠ 부실기업 구조조정(퇴출)은 경제적 규제정책이다.
㉡ 노령연금제도는 경제적 능력이 없는 노인에게 연금을 지급하는 제도로서 재분배정책이다.
㉢ 최저임금제도는 보호적 규제정책이다.
㉣ 정부조직 개편은 행정체제의 구성과 운영에 관련된 정책이므로 구성정책이다.
㉤ 신공항 건설은 사회간접자본(SOC) 구축과 관련된 분배정책이다.
㉥ 지방자치단체에 지원되는 국고보조금은 분배정책이다.

10 의사결정에 필요한 요소들이 독자적으로 흘러 다니다가 대형참사 같은 것이 점화계기가 되어 의사결정이 이루어지는 모형은 흐름 모형이다. 흐름 모형에는 쓰레기통모형이나 Kingdon의 정책창(흐름창)모형이 있다.

11 ④ 엘리슨 모형의 모델Ⅲ는 조직과정모형이 아니라 관료정치모형이며 참여자들을 완전히 독립된 개인으로 보고 각 참여자가 보유한 정치적 자원과 참여자 간의 정치적 게임에 의하여 정책결정이 이루어진다고 본다.

12 ① 정책평가의 내적 타당성 저해요인으로 외재적 요인은 실험이전에 비교집단 구성시 서로 다른 개인들을 할당함으로써 발생하는 선발요인이다.
② 정책평가 결과를 일반화할 수 있는 정도는 외적 타당성.
③ 정책평가의 타당성이 정책효과를 정확히 평가했는가의 정도이며 정책평가의 신뢰성은 동일 측정도구로 동일 현상을 반복 측정했을 경우 동일한 결론이 도출되는 정도로서 평가하려는 것을 얼마나 오차 없이 일관성 있게 평가하느냐를 의미한다. 즉 타당성이 측정의 정확성이라면 신뢰성은 측정도구의 측정결과에 대한 일관성이다.
④ 진실험은 동질적인 두 집단에 대해 한쪽에만 처리를 가하므로 정책실험에 대한 실험대상자들의 반발을 초래(처리의 내용이 좋은 것이면 통제집단의 반발, 안좋은 것이면 실험집단의 반발)하여 실험의 실행이 곤란해질 가능성이 크다.

13 호손효과는 실험에 참가한 개인이 자신이 관찰되고 있다는 사실을 알 때 자신의 행동을 바꾸거나 작업의 능률이 올라가는 현상을 말한다. 따라서 보기 ④처럼 대상자들을 격리시켜 실험한다는 말은 잘못된 것이다.

14 새로운 문제(ex-수도이전 문제 등)보다는 평소 일상화된 정책문제(ex-주택문제, 실업문제 등)가 보다 쉽게 정책 의제화된다.

15 정책수단의 직접성이 높은 것은 ⓛ 경제적 규제, ⓒ 정부소비, ⓜ 공기업이다.

※ 행정수단의 분류−직접성(directness) 기준

• 직접성 : 공공활동을 허가하거나 재원을 조달하거나 개시한 주체가 그것을 수행하는데 관여하는 정도.

직접성	정책수단	효과성	능률성	형평성	관리 가능성	합법성, 정당성 (정치적 지지)
높음	공적 보험, 직접대출, 정보제공, 공기업, 경제적 규제, 정부소비(직접시행)	높음	중간	높음	높음	낮음
중간	조세지출, 계약, 사회적 규제, 벌금	낮음/중간	중간	낮음	낮음	높음
낮음	손해책임법[불법행위 책임], 보조금, 대출보증, 정부출자기업, 바우처	낮음	높음	낮음	낮음	높음

16 ① 환경오염방지를 위한 기업 규제는 보호적 규제정책에 해당한다.

② 국공립학교를 통한 교육서비스는 분배정책에 해당한다.

④ 항공노선 취항권의 부여는 경쟁적 규제정책에 해당한다.

※ Ripley & Franklin의 정책유형

ⓖ 분배정책 : 행정서비스의 제공이나 이득·기회의 배분과 관련된 정책

ⓛ 경쟁적 규제정책 : 다수의 경쟁자 중에서 경쟁범위를 제한하려는 정책(진입규제 등)으로 희소한 자원의 분배와 관련된 정책

ⓒ 보호적 규제정책 : 민간 활동이 허용 또는 제한되는 조건을 설정함으로써 일반대중을 보호하려는 정책

ⓔ 재분배정책 : 고소득층으로부터 저소득층으로의 소득 이전을 목적으로 하는 정책

17 ⓖ 정당, ⓔ 이익집단, ⓜ 전문가집단, ⓗ 시민단체, ⓢ 언론은 비공식참여자에 해당한다.

※ 정책과정의 참여자

공식적 참여자	정책과정에의 참여가 법적·제도적으로 보장된 참여자	① 입법부(의회, 국회의원, 상임위원회, 특별위원회), ② 행정부(행정수반−대통령·수상, 행정기관, 행정관료), ③ 사법부(법원, 법관), ④ 헌법재판소, ⑤ 지방정부(지방자치단체, 지방자치단체장, 지방의회, 지방공무원, 지방행정기관)
비공식적 참여자	정책과정에의 참여가 법적·제도적으로 보장되지 않은 자	① 정당(여당·야당), ② 이익집단·압력단체, ③ 일반국민, 여론, ④ NGO(시민단체), ⑤ 전문가·학자, 정책공동체, ⑥ 언론·매스컴

18 무의사결정론 … P. Bachrach와 M. Baratz에 의하면 엘리트는 지배계급의 기득권이 도전을 받게 되거나 정치적인 이익과 상충되는 경우 또는 행정관료가 지배엘리트의 이익을 거스르는 문제를 미리 공론화하지 않는 등의 과잉충성의 행태를 보일 때, 어떤 특정 문제를 정책의제로 채택하지 않고 기각·방치하여 결과적으로 정책대안을 마련하지 않기로 결정하는 경향이 있음을 지적하였다.

② 무의사결정론에서 정부는 방임자적 입장이 아니라 정책의제설정 시 정책의제로 고려하지 않는 결정을 내린다. 과거 1960 ~ 1970년대 경제성장과 정권유지 차원에서 노동, 환경, 인권, 복지, 사회정의, 민주화 등에 관한 많은 문제를 억압하여 정책의제화시키지 않은 것이 그 예이다.

19 ⓒⓔⓜ은 이론적 예측, ⓖⓛ은 연장적 예측, ⓗⓢⓞ은 직관적 예측

20 ④ 비용효과분석은 효과의 측정단위가 같은 동질적 사업 간 비교에만 적용된다. 이질적 사업 간에는 효과의 측정척도가 달라 효과의 비교분석이 곤란하다.

① 비용효과분석은 효과를 화폐가치가 아닌 물건이나 용역 단위 등으로 계량화한다.

② 비용효과분석은 기술적 합리성, 효과성을 강조한다.

③ 비용은 화폐단위로 계량화하지만 효과는 서비스나 물건단위로 계량화하므로 양자 간 크기의 비교는 할 수 없다.

02 기획론

기출문제

section 1 기획(Planning)의 의의

(1) 개념

기획은 정책의 구체화를 위한 수단으로 최적의 방법으로 행정목표를 효과적으로 달성하기 위하여 장래의 활동에 관한 결정을 미리 준비하는 미래지향적·동태적·계속적 과정을 의미한다.

(2) 특징

① **미래지향성** … 불확실한 미래의 사태를 미리 예측하여 그 대비책을 마련해 둠으로써 임기응변에 의한 시행착오를 방지한다.

② **목표지향성과 행동지향성** … 조직의 목표를 구체화함과 동시에 이를 행동화하여 현실을 개선시키는 과정이다.

③ **계속적 준비과정** … 하나의 계획을 작성하는 데 그치지 않고, 그 집행결과를 평가하여 차기 계획에 반영하는 계속적이고 순환적인 활동이다.

④ **합리성** … 논리적이고 과학적인 과정을 거쳐 미래상황에 대처한다.

⑤ **통제성** … 자유방임이 아니라 인위적 수정과 통제를 가하려는 성질과 과정상의 비민주성을 가지고 있다.

(3) 기획의 원칙

① **목적성의 원칙** … 효과성을 높이기 위해 명확하고 구체적 목적이 제시되어야 한다.

② **단순성의 원칙** … 난해하고 전문적인 용어를 피하고 간명해야 한다.

③ **신축성의 원칙** … 기획은 유동적 상황에 따라 수정이 가능해야 한다.

④ **표준화의 원칙** … 대상이 되는 편익이 표준화되어야 한다.

⑤ **안정성의 원칙** … 정치권력으로부터 독립적이고 지속적으로 존재해야 한다.

⑥ **경제성의 원칙** … 인적·물적 자원을 능률적으로 활용해야 한다.

⑦ **장래예측성의 원칙** … 미래를 최대한 명확히 예측할 수 있어야 한다.

⑧ **계속성의 원칙** … 관련 기획 간의 연계가 있어야 한다.

문 다음 중 행정기획에 대한 내용으로 옳지 않은 것은?

▷ 2001. 3. 25. 경상북도

① 기획은 기간지향성을 띤다.
② 기획과정은 민주적이다.
③ 기획은 집권성을 띤다.
④ 기획은 미래지향적이다.

정답 ②

기출문제

📖 다음 중 기획에 관한 제약요건
이 아닌 것은?

▶ 2002. 3. 24. 부산광역시

① 미래예측능력의 부족
② 개인의 창의력과 독창력 부족
③ 단용 기획의 반복 사용의 결여
④ 계획과 예산의 밀착성

Tip 계획과 예산의 밀착성은 기획
에 관한 제약요건으로 볼 수
없다

(4) 발달요인

① 구소련의 1929년 제1차 경제개발 5개년 계획의 성공 ··· 구소련은 사회주의 신경
제정책(NEP)으로 경제성장을 이루었다.

② 세계대공황 ··· 세계대공황의 영향으로 계획경제의 도입이 불가피해지면서 수정
자본주의가 발생했다.

③ 제2차 세계대전 ··· 전시동원체제의 신속한 구축을 위해 인적 · 물적 자원의 계획
적 동원이 필요했다.

④ 도시계획의 발달 ··· 산업발전과 도시화로 인한 인구의 도시집중과 그에 따라 발
생하는 문제들을 막기 위해 계획적인 도시운영이 필요해졌다.

⑤ 거시경제학, 통계학 등의 사회과학 발전 ··· 정확한 미래예측을 위한 사회과학이
발전하여 계획이 과학적 근거를 마련할 수 있었다.

⑥ 후진국 발전정책의 효율화 ··· 제2차 세계대전 이후 빠른 시일 내에 경제발전 · 근
대화를 이루기 위하여 후진국에서는 기획이론에 집중하게 되었다.

(5) 기획의 제약요인

① 수립상 저해요인

  ㉠ 목표 간의 갈등과 불명확성이 제약요인이 된다.

  ㉡ 정확한 미래예측이 곤란하다.

  ㉢ 정보 · 자료가 부족하거나 부정확하다.

  ㉣ 시간 · 비용상의 제약이 따른다.

  ㉤ 기획의 그레샴의 법칙 : 일상적 업무와 정형적 상황을 선호한다.

📖 어떤 위원회에서 의제를 다루는
데 있어 사소한 의안이 시간과 경비
를 많이 소요하고, 어렵고 질적 가
치를 내포하는 의제는 소홀이 다루
어진다는 것과 관계되는 법칙은?

▶ 2001. 6. 17. 경상남도

① 그레샴의 법칙
② 솔로몬의 법칙
③ 그로슈의 법칙
④ 사소함의 법칙
⑤ 외부경제효과

Point 🔑 기획의 그레샴 법칙(Gresham's Law of Planning)

  ㉠ 의의 : 기획을 수립할 책임이 있는 기획담당자는 어렵고 많은 노력을 요하는 비정형
  적 기획을 꺼려하는 경향을 가진다는 것으로, 불확실하고 전례가 없는 상황에서 쇄
  신적이고 발전지향적인 비정형적 결정이 이루어져야 함에도 불구하고 전례답습적인
  정형적 결정 · 기획이 우선적으로 행해지는 현상을 말한다.

  ㉡ 원인

  • 예측능력의 한계 : 자료부족 · 분석능력의 부족은 쇄신적 기획활동을 저해한다.

  • 목표의 무형성 : 상위목표가 무형적일수록 전통이나 선례를 답습하게 된다.

  • 시간 · 비용 · 노력의 부족 : 동원 가능한 자원이 부족할 경우 상용적 기획에 그칠 수
  있다.

  • 환경요소의 무시 : 외부환경의 변화를 고려하지 않으면 정형적 기획에 그치게 된다.

  • 과두제의 철칙 : 관료조직의 타성에 의해 목표의 변화가 일어나고, 이에 따라 창의
  적 기획활동(비정형적 기획)이 출현하지 않게 된다.

┃정답 ④, ①

② 집행상 저해요인

　㉠ 변화에 대한 저항과 반발이 따른다.

　㉡ 기획의 경직성과 수정 곤란성도 저해요인이다.

　㉢ 반복적 사용이 제한되고 기획의 상황적응성 역시 부족하다.

　㉣ 자원배분이 비효율적이다.

③ 행정적 저해요인

　㉠ 기획담당자의 능력·기술·경험이 부족하다.

　㉡ 기획에 대한 인식이 부족하다.

　㉢ 정치불안과 자원부족으로 기획의 안정성이 저해된다.

　㉣ 인사관리의 비효율성, 절차의 번잡성, 기획에 대한 조정 결여, 회계제도의 비합리성 등이 있다.

section 2 기획의 유형

(1) 기간에 따른 유형

① **장기계획** … 10 ~ 20년의 계획으로, 정권교체나 사회변동 등과 관계없이 장기적인 전망과 행동 노선을 설정하는 계획을 말한다.

② **중기계획** … 2 ~ 5년의 계획으로, 경제개발 5개년계획이 이에 해당한다.

③ **단기계획** … 1년 이내의 계획으로, 연차계획을 말한다. 기본운영계획으로 파악되며, 연도사업계획, 비상시에 대비하는 계획, 반년차계획, 4분기계획, 일상계획, 주간계획 등이 이에 속한다.

(2) 구속성의 유무에 따른 유형

① **유도계획** … 국가의 간접적 유도에 의해 목표달성을 유도하는 계획으로서 프랑스의 Monnet계획 등이 있다.

② **강제계획** … 국가가 민간영역의 모든 경제문제에 관해 결정을 내리며 이를 준수하는 것이 법적 의무가 되는 기획이다. 공산주의 국가의 기획이 이에 해당한다.

(3) 조직계층에 따른 유형

① **정책계획** … 정부활동에 관한 광범위한 일반적 개요를 발전시키는 것으로 통상적으로 법률의 제정 또는 수정을 포함한다. 이는 정부의 광범위하고 기본적인 정치적·경제적 목표를 설정하는 가치판단의 문제가 포함되는 통합적·포괄적·규범적 기획이다.

기출문제

문 다음 중 연동계획에 관한 설명으로 타당하지 못한 것은?

▶ 2004. 6. 13. 서울특별시

① 계획의 이상과 현실을 조화시키려는 것이다.

② 장기계획과 단기계획을 결합시키는 데 이점이 있다.

③ 집권당의 선거공약을 제시하는 데 효과적이다.

④ 방대한 인적 자원과 물적 자원이 요구된다.

⑤ 점증주의 전략에 입각하고 있다.

> **Tip** 연동계획은 기획기간이 유동적이어서 국민에게 호소력이 약해 선거공약을 제시하는 데 불리하다.

문 지역개발계획 중 지역계획(regional planning)에 대한 설명으로 옳은 것은?

▶ 2007. 4. 28. 경기도

① 시 · 군 · 도 단위의 계획으로 도시나 농촌의 지역사회, 시 · 군 단위의 계획, 도시계획이나 농어촌지역개발계획이 대표적인 예이다.

② 국토를 일정한 기준에 따라 여러 개의 권역으로 나누어 계획권을 설정한다.

③ 복수의 국가가 관련된 계획으로, 국가간의 연계가 필요하다.

④ 한 국가의 국토전체를 대상으로 한다.

> **Tip** ①은 지방계획, ③은 초국가계획(국제계획), ④는 국가계획(국토계획)에 해당한다.

▌정답 ③, ②

② **전략계획** … 정책기획과 운영기획의 중간적 위치에 있는 것으로, 채택된 정책을 수행하기 위한 실현 가능성의 한계 내에서 최적의 전략을 모색, 선택, 결정하기 위한 기획이다.

③ **운영계획** … 채택된 전략의 특수한 목표와 이를 달성하기 위한 세부적 활동을 구성하는 전술적 기획이다.

(4) 이용빈도에 따른 유형

① **단용계획** … 1회에 한하여 사용하는 비정형적 임시기획이다.

② **상용계획** … 반복적으로 사용하는 정형적 기획으로, 집행의 노력을 절약하고 행정활동의 조정에 도움을 주며 인건비의 대폭적 절약이 가능하고 통제가 용이하다는 장점이 있다.

(5) 기간의 고정성에 따른 유형

① **고정계획** … 경제개발 5개년 계획과 같이 계획기간이 고정된 기획으로, 현실여건과의 괴리를 빚기 쉽다.

② **연동계획** … 계획집행상의 신축성을 유지하기 위하여 장기기획 또는 중장기기획을 집행하는 동안 매년 계획내용을 수정 · 보완하여 나아가는 방식으로 적응성과 실현가능성을 확보한다는 데에 의의가 있으나, 계획의 방향과 목표가 불분명해질 수 있다는 단점이 있다.

(6) 지역수준에 따른 유형

① **국제계획** … 2개 이상의 국가와 관련된 기획으로 Marshall Plan 등이 그 예이다.

② **국토계획** … 지역적으로 국가전체를 대상으로 하는 국토종합개발계획 등을 말한다.

③ **지역계획** … 지역 간 균형적 발전을 위해 국토를 일정한 기준으로 세분한 기획을 말한다.

④ **도시계획** … 인구 2만 명 이상의 지역에 대한 기획이다.

⑤ **농촌계획** … 인구 2만 명 미만의 지역에 대한 기획이다.

(7) 대상에 따른 유형

① **자연계획** … 물적 · 토지 · 공간기획이라고도 하며, 도시계획이 그 예이다.

② **경제계획** … 경제개발 등의 경제전반에 관한 기획이다.

③ **사회계획** … 사회복지에 관한 부문을 대상으로 하는 기획이다.

④ **행정계획** … 조직의 효율적인 관리와 목표의 달성을 위한 기획이다.

⑤ **방위계획** … 군사훈련, 무기개발, 예비군·민방위 등의 동원체제 확립 등의 국방에 관한 기획을 의미한다.

section 3 기획의 과정

(1) 목표설정

목표는 정책의 테두리 내에서 설정되는 것이며, 정책의 수립을 전제로 한다. 이러한 정책은 일반적으로 법률이나 행정수반의 기본정책의 형식을 취하게 된다. 목표는 가능한 한 추상적이 아니라 구체적으로 제시되어야 하고 간명해야 하며 현실가능성이 높아야 한다.

(2) 상황분석

기획대상의 현황을 정보의 수집, 분석을 통해 파악하고 현황에 관한 정확한 판단을 내려야 한다.

(3) 기획전제의 설정

기획전제란 기획의 수립과정에서 근거로 삼아야 할 주요 가정 또는 전망을 의미하며, 주로 미래에 관련된 예측 또는 전망을 집중적으로 다룬다는 점에서 상황분석단계와 차이가 있다.

(4) 대안의 작성 및 평가

목표달성에 몇 가지 대안이 있을 수 있으며, 각 대안의 이해득실과 장단점을 서로 비교, 평가해야 한다. 실현가능성을 두고 최선의 대안을 도출하고 창의성과 쇄신성을 잃지 않아야 한다.

(5) 최종안의 선택

최종안의 선택에 있어서는 직관과 개인적, 주관적 가치판단을 가능한 배제하고, 최고 관리층이나 상급자의 의향보다는 공익과 객관적 기준에 충실해야 하며, 비현실적 최적대안보다는 만족화 기준에 부응할 수 있는 현실적 대안을 선택해야 한다.

기출문제

section 4 기획과 민주주의

(1) 반대론(양립불가설)

1944년 F. Hayek는 국가기획제도는 필연적으로 독재를 초래하며 개인의 자유를 억압하게 되지만, 자유방임주의는 다원주의를 보장하여 민주주의를 확보해 준다는 입장으로 국가기획과 자유의 양립 불가능을 주장했다.

(2) 찬성론자(기획긍정설)

H. Finer는 기획반대설을 자유방임적 경제체제에서 발생하는 여러 문제점을 간과하고 사회주의화에 대한 염려로 인해 기획을 통한 사회정의와 복지의 실현 등이 가능한 현대국가의 본질을 이해하지 못한다고 주장했다.

Point 팁 기획이론의 동향

전통적 기획관	현대적 기획관
• 수단적 기획	• 인간중심적 · 규범적 기획
• 선형적인 사고와 행동	• 인간행동의 모형화
• 부분체계로서의 기획	• 전체적 · 종합적 기획
• 계량적 기획	• 질적 · 인간주의적 기획
• 기계적 모형	• 유기적 모형
• 폐쇄체제	• 개방체제

1 조직운영을 위해 기획은 매우 중요하다. 하지만 기획은 많은 제약요인을 수반한다. 다음 중 행정기관에서 기획과정상의 제약요인과 거리가 먼 것은?

① 기획목표를 설정할 때 담당자 혹은 집단 간의 갈등으로 인하여 목표의 일치를 확보하기 어렵다.

② 기획과정에서 유동적이고 가변적인 미래를 예측하기 어렵고, 특히 행정부분에 있어서 각종 정보나 자료의 부족은 기획을 어렵게 한다.

③ 기획은 행정의 경직성을 초래하며, 급변하는 사회에 적절히 적응하는 데 장애요인으로 작용할 수 있다.

④ 구체적이고 집권적인 기획은 구성원의 판단과 창의성을 보장할 수 있다.

2 다음 중 기획의 특징으로 옳지 않은 것은?

① 미래지향성   ② 목표지향성, 행동지향성

③ 민주성   ④ 합리성

3 기획담당자가 어렵고 많은 노력을 요하는 비정형적 기획은 꺼리고 전례답습적인 정형적 결정·기획을 선호하는 현상을 나타낸 법칙은?

① 유도기획 법칙   ② 파킨슨 법칙

③ 윌슨의 법칙   ④ 그레샴 법칙

4 다음 중 기획의 집행상 제약요인으로 옳지 않은 것은?

① 기획의 경직성   ② 변화에 대한 저항

③ 기획의 그레샴 법칙   ④ 상황적응성 부족

5 기획의 유형으로 계획 집행상의 신축성을 유지하기 위하여 장기기획 또는 중장기기획을 집행하는 동안 매년 계획내용을 수정·보완하여 나아가는 방식으로 점증주의적 의사결정 접근법을 나타내는 것은?

① 유도계획　　　　　　　　　　② 운영계획

③ 상용계획　　　　　　　　　　④ 연동계획

6 다음 중 기획의 과정을 순서대로 나열한 것은?

> ㉠ 상황분석　　　　　　　　㉡ 최종안의 선택
>
> ㉢ 목표 설정　　　　　　　　㉣ 대안의 작성 및 평가
>
> ㉤ 기획전제의 설정

① ㉢㉤㉠㉣㉡　　　　　　　　② ㉠㉢㉤㉣㉡

③ ㉢㉠㉤㉣㉡　　　　　　　　④ ㉤㉣㉢㉠㉡

7 전문가 집단으로부터 우수한 식견을 모으고 반응을 체계적으로 도출하여 분석·종합하는 기획기법은?

① 시계열분석　　　　　　　　　② 델파이 기법

③ 인과분석　　　　　　　　　　④ 회귀분석법

8 다음 중 델파이 기법에 관한 내용으로 옳지 않은 것은?

① 미래예측을 할 수 있다.

② 응답자의 익명성이 유지되므로 외부적인 영향력으로 결론의 왜곡을 막을 수 있다.

③ 설문조사를 통한 통계적 기법의 사용으로 가장 객관적인 예측방법이다.

④ 많은 전문가를 활용할 수 있다.

9 전통적 기획관과 현대적 기획관을 비교한 것 중 잘못된 것은?

	전통적 기획관	현대적 기획관
①	수단적 기획	규범적 기획
②	선형적인 사고와 행동	인간행동의 모형화
③	기계적 모형	유기적 모형
④	전체적 기획	부분체계로서의 기획

10 다음에서 기획의 순서로 옳은 것은?

> ㉠ 대안의 탐색과 평가   ㉡ 목표의 설정
> ㉢ 기획전제의 설정   ㉣ 최종안의 선택
> ㉤ 상황분석

① ㉠ - ㉤ - ㉡ - ㉢ - ㉣   ② ㉡ - ㉤ - ㉠ - ㉢ - ㉣

③ ㉡ - ㉤ - ㉢ - ㉠ - ㉣   ④ ㉤ - ㉠ - ㉡ - ㉢ - ㉣

정답및해설

1	④	2	③	3	④	4	③	5	④
6	③	7	②	8	③	9	④	10	③

1 ④ 기획은 강제적이고 구속성이 강한 성격 때문에 구성원의 창의력을 저해한다.

2 기획의 특징
ⓐ 미래지향성 : 불확실한 미래의 사태를 미리 예측하여 그 대비책을 마련해 둠으로써 임기응변에 의한 시행착오를 방지
ⓑ 목표지향성과 행동지향성 : 조직의 목표를 구체화함과 동시에 이를 행동화하여 현실을 개선시키는 과정
ⓒ 계속적 준비과정 : 하나의 계획을 작성하는 데 그치지 않고, 그 집행결과를 평가하여 차기 계획에 반영하는 계속적·순환적인 활동
ⓓ 합리성 : 논리적이고 과학적인 과정을 거쳐 미래상황에 대처
ⓔ 통제성 : 자유방임이 아니라 인위적 수정과 통제를 가하려는 성질과 과정상의 비민주성

3 기획의 그레샴 법칙(Gresham's Law of Planning) … 기획을 수립할 책임이 있는 기획담당자는 어렵고 많은 노력을 요하는 비정형적 기획을 꺼려하는 경향을 가진다는 것으로, 불확실하고 전례가 없는 상황에서 쇄신적이고 발전지향적인 비정형적 결정이 이루어져야 함에도 불구하고 전례답습적인 정형적 결정·기획이 우선적으로 행해지는 현상을 말한다.

4 ③ 기획의 수립상 저해요인이다.

5 연동계획 … 계획집행상의 신축성을 유지하기 위하여 장기계획 또는 중기계획을 집행하는 동안 매년 계획내용을 수정·보완하여 계획기간을 1년씩 계속적으로 늦추어 가면서 동일한 연한의 계획을 유지해 나가는 방식이다. 이러한 연동계획은 의사결정의 점증주의 방식과 관련성이 있다. 우리나라의 경제운용계획이나 중기재정계획이 이에 해당되며, 최근 각국에서 많이 활용되는 계획이다.

6 기획의 과정 … 목표설정 → 상황분석 → 기획전제의 설정 → 대안의 작성 및 평가 → 최종안의 선택

7 델파이 기법 … 예측하려는 분야의 전문가들에게 설문지로 의견을 묻고, 근접한 결론에 이를 때까지 반복하여 유도·분석·종합하는 방법을 이용한 미래예측기법이다.

8 ③ 델파이 기법은 주관적이고 직관적인 질적 예측방법으로, 설문의 작성방법에 따라 응답이 좌우될 수 있고, 형식적 응답이 등장할 수 있다.

9 ④ 두 설명이 바뀌었다. 전통적 기획이 부분체계로서의 기획의 성격을 가졌다면, 현대적 기획은 전체적, 종합적 성격의 기획이다.

10 목표를 우선적으로 설정한 후, 기획대상의 현황을 파악하기 위해 상황분석을 해야 한다. 그 후 기획의 주요 가정 또는 전망을 의미하는 기획전제를 설정하고 대안을 살펴 최종안을 선택한다.

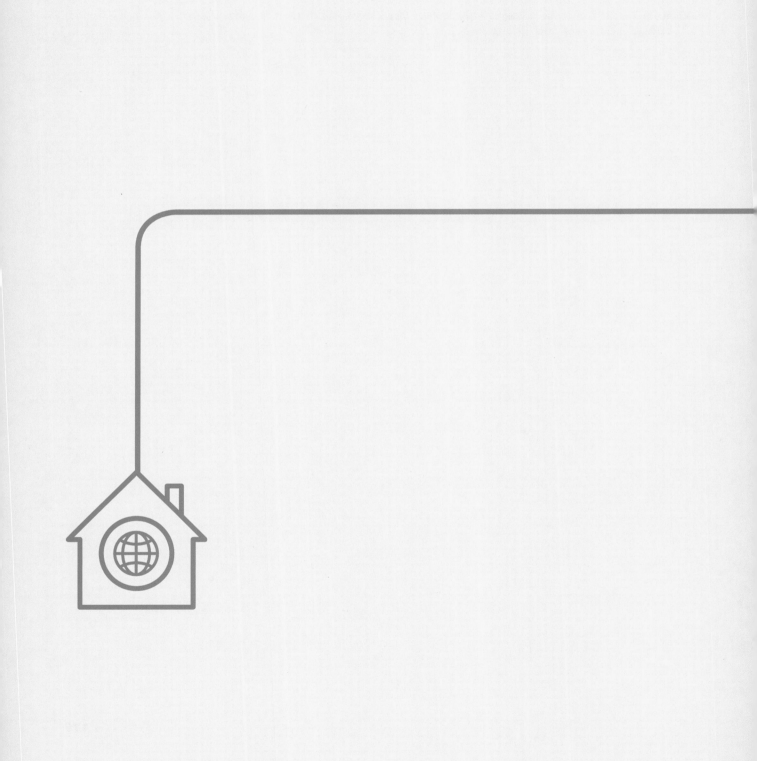

03

조직의 구조와 관리

01 조직이론의 기초

02 조직구조론

03 조직과 개인 및 환경

04 조직관리론

05 조직변동론

01 조직이론의 기초

기출문제

문 조직구조에 대한 설명으로 옳지 않은 것은?

▶ 2013. 8. 24. 제1회 지방직

① 공식화(formalization)의 수준이 높을수록 조직구성원들의 재량이 증가한다.

② 통솔범위(span of control)가 넓은 조직은 일반적으로 저층구조의 형태를 보인다.

③ 집권화(centralization)의 수준이 높은 조직의 의사결정권한은 조직의 상층부에 집중된다.

④ 명령체계(chain of command)는 조직 내 구성원을 연결하는 연속된 권한의 흐름으로, 누가 누구에게 보고하는지를 결정한다.

Tip 공식화의 수준이 높을수록 조직구성원들의 재량은 감소한다.

section 1 조직이론의 개관

(1) 조직의 의의

조직은 일반적으로 일정한 환경하에서 구성원의 협동·노력으로 특정한 목표를 달성하기 위한 인적 집합체 또는 분업체제로서 이해된다. Simon은 복수의 구성체로 이루어진, 공동의 목표달성을 위해 협동성을 지닌 의사결정기구로 보았고, Etzioni는 특정한 목적을 추구하기 위해 신중하게 구성된 사회적 단위 혹은 인간집합으로, Parsons는 특정한 목적을 가진 사회체계로 정의했으며 체제의 기능(AGIL) 즉, 적응기능, 형상유지기능, 통합기능, 목표달성기능을 수행한다고 보았다.

① **특성**

　㉠ 2개 이상의 소집단으로 이루어져 있다.

　㉡ 모든 구성원이 업무상 연계를 이루고 있다.

　㉢ 분업, 권력, 책임성, 의사소통 등의 개념이 있다.

　㉣ 개인의 목표와 조직의 목표가 반드시 일치하지는 않는다.

　㉤ 조직 내의 독특한 문화가 형성된다.

　㉥ 환경과의 작용을 통해 계속적으로 변화한다.

　㉦ 대규모 조직의 경우 대면적 접촉이 어렵다.

- - -

Point 팁　조직의 형태별 특징

　㉠ 폐쇄적·기계적 조직: 환경이 상대적으로 안정되어 있고 목표가 확실하고 지속적이며, 기술이 획일적·정태적이고 조직활동이 일상화되어 있으며, 의사결정이 정형화되고 조정·통제과정이 고도로 구조적·계층적인 경우에 적합하다.

　㉡ 개방적·유기체적 조직: 환경이 불안정하고 목표가 다양성, 가변성을 띠며 기술이 복잡하고 동태적이며 조직활동에 창의성, 쇄신성이 요구되며 의사결정이 탐색적·자기발견적이고 조정통제가 상호적·신축적인 경우에 적합하다.

② **조직구조의 주요 변수**

　㉠ **복잡성**

- 개념: 수평적·수직적 분화 및 공간적 분산의 정도를 말한다.
- 조직구조: 하위조직단위가 많고 업무의 분화율이 높은 조직에는 갈등이 많아지고 그에 대응할 통합노력이 요구된다.
- 행정농도: 조직의 복잡성이 높아지면 조직의 전체규모에 대비한 유지관리 구조의 비율(행정농도)이 높아진다.

┃정답 ①

ⓛ 공식성
- 개념 : 직업이나 업무수행이 표준화되는 정도를 말한다. 직무가 공식화되면 자율성과 재량성이 줄어든다.
- 조직구조 : 환경이 안정적이고 예측가능성이 높을수록, 일상화된 기술을 사용하는 조직일수록, 조직의 규모가 커질수록 공식화의 정도는 높아진다.

ⓒ 집권성
- 개념 : 조직 내의 권력배분의 양태에 관한 개념이다.
- 조직구조 : 조직구조의 확대는 분권화의 수준을 높이는 작용을 한다. 인적 전문화의 수준은 집권화의 수준과 역으로 작용한다.

Point 팁 분권화와 집권화의 요인

분권화의 요인	집권화의 요인
• 상급자의 일반업무 경감	• 권위적 지도력
• 현실적 행정의 구현	• 위기의 존재
• 관리자 양성	• 획일성 · 통일성 요구
• 공무원의 사기 제고	• 하위 계층의 능력부족 · 불신
• 참여확대 및 민주적 통제 강화	• 교통 · 통신의 발달
• 조직의 거대화 · 복잡화	• 정보관리체제 및 의사결정기법 발달

③ 조직의 상황변수
ⓐ 규모
- 개념 : 조직의 물적 수용능력, 인력, 투입 · 산출의 양, 자원 등을 통틀어 일컫는다.
- 특징 : 규모가 커지면서 복잡성이 증가하다가 다시 체감하고, 공식성이 증대되며 집권성이 저하된다. 규모가 작을수록 응집성이 강해지고 만족감 · 사기가 제고된다.

ⓑ 기술
- 개념 : 투입을 산출물로 전환시키는 방법을 말한다.
- 특징 : 일상적인 기술일수록 조직의 복잡성은 낮고 공식성은 높으며 집권화를 초래한다.

기출문제

문 조직의 규모에 대한 설명으로 가장 옳은 것은?
▶ 2019. 6. 15. 제2회 서울특별시
① 조직의 규모가 클수록 공식화 수준이 낮아진다.
② 조직의 규모가 클수록 조직 내 구성원의 응집력이 강해진다.
③ 조직의 규모가 클수록 분권화되는 경향이 있다.
④ 조직의 규모가 클수록 복잡성이 낮아진다.

Tip ① 조직의 규모가 클수록 공식화 수준이 높아진다.
② 조직의 규모가 클수록 조직 내 구성원의 응집력이 약화된다.
④ 조직의 규모가 클수록 복잡성이 높아진다.

정답 ③

문 기술과 조직구조의 관계에 대한 페로(Perrow)의 설명으로 옳지 않은 것은?

▶ 2020. 6. 13. 지방직/서울특별시

① 정형화된(routine) 기술은 공식성 및 집권성이 높은 조직구조와 부합한다.

② 비정형화된(non-routine) 기술은 부하들에 대한 상사의 통솔 범위를 넓힐 수밖에 없을 것이다.

③ 공학적(engineering) 기술은 문제의 분석가능성이 높다.

④ 기예적(craft) 기술은 대체로 유기적 조직구조와 부합한다.

Tip • 정형화된 기술: 일상적 기술(예 제품포장)-업무 쉬움(일상적 업무와 관련)-통솔할 수 있는 부하 수 증가(통솔범위 넓음)
• 비정형화된 기술: 비일상적 기술(예 배아줄기세포 연구)-업무 어려움(비일상적 업무와 관련)-통솔할 수 있는 부하 수 축소(통솔범위 좁음)

[페로우(C. Perrow)의 기술유형론 – 기술의 불확실성]

구분	과업의 다양성 낮음(소수의 예외) – 정보의 불확실성 낮음		과업의 다양성 높음(다수의 예외) – 정보의 불확실성 높음	
	장인(craft ; 기능·기예)기술		비일상적(non-routine) 기술	
문제의 분석가능성 낮음 (비일상적 탐색) ㅣ 해결 곤란 (정보모호성 높음)	• 대체로 유기적 구조 −중간정도 공식화 −중간정도 분권화 • staff 자격 : 작업 경험 • 중간정도 통솔 범위 • 조정·통제 : 수평적, 구두 의사소통	• 정보불확실성 낮고 정보모호성 높음. • 소량의 풍성한 정보 • 하이터치 : 개인적 관찰, 면접회의 *지혜, 직관, 경험 등 무형적 요소에 의존. • 사례 : 고급 유기그릇 생산공장, 도예, 연주, 공예산업 등	• 유기적 구조 −낮은 공식화 −높은 분권화 • staff 자격 : 훈련과 경험 • 좁은 통솔범위 • 조정·통제 : 수평적 의사소통, 회의	• 정보불확실성과 정보모호성 모두 높음 • 다량의 풍성한 정보 • 하이테크·하이터치 : 면접회의, 경영정보시스템(MIS), 의사결정지원시스템(DSS) 등 • 사례 : 핵연료 추진장치, 우주항공산업, 기획, 배아줄기세포연구 등
	일상적(routine) 기술		공학(engineering) 기술	
문제의 분석가능성 높음 (일상적 탐색) ㅣ 해결 용이 (정보모호성 낮음)	• 기계적 구조 −높은 공식화·집권화 • staff 자격 : 낮은 훈련과 경험 • 넓은 통솔범위 • 조정·통제 : 수직적, 문서 의사소통	• 정보불확실성·정보모호성 모두 낮음 • 소량의 분명한 계량적 정보 • 보고서, 규정집, 계획표, 거래처리시스템(TPS ; Transaction Processing System) • 사례 : 표준화된 제품의 대량생산기술, 민원창구업무	• 대체로 기계적 구조 −중간정도 공식화·집권화 • staff 자격 : 공식적 훈련 • 중간정도 통솔범위 • 조정·통제 : 문서 및 구두 의사소통	• 정보불확실성 높고 정보모호성 낮음 • 다량의 계량적 정보 • 하이테크 : 데이터베이스, 경영정보시스템(MIS), 의사결정지원시스템(DSS) 등 • 사례 : 주문생산기술, 회계, 변론 등

④ 현대행정조직의 특징

㉠ **거대화** : 공무원과 예산의 증대 및 방대한 기구와 중앙 및 지방의 중층적 구조 등으로 조직이 비대화 되었다.

㉡ **전문화·계층화** : 현대행정조직의 거대화로 조직의 다원적인 분화와 계층의 증가가 이루어지고 있다.

㉢ **통합성·조정의 강조** : 조정과 커뮤니케이션을 통하여 행정목적을 통일되게 한다.

㉣ **관료제화** : 전문적 지식을 가진 직업공무원을 중심으로 하는 관료제가 조직을 이끌어간다.

정답 ②

ⓜ **기동화·동태화** : 격변하는 현대사회에서의 대처를 위한 필연적인 현상이다.

ⓗ **민주성** : 국민에 대한 행정의 책임성을 확보하기 위한 민주통제 및 조직 내의 민주주의 실현과도 연관된다.

ⓢ **신속성·능률성** : 업무량의 증가로 인해 신속하게 능률적으로 업무를 처리해야 한다.

(2) 조직이론의 발달과정

① 고전적 조직이론(폐쇄적 합리체제)

ⓖ **의의** : 합리주의적 입장에서 절약과 능률, 최고관리층에 의한 행정통제에 중점을 두고 있다. 또한 원리적 접근을 특색으로 하며, 정치행정이원론에 입각하고 있다. 조직은 폐쇄체제이며, 조직구성원은 합리적으로 행동한다고 본다.

ⓛ **내용**

- 과학적 관리론(Taylor) : 최소의 노동과 비용으로 최대의 생산효과를 확보할 수 있는 최선의 방법을 찾아내기 위한 관리이론이다.
- 행정관리론(Gulick) : 최고관리자의 하향식 관리기능을 강조했고 POSDCoRB와 조직의 원리를 제시하여 행정원리론적 능률지상주의의 확립에 기여했다.
- 관료제론(Weber) : 이념형으로서의 합리적·합법적 관료제를 제시했다.

ⓒ **특징** : 공식적·합리적 조직에 중점을 둔 기계적·합리적·구조적 이론으로서 분업, 계층적 과정을 통한 구조와 통솔범위를 강조한다.

ⓡ **한계**

- 지나친 능률성과 계층성 강조로 수직적·집권적 경직성이 초래되었다.
- 폐쇄체제와 안정적 환경을 전제로 한 공식구조는 환경변수와 내부문제에 대한 고려를 간과하였다.
- 인간을 하나의 기계부품으로 간주하는 관점과 피동적·합리적 경제인관을 지지하는 X이론적 인간관은 지나치게 편협하다는 비판을 받았다.

② 신고전적 조직이론(폐쇄적 자연체제)

ⓖ **의의** : 과학적 관리론의 결점을 보완하기 위해 정치·행정이원론적 입장의 인간관계론에 근거를 두고 발전한 이론으로, 조직을 폐쇄체제로 보면서도 조직구성원의 사회적 욕구와 조직의 비공식적 요인에 중점을 두고 있다. 모든 조직에는 비공식적 인간관계가 존재하여 공식적 권한의 명령체계보다 효과적인 작용을 미친다는 것을 인식하였다.

ⓛ **내용** : 조직의 구성원을 감정의 논리나 대인관계에 따라서 움직이는 인간으로서 파악하고 욕구·동기·태도를 중심으로 개인 간, 집단 간, 개인·집단과 조직 간에 형성되는 사회적·심리적 관계를 분석했다.

기출문제

문 **신고전 조직이론에 대한 설명으로 옳지 않은 것은?**
▶ 2015. 6. 27. 제1회 지방직

① 메이요(Mayo) 등에 의한 호손(Hawthorne)공장 실험에서 시작되었다.

② 공식조직에 있는 자생적, 비공식적 집단을 인정하고 수용한다.

③ 인간의 사회적 욕구와 사회적 동기유발 요인에 초점을 맞춘다.

④ 조직이란 거래비용을 감소하기 위한 장치로 기능한다고 본다.

Tip 거래비용 경제학에 대한 설명이며, 거시적 조직이론에 해당한다. 이는 현대적 조직이론이다.

※ 조직이론 분류

구분	고전적 이론	신고전적 이론	현대적 이론
인간관	경제적 인간	사회적 인간	복잡한 인간
가치	기계적 능률성	사회적 능률성	다원적 목표, 가치, 이념
주요 연구 대상	공식적 구조	비공식적 구조	고전과 신고전의 통합
주요 변수	구조	인간	환경

정답 ④

조직이론에 대한 설명으로 옳은 것만을 모두 고른 것은?

▶ 2013. 8. 24. 제1회 지방직

㉠ 베버(M. Weber)의 관료제론에 따르면, 규칙에 의한 규제는 조직에 계속성과 안정성을 제공한다.

㉡ 행정관리론에서는 효율적 조직관리를 위한 원리들을 강조한다.

㉢ 호손(Hawthorne)실험을 통하여 조직 내 비공식집단의 중요성이 부각되었다.

㉣ 조직군생태이론(population ecology theory)에서는 조직과 환경의 관계를 분석함에 있어 조직의 주도적·능동적 선택과 행동을 강조한다.

① ㉠, ㉡
② ㉠, ㉡, ㉢
③ ㉠, ㉢, ㉣
④ ㉡, ㉢, ㉣

Tip ㉣ 조직군생태학이론은 조직의 변화는 외부환경의 선택에 따라 좌우된다고 보는 입장으로, 조직의 주도적·능동적 선택과 행동을 인정하지 않는 극단적 환경결정론적 이론이다.

정답 ②

ⓒ 특징
- 인간관계의 관리에 중점을 두어 관리의 인간적 능률화를 목표로 한다.
- 의사소통의 원활화, 민주적 리더십의 발휘, 참여의 확대에 의한 심리적 욕구의 충족 등 능률향상에 기여하는 요소에 대한 관리자의 적극적 역할이 강조된다.
- 비공식 조직, 인간의 사회적·감정적·심리적 측면과 사회적 능률성을 중시한다.
- 조직과 내부환경의 상호관계를 중시한다.

ⓡ 한계 : 조직과 인간, 조직과 환경의 관계설정이 한계를 가지고 있고, 인간의 합리성을 무시하였다는 한계가 있다.

③ 현대적 조직이론(개방적 합리체제)

ⓐ 의의 : 현대의 조직은 개인을 다양한 욕구와 변이성을 지닌 자아실현인, 복잡인의 관점에서 파악하며 복잡하고 불확실한 환경 속에서 목표의 달성을 위해 개성이 강한 인간행동을 종합하는 활동을 의미한다.

ⓑ 특징
- 조직을 환경과 끊임없이 상호 작용하는 동태적·유기적·개방체제로 파악한다.
- 고전적 조직이론과 신고전적 조직이론의 통합을 시도하여 조직의 공식적·비공식적 요인과 그 상호 관련성을 분석한다.
- 구조보다는 인간행태나 발전적·쇄신적 가치관을 중시하고 인간을 복합인으로 파악한다.
- 관료제적 조직의 극복과 동태적 조직의 확립방안을 모색한다.
- 가치의 다원화와 행정현상의 다양성을 인정한다.

Point 팁 현대조직이론의 흐름

ⓐ 의사결정모형(Simon, March) : 조직과정을 의사결정과정으로 파악하고 의사결정을 행정행태의 기본적 개념도식으로 활용한다.

ⓑ 체제모형(Scott) : 조직을 체제로서 파악하고 체제의 유지, 변화, 투입, 전환, 산출, 환류와 기능을 중시하여 관리하고 분석하려는 경향이다.

ⓒ 사회체제모형(Parsons, Blau, Scott) : 조직은 소규모의 사회인 동시에 대규모 체제인 사회의 부면을 이루어 서로 연관되어 있다고 보는 관점이다. 조직을 전체 사회와 기능적으로 연관된 체제로 보는 점에서 체제모형과 다르다.

ⓓ 관료제모형 : 조직을 관료제로 이해하고 접근하는 관점으로 관료제의 역기능의 발견과 관료제론의 수정 등으로 개선이 이루어졌다.

ⓔ 상황적응모형(Lawrence & Lorsch) : 모든 상황에 적합한 최선의 조직화 방법은 존재하지 않고, 최선의 조직설계·관리방법은 환경에 달려 있으며, 조직의 내부·외부환경의 요구에 가장 잘 맞는 조직이 가장 잘 적응할 수 있다고 보는 관점이다.

ⓕ 조직경제학 : 조직을 발생시키고 운영하는 것을 의사결정에 따른 비용을 최소화하기 위한 하나의 전략으로 본다.

④ 신조직이론(개방적 자연체제)

　㉠ 조직군 생태론

　　• 의의 : 조직변동이 외부환경의 선택에 의하여 좌우된다고 봄으로써 조직환경의 절대성을 강조하는 이론으로, 환경의 조직에 대한 영향력을 중시하여 환경 속의 여러 요인들이 환경에 적합한 조직의 특징들을 선택한다고 본다.

　　• 특징 : 조직은 환경에 가장 잘 적응하는 방향으로 변화해 나가며 환경에 잘 적응해 나가지 못하는 조직은 존속할 수 없다고 본다.

　㉡ 자원의존이론 : 어떤 조직도 필요로 하는 다양한 모든 자원을 획득할 수 없다는 전제하에 조직이 환경적 요인에 대응하여 적극적으로 대처함으로써 환경에 대한 적응을 위한 전략적 결정을 내린다는 이론이다. 조직도 환경의 영향력을 일정한 수준에서 통제할 수 있는 능력을 갖고 있음을 강조한다.

　㉢ 제도화 이론 : 조직이 환경의 영향을 강하게 받는 개방체제이지만 사회 및 조직의 인습적 신념에 부합하도록 강제력을 발휘하는 사회·문화적 압력이 조직에 가장 결정적으로 작용하는 요인이라고 보는 관점이다.

　㉣ 혼돈이론 : 복잡다단한 현대조직에서뿐만 아니라 극히 단순하고 한정적인 구조에서도 체제행태에 대한 예측과 통제는 불가능하며, 오히려 자기조직화의 과정을 통하여 무질서와 혼돈으로부터 질서와 조직화가 자생적으로 발생할 수 있다는 이론이다.

　㉤ 전략적 선택이론 : 동일 환경에 처한 조직이라도 관리자의 환경에 대한 지각차이로 인해 서로 다른 선택을 할 수 있다고 보며 관리자는 본인의 인지적 기초와 가치관을 바탕으로 환경을 인식하며 이에 근거하여 전략적 선택을 하게 된다.

⑤ 현대조직이론의 분류

　㉠ Van de Ven의 분류

구분		환경 인식	
		결정론(수동적)	임의론(능동적)
분석수준	조직군	자연적 선택 관점	집단적 행동 관점
		• 조직군 생태학 이론 • 조직경제학 • 제도화이론	공동체 생태학 이론
	개별조직	제제구조적 관점	전략적 선택 관점
		구조적 상황이론	• 전략적 선택이론 • 자원의존이론

정답 ④

187

기출문제

문 다음 중 거시적 조직 이론에 대한 설명으로 가장 옳지 않은 것은?

▶ 2016. 6. 25. 서울특별시

① 전략적 선택이론은 임의론이다.

② 조직군생태론은 자연선택론을 취한다.

③ 조직군생태론은 결정론적이다.

④ 전략적 선택이론의 분석 단위는 조직군이다.

Tip 전략적 선택이론의 분석 단위는 개별 조직이다.

문 상황적응적 접근방법(contingency approach)에 대한 설명으로 옳지 않은 것은?

▶ 2018. 4. 7. 인사혁신처

① 체제이론의 거시적 관점에 따라 모든 상황에 적합한 유일최선의 관리방법을 모색한다.

② 체제이론에서와 같이 조직은 일정한 경계를 가지고 환경과 구분되는 체제의 하나로 본다.

③ 조직을 구성하고 운영하는 방법의 효율성은 그것이 처한 상황에 의존한다고 가정한다.

④ 연구대상이 될 변수를 한정하고 복잡한 상황적 조건들을 유형화함으로써 거대이론보다 분석의 틀을 단순화한다.

Tip 상황적응적 접근방법은 모든 상황에 적합한 유일최선의 관리방법은 없다고 전제한다. 상황이론은 고찰변수를 한정하고 상황적 조건들의 유형론을 발전시킴으로써 제한된 범위의 일반성과 규칙성을 발견하고 처방하려 한다.

∥정답 ④, ①

188

ⓛ 김호섭 외

구분	환경결정론	수동적 적응론	자유의지론
거시적 수준(조직군)	• 조직경제학 • 조직개체군 생태학	제도이론	• 조직 간 관계론 • 공동체 생태학
미시적 수준 (개별 조직)	관료제 이론	상황적합이론	• 전략적 선택이론 • 자원의존이론

⑥ Scott의 분류(폐쇄 – 합리, 폐쇄 – 자연, 개방 – 합리, 개방 – 자연)

ⓛ 의의 : Scott은 두 가지 차원, 즉 환경개념의 포함여부와 합리적 · 자연적 존재 여부에 따라서 조직이론을 4가지로 분류하였다.

ⓛ 내용

구분	폐쇄 – 합리 모형 (1900 ~ 1930)	폐쇄 – 자연 모형 (1930 ~ 1960)	개방 – 합리 모형 (1960 ~ 1970)	개방 – 자연 모형 (1970 ~ 현재)
사회 심리적 수준	• 과학적 관리론 • 의사결정론	인간관계론	합리성 제약이론(만족모형)	• 조직화이론 • 질서협상이론 • 애매성 · 선택이론
구조적 수준	• 행정관리이론 • 관료제 이론	• 협동체제론 • 인간관계론	• 비교구조이론 • 상황적응이론	• 사회기술체제론 • 전략적 상황적응이론
생태적 수준	–	–	거래비용이론	• 제도화이론 • 자원의존이론 • 마르크스이론 • 조직군 생태론

section 2 조직의 유형

(1) Blau & Scott(수혜자 기준)

① **호혜조직(공익결사조직)** … 조직 구성원이 주요 수혜자로서 정당, 노동조합, 직업단체, 클럽 등이 있다.

② **사업조직** … 조직의 소유자나 출자자가 주요 수혜자로서 사기업 등이 있다.

③ **봉사조직(서비스조직)** … 조직과 직접적인 관계를 갖는 고객이 주요 수혜자로서 병원, 학교 등이 있다.

④ **공익조직(공중복리조직)** … 일반 대중이 주요 수익자로서 일반행정기관, 군대, 경찰서 등이 있다.

(2) T. Parsons · Katz & Kahn(사회적 기능 기준)

기출문제

구분	T. Parsons	Katz & Kahn
적응기능	경제조직(회사, 공기업)	적응조직(연구소, 조사기관)
목표달성기능	정치조직(정당, 행정기관)	경제적 · 생산적 조직(산업체)
통합기능	통합조직(정부조직, 경찰)	정치 · 관리적 조직(정당, 노동조합)
현상유지기능	현상유지조직(학교, 종교단체)	현상유지조직(학교, 종교단체)

(3) Etzioni(복종관계 기준)

① 강제적 조직 … 강제적 권력과 소외적 관여의 결합으로 교도소, 강제수용소 등이 있다.

② 공리적 조직 … 보수적 권력과 타산적 관여의 결합으로 기업, 이익단체 등이 있다.

③ 규범적 조직 … 규범적 권력과 도덕적 관여의 결합으로 정당, 종교단체 등이 있다.

(4) Likert(의사결정에의 참여도 기준)

① 수탈적 권위형(체제1) … 조직의 최고책임자가 단독으로 모든 결정권을 행사하고 구성원의 의지는 반영되지 않는다.

② 온정적 권위형(체제2) … 주요 정책은 고위층에서 결정하고 하급자는 주어진 영역 내에서만 재량권을 발휘할 수 있으나 최종 결정에 앞서 상급자의 동의를 거쳐야 한다.

③ 협의적 민주형(체제3) … 주요 정책은 고위층에서 결정하지만 한정된 범위의 특정 사안에 한해서는 하급자가 결정할 수 있다.

④ 참여적 민주형(체제4) … 조직의 구성원이 결정에 광범위하게 참여할 수 있으며 상호 간 완전한 신뢰를 전제로 한다.

(5) J. Woodward(규모와 기술 기준)

① 소량생산체제 … 동일제품을 비교적 짧은 공정을 거쳐 소량으로 생산하는 체제로서 주문생산 및 견본 생산업체 등이 이에 속한다.

② 대량생산체제 … 동일제품을 기계적 설비를 통해 대량으로 생산하는 산업체로서 자동차, 가전제품 생산업체 등이 이에 속한다.

③ 연속생산체제(과정적 생산체제) … 일정 과정을 거치면서 성질이 다른 제품을 연속적으로 생산하는 체제로서 정유공장, 화학처리공장 등이 이에 속한다.

(6) Mintzberg(조직의 특징 기준)

① 단순구조 … 조직환경이 매우 동태적이며 상대적으로 규모가 작고 조직기술은
정교하지 않은 조직으로, 신생조직·독재조직·위기에 처한 조직 등이 이에 속
한다. 권한 및 통제수단은 최고관리자에게 집중되어 있다.

② 기계적 관료제 … 조직규모가 크고 조직환경이 안정되어 있으며, 표준화된 절차
에 의해 업무가 수행되는 조직으로서 은행·우체국·대량생산업체·항공회사
등이 이에 속한다. 권한 및 통제수단은 조직적으로 분화되어 있다.

③ 전문관료제 … 전문적·기술적 훈련을 받은 구성원에 의해 표준화된 업무가 수
행되고 전문가 중심의 분권화된 조직이며, 조직환경이 상대적으로 안정되고 외
부통제가 없는 조직으로서 대학·종합병원·사회복지기관·컨설팅회사 등이 이
에 속한다. 권한 및 통제수단은 수평적으로 분화되어 있다.

④ 분립구조, 사업부제구조 … 독자적 구조를 가진 분립된 조직이며 중간 관리층이
핵심적 역할을 하는 조직으로 대기업·대학분교·지역병원을 가진 병원조직 등
이 이에 속한다. 권한 및 통제수단은 하부단위에 준자율적으로 부여되어 있다.

⑤ 임시체제(adhocracy) … 고정된 계층구조를 갖지 않고 공식화된 규칙이나 표준
적 운영절차가 없는 조직이며, 조직구조가 매우 유동적이고 환경도 동태적인 조
직으로 첨단기술연구소 등이 이에 속한다. 권한 및 통제수단은 수평적으로 분화
되어 있다.

[Mintzberg의 5가지 조직설계모형]

분류	단순구조	기계적관료제	사업부제	전문적관료제	임시체제
핵심부문	전략정점	기술분석부문	중간관리층	운영핵심	지원참모
조정수단	직접 감독	작업과정 표준화	산출물 표준화	작업기술 표준화	상호 조정
환경	단순, 동태적	단순, 안정적	단순, 안정적	복잡, 안정적	복잡, 격동적
예	신설조직, 독재조직, 위기에 처한 조직	은행, 우체국, 대량생산제조업체, 항공회사	대기업, 대학분교	대학, 종합병원, 사회복지기관, 컨설팅 회사	첨단기술연구소, 우주센터, 컨설팅 회사

Point 팁 조직의 새로운 유형

㉠ 네트워크 조직 : 유기적 조직유형의 하나로서 정보통신기술의 발달로 적용된 조직구
조 접근법으로, 조직 자체의 기능은 핵심역량으로 합리화하고 여타의 기능은 외부
기관과 조직에 아웃소싱의 형태로 과업을 수행해 나간다. 네트워크 구조의 장점은
생산비용의 절감과 간소한 조직구조, 다양한 환경변화에 신축적이고 능동적인 대응
이 가능하다는 점 등이 있다.

ⓛ 팀제 조직 : 팀은 특정 과업을 수행하기 위해 조직되어 스스로 문제를 해결해 나가는 소단위의 조직으로, 조직이 점차 비대해짐에 따라 비효율이 발생하고 환경에 대한 적응력이 저하되는 단점을 보완하기 위해 나타났다. 스스로 작업의 계획 · 실행 · 통제 · 개선을 해나가고 인력관리와 예산기능을 독자적으로 수행하며 팀 구성원은 최대한의 재량권과 함께 산출물에 대한 품질의 책임을 가진다.

(7) 기능별 조직과 사업별 조직

① **기능별 조직**(U형 구조)

ⓐ **의의** : 기능부서화 방식에 기초한 조직구조 유형으로 조직의 전체 업무를 공동 기능별로 부서화하는 방식이다. 기본적으로 수평적 조정의 필요성이 낮을 때 효과적인 조직구조이다.

ⓑ **장점**

- 기능 내에서 규모의 경제 제고할 수 있다(같은 기능끼리 묶어 시설과 자원을 공유함으로써 중복과 낭비 방지).
- 구성원들의 전문 지식과 기술의 깊이를 제고할 수 있으며, 부서 내 의사소통 조정이 용이하다.
- 비슷한 기술 · 경력을 가진 구성원들 사이에 응집력이 강해 부서 내 의사소통과 조정이 유리해진다.
- 구성원에 대한 관리자의 감독이 용이해진다.

ⓒ **단점**

- 부서 간 조정과 협력이 요구되는 환경에 둔감하다.
- 업무에 과부하가 걸려 빠르게 대처하지 못하게 된다.
- 집권화를 초래하며, 전체 업무의 성과에 대한 책임소재를 규명하는 데 곤란하다.

ⓓ **적용조건**

- 조직목표달성에 깊은 전문지식이 필수적인 경우
- 안정된 조직 환경
- 일상적 조직 기술
- 수직적 계층제에 의해 조정될 필요가 있는 경우
- 내적 능률성이 중요한 경우

② **사업별 조직**(M형 구조)

ⓐ **의의** : 특정과제를 중심으로 편제된 독립성을 가지는 성과 중심의 자기완결적 · 준자율적 단위부서를 말한다. 즉 산출물에 기반을 둔 사업부서화 방식의 조직구조를 말한다. 사업부서는 자기완결적 단위의 사업, 기능 간 조정의 극대화를 추구하며, 기능구조보다 더 분권적인 조직구조를 갖게 된다.

에 각 단과대학, 병원의 전문분과 등

기출문제

문 **애드호크라시**(adhocracy)에 대한 설명 중 가장 옳지 않은 것은?

▶ 2017. 3. 18. 제1회 서울특별시

① 일상적 업무 수행의 내부 효율성을 제고한다.

② 구성원의 능력을 최대한 발휘하게 하여 혁신을 촉진할 수 있다.

③ 동태적이고 복잡한 환경에 적합한 조직구조이다.

④ 낮은 수준의 공식화를 특징으로 하는 유기적 조직구조이다.

Tip 일상적 업무 수행의 내부 효율성을 제고하기 위해서는 관료제 형태의 조직이 적합하다.

┃ **정답** ①

기출문제

ⓛ 장점

- 기능 간 조정이 용이하므로 환경변화에 신축적이고 신속하게 대응한다.
- 특정 산출물 단위로 운영되기 때문에 다양한 고객만족도를 제고시킨다.
- 성과에 대한 책임소재가 분명하며, 성과관리체제에 유리하다.
- 상당한 정도의 자율성을 가지고 독자적인 업무를 수행한다.
- 부서목표가 분명해지며, 조직 구성원의 동기부여와 만족감을 증진하게 된다.

ⓒ 단점

- 규모의 불경제(기능의 중복에 따른 비효율성)와 비효율성이 발생한다.
- 기술적 전문지식과 기술발전에 불리하다.
- 사업부서 내 조정은 용이하지만, 자율 운영되는 부서 간 조정의 어려움이 있다.

ⓔ 적용요건 : 기능 간 조정이 우수하므로 불확실한 조직 환경이 존재하고 비정규적 조직 기술을 사용하며 부서 간 높은 상호의존성이 나타나고 외부지향적 조직목표에 적합해야 한다.

Point 팁 기능별 조직과 사업별 조직의 비교

기능별 조직	사업별 조직
• 확실한 환경	• 불확실한 환경
• 일상적인 조직기술	• 비일상적인 조직기술
• 목표달성에 전문지식이 필요한 경우	• 외부지향적 목표를 가진 조직
• 수평적 조정의 필요가 적은 경우	• 사업부서 내 부서 간 높은 상호의존성
• 내적 능률성이 중요한 경우	
• 수직적 계층제에 의한 통제가 필요할 때	

section **3** 조직의 원리

(1) 통솔범위의 원리

① 의의 … 통솔범위는 한 사람의 상관이 지휘·관리할 수 있는 부하의 수를 말하며 개인이 기울일 수 있는 주의력의 범위는 심리적·생리적으로 한계가 존재한다는 데에 그 근거를 둔다.

② 통솔범위에 관한 이론

ㄱ R.C. Davis : 반복적이고 육체적인 업무에 10 ~ 30인, 정신노동에 3 ~ 9인을 제시했다.

ㄴ V. Graicunas : 통솔범위에 관한 수학적 공식을 제시하여 적정 통솔범위는 6인이라고 주장했다.

ㄷ Fayol : 하위층에 20 ~ 30인, 상위층에 5 ~ 6인을 제시했다.

ㄹ Simon : 이들 주장에 대하여, '마법의 수'는 없다고 비판하였다.

문 조직구성 원리에 대한 설명으로 옳지 않은 것은?

▶ 2020. 6. 13. 지방직/서울특별시

① 분업의 원리 – 일은 가능한 한 세분해야 한다.
② 통솔범위의 원리 – 한 명의 상관이 감독하는 부하의 수는 상관의 통제능력 범위 내로 한정해야 한다.
③ 명령통일의 원리 – 여러 상관이 지시한 명령이 서로 다를 경우 내용이 통일될 때까지 명령을 따르지 않아야 한다.
④ 조정의 원리 – 권한 배분의 구조를 통해 분화된 활동들을 통합해야 한다.

Tip 명령통일의 원리는 조직구성원 누구나 한 사람의 상관에게 보고하며, 한 사람의 상관으로부터 명령을 받아야 한다는 원리이다.

‖**정답** ③

Point 팁   V. Graicunas의 통솔범위의 공식 … $N = n(2n / 2 + n - 1)$

③ 통솔범위의 결정요인
  ㉠ **시간적 요인** : 신설조직보다는 기성조직, 안정된 조직에서 통솔범위가 넓어진다.
  ㉡ **공간적 요인** : 분산된 것보다는 집중된 장소에 모여 있는 경우에 통솔범위가 넓어진다.
  ㉢ **직무의 성질** : 전문적·지적 업무보다는 동일 단순직무에 통솔범위가 넓어진다.
  ㉣ **감독자와 부하의 능력** : 능력이 우수한 경우 통솔범위가 넓어진다.
  ㉤ **계층수** : 적을수록 통솔범위가 넓어진다.
  ㉥ **막료기관의 존재** : 상관이나 감독자의 주위에 유능한 막료가 존재하는 경우 통솔범위가 넓어진다.
  ㉦ **기타** : 의사전달기술의 발달, 조직구성원의 자발성, 교통·통신수단의 발달, 감독자가 부하에게 신임을 받을 때, 효율적 정보관리체제가 구비되어 있을 때 통솔범위가 확대된다.

(2) 계층제의 원리

① **의의** … 조직의 능률성 확보를 위해 계층적 피라미드 구조로 편성하는 것을 말한다.
② **특징**
  ㉠ 통솔범위가 확대되면 계층 수는 적어지고, 통솔범위가 축소되면 계층 수가 늘어난다.
  ㉡ 계선조직의 일반형태는 피라미드 구조이나, 막료는 역삼각형 내지 수평의 형태를 갖는다.
  ㉢ 하위층은 정형적 업무, 상위로 갈수록 비정형적 업무를 담당한다.
  ㉣ 계층제는 계선조직을 중심으로 형성되나, 참모조직은 계층제 형태를 띠지 않는다.
③ **기능**
  ㉠ **순기능**
    • 지휘·명령 등 의사소통의 통로가 되며, 조직의 안정성을 유지한다.
    • 갈등·분쟁의 조정, 조직의 질서·통일성 확보, 일체화의 수단이 된다.
    • 내부통제의 경로가 되며, 책임한계가 명확하다.
    • 승진을 통해 구성원의 사기 양양을 도모할 수 있다.
    • 신속하고 능률적인 업무 수행이 가능하다.
    • 권한위임 및 상하 간 권한배분의 기준 및 경로가 된다.
    • 명령·지시 등 공식적 권위의 행사수단이 된다.

❓ **계층제에 대한 설명으로 옳지 않은 것은?**
▷ 2016. 6. 18. 제1회 지방직
① 조직의 수직적 분화가 많이 이루어졌을 때 고층구조라 하고 수직적 분화가 적을 때 저층구조라 한다.
② 조직 내의 권한과 책임 및 의무의 정도가 상하의 계층에 따라 달라지도록 조직을 설계하는 것을 말한다.
③ 조직에서 지휘명령 등 의사소통, 특히 상의하달의 통로가 확보되는 순기능이 있다.
④ 엄격한 명령계통에 따라 상명하복의 관계 유지를 위해서는 통솔 범위를 넓게 설정한다.

Tip 엄격한 명령계통에 따라 상명하복의 관계 유지를 위해서는 통솔범위를 좁게 설정한다.

❓ **계급제의 장점에 대한 설명으로 옳지 않은 것은?**
▷ 2017. 4. 8. 인사혁신처
① 공무원의 신분안정과 직업공무원제 확립에 기여한다.
② 인력활용의 신축성과 융통성이 높다.
③ 정치적 중립 확보를 통해 행정의 전문성을 제고할 수 있다.
④ 단체정신과 조직에 대한 충성심 확보에 유리하다.

Tip 계급제는 폐쇄형이므로 외부 전문가를 영입할 수 없고, 일반행정가주의여서 직무상 '횡적이동'이 활발하게 이루어져 전문성이 저하된다.

정답 ④, ③

기출문제

📖 조직의 원리에 대한 설명으로 옳지 않은 것은?

▶ 2017. 6. 17. 제1회 지방직

① 계층제의 원리는 조직 내의 권한과 책임 및 의무의 정도가 상하의 계층에 따라 달라지도록 조직을 설계하는 것이다.

② 통솔범위란 한 사람의 상관 또는 감독자가 효과적으로 통솔할 수 있는 부하 또는 조직단위의 수를 말하며, 감독자의 능력, 업무의 난이도, 돌발 상황의 발생 가능성 등 다양한 요소를 고려하여 정해진다.

③ 분업의 원리에 따라 조직 전체의 업무를 종류와 성질별로 나누어 조직구성원이 가급적 한 가지의 주된 업무만을 전담하게 하면, 부서 간 의사소통과 조정의 필요성이 없어진다.

④ 부성화의 원리는 한 조직 내에서 유사한 업무를 묶어 여러 개의 하위기구를 만들 때 활용되는 것으로 기능부서화, 사업부서화, 지역부서화, 혼합부서화 등의 방식이 있다.

Tip 분업의 원리에 따라 조직 전체의 업무를 종류와 성질별로 나누어 조직구성원이 가급적 한 가지의 주된 업무만을 전담하게 하면, 자신이 소속된 부서만을 생각하고 다른 부서에 대해 배려하지 않는 부처할거주의와 전문가의 편협한 시각이 전문가를 무능하게 만든다는 훈련된 무능 등의 문제점이 발생한다. 따라서 부서 간 의사소통과 조정이 중요해진다.

정답 ③

ⓛ **역기능**

- 조직의 경직성과 할거주의를 초래한다.
- 의사소통 왜곡, 환경변동에의 부적응 등 경직성을 초래한다.
- 동태적 인간관계의 형성을 저해하며, 비합리적인 인간지배의 수단이 된다.
- 환경변화에의 신축적 적용이 곤란하다.
- 구성원의 개성·창의성 개발을 저해한다.
- 기관장의 독재화, 비민주적·독단적 결정

(3) 전문화의 원리(분업의 원리, 기능의 원리)

① **의의** … 업무를 기능 및 성질별로 분리하여 계속적인 수행을 거쳐 조직의 능률성을 제고하고자 하는 원리를 말한다.

② **유형**

ⓛ **상향적 전문화와 하향적 전문화** : 상향적 전문화는 과학적 관리론에 근거하여 하위에서 업무를 분할하여 상위로 단계적 분업화를 추구하는 것을 의미한다. 하향적 전문화는 Gulick의 POSDCoRB에 따라 기능을 계층적으로 하향 분담하는 방법을 말한다.

ⓛ **수평적 전문화와 수직적 전문화** : 수평적 전문화는 업무의 동질성을 기준으로 각 부처별, 국과별로 수평적인 조직을 편성하는 원리를 의미한다.

ⓒ **작업의 전문화와 인간의 전문화** : 작업의 전문화는 직위분류제와 같이 작업활동을 세분화하여 반복적·일상적 업무로 단순화하는 분업을 의미하고, 인간의 전문화는 계급제와 같이 인간이 능력을 획득함으로써 권력·영향력을 보유하는 사회과정을 의미한다.

③ **기능** … 전문화는 해당 업무를 숙달시켜 직업의 경제적·능률적 수행과 조직의 합리적 편성, 특정분야의 전문가 양성에 기여하는 바가 크다. 그러나 반복적이고 단순한 작업으로 인해 흥미를 상실할 우려가 있고, 할거주의를 야기하여 조정과 통합을 저해할 수 있으며, 조직인의 창조성과 전체적 통찰력 결여, 권태감·소외감 유발, 인간의 기계화의 우려가 있다.

④ **발전방향**

ⓛ 직무확대, 직무충실의 방법을 도입해야 한다.

ⓛ 업무수행과 관련된 전문교육을 확대한다.

ⓒ 직무수행에 관한 의사결정의 자율성을 높이도록 한다.

ⓔ 직무에 대한 통제를 가급적 줄인다.

Point 팁 직무확충(직무확대와 직무충실) … 직무확대는 직무분담의 폭을 양적으로 넓히는 것을 의미하고, 직무충실은 권한의 위임과 같이 직무분담의 깊이를 질적으로 심화시키는 것을 의미한다. Herzberg에 의하면 직무확대는 불만요인을 감소시키는 기능이 있고, 직무충실은 만족요인의 증대의 효과가 있다. 따라서 행정조직의 민주화와 동기부여 및 생산성 확대를 위한 방안으로 직무확대보다는 직무충실이 직접적인 방안이 될 수 있다.

(4) 부처편성의 원리(Gulick)

① 의의 … 정부의 기능을 가장 효율적으로 달성하기 위해 어떤 기준에 입각하여 어떻게 부처를 편성할 것인가에 관한 지침을 말한다.

② 부처편성기준에 따른 분류

　㉠ 목적·기능별 분류 : 조직이 담당하는 목적 또는 기능에 따라 조직을 편성하는 일반적인 기준이 되며 대부분의 중앙행정기관이 이에 속한다.

　㉡ 과정·절차별 분류 : 행정수행에 이용되는 기구, 수단, 과정을 기준으로 분류하는 것으로 전문적 통계기술을 필요로 하는 통계청, 감사원, 조달청, 기획조정실 등이 이에 속한다.

　㉢ 대상·고객별 분류 : 행정서비스의 수혜자 또는 대상을 기준으로 분류한 것으로 국가보훈처·고용노동부·중소벤처기업부 등이 수혜자 중심이고, 산림청 등이 취급 대상별 분류이다.

　㉣ 지역·장소별 분류 : 부서 내 보조기관·일선기관에 적용되는 지역중심의 기준으로서 지방행정조직, 외교부 하부기관, 특별일선기관(세관, 우체국 등) 등이 이에 속한다.

Point 팁 부처편성상의 고려사항
　㉠ 부처 수의 적정화 : 통솔범위를 고려하여 결정하여야 한다.
　㉡ 법률주의와 하부구조의 신축성 : 행정기관을 법률에 의하여 편성할 것인지, 하부구조에 대하여는 행정부에 맡겨서 신축성을 제고할 것인지 결정해야 한다.
　㉢ 행정계층제의 완화와 외국(外局)의 증설 : 행정부의 경직성을 보완하기 위해 필요하다.
　㉣ 권한과 책임한계의 명확화, 업무분담의 적정화와 원활한 조정 : 행정수행의 통일성 확보를 위해 정책연구 및 기획·예산·통제 기관을 수반에게 직속시킬 필요가 있다.

③ 부처조직원리에 대한 비판(Simon)

　㉠ 어느 한 기준의 장점이 다른 기준의 단점이 될 수 있다.

　㉡ 용어 자체가 애매모호하고 한계가 불명확하며, 실제 적용 시 기준이 중복되는 경우가 있다.

기출문제

문 분업에 대한 설명으로 옳지 않은 것은?
　▶ 2017. 6. 17. 제1회 지방직

① 분업의 심화는 작업도구·기계와 그 사용방법을 개선하는 데 기여할 수 있다.
② 작업전환에 드는 시간(change-over time)을 단축할 수 있다.
③ 분업이 고도화되면 조직구성원에게 심리적 소외감이 생길 수 있다.
④ 분업은 업무량의 변동이 심하거나 원자재의 공급이 불안정한 경우에 더 잘 유지된다.

Tip 업무량의 변동이 심하거나 원자재의 공급이 불안정한 경우, 업무를 세분화하기 어려워 분업을 유지하기 어렵다.

문 조직의 원리에 대한 설명으로 옳지 않은 것은?
　▶ 2017. 12. 16. 지방직 추가선발

① 부성화(部省化)의 원리는 조정에 관한 원리에 해당한다.
② 통솔범위를 좁게 잡으면 계층의 수가 늘어난다.
③ 계선과 참모를 구분하는 것은 분업의 한 형태로 볼 수 있다.
④ 매트릭스 조직은 명령통일의 원리를 위반한 것이다.

Tip 부성화란 조직의 기능을 가장 능률적·합리적으로 달성하기 위하여 어떠한 기준에 입각하여 부처를 편성할 것인가에 관한 이론으로 Gulick이 주장하였다. 부성화의 원리는 분업에 관한 원리에 해당한다.

┃정답 ④, ①

기출문제

문 조직구조의 설계에 있어서 '조정의 원리'에 대한 설명으로 옳지 않은 것은?

▶ 2018. 4. 7. 인사혁신처

① 수직적 연결은 상위계층의 관리자가 하위계층의 관리자를 통제하고 하위계층 간 활동을 조정하는 것을 목적으로 한다.

② 수직적 연결방법으로는 임시적으로 조직 내의 인적·물적 자원을 결합하는 프로젝트 팀(project team)의 설치 등이 있다.

③ 수평적 연결은 동일한 계층의 부서 간 조정과 의사소통을 목적으로 한다.

④ 수평적 연결방법으로는 다수 부서 간의 긴밀한 연결과 조정을 위한 태스크포스(task force)의 설치 등이 있다.

Tip 프로젝트 팀은 수평적 연결방법이다.

※ 수직적 연결기제

㉠ 계층제 : 수직연결 장치의 기초는 계층제, 명령체계이다.

㉡ 규칙과 계획 : 반복적인 문제와 의사결정에 대해서는 규칙과 절차를 마련하여 상위계층과 직접적인 의사소통 없이도 부하들이 대응할 수 있게 해준다. 규칙은 조직구성원들이 의사소통 없이도 업무가 조정될 수 있도록 표준 정보자료를 제공한다. 계획은 조직구성원들에게 좀 더 장기적인 표준정보를 제공해 준다.

정답 ②

(5) 조정의 원리

① 의의 … 공동목표의 달성을 위해 행동의 통일을 이루도록 집단적 노력을 정연하게 배열하는 과정으로, 세분화된 업무를 조직목표에 따라 재배치한다.

② 조정의 필요성(저해요인)

㉠ 행정조직의 대규모화 : 행정조직이 규모가 커짐에 따라 계층을 증대시키고 기능상의 다원화를 초래하여 조정의 필요성이 증가하게 된다.

㉡ 행정기능의 전문화·복잡화 : 다원주의 사회로의 이행에 따라 행정기능 역시 전문화·다양화되어 필연적으로 기능의 조정이 불가피하게 되었다.

㉢ 할거주의·파벌주의 : 행정의 전문화에 따라 각 국·과별 할거가 발생하고 파벌이 형성되어 조정이 필요하게 된다.

㉣ 종적·횡적 의사전달의 미흡 : 할거주의의 원인이자 결과로서 종적·횡적 의사전달이 어려워짐에 따라 해당 업무와 기능에 대한 조정이 불가피하다.

㉤ 기타 : 조직목표·이해관계의 차이, 관리자의 조정능력 부족 및 조정기구의 결여, 정치적 이해관계의 작용 등으로 조정의 필요성이 증가한다.

③ 조정의 방안

㉠ 상위이념에 대한 공통양해를 도출한다.

㉡ 계층제적 권위 및 기관장의 리더십을 강화한다.

㉢ 조정기구, 위원회, 막료기구, 회의를 통해 조정한다.

㉣ 횡적 인사교류 및 공동 교육훈련을 통하여 조정한다.

㉤ 외부의 적을 설정한다.

㉥ MBO 활용 등 참여를 촉진하고 의사전달이 활발히 이루어지도록 하며 정보를 공유한다.

(6) 명령통일의 원리

① 의의 … 오직 한 사람의 상관에게 지시명령을 받고 그 상관에게만 보고하는 방침으로 의사전달의 능률화를 위한 원리이다.

② 필요성

㉠ 명령체계의 책임성을 확보한다.

㉡ 조직적·안정적·능률적 업무처리에 필요하다.

㉢ 책임의 소재를 명확히 함으로써 부하에 대한 효율적 통제가 가능하다.

㉣ 의사전달의 효용성을 확보한다.

㉤ 조직책임자의 전체적 통합과 조정이 가능하다.

③ 한계 … 횡적 조직 간의 조정이 어려워지고, 기능적 전문가의 영향력이 감소되며, 행정의 분권화와 권한위임이 저해되는 한계가 발생한다.

section 4 우리나라 중앙행정기관의 구성

(1) 우리나라 중앙행정기관

① 중앙행정기관의 개념 ⋯ 관할권의 범위가 전국에 미치는 국가행정사무를 담당하기 위하여 설치한 행정기관으로서 설치와 직무범위는 법률(정부조직법이나 개별법)로 정한다.

② 중앙행정기관의 범위 ⋯ 18부 5처 17청 5위원회

* 부 · 처 · 청은 독임제기관, 위원회는 합의제기관

> **정부조직법 제2조**(중앙행정기관의 설치와 조직 등)
> ② 중앙행정기관은 이 법에 따라 설치된 부 · 처 · 청과 다음 각 호의 행정기관으로 하되, 중앙행정기관은 이 법 및 다음 각 호의 법률에 따르지 아니하고는 설치할 수 없다.
>   1. 「방송통신위원회의 설치 및 운영에 관한 법률」 제3조에 따른 방송통신위원회
>   2. 「독점규제 및 공정거래에 관한 법률」 제35조에 따른 공정거래위원회
>   3. 「부패방지 및 국민권익위원회의 설치와 운영에 관한 법률」 제11조에 따른 국민권익위원회
>   4. 「금융위원회의 설치 등에 관한 법률」 제3조에 따른 금융위원회
>   5. 「원자력안전위원회의 설치 및 운영에 관한 법률」 제3조에 따른 원자력안전위원회
>   6. 「신행정수도 후속대책을 위한 연기 · 공주지역 행정중심복합도시 건설을 위한 특별법」 제38조에 따른 행정중심복합도시건설청
>   7. 「새만금사업 추진 및 지원에 관한 특별법」 제34조에 따른 새만금개발청

🄲 17청 중 행정중심복합도시건설청, 새만금개발청의 설치 근거 법률은 정부조직법이 아님.

🄲 개인정보보호법 개정으로 개인정보보호위원회를 정부조직법 상 중앙행정기관으로 본다는 규정이 추가(2020.8.5. 시행)되어 정부조직법 제2조 2항에 '「개인정보보호법」 제7조에 따른 개인정보보호위원회'도 추가하는 법 개정이 있을 것으로 보임(추가되면 18부 5처 17청 6위원회가 됨)

[우리나라 정부조직 현황]

*(장) : 기관장은 장관급 *(차) : 기관장은 차관급

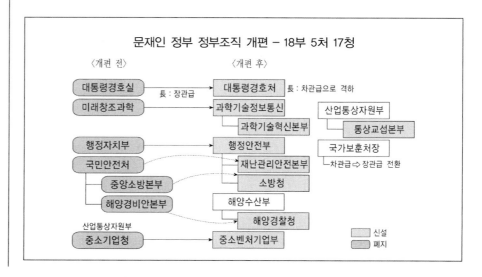

문재인 정부 정부조직 개편 – 18부 5처 17청

③ **대통령** … 대통령은 정부 수반으로서 법령에 의하여 모든 중앙행정기관의 장을 지휘·감독하며 국무총리와 중앙행정기관장의 명령·처분이 위법·부당하다고 인정하면 이를 중지·취소할 수 있다.

[대통령 소속기관]

대통령비서실	대통령의 직무 보좌.	
대통령경호처	대통령 등의 경호. (2017년 경호실을 경호처로 전환하고 처장은 종래 장관급에서 차관급으로 격하)	
국가안보실	국가안보에 관한 대통령의 직무 보좌.	
국가정보원	국가안전보장에 관련되는 정보·보안 및 범죄수사에 관한 사무.	
감사원	국가의 세입·세출의 결산, 국가 및 법률이 정한 단체의 회계검사와 행정기관 및 공무원의 직무감찰.	
위원회	방송통신위원회	방송과 통신에 관한 규제와 이용자 보호 등의 업무.
	규제개혁위원회	규제정책 심의·조정, 규제의 심사·정비 등에 관한 사항의 종합적 추진.
	기타	경제사회노동위원회, 자치분권위원회, 4차산업혁명위원회, 저출산고령사회위원회, 청년위원회 등
헌법상 자문기구	국가안전보장회의(필수기관), 민주평화통일자문회의·국민경제자문회의·국가원로자문회의·국가과학기술자문회의	

④ 국무총리

　⊙ **기능** : 국무총리는 대통령의 명을 받아 각 중앙행정기관의 장을 지휘·감독한다. 국무총리는 중앙행정기관의 장의 명령·처분이 위법·부당하다고 인정될 경우 대통령의 승인을 받아 이를 중지·취소할 수 있다.

　ⓒ **부총리(2명)** : 국무총리가 특별히 위임하는 사무를 처리. 기획재정부장관(경제정책)과 교육부장관(교육·사회·문화정책)이 겸임한다.

　ⓒ **국무총리의 직무대행** : 기획재정부장관 → 교육부장관 → 대통령이 지명한 국무위원(지명 없으면 정부조직법에 규정된 순서)

기출문제

[국무총리 소속기관]

국무총리비서실		국무총리의 직무 보좌	
국무조정실		각 중앙행정기관 행정의 지휘·감독, 정책 조정 및 사회위험·갈등의 관리, 정부업무평가 및 규제개혁에 관해 국무총리를 보좌	
4 처	국가보훈처	국가유공자 및 그 유족에 대한 보훈, 제대군인의 보상·보호 및 보훈선양 사무. 처장 1명(정무직, 장관급), 차장 1명(정무직)	
	인사혁신처	공무원의 인사·윤리·복무 및 연금에 관한 사무를 관장	각각 처장 1명(정무직, 차관급), 차장 1명(고위공무원단인 일반직)
	법제처	국무회의에 상정될 법령안·조약안과 총리령안·부령안의 심사와 그 밖에 법제 관련 사무	
	식품의약품안전처	식품 및 의약품의 안전에 관한 사무	
위 원 회	국민권익위원회	부패방지, 고충민원 처리, 국무총리 행정심판기능. 위원장 1명, 부위원장 3명을 포함한 15명 이내 위원으로 구성	
	금융위원회	금융정책, 외국환업무 취급기관의 건전성 감독 및 금융감독에 관한 업무	
	공정거래위원회	독점 및 불공정 거래에 대한 규제	
	원자력안전위원회	원자력안전관리에 관한 업무	
	개인정보보호위원회	개인정보 보호에 관한 사항을 심의·의결	
	기타	정부업무평가위원회, 행정협의조정위원회, 중앙징계위원회, 정보통신기반보호위원회, 국가과학기술심의회 등	

⑤ **행정각부**(18부)

㉠ 행정각부는 대통령 통할 하에 둔다. 행정각부에 장관 1명과 차관 1명을 두되, 기획재정부·과학기술정보통신부·외교부·문화체육관광부·국토교통부에는 차관 2명을 둠(복수차관제). *2017년 법 개정으로 산업통상자원부는 복수차관제에서 제외한다.

㉡ 각부 장관은 국무위원 중 국무총리의 제청으로 대통령이 임명(국회 소관상임위원회의 인사청문 필요)하고, 차관은 정무직이다.

㉢ 각부 장관은 소관사무에 관하여 부령을 발할 수 있다.

㉣ 청은 부의 소속으로 두며 청장은 정무직, 차장은 고위공무원단 소속 일반직으로 보인다(단, 검찰청·경찰청·해양경찰청·소방청의 청장·차장은 특정직).

기출문제

기획 재정부		중장기 국가발전전략 수립, 경제·재정정책의 수립·총괄·조정, 예산·기금의 편성·집행·성과관리, 화폐·외환·국고·정부회계·내국세제·관세·국제금융, 공공기관 관리, 경제협력·국유재산·민간투자 및 국가채무에 관한 사무
	국세청	내국세의 부과·감면 및 징수 *지방세는 행정안전부 소관.
	관세청	관세의 부과·감면 및 징수와 수출입물품의 통관 및 밀수출입 단속
	조달청	정부가 행하는 물자(군수품 제외)의 구매·공급 및 관리, 정부의 주요시설공사계약
	통계청	통계의 기준설정과 인구조사 및 각종 통계
과학기술 정보 통신부		과학기술정책의 수립·총괄·조정·평가, 과학기술의 연구개발·협력·진흥, 과학기술인력 양성, 원자력 연구·개발·생산·이용, 기획국가정보화·정보보호·정보문화, 방송·통신의 융합·진흥 및 전파관리, 정보통신산업, 우편·우편환 및 우편대체에 관한 사무
교육부		인적자원개발정책, 학교교육·평생교육, 학술에 관한 사무
외교부		외교, 경제외교 및 국제경제협력외교, 국제관계 업무에 관한 조정, 조약 기타 국제협정, 재외국민의 보호·지원, 재외동포정책의 수립, 국제정세의 조사·분석에 관한 사무
통일부		통일 및 남북대화·교류·협력에 관한 정책의 수립, 통일교육 기타 통일에 관한 사무
법무부		검찰·행형·인권옹호·출입국관리 기타 법무에 관한 사무
	검찰청	검사에 관한 사무
국방부		국방에 관련된 군정 및 군령과 기타 군사에 관한 사무
	병무청	징집·소집 기타 병무행정에 관한 사무
	방위 사업청	방위력 개선사업, 군수물자 조달 및 방위산업 육성에 관한 사무
행정 안전부		• 국무회의의 서무, 법령 및 조약의 공포, 정부조직과 정원, 상훈, 정부혁신, 행정능률, 전자정부, 정부청사의 관리, 지방자치제도, 지방자치단체의 사무지원·재정·세제, 낙후지역 등 지원, 지방자치단체 간 분쟁조정 및 선거·국민투표의 지원, 안전 및 재난에 관한 정책의 수립·총괄·조정, 비상대비, 민방위 및 방재에 관한 사무 • 국가의 행정사무로서 다른 중앙행정기관의 소관에 속하지 아니하는 사무는 행정안전부장관이 처리. 예 행정정보공개제도, 책임운영기관제도는 행안부 소관. 재난안전관리본부, 책임운영기관운영위원회, 정보공개위원회도 행안부 장관 소속
	경찰청	치안에 관한 사무
	소방청	소방에 관한 사무

문화체육 관광부	문화·예술·영상·광고·출판·간행물·체육·관광, 국정에 대한 홍보 및 정부발표에 관한 사무
문화재청	문화재에 관한 사무
농림축산 식품부	농산·축산, 식량·농지·수리, 식품산업진흥, 농촌개발 및 농산물 유통에 관한 사무
농촌진흥청	농촌진흥에 관한 사무
산림청	산림에 관한 사무
산업통상 자원부	상업·무역·공업·통상, 통상교섭 및 통상교섭에 관한 총괄·조정, 외국인 투자, 산업기술 연구개발정책 및 에너지·지하자원에 관한 사무. *중견기업에 관한 사무는 중소벤처기업부로 이관됨
특허청	특허·실용신안·디자인 및 상표에 관한 사무와 이에 대한 심사·심판사무
보건 복지부	보건위생·방역·의정(醫政)·약정(藥政)·생활보호·자활지원 및 사회보장, 아동(영·유아 보육 포함)·노인 및 장애인에 관한 사무
환경부	자연환경(해양환경 제외) 및 생활환경의 보전과 환경오염방지, 수자원의 보전·이용 및 개발에 관한 사무
기상청	기상에 관한 사무
고용 노동부	근로조건의 기준, 직업안정, 직업훈련, 실업대책, 고용보험, 산업재해보상보험, 근로자의 복지후생, 노사관계의 조정 기타 노동에 관한 사무
여성 가족부	여성정책의 기획·종합, 여성의 권익증진 등 지위 향상, 청소년 및 가족(다문화가족과 건강가정사업을 위한 아동업무 포함)에 관한 사무
국토 교통부	국토종합계획의 수립·조정, 국토의 보전·이용 및 개발, 도시·도로 및 주택의 건설, 해안·하천 및 간척, 육운·철도 및 항공에 관한 사무 대 수자원의 보전·이용 및 개발에 관한 사무는 환경부로 이관(2018.6.8.)
해양 수산부	해양정책, 수산, 어촌개발 및 수산물 유통, 해운·항만, 해양환경, 해양조사, 해양수산자원개발, 해양과학기술연구·개발 및 해양안전심판에 관한 사무
해양 경찰청	해양에서의 경찰 및 오염방제에 관한 사무
중소벤처 기업부	중소기업 정책의 기획·종합, 중소기업의 보호·육성, 창업·벤처기업의 지원, 대·중소기업 간 협력, 소상공인 보호·지원 사무

1 기능별 구조(functional structure)와 비교하여 사업별 구조(divisional structure)가 가지는 장점으로 보기 어려운 것은?

① 사업부서 내의 기능 간 조정이 용이하고 변화하는 환경에 신속하게 대응할 수 있다.
② 성과책임의 소재가 분명해 성과관리 체제에 유리하다.
③ 특정 산출물별로 운영되기 때문에 고객만족도를 제고할 수 있다.
④ 중복과 낭비를 예방하고 기능 내에서 규모의 경제를 구현할 수 있다.

2 민츠버그(Mintzberg)의 조직성장 경로모형에서 강조되는 조직구성부문과 이에 상응하는 구조의 연결로 옳지 않은 것은?

① 전략적 정점(strategic apex) – 기계적 관료제 구조
② 핵심운영(operating core) – 전문적 관료제 구조
③ 중간계선(middle line) – 사업부제 구조
④ 지원참모(support staff) – 애드호크라시(adhocracy)

3 조직이론에 대한 설명 중 옳지 않은 것은?

① 고전적 조직이론에서는 조직 내부의 효율성과 합리성이 중요한 논의 대상이었다.
② 신고전적 조직이론은 인간에 대한 관심을 불러 일으켰고 조직행태론 연구의 출발점이 되었다.
③ 신고전적 조직이론은 인간의 조직 내 사회적 관계와 더불어 조직과 환경의 관계를 중점적으로 다루었다.
④ 현대적 조직이론은 동태적이고 유기체적인 조직을 상정하며 조직발전(OD)을 중시해 왔다.

4 사업구조(divisional structure)에 대한 설명과 가장 거리가 먼 것은?

① 산출물에 기반한 사업부서화 방식이다.
② 사업부서들은 자율적으로 운영되므로 각 기능의 조정은 부서 내에서 이루어진다.
③ 규모의 경제에 따른 효율성을 확보할 수 있다.
④ 기능구조보다 환경변화에 신축적이고 대응적일 수 있다.

5 행정서비스헌장과 그 이행표준의 제정 등 공식화의 장점이 아닌 것은?

① 업무의 일관성이 증대한다.
② 조직의 성과평가기준을 제공한다.
③ 조직구성원의 자율과 재량권이 확대된다.
④ 서비스 수준에 관한 민원인의 기대형성이 조성된다.

6 다음 중 Parsons의 조직유형과 그 예가 잘못 연결된 것은?

① 정치조직 – 행정기관, 정당
② 호혜조직 – 정당, 노동조합
③ 경제조직 – 회사, 공기업
④ 현상유지조직 – 학교, 종교단체

7 다음 내용에서 현재 행정각부와 그 소속 행정기관으로 옳은 것을 모두 고른 것은?

> ㉠ 산업통상자원부–관세청　　　　㉡ 행정안전부–경찰청
> ㉢ 중소벤처기업부–특허청　　　　㉣ 환경부–산림청
> ㉤ 기획재정부–조달청　　　　　　㉥ 해양수산부–해양경찰청

① ㉠, ㉡, ㉤
② ㉠, ㉢, ㉣
③ ㉠, ㉣, ㉤
④ ㉡, ㉤, ㉥

8 귤릭(Gulick)의 조직 설계의 고전적 원리에 대한 설명으로 옳지 않은 것은?

① 전문화의 원리란 전문화가 되면 될수록 행정능률은 올라간다는 것을 의미한다.
② 명령통일의 원리는 명령을 내리고 보고를 받는 사람이 한 사람이어야 한다는 것을 의미한다.
③ 통솔범위의 원리는 부하들을 효과적으로 통솔하기 위해 부하의 수가 한정되어야 한다는 것을 의미한다.
④ 부서편성의 원리는 조직편성의 기준을 제시하며, 그 기준은 목적, 성과, 자원 및 환경의 네 가지이다.

9 다음 중 Etzioni의 분류에 따른 조직에 대한 설명으로 옳지 않은 것은?

① 강제적 조직에서 조직 구성원은 조직에 대하여 소외감을 느낀다.
② 경제목표를 추구하는 조직의 관리자는 물질적 보상으로 조직원을 통제하며, 대다수 구성원은 타산적으로 행동한다.
③ 학교나 일반종합병원 등은 봉사조직의 대표적인 예이다.
④ 공리적 조직은 보수적 권력과 타산적 관여의 결합이다.

10 다음 조직구조의 유형들을 수직적 계층을 강조하는 구조에서 수평적 조정을 강조하는 구조로 옳게 배열한 것은?

㉠ 네트워크 구조	㉡ 매트릭스 구조
㉢ 사업부제 구조	㉣ 수평구조
㉤ 관료제	

① ㉢ - ㉤ - ㉡ - ㉣ - ㉠
② ㉢ - ㉤ - ㉣ - ㉠ - ㉡
③ ㉤ - ㉢ - ㉡ - ㉣ - ㉠
④ ㉤ - ㉢ - ㉣ - ㉡ - ㉠

정답및해설

1	④	2	①	3	③	4	③	5	③
6	②	7	④	8	④	9	③	10	③

1 ④ 사업구조는 동일한 기능이 각 사업부서에 흩어져 있으므로 '기능 간 중첩으로 인한 비효율성 때문에 규모의 비경제가 초래되는 문제가 있다. 중복과 낭비를 예방하고 기능 내에서 규모의 경제를 구현할 수 있는 것은 기능별 구조이다.

2 민츠버그(H. Mintzberg)의 조직유형론

조직유형	단순구조	기계적 관료제	전문적 관료제	사업부제(분화형태)	임시체제
지배적 구성부문	최고관리층(전략정점) (strategic apex)	기술구조 (technostructure)	핵심운영층(작업중추) (operation core)	중간계선(중간관리층) (middle line)	지원참모 (support staff)
조정기제	직접 감독(직접 통제)	업무[작업]의 표준화	기술의 표준화	산출의 표준화	상호조정

3 ③ 신고전적 조직이론은 인간의 조직 내 사회적 관계를 중점적으로 다루었으나 조직과 환경의 관계를 고려하지 못했다.

4 ③은 공동기능별로 조직을 편제하는 기능별구조의 장점에 해당한다.
※ 기능구조와 사업구조

구분	기능구조	사업구조
의의	• 조직 전체업무를 공동기능별로 부서화하는 방식 • 동일집단 구성원은 기본적으로 동일한 기술소유	산출물에 기반을 둔 부서화 방식
특징	• 기능의 중복을 막아 효율성을 높일 수 있음 • 특정 기능과 관련된 조직 구성원들의 지식과 기술이 통합적으로 활용 • 비슷한 기술과 경력을 가진 구성원들 사이에 응집력이 강함 • 구성원에 대한 관리자의 감독이 용이	• 기능구조보다 분권적인 조직구조 • 사업구조의 각 부서는 자기 완결적 단위로서 기능 간 조정이 용이하므로 환경변화에 신축적 • 다양한 고객만족 제고 • 성과에 대한 책임소재가 분명해져 성과관리체제에 유리

5 ③ 환경의 변화를 적극적으로 수용하지 못하고 공식화로 인해 공무원의 자율과 재량권이 축소된다는 부정적 평가를 받을 수 있다.
※ 행정서비스헌장의 기본원칙
　㉠ 서비스는 고객의 입장과 편의를 최우선으로 고려하는 고객중심적이어야 함
　㉡ 비용과 편익이 합리적으로 고려된 서비스 기준을 설정
　㉢ 서비스와 관련된 정보와 자료를 쉽고 신속하게 얻을 수 있도록 함
　㉣ 고객이 쉽게 알 수 있도록 구체적이고 명확하게 작성
　㉤ 행정기관이 제공할 수 있는 가장 높은 수준의 서비스를 제시
　㉥ 형평성 있는 서비스 제공이 되도록 하여야 함
　㉦ 유관기관과 협력하고 여론을 수렴함
　㉧ 잘못된 서비스에 대한 시정절차와 보상조치를 명확히 함

6 ② 호혜조직은 Blau와 Scott의 분류에 해당된다.
※ Blau와 Scott의 분류 … 호혜조직, 사업조직, 봉사조직, 공익조직

7 ⓒ, ⓜ, ⓗ만 옳다.
　　㉠ 관세청은 기획재정부 소속
　　ⓒ 특허청은 산업통상자원부 소속
　　㉣ 산림청은 농림수산식품부 소속

8 ④ 부서편성원리는 정부기능을 가장 효율적으로 달성하기 위해 어떤 기준으로 부처를 편성할 것인가의 기준을 제시하며 부서편성의 기준으로 귤릭(L. Gulick)은 4P(Purpose, Process, People, Place)를 제시했다. 즉, 목표(기능), 절차(과정·수단·기술), 수혜자(대상, 고객, 취급물), 지역(장소)이다.

9 ③ 봉사조직은 Blau와 Scott의 분류에 해당된다.
　　※ Etzioni의 조직유형(복종관계 기준)
　　　㉠ 강제적 조직 : 강제적 권력과 소외적 관여의 결합으로 교도소, 강제수용소 등
　　　ⓒ 공리적 조직 : 보수적 권력과 타산적 관여의 결합으로 기업, 이익단체 등
　　　ⓒ 규범적 조직 : 규범적 권력과 도덕적 관여의 결합으로 정당, 종교단체 등

10 수직적 계층을 강조하는 구조는 기계적 구조이며, 수평적 조정을 강조하는 구조는 유기적 구조이다. 따라서 기계적 구조에서 유기적 구조 순으로 배열하면 관료제 → 사업부제 구조 → 매트릭스 구조 → 수평구조 → 네트워크이다.

02 조직구조론

section 1 조직구조

(1) 의의

① 개념 ⋯ 조직참여자들의 유형화된 교호작용을 의미하며, 조직목표를 달성하기 위한 계속적인 교호작용 속에서 조직구성원들의 행위의 정형이나 유형이 형성된다.

② 특성과 기능

　㉠ 특성 : 하나의 조직은 하나의 구조로 이루어지는 것이 아니며, 조직 내의 수평적 분화나 수직적 계층에 따라서 상이하고 다양한 조직구조가 있을 수 있다. 조직구조는 조직목표를 달성하기 위해서 필수적인 존재이다.

　㉡ 기능 : 조직구조는 조직산출물을 생산해 내고 조직목표를 달성하도록 하고, 조직구성원의 다양성에 의한 영향을 최소화하도록 하며 권력이 행사되고 결정이 이루어지도록 하여 조직활동의 수행에 기여한다.

(2) 조직구조형성의 기초요인

① 역할과 지위

　㉠ 역할 : 일반적으로 사회적 지위에 따라 수행해야 할 것으로 기대되는 행위나 행동의 범주를 말한다. 조직구조의 구성단위로서의 역할은 다른 역할들과 구분되며 이들과 함께 전체적인 조직구조를 형성한다. 역할은 역할담당자들이 달라지더라도 일정한 속성을 갖고 유사성과 규칙성, 예측가능성을 갖는데 이는 역할기대에서 비롯된다.

　㉡ 지위

　　• 개념 : 사회 내에서 개인이 점하는 위치의 상대적 가치 또는 존중도를 의미하며, 특정조직에 있어 계층적 서열·등급·순위를 나타내는 지위의 차이는 보수·편익과 권한·책임의 차등에 근거를 둔다. 그러나 공식적인 지위체제는 여러 비공식적 요인의 작용으로 다소 수정을 받게 된다.

　　• 기능 : 교호작용의 준거 제공과 조직의 효율성 제고에 기여하나, 지위획득을 목표로 하는 경우에는 인간관계가 악화되고 교호작용을 저해할 위험이 있다.

> **Point 팁** 지위체제의 정착 ⋯ 지위체제의 정착은 경직화의 위험을 항상 내포하고, 지위배분의 형평성을 상실시켜 사기 및 직무효율을 저하시킬 수 있으며, 지위의 확장을 통해 특정 영역에서 얻은 지위가 그와 무관한 타 영역에서까지 수용되어 폐단을 빚는 경우 등의 병폐적 부작용이 발생하기도 한다.

② **권한과 권력**

    ⊙ **권한** : 조직의 규범에 의하여 그 정당성이 승인된 권력이다.

    ⓒ **권력** : 개인 또는 조직 단위의 행태를 좌우할 수 있는 능력으로, 그 속성으로서는 권한이 행사되는 상대방의 복종을 요구할 수 있는 점, 정당성이 부여된 권력으로서 조직 내의 공식적 역할에 결부되며, 역할담당자들의 관계를 설정하는 변수라는 점 등을 들 수 있다.

기출문제

section 2 관료제

(1) 관료제의 의의

① **구조적 관점**(M. Weber, R.K. Merton) … 구조적 관점에서 볼 때 관료제는 계층제의 형태를 가지고 합리적·합법적 지배가 제도화되어 있는 대규모 조직을 의미하며, 대규모 사회집단에서 공통적인 관리업무를 담당하는 보편적 조직이라는 특징과 의사결정의 수직적 중심이 명확하다는 특징이 있다.

② **정치적 관점**(Laski, Finer) … 권력적 관점에서 보면 관료제는 행정엘리트에게 권한이 집중되어 있고 대중을 지배하면서도 대중으로부터는 통제받지 않으려는 조직으로 민주주의에 역행한다고 본다.

③ **구조·기능적 관점**(F. Riggs)

    ⊙ **합리적 측면** : 관료제는 조직의 목표달성을 극대화하는 능률적·합리적 기능을 가진 조직으로서 전문화·계층제·분업화·비개인성·표준화된 규칙 등의 내용을 포함하고 있다.

    ⓒ **병리적 측면** : 관료제는 비능률적 조직으로서 형식주의·무사안일·비밀주의 등의 병폐를 가지고 있다.

    ⓒ **권력적 측면** : 관료제는 관료집단이 정치권력의 주요한 장악자로서의 지위에 있으며, 광범위한 권력을 행사하는 관료에 의한 지배를 의미한다.

기출문제

문 베버(Weber)의 관료제 모형을 설명한 것으로 옳지 않은 것은?

▶ 2014. 6. 21. 제1회 지방직

① 조직이 바탕으로 삼는 권한의 유형을 전통적 권한, 카리스마적 권한, 법적·합리적 권한으로 나누었다.
② 직위의 권한과 관할 범위는 법규에 의하여 규정된다.
③ 인간적 또는 비공식적 요인의 중요성을 간과하였다.
④ 관료제의 긍정적인 측면으로 목표대치 현상을 강조하였다.

Tip 목표대치 현상은 수단에 지나치게 집착함으로써 목표를 소홀히 여기는 관료제의 부정적인 병리현상 중 하나이다.

문 베버(M. Weber)의 관료제론에 대한 설명이 아닌 것은?

▶ 2010. 6. 12. 서울특별시

① 관료제는 일정한 자격 또는 능력에 따라 규정된 기능을 수행하는 분업의 원리에 따른다.
② 조직은 엄격한 계층제의 원리에 따라 운영된다.
③ 조직의 기능은 일정한 규칙에 의해 제한된다.
④ 이상적인 관료제는 증오나 열정 없이 형식주의적인 비정의성(imperso-nality)에 따라 움직인다.
⑤ 이상적인 관료제는 정치적 전문성에 의해 충원되는 제도를 갖는다.

Tip 정치적 전문성보다는 기술적 전문성에 의한 전문기술관료제를 이상적인 관료제로 본다.

정답 ④, ⑤

(2) 베버(M. Weber)의 관료제

① 이론적 특징

㉠ **이념형** : 현실에서 귀납된 모형이 아니라, 관념의 순수한 구성물로서 관료제를 파악하는 것이다.

㉡ **보편성** : 이념형 관료제는 정부조직만이 아닌 군대, 교회, 회사, 관청 등 근대사회의 모든 조직에 공통적으로 적용되는 현상이다.

㉢ **합리성** : 근대 관료제의 성립은 근대적 합리성에 기초한 인간 이성의 진보로부터 가능하다고 보았다.

② 지배의 유형

㉠ **전통적 지배** : 지배 정당성의 근거가 전통이나 지배자의 권력의 신성성에 대한 신념에 입각한 유형으로서, 가산 관료제가 대표적이다. 인신에 대한 인격적 지배, 기능분화의 미발달, 권한행사의 자의성과 예측 불가능성, 공·사 분별의 결여, 관료의 특권적 지위 등의 특성을 가지고 있다.

㉡ **카리스마적 지배** : 지도자의 비범한 자질이나 능력에 대한 외경심이 피치자의 복종 근거가 되는 지배유형으로, 카리스마적 관료제라 하며 후진국이나 종교, 정치, 군대에서 주로 많이 나타난다.

㉢ **합법적 지배** : 법규화된 질서 또는 명령권이 합법성의 신념에 입각하고 있는 지배유형으로서 가장 순수한 유형의 관료제이다.

Point 팁 근대관료제의 성립요건

㉠ 화폐경제와 자본주의의 발달 : 대규모 조직의 탄생과 조직구조의 계층화를 촉진시켰다.
㉡ 행정사무의 양적 증대와 질적 변화 : 객관적 기준에 의거한 업무의 처리가 강조되어 법규에 의거한 관료제가 등장하게 되었다.
㉢ 물적 관리수단의 집중화 : 근대관료제는 국가행정비의 총액을 예산으로 산정하여 하급기관에 경상비를 지급하고 그 비용을 관리한다.
㉣ 사회적 차별의 상대적 평균화 및 경쟁과 기회균등 : 근대관료제는 19세기 이후 등장한 평등사상에 입각하여 공정성을 띤 법에 근거한 임용과 지배를 강조한다.
㉤ 관료제적 조직의 기술적 우위성 : 이상적 관료제 기구는 정확성, 신속성, 지속성, 통일성, 엄격한 복종, 물적·인적 비용의 절약 등에 있어 기존 조직제에 비해 기술적 우위를 차지한다.

③ 근대 관료제의 특징

㉠ **계층제** : 조직단위 상호 간 또는 조직내부의 직위 간에는 명확한 명령복종관계가 확립된다.

㉡ **권한의 명확성과 법규의 지배** : 관료의 권한과 직무범위는 법규에 의해 규정되며, 관료제의 지배원리는 합리적 절차에 따라 제정된 법규 또는 규칙에 따른다.

ⓒ **공사의 구별** : 직무수행은 몰주관적 · 비인격적 성격을 띠며, 관료는 공정한 자세를 견지하고 법규에 따라 객관적인 업무처리를 수행한다.

ⓔ **전문적 자격** : 모든 직무는 시험 또는 자격증 등에 의해 공개적으로 채용된 전문지식과 기술을 지닌 관료가 담당한다.

ⓜ **전임직** : 관료는 직무수행의 대가로서 급료를 규칙적으로 지급받고, 승진 및 퇴직금 등의 직업적 보상을 받는다.

ⓗ **문서주의** : 직무의 수행은 공식화된 문서에 의거하여 이루어지며, 결과도 문서로 기록되어 보존된다.

ⓢ **고용관계의 자유계약성** : 전통적인 신분관계가 아닌 평등한 관계에서 고용의 자유계약이 허용된다.

(3) 관료제 이론의 수정

① **Weber이론의 문제점** … 관료제의 공식적 · 합리적 · 순기능적 측면과 내부문제만을 고려하여 기계적 조직관 및 기능적 합리성의 강조와 비인간화 등의 역기능을 간과했고, 폐쇄적 조직관을 전제하여 상황적 조건을 고려하지 않음으로써 환경과의 상호관계를 인식하지 못했다.

② **1930년대 사회학자들에 의한 비판**

ⓐ **역기능의 과소평가** : Merton의 동조과잉에 관한 연구, Gouldner의 최고관리층의 조직원 통제기제에 관한 연구는 관료제가 경우에 따라 역기능적이고 병리적인 측면을 보인다는 것을 지적했다.

ⓑ **비공식적 · 비합리적 측면 간과** : P. Blau는 관료제의 동태적 요인을 비공식집단에서 찾아 그 잠재적 기능을 중요시하면서 비공식집단이 조직의 목표달성에 순기능적으로 작용할 수 있다는 점을 지적했다.

ⓒ **폐쇄체제적 관점** : Selznick은 관료제의 환경을 고려하지 않은 폐쇄적 조직관을 비판했다.

ⓓ **권력현상 간과** : 관료제를 가치중립적 도구로 인식함으로써 관료제 내외부에서 일어나는 권력현상을 간과했다는 점에서 비판을 받았다.

③ **1960년대 발전행정론자들에 의한 비판**

ⓐ **법제화의 한계** : 권한을 법령으로 규정하는 것은 행정의 사회변화 관리기능에 장애가 되므로, 신축적 적용이 가능하도록 재량권을 부여할 필요가 있다.

ⓑ **계층제 개념의 변화** : 계층제를 지휘 · 감독의 체제가 아닌 하의상달 및 참여, 수직적 분업의 입장에서 계층제를 파악해야 한다.

ⓒ **전문적 관료의 한계** : 전문적 관료의 사회 전체의 발전을 고려하는 균형적 안목의 결여, 발전지향성의 부족이 문제점으로 대두되었다.

기출문제

🈂 **관료제 병리에 관한 연구 내용과 학자 간 연결이 옳지 않은 것은?**
▶ 2015. 6. 13. 서울특별시

① 굴드너(Gouldner) – 관료들이 규칙의 범위 내에서 소극적으로 행동하는 무사안일주의를 초래한다.

② 굿셀(Goodsell) – 계층제 조직의 구성원이 각자의 능력을 넘는 수준까지 승진하게 되는 병리현상이 나타난다.

③ 머튼(Merton) – 최고관리자의 관료에 대한 지나친 통제가 관료들의 경직성을 초래한다.

④ 셀즈닉(Selznick) – 권한의 위임과 전문화가 조직 하위체제 간 이해관계의 지나친 분극을 초래한다.

Tip ② 피터(Peter)가 제시한 Peter의 원리이다. 굿셀(Goodsell)은 관료제 병리에 대한 연구자가 아니라 관료제를 적극적으로 옹호한 미국 행정학자이다.
※ 피터(Peter)의 원리 … 관료제 내의 개인은 자신의 능력한계까지 승진한다는 원칙으로 무능력한 자가 계속 승진함으로써 감당하기 곤란한 직위까지 승진하는 경우 부하의 능력보다는 규칙의 준수, 명령에의 복종 등을 더 중시하게 되는 병리현상이 나타난다.

정답 ②

② 전임직 원칙의 변화 : 사회구조의 분화에 따라 전임직 공무원의 비효율성이 대두되고 계약직 공무원 증가로 인해 그 적실성이 감소하고 있다.

⑩ 다양한 행정이념의 발달 : 행정의 법률적합성 외에도 발전목표의 설정과 그에 따른 합목적적 해석 및 효과성도 중요하다.

㉥ 권위적 관료제의 경직성 : 행정적 권위가 지배하는 관료제적 조직에서는 전문 기술적 지식에 근거를 둔 전문적 권위는 제약을 받기 때문에 급격한 사회변 동에 대응하기 어렵다.

④ 1970년대 신행정론자들에 의한 비판(후기관료제 모형, 탈관료제 모형)

㉠ 문제해결능력을 가진 사람이 권한을 행사한다.

㉡ 업무수행의 기준과 절차는 상황적응적 원리에 따른다.

㉢ 고객을 동료처럼 대한다.

㉣ 조직의 구조는 비계층제적 형태를 취한다.

㉤ 문제해결과 의사결정과정에서 분업보다는 집단사고와 집단적 과정을 통해 진행한다.

㉥ 전임제적 직업관을 유동적으로 전환한다.

㉦ 관료제의 구조를 임시적, 잠정적으로 구성한다.

㉧ 의사전달의 공개주의를 지향한다.

(4) 관료제의 병리현상

① 구조적 측면

㉠ 할거주의(Selznick) : 조직 내 권력관계에 의한 경쟁 때문에 소속기관과 부서 만 생각하고 타 부서에 대한 배려를 하지 않는다.

㉡ 갈등조정수단 부족 : 집권화에 따른 기능적 부문 사이의 갈등 해소의 제도적 장치가 부족하다.

㉢ 전문가적 무능(Veblen) : 구조적 분화에 따라 타 분야에 대해 문외한이 되는 훈련된 무능현상이 나타난다.

㉣ 조직의 활력 상실 : 동일업무의 반복으로 권태와 무력감에 빠지게 된다.

㉤ Peter의 원리 : 관료제 내의 개인은 자신의 능력한계까지 승진한다는 원칙으로 무능력한 자가 계속 승진함으로 인해 감당하기 곤란한 직위까지 승진하는 경우 부하의 능력보다는 규칙의 준수, 명령에의 복종 등을 더 중시하게 되는 병리현상이 나타난다.

🔥 관료제의 여러 병리현상 중 '과잉 동조'에 대한 설명으로 옳은 것은?

▶ 2014. 4. 19. 안전행정부

① 목표 달성을 위해 마련된 규정이나 절차에 집착함으로써 결국 수단이 목표를 압도해버리는 현상

② 세분화된 특정 업무에서는 전문적인 능력이 있지만 그 밖의 업무에 대해서는 문외한이 되는 현상

③ 다양한 외부 환경의 변화에 둔감하고 조직목표의 혁신에 적극적으로 저항하는 현상

④ 자신이 소속된 기관이나 부서만을 생각하고 다른 기관이나 부서를 배려하지 않는 현상

Tip ② 훈련된 무능
③ 변동에의 저항
④ 할거주의

▌정답 ①

② 행태적 측면

　　㉠ 무사안일주의 : 문제해결방식으로 선례를 중시하고, 자신의 신분보호에 몰두하여 소극적 태도로 업무에 임한다.

　　㉡ 인간성 상실 : 조직 내 대인관계와 업무의 지나친 몰인정성은 무관심, 불안감 등으로 표출되어 비인간적 성향이 나타나게 된다.

③ 환경적 측면

　　㉠ 서면주의, 형식주의, 번문욕례 : 문서화, 형식과 절차를 내세워 업무처리를 지연시킨다.

　　㉡ 목표와 수단의 전도현상, 동조과잉(Merton) : 조직 전체의 목표달성보다는 규칙과 절차에 지나치게 집착한다.

　　㉢ 변동에 대한 저항 : 변동하는 환경에 신속하게 적응할 수 있는 능력이 결여되어 있어 변동·발전에 대하여 저항을 나타낸다.

(5) 관료제와 민주주의

① 관료제의 민주주의에 대한 순기능적 측면(조화관계)

　　㉠ 민주적 목표의 능률적 달성 : 민주적으로 결정된 조직의 목표는 기술적 합리성과 기능성을 지닌 관료제를 통하여 효과적으로 달성될 수 있다.

　　㉡ 법 앞의 평등 : 정실주의, 개별주의를 배제하고 법에 의한 보편주의를 추구함으로써 평등성을 추구한다.

　　㉢ 공직임용의 기회균등 : 신분적 차별 없이 전문적 지식과 능력에 따라 관료를 임용하는 것을 원칙으로 하여 공직임용의 기회를 균등하게 보장한다.

② 관료제의 민주주의에 대한 역기능적 측면(갈등관계)

　　㉠ 권력의 집중 : 위계질서 및 명령통일의 원리는 권력을 소수인에게 집중시킴으로써 조직 구성원의 자유와 권리를 위축시키고 과두제의 철칙이 나타난다.

Point 팁　과두제의 철칙(R. Michels) … 관료제는 소수 간부의 권력욕구로 인하여 그들에게 권력이 집중되고 결국 소수의 이익을 추구하는 특권집단화의 경향으로 나아간다는 것이다.

　　㉡ 독선관료제 : 관료제가 권력집단화되어 자기들의 특수이익만을 추구하고, 권력성·우월성 등이 나타나 국민 위에 군림하려 한다.

　　㉢ 국민요구에의 부적응 : 규칙과 절차에 집착하는 경직화 현상으로 변화와 국민의 요구에 둔감하다.

기출문제

문 관료제 병리현상에 대한 설명으로 옳지 않은 것은?
▶ 2017. 4. 8. 인사혁신처

① 규칙이나 절차에 지나치게 집착하게 되면 목표와 수단의 대치현상이 발생한다.

② 모든 업무를 문서로 처리하는 문서주의는 번문욕례(繁文縟禮)를 초래한다.

③ 자신의 소속기관만을 중요시함에 따라 타 기관과의 업무 협조나 조정이 어렵게 되는 문제가 나타난다.

④ 법규와 절차 준수의 강조는 관료제 내 구성원들의 비정의성(非情誼性)을 저해한다.

Tip 법규와 절차 준수의 강조는 관료제 내 구성원들의 비정의성, 즉 조직의 구성원이나 고객이 개인적인 특성에 관계없이 공평하게 취급하는 것을 유지하도록 한다. 베버는 그의 관료제의 이념형에서 이러한 원칙을 근대적 관료제의 한 특징으로 제시했다.

정답 ④

기출문제

③ 관료제와 민주주의의 조화전략

- ㉠ **민주화**: 민주적인 규범과 가치를 강화하고 행정을 공개하여 국민의 알 권리를 충족시키고 분권화를 촉진하여 고객중심행정을 추구해야 한다.
- ㉡ **민주행정패러다임**: 공공재와 공공서비스의 결정과 공급을 중앙집권적 권력에 의해서가 아닌 분권화된 다양한 결정주체의 의견수렴을 통해 행한다.
- ㉢ **시민참여의 확대**: 옴부즈만 제도 등의 활성화를 통해 관료제의 정책결정과 집행과정에 민주적인 투입기능을 강화하여 견제와 통제기능을 강화하고 행정책임성을 향상시킨다.

(6) 관료제의 쇄신방안

① 조직구조적 측면

- ㉠ 계층적 구조를 수평적·평면적 구조로, 경직구조를 동태적·신축적인 구조로 변화시켜 행정조직의 동태화를 추구한다.
- ㉡ 집권화의 문제점을 비롯한 다양한 관료제의 역기능을 해소하기 위해 참여와 의사전달의 촉진 및 분권화와 권한의 위임을 지속적으로 강화한다.
- ㉢ 참여를 통한 원활한 의사소통의 확보와 조정으로 할거주의를 극복한다.

② 인간적 측면

- ㉠ 발전지향적 행정윤리를 확립하여 무사안일주의를 모험적 창조주의로 전환한다.
- ㉡ 대내적 인간관리의 민주화와 적정수준의 신분보장을 통해 전문직업의식을 강화한다.
- ㉢ 권위주의를 배격하고 민주적 행정이념을 추구한다.

section 3 공식조직과 비공식조직

(1) 의의

① **공식조직** … 조직목표를 달성하기 위하여 법령 등에 의해 공식적으로 업무와 역할을 할당하고 권한과 책임을 부여하는 인위적 조직으로서 구조가 명확한 조직을 뜻한다.

② **비공식조직** … 구성원 상호 간의 접촉이나 친분관계로 인해 자연발생적으로 형성되는 조직으로서, 구조가 명확하지 않으나 공식조직에 비하여 신축성을 가진 조직을 말한다.

(2) 공식조직과 비공식조직의 특성

① 발생 … 공식조직은 특정 목적을 위하여 인위적·계획적으로 형성되는 반면, 비공식조직은 구성원 상호 간 욕구충족을 위해 자연발생적으로 형성된다.

② 목표 … 공식조직은 일반적으로 공식적으로 설정된 하나의 목표를 향해 조직 전체가 통합되어 있으나, 비공식조직은 구성원의 욕구 또는 소망의 다양성에 따라서 목표가 달라진다.

③ 행동의 원칙 … 공식조직의 구성원은 주어진 목표를 달성하기 위해 규칙에 따라 합리적·능률적으로 행동하도록 요구되는 반면, 비공식조직은 대면적인 1차 집단적 성격이 강하고 구성원의 행동은 소외된 인간성의 회복을 무의식적으로 추구하게 되어 감정의 논리를 따른다.

④ 성격 … 공식조직은 대체로 외면적·가시적·명문화된 조직이며, 비공식조직은 내면적·불가시적이다.

(3) 비공식조직의 형성요인

① 인간적 욕구와 자위의식의 강조 … 사람은 누구나 인격과 개성을 가지고 있기 때문에 규칙보다는 감정·욕구에 따라 행동하고자 한다.

② 공식조직의 비인간성 … 공식조직에서 규칙의 지나친 강조는 비인격적 성격을 유발하고 이에 대한 반발로 비공식조직이 형성된다.

③ 공식적 구조의 경직성 … 공식조직은 지나치게 법규에 의한 지배를 강조하기 때문에 유연성의 부족을 초래하며, 이의 보완을 위해 비공식조직이 등장한다.

④ 법규의 일반적·포괄적 성격 … 모든 조직의 법규와 규정은 일반성과 추상성을 가지므로 모든 문제에 대해 면밀하고 세분화된 대응을 할 수 없는 한계에서 비공식조직의 필요성이 발생한다.

⑤ 공식적 권위·명령과 실제 권력·영향력의 차이 … 공식적 권위와 실제 영향력 간의 간극을 보완하기 위해 비공식조직이 활용된다.

Point 비공식조직의 순기능과 역기능

㉠ 순기능
- 귀속감·안전감·만족감의 충족으로 사기를 제고하며, 생산성을 향상시키는 데 기여한다.
- 욕구불만의 배출구로서의 역할을 한다.
- 공식조직의 경직성 완화 및 보존 기능을 한다.
- 공식적 경로에 의존할 수 없는 경우 비공식적 의사전달의 통로로서 역할을 한다.
- 구성원 간의 지식 및 경험의 공유와 협조를 통하여 업무의 능률적 수행에 도움을 준다.

기출문제

문 비공식조직과 공식조직에 관한 설명으로 옳지 않은 것은?
▷ 2000. 7. 23. 서울특별시

① 비공식조직이 내재적 규율 중심이라면, 공식조직은 외재적 규율에 의존한다.
② 비공식조직이 이성적 조직이라면, 공식조직은 감성적 조직이다.
③ 비공식조직이 비가시적 조직이면, 공식조직은 가시적 조직이다.
④ 공식조직이 인위적 조직이라면, 비공식조직은 자연발생적 조직이다.
⑤ 공식조직에는 능률의 논리가 작용한다면, 비공식조직은 감정의 논리가 작용한다.

Tip 비공식조직이 공식조직보다 감성적 조직이라고 할 수 있다.

문 비공식적 조직에 대한 설명으로 보기 어려운 것은?
▷ 2002. 6. 23. 경상북도

① 구성원들에게 귀속감과 안정감을 준다.
② 자생적이며 동태적이다.
③ 유해한 비공식적 집단을 통제하기 위해 비공식적 집단의 중심인물을 의식적으로 이동시킨다.
④ 능률의 논리에 따라 구성된다.

Tip 능률의 논리에 따라 구성되는 것은 공식조직이다.

정답 ②, ④

기출문제

- 구성원에게 준거집단으로서 행동의 기준을 제공한다.
- 개인의 창의력 및 쇄신적 활동을 고취하는 환경을 마련하여 준다.
- 공식지도자의 명령·능력의 결함을 보완하며 공식지도자의 업무를 경감시켜 준다.
  ⓒ 역기능
  - 비공식조직 간, 또는 비공식조직과 공식조직 간의 적대적 태도와 감정으로 공식조직의 정상기능에 방해요소가 될 수 있다.
  - 개인적 불안을 집단적 불안으로 확대시켜 공식조직을 와해시킬 가능성도 있다.
  - 비공식적 의사전달의 역기능이 문제된다.
  - 압력단체로서 인사에 압력을 행사하여 정실행위를 만연시킨다.
  - 행정인의 정치적 중립성을 저해하게 된다.
  - 관리자의 소외 및 공식권위의 약화를 초래한다.

(4) 공식조직과 비공식조직의 조화방안

① 관리자가 지도자로서 추앙·존경을 받을 수 있도록 리더십을 발휘한다.

② 조직 내 비공식집단의 유형, 목표, 기능, 행동규범과 인적사항 등의 실태를 파악한다.

③ 양자의 조화가능성과 일치가능성을 인정하고 목표와 규범을 일치시키도록 노력한다.

④ 비공식지도자를 발견하여 개별적으로 접촉·회유하고 의사결정에 참여하도록 보장하며 공식조직에 협조와 지지를 유도한다.

⑤ 상호 간의 의사전달을 촉진한다.

⑥ 비공식집단 간의 갈등과 대립 및 지나친 경쟁을 방지한다.

⑦ 비공식조직이 강력할 경우 인사이동, 전보, 사직 등 인사조치를 단행하거나 비공식지도자를 격하하여 이를 와해시킨다.

⑧ 가능한 한 비공식조직의 억압을 피한다.

section 4 계선과 막료

(1) 의의

① **계선기관** … 조직의 목표달성을 직접적으로 수행하는 조직의 중추적·본질적·핵심적 기관이 행정목표의 달성을 보다 원활하게 수행할 수 있도록 이를 지원하는 기관을 의미한다.

② **막료기관** … 계선기관이 행정목표의 달성을 보다 원활하게 수행할 수 있도록 이를 지원하는 기관을 의미한다.

(2) 계선과 막료의 장·단점

구분	계선기관	막료기관
장점	• 권한과 책임의 한계 명확 • 신속한 결정 • 능률적 업무수행 • 명령복종관계에 의한 통솔력 • 조직의 안정화에 기여 • 경비절약 • 소규모 조직에 적합	• 기관장의 통솔범위를 확대 • 전문지식의 활용으로 합리적 결정에 기여 • 조직에 신축성 부여 • 조직운영의 원활한 조정
단점	• 기관장의 주관적·독단적 결정 • 전문가의 지식·기술의 활용 곤란 • 조직의 경직성 초래 • 대규모 조직에 부적합 • 최고관리층 업무량의 과부하 • 효과적인 조정 곤란 • 조직운영의 능률성, 효과성 저하	• 막료의 계선권한 침해 가능성 • 조직 내 복잡한 인간관계 형성 • 행정의 지연, 경비의 증대 • 의사전달경로의 혼란 우려 • 책임전가의 우려 • 계선과 막료 간의 불화와 갈등 조성

(3) 계선과 막료의 특징

구분	계선기관	막료기관
직무	목표달성에 직접적 기여	목표달성에 간접적 기여
권한	결정권·명령권·집행권	공적 권한 없음
조직	수직적 계층제	수평적·부차적 조직
대상	국민에 직접 접촉·봉사	계선에 직접 접촉·봉사
책임	직접적 행정책임	간접적 행정책임
성향	현실적·실제적·보수적	이상적·개혁적·비판적
업무유형	실시·집행·수행·지휘·명령·감독·결정	계선의 업무를 지원·조성·촉진(자문, 권고, 협의, 조정, 정보의 수집·분석 등)
사례	장관 – 차관 – 실·국장 – 과장 – 계장 – 계원	차관보, 비서실, 담당관, 막료적 위원회, 각종 조사연구소 등

기출문제

계선기관의 특징을 가장 잘 설명한 것은?
▶ 2007. 4. 14. 중앙인사위원회
① 기관장과 빈번하게 교류한다.
② 정책을 결정하는 데 주로 조언의 권한을 가진다.
③ 수평적인 업무 조정이 용이하다.
④ 권한과 책임의 한계가 명확하다.

Tip 계선기관은 수직적 계층제이므로 권한과 책임의 한계가 명확하다.

정답 ④

기출문제

(4) 계선과 막료와의 상호관계

① 계선과 막료의 관계 … 일반적 기능구분의 범위에서 계선기관은 결정·명령·집행을 하며, 막료기관은 조언·권고·서비스를 한다고 볼 수 있으나, 현실적으로 계선과 막료 간에는 엄격한 구분이 존재하지 않으며 양 기능은 보완적으로 상호 의존하고 있다. 따라서 조직의 최선의 결과를 달성하기 위한 최적의 대안을 선택함에 있어 계선·막료활동 간의 불화를 억제하고 원만한 협조와 통합이 이루어지는 방향을 모색해야 한다.

② 갈등의 원인

  ⑦ **지식·능력·수입의 차이** : 막료는 대개 계선보다 연령은 낮지만, 사회적 지위·지식·능력·수입 등의 수준이 높다.

  ⓛ **행태의 차이** : 계선은 실무적·현실적·현상유지적·보수적인 행태를 가지나, 막료는 이론적·발전지향적·개혁지향적·비판적인 행태를 지닌다.

  ⓒ **심리적 갈등** : 계선은 막료가 최고책임자에게 미치는 것으로 예상되는 영향력을 질시하고, 막료가 자신의 지위를 위태롭게 하지 않을지에 대해 우려하는 경향이 있다.

  ⓔ **조직상의 갈등** : 계선과 막료의 권한과 책임의 한계가 불명확하여 갈등이 야기될 수 있다.

  ⓜ **직무 성질에 대한 인식 부족** : 계선은 막료의 직무가 편협하고 탁상공론적이며 무책임하다고 생각하는 반면, 막료는 계선이 근시안적·권위적·비협조적이라는 불만을 가지고 있다.

  ⓑ **지나친 권한행사와 방어** : 막료는 자기의 소신을 관철하기 위하여 최대한의 권한행사를 하려는 경우가 많으며 경우에 따라서는 계선의 장을 설득하여 계선에 명령을 하고 이에 따른 계선의 자기방어로 불화가 발생한다.

③ 갈등의 해결방안

  ⑦ **권한·책임한계의 명확화** : 상급자는 부하인 계선직원과 막료직원의 권한 및 책임의 한계를 명확히 밝혀야 한다.

  ⓛ **인사교류** : 계선기관과 참모기관 간의 직책의 교체를 통하여 서로의 입장이나 견해를 더 잘 이해할 수 있게 된다.

  ⓒ **상호 간 접촉의 촉진** : 상호 간의 빈번한 접촉을 촉진하여 친밀감을 형성시킨다.

  ⓔ **교육훈련의 실시** : 교육훈련을 통하여 서로가 상대방의 기능과 업무의 내용을 잘 알고 있어야 원만한 협조관계가 성립될 수 있다.

  ⓜ **리더십의 활용** : 기관장은 계선과 막료에 대한 편견을 버리고 양자의 통합력 유지에 기여할 수 있는 쇄신적 리더십을 발휘해야 한다.

section 5 위원회조직

(1) 의의

① **개념** … 복수의 자연인에 의해 구성되는 수평적 분권제로서 합의제적이고 계속적인 조직을 말한다.

② **등장배경** … 신중한 문제해결, 전문지식·기술의 요청, 대립된 이해조정 및 경제 및 사회의 급격한 변동에 따르는 규제기능 담당의 필요성으로 20세기 이후 중요성이 부각되었다.

③ **특징**
  ㉠ **합의성** : 복수인의 합의에 의해 결정을 내리는 다수지배형의 기관이다.
  ㉡ **민주성** : 의사결정과정의 분권화와 참여를 추구한다.
  ㉢ **계층제의 경직성 완화** : 계층제의 경직성을 완화시키는 방안으로서 행정조직의 동태화에 기여한다.
  ㉣ **규제기능** : 행정국가의 대두 및 경제·사회의 변동에 따른 규제기능을 담당하여 사회·경제 문제를 합리적·집단적 판단을 통해 공정하게 해결하려는 것이다.
  ㉤ **전문가의 활용** : 정책결정과정에 다수의 전문가가 참여하여 행정의 효율성 및 전문성을 제고한다.
  ㉥ **행정권의 비대화 방지** : 행정국가의 출현으로 나타나는 행정권의 비대화를 방지한다.

(2) 위원회조직의 장·단점

① **장점**
  ㉠ **집단적 결정** : 다수의 토론을 거쳐 결정을 하기 때문에 행정의 민주성에 부합하고, 다수의 의견이 반영될 가능성이 크다.
  ㉡ **조정의 촉진** : 다수의 만족과 지지를 얻을 수 있는 결정이 가능하며, 각 부문 간의 이해관계와 의견의 대립을 조정하고 통합할 수 있으므로 업무처리의 혼란과 비능률을 방지할 수 있다.
  ㉢ **결정의 합리성** : 위원들의 전문적 지식·경험을 살려 합리적 결정을 내릴 수 있다.
  ㉣ **행정의 중립성** : 행정의 중립성과 정책의 계속성을 통해 조직의 안정성과 지속성에 기여한다.
  ㉤ **권위주의 지양** : 민간인 전문가 집단에 의한 결정을 통해 관료의 독선적 경향을 막을 수 있다.
  ㉥ **관리자의 양성** : 결정에 폭넓은 참여경험을 통하여 관리자로서의 자질과 능력을 발전시킬 수 있다.

기출문제

🔍 **위원회(committee)조직의 장점으로 보기 어려운 것은?**
▶ 2012. 5. 12. 상반기 지방직

① 집단결정을 통해 행정의 안정성과 지속성을 확보할 수 있다.
② 조직 각 부문 간의 조정을 촉진한다.
③ 경험과 지식을 지닌 전문가를 활용할 수 있다.
④ 의사결정 과정이 신속하고 합의가 용이하다.

Tip 의사결정이 지연되고 책임한계, 타협적 결정을 초래하는 것이 위원회조직의 단점이다.

| 정답 ④

② 단점

　　㉠ **결정의 신속성·기밀성의 확보 곤란**: 다수의 인원이 참여하므로 일이 지연되고 기밀이 누설되기 쉽다.

　　㉡ **경비과다**: 적시성 있는 대응책이 곤란하고, 비용·시간·노력이 많이 들어 행정의 무기력과 비능률을 야기한다.

　　㉢ **책임한계의 불명확**: 구성원이 복수이므로 책임의 분산과 혼란을 가져오게 되며 문제발생 시 책임회피의 경향이 있다.

　　㉣ **타협적 결정의 가능성**: 강력한 리더십이 결여될 우려가 있고 상대방의 감정을 고려하여 비판적인 태도를 취하지 않으려고 하며, 조정이 곤란하다.

　　㉤ **소수의 전제화(專制化)**: 소수의 유력한 위원들을 중심으로 위원회의 운영이 전제화될 가능성이 있다.

(3) 위원회의 유형

① **행정위원회(합의제 행정관청)**

　　㉠ **의의**: 행정관청으로서의 성격을 가진 합의제 기관이며 그 결정은 법적 구속력을 가진다. 영국과 미국의 지방자치제도에서 널리 사용되고 있으며, 우리나라의 소청심사위원회, 금융통화위원회 등이 이 유형에 속한다.

　　㉡ **특징**: 독립된 행정관청으로서의 성격을 갖고 있으며 상설사무기구가 있고 주로 규제기능을 담당한다. 행정위원회는 준입법적 기능(결정·조정·판결)과 준사법적 기능을 수행하며, 집행권을 지니기 때문에 위원회의 결정에는 법적 구속력이 인정된다(규칙제정권).

② **조정위원회** … 상이한 의견 또는 입장을 조정·통합하여 합의에 도달하려는 목적으로 설치된 합의제기관이며, 그 결의의 법적 구속력의 여부는 개별위원회에 따라 다르다. 행정 각 부처 간의 각종 위원회, 차관회의, 경제장관회의, 행정안전부 산하의 지방자치단체 중앙분쟁조정위원회 등을 그 예로 분류해 볼 수 있다.

③ **자문위원회**

　　㉠ **의의**: 특정의 개인 또는 조직 전체에 대한 자문에 응하게 할 목적으로 설치된 참모기관의 성격을 가진 합의제 조직으로, 자문기능만 수행할 뿐 그 결정은 실제적인 영향력을 제외하고는 법적 구속력을 가지지 못한다.

　　㉡ **기능**: 조언, 행정기관과 공중 간의 완충역할, 정책시책에 대한 지지의 유도 기능 등을 수행하며 국정기획자문위원회, 국가생명윤리심의위원회, 정부업무평가위원회 등이 대표적이다.

④ 독립규제위원회

㉠ 의의 : 19세기 말 자본주의의 고도화에 따른 산업경제의 급격한 발달로 초래된 경제적 · 사회적 병폐를 바로잡기 위한 규제의 필요성에서 비롯된 것으로 '머리 없는 제4부'라고도 한다.

㉡ 특징 : 행정부의 편제로부터 독립성을 가지며 준입법적 · 준사법적 기능을 수행하고 위원의 신분이 보장된다. 주로 경제 · 사회 분야 위원회라는 점에서 일반 행정분야의 공권력을 지닌 행정위원회와 구별된다.

㉢ 설치요건 : 기존의 입법부나 사법부가 담당할 수 없는 전문적 판단이 요구되고 정치적 중립이 요구될 때, 소관사항이 불분명하거나 기존기관에 적절하지 않은 경우에 설치된다.

㉣ 성격

• 독립성 : 예산 및 재정상의 독립성을 의미하는 것이 아닌 행정수반 및 국회로부터의 독립을 말한다.

• 합의성 : 여러 부문의 대표들로 구성하여 균형과 조정을 원칙으로 한 합의제이다.

• 권력통합적 성격 : 강력한 준입법적 · 준사법적 권한을 통합하여 지니는 기관이다.

㉤ 장 · 단점

• 장점 : 부당한 압력에 대해 저항할 수 있고, 집단적인 정책결정을 통해 정책의 전문성과 계속성을 견지할 수 있다.

• 단점 : 민중통제가 곤란하고, 사회적 · 경제적 변동에 대처할 수 있는 기획능력이 결여되어 있으며, 독립성과 합의성으로 인하여 일반행정기관 간 정책조정이 어렵다. 또한 규제사무처리가 지체되며, 책임확보가 어렵고, 이익단체의 영향력으로 포획현상이 일어날 가능성이 크다.

Point 팁 우리나라의 독립규제위원회 … 우리나라에서는 진정한 의미의 독립규제위원회는 아직 발전되어 있지 않으나 유사한 기관으로는 중앙선거관리위원회, 공정거래위원회, 금융통화위원회 등을 들 수 있으며 중앙선거관리위원회가 기능 및 독립성에서 가장 유사하다.

section 6 공기업

(1) 의의

① 개념 … 국가 또는 공공단체가 수행하는 여러 사업 중 공공수요의 총족을 위해 기업적 · 경영적 성격을 지닌 사업을 수행하는 기업으로서, 국가나 지방자치단체가 이를 소유하여 지배한다.

기출문제

문 우리나라 행정기관 소속 위원회에 대한 설명으로 옳지 않은 것은?
▷ 2015. 6. 27. 제1회 지방직

① 행정위원회와 자문위원회 등으로 크게 구분할 수 있다.

② 방송통신위원회, 금융위원회, 국민권익위원회는 행정위원회에 해당된다.

③ 관련분야 전문지식이 있는 외부 전문가만으로 구성하여야 한다.

④ 자문위원회의 의사결정은 일반적으로 구속력을 갖지 않는다.

Tip 행정기관 소속위원회는 내부 공무원과 외부 전문가로 구성한다.

│ 정답 ③

---

② 특징

  ㉠ **공공성**: 이윤의 극대화보다 공익증진을 추구하므로 민주적 통제가 요구된다.

  ㉡ **기업성**: 공공성이 보장되는 범위에서 수익주의 형태를 갖추기 위해 자주성·융통성이 보장되어야 하며 독립채산제 원칙, 생산성의 원칙 등이 강조된다.

(2) 공기업의 발달요인(Friedman & Dimond)

① **민간자본의 부족** ⋯ 산업화를 추진할 때 자본과 기술이 빈약한 민간기업들에게 의존할 수 없는 경우가 많이 나타나게 되며, 국가가 공기업을 설립하게 된다.

② **국방상·전략상의 고려** ⋯ 국방과 전략상의 이유로 특정산업을 국유화하거나 민간기업과 계약을 통해 무기개발 및 생산을 의뢰한다.

③ **경제·사회적 요구** ⋯ 경제적·사회적 문제를 해결하기 위한 정책적 필요에서 공기업을 운영하는 경우가 많다.

④ **정치적 이념** ⋯ 국가 또는 정당의 이념과 정강에 따라 공기업이 설치되기도 하고 정부가 위기에 처한 기업을 매입하여 공기업화 하기도 한다.

⑤ **독점적 서비스** ⋯ 전기·수도·가스·철도 등과 같이 국민생활에 직결되며, 독점적 성격을 띤 공익사업은 공기업으로 운영한다.

Point 팁 우리나라의 경우
  ㉠ 귀속재산의 관리: 해방 이전의 일본인 소유의 사업체를 해방 이후 공기업화 하였다.
  ㉡ 재정적 수입: 재정확보의 목적으로 공기업을 운영하는 경우이다.
  ㉢ 경제의 안정과 성장: 포스코와 같이 경제성장의 주도적 역할을 담당하는 공기업을 설립하기도 한다.
  ㉣ 독점적 사업: 철도·통신·전력사업 등의 사업이 독점성을 가지는 경우 공기업을 설립한다.
  ㉤ 사기업의 구제: 파산위기의 사업이 국가경제에 지대한 영향을 미치는 경우 국가가 이를 구제하여 공기업화하기도 한다.

(3) 공기업의 유형

① **정부부처형** ⋯ 조직·인사·재정상의 제약으로 인해 공기업의 이점인 자율성·능률성·신축성을 갖지 못하고 관료적인 경향을 띠며, 기업경영에 필요한 창의력과 탄력성을 발휘하기 어렵기 때문에 공사로 전환하는 경향이 늘어나고 있다.

② **주식회사형** ⋯ 정부가 주식의 전부 또는 일부를 소유하는 형태의 공기업으로서 대륙국가 및 개발도상국에서 많이 이용된다. 주로 국가적으로 중요한 기업체의 도산을 방지하려는 경우, 개발도상국 정부가 외국 사기업의 기술과 자본을 이용하려는 경우, 사기업의 창의력이나 신축성을 정부가 뒷받침하여 국책을 수행하려는 경우 등에 설치된다.

③ **공사형** ··· 공공성과 기업성의 조화를 도모하기 위해 시작된 제도로서, 전액 정부투자기관이고, 정부가 운영의 손익에 대해 최종책임을 지며, 정부가 임명한 임원이 운영을 담당하고, 일반 행정기관에 적용되는 예산·인사·감사·회계에 관한 법령의 적용을 받지 않는다. 사양산업에 대한 지원이나 모험적 사업의 수행 또는 사회복지의 증진 등을 강력히 추진하는 데에 유리하다.

Point 팁

공기업의 형태에 따른 비교

구분	정부부처형	주식회사형	공사형
독립성	없음	있음(법인격, 당사자능력)	
설치근거	정부조직법	특별법 또는 회사법	특별법
출자재원	정부예산(전액)	5할 이상 정부출자(주식보유)	전액 정부출자
이념	공공성 > 기업성	공공성 < 기업성	공공성 + 기업성
직원신분	공무원	임원 : 준공무원, 직원 : 회사원	
예산회계	국가예산, 특별회계 - 정부기업예산법에 규정된 것을 제외하고는 국가재정법 적용	독립채산제(공공기관 운영에 관한 법률)	
예산성립	국회의결 필요	국회의결 불필요(이사회 의결로 성립)	
조직특성	독임형	합의제와 독임형이 분리된 이중 기관제	
예	우편·우체국예금. 양곡관리, 조달	한국전력공사 등	한국토지주택공사, 한국철도공사 등

(4) 공공기관의 구분

① **공기업**(직원 정원이 50명 이상) ··· 자체수입액이 총수입액의 2분의 1이상인 기관 중에서 지정(시장성이 큼)

시장형 공기업	자산 규모가 2조 원 이상이고, 총수입액 중 자체수입액이 대통령령으로 정하는 기준(85%) 이상인 공기업
준시장형 공기업	시장형 공기업이 아닌 공기업

② **준정부기관**(직원 정원이 50명 이상) ··· 준정부기관은 공기업이 아닌 공공기관 중에서 지정(공공성이 큼)

기금관리형 준정부기관	국가재정법에 따라 기금을 관리하거나 기금의 관리를 위탁받은 준정부기관
	국민연금공단, 공무원연금공단, 사립학교교직원연금공단. 근로복지공단, 예금보험공사, 중소기업진흥공단, 한국자산관리공사, 신용보증기금 등
위탁집행형 준정부기관	기금관리형 준정부기관이 아닌 준정부기관
	한국농수산식품유통공사, 한국농어촌공사, 대한무역투자진흥공사, 한국전기안전공사, 한국가스안전공사, 국민건강보험공단, 한국산업인력공단, 한국소비자원 등

기출문제

문 「공공기관의 운영에 관한 법률」에 따른 공공기관의 유형에 속하지 않는 것은?
▶ 2017. 3. 18. 제1회 서울특별시

① 기금관리형 준정부기관
② 준시장형 공기업
③ 위탁집행형 공기업
④ 기타공공기관

Tip 공공기관은 시장형 공기업, 준시장형 공기업, 기금관리형 준정부기관, 위탁집행형 준정부기관, 기타 공공기관으로 나눌 수 있다.

문 공공서비스 공급주체의 유형과 예시를 바르게 연결한 것은?
▶ 2017. 4. 8. 인사혁신처

① 준시장형 공기업 - 한국방송공사
② 시장형 공기업 - 한국마사회
③ 기금관리형 준정부기관 - 한국연구재단
④ 위탁집행형 준정부기관 - 한국소비자원

Tip ① 「방송법」에 따른 한국방송공사와 「한국교육방송공사법」에 따른 한국교육방송공사는 공공기관으로 지정할 수 없다.
②③④ 한국마사회는 준시장형 공기업, 한국연구재단과 한국소비자원은 위탁집행형 준정부기관이다.

정답 ③, ④

기출문제

문 「공공기관의 운영에 관한 법률」
의 적용을 받는 공기업의 상임이사
(상임감사위원 제외)에 대한 원칙적
인 임명권자는?

▶ 2011. 5. 14. 상반기 지방직

① 대통령
② 주무 기관의 장
③ 해당 공기업의 장
④ 기획재정부장관

> **Tip** 공기업의 상임이사는 해당 공
> 기업의 장이 임명한다. 다만
> 감사위원회의 감사위원이 되
> 는 상임이사는 대통령 또는
> 기획재정부장관이 임명한다.

③ **기타공공기관** … 공기업과 준정부기관을 제외한 기관으로서, 「공공기관의 운영에 관한 법률」에서 정하고 있는 이사회 설치, 임원 임면, 경영실적 평가, 예산, 감사 등의 규정을 적용하지 아니한다.

(5) 공기업 · 준정부기관의 인사

① 공기업 임원의 임면

공기업의 장		임원추천위원회가 복수로 추천하여 운영위원회의 심의 · 의결을 거친 사람 중에서 주무기관의 장의 제청으로 대통령이 임명
이사	상임이사 (이사 정수의 2분의 1 미만)	공기업의 장이 임명. 다만 감사위원회의 감사위원이 되는 상임이사(상임감사위원)는 대통령 또는 기획재정부장관이 임명
	비상임이사	임원추천위원회가 복수로 추천하는 사람 중에서 운영위원회의 심의 · 의결을 거쳐 기획재정부장관이 임명
감사(감사위원회를 두는 경우는 감사를 두지 않음)		임원추천위원회가 복수로 추천하여 운영위원회의 심의 · 의결을 거친 사람 중에서 기획재정부장관의 제청으로 대통령이 임명

② 준정부기관의 임원의 임면

준정부기관의 장		임원추천위원회가 복수로 추천한 사람 중에서 주무기관의 장이 임명
이사	상임이사	준정부기관의 장이 임명. 다만 감사위원회의 감사위원이 되는 상임이사(상임감사위원)는 대통령 또는 기획재정부장관이 임명
	비상임이사	주무기관의 장이 임명
감사(감사위원회를 두는 경우는 감사를 두지 않음)		임원추천위원회가 복수로 추천하여 운영위원회의 심의 · 의결을 거친 사람 중에서 기획재정부장관이 임명

③ **임원의 임기** … 기관장은 3년이고, 이사와 감사는 2년이다. 1년을 단위로 연임될 수 있다.

④ **예산** … 공기업 · 준정부기관의 예산안은 기관장이 편성하여 다음 회계연도 개시 전까지 그 공기업 · 준정부기관의 이사회에 제출하여야 하며, 예산안은 이사회의 의결로 확정된다.

⑤ **결산** … 공기업은 기획재정부장관에게, 준정부기관은 주무기관의 장에게 다음 연도 2월 말까지 결산서를 각각 제출하고, 3월 말일까지 승인을 받아 결산을 확정하여야 한다.

‖정답 ③

(6) 공기업의 민영화

① 의의 … 공기업을 민간에 매각하는 것으로 국가나 공공단체가 특정 기업에 대하여 갖는 법적 소유권을 주식매각 등을 통하여 민간부문으로 이전되는 과정을 의미한다.

② 민영화의 필요성

  ㉠ 국민경제에 대한 정부개입을 축소하여 소비자의 경제적 자유를 증진시킬 수 있다.

  ㉡ 민간에 의한 사업수행이 보다 효율적이므로 적자재정을 감축하고 각종 사업에 필요한 재정수입을 확보할 수 있다.

  ㉢ 노조의 영향력이나 보수인상요구를 억제할 수 있다.

  ㉣ 자본시장을 안정시키고 통화를 안정적으로 관리할 수 있다.

  ㉤ 수익성보다 공익성의 강조, 운영의 경직성과 방만한 경영, 그리고 지나친 규제 등에 따른 공기업의 비효율성을 제거할 수 있다.

  ㉥ 경쟁체제에 의해 저렴한 비용으로 양질의 서비스 제공이 가능하게 한다.

③ 방법

  ㉠ **보유주식 매각** : 정부보유 주식 또는 자산을 민간에게 매각하는 방식으로 가장 일반적인 방식으로 국민주, 종업원지주제 등이 있다.

  ㉡ **계약공급** : 소유권 이전 여부와는 관계없이 재화나 용역에 대한 생산을 일정기간 사기업이 담당하되, 그에 필요한 재원을 정부가 담당하는 제도로서, 엄밀하게는 민간위탁이라고 할 수 있다.

  ㉢ **민간참여의 유도** : 공기업의 독점체제를 민간의 참여에 의한 경쟁체제로 전환하는 것으로 독점성을 희석시키는 것이다. 한국통신(KT)의 전화사업 독점에 데이콤의 참여를 인정한 예를 볼 수 있다.

  ㉣ **프랜차이즈제도** : 특정 개인이나 기업에게 독점판매권을 주고, 정부가 일정기간 가격규제 등의 규제를 가하는 방식이다.

  ㉤ **대여제도** : 정부가 기업을 소유하되 기업을 사기업체로 전환대여를 하여 사기업의 장점을 모두 취할 수 있게 하는 제도이다.

  ㉥ **바우처(Voucher)제도** : 사업을 민간에게 넘기되 저소득층에게 공공서비스의 이용사은권을 정부가 제공하는 재분배적 성격의 방식이다.

  ㉦ **보조금 지급방식** : 타산이 맞지 않은 사업의 민영화 시 보조금을 지급하는 방식이다.

④ 한계

  ㉠ 민간화에 의해 공공성의 보장이 어려워지고 서비스 공급의 형평성에 문제가 발생할 수 있다.

기출문제

공기업 민영화에 대한 설명으로 옳지 않은 것은?

▶ 2017. 6. 17. 제1회 지방직

① 공공기관 경영평가에서 3년 연속 최하등급을 받은 공기업은 「공공기관의 운영에 관한 법률」상 민영화하여야 한다.

② 공공영역을 일정 부분 축소하는 것으로 볼 수 있다.

③ 공기업을 민영화하면 국민에 대한 보편적 서비스의 제공이 약화될 수 있다.

④ 공기업 매각 방식의 민영화를 통해 공공재정의 확충이 가능하다.

Tip 「공공기관의 운영에 관한 법률」에 따라 기획재정부장관은 공기업 준정부기관의 경영실적을 평가한다. 그러나 3년 연속 최하등급을 받았다고 공기업을 민영화하는 것은 아니며, 평가결과에 따라 기관장의 인사조치를 취할 수는 있다.

정답 ①

문 민간위탁 방식에 대한 설명으로 옳지 않은 것은?

▶ 2012. 5. 12. 상반기 지방직

① 자조활동(self-help) 방식은 서비스의 생산과 관련된 현금 지출에 대해서만 보상받고 직접적인 보수는 받지 않으면서 공익을 위해 봉사하는 사람들을 활용하는 것이다.

② 보조금 방식은 민간조직 또는 개인이 제공한 서비스 활동에 대해 정부가 재정 또는 현물을 지원하는 것이다.

③ 바우처(voucher) 방식은 공공서비스의 생산을 민간부문에 위탁하면서 시민들의 구입부담을 완화시키기 위해 금전적 가치가 있는 쿠폰(coupon)을 제공하는 것이다.

④ 면허 방식은 민간조직에게 일정한 구역 내에서 공공서비스를 제공하는 권리를 인정하는 것이다.

Tip ①은 자원봉사(volunteer)에 대한 설명이다. 자원봉사는 서비스 생산과 관련된 현금 지출에 대해서만 보상받고 직접적인 보수는 받지 않으면서 정부나 타인을 위해 봉사하는 사람들을 활용하는 방식이다. 레크리에이션(recreation), 안전 모니터링, 복지사업 등의 분야에서 활용된다. 자조(self-help)는 공공서비스의 수혜자와 제공자가 같은 집단에 소속되어 서로 돕는 형식으로 활동하는 경우를 의미한다.

정답 ①

ⓛ 공사영역의 경계가 애매하므로 정부와 공급자 간의 책임전가의 우려가 있다.

ⓒ 실업률 상승, 부패확산, 관리책임의 약화 등을 가져올 수 있다.

ⓔ 국가의 안보나 국민의 안전을 침해할 우려가 있다.

ⓜ 민간업체의 도산 등으로 인해 서비스의 공급이 불안해질 수 있다.

ⓗ 사업성의 강조로 인한 요금합리화로 서비스의 요금이 인상되어 국민의 부담이 커질 수 있다.

(7) 우리나라 공기업의 문제점과 개선방안

① 문제점

　ㄱ **인사의 문제** : 임원·직원인사가 정실화되고 정치적으로 임명되어 능력중심의 합리적 인사관리가 이루어지지 못하였다.

　ㄴ **경쟁의 부족** : 공기업의 독점화로 인해 경쟁과 자기혁신의 의지가 없고, 경영관리의 능력기술이 부족하여 누적적인 적자운영·부실경영과 관료주의적·무사안일적인 운영을 거듭해왔다.

　ㄷ **정부의 간섭** : 정치적 압력하에 자율성·자주성이 침해되어 공공성·능률성을 제대로 확보하지 못했다.

② 개선방안

　ㄱ 실적주의 중심으로 인사관리를 합리화해야 한다.

　ㄴ 통제는 일반정책 사항에 한정시키고 경영상의 자율성을 광범위하게 보장해야 한다.

　ㄷ 경영의 합리화를 기하고 기존 공기업의 민영화를 추진해야 한다.

　ㄹ 최고관리자의 경영책임제를 확립시키고 민중에 의한 통제를 강화해야 한다.

section 7 제3섹터(준정부조직)

(1) 의의

A. Etzioni가 사용한 제3섹터(The Third Sector)란 정부조직법이나 직제에 명시된 정부조직이 아니면서도 공적인 기능을 부분적으로 담당하는 기관으로, 순수한 민간부문과 순수한 공공부문이 혼합된 조직이라 할 수 있다. 영국에서는 이를 준자율적 비정부조직(QUANGO : Quasi Autonomous Non Governmental Organizations)이라 부르고, 준공공기관, 비영리조직 등으로도 불린다. 우리나라의 경우 정부투자기관, 공공사업집행기관, 연구·교육기관, 금융기관, 언론기관 등으로 나누어 볼 수 있다.

(2) 대두요인

① 정부관료제의 기능 보완 … 정부관료제의 기업형 마인드의 부족으로 인해 서비스의 질이 저하될 우려가 있는 경우 민간영역의 요소를 혼합시킬 수 있다.

② 경험하지 못한 행정수요에 대한 대응 … 새로운 행정수요가 발생한 경우 민간영역과의 연계를 통해 이에 대응한다.

③ 각 부처의 팽창주의 … 각 부처는 조직의 생존과 발전을 위해 활동영역을 넓히는 속성이 있으며, 이를 위해 산하단체의 증설을 꾀한다.

(3) 장·단점

① 장점

　㉠ 조직의 자율성과 신축성을 유지하여 관료제의 경직성을 극복하여 준다.

　㉡ 정부규모를 확대시키지 않으면서 국민에 대한 공공서비스의 질을 제고한다.

　㉢ 권력적 행정에서 간접적 지원의 행정으로 전환하여 준다.

　㉣ 축적된 민간의 전문성을 활용하여 정책 파트너로서의 민간활력을 증진한다.

　㉤ 다양한 서비스의 안정적 공급에 유리하다.

② 단점

　㉠ 형평성의 우려 : 수익성이 좋고 통제와 조작이 용이한 사업에 대해서는 충실한 데 비해 저소득층을 대상으로 하는 경우 서비스를 기피하는 등의 형평성 문제가 야기된다.

　㉡ 책임의 전가 : 공공의 관심사가 민간부분의 책임으로 전가되어 공행정의 책임회피수단으로 악용될 소지가 있다.

　㉢ 정부팽창의 수단화 : 다양한 수요의 발생을 빌미로 조직의 확장을 위해 산하단체의 무분별한 확장이 이루어질 수 있다.

　㉣ 비효율성 : 행정부의 통제로 인해 자율성이 낮고 대체로 민간에 비해 비효율적이다.

　㉤ 관료제 통제 곤란 : 관료제에 대한 사회적 통제가 어렵고, 국민은 이중적으로 행정개입을 받게 된다.

기출문제

문 오늘날 시민사회조직에 대한 설명으로 가장 적합하지 않은 것은?
▶ 2010. 4. 10. 행정안전부

① 정부와 비정부조직 간에 적대적 관계보다는 서로의 존재를 인정하는 동반자적 관계가 점차 확산되고 있다.

② 비정부조직이 생산하는 공공재나 집합재의 생산비용을 정부가 지원하는 경우에는 정부와 대체적 관계를 형성한다.

③ 비영리조직이 지닌 특징으로는 자발성, 자율성, 이익의 비배분성 등이 있다.

④ 정부가 지지나 지원의 필요성을 위해 특정한 비정부조직분야의 성장을 유도하여 형성된 의존적 관계는 개발도상국에서 많이 나타난다.

Tip 비정부조직이 생산하는 공공재나 집합재의 생산비용을 정부가 지원하는 경우에는 정부와 보완적 관계를 형성한다.

문 비정부조직(NGO)의 속성으로 옳게 짝지어진 것은?
▶ 2006. 3. 19. 대구광역시

㉠ 임시적 조직
㉡ 제3섹터 조직
㉢ 자발적 조직
㉣ 자치적 조직

---

① ㉠㉡㉢　　② ㉠㉢㉣
③ ㉡㉢㉣　　④ ㉠㉡㉢㉣

Tip 비정부조직은 자발적이며 자치적이고, 사적조직, 공식조직이지만 임시적이지는 않다.

정답 ②, ③

1 현대 조직이론에서 유기적 조직구조의 특징 혹은 상황조건으로 옳은 것은?

> ㉠ 표준 운영절차 　　　　　　㉡ 넓은 직무범위
> ㉢ 계층제 　　　　　　　　　　㉣ 분권화
> ㉤ 성과 측정의 어려움 　　　　㉥ 분업이 쉬운 과제
> ㉦ 분명한 책임관계 　　　　　　㉧ 비공식적 대면관계

① ㉠, ㉡, ㉢, ㉤ 　　　　　　　② ㉠, ㉢, ㉤, ㉥
③ ㉡, ㉣, ㉤, ㉧ 　　　　　　　④ ㉡, ㉣, ㉤, ㉦

2 관료제 병리현상에 대한 설명으로 옳지 않은 것은?

① 규칙이나 절차에 지나치게 집착하게 되면 목표와 수단의 대치 현상이 발생한다.
② 모든 업무를 문서로 처리하는 문서주의는 번문욕례(繁文縟禮)를 초래한다.
③ 자신의 소속기관만을 중요시함에 따라 타 기관과의 업무 협조나 조정이 어렵게 되는 문제가 나타난다.
④ 법규와 절차 준수의 강조는 관료제 내 구성원들의 비정의성(非情誼性)을 저해한다.

3 민영화의 유형에 대한 설명으로 옳지 않은 것은?

① 민영화의 계약방식(contracting-out)은 일반적으로 경쟁 입찰을 통해 서비스 생산주체가 결정되므로 정부재정 부담을 경감시킬 수 있다.
② 민영화의 프랜차이즈(franchise) 방식은 정부가 서비스 제공자에게 서비스 비용을 직접 지불하여 이용자의 비용부담을 경감시키는 장점이 있다.
③ 전자바우처(vouchers) 방식은 개별적인 바우처 사용행태를 분석하여 실제 이용자의 실시간 모니터링이 가능하다.
④ 자조활동(self-help) 방식은 공공서비스 수혜자와 제공자가 같은 집단에 소속되어 서로 돕는 형식이다.

4 우리나라 책임운영기관 제도에 대한 설명으로 옳지 않은 것은?

① 사업적 서비스 제공 업무로서 성과 측정이 가능하거나, 재정수입 전부나 일부를 자체 확보할 수 있는 사무에 적용된다.
② 행정의 효율성을 높이기 위해 규제·집행·서비스 전달기능과 정책기능을 일괄적으로 수행하도록 한다.
③ 정부 내에서 수익자 부담주의, 경쟁과 같은 시장메커니즘의 도입이 필요한 분야를 대상으로 한다.
④ 행정안전부장관은 기획재정부 및 해당 중앙행정기관장과 협의하여 책임운영기관을 설치·해제할 수 있다.

5 베버(Weber)의 관료제 모형을 설명한 것으로 옳지 않은 것은?

① 조직이 바탕으로 삼는 권한의 유형을 전통적 권한, 카리스마적 권한, 법적·합리적 권한으로 나누었다.
② 직위의 권한과 관할범위는 법규에 의하여 규정된다.
③ 인간적 또는 비공식적 요인의 중요성을 간과하였다.
④ 관료제의 긍정적인 측면으로 목표대치 현상을 강조하였다.

6 비공식조직과 공식조직에 관한 설명으로 옳지 않은 것은?

① 비공식조직이 내재적 규율 중심이라면 공식조직은 외재적 규율에 의존한다.
② 비공식조직이 이성적 조직이라면 공식조직은 감성적 조직이다.
③ 비공식조직이 비가시적 조직이면 공식조직은 가시적 조직이다.
④ 공식조직이 인위적 조직이라면 비공식조직은 자연발생적 조직이다.

7 관료제의 민주주의에 대한 순기능으로 볼 수 있는 것은?

① 공직임용의 기회균등
② 조직내의 민주화 형성
③ 책임행정의 구현
④ 국민에 대한 서비스의 확대

8 M. Weber의 관료제에 대한 설명으로 옳지 않은 것은?

① 보편성, 합리성을 기반으로 한다.
② 합법적 지배는 법규화된 질서 또는 명령권이 합법성의 신념에 입각하고 있는 지배유형으로 가장 순수한 유형의 관료제라고 하였다.
③ 환경과의 상호관계를 인식하여 고전적 관료제를 탈피하였다.
④ 지배유형을 전통적 지배, 카리스마적 지배, 합법적 지배의 3가지로 나누었다.

9 위원회 조직의 장점에 관한 다음 설명 중 가장 타당하지 않은 것은?

① 행정의 중립성과 정책의 안정성·일관성·계속성을 유지할 수 있다.
② 신중·공정한 결정을 할 수 있으므로 결정에 대한 신뢰성과 다수의 지지와 수락 가능성을 증대시킨다.
③ 독단적 결정이 방지되어 창의적 행정과 행정의 민주화에 기여할 수 있다.
④ 신속하고 소신에 찬 의사결정이 가능하다.

10 계선기관에 관한 내용으로 옳은 것을 모두 고른 것은?

> ⊙ 권한 및 책임의 한계의 명확성, 신속한 결정력, 업무 수행 능률성 등의 장점이 있다.
> ⓒ 각 행정기관의 장의 인격을 연장·보완하는 역할을 하며 지휘·감독의 범위를 넓혀 준다.
> ⓒ 기관장이 주관적·독단적 결정이나 조치를 취할 가능성이 존재하고, 조직의 경직성을 초래한다.
> ⓔ 전문적 지식과 경험으로 행정목표의 달성에 간접적으로 기여한다.

① ㉠, ㉡   ② ㉠, ㉢
③ ㉠, ㉡, ㉣   ④ ㉠, ㉢, ㉣

11 공공서비스 민간위탁 방식의 설명이 틀린 것은?

① 보조금 방식은 민간조직의 공공서비스 제공활동에 대해 재정 혹은 현물을 지원하는 방식을 말한다.

② 바우처(voucher) 방식은 시민들의 공공서비스 구입 부담을 완화 시키는 금전적 가치가 있는 쿠폰을 제공하는 방식이다.

③ 자조활동(self-help) 방식이란 공공서비스 수혜자와 제공자가 같은 집단에 소속되어 서로 돕는 형식으로 활동하는 것을 의미한다.

④ 규제 및 조세유인 방식은 보조금 지급과 같은 효과를 창출하지만 직접비용이 상대적으로 많이 소요되는 방식이다.

12 관료제의 병폐에 관한 설명으로 옳은 것은?

① 번문욕례(red tape)는 쇄신과 발전에 대해 수용적이며 고객과 환경의 요청에 적절히 대응하는 관료 형태를 말한다.

② 국지주의(parochialism)는 한 가지 지식 또는 기술에 대해 훈련 받고 기존 규칙을 준수하도록 길들여진 사람이 다른 대안을 생각하지 못하는 것을 의미한다.

③ 훈련된 무능(trained incapacity)은 관료들의 편협한 안목을 의미하며 직접적인 고객의 특수 이익에 묶여 전체 이익을 망각하는 경향을 의미한다.

④ 할거주의(sectionalism)는 조직 구성원들이 자신이 소속된 기관과 부서만을 생각하고 다른 부서에 대해 배려하지 않는 편협한 태도를 취하는 것을 말한다.

13 베버(Weber)가 주장했던 이념형 관료제의 특징으로 옳은 것을 다음 내용에서 모두 고른 것은?

> ㉠ 지도자 개인의 카리스마가 아니라 성문화된 법령이 조직 내 권위의 원천이 된다.
> ㉡ 엄격한 계서제에 따라 상대방의 지위를 고려하여 법규를 적용한다.
> ㉢ 관료는 업무 수행에 대한 대가로 정기적으로 일정한 보수를 받는다.
> ㉣ 모든 직무수행과 의사전달은 구두가 아니라 문서로 이루어지는 것이 원칙이다.
> ㉤ 권한은 사람이 아니라 직위에 부여되는 것이다.

① ㉠, ㉡

② ㉡, ㉤

③ ㉠, ㉢, ㉣

④ ㉠, ㉢, ㉣, ㉤

14 공공기관의 유형에 관한 설명으로 틀린 것은?

① 공기업은 전통적으로 주식회사형 공기업, 정부부처형 공기업, 공사형 공기업으로 구분하고 있다.

② 「공공기관의 운영에 관한 법률」에 따르면 공기업은 시장형 공기업과 준시장형 공기업 및 민간기업형 공기업으로 구분된다.

③ 「공공기관의 운영에 관한 법률」에 따르면 준정부기관은 기금관리형과 위탁집행형으로 구분하며, 공기업이 아닌 공공기관 중에서 지정한다.

④ 「공공기관의 운영에 관한 법률」에 따르면 기획재정부장관은 매년 공공기관을 공기업, 준정부기관, 기타공공기관으로 구분하여 지정·고시하도록 되어있다.

15 막스 베버(Max Weber)의 관료제이론에 관한 설명으로 옳지 않은 것은?

① 관료제에 정당성을 부여하는 권위의 근거는 전통이나 카리스마에 있는 것이 아니라 합리성에 기초한 합법성에서 나온다.

② 관료제는 법적 권위에 기초한 조직형태로, 관료는 법 규정에 있는 대로 명령에 복종한다.

③ 직무의 수행은 전문성이 낮은 일반행정가에 적합하게 구성되어 있어 다방면의 훈련을 필요로 한다.

④ 관료제에서 직무의 집행은 서류나 문서에 의하여 행해지며 조직의 재산과 사유 재산은 구분된다.

정답및해설

1	③	2	④	3	②	4	②	5	④
6	②	7	①	8	③	9	④	10	②
11	④	12	④	13	④	14	②	15	③

1 ⓛⓔⓜⓞ은 유기적구조, ㉠ⓒⓗⓢ은 기계적 구조의 특징이다.

※ 기계적 구조와 유기적 구조

구분		기계적 구조(전통적 구조)	유기적 구조(현대적 구조)
조직 특성	직무범위	좁은 직무범위(한계가 명확) – 과업의 전문화	넓은 직무범위(한계가 불명확)
	공식화	공식성 높음(통제 중심) – 표준운영절차(SOP)	공식성 낮음(재량·신축성 중심) – 적은 규칙·절차
	책임성	분명한 책임관계	모호한 책임관계
	의사소통	계층제	분화된 채널 – 네트워크구조
	구성원 간 관계	공식적·몰인간적 대면관계	비공식적·인간적 대면관계
	계층의 수	고층구조(수직적 분화 높음) – 통솔범위 좁음	저층구조(수직적 분화 낮음) – 통솔범위 넓음
	업무지시방식	명령과 지시, 통제	정보제공과 권고, 자발적 몰입
	의사결정방식	일방적 결정	참여에 의한 결정
	환경에의 적응	적응성 낮음	적응성 높음
	보상	계급(계층)에 따른 큰 차이	계급(계층)에 따른 작은 차이
	조직구조의 경직성	높음(경직적·영속적 구조)	낮음(임시적·신축적 구조)
	대표적 조직	관료제	학습조직
상황 조건	조직목표	명확한 조직목표와 과제	모호한 조직목표와 과제
	과제의 성격	분업적 과제, 단순한 과제(독자적 수행)	분업이 어려운 과제, 복합적 과제(공동 수행)
	성과측정	성과측정 가능	성과측정 곤란
	동기부여	금전적 동기부여	복합적 동기부여(금전＋자아실현＋성취감 등)
	권위	권위의 정당성 확보 권위의 근거는 공식적 지위	도전받는 권위(권위의 유동성) 권위의 근거는 정보·문제해결능력
	환경 상황	안정적 상황, 예측가능성 높음	불안정한 상황, 예측가능성 낮음

2 ④ 법규와 절차 준수의 강조는 개개인의 감정과 편견을 배제하여 합리적·객관적이고 공정한 업무처리를 하는 비정의성을 강화시킬 수 있다.

3 ② 프랜차이즈(franchise) 방식은 인허가로서 정부가 서비스 제공자에게 서비스 비용을 직접 지불하지 않고 이용시민이 비용을 부담하므로 이용자의 비용부담을 증가시키는 단점이 있다. 정부가 서비스제공자에게 서비스 비용을 직접 지불하는 방식은 계약방식(contracting – out)이다.

4 ② 결과와 성과를 중시하는 신공공관리론에서 강조하는 조직형태로 집행 및 서비스 전달업무인 정책집행기능(rowing ; 관리기능)을 정책결정기능(steering ; 정책기능)으로부터 분리시켜 별도의 기관으로 설치한 것이다.
  ① 책임운영기관은 그 사무가 다음 기준 중 하나에 맞는 경우 대통령령으로 설치한다.
    ㉠ 기관의 주된 사무가 사업적·집행적 성질의 행정 서비스를 제공하는 업무로서 성과 측정기준을 개발하여 성과를 측정할 수 있는 사무
    ㉡ 기관운영에 필요한 재정수입의 전부 또는 일부를 자체적으로 확보할 수 있는 사무(책임운영기관특별회계기관)

③ 내부시장화가 필요한 분야에 적용된다. 내부시장이란 기관 간 서비스 제공이 수익자부담원칙에 의해 이뤄지고, 기관 간의 경쟁 이뤄지는 것을 의미하며, 경쟁을 통해 효율성을 높인다. 정부가 직접 생산하되 민간의 시장요소를 수용하는 책임경영형이다.

④ 책임운영기관은 대통령령으로 설치하며 설치 및 해제권자는 행정안전부 장관이다.

5 ④ 목표대치 현상은 수단에 지나치게 집착함으로써 목표를 소홀히 여기는 관료제의 부정적인 병리현상 중 하나이다.

6 공식조직과 비공식조직

공식조직	비공식조직(자생집단)
• 인위적 · 계획적 형성 • 이성과 능률의 논리에 입각 • 전체적 질서 • 외면적 존재 • 규범의 성문화	• 자연발생적 형성 • 감정과 대인관계의 논리에 입각 • 부분적 질서 • 내면적 존재 • 규범의 불문화

7 관료제의 민주주의에 대한 순기능으로는 공직임용의 균등한 기회, 법 앞의 평등 확립, 민주적 목표의 능률적 수행 등을 들 수 있다.

8 ③ Weber는 폐쇄적 조직관을 전제하여 상황적 조건을 고려하지 않음으로써 환경과의 상호관계를 인식하지 못하였다는 비판을 받는다.

9 ④ 위원회 구조에서의 의사결정은 결정의 신속성을 저해하고 정략적 타협적 결정(indecision)을 초래할 우려가 있다.

10 ⊙, ⓒ은 계선의 특징이고 ⓛ, ⓒ은 막료의 특징이다.

※ 계선과 막료(참모)

비교	계선(階線 ; Line)	막료(幕僚) · 참모(參謀)(Staff)
특징	① 계층제적 성격(명령통일의 원리) ② 조직목표달성에 직접 기여, 직접적 행정책임 ③ 국민과 직접 접촉 ④ 목표달성을 위한 의사결정권 · 명령권 · 집행권 행사 ⑤ 수직적 명령복종관계(조직의 최고 책임자를 정점) ⑥ 일반행정가 ⑦ 보수적 · 실용적, 현실적 경험 · 기존가치 존중(정책결정 · 집행, 감독, 명령, 지휘, 통솔) ⑧ 소규모 조직은 계선으로만 운영(막료의 필요성 약함)	① 비계층제적 성격(행정기관장의 인격확장) ② 조직목표달성에 간접적으로 기여, 간접적 행정책임 ③ 국민과 직접 접촉하지 않음, 계선에 직접 접촉 · 봉사 ④ 원칙적으로 의사결정권 · 명령권 · 집행권 없음 ⑤ 수평 · 대등한 관계 ⑥ 전문행정가 ⑦ 진취적 · 이상적, 새로운 idea추구(기획, 정보 및 자료의 조사 · 분석, 자문, 권고, 연구) ⑧ 대규모 조직에 적합(막료의 필요성 증대)
장점	① 권한과 책임 한계 명확 ② 경비 절약(막료를 추가적으로 두지 않으므로) ③ 행정과 조직의 안정성, 동질성 확보 ④ 의사결정의 신속성 ⑤ 강력한 통솔력 행사	① 전문적 지식과 경험 활용을 통한 합리적 창의적 결정 ② 계선기관 장의 활동영역과 통솔범위 확대 ③ 계선의 업무 경감 ④ 계층제의 경직성 완화, 변화에 대한 신축성 증대 ⑤ 계선기관 간 수평적 업무조정과 협조 가능
단점	① 전문가의 지식과 경험 활용 곤란 ② 대규모 조직에서는 최고관리자의 과중한 업무부담 ③ 계선의 업무량 과중 ④ 폐쇄성 보수성 경직성, 관료제의 병리 우려 – 상황변화에의 신축성 결여, 할거주의 ⑤ 최고관리자의 주관적 · 독단적 · 자의적 결정의 우려	① 참모와 계선 간 책임 전가 ② 인원(참모기관) 증가로 인한 예산 · 경비 증가 ③ 계선과 막료 간 대립 · 충돌 가능성 ④ 의사결정의 지연 가능성, 신속성 · 기동성 미흡 ⑤ 의사전달 경로의 혼선 초래 ⑥ 소규모 조직에 부적합, 조직 비대화 우려

11 ④ 규제(완화) 및 조세유인 방식은 보조금 지급과 같은 효과를 창출하지만 조세감면 등을 주된 방식으로 하기 때문에 정부가 직접 세금을 징수하여 다시 민간에게 보조금을 지급하는 보조금 방식보다는 절차가 간편하고 직접비용이 상대적으로 적게 소요되는 방식이다.

12 ① 번문욕례(繁文縟禮; Red Tape)·형식주의는 실질적인 내용보다는 형식·의례·관례·규칙·절차를 중시하는 태도로서 쇄신과 발전에 대해 부정적이고 고객과 환경의 요청에 적절히 대응하지 못하게 된다.
② 훈련된 무능(trained incapacity)에 대한 내용이다.
③ 국지주의(parochialism)에 대한 설명이다.

13 ○만 틀림. ○○○○은 옳음.
○ 엄격한 계층제를 특징으로 하지만, 법규 적용에 있어서 상대방의 지위와 상관없이 평등하게 적용된다.
○ 권위의 근거는 개인의 카리스마나 사회의 전통·관습이 아니라 법령이며 합법적·합리적 지배가 강조된다.
○ 관료로서의 직업은 잠정적이 아닌 생애의 직업이자 전임직업이므로 겸임은 금지되며, 직무수행 대가로 보수를 규칙적으로 지급받고(봉급의 기준은 성과가 아니라 지위·기능·근무연한이며 주로 연공서열을 기준으로 한 연공급 지급), 실적과 연공에 의한 승진, 퇴직금 등 직업적 보상을 받으며, 직무에 전념하게 한다.
○ 모든 직위의 업무는 책임소재를 분명히 하고 의사결정을 공식화하기 위하여 문서로 이루어지고 문서로 보관된다. 이러한 문서화는 업무의 지속성·계속성·안정성을 유지해주고 객관성·정확성·책임성·예측가능성을 높인다.
○ 관료의 권한과 직무범위는 법규에 의해 명확하게 규정되고 권한은 사람이 아니라 직위에 부여되며(직위와 [행정수단] 소유의 분리, 직책의 사유화 불허) 권한 남용이나 임의성을 최소화하고 합리적이며 예측 가능한 업무수행이 이루어진다.

14 ② 「공공기관의 운영에 관한 법률」상 공기업은 시장형 공기업과 준시장형 공기업으로 구분된다.
① 학문적 의미의 공기업은 정부부처형 공기업(정부기업), 공사형공기업, 주식회사형 공기업으로 구분된다.

15 ③ 관료제는 자격 또는 능력에 따라 규정된 기능을 수행하는 분업의 원리에 따른다. 자기가 맡은 분야의 유능한 기술을 가진 전문인을 양성하여 분업화된 직무를 맡긴다(전문화와 분업).
① 산업사회의 근대관료제는 법과 이성을 권위의 근거로 하여 합리적·합법적 지배가 이루어진다.
② 관료의 권한과 직무범위는 법규에 의해 명확하게 규정되고 권한은 사람이 아니라 직위에 부여되며 권한 남용이나 임의성을 최소화하고 합리적이며 예측 가능한 업무수행이 이루어진다(법규에 의한 지배).
④ 모든 직위의 업무는 책임소재를 분명히 하고 의사결정을 공식화하기 위하여 문서로 이루어지고 문서로 보관된다(문서주의).

03 조직과 개인 및 환경

기출문제

문 다음 중 조직과 환경과의 관계에서 가장 타당성이 적은 것은?
▶ 2003. 6. 1. 전라남도
① 조직은 환경변화를 직접·간접으로 유도할 수 있다.
② 현대의 조직은 환경적응이 필수적이다.
③ 현대조직은 환경과 끈임없이 상호작용하는 개방적 체제이다.
④ 현대의 조직이론은 조직의 대내적 측면을 중시한다.

Tip 현대 조직이론은 개방체제적 관점이므로 조직의 대외적 측면을 중시한다.

문 Emery & Trist의 조직환경 중 계층적 조직의 성격을 가지고 과학적 관리론이 적용될 수 있는 안정적인 환경에 해당하는 것은?
▶ 2002. 3. 24. 부산광역시
① 정적·임의적 환경
② 소용돌이의 장
③ 교란·반응적 환경
④ 정적·집약적 환경

Tip 계층적 조직이나 과학적 관리론은 고전적 조직 모형으로, Emery & Trist의 조직환경 중 가장 안정적인 정적·임의적 환경과 연관지을 수 있다.

section 1 조직환경의 본질

(1) 환경의 의의

환경이란 주위의 외계 또는 조직의 경계 밖에 있는 모든 것을 의미하며, 잠재적으로 또는 실제로 조직에 영향을 미치는 모든 외부현상을 말한다. 조직과 상호 작용하는 환경의 범위는 상대적이다.

(2) 조직환경의 구성요소

① 일반환경
  ㉠ 경제적 환경 : 조직의 경제활동과 성과에 영향을 주는 외적 요인이다.
  ㉡ 정치적 환경 : 조직의 여러 활동을 제약하거나 옹호해주는 요인이다.
  ㉢ 사회·문화적 환경 : 조직 외적 환경의 구성원들이 공유하고 있는 신념·가치관·태도를 말한다.
  ㉣ 기술적 환경 : 조직이 효과적으로 목표를 달성하도록 물적·지적 방침을 제공해주는 요인이다.
  ㉤ 자원환경 : 조직이 필요로 하는 인적·물적 자원을 제공해주는 환경이다.

② 업무환경(특정 환경) … 조직이 목표설정과 목표달성에 관한 의사결정을 내릴 때 직·간접적으로 영향을 미치는 환경을 의미하며, 일반적으로 자원제공자, 고객, 시장과 자원에서의 경쟁자, 통제집단 등을 들 수 있다. 조직의 관할영역인 조직영역은 조직과 업무환경과의 관계 속에서 형성되며 업무환경은 조직영역에 따라 변동한다.

Point 환경의 유형(Emery & Trist)
  ㉠ 정적 – 임의적 환경 : 환경요소의 변화가 작고 요소의 구조가 고르게 분산되어 있다.
  ㉡ 정적 – 집약적 환경 : 환경요소가 정태적이지만 변화 속에서 일정한 조직화가 나타난다.
  ㉢ 교란 – 반응적 환경 : 역동적으로 환경과 상호작용을 하는 단계로 결합과 변화가 일어나고 있는 상태를 말한다.
  ㉣ 소용돌이의 장(場) : 환경요소의 의존과 상호작용이 극대화되어 격렬한 소용돌이와 같이 고도의 불확실성과 환경의 복잡성을 특징으로 하는 환경이다.

‖정답 ④, ①

section 2 조직과 환경과의 관계

(1) 환경과 조직의 상호관계

① 환경이 조직에 미치는 영향

  ㉠ Selznick의 견해

  • 적응적 변화(adaptive change) : 조직이 환경변화에 유연성을 갖고 대응하는 능력으로서, 조직의 안정성과 유동성을 확보하며 발전하기 위해 변화하는 환경에 적응하는 것이다.

  • 적응적 흡수(co-optation) : 조직이 자신의 존속과 안정을 위해 외부 환경으로부터 영향력 있는 새로운 요인이나 지도자를 정책결정기구에 흡수시키는 공식적 적응흡수와 외부의 의사반영을 통한 적응방식인 비공식적 적응흡수가 있다.

  ㉡ Schein의 견해 : 조직이 환경변화에 적응해 가면서 문제해결능력을 향상시켜 가는 과정으로서 적응 및 대응을 한다고 본다.

② 조직이 환경에 미치는 영향

  ㉠ 조직의 내부변화 : 조직참여자의 구성패턴의 변동이나 조직의 관리방식, 업무 처리절차의 변동은 환경에 영향을 미칠 수 있다.

  ㉡ 변동담당자로서의 조직 : 조직의 변동과정에서의 역할에 의해 환경에 주도적인 영향력을 행사할 수 있다.

  ㉢ 변동저항자로서의 조직 : 조직의 변동에 대한 저항은 조직 외부로부터 유도된 변동을 대상으로 하며 이러한 조직보수주의는 사회안정의 근원이 될 수 있다.

(2) 환경에 대한 조직의 대응(Scott)

① 완충전략

  ㉠ 분류 : 환경의 요구를 조직과정에 투입하기 전에 사전심의하여 분류하는 과정에서 시급하지 않거나 잘못된 요구를 가려내어 요구 자체를 배척하는 방법이다.

  ㉡ 비축 : 필요한 자원과 산출물을 비축하여 환경적 요구에 의해 방출되는 과정을 통제하는 방법으로, 정부가 곡물·유류 등을 비축하는 것이 그 예이다.

  ㉢ 형평화 : 조직이 환경 속에 적극 접근하여 투입요인의 공급자를 동기화하거나 산출물에 대한 수요를 고취시키거나 여러 집단의 상충되는 요구를 균형화하는 것으로, 지방정부가 지역별로 시간을 정하여 순차적으로 행정요구를 접수·해결하는 것이 그 예이다.

   ② **예측** : 환경의 변화가 비축이나 형평화로 해결될 수 없을 때, 자원의 수요·공급 변화를 예견하여 대처하는 것으로 장마철 수해에 대비한 행정적 준비가 그 예이다.

   ⑩ **성장** : 기술적 핵심을 확장하여 환경에 대하여 더 많은 권력과 수단을 가지는 방법으로, 조직이 가장 일반적으로 사용하는 방법이다.

 ② **연결전략**

   ㉠ **권위주의** : 중심조직이 지배적인 위치를 차지하여 외부조직이 필요로 하는 자원이나 정보를 통제하는 위치에서 외부조직의 행동을 유효하게 통제하는 방법이다.

   ㉡ **경쟁** : 조직 간 경쟁을 통하여 조직의 능력을 신장시키는 방법이다. 관료제조직의 비효율성이 증대되는 상황에서는 부분적인 경쟁전략의 채택도 조직자원의 효율적 배분과 사용에 기여한다.

   ㉢ **계약** : 조직 간에 공식적·비공식적으로 자원교환을 협상하여 합의하는 것으로 조직의 정체성과 정당성을 신장시킬 수 있다.

   ㉣ **합병** : 여러 조직이 자원을 통합하고 연대하는 것을 말하며, 조직이 필요로 하는 자원이 외부조직에 집중되어 있거나 조직이 통제하는 자원으로는 외부의 압력이나 위협을 중화시킬 수 없을 때 사용된다.

 ③ **조직과 조직 간의 관계**(Thompson & McEwen)

   ㉠ **경쟁** : 둘 이상의 조직 간 대립관계 또는 경쟁관계가 제3자에 의하여 중재되며, 각 조직은 제3자의 지지를 얻으려는 활동을 벌인다. 예컨대 정부기관은 보다 많은 예산이나 우수한 인재를 흡수하기 위해 경쟁하게 된다.

   ㉡ **교섭** : 둘 이상의 조직이 재화·서비스의 제공이나 교환에 관한 교섭을 벌이고 타협하는 것이며, 상호 간 양보·획득관계가 성립한다.

   ㉢ **적응적 흡수** : 조직의 안정·존속에 대한 위협을 제거하기 위하여 다른 조직에 속한 인물을 조직의 지도층이나 정책결정기구에 참여시키는 것을 말한다. 조직이 환경의 위협을 극복케 함으로써 심지어는 불필요한 조직조차도 존속하게 하며, 새로운 환경의 위협을 극복하고자 외부의 유력인사를 영입하여 조직의 확장을 야기하여 감축관리를 저해할 수 있다.

   ㉣ **연합** : 둘 이상의 조직이 공동목표를 추구하기 위하여 제휴·결합하는 것이다.

section 3 조직과 인간

(1) 조직과 개인

① 의의 … 조직은 합리화를 추구하는 데 반하여 개인은 만족화를 추구하며, 조직은 사회화를 추구하는 데 반하여 개인은 인간화를 추구하는 양자간의 갈등·대립을 극복하고 어떻게 통합·융합을 실현하는가가 현대조직이론의 중요한 과제라 할 수 있다.

Point 팁
Argyris의 악순환모형 … 조직과 개인의 상호작용과정을 갈등·대립관계로 보고, 양자를 악순환과정으로 파악하였다. 조직에 투입되는 에너지를 기계적 에너지·인간생리적 에너지·인간심리적 에너지로 나누고, 심리적 에너지를 중시하며 개인은 심리적 성공의 경험이 증가할수록 심리적 에너지도 증가한다고 한다. 업무환경의 주요 요인이 되는 지시, 통제, 처벌 등은 이러한 심리적 에너지를 억압하며 조직환경은 결과적으로 심리적 성공을 저해하는데, 개인은 좌절과 실패를 숙명으로 받아들이고 의존성, 결근, 이직, 무관심과 같은 적응행동을 취하게 되어 악순환과정이 심화된다.

② 개인의 변이성과 조절방안

　㉠ 개념 : 조직성원의 다양한 신념, 가치관, 개성에 기인한 상이한 성향을 뜻하며 이는 곧 조직의 목표달성에 저해요소로서 파악된다.

　㉡ 조절방안(Katz & Kahn)

　• 외부환경으로부터 압력을 도입하여 집단 내의 단결력이 증대되어 변이성이 감소한다.

　• 가치관과 기대감이 공유될 때 변이성이 감소한다.

　• 규칙과 역할이 강조될 때 변이성이 감소한다.

③ 개인의 조직에의 적응유형

　㉠ Presthus의 성격유형

　• 상승형 : 계층제에서 상위직을 차지하고 대체로 낙관적이며 조직에 대한 일체감이 강하고 충성심이 높다. 승진욕구가 강하고 권력지향적이며 조직의 정당성과 합리성을 높이 평가한다.

　• 무관심형 : 조직의 대부분인 하위직이 해당되며 조직에 대해 소외감을 느끼고, 직무에 대해 무관심하며 직무만족도 역시 낮다.

　• 애매형 : 연구직이나 참모직에서 주로 나타나며 내성적이고 지적 관심이 많아 주관적인 자기 세계를 추구하는 경향이 강하다. 조직활동에 적극참여 또는 참여거절의 성격이 불분명하고 권위나 규제에 저항성이 강하다.

기출문제

문 조직문화의 일반적 기능에 관한 설명으로 가장 옳지 않은 것은?
▶ 2018. 6. 23. 제2회 서울특별시

① 조직문화는 조직구성원들에게 소속 조직원으로서의 정체성을 제공한다.

② 조직문화는 조직구성원들의 행동을 형성시킨다.

③ 조직이 처음 형성되면 조직문화는 조직을 묶어 주는 접착제 역할을 한다.

④ 조직이 성숙 및 쇠퇴 단계에 이르면 조직문화는 조직혁신을 촉진하는 요인이 된다.

Tip 조직이 성숙 및 쇠퇴 단계에 이르면 조직문화는 조직혁신을 저해하는 요인이 된다.

정답 ④

ⓛ Cotton의 권력균형화 유형
• 독립인형 : 조직에 대한 자기의 의존성을 최소화하고 조직의 감독이 가장 적은 상황을 선호한다. Presthus의 애매형과 유사하다.
• 외부흥미형 : 하위권력자가 자기의 목표에 대한 욕구충족을 상위권력자 이외의 다른 곳에서 찾는 부류를 말한다. Presthus의 무관심형과 유사하다.
• 조직인형 : 자기 가치를 높임으로써 스스로의 경력향상에 기여하는 부류로서 Presthus의 성격유형 중 상승형과 유사하다.
• 동료형 : 노조·전문직업단체 등과 연합세력을 결성하여 상위권력자와 하위권력자의 관계를 수평적인 동료관계로 인식하려는 부류로서, 하위권력자의 목표추구의 원천에 대하여 상위권력자의 접근을 거절하는 유형이다. Cotton은 이를 이상형으로 보았다.

ⓒ Downs의 성격유형
• 출세형 : 권력·위신·수입을 매우 높게 평가한다.
• 현상옹호형 : 편의와 신분의 유지에 관심을 갖는다.
• 열성형 : 범위가 한정된 정책·사업에 충실·집착한다.
• 창도형 : 보다 광범한 기능이나 조직에 충성을 바친다.
• 경세가형 : 사회전체를 위해 충성하고 공공복지에 관심을 갖는다.

ⓔ Ramos의 유형
• 작전인 : 고전적 조직이론의 전통적 인간형을 나타낸다.
• 반응인 : 인간관계론적 관점에서의 인간형을 나타낸다.
• 괄호인 : 비판적 성향, 강한 자아의식, 환경에 대한 유연한 적응, 자기존중과 자율성 등을 기초로 한 이상지향성을 특징으로 하는 인간형으로 피동적 행동을 거부한다.

(2) 인간관과 관리전략

① E.H. Schein의 인간관 유형과 관리전략
ⓐ 합리적·경제적 인간관
• 인간모형(과학적 관리론·고전적 조직이론)
– 인간은 경제적 욕구를 지닌 타산적 존재이므로 경제적 유인으로 동기유발이 가능하다.
– 조직구성원은 피동적이므로 동기가 부여되지 않으면 조직에 기여하지 않는다.
– 인간은 본질적으로 게으르기 때문에 권위적이고 강압적인 감독과 통제가 필요하다.
– 조직 속의 개인은 심리적으로 격리되어 있다.
– 조직은 주관적이고 예측불가능한 요소를 통제할 수 있도록 조직되어야 한다.
• 관리전략 : 공식조직, 통제, 경제적 유인 등에 의한 능률적인 업무수행을 중요시해야 한다.

ⓛ 사회적 인간관

• 인간모형(인간관계론 · 신고전적 조직이론)
- 인간은 사회적 존재이며, 사회 · 심리적 욕구는 인간행동의 가장 기본적인 동기요인이다.
- 조직구성원은 관리자가 제공하는 유인이나 통제보다는 동료집단의 현실적인 사회적 세력에 더 민감하다.
- 조직구성원은 관리자의 인정, 귀속감, 일체감, 참여의식 등의 욕구를 충족시켜주는 범위 내에서 반응한다.
• 관리전략 : 직원의 욕구에 관심을 가지고 소속감 · 일체감 · 안정감 · 참여욕구 등과 같은 감정을 중요시해야 하며, 소집단의 기능을 적극적으로 활용해야 한다.

ⓒ 자기실현인간관

• 인간모형(후기인간관계론)
- 조직구성원은 자기실현을 추구하는 존재이며, 자아실현과 책임있는 일을 통한 성장 · 자율성 · 자아만족 등의 욕구를 지향한다.
- 동기부여는 직무를 통한 개인의 자아실현욕구가 충족됨으로써 이루어지는 내재적인 것이다.
• 관리전략 : 직원이 일에 긍지와 자부심을 가지고 보람을 느낄 수 있도록 도전적이며 의미있는 직무를 제시하고, 자기통제 · 자기계발 · 내적 보상에 관심을 가지며 참여적 관리와 상담자적 역할 등을 수행해야 한다.

ⓔ 복잡한 인간관

• 인간모형(상황적응이론)
- 인간은 복잡 · 다양한 존재이며, 동기는 상황과 역할에 따라 달라진다.
- 인간욕구의 다양성을 인정하며 상황에 따른 인간관리를 강조한다.
• 관리전략 : 직원의 다양한 욕구 · 능력을 감지할 수 있는 감수성과 진단능력을 가져야 하며, 인간의 변이성과 개인차를 파악하여 유연성 있는 관리전략을 세워나가야 하며, 이를 위해 상황적응적 관리 · 신축성 있는 대인관계기술 · 관리자의 진단가 역할 등이 필요하다.

② McGregor의 X · Y이론

㉠ 개념 : 상반되는 인간본질에 대한 가정을 중심으로 하는 이론으로, X이론은 조직구성원에 대한 전통적 관리전략을 제시하는 이론이고, Y이론은 개인목표와 조직목표의 통합을 추구하는 새로운 이론으로 본다.

㉡ X이론

• 가정 : 인간의 본질은 게으르고 일하기를 싫어하며 생리적 욕구와 안전의 욕구를 추구하고 새로운 도전을 꺼리고, 수동적이고 피동적이기 때문에 외부의 제재와 통제를 통해 조종될 수 있다고 본다.

기출문제

묻 다음 내용이 설명하는 인간관에 부합하는 조직관리 전략은?

▶ 2015. 6. 27. 제1회 지방직

대부분의 사람들은 본질적으로 일을 싫어하는 것이 아니다. 사람들에게 일이란 작업조건만 제대로 정비되면 놀이를 하거나 쉬는 것과 같이 극히 자연스러운 것이며, 인간이 물리적 · 사회적 환경에 도전하는 여러 방법 중의 하나이다.

① 업무 지시를 정확하게 하고 엄격한 상벌 원칙을 제시해야 한다.
② 업무 평가 하위 10 %에 해당하는 직원에 대한 20 %의 급여 삭감계획은 더욱 많은 업무 노력을 이끌어 낼 수 있는 방법이다.
③ 의사결정 시 부하직원을 참여시키고 자율적으로 업무를 수행할 수 있도록 해야 한다.
④ 관리자가 조직구성원에게 적절한 업무량을 부과하여 수행하게 해야 한다.

Tip 제시된 글은 맥그리거의 Y이론에 대한 설명이다.
①②④ X이론에 해당한다.

정답 ③

문 다음 중 Y이론에 대한 설명으로 옳은 것은?

▶ 2003. 4. 12. 강원도

① 조직구조의 계층성을 강조하여 책임과 역할이 분명해진다.
② 경제적 보상체계를 강조하기 때문에 구성원의 사기를 높일 수 있다.
③ 자발적이고 의욕적인 참여를 통해 일에 대한 보람과 책임의식을 느끼며 기쁘게 일한다.
④ 책임과 권한의 위임을 주요소로 하기 때문에 권위주의 리더십이 요구된다.

Tip ①②④는 모두 X이론에 대한 내용이다.

문 다음 중 동기부여의 Z이론에 대한 설명에 해당하지 않는 것은?

▶ 2005. 6. 5. 경상남도

① 오우치 – 일본의 우수한 경영방식을 미국에 적용하려 하였다.
② 런드스테트 – 자유방임적 관리를 중시하였다.
③ 롤리스 – 복잡한 인간을 전제로 상황적응적 관리를 주장하였다.
④ 롤러 – 업적에 대한 만족 여부를 보상의 공평성이라는 차원에서 강조하고 있다.

Tip ④는 동기부여 이론 중 과정이론에 속한다. Z 이론은 내용이론(욕구이론)에 포함되는 이론이다.

정답 ③, ④

- 관리전략 : 조직구성원들의 경제적 욕구 추구에 적용한 경제적 보상체계가 확립되어야 하고, 조직구성원들이 엄격한 감독과 구체적인 통제체제와 처벌체제도 필요해지며, 권위주의적 관리체계가 확립되어야 하고, 계층제적 조직구조가 발달해야 한다.
- 비판
 – 인간의 계속적인 성장·발전의 가능성을 과소평가하고 있다.
 – 인간의 하위욕구의 충족에만 중점을 두고 상위욕구는 경시하는 관리전략을 제시하고 있으며, 이러한 관리전략은 자발적 근무의욕의 고취에는 부적절하다.
 – 하위욕구가 충족된 이후에는 동기부여가 되지 않으며, 새로운 상위욕구가 충족되어야 동기부여가 가능하다.

ⓒ Y이론
- 가정 : 인간이 자기표현과 자제의 기회를 참여를 통하여 발견하고, 자기행동의 방향을 스스로 정하고 자제할 능력이 있으며 책임있는 행동을 한다고 본다. 또한 사회·심리적 욕구를 추구하는 사회적 존재로서, 이타적이고 창조적이며 진취적이라고 본다.
- 관리전략 : 관리자는 조직목표와 개인목표가 조화될 수 있도록 해야 하며, 직무를 통하여 욕구가 충족되고 개인이 발전할 수 있는 조직의 운영방침을 채택해야 한다. 목표관리 및 자체평가제도의 활성화·분권화와 권한의 위임, 민주적 리더십, 평면적 조직구조의 발달 등이 필요하다.
- 비판
 – 상대적·복합적인 인간의 욕구체계를 너무 단순화시키고 있다.
 – 상황에 따라서는 관리자의 명령·지시가 오히려 더 효과적일 수 있다는 점을 간과한다.
 – 직무수행을 통한 자기실현욕구의 충족을 강조하고 있으나, 실제로는 직장 밖에서 이러한 욕구를 추구하는 사람이 많다는 비판이 있다.

③ Argyris의 성숙형 인간과 미성숙형 인간
 ㉠ 개념 : 인간의 성격은 미성숙상태로부터 성숙상태로 변화하며, 조직의 구성원을 성숙한 인간으로 관리하여야 한다.

Point 팁 성숙인과 미성숙인
 ㉠ 성숙인 : 능동적·독자적이며 다양한 행동양태와 강한 관심 및 장기적 안목을 가지고 있다. 자아의식을 통한 자기통제가 가능하며 평등적 또는 우월한 지위에 만족한다.
 ㉡ 미성숙인 : 수동적이고 의존적이며 단순한 행동양태와 변덕스럽고 얕은 관심을 가지고 있다. 자아의식이 결여되어 있으며 종속적 지위에 만족하는 경향이 있다.

 ㉡ 관리전략
- 성숙한 인간의 욕구와 공식조직의 관리전략은 갈등을 초래한다.

- 조직구조를 직무확장, 참여적 리더십, 현실중심적 리더십 등으로 개편함으로써 인간의 자기실현을 가능케 해야 한다.
- 조직구성원이 스스로의 욕구충족으로 성장·성숙의 기회를 얻게 됨으로써 조직의 목표와 인간의 욕구가 통합될 수 있다.

Point 팁 악순환모형 … 전문화·명령통일·통솔범위 등의 조직원리에 바탕을 둔 전통적·권위적 관리방식은 성숙한 인간의 자기실현욕구 충족을 방해하게 되어 결과적으로 의존성, 결근, 이직, 무관심과 같은 적응행동을 취하게 된다.

④ Z이론

- ㉠ Lundstedt의 Z이론
  - 개념 : X이론이 독재형 또는 권위형, Y이론이 민주형에 해당하는 데 비해, Z이론은 자유방임형 내지 비조직형에 해당한다고 보아서, Z이론에 해당하는 조직은 지도력의 결여에 의한 경우 집단적 응집력의 약화에 따른 조직의 생산성 저하라는 역기능적 결과를 가져올 수도 있으나, 비조직화에 의한 구성원의 심리적 충족과 창의력의 발휘 등 조직생산성을 증대시키는 기능적 결과를 가져올 수도 있다고 본다.
  - 관리전략 : 지도자는 부하에게 최대한으로 자유를 보장하는 자유방임형 리더십을 행사하고, 비조직적이고 자연발생적인 활동을 허용하며, 조직구성원이 구속감을 느끼지 않도록 느슨한 조직구성을 지향한다.
- ㉡ Lawless의 Z이론
  - Schein의 복잡한 인간관에 입각하여 변동하는 환경 속에 존재하는 조직과 집단, 사람은 환경변화에 따라 변동한다는 사실을 객관적으로 파악하여 그에 대응하는 관리전략을 펴야 한다고 주장하였다.
  - X이론이나 Y이론은 때와 장소와 조직의 특성에 따라 그 적합성이 달라지며, 관리방식은 조직이 놓여 있는 구체적인 상황에 따라 변동되어야 한다는 것이다.
- ㉢ Ramos의 Z이론
  - 개념 : X이론의 인간을 작전인, Y이론의 인간을 반응인이라 보고, 이에 속하지 않는 제3의 인간형을 자기의 내부세계 및 환경을 떠나서 자아를 객관적으로 검토할 수 있는 능력을 소지한 괄호인으로 파악했다.
  - 관리전략 : 사회적 참여기회의 증대, 직장을 통한 인생의 의의 발견, 개성표현 기회의 확대 등을 통하여 동기를 자극시킨다.
- ㉣ Bennis의 Z이론
  - 개념 : 탈관료제에 입각하여 조직은 마치 과학연구조직과 같은 특색을 가져 의견발표 및 반대의 자유, 개인에 대한 존경이 지배되고 모든 형태의 전체주의·획일주의적 통제 등이 배제된다.

기출문제

❓ 동기이론에 대한 설명으로 옳지 않은 것은?
▶ 2019. 4. 6. 인사혁신처

① 매슬로우(Maslow)는 충족된 욕구는 동기부여의 역할이 약화되고 그 다음 단계의 욕구가 새로운 동기 요인이 된다고 하였다.

② 앨더퍼(Alderfer)는 매슬로우의 5단계 욕구이론을 수정해서 인간의 욕구를 3단계로 나누었다.

③ 허즈버그(Herzberg)는 불만요인(위생요인)을 없앤다고 해서 적극적으로 만족감을 느끼는 것은 아니라고 했다.

④ 브룸(Vroom)의 기대이론에서 수단성(instrumentality)은 특정한 결과에 대한 선호의 강도를 의미한다.

> **TIP** 브룸의 기대이론은 개인의 동기는 자신의 노력이 어떠한 성과를 가져오리라는 기대와, 그러한 성과가 보상을 가져다 주리라는 수단성에 대한 기대감의 복합적 함수에 의해 결정된다고 보는 이론이다. 특정한 결과에 대한 선호의 강도는 유의성이다.

┃정답 ④

문 동기이론에 대한 설명으로 옳지 않은 것은?

▶ 2016. 6. 18. 제1회 지방직

① 매슬로우(Maslow)는 상위 차원의 욕구가 충족되지 못하거나 좌절될 경우, 하위 욕구를 더욱 더 충족시키고자 한다고 주장하였다.

② 앨더퍼(Alderfer)는 ERG이론에서 매슬로우의 욕구 5단계를 줄여서 생존욕구, 대인관계 욕구, 성장욕구의 세 단계를 제시하였다.

③ 허츠버그(Herzberg)는 욕구충족 요인 이원론에서 불만족 요인(위생요인)을 제거한다고 해서 만족을 보장하는 것은 아니라고 주장하였다.

④ 애덤스(Adams)는 형평성이론에서 자신의 노력과 그 결과로 얻어지는 보상과의 관계를 다른 사람의 것과 비교해 상대적으로 느끼는 공평한 정도가 행동동기에 영향을 준다고 본다.

Tip 매슬로우는 상위 차원의 욕구가 충족되지 못하거나 좌절될 경우, 하위 욕구를 더욱 더 충족시키고자 하는 욕구의 하향적 퇴행현상을 고려하지 못하였다는 단점이 있다.

‖**정답** ①

- 관리전략 : 이해의 추구, 보편주의, 과학의 권위의 인정, 동료 간 분위기, 자기이해의 초월 등의 조직분위기를 필요로 한다고 보았다.
- ⓜ Ouchi의 Z이론 : 평생고용제, 장기에 걸친 평정 및 승진, 비전문적 경력통로, 내적 통제방식, 집단적 의사결정·책임을 통한 만족감 고취, 전체적 관심 등의 특징을 주장했다.

(3) 동기부여이론

① 개요

ⓐ 의의 : 개인의 자발적·적극적 행위를 유도함으로써 개인의 목표와 조직의 목표가 합치되는 상황을 조성하고 유지하는 과정을 말한다.

ⓑ 내용이론과 과정이론 : 내용이론은 선험적인 욕구의 존재를 인정하고 욕구의 유형화에 중점을 두는 한편, 과정이론은 선험적인 욕구의 존재를 부정하고 욕구형성의 심리적 요인(주관적 평가과정)에 중점을 둔다.

② 내용이론(욕구이론)

ⓐ Maslow의 욕구단계설

- 개념 : 인간의 욕구는 다섯 계층으로 이루어지며 하위욕구로부터 상위 욕구로 발달한다고 보고, 욕구의 충족 또는 억제에 의하여 동기부여가 가능하다고 주장했다.
- 이론적 전제 : 인간은 충동적으로 행동하고 욕구의 충족을 추구한다. 또한 인간의 욕구는 엄격하게 계층화되어 있고, 하위욕구가 만족된 후에 상위욕구가 생기며 성취한 욕구는 행동에 더이상 영향을 미치지 않는다.
- 욕구의 단계
  - 생리적 욕구 : 의식주에 대한 욕구, 성적 욕구 등 우선순위가 가장 높은 기초적인 욕구
  - 안전의 욕구 : 위험과 위협에 대한 보호, 경제적 안정, 질서에 대한 욕구
  - 애정의 욕구 : 친밀한 인간관계, 집단에의 소속감, 애정과 우정 등에 대한 욕구
  - 존경의 욕구 : 긍지와 자존심을 추구하는 지위, 명예, 위신, 인정 등에 대한 욕구
  - 자아실현의 욕구 : 자아성취와 자기발전을 추구하고자 하는 욕구
- 한계
  - 욕구의 단계는 경직된 구조를 갖는 것이 아니며, 중복되는 측면이 있다.
  - 욕구와 행동 간에는 뚜렷한 개연성이 없다.
  - 생리적 욕구는 완전히 충족될 수 없고 주기적으로 반복된다.
  - 욕구의 개인별·상황별 차이를 무시하고 있다.
  - 인간은 욕구 이외에 사회규범·의무·이념에 따라서 행동할 수 있다.
  - 욕구불충족의 경우 개인은 새로운 대안을 모색하고 개발할 수도 있다.
  - 어떤 행동은 단일의 욕구에 의한 것이 아니라 여러 욕구에 의해 동기부여가 될 수 있다.

ⓒ Alderfer의 ERG이론

• 생리적 욕구와 물리적 안전욕구를 통합하여 생존의 욕구라 한다.
• 안전욕구 중 대인관계차원의 비물리적 안전과 사회적 욕구, 존경의 욕구 중 타인으로부터의 존경·존심을 통합하여 인간관계의 욕구라 한다.
• 존경의 욕구 중 자긍심과 자아실현욕구를 통합하여 성장욕구라 한다.

ⓒ Herzberg의 욕구충족요인 이원설

• 의의 : 인간은 이원적 욕구 구조를 가지고 있으며, 욕구는 불만과 만족의 감정에 대하여 별개의 차원에서 작용함으로써 불만을 일으키는 요인(불만요인 또는 위생요인)과 만족을 주는 요인(만족요인 또는 동기요인)은 서로 다르다는 욕구충족요인 2원설을 제시했다. 위생요인이 직무외재적 성격과 직무맥락에 관련된 것이라면, 동기요인은 직무내재적 성격과 직무내용과 관련이 깊다고 보고 조직원의 만족감과 동기유발을 제고하기 위한 직무확충을 주장하였다.
• 특징
– 불만요인(위생요인) : 직무의 조건·환경과 관련되며 하위욕구와 관련되는 요인으로, 욕구가 충족되지 않으면 심한 불만을 가지지만 충족되어도 적극적인 만족을 주지는 못하며 근무태도의 단기적 변동만 가져올 뿐이다.
– 만족요인(동기요인) : 직무 자체에 대한 욕구로서 인간의 정신적 측면에 관련되며 존경욕구·자기실현욕구 등 상위욕구와 관련된다. 만족요인은 충족되면 적극적인 만족감을 느끼고 근무의욕이 향상되며 인간의 정신적 측면이나 자기실현욕구·존경욕구 등과 관련되어 장기적 효과를 가진다.
– 평가 : 실제의 동기유발이 아니라 만족에 중점을 두고 있으며, 하위욕구를 추구하는 계층에는 적용되기 어렵고, 불만요인도 직무수행과 관련되면 동기부여요인이 될 수 있으며, 개인차에 대한 충분한 고려가 없다는 한계가 있다.

Point 📝 직무확충(직무확대와 직무충실) … 분업이나 작업에 대한 불만에 대한 처방으로서 직무확대와 직무충실이 있다. 직무확대란 불만요인의 제거로서 직무범위의 재편성을 말하고, 직무충실은 작업에 따른 책임과 성취감을 강화시켜주는 만족요인의 강화이다.

ⓓ Likert의 관리체제모형

• 관리체제의 유형
– 체제1(수탈적 권위형) : 관리자는 부하를 불신하며 의사결정의 참여에서 배제한다.
– 체제2(온정적 권위형) : 관리자는 부하에게 온정을 베푸는 관계를 형성하며 의사소통의 유형은 대체로 하향적이다.
– 체제3(협의적 민주형) : 관리자는 부하를 상당히 신뢰하며 의사소통이 활발하고 부하의 의사결정 참여도 널리 인정된다.
– 체제4(참여적 민주형) : 관리자는 부하를 전적으로 신뢰하며 의사결정에의 참여는 광범위하여 상향적·하향적·횡적 의사전달이 매우 활발하다.

기출문제

🔵 허즈버그(Herzberg)의 욕구충족요인 이원론에 대한 설명으로 옳지 않은 것은?
▶ 2017. 4. 8. 인사혁신처
① 욕구의 계층화를 시도한 점에서 매슬로(Maslow)의 욕구단계이론과 유사하다.
② 불만을 주는 요인과 만족을 주는 요인은 서로 다르다고 주장한다.
③ 무엇이 동기를 유발하는가에 초점을 두는 내용이론으로 분류된다.
④ 작업조건에 대한 불만을 해소한다고 하더라도 근무태도에 장기적인 영향을 미치지는 않는다고 본다.

Tip 허즈버그의 욕구충족요인 이원론은 인간의 욕구 충족에 대해 동기요인과 위생요인으로 2원화시키고 있다. 욕구의 계층화를 시도한 것은 매슬로의 욕구단계이론과 앨더퍼의 ERG이론이다.

🔵 동기부여와 관련된 이론을 내용이론과 과정이론으로 나눠볼 때, 다음 중에서 과정이론에 해당하는 것은?
▶ 2013. 9. 7. 서울특별시
① 욕구계층이론
② 기대이론
③ 욕구충족요인 이원
④ 성취동기이론
⑤ X·Y이론

Tip ② 기대이론은 형평성이론, 목표설정이론, 학습이론 등과 함께 과정이론에 속한다.
①③④⑤ 내용이론이다.

‖정답 ①, ②

문 브룸(Vroom)의 기대이론에 따를 경우 조직구성원의 직무수행동기를 유발하기 위한 조건이 아닌 것은?

▶ 2017. 6. 17. 제1회 지방직

① 내가 노력하면 높은 등급의 실적평가를 받을 수 있다는 기대치(expectancy)가 충족되어야 한다.

② 내가 높은 등급의 실적평가를 받으면 많은 보상을 받을 수 있다는 수단치(instrumentality)가 충족되어야 한다.

③ 내가 받을 보상은 나에게 가치 있는 것이라는 유인가(valence)가 충족되어야 한다.

④ 내가 투입한 노력과 그로 인하여 받은 보상의 비율이, 다른 사람과 비교하여 공평해야 한다는 균형성(balance)이 충족되어야 한다.

Tip ④ 아담스의 공평성 이론에 대한 설명이다.

정답 ④

• 관리전략 : 생산성 및 사기는 체제1로부터 4로 갈수록 높아짐을 밝혔다. 체제1과 2는 권위주의적 성격으로 X이론에 해당하고, 체제3과 4는 참여형으로서 Y이론에 속한다. 따라서 그의 이론에서는 X이론보다 Y이론, 미성숙 행동보다 성숙 행동, 위생요인보다 동기부여요인을 중시하는 것을 알 수 있다.

ⓜ McClelland의 성취동기이론

• 의의 : 인간은 스스로가 자기 창조적으로서 자아실현의 욕구를 부단히 추구한다는 것을 전제로 논의를 전개하고 있다. 욕구의 유형을 성취욕구, 권력적 욕구, 소속욕구의 세 가지로 나누고 과업의 성공적인 성과를 위해서는 성취, 권력, 소속욕구 등에 대한 충분한 분석이 있어야 한다고 주장했다.

Point 욕구의 유형
ⓐ 성취 욕구 : 강한 성공의 충동을 지니고 개인적인 성취를 하고자 하는 욕구
ⓑ 권력적 욕구 : 다른 사람에게 영향을 미치고 그들을 통제하려는 욕구
ⓒ 소속 욕구 : 다른 사람과의 관계유지나 사회적 교류에 높은 관심을 가지며 조직집단으로부터 소외를 피하고자 하는 욕구

• 관리전략 : 관리자는 직무의 성격을 고려하여 가장 알맞은 유형의 직원을 결정해야 하며, 직원을 선발한 후 직무행동을 수행할 수 있도록 동기를 자극하고 보강하며, 성취동기를 증진하기 위해서는 환류를 조성하고 고유의 성취모형을 찾아야 한다는 것 등을 강조했다.

③ 과정이론

ⓐ Vroom의 기대이론(VIE 이론)

• 개념 : 노력이 어떠한 보상을 가져올 것이라는 기대와 그 보상에 대한 주관적 매력을 종합적으로 고려한 결과에 따라 동기 또는 근무의욕이 결정된다는 이론으로서 동기부여는 개인이 특정 결과에 대하여 갖는 선호의 강도인 '유의성', 개인이 지각하는 성과·생산성, 승진·승급·인정 등과의 상관관계에 대한 인지도인 '수단성', 개인행동이 자기 자신에게 가져올 결과에 대한 주관적 확률에 관한 믿음인 '기대'에 의해서 결정된다고 보았다.

• 특징 : 추진하는 과업에 대한 성과가 분명하고 성과에 따른 보상이 클 것으로 기대될수록 개인의 동기는 강하게 작용하는 반면, 성과가 회의적이고 성과와 보상에 아무 관련이 없다고 믿을수록 개인의 동기는 낮게 나타난다고 본다.

• 평가 : 동기선택을 밝히는 데 유용하지만, 동기결정요인의 복잡성 때문에 유인가·수단성·기대의 검증이 어렵고, 지나치게 수리적 계산에 의존한다는 비판을 받고 있다.

ⓑ Porter & Lawler의 성과만족이론(EPRS이론) : 개인은 과거의 경험이나 미래에 대한 기대감에 의하여 동기를 부여받는다고 보고 있다. 노력(Effort), 성과(Performance), 보상(Reward), 만족(Satisfaction)이라는 틀을 중시하므로 EPRS이론이라고 불리우기도 한다.

ⓒ Georgopoulos의 통로·목표이론 : 노동자의 생산성은 매우 복잡한 개인적·상황적 요인에 의하여 영향을 받는다고 전제하고, 조직의 목표가 조직구성원의 개인목표의 달성통로로써 어느 정도 유효하게 작용하는지의 여부가 생산활동을 통제한다고 본다.

ⓓ Adams의 형평성이론 : 인간의 행위는 타인과의 관계에서 형평성·공정성을 유지하는 쪽으로 동기가 부여된다고 보는 이론이다. 노력·성과·기술·생산량·제품과 서비스의 질 등과 같은 개인의 투입에 대한 보수, 승진 등과 같은 결과의 비율을 동일한 직무상황에 있는 준거인의 비율과 비교하여 이 두 비율이 동일할 때 공정성이 있고, 이 두 비율 간에 어느 한쪽이 크거나 작을 때 불공정성이 지각되며 이 불공정성을 제거하기 위해 동기가 유발된다고 보았다.

ⓔ 순치이론(보강이론) : 외부자극에 의하여 학습된 행동이 유발되는 과정 또는 어떤 행동이 왜 지속되는가를 밝히려는 이론으로서, 행동의 원인보다 결과에 초점을 두고 있으며 조직구성원의 직무수행을 지속시키거나 이를 향상시키기 위해서는 강화요인(적극적 강화, 소극적 강화, 처벌, 소멸)을 적절히 선택·사용하는 것이 중요하다고 본다.

Point 팁 강화의 유형

종류	내용	예
긍정적 강화 (reinforcement)	바람직한 결과를 제공하여 바람직한 행동을 반복	맛있는 음식, 급료, 승진
부정적 강화 (avoidance)	바람직하지 않은 결과를 제거하여 바람직한 행동 반복	벌칙 제거, 괴로움 제거
소거 (extinction)	바람직한 결과를 제거함으로써 바람직하지 않은 행동 제거	급료인상 철회, 무반응
처벌 (punishment)	바람직하지 않은 결과를 제공하여 바람직하지 않은 행동 제거	질책, 해고

기출문제

문 조직 내에서 구성원 A는 구성원 B와 동일한 정도로 일을 하였음에도 구성원 B에 비하여 보상을 적게 받았다고 느낄 때 애덤스(J. Stacy Adams)의 공정성이론에 의거하여 취할 수 있는 구성원 A의 행동 전략으로 가장 옳지 않은 것은?
▶ 2019. 6. 15. 제2회 서울특별시
① 자신의 투입을 변화시킨다.
② 구성원 B의 투입과 산출에 대해 의도적으로 자신의 지각을 변경한다.
③ 이직을 한다.
④ 구성원 B의 투입과 산출의 실제량을 자신의 것과 객관적으로 비교하여 보상의 재산정을 요구한다.

Tip 애덤스의 공정성이론에 따르면 불공평감을 느낄 때 취할 수 있는 행동으로 투입 변경, 산출 변경, 지각 변경, 준거인 변경 등이 있다고 보았다.
①③ 투입 변경
② 지각 변경

문 팀의 주요 사업에 기여도가 약한 사람에게는 팀에 주어지는 성과 포인트를 배정하지 않음으로써, 성실한 참여를 유도하는 방식은 다음 중 어디에 해당하는가?
▶ 2010. 6. 12 서울특별시
① 긍정적 강화 ② 소거
③ 처벌 ④ 부정적 강화
⑤ 타산적 몰입

Tip ② 소거(extinction)에 해당한다.

정답 ④, ②

1 동기부여이론 중 내용이론을 모두 고른 것은?

> ㉠ Vroom의 기대이론 ㉡ Maslow의 욕구계층이론
> ㉢ Porter와 Lawler의 업적만족이론 ㉣ Adams의 형평성이론
> ㉤ Argyris의 성숙−미성숙이론 ㉥ Skinner의 강화이론
> ㉦ Ouchi의 Z이론

① ㉠, ㉡, ㉤, ㉥ ② ㉠, ㉡, ㉣

③ ㉡, ㉢, ㉤ ④ ㉡, ㉤, ㉦

2 Maslow의 욕구단계이론에 관한 설명이 틀린 것은?

① 존경에 대한 욕구는 사람이 스스로 자긍심을 가지고 싶어하고, 다른 사람들이 자기를 존중해 주기 바라는 욕구이다.

② 인간은 다섯 가지의 욕구를 가지고 있는데, 이들은 우선순위의 계층을 이루고 있다.

③ 욕구의 발로는 순차적이고, 한 단계의 욕구가 완전히 충족되어야 다음 단계의 욕구가 발로될 수 있다.

④ 어떤 욕구가 충족되면 그 욕구의 강도는 약해지며, 충족된 욕구는 일단 동기유발 요인으로서의 의미를 상실한다.

3 다음은 조직 내 인간의 행동에 영향을 미치는 동기이론에 대한 설명이다. 옳은 것은?

① 매슬로우(Maslow)는 두 가지 이상의 욕구가 하나의 행동으로 발현될 수 있다고 하였다.

② 앨더퍼(Alderfer)와 매슬로우는 욕구 만족 시 욕구 발로의 전진적·상향적 진행만을 강조한다는 공통점이 있다.

③ 맥크릴랜드(McClelland)는 개인의 행동을 동기화시키는 욕구는 학습되는 것으로, 개인마다 욕구의 계층에 차이가 있다고 주장하였다.

④ 샤인(Schein)의 복잡한 인간모형은 연구 자료가 중요 사건기록법을 근거로 수집되었다는 한계가 있다.

4 허즈버그(F, Herzberg)가 주장하는 위생요인(hygiene factors)으로 볼 수 없는 것은?

① 자아계발
② 보수
③ 작업조건
④ 회사 및 조직의 정책

5 어떤 사람이 자신의 노력만큼 높은 근무성적을 낼 수 있다고 생각할 때, 그 근무성적이 자신이 승진하는 데 주요 수단이 된다고 판단될 때, 그리고 승진이 매력적인 것으로 간주될 경우에 동기부여가 될 것이라고 가정하는 이론은?

① 목표설정 이론
② 기대이론
③ 성취동기 이론
④ 욕구이론

6 동기이론에 대한 설명으로 가장 옳지 않은 것은?

① 브룸(Vroom)의 기대이론 – 개인은 투입한 노력 대비 결과의 비율을 준거 인물의 그것과 비교하여 불균형이 발생했을 때 이를 조정하려 한다.
② 앨더퍼(Alderfer)의 ERG이론 – 개인의 욕구 동기는 생존욕구, 관계욕구, 성장욕구 세 단계로 구분된다.
③ 맥클랜드(McClelland)의 성취동기이론 – 개인의 욕구는 성취욕구, 친교욕구, 권력욕구로 구분되며, 성취욕구의 중요성을 강조한다.
④ 허즈버그(Herzberg)의 2요인이론 – 개인은 서로 별개인 만족과 불만족의 감정을 가지는데, 위생요인은 개인의 불만족을 방지해주는 요인이며, 동기요인은 개인의 만족을 제고하는 요인이다.

7 동기부여이론에 대한 설명으로 옳지 않은 것은?

① 허즈버그(Herzberg)는 동기요인에 승진, 성장 등의 요소를 포함하고, 위생요인으로 보수, 인간관계 등을 포함한다.

② 앨더퍼(Alderfer)는 상위욕구에 대한 좌절이 일어날 경우 하위 욕구로 회귀하는 좌절−퇴행 과정이 나타난다고 주장한다.

③ 핵크만(Hackman)과 올드햄(Oldham)은 직무특성이론을 통해 개인의 동기를 직무 자체의 특성과 연관지어 설명한다.

④ 포터(Porter)와 롤러(Lawler)는 직무만족이 성과의 직접원인이며, 노력은 간접요인이라고 주장한다.

8 McGregor의 Y이론에 대한 설명으로 옳지 않은 것은?

① 인간은 사회 · 심리적 욕구를 추구하는 사회적 존재

② 인간은 이타적이고 창조적이며 진취적인 존재

③ 목표관리 및 자체평가제도의 활성화

④ 경제적 보상체계의 확립

9 환경에 대한 조직의 대응 중 완충전략에 대한 설명으로 옳지 않은 것은?

① 환경의 요구를 조직과정에 투입하기 전에 사전심의하여 분류하는 과정에서 시급하지 않거나 잘못된 요구를 가려내어 요구 자체를 배척한다.

② 필요한 자원과 산출물을 비축하여 환경적 요구에 의해 방출되는 과정을 통제한다.

③ 조직이 환경 속에 적극 접근하여 투입요인의 공급자를 동기화하거나 산출물에 대한 수요를 고취시키거나 여러 집단의 상충되는 요구를 균형화한다.

④ 중심조직이 지배적인 위치를 차지하여 외부조직이 필요로 하는 자원이나 정보를 통제하는 위치에서 외부조직의 행동을 유효하게 통제한다.

10 지도자는 부하에게 최대한으로 자유를 보장하는 자유방임형 리더십을 행사하고, 비조직적이고 자연발생적인 활동을 허용하며, 조직구성원이 구속감을 느끼지 않도록 느슨한 조직구성을 지향한다는 Lundstedt의 Z이론에서의 인간관은?

① 자유방임적 인간관
② 복잡한 인간관
③ 괄호인
④ 합리적 인간관

11 다음 중 동기부여의 내용이론에 해당하는 설명이 아닌 것은?

① Maslow는 우선순위가 가장 높은 욕구는 생리적 욕구라고 하였다.
② Alderfer는 생리적 욕구와 물리적 안전욕구를 통합하여 생존의 욕구라 하였다.
③ Vroom은 성과에 따른 보상이 크게 기대될수록 개인의 동기는 강하게 작용된다고 보았다.
④ Herzberg는 욕구충족 이원설을 제시하였다.

12 다음 중 조직과 조직 간의 관계에 대한 설명으로 옳지 않은 것은?

① 조직이 필요로 하는 자원이 외부조직에 집중되어 있을 경우 여러 조직은 자원을 통합하고 연대한다.
② 둘 이상의 조직 간 대립이나 경쟁관계가 발생했을 때 이는 제3자에 의하여 중재되며, 각 조직은 제3자의 지지를 얻으려고 활동을 벌인다.
③ 둘 이상의 조직이 재화·서비스의 제공이나 교환에 관한 교섭을 벌이고 타협하며, 이 조직 상호 간에는 양보·획득관계가 성립한다.
④ 조직이 자신의 안정·존속에 대한 위협을 제거하기 위하여 다른 조직에 속한 인물을 조직의 지도층이나 정책결정기구에 참여시킨다.

13 동기부여이론 중 과정이론에 대한 설명으로 옳지 않은 것은?

① Vroom의 기대이론은 노력에 대한 보상의 매력성에 의해 동기 또는 근무의욕이 결정된다고 보았다.

② EPRS이론은 과거의 경험이나 미래에 대한 기대감이 동기를 부여한다는 것으로 노력(effort), 승진(promotion), 보상(reward), 안전성(safety)을 중시한다.

③ Adams의 형평성이론은 인간의 행위가 타인과의 관계에서 형평과 공정을 유지하는 쪽으로 동기가 부여된다고 보는 이론이다.

④ 순치이론은 외부자극에 의해 학습된 행동이 유발되는 과정 또는 어떤 행동이 왜 지속되는가를 밝히려는 이론이다.

14 조직구성원의 인간관에 따른 조직관리와 동기부여에 관한 이론들로서 바르게 설명한 것을 모두 고른 것은?

> ⊙ 허즈버그의 욕구충족요인 이원론에 의하면, 불만요인을 제거해야 조직원의 만족감을 높이고 동기가 유발된다고 한다.
> ⓒ 로크의 목표설정이론에 의하면, 동기유발을 위해서는 구체성이 높고 난이도가 높은 목표가 채택되어야 한다.
> ⓒ 합리적·경제적 인간관은 테일러의 과학적 관리론, 맥그리거의 X이론, 아지리스의 미성숙인 이론의 기반을 이룬다.
> ⓒ 자아실현적 인간관은 호손실험을 바탕으로 해서 비공식적 집단의 중요성을 강조하며, 자율적으로 문제를 해결하도록 한다.

① ⊙ⓒⓒ②
③ ⊙ⓒ②

② ⊙ⓒⓒ
④ ⓒⓒ

15 허즈버그(F. Herzberg)의 욕구충족요인 이원론에서 제시하는 동기요인(motivator) 내지 만족요인(satisfier)과 가장 거리가 먼 것은?

① 보다 많은 책임을 부여받는다.

② 상사로부터 직무성취에 대한 인정을 받는다.

③ 보다 많은 개인적 성장과 발전을 경험하고 있다.

④ 원만한 대인관계를 유지하고 있다.

16 허즈버그(F. Herzberg)의 욕구충족요인 이원론의 설명으로 옳은 것은?

① 동기요인을 충족시켜주지 못하면 조직에 대한 불만이 커진다.
② 동기요인의 충족은 직무수행을 위한 노력을 강화한다.
③ 위생요인은 주로 직무 자체와 관련되어 있다.
④ 위생요인의 충족은 동기유발을 촉진한다.

17 동기부여이론과 그 활용이 적절하게 연결된 것은?

① A부서는 Vroom의 기대이론에 따라 선택적 복지제도를 도입하여 조직원들의 기대감(expectancy)을 높였다.
② Herzberg의 2요인이론에 따르면 동기요인인 보수보다는 위생요인인 성취와 인정이 동기부여에 효과적이므로 B부서는 모든 직급과 연령대의 구성원들에게 보수의 향상보다는 성취와 인정을 느끼는 방안을 도입했다.
③ C부서는 Hackman과 Oldham의 직무특성이론에 따라 직무분석프로그램을 운영하여 동기부여를 향상시켰다.
④ D부서는 Adams의 공정성이론에 따라 준거인물을 설정할 수 없도록 재택근무제도를 도입했다.

18 조직구성원들의 동기이론에 대한 설명 중 옳은 것만을 모두 고르면?

> ㉠ ERG이론 : 앨더퍼(C. Alderfer)는 욕구를 존재욕구, 관계욕구, 성장욕구로 구분한 후 상위욕구와 하위욕구 간에 '좌절 – 퇴행' 관계를 주장하였다.
> ㉡ X · Y이론 : 맥그리거(D. McGregor)의 X이론은 매슬로우(A. Maslow)가 주장했던 욕구계층 중에서 주로 상위욕구를, Y이론은 주로 하위욕구를 중요시하였다.
> ㉢ 형평이론 : 아담스(J. Adams)는 자기의 노력과 그 결과로 얻어지는 보상을 준거인물과 비교하여 공정하다고 인식할 때 동기가 유발된다고 주장하였다.
> ㉣ 기대이론 : 브룸(V. Vroom)은 보상에 대한 매력성, 결과에 따른 보상, 그리고 결과발생에 대한 기대감에 의해 동기유발의 강도가 좌우된다고 보았다.

① ㉠㉢   ② ㉠㉣
③ ㉡㉢   ④ ㉢㉣

19 다음의 동기부여 이론과 학자에 대한 내용 중 옳은 것만을 모두 고른 것은?

> ○ 인간의 욕구에는 존재, 관계, 성장 등의 욕구가 있으며, 두 가지 이상의 욕구가 복합적으로 작용하여 하나의 행동을 유발한다고 주장한 학자는 앨더퍼(Alderfer)이다.
>
> ○ 욕구는 학습되는 것이므로 개인마다 욕구 계층에 차이가 있고, 학습된 욕구들은 성취, 권력, 친교 욕구 등으로 구분할 수 있다고 주장한 학자는 맥클리랜드(McClelland)이다.
>
> ○ 동기유발은 과업에 대한 개인의 기대감, 수단성, 보상의 유의미성에 의해 결정된다고 주장한 학자는 샤인(Schein)이다.
>
> ○ 인간의 욕구체계는 매우 복잡하고 때와 장소, 조직생활의 경험, 직무 등 여러 상황에 따라서 달라진다고 주장한 학자는 핵맨(Hackman)과 올드햄(Oldham)이다.

① ㉠, ㉡   ② ㉠, ㉢

③ ㉡, ㉢   ④ ㉢, ㉢

20 다음 중 동기부여 이론에 대한 설명으로 가장 옳지 않은 것은?

① 브룸(V. Vroom)의 기대이론 – 성취욕구, 권력욕구, 자율 욕구가 구성될 때 동기부여가 기대될 수 있다고 본다.

② 앨더퍼(C. Alderfer)의 ERG 이론 – 매슬로우의 욕구 이론을 수정하여 개인의 기본욕구를 존재욕구, 관계욕구, 성장욕구의 3단계로 구분하였다.

③ 매슬로우(A. H. Maslow)의 욕구이론 – 5단계의 욕구체계 중 가장 하위의 욕구는 생리적 욕구이다.

④ 포터(L. Porter)와 로울러(E. Lawler)의 기대이론 – 성과의 수준이 업무만족의 원인이 된다고 본다.

정답및해설

1	④	2	③	3	③	4	①	5	②
6	①	7	④	8	④	9	④	10	①
11	③	12	①	13	②	14	④	15	④
16	②	17	③	18	②	19	①	20	①

1 ⓛⓜⓐ이 내용이론, 나머지는 과정이론.

※ 동기이론의 유형: 내용이론(욕구이론)과 과정이론

내용이론(content theory), 욕구이론(need theory)	과정이론(process theory)
1. 전통적 동기이론 　① 합리적 경제적 인간모형 : 과학적 관리론. X이론과 관련 　② 사회적 인간 모형 : 인간관계론. Y이론과 관련	1. 기대이론 　① Vroom의 선호 · 기대이론(VIE이론) 　② Porter · Lalwer의 성과 · 만족이론 　③ Georgopoulos의 통로 · 목적이론 　④ Atkinson의 기대모형
2. 자아실현적 인간 모형(성장이론, 현대적 모형) 　① Maslow의 욕구계층제　　② Alderfer의 ERG이론 　③ Murray의 명시적 욕구이론　④ McGregor의 X · Y이론 　⑤ Herzberg의 동기 · 위생이론　⑥ Argyris의 성숙 · 미성숙이론 　⑦ Likert의 관리체제론　　⑧ McCelland의 성취동기이론	2. Adams의 형평성(공정성) 이론 3. 학습(강화 · 순치)이론 　① 행태주의자 학습이론 　　㉠ 고전적 조건화이론(Pavlov) 　　㉡ 조작적 조건화이론(Skinner) 　② 인지학습이론 : Tolman 　③ 사회학습이론 : Bandura
3. 복잡인 모형 　① Schein의 복잡인 　② Hackman · Oldham의 직무특성이론(과정이론으로 보는 견해도 있음) 　* Z이론 : 복잡인, Lundsteht, Lawless, Ouchi	4. Locke의 목표설정이론 5. Kelly의 귀인이론

2 ③ Maslow에 의하면 욕구의 발로는 연속적 · 순차적이고, 한 단계의 욕구가 충족되어야 다음 단계의 욕구가 발현될 수 있지만, 완전한 충족을 요하지는 않으며 어느 정도 충족 시 다음 단계욕구가 발현된다고 보았다.

3 D. McClelland는 모든 사람이 공통적으로 비슷한 욕구의 계층을 가지고 있다고 주장한 Maslow의 이론을 비판하며, 개인의 행동을 동기화시키는 욕구는 학습되는 것이므로 개인마다 욕구의 계층에 차이가 있다고 주장하였다.

① Maslow는 하나의 욕구에 의해 하나의 행동이 유발된다고 보았다.

② Alderfer는 욕구 만족 시 발생하는 욕구 발로의 전진적 · 상향적 진행뿐만 아니라 욕구 좌절로 인한 후진적 · 하향적 퇴행을 제시하였다.

④ Herzberg의 동기-위생 연구는 연구 자료가 중요 사건기록법을 근거로 수집되었기 때문에 편견이 내포되었을 가능성이 높다.

4 허즈버그는 욕구충족요인 이원론에서 불만요인(위생요인)과 만족요인(동기요인)으로 나누어 인간의 이원적 욕구구조에 대해 설명하였다. 위생요인이 직무외재적 성격과 직무맥락에 관련된 것이라면, 동기요인은 직무내재적 성격과 직무내용과 관련이 깊다고 보고 조직원의 만족감과 동기유발을 제고하기 위한 직무확충을 주장하였다.

※ 위생요인과 동기요인

　㉠ 위생요인 : 임금, 감독, 정책, 관리, 기술, 작업조건, 대인관계 등

　㉡ 동기요인 : 성취감, 책임감, 승진, 직무 그 자체, 안정감, 직무확충 등

5 ② Vroom의 기대이론에 대한 내용이다.

자신의 노력만큼 높은 근무성적을 낼 수 있다고 생각하는 것은 기대감, 그 근무성적이 자신이 승진하는 데 주요 수단이 된다고 판단하는 것은 수단성, 승진이 매력적인 것으로 간주될 경우에 동기부여가 될 것이라고 가정하는 것은 유의성에 해당하는 내용이다.

※ Vroom의 기대이론 … 노력이 어떠한 보상을 가져올 것이라는 기대와 그 보상에 대한 주관적 매력을 종합적으로 고려한 결과에 따라 동기 또는 근무의욕이 결정된다는 이론으로서 동기부여는 개인이 특정 결과에 대하여 갖는 선호의 강도인 유의성, 개인이 지각하는 성과·생산성, 승진·승급·인정 등과의 상관관계에 대한 인지도인 수단성, 개인행동이 자기 자신에게 가져올 결과에 대한 주관적 확률에 관한 믿음인 기대에 의해서 결정된다고 보았다.

6 ① 아담스(J. Adams)의 공정성(형평성)이론에 대한 내용이다. V. Vroom의 기대이론은 동기부여의 강도는 어떤 행위시 어떤 성과를 초래한다는 주관적 믿음(기대감), 그 성과가 보상을 가져올 것이라는 주관적 확률(수단성), 보상에 부여하는 가치(유인가)에 달려있다는 이론이다.

7 ④ 포터와 롤러는 만족이 직무성취(성과)를 가져오는 것이 아니라, 성과수준이 직무만족 원인이 될 수 있다고 본다. 성과는 개인이 원하는 목표·결과를 성취하려는 노력(effort)에 의해 결정되고, 만족은 실제 달성하는 결과에 의해 결정된다고 본다. 개인의 노력이 성과에 영향을 미치는 직접요인이고, 만족은 성취에 대한 간접적인 환류를 통해서만 영향을 미친다고 본다.

8 ④ X이론의 관리전략이다.

9 Scott의 환경에 대한 조직의 대응 중 완충전략으로, ①은 분류, ②는 비축, ③은 형평화에 해당된다. 이 외에 환경의 변화가 비축이나 형평화로 해결될 수 없을 때, 자원의 수요·공급 변화를 예견하여 대처하는 것으로 예측이 있다.
④ 권위주의를 말하는 것으로, 연결전략에 해당된다.

10 Lundstedt의 Z이론 … X이론이 독재형 또는 권위형, Y이론이 민주형에 해당하는 데 비해 Z이론은 자유방임형 내지 비조직형에 해당한다고 보아, Z이론에 해당하는 조직은 지도력의 결여에 의한 경우 집단적 응집력의 약화에 따른 조직의 생산성 저하라는 역기능적 결과를 가져올 수도 있으나, 비조직화에 의한 구성원의 심리적 충족과 창의력의 발휘 등 조직생산성을 증대시키는 기능적 결과를 가져올 수도 있다고 본다.

11 ③ 동기부여의 과정이론에 해당한다.

12 조직과 조직 간의 관계 중 ②는 경쟁, ③은 교섭, ④는 적응적 흡수에 해당하는 내용이다.
① 연결전략 중 합병에 대한 설명이다.

13 ② EPRS이론은 과거의 경험이나 미래에 대한 기대감이 동기를 부여한다는 것으로 노력(effort), 성과(performance), 보상(reward), 만족(satisfaction)을 중시한다.

14 ㉠ 허즈버그의 욕구충족요인 이원론에 의하면 불만족 요인을 아무리 충족해도 인간은 불만족감이 감소할 뿐 만족감이 증가하지 않으며 반대로 만족 요인을 충분히 충족시켜주면 만족감이 증가하나 이 욕구가 충족되지 않는다고 불만족감이 증가한다고 보지는 않았다.
㉣ 호손실험은 사회적 인간관과 관련이 있다.

15 ④ 허즈버그(F. Herzberg)의 욕구충족요인이원론에서 원만한 대인관계는 위생(불만)요인에 해당한다.
※ F. Herzberg의 욕구충족요인이원론…인간에게는 서로 독립적인 다른 두 욕구가 있는데, 만족을 얻으려는 욕구와 불만 혹은 고통을 피하려는 욕구가 그것이다. 직무와 관련하여 만족 요인으로는 직무상 성취감, 그에 대한 인정, 보람 있는 직무, 지위 상승, 능력 발전 등이 있다. 한편, 위생요인(불만요인)은 보수, 대인관계, 작업 조건, 감독 등 작업 환경과 관련이 있다.

16 허즈버그의 욕구충족요인 이원설

- 불만요인(위생요인) : 직무의 조건·환경과 관련되며 하위욕구와 관련되는 요인으로, 욕구가 충족되지 않으면 심한 불만을 가지지만 충족되어도 적극적인 만족을 주지는 못하며 근무태도의 단기적 변동만 가져올 뿐이다.
- 만족요인(동기요인) : 직무 자체에 대한 욕구로서 인간의 정신적 측면에 관련되며 존경욕구·자기실현욕구 등 상위욕구와 관련된다. 만족요인은 충족되면 적극적인 만족감을 느끼고 근무의욕이 향상되며 인간의 정신적 측면이나 자기실현욕구·존경욕구 등과 관련되어 장기적 효과를 가진다.

17 ① 기대감은 노력과 성과에 대한 주관적 확률로, 선택적 복지제도와 같은 경제적 유인과는 직접적인 관계가 없다.

② 보수는 위생요인이고, 성취와 인정은 동기요인이다.

④ Adams의 공정성이론은 개인이 자신의 보상을 동료와 비교하여 불공정성을 지각하게 되면 이를 감소시키기 위한 방향으로 동기가 유발된다고 하였다.

※ Hackman & Oldham 직무특성이론

$$M = \frac{\text{다양성} + \text{정체성} + \text{중요성}}{3} \times \text{자율성} \times \text{환류}$$

잠재적 동기지수(M)를 결정짓는 다섯 가지 요소 중 다양성, 정체성, 중요성은 '직무'에 관계된 것으로, ③번 지문과 같이 직무분석프로그램을 운영함으로써 동기부여를 향상시킬 수 있다.

18 ⓛ X·Y이론 : 맥그리거(D. McGregor)의 X이론은 매슬로우(A. Maslow)가 주장했던 욕구계층 중에서 주로 하위욕구를, Y이론은 주로 상위욕구를 중요시하였다.

ⓒ 형평이론 : 아담스(J. Adams)의 공정성이론은 자기의 노력과 그 결과로 얻어지는 보상을 준거인물과 비교하여 불공정하다고 인식할 때 동기가 유발된다고 주장하였다.

19 ⓒ 기대감, 수단성, 보상의 유의미성에 의해 동기의 강도가 결정된다고 주장한 학자는 브룸(Vroom)이다. 브룸은 3가지 요인 이외에도 부하의 능력과 환경적 요인도 중요하다고 보았다.

ⓔ 인간의 욕구체계는 매우 복잡하고 때와 장소, 조직생활의 경험, 직무 등 여러 상황에 따라서 달라진다고 주장한 학자는 샤인(Schein)이다. 핵맨과 올드햄은 개인의 심리와 직무의 특성을 연결한 직무특성이론을 제시하였다.

20 ① McClleland의 성취동기이론에 대한 설명이다.

※ V. Vroom의 동기기대이론(VIE)

ⓐ 개념 : 개인의 동기는 자신의 노력이 어떠한 성과를 가져올 것인가 하는 기대와, 그러한 성과가 보상을 가져다주리라는 수단성에 대한 기대감의 복합적 함수에 의해 결정된다.

ⓑ 동기 유발에 영향을 미치는 요인

- 가치(Valence) : 행위의 결과로 얻게 되는 보상에 부여하는 가치. 유의성이라고도 한다.
- 수단성(Instrumentality) : 행위의 1차적 결과가 2차적 결과로서의 보상을 초래할 가능성
- 기대(Expectancy) : 자신의 행동을 통해 1차적 결과물을 가져올 수 있으리라는 자신감

04 조직관리론

section 1 행정상의 관리계층

(1) 최고관리층

① **개념** … 행정의 기본적인 정책과 방침을 결정할 뿐만 아니라 조직전체의 활동을 지휘·조정하는 역할을 한다. 주로 비직업공무원으로서 행정수반을 비롯하여 국무총리, 각부 장·차관, 도지사, 시장 등이 이에 속한다.

② **기능** … 목표설정과 발전정책결정을 주도하고 인적·물적 자원을 동원하며, 조직을 지휘·조정·통제하며 조직활동의 통합·조정·통제를 통하여 조직의 통일성·종합성·적응성을 확보한다.

③ **자질** … 정책구상능력 및 정책결정능력, 문제해결능력 및 변동대응능력, 지도력·추진력, 대표성·책임성, 지적 유연성과 정서적 안정성 등과 함께 우리나라의 경우 민주성이 절실히 요구된다.

(2) 중간관리층

① **개념** … 최고관리층의 바로 하위계층으로서 전문지식과 기술로써 행정활동을 담당하는 계층을 말한다. 신분이 보장되는 직업공무원이자 관료제의 중추세력으로 고급공무원인 국장급과 과장급이 이에 속한다.

② **기능** … 행정업무의 핵심적 역할을 담당하며 정책의 결정과 집행에 전문가로서 조언을 하고, 조직구성원과 최고관리층 간의 매개적 연결기능을 수행하며 부문목표와 정책의 수행에 대한 지도·감독·통제·조정의 역할을 수행한다. 행정의 안정성·계속성·전문성에 기여한다.

③ **자질** … 담당업무에 대한 전문적 지식과 경험, 관리능력과 리더십, 성실성·쇄신성, 직업공무원으로서의 대표성 및 중립적 윤리의식이 필요하다.

Point,팁 관리자의 역할(Mintzberg)
ⓐ 대인적 역할 : 관리자와 타 조직구성원과의 공식적 관계에 근거를 두는 역할로서 의례적 역할, 지도자·연락자 역할 등이 있다.
ⓑ 정보적 역할 : 정보의 관리에 관련된 역할을 말하며 모니터·전파자·대변자 역할 등으로 이루어진다.
ⓒ 의사결정 역할 : 관리자는 의사결정상의 역할에 따라 창업가적·분쟁처리자·자원분배자·협상자 역할 등을 수행한다.

section 2 갈등

(1) 개념

조직 내의 의사결정과정에서 대안의 선택기준이 모호하거나 한정된 자원에 대한 경쟁 때문에 개인이나 집단이 대안을 선택하는 데 곤란을 겪는 상황을 말하며, 의사결정은 갈등의 해소과정을 말한다.

(2) 갈등의 기능

① 역기능(Mayo, Roethlisberger)
- ㉠ 조직의 목표달성을 저해한다.
- ㉡ 구성원의 심리적·육체적 안정을 저해한다.
- ㉢ 사기의 저하와 반목 및 적대감을 유발한다.
- ㉣ 조직의 안정성, 생산성, 효과성, 적응력을 저하시킨다.
- ㉤ 갈등이 지속되는 경우 불안이 일상화되어 조정이 어려워진다.

② 순기능(Coser, Follett)
- ㉠ 조직발전의 새로운 계기로써 선의의 경쟁을 유발시킨다.
- ㉡ 개인과 조직의 동태성을 향상시킨다.
- ㉢ 행정의 획일성을 방지한다.
- ㉣ 창의적·쇄신적 행정의 발전을 도모하여 장기적으로 조직의 안정성 및 성장에 기여한다.
- ㉤ 갈등해결을 위한 문제해결능력과 단결력을 향상시킨다.

(3) 갈등의 유형

① 갈등주체 기준(H.A. Simon)
- ㉠ 개인적 갈등 : 의사결정자로서의 개인이 대안선택에 곤란을 겪는 경우이다.
- ㉡ 복수 의사주체 간 갈등 : 조직 내의 개인 간, 집단 간 그리고 조직 간의 갈등이다.

② 개인심리 기준(Miller & Dollard)
- ㉠ 접근 – 접근 갈등 : 바람직한 가치를 가진 두 대안 중 하나를 선택해야 하는 경우이다.
- ㉡ 회피 – 회피 갈등 : 부정적인 가치를 가진 두 대안 중 하나를 선택해야 하는 경우이다.
- ㉢ 접근 – 회피 갈등 : 두 대안이 각각 바람직한 가치와 바람직하지 못한 가치를 함께 가진 경우 하나를 선택해야 하는 경우이다.

기출문제

❓ 조직 내부에서 발생하는 갈등에 대한 설명으로 옳지 않은 것은?
▶ 2013. 7. 27. 안전행정부

① 갈등은 양립할 수 없는 둘 이상의 목표를 추구하는 상황에서도 발생한다.
② 고전적 조직이론에서는 갈등을 중요하게 고려하지 않는다.
③ 행태론적 입장에서는 모든 갈등이 조직성과에 부정적 영향을 미치므로 제거되어야 한다고 본다.
④ 현대적 접근방식은 갈등을 정상적인 현상으로 보고 경우에 따라서는 조직 발전의 원동력으로 본다.

> **Tip** 행태론적 입장에서는 갈등을 불가피한 현상으로 간주하며, 이를 건설적으로 해결할 경우 긍정적인 영향을 미칠 수 있다고 본다.

정답 ③

---

③ 조직 내 상하단위 기준(Pondy)

    ㉠ **협상적 갈등** : 희소한 가치를 둘러싼 이해당사자 간의 갈등이다.

    ㉡ **관료제적 갈등** : 상하 계층 간에 발생하는 갈등이다.

    ㉢ **체제적 갈등** : 계층제 내 동일수준의 개인 간, 기관 간의 갈등이다.

④ 조직에 미치는 영향 기준(Pondy)

    ㉠ **마찰적 갈등** : 조직구조상 중대한 변화를 주지 않는 갈등이다.

    ㉡ **전략적 갈등** : 조직구조상 중대한 변화를 수반하는 갈등이다.

(4) 갈등의 원인과 해결방안

① 개인적 갈등의 원인과 해결방안

    ㉠ **수락불가능성**

      • 원인 : 의사결정자가 만족기준에 수긍할 수 없는 경우에 발생한다.

      • 해결방안 : 새로운 대안을 모색해보고 여의치 않은 경우 목표를 수정한다.

    ㉡ **비교불가능성**

      • 원인 : 의사결정자가 최적대안을 선택할 수 없는 경우를 말한다.

      • 해결방안 : 비교의 기준을 명확히 하고 대안이 제기된 전후관계를 분석하여 대안을 선택한다.

    ㉢ **불확실성**

      • 원인 : 결정자가 각 대안의 결과를 알 수 없는 경우이다.

      • 해결방안 : 대안의 과학적 분석과 탐색을 추가하여 결과예측이 가능한 다른 대안을 모색한다.

> **Point 팁** 복수 의사주체 간의 갈등의 원인 … 공동의사결정의 필요성이 있는 경우, 각 주체들 간의 추구하는 목표와 평가기준의 차이, 자원의 동원·배분에 있어서의 대립, 권한의 배분을 둘러싼 경쟁, 역할 및 지위의 분화와 차이, 의사소통의 장애 및 왜곡 등이 있다.

② 복수 의사주체 간의 갈등해결방안

    ㉠ **상위목표의 제시** : 목표 간의 대립을 극복하기 위해 공동으로 추구해야 할 상위목표를 제시한다.

    ㉡ **공동의 적 설정** : 갈등당사자의 공동의 적을 설정하여 개별적 내부갈등을 통합한다.

    ㉢ **자원의 증대** : 희소한 자원을 둘러싸고 갈등이 일어나는 경우에는 자원을 증대하는 방법이 효과적이다.

    ㉣ **회피** : 미봉책으로서 갈등을 초래할 수 있는 결정의 보류, 갈등당사자의 접촉금지, 갈등행동 자체를 억제시키는 방법 등이 있다.

문 다음 중 조직에서 갈등이 발생할 수 있는 소지가 가장 적은 경우는?

▶ 2016. 6. 25. 서울특별시

① 자원의 희소성이 강할 때

② 업무의 일방향 집중형 상호의존성이 강할 때

③ 개인 사이의 가치관 격차가 클 때

④ 분업구조의 성격이 강할 때

> **Tip** 일방향 집중형 상호의존성은 부서 간의 교류 수준이 매우 낮기 때문에 연쇄고리형 상호의존성이나 쌍방향 상호의존성에 비해 상대적으로 갈등이 발생할 수 있는 소지가 적다.

문 조직 내 갈등에 대한 설명으로 옳지 않은 것은?

▶ 2020. 7. 11. 인사혁신처

① 과업의 상호의존성이 높은 경우 잠재적 갈등이 야기될 수 있다.

② 고전적 관점에서 갈등은 조직 효과성에 부정적인 영향을 끼친다고 가정한다.

③ 의사소통 과정에서 충분한 양의 정보도 갈등을 유발하는 경우가 있다.

④ 진행단계별로 분류할 때 지각된 갈등은 갈등이 야기될 수 있는 상황 또는 조건을 의미한다.

> **Tip** 잠재적 갈등이 갈등이 야기될 수 있는 상황 또는 조건이며 지각된 갈등은 당사자들이 갈등의 잠재성을 알게 된 상태이다.

‖ **정답** ②, ④

ⓜ **완화** : 잠정적인 방안으로서 대립적 의견이나 이해관계를 모호하게 하는 방법이다.

ⓗ **타협** : 대립적인 주장을 부분적으로 양보하게 하여 합의에 도달하도록 하는 방법이다.

ⓢ **상관의 명령** : 상관의 권위·리더십에 따른 명령으로 해결하는 방법이다.

ⓞ **제도개혁** : 인사교류, 공동교육훈련, 조직의 조정 및 통합기능의 합리화, 의사전달촉진, 보상체계정립 등이 있다.

ⓩ **대면적 해결** : 갈등 당사자가 상호 대면하여 해결가능한 수단을 이용하여 갈등을 해결하는 방법이다.

ⓧ **문제의 해결** : 목표의 합의는 이루어져 있고, 다만 어떻게 해결방안을 강구하느냐 하는 경우에는 새로운 쇄신적인 전략적 대안을 탐색한다.

③ **Simon의 갈등해결방안**

ⓣ **문제해결** : 객관적 증거와 자료에 의하여 이성적·합리적으로 해결한다. 이를 위해 정보수집이 중요시되며 쇄신적 대안 모색에 유용하다.

ⓛ **설득** : 상위목표인 공동목표에 따라 하위목표인 세부목표를 조정하는 방안으로써 상위이념 등의 제시와 이에 근거한 설득을 통해 의견대립을 조정하는 방법이다.

ⓒ **협상** : 목표에 대한 의견대립이 불가피하여 이해당사자가 일대일로 해결하는 방법이다.

ⓡ **정략** : 협상의 경우와 비슷하지만 잠재적 지지자로서의 제3자의 개입을 통해 문제를 해결하는 방법이다.

④ **Thomas의 갈등 관리** … Thomas는 협조와 주장이라는 두 가지 차원에 의해 이루어지는 5가지의 갈등 관리 전략을 제시하였다.

ⓣ **수용** : 조화와 안정이 특히 필요할 때 나타나는 전략으로 조직구성원의 필요에 자신의 의견을 양보함으로써 자기를 희생하는 것이다. 패배가 불가피하여 손실을 최소화하고자 할 때나, 다른 사람의 견해를 충분히 반영하고자 하는 경우, 더 중요한 일을 위해 선의를 구축하고자 할 때 사용된다.

ⓛ **협동** : 주장하면서도 협력하는 방법으로 갈등 당사자 모두의 만족을 충족시키기 위해 사용하는 win‑win 전략이다. 양쪽의 관심사가 매우 중요하여 통합적인 해결책이 필요할 경우, 공생공존을 추구하는 경우, 관계를 방해하는 나쁜 감정들을 깨뜨리고 신뢰회복이 필요할 경우 사용되는 해결방안이다.

ⓒ **경쟁** : win‑lose 전략으로 자신의 주장을 관철시키고자 상대방의 주장은 일축시키는 강제전략이다. 조직의 목표달성을 강조하며 조직의 복지에 중요한 사항일 경우, 신속하고 결단력 있는 행동이 필요한 경우, 한 쪽의 권한이 우위에 있는 경우 등에 나타난다.

기출문제

📖 갈등관리상황 중 자기와 상대 이익을 만족시키려는 의도가 다 같이 높을 때 제시될 수 있는 갈등해소 방안으로 가장 적합한 것은?

▶ 2010. 6. 12. 서울특별시

① 순응　　② 경쟁
③ 타협　　④ 회피
⑤ 협동

📖 토머스(K. Thomas)가 제시하고 있는 대인적 갈등관리 방안에 대한 설명으로 옳지 않은 것은?

▶ 2012. 5. 12. 상반기 지방직

① 자신의 이익과 상대방의 이익을 만족시키려는 정도라는 두 가지 차원으로 구분하여 설명한다.
② 경쟁이란 상대방의 이익을 희생하여 자신의 이익을 추구하는 방안이다.
③ 순응이란 자신의 이익은 희생하면서 상대방의 이익을 만족시키려는 방안이다.
④ 타협이란 자신과 상대방의 이익 모두를 만족시키려는 방안이다.

Tip 자신과 상대방의 이익 모두를 만족시키려는 방안은 협동(제휴)이며, 타협은 자신과 상대방의 이익을 만족시키려는 정도가 모두 중간 정도인 방안에 해당한다.

▮정답 ⑤, ④

기출문제

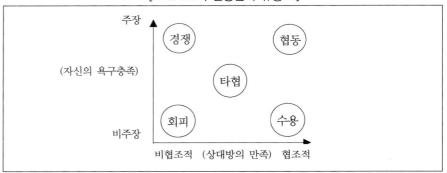

💡 순기능적 갈등을 조성하는 방법으로 옳지 않은 것은?

▶ 2010. 8. 14. 국회사무처(8급)

① 정보전달의 억제 또는 과다한 정보전달
② 의사전달통로의 변경
③ 갈등을 야기할 수 있는 의사결정의 연기
④ 인사이동 또는 직위 간 관계의 재설정
⑤ 구조의 분화

Tip 갈등을 조성하는 방법에는 정보전달의 억제 또는 정보과다 조성, 의사전달통로의 변경, 구성원의 재배치와 직위 간 관계의 재설정, 리더십 스타일 변경, 구성원의 태도변화 등이 있으며, 긍정적 갈등을 유발할 수 있는 의사결정을 앞당기는 것이 갈등조장에 도움을 줄 수 있다.

정답 ③

② 회피 : 갈등 자체를 무시함으로써 아무 결정을 내리지 않는 가장 소극적인 방법으로 조직의 목표를 강조하지도 않고, 상대방의 관심사항에도 협력하지 않는다. 자신의 주장이 관철될 수 있는 기회가 없을 때, 갈등이 자연스럽게 해결될 수 있을 때, 갈등을 해결하는 데 따른 이익보다 비용이 더 많이 들 때 사용하는 전략이다.

⑩ 타협 : 극단적인 전략을 피하고 양쪽이 어느 정도 수용할 수 있는 범위를 찾아 서로 절충된 결과를 얻을 수 있는 방법으로 상호 희생과 양보를 통해 갈등을 해결하는 유형이다. 당사자들이 동등한 권력을 갖고 있을 경우, 복잡한 문제에 대해 잠정적인 해결책을 얻고자 하는 경우 사용한다.

[Thomas의 갈등관리 유형도]

(5) 갈등의 촉진과 예방

① 갈등의 촉진전략

㉠ 새로운 구성원 투입 : 정체되고 침체된 조직을 변화시키기 위해 기존 구성원과 상이한 경력, 가치관, 성격 등을 지닌 새로운 구성원을 투입한다. 즉, 새로운 구성원이 침체되어 있는 조직에 투입되어 구성원들의 경직된 사고방식의 변화, 긴장감 조성과 분위기 쇄신 등 조직에 긍정적이고 혁신적인 변화를 가져오는 것이다.

㉡ 의사소통체계 활용 : 조직 내의 공식적 · 비공식적 의사소통 통로를 활용하여 의도적으로 정보를 퍼뜨리거나 의사소통체계를 의도적으로 변경하는 등의 행위를 통해 갈등을 유발한다.

㉢ 경쟁구도 조성 : 너무 지나치지 않은 범위 내에서 집단 간 · 개인 간 경쟁 유발은 목표달성에 효과적일 수가 있다. 성과급제 · 직위공모제 등을 통한 보수 · 인사 등에 경쟁원리를 도입하고, 집단 간 경쟁을 통한 집단 포상금 제도 등의 경쟁구도 조성은 갈등이 조직 내에 순기능으로 작용할 수 있다.

② 조직개편·직무재설계 : 조직 내의 계층 수를 늘리거나 구성원들의 수평적 이동을 통한 직위관계 재구성을 통해 조직의 응집력을 와해시킨 후 새로운 조직 환경하에서 적응하도록 유도한다.

② 갈등의 예방

㉠ 원활한 의사소통 : 갈등은 지위·과업의 차이에 따른 의사소통 제한과 왜곡 등으로 인한 오해에서 비롯되는 경우가 많다. 따라서 의사소통을 통해 서로의 가치관, 정보, 지식, 의견, 태도 등을 공유하면서 서로를 이해하면 갈등을 예방할 수 있다.

㉡ 원만한 인간관계 조성 : 원만한 인간관계를 만들기 위해서는 인간관계기술을 익혀야 한다. 우선은 자기개선을 통해 타인을 이해하고 배려하는 법을 익히고 확고한 자아를 확립하여 타인의 신임을 얻어야 한다. 믿음과 신뢰를 바탕으로 한 인간관계를 형성해 놓으면 갈등을 예방할 수 있다.

㉢ 공평하고 균형적 자세 : 지도자의 조직구성원에 대한 태도는 구성원들의 갈등에 있어 커다란 영향을 미친다. 구성원에 대한 공평한 자원 배분과 균형적인 자세를 통한 조정역할이 중요하다.

㉣ 협동적 분위기 조성 : 조직 내 구성원들의 유사점과 공통점을 강조하여 협동적인 분위기를 조성하고, 과업의 상호의존성을 높여 협동을 통한 성공적인 과업 완수를 유도한다.

section 3 권위(authority)와 권력(power)

(1) 개념

① 영향력(influence) … 상대방의 판단이나 행동에 영향(심리적·행태적 변화)을 줄 수 있는 힘을 말한다. 수용과 긍정적인 방향뿐 아니라 거부나 부정적인 방향으로 행위를 유도하는 것도 포함하므로 권위보다 포괄적 개념이다.

② 권력(power) … 상대방의 의사와 상관없이 자신의 의사를 관철시킬 수 있는 힘을 말한다. 복종의 근거가 강제성을 지니는 경우와, 자발성을 지니는 경우를 모두 포괄하며, 공식적·비공식적 측면을 모두 포함하는 개념으로 직권력(headship)과 관련된 개념이다.

📝 권력을 정적 개념, 영향력을 동적 개념으로 보는 견해도 있다.
┌ 권력 : 어떤 사람이나 집단이 다른 사람이나 집단에게 영향력을 미칠 수 있는 잠재적 능력
│   ⇨ 정적 개념
└ 영향력 : 권력의 잠재적 능력을 실제로 행동으로 옮기는 것 ⇨ 동적 개념

기출문제

🔲 조직 내의 갈등관리에 대한 설명으로 옳지 않은 것은?
▷ 2015. 3. 14. 사회복지직
① 고전적 갈등관리 이론에서는 갈등의 유해성에 주목하고 그 해소방법을 처방하는 데 몰두하였다.
② 행태주의 관점의 갈등관리 이론에서는 갈등이 조직 발전의 원동력이 된다고 주장하였다.
③ 갈등관리 전략으로서 조성전략은 갈등의 순기능적 측면에 입각해 있다.
④ 로빈스(Robbins)는 갈등관리를 전통주의자, 행태주의자, 상호작용주의자의 관점으로 구분하여 접근한다.

Tip 행태주의 관점의 갈등관리 이론에서는 갈등을 자연적이고 불가피한 것으로 간주하였다. 보기②의 내용은 상호작용주의 관점에 대한 설명이다.

정답 ②

③ **권위**(authority) … 조직의 규범에 의하여 정당성이 부여된 제도화된 권력으로 서, 조직구성원들에게 일반적으로 수용되는 권력을 말한다. 리더십과 관련. 명령은 공식성·하향성을 가지지만, 권위는 비공식성·수평성·상향성도 지닐 수 있다.

ㄱ **정당성** : 권위는 정당성이 부여된 권력이지만, 권력은 정당성이 없는 경우도 있다.

ㄴ **자발성** : 복종은 수용자의 자유의사에 따르며 심리적 공감대나 일체감을 전제로 한다(권력은 상대방 의사와 무관하게 발생).

ㄷ **사회성** : 개인적 속성이 아니라, 상대방의 존재를 전제로 한 사회적 관계이다.

(2) 권위의 본질

명령권위설 하향적 권위설	부하들의 심리적 수용과는 관계없이 권위를 상관이 부하에게 명령할 수 있는 권리(right-to-command)로 파악→권위의 기계적·형식적 측면 강조	1880년대 전통적 조직론(과학적 관리론)
수용설 상향적 권위설	권위는 상관의 계층제적 직위와는 상관없이 상관의 권위에 대한 부하의 수용(acceptance) 정도에 따라 좌우됨→권위의 실질적·실효적 측면 강조	인간관계론, 행태주의

• **현대적 시각** : 하향적 권위설(조직계층상 지위와 관련)과 상향적 권위설(개인의 속성·특성과 관련)의 상호보완관계로 종합적으로 인식한다.

(3) 권위의 수용범위 - C. Barnard의 무관심권과 H. Simon의 수용권

구분	무차별권(무관심권 ; Zone of indifference) - C. Barnard	수용권(Zone of acceptance) - H. Simon
권위 도달의 형태	상급자의 명령에 대한 수용 정도 • 명백히 수용 불가능한 경우 • 중립적인 경우 • 이의 없이 수용하는 경우 →무차별권[무관심권]에 해당	인간이 타인의 의사결정에 따르는 상황 • 의사결정의 장·단점을 충분히 검토하여 장점에 대한 확신이 있을 때 수용하는 경우(합리적 판단) • 단점을 알면서도 수용하는 경우 • 충분한 검토 없이 수용하는 경우 →수용권에 해당

(4) 권위의 유형

① 공식성(J. Piffner)

  ㉠ **공식적 권위** : 공식적 지위에서 나오는 합법화 · 제도화된 권위이다.

  ㉡ **비공식적 권위** : 비공식조직 구성원 간 사회적 상호작용을 통해 구체화된 권위이다.

② 권위의 정당성(M. Weber)

  ㉠ **전통적 권위** : 전통의 신성성

  ㉡ **합리적[합법적] 권위** : 법규나 국민의 동의

  ㉢ **카리스마적 권위** : 개인의 초인적 · 영웅적 자질

③ 전문성(A. Etzioni)

  ㉠ **행정적 권위**

   • 계층적 지위에 의해 형성되는 일반 행정관리자의 권위(계선)이다.

   • 행정적 권위가 침해되면 조직의 통제와 조정이 곤란해진다.

  ㉡ **전문적 권위** : 전문적 지식에 근거한 전문가의 권위(막료)이다.

④ 권력유형(A. Etzioni)

  ㉠ **강제적 권위** : 물리적 힘에 의한 권위(예 교도소 · 군대)이다.

  ㉡ **공리적 권위** : 경제적 보수에 의한 권위(예 사기업)이다.

  ㉢ **규범적 권위** : 도덕적 기준에 의한 권위(예 종교집단 · 학교)이다.

⑤ 권위수용근거(동기)(H. Simon)

  ㉠ **신뢰의 권위** : 권위수용의 심리적 동기가 신뢰를 바탕으로 형성된다.

   ┌ 기능적 지위 - 전문가 · 참모(전문적 · 기능적 권위)
   └ 계층적 지위 - 일반행정가 · 계선(행정적 · 계층제적 권위)

  ㉡ **동일화의 권위** : 집단 · 인물에의 소속감, 일체감(일체화의 권위)

  ㉢ **제재의 권위**

   • 소극적 제재(불리 : 해임 · 징계), 적극적 보상(유리 : 승진 · 승급)의 행사능력

   • 부하 또는 외부인사도 가질 수 있다(예 부하의 태업행위).

  ㉣ **정당성의 권위** : 복종이 규범적 · 윤리적으로 정당하다는 신념(규칙, 절차)이다.

(5) 프렌치와 레이븐(J. French & B. Raven)의 권력 유형

① **직위권력[지위권력](position power)** … 조직 안에서 그가 맡은 직무나 직위와 관련해서 공식적으로 부여받은 권력(권한과 유사)을 말한다. 보상적 권력, 강요적 권력, 합법적 권력, 정보권력 등이 있다.

    ㉠ **보상적[보수적](reward) 권력** : 타인이 가치 있다고 생각하는 보상을 줄 수 있는 능력에 근거를 둔다(공리적 권위와 유사).

    ㉡ **강요적[강압적](coercive) 권력** : 불복종시 발생할 부정적 결과나 처벌에 대한 두려움에 근거를 둔다(강제적 권위와 유사).

    ㉢ **합법적[정통적](legitimate) 권력**

      • 법·제도에 근거한 권력. 권력행사자가 정당한 권력을 행사할 수 있는 권리를 가지고 있다고 인정되는 경우 성립하며 '권한'이라고도 한다(M. Weber의 합법적 권력과 유사).

      • 상관이 보유한 직위에 기반을 두므로 지위가 높아질수록 커지며 조직에 의해 부여되고 보장된다.

      • 기계적 조직에서는 엄격하며 유기적 조직일수록 불분명하다.

② **개인권력(personal power)** … 조직에서 지위권력 이외의 개인적 특성(전문성, 설득력, 카리스마 등)에서 비롯된 권력. 준거적 권력, 전문적 권력, 배경권력 등이 있다.

    ㉠ **준거적(referent) 권력** : 복종자가 지배자와 일체감을 가지고, 자기의 행동모형을 권력행사자로부터 찾으려고 하는 역할모형화에 의한 권력으로 어떤 사람이 자신보다 월등하다고 느끼는 무언가의 매력이나 카리스마에 의한 권력이다. 일체감과 신뢰를 바탕으로 한다(Simon의 신뢰의 권위와 일체화의 권위의 성격을 동시에 지니며, M. Weber의 카리스마적 권위와 유사).

    ㉡ **전문가적(expert) 권력** : 전문적 지식·기술을 지닐 때 발생하는 권력이다. 직위나 직무를 초월해 누구나 행사할 수 있으므로 공식적 직위와 일치하지 않을 수도 있다(전문적 권위와 유사).

section 4 리더십

(1) 의의

① **개념** … 조직목표의 달성을 위하여 구성원이 자발적·적극적 행동을 하도록 동기를 부여하고 영향을 미치며, 개인과 집단의 조정을 통하여 협동적 행동을 촉진·유도하는 기술 및 영향력을 의미한다. 지도자와 부하 간의 심리적 유대와 공감 또는 일체감·자발적 성격 등과 밀접하게 연관된다.

② 특징

   ㉠ **목표지향성** : 리더십은 목표와 관련되며 목표지향성을 지닌다.

   ㉡ **상호작용** : 지도자와 추종자 간의 상호작용과정을 통해서 발휘된다.

   ㉢ **권위를 통한 구체화** : 권위를 통해서 영향력이 미치는 과정을 의미하기 때문에 공식적 직위에 의거한 직권과 명령권과는 구분되며, 공식조직의 상급자의 전유물이 될 수 없다.

   ㉣ **동태성** : 상황에 따라 가변적이고 신축적인 성격을 갖는다.

③ 기능

   ㉠ 조직의 공식적 구조와 설계의 미비점을 보완하는 기능을 한다.

   ㉡ 목표설정과 역할의 명확화에 기여하고, 인적·물적 자원의 효율적 동원기능을 수행한다.

   ㉢ 조직의 일체감과 적응성을 확보하여 체제의 효율성 유지에 기여한다.

   ㉣ 조직활동을 통합·조정하고 통제함으로써 조직구성원의 동기를 유발하고 재사회화한다.

   ㉤ 변화하는 환경에 조직이 효율적으로 적응하도록 한다.

Point 팁   직권력(Headship)과의 구별

    ㉠ 리더십 : 지도자와 피지도자 간의 심리적 유대와 공감, 자발적 성격과 관련됨

    ㉡ 직권력 : 상위직급을 배경으로 직권이나 명령권을 행사함

(2) 이론적 접근

① **자질론**(리더·개인중심적 관점, 1910 ~ 1940)

   ㉠ **개념** : 지도자 개인의 자질 및 특성에 따라서 리더십이 발휘된다고 보는 것으로 개인적 능력을 지도력의 원천으로 생각하는 접근방식이다. 특성론적 접근이라고도 한다.

   ㉡ **내용**

    • 단일적 자질론 : 초기의 자질론으로 지도자는 하나의 단일적·통일적인 자질을 구비한다고 보고 이러한 자질을 가진 자는 어느 집단, 어떤 상황에서도 지도자가 된다는 것을 강조한다.

    • 성좌적(星座的) 자질론 : 후기의 자질론으로 몇 개의 자질의 결합에 의하여 지도자의 성향이 특정지어진다고 봄으로써 자질의 복합성 및 가변성을 강조한다.

   ㉢ **평가**

    • 의의 : 리더의 기본적인 자질을 발견하고 이것이 있어야 리더가 될 수 있다는 점을 밝혔다.

기출문제

문 '**변혁적 리더십**(transformational leadership)'에 대한 설명으로 옳지 않은 것은?

▶ 2019. 6. 15. 제1회 지방직

① 조직참여의 기대가 적은 경우에 적합하며 예외관리에 초점을 둔다.

② 리더가 부하에게 특별한 관심을 보이거나 자긍심과 신념을 심어준다.

③ 리더가 부하들의 창의성을 계발하는 지적 자극(intellectual stimulation)을 중시한다.

④ 리더가 인본주의, 평화 등 도덕적 가치와 이상을 호소하는 방식으로 부하들의 의식수준을 높인다.

Tip 변혁적 리더십은 구성원의 개인적 관심보다는 보다 고차원적인 가치와 이상에 호소하는 리더십으로, 구성원에게 권한을 부여함으로써 변화를 도모한다. 따라서 변혁적 리더십은 구성원들이 조직참여의 기대가 큰 경우에 적합하며 예외관리보다는 변혁적 관리에 초점을 둔다.

정답 ①

• 한계 : 집단의 특징·조직목표·상황에 따라 리더십의 자질은 전혀 달리 요청될 수 있고, 지도자라 해도 동일 자질을 소유하는 것은 아니며, 지도자의 보편적인 자질은 설정하기 곤란하다.

② 행태론(리더·개인중심적 관점, 1940 ~ 1960)

　㉠ 개념 : 어떤 특성을 가진 사람이 지도자가 되는가 하는 문제보다는 성공적인 지도자들이 보이고 있는 리더십 행태는 어떠한가를 겉으로 드러난 지도자의 행태를 분석함으로써 알고자 하는 접근방법이다.

　㉡ 내용 : 리더십의 행동유형론을 발전시키고, 여러 유형의 리더십 행동과 부하의 업무성취 및 만족의 관계를 규명하려 하였다.

　㉢ 평가 : 리더의 행동을 구분하고 측정하는 데 신뢰성 있고 타당성 있는 측정 방법이 개발되지 않고 있고, 효과적인 리더의 행동은 상황에 따라 다르다는 사실을 간과하고 있으며, 리더의 행동을 너무 광범위한 두 가지 범주로 단순하게 구분하여 왔다는 문제점이 있다.

문 다음 내용을 모두 특징으로 하는 리더십의 유형은?

▶ 2014. 3. 22. 사회복지직

• 추종자의 성숙단계에 따라 효율적인 리더십 스타일이 달라진다.
• 리더십은 개인의 속성이나 행태뿐만 아니라 환경의 영향을 받는다.
• 가장 유리하거나 가장 불리한 조건에서는 과업중심적 리더십이 효과적이다

① 변혁적 리더십
② 거래적 리더십
③ 카리스마적 리더십
④ 상황론적 리더십

　Tip 제시문은 상황론적 리더십의 특징에 해당한다.
　• 추종자의 성숙단계에 따라 효율적인 리더십 스타일이 달라진다. → Hersey & Blanchard의 생애주기이론으로 3차원적 리더십
　• 가장 유리하거나 가장 불리한 조건에서는 과업중심적 리더십이 효과적이다. → Fiedler의 상황적응론적 리더십

정답 ④

Point 📖 리더십 연구

　㉠ Bales의 연구 : 하버드대학의 Bales는 리더십 행태에는 활동, 과업수행능력, 호감의 세 가지 측면이 있으며 세 가지 측면 모두에 탁월한 사람이 가장 유능한 지도자라는 결론을 도출했다.

　㉡ 오하이오 주립대학의 연구 : 지도자의 행동차원을 조직화의 차원과 배려의 차원으로 나누고, 두 가지 행동차원의 결합에 따라 네 가지 지도자의 행태유형을 제시하였다. 즉, 낮은 조직화와 낮은 배려 유형(Ⅰ), 낮은 조직화와 높은 배려 유형(Ⅱ), 높은 조직화와 낮은 배려 유형(Ⅲ), 높은 조직화와 높은 배려 유형(Ⅳ)의 네 가지 지도자의 행태유형 중 Ⅳ의 유형이 가장 바람직하고 유효한 행태라고 하였다.

③ 상황론(리더·집단중심이론, 1965 ~ 현재)

　㉠ 개념 : 어떤 사람이 지도자가 되는 까닭은 그가 처한 상황에 따라 지도에 적합한 행태를 보이기 때문이라고 전제하고, 리더와 부하의 성격·가치관·욕구·경험과 조직과 조직 내 집단·업무 등과 관련된 상황적 요인을 고려해야 함을 강조했다. 개인적 요인보다는 사회적 요인을 중시한다.

　㉡ **조건적합성 이론**(Fiedler)

　• 리더십이란 어떤 유형의 것이든 상황조건과 유효성에 따라 상이하며 반드시 특정 유형만이 최선의 것은 아니라는 이론이다.

　• 과업지향적 리더십과 인간관계적 리더십의 효과적 우월성을 상황변수와의 관련 하에서 논하였다. 그가 선정한 상황변수는 지도자와 집단 구성원의 관계·과업의 구조·지위에 따른 권력과 권위의 수용성의 세 가지로서, 조직이 처한 상황이 유리하거나 불리한 경우는 과업지향적 리더십이 효과적이고 상황이 중간적일 경우는 인간관계지향적 리더십이 효과적이라는 결론에 도달했다.

© 평가 : 리더의 행동과 효과성의 관계에 영향을 미칠 수 있는 상황에 대한 종합적 분석이 이루어지지 않았기 때문에 리더의 행동과 집단성과의 인과관계를 파악하기 어렵고, 지나치게 수많은 단편적인 상황에 적합한 리더의 행동이나 특성을 파악하는 데 주력하였다는 문제점이 있다.

④ 상황 · 집단론(상호작용이론, 현재) ··· 개인이나 소집단보다 조직과 환경의 관계에 초점을 두는 이론으로 민주적 의사결정과 참여관리에 중점을 두며, 리더십은 지도자 · 추종자 · 상황의 3대 변수의 상호작용에 의하여 형성된다고 본다.

(3) 리더십의 유형

① 고전이론적 관점

㉠ White와 Lippitt의 유형
- 권위형 : 지도자가 내린 결정을 부하가 따르게 하는 것으로, 시간적 여유가 없거나 부하들의 능력이 부족하거나 또는 참여에 대한 기대가 작은 사회에서 유리하다.
- 자유방임형 : 지도자가 스스로 결정하지 않고 구성원들의 재량을 최대한 인정하는 것으로, 구성원의 능력이 고루 우수하고 업무의 내용이 고도로 전문적인 경우 유리하다.
- 민주형 : 지도자가 부하들의 의견을 반영하여 결정하는 것으로, 개인주의 및 민주주의 사회에서 가장 유리하며 가장 효과적이라고 하였다.

㉡ Blake & Mouton의 관리망모형
- 무관심형 : 생산과 인간에 대한 관심이 모두 낮아 주로 조직 내 자신의 직분을 유지하기 위한 최소의 노력만 기울이는 유형이다.
- 친목형 : 인간에 대한 관심은 높으나 생산에 대한 관심은 낮아 인간적인 분위기를 조성하는 데 주력하는 유형이다.
- 과업형 : 생산에 대한 관심은 높으나 인간에 대한 관심은 낮아 과업에 대한 능력을 중시하는 유형이다.
- 타협형 : 인간과 생산에 절반씩 관심을 두고 적당한 수준의 성과를 지향하는 유형이다.
- 단합형 : 생산과 인간에 대한 관심이 모두 높아 조직의 목표달성을 위해 조직과 조직구성원들의 상호의존관계와 공동체 의식을 강조함으로써 조직목표달성을 위해 헌신하도록 유도하는 유형이다.

㉢ Likert의 유형
- 착취적 권위형(체제1) : 리더는 부하를 신임하지 않고 부하의 의사결정참여는 배제된다.
- 온정적 권위형(체제2) : 리더는 부하에 대하여 온정적 리더십을 가지며, 하향적 의사전달이 이루어진다.

기출문제

문 리더십에 대한 설명으로 옳지 않은 것은?

▶ 2019. 4. 6. 인사혁신처

① 특성론에 대한 비판은 지도자의 자질이 집단의 특성·조직목표·상황에 따라 완전히 달라질 수 있고, 동일한 자질을 갖는 것은 아니며, 반드시 갖춰야 할 보편적인 자질은 없다는 것이다.

② 행태이론에서는 눈에 보이지 않는 능력 등 리더가 갖춘 속성보다 리더가 실제 어떤 행동을 하는가에 초점을 맞춘다.

③ 상황론에서는 리더십을 특정한 맥락 속에서 발휘되는 것으로 파악해, 상황 유형별로 효율적인 리더의 행태를 찾아내기 위한 연구를 수행하였다.

④ 번스(Burns)의 리더십이론에서 거래적 리더십은 카리스마적 리더십을 기반으로 하므로 카리스마적 리더십과 중첩되는 측면이 있다.

Tip 번스의 리더십이론에서 카리스마적 리더십을 기반으로 하는 것은 변혁적 리더십이다.

정답 ④

문 허시(Hersey)와 블랜차드(Blanchard)는 부하의 성숙도(Maturity)에 따른 효과적인 리더십을 제시하였다. 부하가 가장 미성숙한 상황에서 점점 성숙해간다고 할 때, 가장 효과적인 리더십 유형을 〈보기〉에서 골라 순서대로 나열한 것은?

▶ 2019. 6. 15. 제2회 서울특별시

〈보기〉
㈎ 참여형   ㈏ 설득형
㈐ 위임형   ㈑ 지시형

① ㈐ → ㈎ → ㈏ → ㈑
② ㈑ → ㈎ → ㈏ → ㈐
③ ㈑ → ㈏ → ㈎ → ㈐
④ ㈑ → ㈏ → ㈐ → ㈎

Tip 허시와 블랜차드의 상황적 리더십 이론에서는 부하가 가장 미성숙할 경우 '지시적 리더십'이 효과적이며, 부하의 성숙도가 높아질수록 '설득형 리더십', '참여형 리더십' 순서로 효과적이라고 보았다. 또 부하의 성숙도가 가장 높을 때에는 '위임형 리더십'이 효과적이라고 보았다.

- 협의적 민주형(체제3) : 리더는 부하에게 상당한 신뢰를 가지며, 의사전달이 활발하고 의사결정에의 참여도 널리 인정된다.
- 참여적 민주형(체제4) : 리더는 부하를 전적으로 신뢰하며, 의사결정에의 참여는 광범위하여 상향적·하향적·횡적 의사전달이 매우 활발하다.

② 상황이론적 관점

㉠ Tannenbaum과 Schmidt의 유형 : 리더십 유형은 지도자와 집단이 처한 상황에 따라 신축적으로 결정되고, 가장 효율적인 리더십의 유형은 상황과 변수에 따라 신축적으로 결정된다고 보았다.

㉡ Hersey와 Blanchard의 상황적 리더십이론 : 리더의 행동을 과업지향적 행동과 관계지향적 행동으로 구분하고 부하의 직무상·심리적 성숙도를 상황변수로 채택하여 3차원적인 상황적 리더십이론을 주창하였다. 부하의 성숙도가 낮은 상황일 경우에는 지시적인 과업행동을 취하는 것이 효과적이고, 부하의 성숙도가 중간정도의 상황에서는 부하를 참여시키도록 노력하는 관계성 행동이 효과적이며, 부하의 성숙도가 높은 상황에서는 부하에게 권한을 대폭 위임해주는 것이 효과적이라고 보았다.

③ 최근의 이론적 관점

㉠ 카리스마적 리더십이론 : 카리스마적 리더가 뛰어난 개인적 능력으로 부하에게 심대하고 막중한 영향을 미칠 수 있고 그 영향으로 부하가 탁월한 업적을 성취할 수 있게 한다는 점을 강조한다.

㉡ 거래적 리더십과 변혁적 리더십이론

- 거래적 리더십 : 보상에 관심을 가지고 있고, 업무를 할당하고 그 결과를 평가하며, 예외에 의한 관리에 치중하고 책임과 결정을 기피하는 안정지향의 리더십이다.
- 변혁적 리더십 : 카리스마·영감·지적 자극·개인적 배려, 조직의 생존과 적응 중시에 치중하며, 조직합병을 주도하고 신규부서를 만들어 내며, 조직문화를 새로 창출해 내는 등 조직에서 변화를 주도하고 관리하는 변화지향의 리더십이다.
- 특징 : 거래적 리더는 변혁적 리더에 비하여 낮은 이직률·높은 생산성·높은 만족도를 보이고, 목표달성과 부(−)의 상관관계를 나타내며 카리스마적 리더가 부하에게 리더의 세계관에 따르도록 바라는 데 반해, 변혁적 리더는 부하에게 확립된 의견뿐만 아니라 리더가 확립한 의견에도 문제를 제기할 수 있는 능력을 주입시킨다는 차이점이 있다.

Point 팁 │ 각 차원에 따른 리더십
㉠ 1차원적 리더십 : 과업중심
㉡ 2차원적 리더십 : 과업중심 + 인간중심(작업자 중심)
㉢ 3차원적 리더십 : 과업중심 + 인간중심 + 조직목표 달성도(효과성)

‖ 정답 ③

(4) 우리나라의 리더십

① **문제점** … 리더십의 성격이 지나치게 권위적·하향적이었고 발전우선적 정책 채택으로 권위적 리더십의 효과성만 강조되어 이를 견제할 가치인 민주성과 인간성이 희생되었고, 하의상달 및 하급자의 창의적·적극적 활동을 위축함으로써 현대사회에 막대한 비능률을 초래했다.

② 우리나라에 적합한 리더십

ⓐ **민주적 리더십** : 조화와 통일성을 이루기 위해 협동적·집단적 체제를 통해 주도권을 장악하는 것이며, 개인의 창의성과 자율성을 충분히 존중하면서 공동목표를 향하도록 이를 조직화시키는 것이다.

ⓑ **집단·조직중심적 리더십** : 조직목표의 달성은 행정조직의 다수 구성원의 노력이 결합된 최종 산물이므로 리더십을 행사하는 데는 조직목표의 달성과 구성원의 자아실현이라는 이중적 목적이 고려되어야 한다.

ⓒ **기타** : 이 외에도 변동대응능력, 추진력, 책임성, 쇄신성, 정보분석능력, 환경과의 반응성 등의 가치가 중시되고 있다.

section 5 의사전달

(1) 의의

① **개념** … 의사전달이란 상호 교류과정으로서 전달자와 피전달자 간에 사실과 의견을 전달하여 상호 간의 행동과 태도에 영향을 미치거나 계획적인 변화를 가져오게 하는 일련의 과정 및 기능을 말한다.

Point 팁

학자들의 견해

ⓐ Simon : 형식적으로는 조직 내의 구성원으로부터 다른 구성원에게 의사결정의 전제를 전달하는 모든 과정이다.

ⓑ Redfield
• 명료성 : 체계화된 정보구조와 명확한 언어
• 일관성 : 모순이 없고 일관적인 전달내용
• 적당성 : 상황에 맞는 의사전달
• 적시성 : 적절한 시기에 전달
• 분포성 : 명확히 확정된 전달 범위와 대상
• 적응성과 통일성 : 융통성과 현실합치성을 지닌 개개 의사의 통일성
• 관심과 수용 : 대상자의 관심과 수용성이 제고될 수 있는 내용

ⓒ Barnard : 의사전달은 조직의 3요소(공동의 목표, 의사전달, 협동의 의사) 중 하나이다.

ⓓ Lasswell : 의사전달의 구성요소로서 전달자, 피전달자, 내용, 수단과 방법, 효과의 다섯 가지 구분을 제시했다.

기출문제

문 리더십에 대한 다음 설명 중 가장 옳지 않은 것은?
▶ 2017. 6. 24. 제2회 서울특별시

① 자질론은 지도자의 자질·특성에 따라 리더십이 발휘된다는 가정 하에, 지도자가 되게 하는 개인의 속성·자질을 연구하는 이론이다.

② 행태이론은 눈에 보이지 않는 능력 등 리더가 갖춘 속성보다 리더가 실제 어떤 행동을 하는가에 초점을 맞춘 이론이다.

③ 상황론의 대표적인 예로 피들러(F. Fiedler)의 상황조건론, 하우스(R. J. House)의 경로-목표 모형 등이 있다.

④ 변혁적 리더십은 거래적 리더십을 기반으로 하므로 거래적 리더십과 중첩되는 측면이 있다.

Tip 변혁적 리더십은 거래적 리더십과 대별되는 리더십 모델이다. 변혁적 리더십은 임무, 성공의 비전, 공유하는 가치, 추종자들이 리더를 신뢰하고 확신할 수 있도록 유도하는 카리스마, 재활력, 부하에 대한 권한 부여와 개발, 조직구성원들의 높은 관여와 실적을 호소하는 유사한 장치들을 강조한다.

정답 ④

기출문제

문 조직의 의사전달에 대한 설명으로 옳지 않은 것은?

▶ 2016. 6. 18. 제1회 지방직

① 공식적 의사전달은 의사소통이 객관적이고 책임 소재가 명확하다는 장점이 있다.
② 비공식적 의사전달은 의사소통 과정에서의 긴장과 소외감을 극복하고 개인적 욕구를 충족시킨다는 장점이 있다.
③ 공식적 의사전달은 조정과 통제가 곤란하다는 단점이 있다.
④ 참여인원이 적고 접근가능성이 낮은 경우 의사전달체제의 제한성은 높다.

Tip 공식적 의사전달은 조정과 통제가 용이하다는 장점이 있다.

문 다음 중 의사전달 유형에 대한 설명으로 옳지 않은 것은?

▶ 2005. 6. 5. 울산광역시

① 공식적 의사소통은 공식조직 내에서 계층제적 경로와 과정을 거쳐 공식적으로 행해지는 의사전달을 말한다.
② 전통적 행정이론은 상의하달적 의사전달에 중점을 두고 있다.
③ 횡적 커뮤니케이션은 계층제에 있어서 동일한 수준에 있는 개인 또는 집단 간에 행하여지는 의사전달이다.
④ 비공식 의사전달로 소문이나 풍문 등이 있다.
⑤ 상의하달적 의사전달로 보고, 내부결제제도, 제안제도 등이 있다.

Tip 보고, 내부결재, 제안제도는 하의상달적 의사소통방식이다.

┃정답 ③, ⑤

② 의사전달과정
  ㉠ Fisher : 아이디어와 문제의 명료화 → 참여 → 전달 → 동기부여 → 평가
  ㉡ Redfield : 전달자 → 자극 → 전달 → 수신자 → 반응
③ 의사전달의 기능
  ㉠ 정책결정의 합리성을 확보한다.
  ㉡ 정책·업무절차·인사 등에 관한 정보를 제공하고 인정감·소속감·참여의식을 느낄 수 있게 함으로써 사기를 올리고 동기를 부여할 수 있도록 한다.
  ㉢ 조정·통제·리더십의 효과적 수단을 확보할 수 있도록 한다.
  ㉣ 바람직한 여론 및 태도의 형성을 도모하도록 하여 사회적 욕구의 충족에 기여한다.

(2) 의사전달의 유형

① 공식성의 유무에 따른 분류
  ㉠ **공식적 의사전달** : 공식조직 내에서 계층제적 경로와 과정을 거쳐 명령, 지시, 보고, 품의 등의 공문서를 통해 공식적으로 행하여지는 의사전달을 의미한다.
    • 장점
    －상관의 권위유지에 기여한다.
    －의사전달이 확실하고 편리하다.
    －전달자와 대상자가 분명하고 책임소재가 명백하다.
    －비전문가도 의사결정이 용이하다.
    • 단점
    －유동적 환경변화에 대한 신속한 대응이 곤란하다.
    －결정된 사안의 배후사정을 전달하기 곤란하다.
    －법규에 의거하므로 의사전달의 신축성이 없고 형식화되기 쉽다.
  ㉡ **비공식적 의사전달** : 계층제나 공식적인 직책을 떠나 조직구성원 간의 친분·상호신뢰와 현실적인 인간관계 등을 통하여 이루어지는 의사전달방식으로서 소문이나 풍문, 메모 등의 형태로 이루어진다.
    • 장점
    －전달이 신속하고 상황적응력이 강하다.
    －배후사정을 자세히 전달할 수 있다.
    －긴장감과 소외감의 극복과 개인적 욕구의 충족에 기여한다.
    －행동의 통일성을 확보해 준다.
    －공식적 의사전달의 보완기능을 한다.
    －유익한 정보를 제공하여 관리자에 대한 조언의 역할을 한다.

• 단점

−공식적인 권위체계와 의사전달체계가 무력화될 수 있다.

−책임소재가 불분명하고 의사결정에 활용할 수 없다.

−감정과 정서에 치중하여 왜곡의 가능성이 높다.

−조정과 통제가 어렵다.

② 방향과 흐름을 기준으로 한 분류

　㉠ 하향적 의사전달 : 상관에서 하급자로 전달되는 상의하달식 의사전달로서 질서유지와 행정조정수단으로 활용된다.

　　• 명령 : 형식상 명령은 구두명령과 문서명령으로 나누어지며 내용상으로는 구체성을 지니는 지시와 지령, 일반성을 지니는 훈령으로 나누어진다.

　　• 일반정보 : 일반적인 정보나 공지사항 등을 전달하는 방법으로 기관지, 편람, 구내방송, 게시판 등이 활용된다.

　㉡ 상향적 의사전달 : 하급자에서 상관에게 전달되는 하의상달식 의사전달로서 융통성과 인간성의 확보에 기여하며 보고, 품의, 의견조사, 제안, 면접, 고충심사, 결재제도 등이 이에 해당한다.

　㉢ 횡적 의사전달 : 조정 및 협조를 촉진하는 데 활용되는 수평적 의사전달방식으로 회람, 회의, 중요사안에 대한 사전심사, 사후통보, 위원회, 협조전 등이 이에 해당한다.

(3) 의사전달망의 유형

① 연쇄형(Chain) … 전달자와 대상자가 일직선으로 단일하게 연결되는 모형으로 수직모형과 수평모형이 있다. 수직모형은 종적 의사전달이 이루어지며 속도가 빠른 반면, 수평모형은 횡적 의사전달이 이루어지며 속도가 느리다. 일반적으로 직선형 의사전달망은 모호한 상황에의 대응이 느린 편이다.

② 바퀴형(Wheel) … 1인의 전달자가 여러 사람에게 획일적이고 일방적으로 정보를 전달하는 모형으로 집권화가 가장 높은 수준에서 형성되고 신속한 의사전달이 이루어지는 반면 모호한 상황에의 대응은 가장 느리다.

③ Y형 … 상위의 동등한 지위의 두 사람이 한 사람에게 전달하거나 하위의 동등한 지위의 두 사람이 한 사람에게 전달받는 형태로서 모호한 상황에의 대응이 느린 편이다.

④ 원형(Circle) … 모든 구성원들이 동등한 입장에서 원탁 모양으로 둥글게 의사전달을 전개하는 형태로 리더가 없기 때문에 집권화가 낮은 수준에서 이루어지며 모호한 상황에의 대응이 빠른 편이다.

⑤ 전체경로형(All Channel) … 모든 구성원이 종적·횡적으로 자유로운 의사전달을 한다는 점에서 원형과 유사하나 의사전달이 보다 신속하다는 차이점이 있다.

기출문제

❓ 다음 중 상향적 의사전달방법이 아닌 것은?

▶ 2003. 6. 1. 전라남도

① 제안제도
② 문서상 보고
③ 회람
④ 직원의견조사

Tip 회람은 수평적 의사전달방법이다.

정답 ③

(4) 의사전달의 장애요인과 개선방안

① 인적 요인

  ㉠ 장애요인 : 가치관과 사고기준의 차이, 지위상의 차이, 전달자의 의식적 제한, 전달자의 자기 방어로 인한 정보의 은폐 또는 과장, 능력의 부족으로 인한 오해와 왜곡, 수용자의 전달자에 대한 불신과 편견 및 수용거부, 원만하지 못한 인간관계, 환류의 봉쇄 등이 있다.

  ㉡ 개선방안 : 회의나 공동교육훈련, 인사교류 등의 상호접촉의 장려, 조직 내부의 대인관계와 개방적 분위기를 위한 노력, 권위주의적 행정행태의 개선을 위한 상향적 의사전달방식의 활성화, 상향적 의사전달의 왜곡 및 누락의 방지를 위한 의사전달 조정기구 및 집단의 활용 등이 있다.

② 전달수단의 한계로 인한 요인

  ㉠ 장애요인 : 정보가 과다하여 내용파악이 곤란한 경우, 정보가 유실되었거나 불충분한 경우, 명확한 언어 또는 문자를 사용하지 않아 오해와 왜곡이 발생하는 경우, 물리적 거리로 인해 의사전달이 어려워지는 경우, 업무의 폭주로 인해 의사전달의 우선순위가 하락하는 경우 등이 있다.

  ㉡ 개선방안 : 언어와 문자의 정확한 사용을 통한 매체의 정밀성 제고, 효율적 정보관리체계의 확립과 시설의 개선, 의사전달의 반복 및 환류를 확인할 수 있는 메커니즘을 확립하는 방안 등이 있다.

③ 조직구조적 원인

  ㉠ 장애요인 : 집권적 계층구조로 인해 의사전달이 제한되고 유동성이 저하되는 경우, 할거주의와 전문화로 인한 수평적 의사전달의 저해, 소문이나 풍문 등에 의한 정보의 왜곡이 의사전달 내용과 상이한 경우 발생하는 비공식적 의사전달의 역기능, 정보전달채널이 부족하여 다양한 정보의 유입과 이의 검증이 어려운 경우 등이 있다.

  ㉡ 개선방안 : 조직구조의 한계로 인한 장애요인을 제거하는 방안으로 계층제의 완화와 분권화, 정보채널의 다원화 및 정보의 분산 등이 제시되고 있다.

section 6 공공관계(행정 PR)

(1) 의의

① 개념 … 조직의 활동에 대한 공중의 태도를 평가하고, 조직의 정책과 사업에 대한 공중의 이해와 협력 및 신뢰를 확보하여 이를 유지·증진하는 활동을 말한다. 듣는 기능인 공청과 알리는 기능인 공보가 복잡하게 교차되어 있으며 행정기관의 내외를 공중관계의 모든 차원에서 매개하여 통합시키는 역할을 한다.

Point 유사개념과의 차이점

 ⊙ 선전과의 차이점 : 선전은 선전자의 입장에서 호의적인 정보만을 일방적으로 제공하고 왜곡된 사실을 단순화하여 감정에 호소하면서 알리는 것을 말하는 반면, 공공관계는 상호교류적인 것이며, 사실을 그대로 알린다.

 ⓒ 의사전달과의 차이점 : 의사전달은 일반적으로 조직 내부의 의사소통을 의미한다.

② 특징

 ⊙ **수평성** : 공무원과 국민은 수평적 관계이므로 국민의 협조와 대화를 유도해야 한다.

 ⓒ **의무성** : 국민은 알 권리가 있고 정부는 보고할 의무가 있다.

 ⓒ **교류성** : 공공관계는 일방적 · 명령적이 아닌 상호교류적 성격을 띠는 것이어야 한다.

 ⓔ **객관성** : 정부는 국민에게 정확한 자료와 사실을 객관적으로 전달해야 하며, 정보를 필요에 따라 왜곡해서는 안된다.

 ⓜ **교육성** : 국민의 정치의식 수준을 높이고 민주시민 의식을 고취하는 등의 교육적 활동을 포괄한다.

 ⓗ **공공성** : 기본적으로 일반대중을 대상으로 하며 공익성을 추구한다.

③ 과정

 ⊙ **정보투입과정**(여론의 경청) : 공청기능을 통하여 여론과 국민의 태도를 파악한다.

 ⓒ **전환과정**(정책의 개선) : 국민의 지지와 협조를 얻을 수 있는 정책을 수립하고 결정한다.

 ⓒ **정보산출과정**(정책의 주지) : 홍보기능을 수행하여 국민의 지지와 협조를 구한다.

 ⓔ **환류과정**(공중의 반응) : 정책에 대한 국민의 반응을 분석하고 평가하여 새로운 투입으로 연결시킨다.

(2) 공공관계의 필요성과 기능

① 필요성

 ⊙ 국민의 알 권리를 충족시킨다.

 ⓒ 합리화와 능률화를 도모한다.

 ⓒ 인간화의 방안이다.

 ⓔ 정책에의 반영이 가능하다.

 ⓜ 국가 성과의 홍보가 된다.

 ⓗ 행정에 대한 불신을 제거한다.

문 다음 중 행정PR에 대한 설명으로 옳지 않은 것은?

▶ 2005. 5. 8. 광주광역시

① 정부시책에 대해 국민의 지지와 동의를 획득함으로써 국민을 통합시키는 역할을 한다.

② 정부활동을 일방적으로 홍보하며, 정부정책에 호의적인 정보만을 제공한다.

③ 화재경보적 성격을 띠어서는 안된다.

④ 정부시책에 대한 예측을 가능하게 해준다.

Tip 행정 PR은 국민의 의견을 수렴하는 공청기능도 함께 이루어지므로 일방적이라는 점, 호의적인 정보만 제공한다는 점은 옳지 않다.

문 행정 PR의 설명으로 타당하지 않은 것은?

▶ 2004. 5. 2. 경상북도

① PR은 반드시 상호과정이 확보되어야 한다.

② PR은 국민의 비판적 여론을 억제할 수 있어야 한다.

③ PR은 인간관계의 철학과 합유되어야 한다.

④ PR의 내용은 사회적 책임, 공익과 일치되어야 한다.

Tip 행정 PR은 수평성 · 교류성의 특징을 가진다. 비판적 여론을 받아들여야 하며 억제해서는 안 된다.

정답 ②, ②

ⓐ 공익성을 촉구한다.

ⓞ 국가 발전조건을 조성한다.

② 기능

ⓣ 공공관계의 일반적 기능

• 안정기능 : 국가적 위기가 발생한 경우 민심을 수습하고 대중의 욕구불만을 해소한다.

• 방어기능 : 정부의 정당성을 입증하고 정책에 대한 비판여론을 완화한다.

• 매개기능 : 정부입장을 천명하고 국민의 여론을 집약한다.

• 주지기능 : 정부의 업적을 알리고 국민의 지원을 유도한다.

• 교육기능 : 국민의 가치관과 행태, 지적 능력을 보다 바람직한 방향으로 향상시킨다.

• 적응기능 : 환경의 변화에 대응할 수 있도록 태도변화를 유도한다.

• 기타기능 : 입법부의 입법활동에 영향을 미치고 국민의 사기를 높인다.

ⓛ 순기능 : 정부활동에 관한 정보의 제공, 국민의 동의와 지지의 획득, 국민과 정부의 신뢰관계의 형성, 국민과 정부의 협조체제의 촉진, 공무원의 업적 홍보를 통한 행정인의 사기앙양, 환경에 대한 적응성의 제고, 사회긴장의 완화와 민심의 수습 등을 통한 공익성·합리성·민주성의 확보 등이 있다.

ⓒ 역기능 : 대중매체에 의한 정부의 홍보는 계획적으로 국민을 우민화 할 가능성이 있고, 정부의 실책을 은폐하거나 성과를 과장하는 등의 경우가 나타날 수 있으며, 국가기밀에 해당하는 영역이 증대됨에 따라 이를 밝히고 이해와 지지를 구하는 데는 한계가 있다.

(3) 우리나라 공공관계의 문제점과 개선방안

① 문제점

ⓣ 불신경향 : 과거 독재정부와 권위주의적 정부의 일방적 정권옹호차원의 공공관계의 활용으로 인해 국민이 이를 불신하고 냉소적인 반응을 보인다.

ⓛ 비밀행정 : 보안을 이유로 정보를 은폐하여 실효성 있는 공공관계의 형성이 어렵다.

ⓒ 인식부족 : 정보의 진실성과 객관성이 경시되고 전문성이 부족하다.

ⓔ 공청기능의 약화 : 행정부 주도의 일방적 행정행태가 만연하여 공청기능에 대한 필요성 인식이 미약하고 이를 적극적으로 활용하기 위한 노력이 부족하다.

ⓜ 조작적 PR : 진상을 은폐하고 왜곡하는 데 공공관계를 악용하는 경우가 많았다.

ⓗ 정보기관의 역기능 : 여론 파악경로의 부족과 정보기관에의 의존으로 인해 공공관계의 올바른 기능에 대한 인식이 부족하다.

② **개선방안** … 공익우선 원칙의 확립, 행정의 투명성과 공개의 원칙에 따른 공개행정의 추진, 여론파악 기능으로서의 공청기능의 개선 및 강화와 매스컴의 중립성 보장 그리고 공공관계에 대한 올바른 인식 및 전문성 제고 등이 있다.

section 7 행정정보화

(1) 의의

① **개념** … 행정정보는 행정과정에서 생성되어 체계적으로 축적되고 활용되는 제반 지식과 자료로서, 행정의 주체 및 객체의 의사결정이나 행동을 위하여 사용될 수 있는 의미있는 내용을 말하며, 이러한 정보를 컴퓨터와 같은 발달된 처리능력을 가진 정보처리수단을 활용하여 체제의 변화를 유도하고 사회구성원의 행정수요를 충족시키는 것을 말한다.

② **필요성** … 폭증하는 행정수요에 대응하고, 정책결정과정의 합리화를 통하여 복잡한 정책문제해결을 위한 최적대안을 효과적으로 탐색 · 선택하며, 행정의 분권화 · 지방화와 민주화 · 인간화에 대비하고, 행정관리의 능률화 · 개선과 행정서비스의 질적 향상을 위하여 그 필요성이 절실하다.

(2) 행정정보화의 영향

① **행정조직에 대한 영향**

　㉠ **조직형태의 변화와 계층제의 완화** : 컴퓨터를 활용한 일상적 행정업무의 간소화로 해당 계층의 구성원 수가 축소되고 조직형태도 중간계층이 대폭 줄어든 형태로 바뀌게 된다.

　㉡ **수평적 상호작용의 증가** : 계층제가 완화됨에 따라 수직적 상호작용보다는 수평적 상호작용의 빈도와 중요성이 확대된다.

　㉢ **집권화와 분권화** : 통합적인 정보관리체계가 확립되면 정보활동이 조직의 상층부나 중앙조직에 집중되어 집권화가 촉진될 수도 있고, 정보관리가 하위계층이나 지방으로 분산되어 분권화가 촉진될 수도 있다.

② **정책과정과 업무내용에 대한 영향**

　㉠ **정책과정에 대한 영향**

　　• 정책의제형성단계 : 사회 · 경제상황에 대한 광범한 자료가 수집 · 분석됨으로써 정책의제형성의 능률화 · 민주화가 촉진될 수 있다.

　　• 정책결정단계 : 다양한 정책대안이 검토되어 불확실성이 감소될 수 있다.

　　• 정책집행단계 : 정보네트워크 연결과 정보 분산처리로 정책집행이 효율화될 수 있다.

　　• 정책평가단계 : 정책평가의 객관성 · 정확성 · 투명성이 제고될 수 있다.

기출문제

문 **기능(functional) 구조와 사업(project) 구조의 통합을 시도하는 조직 형태는?**
　▶ 2020. 6. 13. 지방직/서울특별시

① 팀제 조직
② 위원회 조직
③ 매트릭스 조직
④ 네트워크 조직

Tip 매트릭스 조직은 기술적 전문성(기능구조의 특성)과 신속한 대응성(사업구조의 특성)이 동시에 강조됨에 따라 등장한 조직구조이다.

정답 ③

ⓛ 업무내용의 변화 : 행정인력이 정보의 분석과 이를 통한 창의적 영역에 투입되어 업무 내용의 질적 향상이 나타난다.

ⓒ 행정서비스의 변화 : 행정전산화에 따라 서비스가 신속하게 제공되고, 서비스를 기다리는 대기비용도 절감되며, 행정기관 간 정보네트워크 형성으로 서비스의 동시화·광역화가 가능해진다.

③ 행정환경에 대한 영향

ⓐ 정치체제 : 행정정보 네트워크의 활용으로 국민의 요구·여론이 정치과정에 효과적으로 투입됨으로써 국민의 정치참여가 활성화되고 정치체제의 대응성도 높아지게 된다.

ⓑ 입법부와 사법부 : 정보처리의 전산화로 입법활동에 필요한 자료의 분석 및 평가, 국정감사 등의 행정부 통제 기능이 능률적으로 강화된다. 또한 사법부도 법원행정의 정보화를 기할 수 있다.

ⓒ 민간경제 부문 : 정보산업의 성장으로 모든 민간영역의 양적·질적 변화가 나타난다.

ⓓ 국민생활 : 정보로의 접근이 용이해짐에 따라 행정서비스가 민주적으로 개선된다.

④ 행정정보화의 역작용 … 정보관리기술을 통한 조직구성원에 대한 통제와 이로 인한 인간소외현상, 정보처리기술의 편차로 인한 정보불균형과 이에 따른 서비스의 형평성 침해, 컴퓨터 범죄와 정보왜곡, 정보화를 악용하여 관료제적 권력이 오히려 강화되는 측면, 인권에 대한 행정편의주의적 접근으로 발생되는 인권침해현상 등이 대표적이다.

(3) 행정정보공개제도

① 의의

ⓐ 개념 : 국가·지방자치단체·정부투자기관 등 공공기관이 보유하고 있는 정보를 국민이나 주민의 청구에 의하여 공개하는 것으로, 정보공개제도에 의하여 국민의 정보공개청구권이 인정되고 공공기관의 정보공개가 의무화된다.

ⓑ 목적 및 필요성 : 헌법에 명시된 국민의 알 권리를 보장하고 국정의 투명성 확보와 행정통제의 효과적 수단이 되어 공무원의 권력남용과 부패 및 관료제 조직의 폐해를 예방할 수 있고, 정부의 정보를 공개함으로써 문제인식을 공유하여 국민의 행정참여를 촉진시킬 수 있다.

② 내용

ⓐ 정보공개청구권자 : 모든 국민이 정보공개를 청구할 수 있다.

ⓑ 정보공개의 범위 : 행정부 외에 입법부·사법부와 지방자치단체 및 기타 공공기관 모두 포함된다.

정보화 및 전자민주주의에 대한 설명으로 옳지 않은 것은?

▶ 2015. 3. 14. 사회복지직

① 전자민주주의의 부정적 측면으로 전자전제주의(telefascism)가 나타날 수 있다.

② 정보의 비대칭성이 발생하지 않도록 정보관리는 배제성의 원리가 적용되어야 한다.

③ 우리나라 정부는 「국가정보화 기본법」에 의해 5년마다 국가정보화 기본계획을 수립하여야 한다.

④ 전자민주주의는 정치의 투명성 확보를 용이하게 한다.

Tip 정보의 비대칭성이 발생하지 않도록 하기 위해 정보를 공유해야 하며 그렇게 하기 위해서 정보관리는 누구나 정보를 이용할 수 있도록 비배제성의 원리가 적용되어야 한다.

정답 ②

ⓒ 비공개대상 범위: 국민전체의 권익이나 개인의 프라이버시를 침해할 위험이 있는 정보는 공개하지 않을 수 있다.

③ **정보공개거부의 구제제도** … 정당한 정보공개청구에 대하여 공개를 거부당하거나 아무런 조치도 취하지 않는 경우, 이의신청·행정심판·행정소송 등에 의한 구제방법 등이 마련되어 있다.

④ **한계** … 정보는 이를 청구한 청구인에게만 제공되어 그 자체로 널리 공개되는 효과는 없고 청구하지 않으면 이를 제공받을 수 없다. 또한 공공기관이 새로운 정보를 수집 또는 작성할 의무는 없기 때문에 정보공개제도의 충실화를 위해서는 각종 회의의 공개와 회의록의 공표 등을 포함하는 정보공표의무제도가 확립되어야 한다.

ⓐ 행정직 책임을 회피하기 위해서 정보를 변조·조작할 가능성이 있다.
ⓑ 행정비용이 증가되고 정상적 업무가 적체될 가능성이 있다.
ⓒ 정보공개 수혜에 있어 개인과 집간 사이의 형평성을 초래할 수 있다.
ⓓ 공무원의 업무수행에 있어 소극적 자세가 나올 수 있다.

(4) 전자정부

① **전자정부의 개념**

ⓐ 정보기술(information technology)을 활용하여 행정기관 및 공공기관의 업무를 전자화하여 행정기관 등의 상호 간의 행정업무 및 국민에 대한 행정업무를 효율적으로 수행하는 정부를 말한다(전자정부법 제2조).
ⓑ 단순히 정보통신기술을 적용해 효율성을 높이는데 그치지 않고 고객지향적 서비스를 실현하고 나아가 전자민주주의를 지향하는 것으로 민주성과 능률성을 조화시키는 개념이다.

② **전자정부의 목표·지향** … 능률성(효율성) + 민주성

ⓐ **국민 지향적 대민서비스 실현(G2C)**: 누구나, 언제나, 어디서나 한 번에 서비스를 받을 수 있어야 한다.
ⓑ **투명한 정부**: 누구나 정부에 쉽게 접근할 수 있도록 열린 정부를 구현하고자 한다.
ⓒ **정부와 기업 간 업무처리의 효율성과 투명성 증대(G2B)**: 전자조달시스템과 같은 정보시스템을 활용한다.
ⓓ 종이 없는 행정구현을 통한 행정의 생산성 제고(G2G)한다.
ⓔ **지식정부**: 디지털 신경망을 통해 지식의 공유와 학습이 이루어진다.

③ **전자정부의 특징**

ⓐ **정보통신기술에 기반을 둔 정부**: 정보통신기술의 적극적 활용을 통해 실현된다.

문 「공공기관의 정보공개에 관한 법률」의 내용으로 옳은 것은?
▶ 2016. 3. 19 사회복지직

① 지방자치단체는 그 소관 사무에 관하여 법령의 범위에서 정보공개에 관한 조례를 정할 수 있다.
② 모든 국민은 정보의 공개를 청구할 권리를 가지며, 외국인의 정보공개 청구에 관하여는 법률로 정한다.
③ 공공기관은 예산집행의 내용과 사업평가 결과 등 행정 감시에 필요한 정보가 다른 법률에서 비밀이나 비공개사항으로 규정되었더라도 이를 공개하여야 한다.
④ 공공기관은 정보공개의 청구를 받으면 부득이한 사유가 있더라도 그 청구를 받은 날부터 연장 없이 10일 이내에 공개 여부를 결정하여야 한다.

Tip ① 「공공기관의 정보공개에 관한 법률」제4조 제2항
② 모든 국민은 정보의 공개를 청구할 권리를 가지며, 외국인의 정보공개 청구에 관하여는 대통령령으로 정한다(동법 제5조).
③ 다른 법률 또는 법률에서 위임한 명령에 따라 비밀이나 비공개 사항으로 규정된 정보는 공개하지 않을 수 있다(동법 제9조 제1항 제1호).
④ 공공기관은 부득이한 사유로 정보공개 청구를 받은 날부터 10일 이내에 공개 여부를 결정할 수 없을 때에는 그 기간이 끝나는 날의 다음 날부터 기산하여 10일의 범위에서 공개 여부 결정기간을 연장할 수 있다. 이 경우 공공기관은 연장된 사실과 연장 사유를 청구인에게 지체 없이 문서로 통지하여야 한다(동법 제11조 제1항, 제2항).

정답 ①

문 전자정부와 지식관리에 대한 설명으로 옳지 않은 것은?

▶ 2012. 4. 7. 행정안전부

① 전자정부의 발달과 함께 공공정보의 개인 사유화가 심화되었다.
② 지식관리는 계층제적 조직보다는 학습조직을 기반으로 한다.
③ 전자 거버넌스의 확대는 직접민주주의에 대한 가능성을 높인다.
④ 정보이용 계층에 대한 정보화정책으로써 정보격차 해소 정책이 중요해졌다.

> **Tip** 전자정부의 발달로 시간과 장소에 구애받지 않고 정보에 대한 접근이 가능해졌다. 이로 인해 정보공개가 활성화되고 정부와 시민 간 정보의 공유가 원활해져 공공정보의 개인 사유화가 감소하였다.

문 정보화 및 전자민주주의에 대한 설명으로 옳지 않은 것은?

▶ 2015. 3. 14. 사회복지직

① 전자민주주의의 부정적 측면으로 전자전제주의(telefascism)가 나타날 수 있다.
② 정보의 비대칭성이 발생하지 않도록 정보관리는 배제성의 원리가 적용되어야 한다.
③ 우리나라 정부는 「국가정보화 기본법」에 의해 5년마다 국가정보화 기본계획을 수립하여야 한다.
④ 전자민주주의는 정치의 투명성 확보를 용이하게 한다.

> **Tip** 정보의 비대칭성이 발생하지 않도록 하기 위해 정보를 공유해야 하며 그렇게 하기 위해서 정보관리는 누구나 정보를 이용할 수 있도록 비배제성의 원리가 적용되어야 한다.

정답 ①, ②

ⓒ **국민 중심적 정부**: 국민에 대한 봉사의 효율화를 제일의 목표로 삼는 민주적 정부이다.

ⓒ **열린 정부**: 개방·공개·투명성과 시민의 접근 가능성이 높은 정부로 직접민주주의·참여민주주의의 발전을 촉진한다.

ⓔ **통합 지향적 정부**: 수평적·수직적으로 통합된 이음매 없는 정부이다. 대내적으로 전통적인 경계 관념 타파하고 대외적으로 시민·민간조직 등과의 네트워크를 통해 폭넓은 거버넌스 시스템을 형성한다.

ⓜ **쇄신적 정부**: 문제 해결 중심의 창의적이고 민첩한 정부이고 변동 지향적이며 집단적 학습을 강조하는 학습조직의 요건을 갖춘 정부이다.

ⓗ **작은 정부**: 생산성은 높고 낭비는 최소화된 작은 정부. 생산성을 높이기 위해 정보기술 집약화를 강조한다.

ⓢ **탈관료제 정부**: 관료제적 경직성을 탈피한 자율적·협동적·적응적 정부. 구조와 과정의 설계에서 가상조직, 네트워크조직, 임시체제 등의 속성이 강하게 나타난다.

④ 전자정부의 효율성 모델과 민주성 모델

모델	효율성(능률성) 모델	민주성 모델
구현목표	행정내부의 업무 및 정책결정의 효율성 증진	행정전반의 민주성 제고, 국민의 삶의 질 증진
전자정부 개념	협의로 해석(초기)	광의로 해석(최근)
주요이념	효율성(능률성), 효과성, 생산성	민주성, 형평성, 투명성
주체	공급 측면(정부)	수요 측면(사회)
시각	기술 결정론	사회결정론
행정개혁 방향	행정부 내부에 국한, 행정전산망 확충, 행정민원 해결	국정전반의 정보화, 전자민주주의와 연계
초점	조직 내부(Back Office ; 후방행정)에 초점	시민과의 관계(Front Office ; 전방행정)에 초점

기출문제

⑤ 전자거버넌스로서의 전자적 참여의 진화 형태(UN, 2008) : 전자정보화 → 전자자문 → 전자결정 형태로 진화하였다.

전자정보화 단계 (e-Information)	• 정부기관의 웹 사이트에서 각종 전자적 채널을 통해 정부기관의 다양한 정보가 공개되는 단계 • 다소 일방향적인 정보의 공개가 이루어짐
전자자문 단계 (e-Consultation)	• 시민과 선출직 공무원 간의 가상공간에서 상호 의사소통과 직접 토론, 사이버 공간상에서의 시민이 선출직 공무원에게 청원을 하고, 시민과 선출직 공무원 간에 정책 토론이 일어나며, 그 토론에 대한 피드백이 시민에게 이루어짐
전자결정 단계 (e-Decision)	• 정부기관이 주요 정책과정에 시민들의 의견을 고려하여 반영 • 단순 자문활동에 그치지 않고 토론 결과 어떤 정책결정에 시민들의 의견이 직접 반영되었는가에 대해 시민들에게 정보를 제공

⑥ 인터넷 진화에 따른 정부서비스의 패러다임 변화

구분	방향		내용
Web 1.0 (1995~2000)	일방향 정보 접근	정부 중심	• 일방적 정보 제공(圖 신문, 방송시청처럼 콘텐츠를 제공자에게서 일방적으로 받는 경우) • 이용자는 정보소비자. 정보를 제공하는 웹포털 구축
Web 2.0 (2005~2010)	쌍방향 정보 교환	시민 중심	• 정보 생산·공유·협동·참여가 가능한 개방된 플랫폼 구축 • 이용자는 정보소비자·생산자·유통자
Web 3.0 (2015~2020)	지능적인 정보인식 (인터넷의 지능화)	개인 중심	• 인터넷을 더욱 지능화시키며 개인화에 맞출 뿐만 아니라, 기기 및 서비스 통합으로 경계가 소멸되는 유비쿼터스 환경→유비쿼터스 정부(u-Government) 구축 • 개인별 맞춤 정보 제공, 이용자가 원하는 정보 검색·제공 가능(개인이 서비스의 중심). • 이용자가 원하는 정보를 제공하는 시멘틱 웹 기반의 지능형 웹(intelligent web) 서비스-웹2.0은 수많은 정보를 링크가 많이 된 순으로 나열해주었다면 웹3.0은 현재 상황을 인식하여 수많은 내용 중 필요한 내용을 재배치하여 문맥(context)을 제공.

기출문제

구분	1995~2000년	2005~2010년	2015~2020년
	World Wide Web	Web2.0	Web3.0(Real−World Web)
	Government 1.0	Government 2.0	Government 3.0 (U−Government, Smart 정부)
접근성	정부 중심	시민 중심	개인 중심
	사용자 열람형 하이퍼링크 웹 문서 열람	사용자 참여형 플랫폼 기반의 앱 개발	사용자 맞춤형 시맨틱 기술에 기반한 인공지능, 센서네트워크
	First−stop−shop 단일 창구(포털)	One−stop−shop 정부서비스 중개기관을 통해서도 접속	My Government 개인별 정부서비스 포털
서비스	일방향 정보제공 − 접근(access) (이용자는 정보소비자)	양방향 정보제공 − 참여 (이용자는 정보 소비·생산·유통자)	개인별 맞춤 정보제공 − 상황인식(context) (이용자가 원하는 정보를 검색해 제공)
	제한적 정보제공	정보공개 확대	실시간 정보공개
	서비스의 시공간 제약	모바일 서비스	중단 없는 서비스
	공급 위주 일률적 서비스	정부·민간 협업(융합) 서비스	개인별 맞춤형 서비스
	서비스의 전자화	신규 서비스 가치 창출	서비스의 지능화
채널	유선인터넷	무선인터넷	유·무선 모바일기기 통합(채널통합)
업무통합	단위업무별 처리	프로세스 통합 (공공·민간의 협업)	서비스 통합
기반기술	브라우저, 웹 저장	브로드밴드, Rich Link/Content Models	시멘틱 기술, 센서 네트워크, 사물인터넷(IOT)

(5) 유비쿼터스 정부

① 의의

    ㉠ 개념 : 유비쿼터스 컴퓨팅 기술을 활용하여 모든 사람, 사물, 컴퓨터가 언제, 어디서나 유·무선 초고속정보통신망을 통해 연결되도록 함으로써 국가를 구성하는 모든 정부, 경제, 사회, 일상생활 공간을 지능화하여 보이지 않는 곳에서 국민 누구에게나 언제, 어디서든 원하는 서비스를 제공하여 부가가치를 창출하는 정부를 말한다.

ⓛ 대두 배경 : 전자정부 기반 기술 패러다임은 인터넷에서 모바일로, 다시 유비쿼터스 컴퓨팅과 네트워크 기술로 진화하고 있다. 유비쿼터스 정부(UG, U−Government)는 정보통신기술인 인터넷을 기반으로 하는 전자정부(EG, E−Government)의 한계를 극복하고 정부서비스에 무한한 기회를 창출할 수 있는 혁신적인 전자정부 기술 패러다임으로 부상한 유비쿼터스 정보기술을 활용한 정부이다.

> 유비쿼터스의 5C와 5Any : 컴퓨팅(Computing), 커뮤니케이션(Communication), 콘텐츠(Contents), 접속(Connectivity), 조용함(Calm), Any−time, Any−where, Any−network, Any−device, Any−service

② 전자정부(e−Government)와 유비쿼터스 정부(u−Government)

구분	인터넷 기반 전자정부(e−Government)	유비쿼터스 기반 전자정부(u−Government)
기술기반	초고속 정보통신망과 네트워크, 인터넷 기반	broad band와 무선 · 모바일 네트워크, 센싱, 칩 기술 기반
행정지향	신속성, 투명성, 효율성, 민주성	상시성(실시간성), 실질적인 고객 지향성, 지능성, 형평성,
접속성	네트워크에 접속해 사용자 확인이 가능한 고정된 장소에서 이용(유선망 중심)	편재성 · 상시성(Ubiquity) : 유 · 무선 모바일기기 통합으로 언제 어디서나 중단 없는 서비스 제공
서비스 수준	정부간, 정부와 시민 · 기업 간 원활한 의사소통을 목표로 하여 신속 · 투명한 서비스 제공	• 고객맞춤형(Uniqueness) : 개인별 요구사항 · 특성 · 선호를 사전에 파악하여 맞춤형 서비스 제공 • back−office와 front−office의 간격 축소를 통해 대응성 향상
상호작용 정보처리	• 웹사이트를 통해 사람과 컴퓨터 간의 인터페이스로 상호작용 • 문서나 자료를 디지털화해서 정보기관 및 정부와 민간이 공유하고 전자민원을 통하여 행정업무 처리	지능화(Intelligence) : 사회 인프라에 센서나 태그를 이식해 이를 통해 공간 환경 · 사물 · 사람에 관한 상황 인식정보를 수집 · 공유하고 사물 · 컴퓨터가 직접 지능화된 서비스 제공. 사람이 개입하지 않아도 스스로 필요한 의사결정과 행동조치를 함
정보의 성격	종이로 된 자료 · 문서를 디지털화	공간 속의 환경, 사물, 사람과 이들 간 연계에 관한 상황인식 정보

기출문제

🔖 유비쿼터스 정부(u−government)의 특성과 거리가 먼 것은?
▶ 2013. 7. 27. 안전행정부
① 중단 없는 정보 서비스 제공
② 맞춤 정보 제공
③ 고객 지향성, 실시간성, 형평성 등의 가치 추구
④ 일방향 정보 제공

Tip 일방향 정보 제공은 초기 전자정부의 특성이다. 유비쿼터스 정부는 쌍방향 의사소통 서비스를 중시한다.

‖정답 ④

③ 유비쿼터스 정부의 특징
  ㉠ 웹 3.0 시대의 정부 : 시맨틱 웹(Semantic Web) 기반의 지능형 웹으로, 미래는 사물과 장소가 센서와 무선 네트워크로 연결되어 비즈니스와 개인의 의사결정을 도와주는 리얼-월드 웹(real-world web) 시대를 말한다. 이러한 웹 3.0 시대의 정부는 언제 어디서나 이용자가 원하는 정보를 찾아 개인별 맞춤서비스가 가능한 유비쿼터스 정부, Government 3.0으로 진화될 전망한다.
  ㉡ 실시간 맞춤형 서비스 : 네트워크로 연결된 정보기기와 센서 등을 통해 개인의 생활기록(life log)을 저장·분석하여 지능화된 개인별 맞춤 서비스 제공한다. 개인의 관심사, 선호도 등에 따른 실시간 맞춤정보 제공으로 시민참여도가 제고되어 궁극적으로 투명한 정책결정과 행정 처리가 가능해진다.
  ㉢ 데이터와 서비스의 가상통합(virtual integration) : 정보시스템과 디바이스(device) 간, 애플리케이션(application) 간 링크 자동 설정, 데이터 위치와 상관없는 통합 검색이 가능해 데이터와 서비스의 가상통합이 가능하다. 가상통합은 기관 간 기능 연계와 정보공유가 언제 어디서나 어떤 형태로든 가상공간에서 필요에 따라 완전하게 이뤄지는 상태이다.
  ㉣ 전자정부는 부처 내 네트워크 구축이 핵심과제였지만, 부처 간 네트워크 고도화와 각 부처의 전면적 업무혁신을 도모한다.
  ㉤ 단순한 대민서비스 향상을 목적으로 하는 전자정부를 넘어서 대민서비스를 정부의 업무와 지식정보네트워크로 전환시켜 사회적 가치를 창출한다.

④ 유비쿼터스 정부의 효용
  ㉠ 인터넷 기방 전자정부의 공간적·시간적·기술적 한계를 극복함으로써 정부서비스에 무한한 기회를 창출할 수 있게 해주고 부가적 가치를 제공한다.
  ㉡ 인간을 복잡하고 불편한 컴퓨터 작업으로부터 해방시키고 인간중심적 정보화 환경이 조성되어 인간의 존엄성을 회복시켰다.
  ㉢ 데스크톱에 기반을 둔 인터넷시대의 표준화를 뛰어넘는 개념으로서 인간과 인간, 인간과 컴퓨터 그리고 컴퓨터와 컴퓨터가 완전히 통합되는 기반환경의 조성을 가능하게 하였다.
  ㉣ 유비쿼터스 시스템은 언제, 어디서나 정보를 활용 가능하도록 지원함으로써 지식재산행정의 혁신 기반을 마련하였다.
  ㉤ 인간이 개입하지 않아도 스스로 일을 처리하는 지능형 컴퓨팅 환경에서 의사결정의 질이 높아지고 창의성이 제고된다.
  ㉥ 컴퓨팅 기술은 계산, 제어, 통신 등에 한정적 역할에서 벗어나 센싱(sensing)과 인터페이스가 일체화됨으로써 자기완결형 기능을 수행할 것이다.

⑤ 유비쿼터스 정부의 단점

　　㉠ 프라이버시 침해 문제 : 일상 생활 속에서 센싱 등의 확대는 개인 사생활 감시나 범죄의 도구로 쓰일 수 있다.

　　㉡ 정보 격차의 확대 가능성 : 유비쿼터스 기술 도입에 수반되는 고비용 문제는 새로운 종류의 정보격차와 사회적 불평등을 초래할 수 있다.

　　㉢ 시스템 자체의 취약성 : 기술의 안정성·신뢰도 확보가 곤란하며, 전자공간의 손상이 있을 경우 물리적 공간으로까지 확대되고 일상적 생활이 마비될 우려도 있다.

　　㉣ 인간의 기계의존도가 심화되고 전자파에 의한 피해 등이 발생할 수 있다.

(6) 4차 산업혁명

① 의의

　　㉠ 사물인터넷(IoT ; Internet of Things), 빅데이터(Big Data), 인공지능(AI), 사이버물리시스템(CPS ; Cyber-Physical Systems) 등 핵심기술이 상용화에 의한 '초연결형·초지능형 자동화시대'로의 사회변혁을 말한다.

　　㉡ 클라우스 슈바브(K.Schwab)가 2016년 스위스 다보스 '세계경제포럼'에서 언급한 용어이다.

　　㉢ 3차 산업혁명(지식·정보혁명)을 기반으로 물리적·가상적·생물학적 영역의 융합을 통해 사이버 물리시스템을 구축한다.

② 특징

　　㉠ 초연결성(hyper-connectivity) : 사물인터넷(IoT)의 진화와 만물의 디지털화에 따라 사람과 사물, 공간, 시스템이 더 이상 독립적으로 존재하지 않고 통신망을 통해 초연결되어 상호의존도가 증폭된다.

　　㉡ 초지능성(hyper-intelligence, super intelligence) : 초연결성에서 비롯된 막대한 데이터를 분석(빅데이터 분석, 인공지능 활용)하여 인간생활의 패턴 파악한다. 인간과 생물과는 전혀 다른 이질적인 존재가 인간 수준에 가장 근접한 형태로 지능을 갖게 된다(예 자율주행차). 빅데이터와 정보가 클라우드와의 접목을 통해 하드웨어 자체가 스스로 분석하고 생각하게 함으로써 디지털화된 물리적 세계의 객체들이 초지능성을 갖게 된다.

　　㉢ 초예측성 : 초연결성·초지능성을 토대로 한 분석결과를 통해 인간 행동을 예측한다. 딥러닝과 같은 첨단 AI는 스스로 빅데이터의 특징량을 추출해 의미 있는 판단과 예측의 정확도를 높인다.

　　㉣ 기타 : 초신뢰혁명(예 블록체인, 암호화폐), 초생명혁명(예 바이오 및 나노 테크놀로지)

기출문제

🔵 유비쿼터스 전자정부에 대한 설명으로 옳은 것만을 모두 고르면?
▶ 2020. 6. 13. 제1회 지방직

㉠ 기술적으로 브로드밴드와 무선, 모바일 네트워크, 센싱, 칩 등을 기반으로 한다.

㉡ 서비스 전달 측면에서 지능적인 업무수행과 개개인의 수요에 맞는 맞춤형 서비스를 제공한다.

㉢ Any-time, Any-where, Any-device, Any-network, Any-service 환경에서 실현되는 정부를 지향한다.

① ㉠, ㉡　　② ㉠, ㉢
③ ㉡, ㉢　　④ ㉠, ㉡, ㉢

Tip 유비쿼터스 전자정부에 대한 설명으로 모두 옳다.

정답 ④

(7) 빅 데이터(big data)

① **의의** … 빅 데이터는 데이터의 생성, 양·주기·형식 등이 기존 데이터에 비해 너무 크기 때문에 종래의 방법으로 수집·저장·검색·분석이 어려운 방대한 데이터로 미래 경쟁력과 가치 창출의 원천으로 떠올랐다.

② **배경** … 디지털 생활의 보편화(스마트 혁명)와 데이터의 폭증 – 공간, 시간, 관계, 세상을 담는 데이터 등을 배경으로 발생하였다.

　㉠ 인터넷과 디지털 기기(특히 스마트폰) 보급 확대, 개인화 서비스와 소셜 네트워크 서비스(SNS) 확대와 클라우드 컴퓨팅의 확산은 물류 이동 및 재고의 변화뿐 아니라 개별 소비자들의 개인정보·소비행태 같은 모든 일상에 대한 디지털 기록(life – log)을 가능하게 한다.

　㉡ 데이터 생산 기술의 진보(센싱 기술, 사물인터넷, 웨어러블 기기)와, 데이터 저장·관리·분석 기술이 발전하였다.

　㉢ 데이터 마이닝에서 '빅 데이터 마이닝'으로 : 데이터의 자원이 축적과 공유를 통해 엄청난 규모로 쌓이면서 데이터의 역할은 '분석과 추론(전망)'의 방향으로 진화하였다.

③ **특성**

　㉠ **양·크기·규모(volume)** : 기술적인 발전과 IT의 일상화가 진행되면서 해마다 디지털 정보량이 기하급수적으로 폭증, 제타바이트($ZB = 10^{21}byte$) 시대로 진입하였다.

　㉡ **속도(velocity)** : 사물정보(센서, 모니터링), 스트리밍 정보 등 실시간성 정보 증가하였다. 실시간성으로 인한 데이터 생성, 이동(유통) 속도의 증가, 대규모 데이터 처리 및 가치 있는 현재정보(실시간) 활용을 위해 데이터 처리 및 분석 속도가 중요해졌다(신속한 감지 – 대응 시스템).

　㉢ **다양성(variety)** : 정형화된 데이터(고정된 필드에 저장되는 데이터로 기존 솔루션으로 쉽게 보관·분석·처리 가능), 반정형화된 데이터(고정된 필드로 저장되어 있지는 않지만, XML이나 HTML같이 메타 데이터나 스키마 등을 포함하는 데이터, 메타정보와 센서데이터, 공정데이터 등 미처 활용되지 못하고 있는 데이터), 비정형화된 데이터(고정된 필드에 저장되어 있지 않은 데이터, 유튜브에서 업로드하는 동영상 데이터, SNS나 블로그에서 저장하는 사진과 오디오 데이터, 메신저로 주고받은 대화 내용, 스마트폰에서 기록되는 위치 정보, 유무선 전화기에서 발생하는 통화 내용 등)를 포괄한다.

　㉣ **기타 특징** : 분석가치(value)나 복잡성(complexity), 현실성(reality), 시계열성(trend), 결합성(combination)

(8) 전자정부법 상 전자정부의 원칙(전자정부법 제4조)

① 행정기관 등은 전자정부의 구현 · 운영 및 발전을 추진할 때 다음 사항을 우선 고려하고 필요한 대책을 마련해야 한다.

　㉠ 대민서비스의 전자화 및 국민편익의 증진

　㉡ 행정업무의 혁신 및 생산성 · 효율성의 향상

　㉢ 정보시스템의 안전성 · 신뢰성의 확보

　㉣ 개인정보 및 사생활의 보호

　㉤ 행정정보의 공개 및 공동이용의 확대

　㉥ 중복투자의 방지 및 상호운용성 증진

② **정보기술 아키텍처 기반 원칙** … 전자정부 구현 · 운영 · 발전 추진 시 정보기술아키텍처를 기반으로 해야 한다.

③ **행정기관 확인 원칙** … 행정기관 등은 상호간에 행정정보의 공동이용을 통하여 전자적으로 확인할 수 있는 사항을 민원인에게 제출하도록 요구하면 안 된다.

④ **개인정보 보호 원칙** … 행정기관 등이 보유 · 관리하는 개인정보는 법령에서 정하는 경우를 제외하고는 당사자의 의사에 반하여 사용되어서는 안 된다.

1 다음 중 전자정부법에서 천명된 운영 원칙에 속하지 않는 것은?

① 대인서비스의 전자화
② 행정업무의 혁신
③ 개인정보 및 사생활의 보호
④ 행정보안의 절대준수

2 갈등관리에 관한 내용 중 가장 부적절한 것은?

① 갈등은 조직의 현상유지적 균형을 교란하는 요인이기 때문에 해소전략을 강구해야만 한다.
② 회피는 갈등행동의 억압 등에 의하여 단기적으로 갈등을 진정시킬 수 있는 방법이다.
③ 당사자들이 대립되는 주장을 부분적으로 양보하여 공동의 결정에 도달하게 하는 방법이 타협이다.
④ 갈등을 일으킨 당사자들이 직접 접촉하여 갈등의 원인이 되는 문제를 공동으로 해결하는 방법이 문제해결이다.

3 UN에서 본 전자 거버넌스로서의 전자적 참여의 형태가 진화하는 단계로 옳은 것은?

① 전자정보화 – 전자자문 – 전자결정
② 전자문서화 – 전자결정 – 전자자문
③ 전자자문 – 전자문서화 – 전자결정
④ 전자정보화 – 전자결정 – 전자문서화

4 거래적 리더십과 대비되는 변혁적 리더십에 대한 설명 중 옳지 않은 것은?

① 리더가 부하에게 자긍심과 신념을 심어준다.
② 리더가 부하로 하여금 미래에 대한 비전을 열정적으로 수용하고 계속 추구하도록 격려한다.
③ 리더가 부하에 대해 개인적으로 존중한다는 것을 전달한다.
④ 리더는 부하가 적절한 수준의 노력과 성과를 보이면 그만큼의 보상을 제공한다.

5 **4차 산업혁명에 대한 설명으로 가장 틀린 것은?**

① 산업과 산업 간의 초연결성을 바탕으로 초지능성을 창출한다.

② 3차 산업혁명의 연장선상이며 근본적인 특성을 공유하고 있다.

③ 사이버 물리 시스템(cyber-physical system) 혁명 이라고 할 수 있다.

④ IoT, 인공지능, 빅데이터 등의 신기술을 기존 제조업과 융합해 생산능력과 효율을 극대화시킨다.

6 **다음 중 정보화책임관(CIO)의 역할에 대한 설명 중 타당하지 않은 것은?**

① 정보화책임관은 전략적 관점에서 정보시스템의 주요 성공요소를 도출하고 이에 따라 응용시스템 개발의 우선 순위를 설정한다.

② 정보화책임관은 정보기술 인프라를 구축·관리한다.

③ 정보화책임관은 기술적 전문성보다는 강력한 지도력이 필요하며, 높은 직위와 그에 수반된 권위를 바탕으로 다양한 정보관련 부서와 업무를 총괄한다.

④ 정보화책임관은 조직의 전략을 고려한 정보기술전략을 수립한다.

7 **데이터 기반의 과학적 정책 수립을 위해 빅 데이터의 중요성이 커지고 있다. 빅 데이터에 대한 설명으로 틀린 것은?**

① 빅 데이터 부상의 이유로 페이스북(Facebook)·트위터(Twitter) 등의 소셜네트워크서비스(SNS)의 보급 확대를 들 수 있다.

② 인터넷쇼핑업체 아마존(Amazon)이 고객 행동 패턴 데이터를 분석하여 상품 추천 시스템을 도입한 것은 빅 데이터 활용 사례이다.

③ 빅 데이터는 비정형적 데이터가 아닌 정형적 데이터를 지칭한다.

④ 빅 데이터를 활성화하기 위해서는 개인정보 보호 장치가 제도적으로 선행될 필요가 있다.

8 리더십의 본질에 대한 이론 중 행태이론에 관한 설명으로 옳은 것은?

① 상황에 따라 리더십의 효과성이 달라진다는 시각에서 리더의 행동을 파악한다.

② 업무 특성과 리더십 스타일 사이의 관계에 초점을 둔다.

③ 리더의 자질을 가진 사람은 어떤 상황에서든 지도자가 될 수 있다고 주장한다.

④ 훈련에 의해 효과적인 리더를 양성할 수 있다고 주장한다.

9 리더십이론에 대한 설명으로 적절하지 않은 것은?

① Lewin, Lippit, White는 리더십 유형을 직원중심형과 생산중심형의 두 가지로 분류하였다.

② 피들러(Fiedler)는 리더십 유형을 과업지향적 리더와 인간관계 지향적 리더의 두 가지로 분류하였다.

③ 하우스와 에반스(House & Evans)는 리더십 유형을 지시적, 지원적, 성취지향적, 참여적 리더십의 네 가지로 분류하였다.

④ 블레이크와 머튼(Blake & Mouton)은 리더십 유형을 무관심형, 친목형, 과업형, 타협형, 단합형의 다섯 가지로 분류하였다.

10 의사전달의 장애요인에 대한 설명으로 틀린 것은?

① 적절치 못한 용어의 사용, 의사전달 기술의 부족 등 매체의 불완전성으로 인해 의사전달의 장애가 발생할 수 있다.

② 수신자의 선입관은 준거틀을 형성하여 발신자의 의도를 왜곡할 수 있다.

③ 환류의 차단은 의사전달의 정확성을 제고할지 모르나 신속성이 우선시되는 상황에서는 장애가 될 수 있다.

④ 시간의 압박, 의사전달의 분위기, 계서제적 문화는 의사전달에 영향을 미칠 수 있다.

11 변혁적 리더십에 관한 옳은 설명을 모두 고른 것은?

> ㉠ 리더는 부하로부터 존경심을 이끌어내는 카리스마를 가져야 한다.
> ㉡ 자신감과 영감을 불어넣으며, 조직에 대한 팀 스피리트(team spirit)를 고무시킨다.
> ㉢ 기존의 가정이나 인식에서 벗어나 혁신적이고 창조적인 관점에서 문제를 재구성하고 해결책을 구하도록 자극하고 변화를 유도한다.
> ㉣ 리더가 부하에게 특별한 관심을 보이고 각 부하의 특정한 요구를 이해해 줌으로써 부하에 대해 개인적으로 존중한다는 것을 전달한다.

① ㉡, ㉢, ㉣
② ㉠, ㉡, ㉢
③ ㉠, ㉢, ㉣
④ ㉠, ㉡, ㉢, ㉣

12 다음은 토머스(Thomas)가 제시한 대인적 갈등관리방안과 관련되는 내용이다. 각각의 내용이 바르게 연결된 것은?

> ㉠ 상대방의 이익을 희생하여 자신의 이익을 추구하는 경우이다.
> ㉡ 자신의 이익이나 상대방의 이익 모두에 무관심한 경우이다.
> ㉢ 자신과 상대방 이익의 중간 정도를 만족시키려는 경우이다.
> ㉣ 자신의 이익을 희생하여 상대방의 이익을 만족시키려는 경우이다.

① ㉠ 강제, ㉡ 회피, ㉢ 타협, ㉣ 포기
② ㉠ 경쟁, ㉡ 회피, ㉢ 타협, ㉣ 순응
③ ㉠ 위협, ㉡ 순응, ㉢ 타협, ㉣ 양보
④ ㉠ 경쟁, ㉡ 회피, ㉢ 순응, ㉣ 양보

13 조직의 갈등관리에 대한 설명으로 틀린 것은?

① 통합형 협상은 자원이 제한되어 있어 제로섬 방식을 기본 전제로 하는 협상이다.

② 수평적 갈등은 목표의 분업 구조, 과업의 상호 의존성, 제한된 자원으로 인해 발생한다.

③ 집단 간 목표의 차이로 인해 발생한 갈등은 상위 목표를 제시하거나 계층제 또는 권위를 이용하여 해결한다.

④ 조직의 불확실성을 높이거나 위기감을 불러일으키는 것과 같이 조직의 갈등을 인위적으로 조성하는 전략은 조직의 생존·발전에 필요한 전략 중 하나이다.

14 갈등관리에 관한 설명으로 가장 옳은 것은?

① 갈등의 유형 중에서 생산적 갈등이란 조직의 팀워크와 단결을 희생하고 조직의 생산성을 중요시하는 유형이다.

② 갈등을 일으킨 당사자들이 직접 접촉하여 갈등의 원인이 되는 문제를 공동으로 해결하는 방법이 문제해결이다.

③ 수직적 갈등은 목표의 분업구조, 과업의 상호의존성, 자원의 제한 등이 중요한 원인으로 작용한다.

④ 갈등은 조직의 현상유지적 균형을 교란하는 요인이기 때문에 해소전략을 강구해야만 한다.

15 리더십에 대한 설명으로 옳은 것은?

① 변혁적(transformational) 리더십 – 무엇인가 가치있는 것을 교환함으로써 추종자에게 영향력을 행사하는 리더십

② 거래적(transactional) 리더십 – 리더가 부하로 하여금 형식적 관례와 사고를 다시 생각하게 함으로써 새로운 관념을 촉발시키는 리더십

③ 카리스마적(charismatic) 리더십 – 리더가 특출한 성격과 능력으로 추종자들의 강한 헌신과 리더와의 일체화를 이끌어내는 리더십

④ 서번트(servant) 리더십 – 과업을 구조화하고 과업요건을 명확히 하는 리더십

정답및해설

1	④	2	①	3	①	4	④	5	②
6	③	7	③	8	④	9	①	10	③
11	④	12	②	13	①	14	②	15	③

1 전자정부의 원칙〈전자정부법 제4조 제1항〉
　㉠ 대인서비스의 전자화 및 국민편익의 증진
　㉡ 행정업무의 혁신 및 생산성 · 효율성의 향상
　㉢ 정보시스템의 안전성 · 신뢰성의 확보
　㉣ 개인정보 및 사생활의 보호
　㉤ 행정정보의 공개 및 공동이용의 확대
　㉥ 중복투자의 방지 및 상호운용성 증진

2 갈등은 장기적으로 조직이 안정되고 성장하는 데 순기능적 역할도 하므로, 무조건 옳지 않은 것으로 간주하여 해소하려는 것은 부적절하다.

3 전자거버넌스의 발전단계
　㉠ 전자정보 : 전자정부를 통해 국민에게 정보공개
　㉡ 전자자문 : 시민과 선거직 공무원간에 소통과 청원 및 직접적인 토론이 이루어지고 피드백이 형성되는 단계
　㉢ 전자결정 : 시민의 의견이 정책과정에 반영되는 단계

4 ④ 거래적 리더십에 대한 설명이다. 거래적 리더십은 업무를 할당하고, 그 결과를 평가하며, 의사결정을 하는 리더십 행위를 말한다.
　※ 변혁적 리더십의 특징
　　㉠ 카리스마적 리더십 : 리더가 난관을 극복하고 현상에 대한 각성을 확고하게 표명함으로써 부하들에게 자긍심과 신념을 심어줌
　　㉡ 영감적 리더십 : 도전적 목표와 임무, 미래에 대한 비전 제시 · 공유
　　㉢ 지적 자극 : 리더가 부하로 하여금 형식적 관례와 사고를 다시 생각하게 함으로써 새로운 관념을 촉발시킴
　　㉣ 개별적 배려 : 각 개개인의 특성을 고려하고 개인적인 존중을 해줌
　　㉤ 촉매적 리더십 : 관행을 타파하고 창조적 사고와 새로운 관념을 촉발시키는 지적 자극 부여
　　㉥ 조직과 개인 간 공생관계 : 조직몰입 유도, 통합적 관리

5 ② 3차 산업혁명의 연장선상에 있지만, 기술발전 속도와 범위, 시스템적 충격이라는 측면에서 3차 산업혁명과는 비교할 수 없는 전반적인 문화 혁명이다.

6 고위정보관리자(CIO) … 각 부처의 정보화정책을 전략적으로 입안하고 조정 · 운영하는 수석정보책임관으로서 우리의 경우 각 부처의 기획관리실장을 CIO로 본다. CIO는 각 조직의 정부인프라(기반)와 정보시스템을 구축 · 관리하고, 정보화시대의 필수적인 막료기관으로서 계선과 달리 계층적 권한이나 강력한 권위에 의존하기보다는 고도의 기술적 전문성을 근거로 부처 내 각 부서의 정보화 관련업무를 총괄 조정한다. 최고경영자(CEO)의 최고의사결정자 역할과 대등하다고 볼 수 있다.

7 ③ 빅데이터는 과거 아날로그 데이터에 비하여 규모가 방대하고, 생성 주기도 짧고, 형태도 수치 데이터뿐 아니라 문자와 영상 데이터를 포함하는 대규모 데이터로서 초대용량의 데이터 양, 다양한 형태, 빠른 생성 속도, 가치(value)를 특징으로 한다. 빅데이터는 정형화된 데이터(고정된 필드에 저장되는 데이터로 기존 솔루션으로 쉽게 보관·분석·처리 가능), 반정형화된 데이터(고정된 필드로 저장되어 있지는 않지만, XML이나 HTML같이 메타 데이터나 스키마 등을 포함하는 데이터, 메타정보와 센서데이터, 공정데이터 등 미처 활용되지 못하고 있는 데이터), 비정형화된 데이터(고정된 필드에 저장되어 있지 않은 데이터, 유튜브에서 업로드하는 동영상 데이터, SNS나 블로그에서 저장하는 사진과 오디오 데이터, 메신저로 주고 받은 대화 내용, 스마트폰에서 기록되는 위치 정보, 유무선 전화기에서 발생하는 통화 내용 등)를 포괄한다.

※ 빅데이터의 특성 : 3V+1V

기존 개념(3V)		최근 이슈
volume(대규모) velocity(속도) variety(다양성)	+	value(분석가치)

8 ①②는 상황이론, ③은 속성론(자질론·특성론)에 해당한다.

④ 리더십 행동이론(행태론)은 리더들의 다양한 행동들을 관찰하여 그 정도를 측정하는 척도를 이론화하고, 리더의 행동유형을 분류하여 모든 상황에 효과적인 리더의 행동유형이 존재한다고 보았다. 효과적인 리더 행동유형에 맞추어 리더십 교육훈련을 개발해야 한다고 주장한다.

9 ① Lewin, Lippit, White는 리더십 유형을 권위형, 민주형, 자유방임형으로 구분하고 민주형이 생산성과 사기가 모두 높아 가장 효과적이라고 보았다. 직원중심형(employee-centered)과 생산중심형 (job-centered or production-centered)으로 분류한 것은 미시건 대학 팀과 Likert이다.

10 ③ 환류의 차단은 발신자의 의사전달에 대해 정보를 전달받은 수신자가 그 정보의 내용을 확인하거나 다른 의견을 전달할 수 있는 길이 차단된 상태를 말한다. 환류의 차단은 의사전달의 신속성이 제고할 수는 있지만, 정확성은 약화된다.
- 의사전달의 가외성과 환류(feedback)→의사전달의 정확성 증대, 의사전달 비용 증가(경제성 약화), 신속성 저해
- 의사전달의 가외성 제거나 환류의 차단→의사전달의 정확성 저해, 의사전달 비용 감소(경제성 증가), 신속성 증대

11 ㉠ 카리스마적 리더십, ㉡ 영감적 리더십, ㉢ 지적 자극, ㉣ 개인적 배려 모두 변혁적 리더십의 특징이다.

12 토마스와 킬맨(K. Thomas & R. Kilmann)의 대인적 갈등의 관리방안

13 ① 통합형 협상이 아니라 분배적 협상의 특징이다.

※ 협상의 전략 : 분배적 협상과 통합적 협상

분배적 협상(distributive negotiation)	통합적 협상(integrative negotiation)
자원의 양 고정적, 이해관계 대립, 단기간 관계 지속	자원의 양 유동적, 이해관계 조화, 장기간 관계 지속
• 협상 당사자가 전체 자원을 한정된 것으로 봄 • 협상을 zero-sum게임으로 인식(win-loss) • 공격·경쟁·대립적 방식으로 협상을 진행.	• 협상 당사자가 전체 자원이 확장될 수 있다고 봄 • 협상을 positive-sum 게임으로 인식(win-win) • 전체 자원의 확대를 위한 협력으로 상호 이익 확보
각각의 입장이 강경하면 승패의 상황이, 부드러우면 부분적 양보로 협상이 타결됨.	이해를 조화시켜 더 큰 공동이익을 도출하는 과정으로, 새로운 대안을 발견해 나가는 창조적 문제해결 과정.
토마스의 경쟁(자신 이익 추구, 상대방 이익 희생)과 관련	토마스의 협동(자신과 상대방의 이익 모두 만족)과 관련.

14 ② 대면에 의한 문제해결(problem solving)은 갈등당사자가 직접 접촉·대면(confrontation)하여 갈등의 원인인 문제를 공동으로 해결. 가장 건전한 방법이다. 상이한 견해차를 단순히 조정하는 것이 아니라 문제 자체를 공동의 노력으로 해결한다. 당사자들이 협동적인 문제해결능력을 가질 경우 효율적이지만 그렇지 못할 경우 갈등의 그레샴법칙(「견해의 공통점」 강조가 「견해의 차이점」 강조에 밀려나는 경우)을 초래할 수 있으며 서로의 가치체계가 다른 경우처럼 복잡한 갈등은 문제해결의 방법은 곤란하다.

① 갈등의 유형 중에서 생산적 갈등은 조직혁신이나 조직성과 향상에 도움이 되는 건설적 갈등이다. 갈등을 피할 수 없는 현상으로 보고, 오히려 현상에 안주하려는 사람들에 대한 자극을 제공하고 변화와 혁신의 촉진제가 될 수 있다고 본다. 갈등의 순기능을 강조하여 갈등이 조직발전의 활력원이 될 수 있음을 강조한다.

③ 수평적 갈등에 대한 내용이다. 수직적 갈등은 조직의 상하계층 간에 즉, 상사와 부하간의 갈등이다. 노사 간의 갈등 역시 집단 차원에서의 수직적 갈등에 속한다. 수직적 갈등의 주요 원인으로는 권한, 목표, 업무량, 근무조건, 보수 등을 포함시킬 수 있다. 수평적 갈등은 동일 계층의 개인이나 부서 간에 발생하는 것이다. 수평적 갈등은 목표의 분업구조, 과업의 상호의존성, 자원의 제한 등이 중요한 원인으로 작용한다. 이런 상황에서 협력보다는 개인, 부서, 집단 간에 자신의 목표를 우선적으로 추구하기 때문에 갈등이 발생한다. 수평적 갈등에 대한 해결은 주로 갈등이 발생한 계층의 상사에 의한 조정을 중요시 한다.

④ 조직 내 갈등이란 항상 역기능적인 것만은 아니므로 해소만이 능사가 아니며, 적정한 수준의 갈등을 유지하는 것이 바람직하다. 갈등이 너무 없을 때는 갈등을 조성하기도 하고 너무 높을 때에는 해소하기도 하는 등 상황에 따른 갈등관리 전략이 강구되어야 한다.

15 ① 거래적 리더십에 대한 설명이다.

② 변혁적 리더십에 대한 설명이다.

④ 서번트 리더십은 리더의 부하에 대한 봉사정신을 강조한다.

05 조직변동론

기출문제

section 1 조직혁신(OI : Organization Innovation)

(1) 의의

① 개념 … 조직의 바람직한 방향을 설정하고 의도적 변화를 유도하기 위해 조직에 새로운 아이디어나 변화를 도입 · 적용하는 것으로, 행태적인 조직혁신은 조직구성원의 만족도를 제고시키며 구성원 각자의 발전을 통해 조직의 능률성과 효과성을 높이는 과정인 조직발전(OD)을 의미하며, 구조적인 조직혁신은 조직구조의 과정적인 측면에 대한 개선을 의미한다.

② 특성
  ㉠ 목표지향적 성격을 띠고 있다.
  ㉡ 계획적 · 의도적 · 인위적 변화과정이다.
  ㉢ 조직내적 요인과 환경적 요인이 복잡하게 작용하는 동태적 과정이다.
  ㉣ 현상을 타파하고 변동을 인위적으로 유도하므로 저항이 수반된다.
  ㉤ 혁신의 주요 대상변수는 구조 · 기술 · 인간 · 과업 등으로 구성된다(H.J. Leavitt).
  ㉥ 대상체제와 행태 과학의 지식을 가진 변화담당자가 전문가로서 수익자체제의 자문과 협의에 도움을 주는 역할을 수행한다.

> **Point 팁** 조직혁신의 대상변수(H.J. Leavitt)
> ㉠ 구조 : 의사전달 · 권위와 역할, 작업의 흐름, 계층, 분업형태 등의 체제
> ㉡ 인간 : 조직 내의 행위자
> ㉢ 기술 : 문제해결을 위해 사용되는 업무수행상의 기술 및 과정
> ㉣ 업무 : 행정의 존립목적이 되는 기본적 활동

③ 주체
  ㉠ 착상자 : 새로운 아이디어 · 방법 · 절차나 사업계획을 구상해내는 소수의 창조분자로서 혁신적 성향을 소유한 하위계층이 이에 속한다.
  ㉡ 창도자 : 착상된 아이디어나 기획이 조직에 기여할 수 있다고 판단되는 경우 이를 추진하는 통찰력이 있는 중간관리층이 이에 속한다.
  ㉢ 채택자 : 창도자를 지원하면서 새로운 착상이나 계획을 선도적으로 채택하는 정치엘리트나 최고관리층이다.

기출문제

④ 과정

　㉠ Lewin : 낡은 것의 해빙→새로운 것으로의 변화→새로운 것의 재결빙

　㉡ Caiden : 필요성 인지→개혁안 입안→시행(행동개입)→평가 및 환류

　㉢ Becker & Whisler : 자극 → 착상 → 제안 → 적용

(2) 조직혁신의 접근방법

① **구조적 접근방법** … 조직의 구조를 주요 대상으로 하는 접근방법으로 기능·권한·책임의 명확화, 통솔범위의 재조정, 의사소통망·의사결정권의 재검토, 분권화의 확대 등의 개선을 통해 문제해결능력의 제고시키려는 접근방법이다.

② **기술적(과정적) 접근방법** … 업무처리·의사결정 등의 합리화를 추구하는 접근방법으로서 주로 과학적 관리법, OR, PERT, 체제분석, 관리정보체제 등이 있다.

③ **행태적·인간적 접근방법**(OD) … 인간 행태의 변화를 통하여 조직 전체의 개혁·혁신을 추구하는 접근방법으로서 조직발전(OD)이론과 관련된다.

④ **종합적 접근방법** … 근래의 조직혁신으로는 구조적 접근방법과 기술적 접근방법, 행태적·인간적 접근방법을 모두 활용하는 종합적 접근방법이 제시되고 있다.

(3) 조직혁신에 대한 저항과 극복방안

① 저항원인

　㉠ 혁신으로 인해 발생하는 기득권의 침해에 대한 저항이 있을 수 있다.

　㉡ 개혁안 내용의 불확실성과 개혁에 대비할 수 있는 능력의 부족으로 저항이 발생할 수 있다.

　㉢ 관료제의 경직성과 보수적 경향으로 저항이 발생한다.

　㉣ 개혁과정의 폐쇄성에 의한 참여 부족이 발생할 수 있다.

　㉤ 국민의 무관심과 비공식적 인간관계의 과소평가로 저항이 발생한다.

　㉥ 개혁에 관련되는 집단 간 갈등 및 대립으로 저항이 발생한다.

　㉦ 매몰비용(sunk cost)이 작용한다.

② 저항의 극복전략

　㉠ **강제적 전략**: 개혁주도세력이 상급자로서의 권한 행사, 물리적인 제재나 압력 사용, 권력구조의 개편 등 강압적인 방법에 의하여 저항을 극복하는 전략이다.

　㉡ **공리적 전략**: 기득권 침해의 최소화, 개혁에 따르는 손실의 보상, 시기와 절차의 조정, 인사상의 우대 등 물질적 유인에 의해 저항을 극복하는 전략이다.

　㉢ **규범적·사회적 전략**: 상위규범의 규범적 가치를 제시하여 설득과 양해를 구하고 참여기회의 확대를 통해 심리적 불안을 해소하고 개혁분위기를 조성하는 등의 방법에 의한 전략이다.

기출문제

문 목표관리제(MBO)와 성과관리제를 비교한 〈보기〉의 설명 중 옳은 것을 모두 고르면?

▶ 2019. 6. 15. 제2회 서울특별시

〈보기〉
㉠ 목표관리제는 개인이나 부서의 목표를 조직의 관리자가 제시한다는 측면에서 조직목표 달성을 위한 하향식접근이다.
㉡ 목표관리제와 성과관리제 모두 성과지표별로 목표달성수준을 설정하고 사후의 목표달성도에 따라 보상과 재정지원의 차등을 약속하는 계약을 체결한다.
㉢ 성과평가에서는 평가의 타당성, 신뢰성, 객관성을 확보하는 것이 중요하다.
㉣ 성과관리는 조직의 비전과 목표로부터 이를 달성하기 위한 부서단위의 목표와 성과지표, 개인단위의 목표와 지표를 제시한다는 점에서 상향식 접근이다.

① ㉢
② ㉡, ㉢
③ ㉠, ㉡, ㉢
④ ㉡, ㉢, ㉣

Tip ㉠ 목표관리제는 개인이나 부서의 목표를 구성원들의 참여에 의하여 결정한다는 측면에서 조직목표 달성을 위한 상향식 접근이다.
㉣ 성과관리는 조직의 비전과 목표로부터 이를 달성하기 위한 부서단위의 목표와 성과지표, 개인단위의 목표와 지표를 제시한다는 점에서 하향식 접근이다.

정답 ②

section 2 목표관리(MBO)

(1) 의의

① 개념 … MBO(Management By Objectives)란 상하 구성원의 참여과정을 통하여 조직의 공통목표를 명확히 하고, 조직구성원 개개인의 목표를 합의하여 체계적으로 부과하여 수행결과를 사후에 평가하여 환류함으로써 궁극적으로 조직의 효율성을 향상시키고자 하는 관리기법 내지 관리체제이다.

② 발전 … P. Drucker에 의해 처음 소개되어 경영부문에서 관리방법으로 발달되어 왔고, 1970년 닉슨 대통령에 의해 PPBS의 문제점을 극복하기 위해 연방정부에 도입, 공공부문에까지 채택되었다.

(2) 과정 및 특징

① 과정
㉠ 조직목표(상위목표)의 명확화
㉡ MBO 도입을 위한 조직구조의 변경
㉢ 부하목표(하위목표)의 설정
  • 상관에 의한 부하의 목표와 평가기준의 설정
  • 부하에 의한 자신의 목표와 평가기준의 제안
  • 목표에 대한 상관과 부하의 합의
㉣ 업무수행과 중간결과의 평가 및 환류
㉤ 최종결과의 검토 및 평가
㉥ 환류

② 특징
㉠ 조직구성원 전체의 참여적 관리를 강조한다.
㉡ 자아실현인관과 Y이론적 인간관에 입각하고 있으며, 민주적 관리와 Y이론적 관리를 강조한다.
㉢ 전체 구성원의 유기적인 협조체제의 중요성을 강조한다.
㉣ 예측가능한 결과지향적인 계량적 목표를 중시한다.
㉤ 환류의 중요성을 강조한다.

(3) 장·단점

① 장점
㉠ 조직활동을 조직의 목적성취에 집중시켜 조직의 효과성을 높인다.
㉡ 자아실현인관에 기초하여 조직목표와 개인목표를 통합시킨다.

ⓒ 참여적 방법에 의한 관리체제를 통해 조직의 민주화를 실현하고, 조직의 인간화를 통해 조직발전에 기여한다.

ⓔ 갈등의 요인 등 관리상의 문제를 인지하고 개선하여 목표·역할의 갈등·대립을 감소시킨다.

ⓜ 조직구성원으로 하여금 업무계획을 수립하게 하고, 계획의 집행에 도움을 준다.

ⓗ 목표에 입각한 업적 평가의 객관적 기준과 책임한계를 밝혀준다.

ⓢ 구성원의 참여로 사기진작에 공헌한다.

ⓞ 분권적, 협의적, 민주적 관리방식으로서 관료제의 부정적 측면을 완화한다.

② 단점

ⓐ 복잡하고 변화가 급격한 환경 속에서는 명확한 목표설정이 어렵다.

ⓑ 관리상황이 불확실하면 목표달성을 기대하기가 어렵다.

ⓒ 실현가능성에 대한 욕구에 집착하는 나머지 장기적·질적 목표보다 단기적·양적 목표에 치중한다.

ⓓ 운영에 많은 시간이 소요되고 목표에 대한 성과의 측정이 어렵다.

ⓔ 권력성·강제성을 띤 조직에는 적용하기 어렵다.

ⓕ 복잡한 절차로 인한 형식주의, 문서중심주의 등의 현상이 초래된다.

(4) MBO와 PPBS 및 OD와의 비교

① MBO와 PPBS의 비교

ⓐ 유사점 : 목표설정을 중시하며, 목표성취를 위한 실천계획을 마련하고, 결과에 대한 평가를 강조한다는 점 등을 들 수 있다.

ⓑ 차이점

구분	MBO(목표관리)	PPBS(계획예산제도)
기획기간	단기적, 부분적(보통 1년)	장기적, 종합적(보통 5년)
구조	분권적, 참여적 계선기관	집권적, 체제적 참모기관
전문성	일반적 관리기술	분석적 전문기술(체제분석)
프로그램	내적이고 산출량에 치중	외적이고 비용·편익에 치중
적용범위	부분적, 개별적, 후원적	종합적 자원배분
본질	관리기술의 일환	예산제도개혁의 일환
기획책임	분산	집중

② MBO와 OD의 비교

㉠ 유사점

- Y이론적 인간관 내지 자아실현인관에 입각하여 민주적 관리전략을 강조
- 결과지향적 목표의 추구
- 인간발전의 중시
- 개인과 조직의 목표의 조화·통합 중시
- 조직전체의 유기적인 협조체제의 강조
- 최고관리층의 이해와 지원을 요구
- 평가와 환류 중시

㉡ 차이점

구분	MBO(목표관리)	OD(조직발전)
성향	단순성 (환경에의 적응능력에 무관심)	다각적 성향 (환경에의 적응능력이 중요)
관리의 주요 내용	상식적 관리기법	인간의 행태변화(감수성 훈련)
목적	단기적 목표성취와 관리기법 변화(가치관, 태도변화에 무관심)	전반적 발전을 통한 실적과 효율성의 제고(가치관, 태도변화에 관심이 큼)
추진층	상향적(상부에 지휘본부가 없다)	하향적(최고층의 의지에 추진되고 추진본부가 있다)
추진자	계선기관, 실무자	외부전문가의 유입
계량화	중시	계량화 무관, 행태변화에 관심

section 3 총체적 품질관리(TQM : Total Quality Management)

(1) 의의

① 개념 … 고객만족을 서비스 질의 제1차적 목표로 삼고, 조직구성원의 광범위한 참여와 복합적 기능팀에 의한 동시적 목표관리 속에서 조직의 과정·절차를 지속적으로 개선하여 장기적·전략적으로 서비스 품질을 관리하기 위한 관리철학이나 관리원칙. 총체적 품질관리를 행정에 도입한 것이 품질행정제이다.

㉠ Total : 고객의 욕구 확인과 만족도를 측정함으로써 업무의 모든 국면의 질적 향상을 모색한다.

㉡ Quality : 양보다는 질 중심(고객의 욕구나 기대를 충족시키는 품질 추구)으로 관리한다.

㉢ Management : 지속적으로 질적 향상을 이룰 수 있는 조직적 능력의 개발·유지한다.

② TQM의 세 가지 경영철학

    ㉠ 고객만족

    ㉡ 전사적(全社的)·전직원의 참여

    ㉢ 지속적 개선

(2) TQM의 주요 내용

① **고객중심주의 – 고객이 품질의 최종결정자**… 행정서비스가 너무 복잡하거나 비싸고 고객의 마음을 끌지 못하면 정상적인 서비스도 높은 품질을 가진다고 평가되지 못하므로 행정서비스도 생산품으로 간주되며, 그 품질을 고객이 평가한다(서비스의 수요를 중시). 고객의 참여, 고객 만족, 고객의 선택, 고객에의 책임 등을 중시한다.

② **사전적·예방적 품질 통제 – 산출과정의 초기에 서비스 품질 정착**… 서비스의 질이 산출의 초기단계에 반영되면, 추후단계의 비효율을 방지할 수 있고 고객만족을 도모할 수 있다.

③ **서비스의 변이성 방지**(품질의 일관성)… 서비스 질 저하는 서비스의 지나친 변이성에 기인하므로, 서비스가 일관성이 없거나 바람직한 기준을 벗어나지 않도록 과정통제계획 같은 계량화된 통제수단을 활용한다.

④ **통합주의 – 전체 구성원에 의한 서비스 질 결정**(집단적 노력)… 서비스의 질은 구성원의 개인적 노력이 아니라 체제 내에서 활동하는 모든 구성원에 의해 좌우된다(업무수행의 초점이 개인에서 집단적 노력으로 이동). 따라서 MBO에 의한 개인별 성과측정은 부적절한 경우가 있다. 모든 구성원이 공급자이면서 다른 한편으로는 고객인 이중적 역할을 수행한다.

⑤ **구성원의 참여 강화**(권한부여와 교육·훈련)… 서비스의 질은 산출활동을 하는 구성원과 투입 및 과정의 끊임없는 개선에 의존하므로, 실책이나 변화에 대한 두려움이 없는 구성원의 적극적인 참여가 중요하며, 계층수준과 기능단위 간 의사소통 장벽이 없어야 한다(조직내부 성과관리기법으로서 계층성을 전제로 상하급자 간 참여에 의한 MBO와는 다름).

⑥ **조직의 총체적 헌신의 요구**… 높은 품질의 서비스 산출과 서비스 개선에 초점을 맞춘 조직문화를 관리자가 창출해야 우수한 품질을 얻으며, 조직의 총체적 헌신이 쇠퇴하면 서비스 질은 떨어지고 경쟁에 뒤처지게 된다.

⑦ **투입과 과정·절차의 계속적인 환류와 개선활동**(장기적 점증주의적 방법), **무결점주의**… 서비스의 질은 고객만족에 초점을 두므로, 정태적이 아니라 계속 변동되는 목표이며, 산출이 아니라 투입과 과정의 계속적인 환류와 개선에 주력해야 한다. 결점이 없어질 때까지 개선활동을 반복한다(지속성을 전제로 하므로 일시적 급진적 과정혁신인 BPR과는 다름).

기출문제

🔵 **총체적 품질관리(Total Quality Management)에 대한 설명으로 옳은 것만을 모두 고르면?**

▶ 2020. 7. 11. 인사혁신처

㉠ 고객의 요구를 존중한다.

㉡ 무결점을 향한 지속적 개선을 중시한다.

㉢ 집권화된 기획과 사후적 통제를 강조한다.

㉣ 문제해결의 주된 방법은 집단적 노력에서 개인적 노력으로 옮아간다.

① ㉠, ㉡   ② ㉠, ㉢

③ ㉡, ㉣   ④ ㉢, ㉣

Tip ㉢ 수평적 분권적 구조 중시 사전적 품질관리 중시

㉣ 개인적 노력보다는 집단적 노력·팀워크·협력 중시

정답 ①

⑧ **합리주의, 과학적 방법의 사용** … 통계적 자료와 과학적 절차에 근거한 의사결정

⑨ **기타 특징** … 자원 통제(무가치한 업무, 과오, 낭비불허), 거시적 안목과 장기적 전략, 직원에의 권한 위임, 분권적 조직구조, 개인보다 팀워크 중시, 신뢰관리 (모든 계층의 구성원 간 개방적이고 신뢰하는 관계 설정)

[전통적 관리와 TQM의 비교]

구성요소	전통적 관리	TQM
고객의 욕구 측정	소수 전문가들이 측정	고객에 초점을 두어 규정
자원의 통제	사전에 정해진 기준을 초과하지 않는 한 실수·낭비 허용	무가치한 업무, 과오, 낭비 불허
품질관리	재화·서비스의 문제점을 관찰한 후 사후적으로 수정	문제점에 대한 사전적·예방적 관리
의사결정	불확실한 가정과 직감에 영향을 받는 결정	통계적 자료와 과학적 절차에 근거한 결정
조직구조	통제에 기초한 수직적·집권적 구조 계층적 구조 / 기능 중심으로 구조화	서비스의 가치의 극대화에 기초한 수평적·분권적 구조 권한있는 부서들의 납작한 구조 / 절차 중심으로 구조화
시계	단기적·미시적 안목 / 일회성의 개선	장기적·거시적 안목 / 지속적 개선
서비스의 양과 질	서비스의 양을 중시	서비스의 질을 중시
조직관리	수직적 명령계통에 의한 집권화된 명령·통제, 개별적인 관리자와 전문가에 의한 통제와 개선, 상위층의 기획	내·외부 관련 전 구성원에 참여에 의한 관리와 팀워크 중시, 자율적 업무부서, 분권화된 기획
업적평가	개인 위주의 업적 평가	개인과 팀에 대한 업적 평가
책임	낮은 성과는 근로자 개인 책임	낮은 성과는 관리자의 관리 책임
업무수행	개인의 전문성을 장려하는 분업 강조	팀 안에서의 업무 수행(팀워크, 협력) 강조

(3) MBO와 TQM

MBO는 조직의 개개 구성원에까지 소급되는 세부조직단위의 명확한 목표설정과 그에 대한 측정을 강조하지만, TQM은 집단·팀 단위의 활동을 중시한다. 따라서 MBO는 (수량적)목표의 달성에 치중하므로 그 품질이 저하될 수도 있으며 관리상의 비효율이 은닉될 수도 있다(실제로 TQM 개념을 발전시킨 Deming은 TQM을 위해서는 MBO를 폐지할 것을 주장).

[MBO와 TQM의 비교]

구분	MBO(목표관리)	TQM(총체적 품질관리)
성격 / 시계	관리전략적 차원 / 단기적·미시적	관리철학적 차원 / 장기적·거시적
지향	• 내부지향성 – 개인·조직 단위의 내부적 관점에서 목표설정 • 목표지향 / 폐쇄적	• 외향적 관점 – 고객과의 관계 중시(고객위주행정) • 고객지향 / 개방적
목표설정	상관과 부하의 합의로 목표설정	고객의 필요에 따라 목표설정
초점	• 양적 목표의 달성 • 결과[산출] 중시(성과지향, 목표달성도)	• 서비스의 질적 개선 – 투입과 과정의 개선 • 과정 지향(행정서비스의 품질개선)
관리의 중점	사후적 관리(평가·환류 중시)	사전적 관리(예방적 통제 중시)
산출의 계량화	중시	중시하지 않음
보상방법	팀워크도 중시하되 개별적 보상이 강함(개인에게까지 세부적 목표 부여)	팀 단위 노력에 대한 보상 중시(총체적 헌신 – 집단·팀 중심 활동 중시, 개별적 성과급 지급은 팀워크 저해 가능)
유사점	참여, 팀워크, 협력 중시, 민주적 분권적 관리, Y이론적 관리	

section 4 조직발전(OD : Organization Development)

(1) 의의

① **개념** … 조직의 효과성과 건전성을 높이기 위해 조직 구성원의 가치관, 태도, 신념 등을 변화시켜 조직의 환경변화에 대한 대응능력과 문제해결 능력을 향상시키려는 계획적·복합적인 교육전략을 말한다. 조직의 인간적 측면에 주목하는 조직혁신 전략이며, 행태과학의 성과와 기법을 적극적으로 활용한다.

② **목적**

㉠ 환경변동에 대한 대응능력을 증진시킴으로써 조직의 유지·통합·문제해결 능력의 향상에 기여한다.

기출문제

문 조직 발전에 대한 설명 중 옳지 않은 것은?
▶ 2010. 11. 7 국회사무처
① 조직의 인간적 측면을 중요시하며 인간의 잠재력을 최대한으로 개발함으로써 조직 전체의 개혁을 도모하려는 체제론적 접근방법이다.
② 실천적인 문제를 해결하려는 응용행태과학의 한 유형이다.
③ 행태과학적 지식과 기술에 조예가 있는 상담자(consultant)를 참여시켜 그로 하여금 개혁추진자의 역할을 맡게 한다.
④ 조직발전은 결과지향적이며 목표를 달성하는 과정보다 결과를 중시한다.
⑤ 실제적인 자료를 중시하는 진단적 과정이며 경험적 자료를 바탕으로 실천계획을 수립한다.

Tip 조직발전(OD)은 목표를 달성하는 과정에 계획적으로 개입하여 조직의 효과성과 안정성을 증진시키려는 것이다. 결과지향적이며 목표를 달성하는 과정보다 결과를 중시하는 것은 목표관리(MBO)이다.

정답 ④

다음 설명에 해당하는 교육훈련 방법은?

▶ 2019. 4. 6 인사혁신처

서로 모르는 사람 10명 내외로 소집단을 만들어 허심탄회하게 자신의 느낌을 말하고 다른 사람이 자신을 어떻게 생각하는지를 귀담아 듣는 방법으로 훈련을 진행하기 위한 전문가의 역할이 요구된다.

① 역할연기
② 직무순환
③ 감수성 훈련
④ 프로그램화 학습

Tip 제시된 내용은 감수성 훈련에 대한 설명으로 사전에 과제나 사회자를 정해 주지 않고 이질적이거나 동질적인 피훈련자끼리 자유로운 토론을 통해 어떤 문제의 해결 방안이나 상대방에 대한 이해를 얻도록 하는 교육훈련 방법이다.
　① 역할연기 : 인간관계 등에 관한 사례를 몇 명의 피훈련자가 나머지 피훈련자들 앞에서 실제의 행동으로 연기하고, 사회자가 청중들에게 그 연기 내용을 비평·토론하도록 한 후 결론적인 설명을 하는 교육훈련 방법
　② 직무순환 : 경력 발전 등을 위해 한 구성원이 여러 직무를 차례로 경험하도록 하여 능력과 자질을 높이고자 하는 교육훈련 방법
　④ 프로그램화 학습 : 프로그램 학습내용을 담은 교수기계(teaching machine)의 프로그램에서 연유한 것으로, 인간행동의 심리학적 전문지식, 특히 행동주의적 학습원리(강화이론)를 교육훈련의 실천분야에 응용한 방법

정답 ③

　ⓛ 조직의 쇄신성과 창조성을 향상시켜 효과성과 건전성을 제고한다.
　ⓒ 개방적인 분위기의 조성과 계층제적 조직의 경직성 타파에 기여한다.
　ⓔ 조직의 협동노력을 극대화하여 갈등을 해소한다.

③ **특징**
　㉠ 인위적·계획적 변화과정이다.
　㉡ 행태과학적 지식과 기법의 활용을 통한 조직혁신이다.
　㉢ 구성원의 가치관 및 태도 등을 변화시키려는 규범적인 교육전략이다.
　㉣ 과업수행기능보다는 대인관계능력에 역점을 둔다.
　㉤ 행태과학의 지식을 지닌 조직발전 전문가의 도움을 받는다.
　㉥ 평가 및 환류가 중시되는 지속적 순환과정이다.
　㉦ 최고관리층의 지원과 참여가 중요하다.
　㉧ 자아실현인관에 입각하여 조직구성원의 자율성과 참여에 중점을 둔다.
　㉨ 개인의 행태변화가 궁극적으로 조직의 효과성 제고를 유발한다는 전제하에 개인의 목표와 조직의 목표의 조화·통합을 추구한다.
　㉩ 평가기준은 조직의 생존·적응·성장·통합·목표달성 등을 위한 능력이다.

④ **과정**
　㉠ **문제의 인지** : 조직발전의 필요성을 인지하고 조직발전을 위한 자료를 수집하는 단계이다.
　㉡ **조직의 진단** : 외부 조력자의 도움을 받아 문제점을 객관적으로 진단하는 단계이다.
　㉢ **대안의 작성과 선택** : 대안의 장·단점을 비교하고 전략과 실시대안을 마련하는 단계이다.
　㉣ **실시** : 선택된 대안을 실시하는 단계이다.
　㉤ **평가 및 환류** : 실시된 내용을 평가하고 이를 환류시켜 재투입하는 단계이다.

(2) 조직발전의 기법

① **감수성 훈련**(실험실훈련, T‒Group Study)
　㉠ **개념** : 행태과학의 지식을 이용하여 구성원의 가치관을 변화시키는 기법으로서, 조직에 있어서의 개인의 역할이나 조직목표를 잘 인식시켜 조직개선에 기여하게 하려는 것이다.
　㉡ **특징**
　　• 경험과 감성을 중시하고 행동 가능한 능력배양에 역점을 둔다.
　　• 참여자들이 스스로 행동을 반성하고 그 영향을 평가할 수 있는 상황을 마련한다.
　　• 훈련집단이 자체 분석의 대상이 되어 새로운 대안을 참여자들이 자율적으로 탐색할 수 있도록 외부와 차단된 실험실에서 1 ~ 2주간 실시한다.

② 관리망 훈련

　㉠ **개념** : 감수성 훈련을 발전·확대시킨 포괄적 접근방법으로서 Blake와 Mouton
　　이 개발한 기법으로 개인 및 집단 간의 관계개선 및 전체조직의 효율화가 연
　　쇄적으로 진행될 수 있도록 하는 체계적·장기적·종합적 접근방법이다.

　㉡ **관리유형** : 생산에 대한 관심과 사람에 대한 관심의 이원적 변수에 의거하여
　　빈약형·친목형·조직인형·권위복종형·단합형 관리 등으로 구분하고, 이 중
　　계획적이고 체계적인 훈련을 통하여 단계적으로 사람과 생산의 관련성을 극대
　　화하려는 단합형 관리를 가장 바람직한 관리유형으로 본다.

③ **작업집단발전** … 개인이 작업진단에 대하여 무관심한 경우 발생할 수 있는 조직
　목표달성에의 장애요인을 제거하기 위해서 마련된 기법으로서 적절한 리더십과
　팀의 형성, 갈등의 효과적인 관리 및 개방적인 의사소통을 통하여 작업진단의
　발전을 도모한다.

④ **과정상담** … Argyris가 개발한 기법으로, 개인 또는 집단이 조직 내의 과정적
　문제를 지각하고 이해하며 해결할 수 있도록 하는 외부상담자에 의한 조직발전
　기법이다.

⑤ **태도조사환류기법** … 전체조직을 설문지로 조사하여 얻은 자료를 설문지를 제출
　한 사람들에게 다시 환류시키는 기법으로 모든 작업집단의 구성원들에게 자료
　를 환류시키는 것이 특징이다.

(3) 조직발전의 성공요건과 한계

① 성공요건

　㉠ 개혁을 요구하는 조직 내외의 압력이 있어야 하며 내부적으로도 개혁의 분
　　위기가 조성되어야 한다.

　㉡ 최고관리층의 지원하에 장기적 안목으로 추진되어야 하며 최고관리층부터
　　시작해야 한다.

　㉢ 조직발전 전문가와 조직구성원과의 긴밀한 협조관계가 있어야 한다.

　㉣ 결과에 대한 적절한 보상제도가 마련되어야 한다.

　㉤ 계속적인 평가가 뒤따라야 한다.

　㉥ 모든 계층의 조직구성원이 조직발전에 대한 의욕을 가지고 자발적으로 참여
　　할 수 있어야 한다.

② 한계

　㉠ **접근방법상의 한계**

　　• 조직의 인간적·사회적 동태에 집착하여 구조적·기술적 요인을 간과하거나 소
　　　홀히 다루는 경향이 있다.

- 인간에 대한 협동적 모형을 기초로 한 반관료제적 모형으로 권력·강제·경쟁을 배척하기 때문에 보편성을 상실하여 편견에 사로잡히기 쉽다.
- 장기적 노력이 필요하므로 많은 비용과 시간이 소요되며 다수의 조직발전 전문가를 요구한다.
  ○ 실천상의 한계
- 외부전문가에 대한 의존성으로 그의 독선이 가능하고, 훈련참가자의 개방적 태도의 한계와 훈련효과 지속성의 한계가 있다.
- 인간의 피동성과 타율성을 간과하고 있다.
- 조직발전의 노력과 아울러 다른 조직개혁의 노력을 통합적으로 추진하지 않으면 일관성 없는 결과를 초래한다.
  © 정부부문의 한계
- 관료제 내에서의 복잡한 과정과 절차의 경직성으로 인해 사업집행의 적시성을 기하기 어렵다.
- 최고관리층의 빈번한 교체는 단기적 성과를 추구하는 행태를 일반화하여 일관성 있는 사업집행을 곤란하게 한다.

section 5 조직의 동태화

(1) 의의

① **개념** … 조직이 환경변화에 신축성 있게 적응하고 끊임없이 제기되는 새로운 행정수요를 충족시킬 수 있도록, 경직화된 수직적 구조의 관료제조직으로부터 변동대응능력을 가진 쇄신적 조직으로 전환시켜 문제해결중심의 협동체제(Adhocracy)를 구성해 나가는 과정을 의미한다.

② **필요성** … 관료제 조직의 경직성과 정태성으로 인해 오늘날 조직환경의 급격한 변화에 잘 적응하지 못한다. 그러나 오늘날의 조직이 다루어야 할 과제는 고도의 전문성을 요구하기 때문에 변동대응적 조직구조의 설계가 필요하다.

③ **동태적 조직의 특징**
  ○ 높은 수준의 수평적 분화와 낮은 수준의 수직적 분화
  © 분권적인 의사결정 즉, 전문성에 따른 의사결정으로 인한 상대적으로 낮은 수준의 복잡성·공식화
  © 강한 비정형성과 전문성
  @ 신축성·융통성의 유지
  @ 불완전한 계층제(상층부는 위원회의 형태)

(2) 조직의 동태화 방안

① **구조적 측면** … 변화하는 환경에 대응하기 위해 신축성과 기동성을 염두에 두고 조직한다. 이를 위해 대국대과주의를 지향하고 Project Team, Task Force, Matrix조직, 담당관제, Link Pin 등의 Adhocracy를 적극적으로 활용한다.

② **인간관리적 측면** … 조직인의 개성과 창의성을 존중하기 위해 Y이론적 인간관리, 하의상달 방식의 의사전달, 참여촉진을 위한 MBO 등의 제도도입, 분권화의 촉진, 민주형의 리더십 등을 강조한다.

③ **가치관 측면** … 개인의 능력발전을 위해 업적본위의 인사행정, 합리적인 교육훈련, 능력발전의 목적에 입각한 근무성적평정제도의 합리적 운영, 인사교류제도의 효율적 이용을 강조하고 아울러 발전지향적 가치관으로서 기획중심주의와 모험주의로의 쇄신을 필요로 한다.

(3) 동태적 조직의 유형(Adhocracy)

① Project Team(특별작업반)

　㉠ **개념** : 특정 사업을 추진하거나 주어진 과제를 해결하기 위해서 조직 내의 인적·물적 자원을 결합하여 창설되는 동태적 조직으로서, 직무의 상호 연관성이라는 직무상의 횡적 관련을 중시하여, 전통적인 관료제 조직과 공존하면서 여러 기능을 통합하기 위해 조직된 잠정적인 조직이다. 설치 시 법적 근거를 요하지 않는다.

　㉡ **특징** : 조직구성원은 정규부서의 소속을 이탈하지 않고 문제를 해결하여 임무가 종료되면 소속부서에 복귀한다.

　㉢ **장점**
　　• 비일상적·비정형적 업무에 보다 효과적이다.
　　• 할거주의의 방지에 도움을 준다.
　　• 신축성·적응성을 제고한다.
　　• 횡적 관계의 중시로 전문가의 동기부여에 효과적이므로 극대화된 역량을 발휘할 수 있다.

　㉣ **단점**
　　• 소속조직의 직위를 이탈하지 않으므로 새로운 과업에서 소극성을 나타낼 수 있다.
　　• 임시성에 따른 심리적 불안감이 있다.
　　• 전문성을 경시하는 사회적 풍토에서는 제 기능을 발휘하기가 어렵다.
　　• 구성원 간 갈등·대립·긴장이 발생하기 쉽다.

문 매트릭스 구조에 대한 설명으로 옳은 것은?

▶ 2011. 4. 9. 행정안전부

① 산출물에 기초한 사업부서화 방식의 조직구조이다.
② 기능구조와 사업구조의 화학적 결합을 시도하는 조직구조이다.
③ 조직구성원을 핵심업무를 중심으로 배열하는 조직구조이다.
④ 핵심기능 이외의 기능은 외부기관들과 계약관계를 통해 수행하는 조직구조이다.

Tip ① 사업구조
③ 수평구조
④ 네트워크 구조

문 조직 구조 형태의 하나인 복합구조(matrix structure)가 유용하게 쓰일 수 있는 조건에 해당하지 않는 것은?

▶ 2015. 3. 14. 사회복지직

① 조직의 규모가 너무 크거나 너무 작지 않은 중간 정도의 크기일 것
② 기술적 전문성이 높고 산출의 변동도 빈번해야 한다는 이원적 요구가 강력할 것
③ 조직이 사용하는 기술이 일상적일 것
④ 사업부서들이 사람과 장비 등을 함께 사용해야 할 필요가 클 것

Tip 매트릭스 조직은 조직이 비일상적인 기술을 사용하거나 다수의 복잡하고 상호 의존적인 활동을 수행할 때 적합한 조직이다.

정답 ②, ③

308

② Task Force(전문가조직)

㉠ 개념 : 특별한 임무를 수행하기 위하여 각 조직 내의 필요한 전문가를 차출하여 한 사람의 책임자 아래 입체적으로 편성한 조직으로 Project Team에 비해 존속기간이 길고, 보다 대규모의 공식조직이다. 설치 시에는 법적 근거를 요한다.

㉡ 특징 : Project Team과는 달리 업무내용이 변경될 수 있고, 차출의 형식이 아닌 전임제로 과업에 참여한다는 점이 특징이다.

㉢ 장점

• 외부전문가의 도입 및 활용으로 전문적이고 구체적인 과업수행이 이루어진다.
• 변화하는 행정수요의 정확한 판단으로 문제해결의 합리화를 도모할 수 있다.

㉣ 단점

• 일반행정가를 무시하여 행정의 일관성을 저해하기 쉽다.
• 임시성에 따른 심리적 불안감이 야기된다.

[Project Team과 Task Force의 비교]

구분	Project Team	Task Force
구조	수평적 조직	수직적 조직
존속기간	임시적·단기적 성향 (목표달성 후 해체)	장기적 성향 (목표달성 후 존속경향)
규모	소규모(부문 내에 설치)	대규모(부문 간에 설치)
법적근거	불필요	필요
소속관계	소속기관에서 일시적 차출	전임제
성격	인적 성격	물적·조직적 성격
특징	단시일 내에 과업 추진에 적합한 조직	특별업무를 수행하기 위해 임시로 편성한 조직

③ Matrix조직(복합조직, 행렬조직)

㉠ 개념 : 전통적인 관료제에 Project Team을 혼합함으로써 수직적 구조와 수평적 구조가 혼합형성된 임시적·동태적 조직을 말한다. 조직구성원은 기능구조와 사업구조에 중첩적으로 속하게 되어 다원적인 지휘·명령체계에서 중첩적인 지휘와 명령을 받게 된다.

㉡ 장점

• 한시적 사업에 신속하게 대처할 수 있다.
• 각 기능별 전문 안목을 넓히고 쇄신을 촉진한다.
• 조직구성원들 간의 협동적 작업을 통해 조정과 통합의 문제를 해결한다.
• 자발적 협력관계와 비공식적 의사전달체계의 결합으로 융통성과 창의성을 발휘할 수 있다.

- 인적 자원의 경제적 활용을 도모한다.
- 조직단위 간 정보흐름의 활성화를 기할 수 있다.
ⓒ 단점
- 책임과 권한한계의 불명확성 문제가 제기된다.
- 권력투쟁과 갈등이 발생할 수 있다.
- 조정이 어렵고 결정이 지연된다.
- 객관성 및 예측가능성의 확보가 곤란하므로, 조직상황이 유동적이고 복잡한 경우에만 효과적이다.

④ 담당관제
ⓐ 개념 : 담당관은 계획을 입안·조사·연구·분석·평가하고 행정개선 등을 위한 여러 문제에 관하여 상사를 보좌하는 막료기관으로서, 계선중심조직의 경직성을 완화하여 행정환경의 변동에 대한 조직의 대응능력을 증진하고 정책수립의 질적 향상을 도모하며 행정의 전문성을 제고하기 위한 목적으로 설립되었다.
ⓑ 한계 : 참모기능을 충분히 수행하지 못하고 계선기관화되어 왔으며 계선기관에 유사한 업무처리방식이 답습되었고, 승진에 대한 인사압력을 완화시키는 장치로서 주로 이용되어 왔으며, 전문적 지식을 가진 사람이 임용되지 않거나 임시직으로 인식되는 등의 한계가 있다.

⑤ 책임운영기관(Agency)
ⓐ 개념 : 중앙정부의 집행 및 서비스전달기능을 분리하여 자율성을 부여하고, 그 운영성과에 대하여 책임을 지도록 하는 성과중심의 사업부서화된 행정기관을 말한다.
ⓑ 특징 : 서비스기능 중심의 특정기능만 전담하는 책임경영조직이며 성과중심의 개방화된 조직이다. 자율성이 보장되고 결과에 대한 책임을 져야 하며 경쟁의 원리를 적용한다.
ⓒ 적용분야 : 민영화·공사화가 불가능하거나 내부시장을 창출할 수 있는 분야, 독립채산제가 적용가능하고 성과관리가 용이한 분야, 서비스 통합이 필요한 분야에 도입한다.

기출문제

문 「책임운영기관의 설치·운영에 관한 법률」상 책임운영기관에 대한 설명으로 옳지 않은 것은?
▶ 2019. 4. 6. 인사혁신처
① 책임운영기관은 기관장에게 재정상의 자율성을 부여하고 그 운영성과에 대해 책임을 지도록 하는 행정기관의 특성을 갖는다.
② 소속책임운영기관에 두는 공무원의 총 정원 한도는 총리령으로 정하며, 이 경우 고위공무원단에 속하는 공무원의 정원은 부령으로 정한다.
③ 소속책임운영기관 소속 공무원의 임용시험은 기관장이 실시함을 원칙으로 한다.
④ 기관장의 근무기간은 5년의 범위에서 소속중앙행정기관의 장이 정하되, 최소한 2년 이상으로 하여야 한다.

Tip 책임운영기관의 설치·운영에 관한 법률 제16조(공무원의 정원) 제1항…소속책임운영기관에 두는 공무원의 총 정원 한도는 대통령령으로 정한다. 이 경우 다음의 정원은 총리령 또는 부령으로 정하되, 대통령령으로 정하는 바에 따라 통합하여 정할 수 있다.
- 공무원의 종류별·계급별 정원
- 고위공무원단에 속하는 공무원의 정원

| 정답 ②

기출문제

🔖 **책임운영기관에 대한 설명으로 옳지 않은 것은?**

▶ 2020. 7. 11. 인사혁신처

① 기관장에게 기관 운영의 자율성을 보장하고, 기관 운영 성과에 대해 책임을 지도록 한다.

② 공공성이 크기 때문에 민영화하기 어려운 업무를 정부가 직접 수행하기 위해 고안된 것이다.

③ 객관적이고 신뢰할 수 있는 성과평가 시스템 구축은 책임운영기관의 성공 여부를 결정짓는 요건 중의 하나이다.

④ 1970년대 영국에서 집행기관(executive agency)이라는 이름으로처음 도입되었고, 우리나라는 1990년부터 운영하고 있다.

Tip 1988년 영국에서 집행기관(executive agency)이라는 이름으로 처음 도입. 우리나라는 1999년 관련 법률 제정, 2000년부터 설치·운영

정답 ④

[책임운영기관의 설치 및 구분]

구분		소속 책임운영기관	중앙 책임운영기관
조사 연구형 기관	조사 및 품질 관리형기관	국립종자원, 국토지리정보원, 경인지방통계청, 동북지방통계청, 호남지방통계청, 동남지방통계청, 충청지방통계청, 항공기상청	
	연구형 기관	국립과학수사연구원, 국립수산과학원, 국립생물자원관, 통계개발원, 국립문화재연구소, 국립원예특작과학원, 국립축산과학원, 국립산림과학원	
교육훈련형 기관		국립국제교육원, 한국농수산대학	
문화형 기관		국립중앙과학관, 국립과천과학관, 국방홍보원, 국립중앙극장, 국립현대미술관, 한국정책방송원	
의료형 기관		국립서울병원, 국립나주병원, 국립부곡병원, 국립춘천병원, 국립공주병원, 국립마산병원, 국립목포병원, 국립재활원, 경찰병원	
시설관리형 기관		울산지방해양항만청, 대산지방해양항만청, 국립자연휴양림관리소, 해양경찰정비창	
기타 유형의 기관			특허청

⑥ **수평구조(Team 조직)**

㉠ **개념** : 팀제 조직 또는 대국 대과주의는 기존 조직의 최소 단위인 계를 폐지하고, 과 단위를 기본 단위로 하여 조직을 편성하여 운영하는 것이다. 조직 구성원을 핵심 업무 과정 중심으로 조직화하는 방법으로 부서 간, 계층 간 장벽을 허물어 팀워크(teamwork)를 증대하고, 의사결정의 신속화로 조직운영의 역동성, 자율성, 유연성을 제고하려는 조직형태를 말한다.

㉡ **대두배경**

• 신축적이고 융통적인 환경 대응의 필요성이 증대되었다.

• 기술의 발달로 정보통신 기술에 기초한 조정과 통합이 가능해졌다.

• 고객수요의 기대심리 증가로 경쟁력 확보를 위한 품질, 생산성, 서비스 향상이 요구되었다.

• 구성원의 학습, 자아실현 의지 등 구성원의 의식과 행태가 변화하였다.

• 관료주의, 병리현상의 타파 필요성이 증대되었다.

• 신공공관리론의 영향 : 신공공관리론의 기본적인 개혁 방안인 경쟁성의 강화, 구성원의 자율성 증진 및 고객 중심주의는 팀제의 특성과 일치한다.

㉢ **특징**

• 조직구조가 과업, 기능, 자리에 기반하지 않고 핵심과정에 기초한다.

• 기본적 구성단위 : 자율팀(self-directed team)

- 핵심과정에 대한 전체적인 책임 : 과정조정자(process coordinator)
- 팀 구성원은 여러 직무를 수행할 수 있게 훈련을 받는다.
- 조직의 효과성은 핵심과정별 최종성과지표(고객에의 부가가치), 고객만족도, 종업원 만족도, 재정기여도에 의해 평가된다.

② 장점
- 동태적 조직운영으로 관료화를 방지하고 조직의 활성화를 추구한다.
- 의사결정단계의 축소로 조직의 기동성이 확보된다.
- 자율성 보장, 창의력 발휘로 사기진작과 직무동기 부여에 기여한다.
- 조정의 촉진 : 지식과 정보의 흐름을 활성화시키고 팀원 간 대면적 상호작용을 통해 파벌주의, 개인적 이기주의를 탈피할 수 있다.
- 구성원의 참여 및 팀원의 능력개발에 유리하다.
- 공동 직무 수행을 통한 조직 내 단결심이 강화된다.

⑩ 단점
- 갈등발생 : 관리자의 능력부족으로 갈등 증폭 가능성이 있다. 특히 기능부서와 사업부서 간의 갈등이 높아진다.
- 법적 업무 적용 곤란 : 법적 업무가 명확한 경우에는 적용이 곤란하다.
- 업무의 공동화 : 구성원 중 무사안일자가 있을 경우 업무의 공동화(空洞化)가 발생한다.
- 계급제 속성 : 계급제적 속성이 강한 사회에서는 성공하기 어렵다.
- 결정의 지연 : 토론과 논의가 끊임없이 이루어지기 때문에 결정에 많은 시간이 소요된다.

[전통적 조직과 팀조직과의 비교]

구분	전통적 기능조직	팀조직
조직구조	계층적 / 개인	수평적 / 팀
직무설계	단일 업무	전체업무, 다수 업무
목표	상부에서 주어짐	스스로 찾아내는 데 시간 투여
리더	강하고 명백한 지도자	리더십 역할 공유
지시전달	상명하복, 지시, 품의	상호 충고, 전달, 토론
정보흐름	폐쇄, 독점	개방, 공유
보상	개인주의, 연공주의	팀, 능력위주
책임	개인 책임	공동 책임
평가	상부 조직에 대한 기여도로 평가	팀이 의도한 목표달성도로 평가
업무통제	관리자가 계획, 통제, 개선	팀 자체가 계획, 통제, 개선

기출문제

🔒 조직구조의 모형에 대한 설명으로 바르게 연결된 것은?
▶ 2012. 4. 7. 행정안전부

㉠ 수평적 조정의 필요성이 낮을 때 효과적인 조직구조로서 규모의 경제를 제고할 수 있다.
㉡ 자기완결적 기능을 단위로 기능간 조정이 용이하여 환경변화에 대한 대응이 신축적이다.
㉢ 조직구성원을 핵심 업무과정 중심으로 조직화하는 방식이다.
㉣ 조직 자체 기능은 핵심역량 위주로 하고 여타 기능은 외부계약관계를 통해서 수행한다.

① ㉠ - 사업구조
② ㉡ - 매트릭스구조
③ ㉢ - 수직구조
④ ㉣ - 네트워크구조

Tip ㉠ 기능구조
㉡ 사업구조
㉢ 수평구조

정답 ④

⑦ Network 조직

㉠ 개념

• 조직의 자체의 기능은 전략·계획·통제 등 핵심역량위주로 합리화하고, 여타기능은 외부기관과 계약관계를 통해 수행하는 조직구조 방식(out-sourcing, contraction-out)을 말하며, 조직 간의 독립성이 높고 수직적 계층관계를 띠지 않아 공동조직(空洞組織: hollow org), 느슨하게 연결-결합된 조직(loosely-coupled org, 계층관계가 아닌 신축적 독립관계), 수요자 중심의 언더그라운드(underground)조직으로도 불린다.

• 네트워크 구조는 정보통신기술의 발달을 배경으로 등장한 유기적 조직 유형의 하나로서, 모든 자산, 지식, 능력이 조직의 여러 곳에 분산되어 있으면서도 필요한 경우에는 언제 어디서나 쉽게 동원할 수 있다. 따라서 모든 단위조직이 동일한 역할을 수행하도록 대칭적인 설계를 고집할 필요는 없다(비대칭적 설계).

㉡ 기본원리

• 공동목적(unifying purpose): 각 업무 단위마다 목표가 다르고, 규칙과 규제를 조직이 전체적으로 수용하는 전통적 관료조직과는 달리 네트워크 조직은 공동의 조직목표와 목표달성방법을 공유하고 수용한다.

• 독립적인 구성원(independent members): 각 구성원들이 생산성을 높이고자 타인과 조정하고자 할 때는 언제든지 네트워크를 형성하거나 가입하는 것이 자유롭다. 또한 네트워크 내에서 자신의 능력을 충분히 발휘하며, 최선의 방법으로 업무를 수행할 수 있도록 독립적이다.

• 자발적인 연결(voluntary links): 네트워크 구조는 다방면의 연결로서 각 구성원들은 타인과 자유롭게 연결될 수 있다. 또한 의사전달 경로가 증가함에 따라 사람들 간의 상호작용은 더욱 빈번해지고, 대인관계가 발전함에 따라 신뢰는 더욱 강화된다.

• 다수의 지도자(multiple leaders): 네트워크는 절대적 권한을 가진 지도자보다 역량 있는 다수의 지도자가 필요하다. 즉 네트워크 조직은 한 사람의 지시에 의존하지 않으며 조직 내에서 지도자의 역할은 각 구성원에게 자부심을 주고 업무과정을 전체적으로 추진하는 데 있다.

• 계층통합(integrated levels): 상하계층이 모두 의사결정에 참여하여 계층 간 통합이 이루어진다. 조직 간 연결과 협력을 강화하는 일은 네트워크 조직의 가장 필수적인 요소이다.

㉢ 특징

• 업무적인 상호의존성이 큼에도 불구하고 내부조직화하거나 강하게 연결됨이 없이 서로 독립적인 조직들이 상대방의 자원을 사용하기 위해 '수직적, 수평적, 공간적 신뢰관계'로 연결된다. 각 조직은 높은 자율성을 갖는다.

• 서비스가 여러 조직 간의 파트너 관계로 생산된다.

• 조직 간에 계층이나 벽이 없어 조직의 수직적 의사전달이나 통제관계들이 수평적 의사전달관계로 대치된다.

문 네트워크 조직구조가 가지는 일반적인 장점에 대한 설명으로 가장 옳지 않은 것은?

▶ 2019. 6. 15. 제2회 서울특별시

① 조직의 유연성과 자율성 강화를 통해 창의력을 발휘할 수 있다.
② 통합과 학습을 통해 경쟁력을 제고할 수 있다.
③ 조직의 네트워크화를 통해 환경변화에 따른 불확실성을 감소시킬 수 있다.
④ 조직의 정체성과 응집력을 강화시킬 수 있다.

Tip 네트워크 조직은 조직 간 경계가 애매하여 정체성과 응집력이 약화될 수 있다는 단점이 있다.

정답 ④

- 조직 간에도 형성될 수 있고 조직 내부의 집단 간에도 가능하다.
- 조직 행위자 간의 상호의존성과 관계성이 중시된다.
- 자원이 변동적이고 환경이 불확실할 때 유용하다.
- 네트워크 조직은 분권적이면서 동시에 집권적인 의사결정체제이다.
  - 의사결정의 위임수준이 높다(→ 분권적).
  - 공동목표 추구를 위한 의사전달과 통합수준이 높다(→ 집권적).
- 환경과의 교호작용은 다원적 · 분산적이다.
- 구성단위에 대한 통제는 자율규제적 · 결과지향적이다.
- 다양한 정보기술이 활용됨에 따라 대면적 접촉과 공간적 배치의 필요성이 감소된다.

ⓔ 유형
- 중심 – 주변형(core-peripheral model) : 관리를 담당하는 핵심부문과 업무를 수행하는 주변 부문들로 구성된다. 즉, 최고관리층에서 관리와 조정을 담당하고, 주변에서는 분화된 과업을 수행한다.
- 군집형(덩어리형, 꽃송이형, cluster model) : 다수의 독자적인 구성단위들이 잠정적으로 연계하여 이루는 형태로서 준독립적인 조직들의 군집이 시장적 요청에 협동적으로 대응한다.

ⓜ 장점
- 규모의 경제와 높은 기동성 및 자율성을 동시에 보유한다.
- 직접감독에 따른 지원 및 관리인력 비용의 절감으로 비용이 적게 들고 조직이 간소화된다.
- 막대한 초기투자비용이 필요 없으므로 자원이 절약된다.
- 환경변화에 대한 신축적 대응이 가능하다.
- 정보통신기술의 실시간 활용으로 시간적 · 물리적 제약을 극복한다.

ⓗ 단점
- 조직의 책임성, 정체성 및 응집력이 약화된다.
- 계약관계에 있는 외부기관을 직접 통제하기가 곤란하며, 주인 – 대리인 문제가 발생하고 조정 및 감시비용이 증가한다.
- 기존 네트워크 내의 관련 조직들의 압력으로 인한 행동의 제약이 발생한다.
- 지식이 일방적으로 유출되어 네트워크 파트너가 경쟁자로 변모한다.
- 고도기술과 경제적 영향력을 외부조직에게 넘겨줄 수 있으므로 속이 빈 공동조직으로 전락할 우려가 있다.
- 조직 경계의 모호성으로 인해 응집력 있는 조직문화 형성이 곤란하고, 구성원의 충성을 기대하기 어려우며 이직이 빈번하게 발생한다.

❓ 네트워크 조직에 대한 설명으로 옳은 것만을 모두 고른 것은?
▶ 2015. 4. 18. 인사혁신처

㉠ 구조의 유연성이 강조된다.
㉡ 조직 간 연계장치는 수직적인 협력관계에 바탕을 둔다.
㉢ 개방적 의사전달과 참여보다는 타율적 관리가 강조된다.
㉣ 조직의 경계는 유동적이며 모호하다.

① ㉠㉡　　　② ㉠㉣
③ ㉡㉢　　　④ ㉢㉣

Tip ㉡ 계약에 의해 수평적 관계를 형성하고, 구성원 간 참여와 신뢰에 의해 운영된다.
㉢ 타율적 관리보다는 자발적 연결과 관리, 즉 과정적 자율성이 중요하다.

정답 ②

☺ 다음 중 학습조직의 일반적 특성으로 옳지 않은 것은?

▶ 2013. 9. 7. 국회사무처

① 학습조직은 구성원의 권한 강화를 강조한다.
② 학습조직에서 전략은 중앙집권적으로 수립되는 것이 아니라 여러 방향에서 등장된다.
③ 학습조직은 지식정보화시대에 관료제모형의 대안으로 모색되었다.
④ 학습조직은 구성원 간의 정보공유를 강조한다.
⑤ 학습조직은 부서 간 경쟁을 통한 문제해결능력의 향상을 강조한다.

Tip 학습조직은 지식의 공유와 협력을 통한 집단적 문제해결을 강조한다.

⑧ 학습조직

㉠ 개념

• 학습의 일반적 개념은 오랜 역사를 지니고 있으나, 조직에 적용된 것은 그다지 오래되지 않았다. Senge(1990)는 학습조직(learning organization)이란 규범이 개인적 자치에 의해 결정되고, 업무에 대한 의미 부여와 판단은 관리자가 아닌 전문가인 동료들과의 관계 속에서 이루어지고, 초점은 문제의 발전과 해결, 그리고 개선을 위한 지식의 습득에 두는 조직이라고 한다. 새롭고 개방적인 사고방식이 육성될 것 등의 조건을 구비한 조직이다.
• 학습조직이란 지식을 창출하고 획득하고 전달하는 데 능숙하며, 새로운 지식과 통찰력을 경영에 반영하기 위하여 기존의 행동방식을 바꾸는 데 능숙한 조직이다(Garvin, 1993). Garvin에 의하면 학습조직이 되기 위해서는 새로운 방식으로 사고하고 새로운 지식에 근거하여 행동할 수 있는 능력을 모두 갖추어야만 한다고 한다.

㉡ **학습조직의 구축기반**: Senge(1990)는 학습조직 구축에 필요한 기반을 다음과 같이 5가지로 정리하여 제시하고 있다.

• 전문적 소양(personal mastery): 조직은 학습하는 구성원들을 통해서 학습한다. 전문적 소양이란 무엇이 중요한지를 규명하고 실체를 보다 분명하게 파악하는 방법을 지속적으로 학습하는 것을 포함한다. 생애를 통해 생활의 모든 측면에 대한 숙련성을 성취하는 것이다(자아실현적 인간).
• 세계관(mental model): 현실 인식과 행동양식에 영향을 미치는 치밀한 인식유형과 세계를 보는 관점을 의미한다. 학습조직은 지속적으로 구성원의 세계관을 정의하고 테스트하며 개선한다.
• 비전 공유(building share vision): 조직이 어떠해야 하며 구성원이 무엇을 창조하기 위하여 노력해야 하는가에 대하여 구성원이 가지는 이미지와 영상으로 구성되어 있다. 일체감과 사명에 대한 공감대라고 할 수 있다.
• 팀학습(team learning): 조직에 걸친 학습의 축소판이라고 할 수 있는 것으로, 구성원이 달성하고자 하는 결과를 만들어내는 팀의 역량을 구축하고 개발하는 과정이다.
• 시스템적 사고(systems thinking): 조직의 노력은 하나의 체제 또는 전체이며 상호 연결된 행동의 보이지 않는 구조로 이루어져 있다고 이해하는 것이다. 시스템적 사고의 적용을 통해 구성원들은 조직이 실제 어떻게 움직이는가를 볼 수 있다. 조직, 환경, 조직에 영향을 미치는 사건들의 상호관련성을 전체적으로 조망할 수 있게 된다.

┃정답 ⑤

Point 팁 Garvin의 학습조직 … 학습조직에는 공유된 비전, 팀워크, 개방성 및 조직의 모든 차원에서의 학습 원칙에 대한 확고한 몰입이 있다. 학습조직이 되기 위해서는 학습과정이 지속적이며 철저해야 한다.
　㉠ 요건: 분명한 사명과 비전의 설정, 공유된 리더십과 참여, 실험을 장려하는 문화, 조직의 경계를 넘어 지식을 전파할 수 있는 능력, 팀워크와 협동
　㉡ 주요 활동: 체계적으로 문제를 해결, 새로운 접근방법으로 실험, 자신의 경험과 과거 역사에서 배우기, 타 조직의 우수사례(best practice)·지식을 조직 전체로 신속하고 효율적으로 전파

　㉢ 특징: 학습조직은 문제지향적 학습과정, 집단적 학습의 강조, 의식적 학습의 자극과 규칙, 통찰력과 원리의 모든 수준에서 학습이 이루어지는 병렬적 학습이라는 점과, 학습하는 방법을 학습하는 잠재력을 개발하는 특징을 가지고 있다. 이러한 학습조직은 기본적 방식에서 전통적인 관료제 형태와는 다른 특징을 지니고 있다.
　• 개인적인 지식기반 권력 증진
　• 체계적이고 조직적인 학습에 우선적 관심
　• 미래행동의 기반 구축
　• 비공식적인 접촉 장려
　• 관계지향성과 집합적 행동 장려
　• 부분보다 전체가 중요
　• 수평적 조직구조
　• 보상체계 도입: 팀워크와 조직 전체를 강조하는 이윤 공유 보너스 및 지식급제도를 도입
　㉣ 조직학습의 활성화 방안
　• 개인 학습 활동의 활성화
　• 비전의 공유
　• 학습지원시스템의 구축
　• 학습에의 자발적 참여 유도
　• 개인학습에서 조직학습으로
　• 폐기학습: 지나치게 정당화·일반화된 지식을 폐기하여 새로운 지식과 행동의 탐색 필요
　• 느슨한 조직구조: 전문성·창조성을 가진 구성원들이 결정의 주도권 갖도록 평면적인 조직구조 필요

기출문제

問 학습조직의 특성으로 옳지 않은 것은?
▶ 2011. 4. 9. 행정안전부
① 엄격하게 구분된 부서 간의 경쟁을 통한 학습가능성이 강조된다.
② 전략수립과정에서 일선조직 구성원의 참여가 중요한 역할을 담당한다.
③ 구성원의 권한 강화가 강조된다.
④ 조직 리더의 사려 깊은 리더십이 요구된다.

Tip ① 관료제조직의 기계적 구조의 특성에 해당한다.

정답 ①

기출문제

⊕ 전통적인 기계적 조직과 구별되는 학습조직의 특징에 대한 설명으로 옳지 않은 것은?

▶ 2014. 3. 22. 사회복지직

① 기능보다 업무 프로세스 중심으로 조직을 구조화한다.
② 위계적 통제보다 구성원 간의 수평적 협력을 중시한다.
③ 학습조직 활성화에 리더의 역할이 상대적으로 중요하지 않다.
④ 조직의 목표 달성을 위하여 구성원의 권한 강화(empowerment)를 강조한다.

Tip 학습조직 활성화에 리더의 역할이 중요하며 구성원들이 이를 공유하도록 유도하는 리더십을 중시한다.

[관료조직과 학습조직과의 비교]

구분	관료조직	학습조직
편익	조직적 권력(계층적 권력)	개인적 권력(전문적 권력)
지향	업무	설계
업무배분	원자적 구조(atomistic structure)	관계적 접근
의사결정의 틀	개인적 학습	조직적 학습
미래 행동의 기반	최근의 과거 경험	온라인 학습
업무의 기초	독점적 권한	공동생산
행동	합리적 목적	변화를 위한 학습
변화 발생 상황	조직의 자기정체성 및 안정성	안정적 상태의 상실
업무수행	자율적 행동	집합적 행동(collective action)
목표 확인	계획된 일정 및 단위부서의 통제	공유된 의문과 통합된 인식
관리적 개선 결과	통제된 생산성	강력한 생산성

(4) 동태화의 장·단점과 개선방안

① 장점
  ㉠ 높은 적응도와 창조성을 요구하는 조직의 경우에 적합하다.
  ㉡ 다양한 전문지식을 가진 사람들의 협력을 통한 문제해결을 추구한다.
  ㉢ 과업이 기술적이고 비정형적인 경우 매우 유용하다.
  ㉣ 환경이 급변하거나 유동적인 경우, 또는 조직의 초기발전단계에서 특히 유용하다.
  ㉤ 적응적 유동성, 잠정성, 기동성이 있다.
  ㉥ 인적 자원의 효율적 활용이 가능하고 엘리트의 순환이 촉진된다.

② 단점
  ㉠ 상위자와 하위자 간의 명확한 구분이 없기 때문에 갈등이 존재한다.
  ㉡ 조직 구성원들의 대인관계의 문제로 인해 심리적 불안감이 조성될 수 있다.
  ㉢ 관료제에서와 같은 정밀성과 편의성을 결하고 있다.
  ㉣ 조직은 신축성과 아울러 안정성도 요구되므로 행정조직의 획일적인 동태화는 곤란하다.
  ㉤ 편협한 시야와 책임감 결여 등의 전문가 조직이 갖는 일반적인 제약이 따른다.

③ 개선방안 … 동태화는 제도의 변경만으로 되는 것이 아닌 조직환경과 동태화의 목적에 대한 조직구성원의 충분한 이해와 협조가 있어야 한다. 그리고 정치적·인간적 요인 및 조직풍토의 영향을 충분히 고려할 필요가 있으며, 계선과 막료 간의 불화가능성을 사전에 조정하고 의사전달의 효율화를 도모해야 할 것이다.

정답 ③

1 매트릭스(matrix) 조직구조의 특징으로 옳지 않은 것은?

① 잦은 대면과 회의를 통해 과업조정이 이루어지기 때문에 신속한 결정이 가능하다.
② 구성원들은 다양한 경험을 통해 전문기술을 개발하면서, 넓은 시야와 목표관을 가질 수 있다.
③ 급변하는 환경변화에 탄력적으로 대응할 수 있다.
④ 경직화되어 가는 대규모 관료제 조직에 융통성을 부여해 줄 수 있다.

2 조직혁신의 접근방법 중 통솔범위의 재조정, 의사소통망·의사결정권의 재검토, 분권화의 확대 등의 개선을 통해 문제해결능력을 제고시키려는 접근방법은?

① 구조적 접근방법   ② 기술적 접근방법
③ 과정적 접근방법   ④ 행태적 접근방법

3 Blake & Mouton의 관리망 모형의 유형으로 볼 수 없는 것은?

① 무관심형   ② 자유방임형
③ 과업형   ④ 타협형

4 다음 중 동태적 조직의 유형이 아닌 것은?

① 위원회   ② Project Team
③ Task Force   ④ Matrix 조직

5 조직발전(OD)의 한계로 볼 수 없는 것은?

① 구조적 · 기술적 요인을 간과하기 쉽다.　② 보편성을 상실하여 편견에 사로잡히기 쉽다.

③ 많은 비용과 시간이 소요된다.　② 환경변동에 대한 대응성이 약화된다.

6 목표관리(MBO)와 조직발전(OD)의 유사점에 관한 내용으로 옳지 않은 것은?

① Y론적 인간관에 입각하여 민주적 관리전략을 강조한다.

② 결과지향적 목표를 추구한다.

③ 환경에의 적응능력에 무관심한 단순한 성향이다.

④ 평가와 환류를 중시한다.

7 조직의 배태성(embeddedness)과 제도적 동형화(isomorphism)에 대한 설명으로 옳지 않은 것은?

① 조직 배태성의 특징은 조직구성원들이 정당성보다 경제적 이익을 추구하는 행위를 하려는 것이다.

② 조직의 제도적 동형화는 특정 조직이 환경에 있는 다른 조직을 닮는 것을 말한다.

③ 제도적 동형화에는 강압적 동형화, 모방적 동형화, 규범적 동형화 등이 있다.

④ 제도적으로 조직이 동형화될 경우 조직이 교란되는 것을 막을 수 있다.

8 학습조직에 대한 설명으로 옳지 않은 것은?

① 학습조직은 규범이 개인적 자치에 의해 결정되고 업무에 대한 의미부여와 판단이 동료들과의 관계 속에서 이루어진다.

② 학습조직은 지식을 획득하고 전달하는 데 능숙하지만 새로운 지식의 창출에 대해서는 한계를 지닌다.

③ 학습조직은 문제의 발견과 해결, 개선을 위한 지식의 습득에 초점을 둔다.

④ Senge는 학습조직 구축에 필요한 기반으로 전문적 소양, 세계관, 비전공유, 팀 학습, 시스템적 사고 등을 꼽았다.

9 책임운영기관에 대한 설명으로 옳지 않은 것은?

① 책임운영기관은 집행기능 중심의 조직이다.

② 책임운영기관의 성격은 정부기관이며 구성원은 공무원이다.

③ 책임운영기관은 융통성과 책임성을 조화시킬 수 있다.

④ 책임운영기관은 공공성이 강하고 성과관리가 어려운 분야에 적용할 필요가 있다.

10 총체적 품질관리(TQM)에 관한 옳은 설명은?

⊙ 생산성 제고의 국민에 대한 대응적 책임성을 확보하기 위한 전략적 관리방식이다.

ⓒ TQM은 상하 간의 참여적 관리를 의미하며 조직의 목표설정에서 책임의 확정, 실적 평가에 이르기까지 상관과 부하의 합의로 이루어진다.

ⓒ 공공부문의 비시장성과 비경쟁성은 TQM의 필요성 인식을 약화시킨다.

ⓔ 조직의 환경변화에 적절히 대응하기 위해 투입 및 과정보다 결과가 중시된다.

ⓜ 공공서비스의 품질 향상을 통한 고객만족을 목표로 하기 때문에 공무원들의 행태를 고객중심적으로 전환할 수 있다.

① ⊙, ⓒ, ⓒ

② ⊙, ⓒ, ⓔ

③ ⊙, ⓒ, ⓜ

④ ⓒ, ⓒ, ⓜ

정답및해설

1	①	2	①	3	②	4	①	5	④
6	③	7	①	8	②	9	④	10	③

1 매트릭스 구조는 수직적인 기능구조와 수평적인 사업구조를 서로 결합시킨 조직구조로 대면과 회의를 통해 의사소통이 활성화된다는 장점을 가지는 반면 이원적 권한구조로 인해 과업조정이 곤란하고 신속한 의사결정이 곤란하다는 단점을 가지고 있다.

2 조직혁신의 접근방법
　　㉠ 구조적 접근방법 : 조직의 구조를 주요 대상으로 하는 접근방법으로 기능·권한·책임의 명확화, 통솔범위의 재조정, 의사소통망·의사결정권의 재검토, 분권화의 확대 등의 개선을 통해 문제해결능력을 제고시키려는 접근방법
　　㉡ 기술적(과정적) 접근방법 : 업무처리·의사결정 등의 합리화를 추구하는 접근방법으로서 주로 과학적 관리법, OR, PERT, 체제분석, 관리정보체제 등이 있음
　　㉢ 행태적·인간적 접근방법(OD) : 인간행태의 변화를 통하여 조직 전체의 개혁·혁신을 추구하는 접근방법으로서 조직발전(OD)이론과 관련
　　㉣ 종합적 접근방법 : 구조적 접근방법과 기술적 접근방법, 행태적·인간적 접근방법을 모두 활용

3 ② White & Lippitt의 유형이다.
　　※ Blake & Mouton의 관리망모형
　　　㉠ 무관심형 : 생산과 인간에 대한 관심이 모두 낮아 주로 조직 내 자신의 직분을 유지하기 위한 최소의 노력만 기울이는 유형
　　　㉡ 친목형 : 인간에 대한 관심은 높으나 생산에 대한 관심은 낮아 인간적인 분위기를 조성하는 데 주력하는 유형
　　　㉢ 과업형 : 생산에 대한 관심은 높으나 인간에 대한 관심은 낮아 과업에 대한 능력을 중시하는 유형
　　　㉣ 타협형 : 인간과 생산에 절반씩 관심을 두고 적당한 수준의 성과를 지향하는 유형
　　　㉤ 단합형 : 생산과 인간에 대한 관심이 모두 높아 조직의 목표달성을 위해 조직과 조직구성원들의 상호의존관계와 공동체 의식을 강조함으로써 조직목표달성을 위해 헌신하도록 유도하는 유형

4 동태적 조직의 유형
　　㉠ Project Team : 특정사업을 추진하거나 주어진 과제를 해결하기 위해서 조직 내의 인적·물적 자원을 결합하여 창설되는 동태적 조직으로서, 직무의 상호연관성이라는 직무상의 횡적 관련을 중시하여 전통적인 관료제조직과 공존하면서 여러 기능을 통합하기 위해 조작된 잠정적인 조직이며 설치 시 법적근거를 요하지 않음
　　㉡ Task force : 특별한 임무를 수행하기 위하여 각 조직 내에 필요한 전문가를 차출하여 한 사람의 책임자 아래 입체적으로 편성한 조직으로, Project Team에 비해 존속기간이 길고 보다 대규모의 공식조직이며 설치 시에 법적 근거를 요함
　　㉢ Matrix 조직 : 전통관료제에 Project Team을 혼합함으로써 수직적 구조와 수평적 구조가 혼합 형성된 임시적·동태적 조직
　　㉣ 담당관제 : 담당관은 계획을 입안·조사·연구·분석·평가하고 행정개선 등을 위한 여러 문제에 관하여 상사를 보좌하는 막료기관으로서, 계선 중심 조직의 경직성을 완화하여 행정환경의 변동에 대한 조직의 대응능력을 증진하고 정책수립의 질적향상을 도모하며 행정의 전문성을 제고하기 위한 목적으로 설립
　　㉤ 책임운영기관(Agency) : 중앙정부의 집행 및 서비스전달기능을 분리하여 자율성을 부여하고 그 운영성과에 대하여 책임을 지도록 하는 성과 중심의 사업부서화된 행정기관

5 ④ 조직발전은 환경변동에 대한 대응능력을 증진시킴으로써 조직의 유지, 통합, 문제해결능력의 향상에 기여한다.

6 ③ MBO의 성향이며 OD는 환경에의 적응능력을 중요시하는 다각적 성향이다.

　※ 목표관리(MBO)와 조직발전(OD)의 유사점
　　㉠ Y이론적 인간관 내지 자아실현인관에 입각하여 민주적 관리전략을 강조
　　㉡ 결과지향적 목표의 추구, 인간발전의 중시
　　㉢ 개인과 조직의 목표의 조화·통합 중시, 조직전체의 유기적인 협조체제의 강조
　　㉣ 최고관리층의 이해와 지원을 요구, 평가와 환류 중시

7 ① 조직 배태성의 특징은 조직구성원들이 행동할 때 사회규범을 고려하기 때문에 경제적 이익이 다소 떨어지더라도 정당성을 추구하는 행위를 하려는 것이다. 배태성은 제도적 동형화와 연관되며 사회학적 신제도주의에서 중시하는 제도적 환경이다.

8 ② Garvin에 따르면 학습조직은 지식을 창출하고 획득, 전달하는 데 능숙하며 새로운 지식과 통찰력을 경영에 반영하기 위하여 기존의 행동방식을 바꾸는 데 능숙한 조직이라고 볼 수 있다.

　※ 학습조직의 특징
　　㉠ 사려 깊은 리더십 : 조직의 리더는 구성원의 기본행태를 안내할 조직의 목표, 사명, 핵심가치들에 대한 통치 이념을 설계하는 사회건축가로서의 역할과 구성원들의 공유비전의 창조자, 조직의 봉사자로서의 역할이 요구된다.
　　㉡ 구성원의 권한강화 : 내적 동기부여 및 조직구성원의 권한부여를 강조한다.
　　㉢ 협력적 네트워크를 통한 전략수립 : 중앙집권적 전략수립을 벗어나 직원의 역할을 강조하며 경쟁자, 공급자 등과 협력적 네트워크를 구성함으로써 조직의 전략 수립에 도움을 받는다.
　　㉣ 강한 조직문화 : 부분보다 전체를 중요하게 여기며, 따라서 부서 간 경계를 최소화하고 조직의 공동체 정신과 조직구성원 상호간의 동정과 지원을 강조한다.
　　㉤ 정보공유 : 문제인식과 해결을 위해 다양한 집단 간 빈번한 비공식적 접촉을 장려하여 활발한 커뮤니케이션이 이루어지도록 하고, 자료에 접근하는 것이 쉽도록 하여 정보공유가 가능하도록 한다.
　　㉥ 수평적 조직구조와 보상체계 : 학습조직의 기본 구성단위는 급변하는 불확실한 환경에 필요한 신축성을 제고할 수 있는 네트워크 조직, 가상조직 등과 같은 수평적 조직구조를 강조하며 팀워크와 조직 전체를 강조하는 이윤공유 보너스, 지식급 제도를 도입한다.

9 ④ 책임운영기관은 기관 운영상의 자율성을 부여하고 성과에 대해 책임을 지도록 설치한 기관이므로 전문성이 강하고 성과관리가 가능한 분야에 적용할 필요가 있다.

　※ 책임운영기관 적용 가능 분야
　　㉠ 공공성이 강해 민영화·공사화가 불가능한 분야
　　㉡ 성과관리가 가능한 분야
　　㉢ 내부시장을 창출할 수 있는 분야
　　㉣ 자체 재원을 확보할 수 있는 분야
　※ 책임운영기관의 설치·운영에 관한 법률 제16조(공무원의 정원) 제1항 … 소속책임운영기관에 두는 공무원의 총 정원한도는 대통령령으로 정한다. 이 경우 다음의 정원은 총리령 또는 부령으로 정하되, 대통령령으로 정하는 바에 따라 통합하여 정할 수 있다.
　　• 공무원의 종류별·계급별 정원
　　• 고위공무원단에 속하는 공무원의 정원

10 총체적 품질관리란 고객만족을 제1차적 목표로 삼고 조직구성원의 광범위한 참여 하에 조직의 과정·절차를 지속적으로 개선함으로써 장기적·전략적으로 서비스의 질을 관리하기 위한 관리원칙이다. ㉠㉢㉤은 옳은 내용이다.
　㉡ 목표관리제(MBO)에 대한 내용이다.
　㉣ TQM은 조직의 환경변화에 적절히 대응하기 위해 결과보다는 투입 및 과정을 지속적으로 개선한다. 결과를 중시하는 것은 MBO이다.

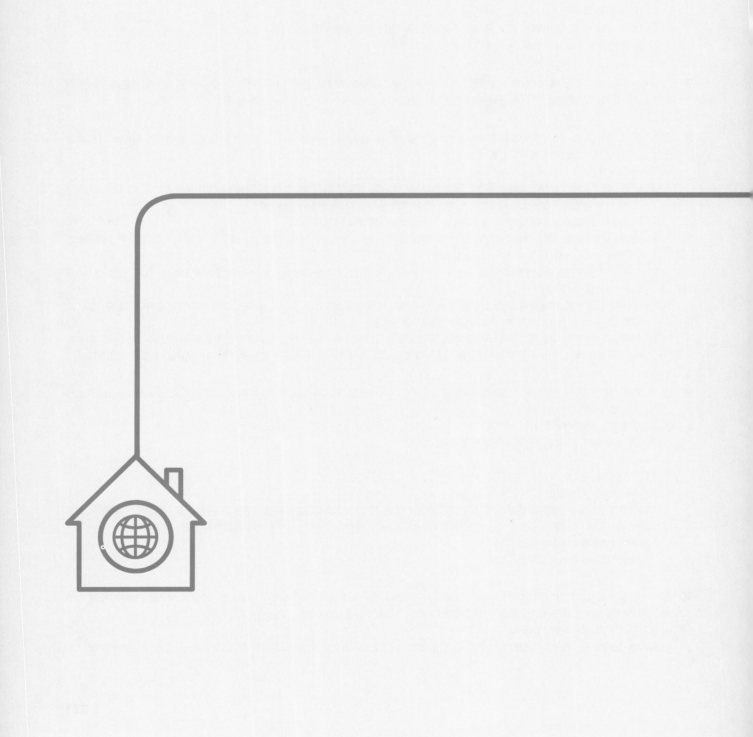

04

인사행정론

01 인사행정의 기초

02 채용

03 능력발전

04 사기

05 근무규율

01 인사행정의 기초

기출문제

🔎 인사행정제도에 대한 다음 설명 중 가장 옳은 것은?

▶ 2017. 6. 24. 제2회 서울특별시

① 직업공무원제는 장기근무를 장려하고 행정의 계속성과 일관성을 유지하는 데 긍정적인 제도로 개방형 인사제도 및 전문행정가주의에 입각하고 있다.

② 엽관주의는 정당에의 충성도와 공헌도를 임용 기준으로 삼는 인사행정제도로 행정의 민주화에 공헌한다는 장점이 있다.

③ 실적주의는 개인의 능력이나 자격, 적성에 기초한 실적을 임용 기준으로 삼는 인사행정제도로 정치지도자들의 행정통솔력을 강화시키는 데 기여한다.

④ 대표관료제는 전체 국민에 대한 정부의 대응성을 향상시키고 실적주의를 강화하여 행정의 능률성을 향상시키는 장점이 있다.

Tip ① 직업공무원제는 장기근무를 장려하고 행정의 계속성과 일관성을 유지하는 데 긍정적인 제도로 폐쇄형 인사제도 및 일반행정가주의에 입각하고 있다.

③ 실적주의는 개인의 능력이나 자격, 적성에 기초한 실적을 임용기준으로 삼는 인사행정제도로 정치지도자들의 행정 통솔력을 약화시킨다. 정치지도자들의 행정 통솔력을 강화시키는 데 기여하는 것은 엽관주의이다.

④ 대표관료제는 출신지역이나 집단에 대한 정부의 대응성을 향상시키지만 실적주의를 약화하여 행정의 능률성을 저해하는 단점이 있다.

┃정답 ②

section 1 인사행정의 발전

(1) 인사행정의 의의

① 개념 … 정부의 목표를 효과적으로 달성하는 데 필요한 인적 자원을 동원하고, 동원된 인적 자원의 능력을 개발하고 유지하며 배분하는 관리활동이다.

② 인사행정이 추구하는 기본적 가치

　㉠ 대응성(국민의 의사존중)

　㉡ 능률(지식·기술·능력의 중시)

　㉢ 개인의 권리(법의 정당한 절차와 신분보장)

　㉣ 사회적 형평성(인사행정의 공평성)

③ 현대 인사행정의 3대 변수

　㉠ 채용 : 유능한 인재의 적극적 모집과 합리적인 시험·임용 및 장기적 인력수급계획이 확립되어야 한다.

　㉡ 능력발전 : 채용 이후 부여된 직무를 효율적으로 수행하기 위해 교육훈련, 근무성적평정, 승진, 전보 등의 능력발전이 요구된다.

　㉢ 사기앙양 : 행정목적을 적극적으로 수행하도록 하기 위해 합리적인 보수·보상·연금제도의 확립과 민주적 인간관계가 요구된다.

section 2 인사행정의 변천

(1) 엽관주의(Spoils System)

① 의의

　㉠ 공무원의 인사관리나 공직임용에 있어 그 기준을 정치성·당파성·충성심에 두는 인사제도이다.

　㉡ 민주국가의 선거에서 승리한 정당이 정당활동에 대한 공헌도와 충성심의 정도에 따라 공직에 임명하는 제도로, 민주정치의 발달에 따라 관료기구와 국민과의 동질성을 확보하기 위한 수단으로 발전하였다.

　㉢ 미국 7대 대통령 잭슨(A. Jackson)은 공직을 널리 민중에게 개방하고 선거공약이나 정당이념을 강력히 이행하며, 참신한 국민의 의사를 국정에 반영한다는 민주적 신념으로 정권교체에 따라 공무원을 경질하는 엽관주의를 1829년 도입하였다.

㉣ **영국의 정실주의**(情實主義 ; Patronage System)**와의 비교** : 정실주의는 실적·능력이 아닌 정치성, 귀속적 요소(학연·지연 등)를 고려해 인사권자의 개인적 신임이나 친분관계를 기준으로 임용하는 정치적 인사제도이다.

구분	엽관주의(미국)	정실주의(영국)
기준	정치성(충성심, 당파성)	정치성 + 귀속성 (학연·혈연·지연 등도 고려)
시기	19C 초 민주주의	17C 말 절대군주제
신분보장	신분보장 안 됨	신분보장 됨(생애직)
대량경질	전면경질(정권교체시)	부분경질(공석발생시)
공무원행동기준	정당에 대한 충성	주로 정치가(政治家) 개인에 대한 충성
실적제로의 전환	1883년 펜들턴법	1870년 2차 추밀원령

② **발전요인**

㉠ 민주정치의 발전에 따른 평등적 사조는 공직을 대중에게 개방하는 것이 행정의 민주화라는 인식을 보편화하였다.

㉡ 정당정치가 발달하였다.

㉢ 행정의 단순성으로 인해 전문적인 지식·훈련을 필요로 하지 않았다.

㉣ 하위계층의 이해관계를 반영하는 장치가 요구되었다.

③ **장·단점**

㉠ **장점**

• 정당이념의 철저한 실현이 가능하다.
• 관직의 특권화 배제로 인한 평등이념에 부합한다.
• 민주통제의 강화 및 행정의 민주화가 가능하다.
• 공직경질을 통한 관료주의화나 공직의 침체를 방지할 수 있다.
• 중요한 정책변동에 대응하는 데 유리하다.

㉡ **단점**

• 유능한 인물의 배제로 행정능률이 저하될 수 있다.
• 불필요한 직위남설과 예산낭비가 초래된다.
• 신분보장으로 인한 부정부패의 원인이 제공될 우려가 있다.
• 관료의 정당사병화로 행정의 국민에 대한 책임성이 결여된다.
• 행정의 비전문성과 안정성 미확보의 우려가 있다.

기출문제

🔒 **인사행정제도에 관한 설명 중 적절하지 않은 것은?**

▶ 2014. 6. 21. 제1회 지방직

① 엽관주의는 정당에의 충성도와 공헌도를 관직 임용의 기준으로 삼는 제도이다.

② 엽관주의는 국민의 요구에 대한 관료적 대응성을 확보하기 어렵다는 단점을 갖는다.

③ 행정국가 현상의 등장은 실적주의 수립의 환경적 기반을 제공하였다.

④ 직업공무원제는 계급제와 폐쇄형 공무원제, 그리고 일반행정가주의를 지향한다.

Tip 엽관주의는 정당지도자가 정당충성도와 선거 공헌도에 따라 공무원을 임용하는 제도로 이렇게 임용된 공무원은 자신의 신분을 연장시키기 위해 국민의 요구를 더욱 적극적으로 행정에 반영시킨다. 엽관제도는 대응성, 민주성, 책임성을 제고한다.

🔒 **엽관주의 인사의 단점에 대한 다음 설명 중 가장 옳지 않은 것은?**

▶ 2015. 6. 13. 서울특별시

① 행정의 안정성을 저해할 수 있다.

② 공무원의 정치적 중립을 저해한다.

③ 행정의 전문성을 저하시킬 수 있다.

④ 행정에 대한 민주적 통제를 약화시킨다.

Tip 엽관주의 인사는 행정에 대한 민주적 통제를 강화시킨다.

정답 ②, ④

문 실적주의의 주요 구성요소로 보기 어려운 것은?

▶ 2012. 5. 12. 상반기 지방직

① 공직취임의 기회균등
② 공무원 인적 구성의 다양화
③ 신분보장 및 정치적 중립
④ 실적에 의한 임용

Tip 민족, 인종, 지역, 성별, 직업 등의 기준에서 국민 전체의 인적 구성을 반영해서 공무원을 충원하는 것, 즉, 공무원 인적 구성의 다양화는 대표관료제와 관련된다.

문 다음 중 적극적 인사행정방안이 아닌 것은?

▶ 2003. 3. 16. 중앙선거관리위원회

① 공무원의 권익 향상을 위한 공무원단체활동의 인정
② 인사권을 중앙인사행정기관에 집중
③ 개방형 계약임용제의 도입
④ 교육훈련을 통한 능력발전

Tip 적극적인 인사행정을 위해서는 인사권을 분권화하는 것이 필요하다.

정답 ②, ②

---

(2) 실적주의(Merit System)

① 의의 … 개인의 능력·실적을 기준으로 정부의 공무원을 모집·임명·승진시키는 인사행정체제이다. 영국에서는 Trevelyan과 Northcote의 보고서가 제안한 개혁안을 기초로 추밀원령에 의해 토대가 구축되었고, 미국에서는 J.M. Garfield대통령의 암살과 Pendleton법의 제정을 계기로 확립되었다. 한국에서는 국가공무원법 제정에 의해 공식화되었다.

Point 팁 펜들턴법(Pendleton Act)의 주요 내용
　㉠ 인사행정은 상원의 인준을 얻어 대통령이 임명하는 양당적·독립적 인사위원회에 의하여 행해진다.
　㉡ 임용은 해당 직위에 적합한 능력의 유무를 평가하는 공개경쟁시험에 의한다.
　㉢ 임용이 확정되기 전에 시보기간을 거친다.
　㉣ 제대군인에 대한 특혜를 인정한다.
　㉤ 정당자금의 공납, 정치운동을 금지한다.
　㉥ 인사위원회는 개선을 위한 건의안을 대통령을 통하여 의회에 제출한다.

② 성립요인
　㉠ 엽관주의의 폐해를 극복하기 위한 노력이 요구되었다.
　㉡ 정당정치의 부패가 만연하였다.
　㉢ 행정국가의 등장으로 인한 행정기능의 양적 증대, 질적 변화로 전문적·기술적 능률을 갖춘 유능한 관료의 필요성이 요구되었다.
　㉣ 행정의 능률화, 전문화 요청에 따라 공무원제도 개혁운동이 발생하게 되었다.

③ 내용
　㉠ 공직취임의 기회균등을 보장한다.
　㉡ 능력·자격·실적 중심의 공직임용을 실시한다.
　㉢ 불편부당한 정치적 중립성 요구한다.
　㉣ 공무원의 신분을 보장한다.
　㉤ 중앙인사기관의 권한을 강화한다.
　㉥ 과학적·객관적 인사행정을 확립한다.

④ 장·단점
　㉠ 장점
　　• 공직임용의 기회균등으로 사회적 평등 실현이 가능해진다.
　　• 공개경쟁시험 등을 통한 유능한 인재의 임용으로 엽관주의의 폐해 극복 및 행정능률 향상이 기대된다.
　　• 공무원의 정치적 중립 보장으로 행정의 공정성이 확보된다.
　　• 신분보장이 법령에 의해 규정됨으로써 행정의 안정성과 계속성이 확보되어 행정의 전문화 제고 및 직업공무원제 실현이 가능하다.

ⓛ 단점

- 시험에 응시할 수 있는 기회의 동일과 고용기회의 평등은 다르다. 즉, 그 대상자가 기존 수혜자 계층 구성원에 한정되는 기회균등의 문제가 있다.
- 대응성·책임성이 약한 기술 관료적 편협성을 지닌 관료제를 형성하여 민주적 통제가 곤란하다.
- 인사행정의 비인간화·소외현상이 야기된다.
- 적격자의 선발·임명과정을 중시하여 정실배제에 관심을 가질 뿐, 적극적인 인재유치나 능력발전에 소홀할 가능성이 있다.
- 인사권이 중앙인사기관에 지나치게 집중되어 나머지 각 운영기관의 실정에 맞는 독창적인 인사행정이 저해된다.
- 인사행정의 형식성·폐쇄성으로 인한 전문가적 무능이 초래될 가능성이 높다.

(3) 적극적 인사행정

① 의의 … 실적주의 및 과학적 인사관리만을 고집하지 않고 경우에 따라 엽관주의를 신축성 있게 받아들이며, 또한 인사관리에 있어서 인간관계론적 요소를 중요한 인사관리방안으로서 적용함을 의미한다. 이는 실적주의 인사행정의 소극성, 비융통성 및 지나친 집권성을 배제하고 적극적·신축적이며 분권적인 인사행정을 하고, 사회 심리적 욕구를 충족시키는 방향의 관리를 수립하는 데 의의가 있다.

② 대두배경

ⓐ 인사행정의 소극성으로 인한 한계가 있었다.

ⓛ 인사행정의 비융통성·폐쇄성으로 인하여 전문성이 약화되었다.

ⓒ 집권성과 같은 실적주의의 결함과 인간을 오직 합리적인 도구로 다루고 감정적 측면을 소홀히 했던 과학적 인사관리의 결함이 있었다.

③ 제도적 방안

ⓐ 적극적인 인재의 모집이 필요하다.

ⓛ 고위 정책수립 단위에 엽관주의적 인사를 신축성 있게 적용한다.

ⓒ 과학적 인사관리의 지양과 통합적 인사관리로 직위분류제 등의 지나친 합리성을 완화시키고, 직무중심과 인간중심의 적절한 통합에 의한 관리를 도모하고, 개인의 능력발전과 조직목표와의 조화를 추구한다.

ⓡ 인사상담제도, 공무원단체활동 인정, 제안제도 장려, 하의상달적 의사전달 촉진, 민주적 리더십 개발 등 인간관계의 개선이 필요하다.

ⓜ 장기적 시야에 입각한 인력계획의 사전적·체계적 수립이 필요하다.

ⓗ 재직자의 능력발전을 위해 교육훈련, 승진, 전직, 근무성적평정제도를 활용한다.

ⓢ 인사권을 분권화한다.

기출문제

문 직업공무원제에 대한 설명으로 옳지 않은 것은?

▶ 2019. 6. 15. 제1회 지방직

① 젊고 우수한 인재가 공직을 직업으로 선택해 일생을 바쳐 성실히 근무하도록 운영하는 인사제도이다.

② 폐쇄적 임용을 통해 공무원집단의 보수화를 예방하고 전문행정가 양성을 촉진한다.

③ 행정의 안정성을 확보할 수 있고, 높은 수준의 행동규범을 유지하는 데 도움이 된다.

④ 조직 내에 승진적체가 심화되면서 직원들의 불만이 증가할 수 있다.

Tip 직업공무원제도는 젊은 인재들이 공직에 들어와 평생에 걸쳐 명예롭게 근무하도록 조직·운영되는 인사 제도이지만, 폐쇄적 임용을 통해 공무원집단의 보수화를 초래한다는 단점이 있다.

정답 ②

327

section 3 직업공무원제(Career System)

(1) 의의

① 개념 … 현대행정의 고도의 전문화·기술화 및 책임행정의 확립, 재직자의 사기앙양을 위해 중립적·안정적 제도의 요구에 부응하여 나온 인사제도로 영국 및 유럽의 지배적인 제도이다.

② 필요성

ㄱ 행정의 정치적 중립성 유지를 통해 행정의 안정성·계속성·독립성을 확보하고, 정권교체로 인한 행정의 공백상태를 방지하여 국가의 통일성과 항구성을 유지하는 제도적 장치로서 요구된다.

ㄴ 공무원의 신분보장으로 사기를 앙양하고 직업의식을 강화하여 행정의 능률성 확보가 필요하다.

ㄷ 유능한 인재의 유치로 공무원의 질 향상이 필요하다(연령·학력 제한 등).

(2) 직업공무원제의 장·단점 및 확립방안

① 장·단점

ㄱ 장점

• 신분보장으로 행정의 안정화에 기여한다.
• 공직에 대한 직업의식이 확립된다.
• 정권교체 시 행정의 공백상태를 방지할 수 있다.
• 행정의 계속성과 정치적 중립성 확보에 용이하다.
• 유능한 공무원의 이직 방지 및 재직자의 사기앙양 촉진에 유리하다.

ㄴ 단점

• 공직의 특권화와 관료주의화를 초래한다.
• 행정에 대한 민주통제가 곤란하다.
• 일반행정가 중심으로 인해 전문화, 행정기술발전이 저해된다.
• 유능한 외부인사의 등용이 곤란하다.
• 학력·연령 제한으로 인한 기회의 불균형이 생길 수 있다.

② 확립방안

ㄱ 공개경쟁시험, 신분보장, 정치적 중립 등을 이용한 실적주의의 우선적 확립이 필요하다.

ㄴ 일관성 있고 장기적인 인력수급계획의 수립이 필요하다.

ㄷ 공직에 대한 사회적 평가의 제고를 위해 공직사회에 만연된 관료부패를 방지해야 한다.

ⓔ 적정한 보수지급 및 연금수준의 현실화로 생계보장이 이루어져야 한다.

ⓜ 승진제도의 합리적 운영, 교육훈련의 강화, 각 부처 및 중앙·지방 간의 폭넓은 인사교류를 통한 능력발전의 기회부여 등의 다양한 능력발전제도를 강구해야 한다.

ⓗ 고급공무원을 양성해야 한다.

(3) 직업공무원제와 실적주의와의 관계

① **공통점**

ⓖ 신분보장이 된다.

ⓛ 정치적 중립의 위치이다.

ⓒ 자격·능력에 의한 채용·승진이 가능하다.

ⓔ 공직임용상의 기회균등이 확보된다.

② **차이점**(G. Gaiden)

직업공무원제	실적주의
• 영국, 독일, 프랑스, 일본	• 미국
• 농업사회	• 산업사회
• 계급제	• 직위분류제
• 폐쇄형	• 개방형
• 인간중심	• 직무중심
• 생활급	• 직무급
• 비합리적 인간성	• 합리적 인간성
• 인사배치의 신축성	• 인사배치의 비신축성
• 경력 중시(일반행정가)	• 경력 무시(전문행정가)
• 권한·책임 한계 불분명	• 권한·책임 한계 분명

section 4 대표관료제(Representative Bureaucracy)

(1) 의의

① **개념** ⋯ 사회를 구성하는 모든 주요 집단으로부터 인구비례에 따라 관료를 충원하고, 그들을 정부관료제 내의 모든 계급에 비례적으로 배치함으로써 정부관료제가 그 사회의 모든 계층과 집단에 공평하게 대응하도록 하는 제도이다. 즉, 정부관료제가 그 사회의 인적 구성을 반영하도록 구성함으로써 관료제 내에 민주적 가치를 주입시키려는 의도에서 발달된 개념이다.

기출문제

❓ **대표관료제에 대한 설명으로 옳지 않은 것은?**

▶ 2019. 6. 15 제1회 지방직

① 소극적 대표가 적극적 대표를 촉진한다는 가정 하에 제도를 운영해 왔다.

② 엽관주의 폐단을 시정하기 위해 등장하였으며 역차별의 문제를 완화할 수 있다.

③ 소극적 대표성은 전체 사회의 인구 구성적 특성과 가치를 반영하는 관료제의 인적 구성을 강조한다.

④ 우리나라는 균형인사제도를 통해 장애인·지방인재·저소득층 등에 대한 공직진출 지원을 하고 있다.

Tip 대표관료제는 주요 집단으로부터 인구 비례에 따라 관료를 할당·충원함으로써, 정부관료제가 계층과 집단에 공평하게 대응하도록 하는 인사제도이다. 정부관료제 내에 엽관주의 폐단을 시정하고 민주적 가치를 주입시키려는 의도에서 시행하는 제도이지만, 같은 능력의 후보자를 역차별할 수 있다는 논란이 있다.

❓ **대표관료제에 대한 설명으로 옳지 않은 것은?**

▶ 2017. 4. 8 인사혁신처

① 엽관주의의 폐단을 시정하기 위해 등장하였다.

② 관료의 국민에 대한 대응성과 책임성을 향상시킨다.

③ 형평성을 제고할 수 있으나 역차별의 문제가 발생할 수 있다.

④ 우리나라도 대표관료제적 임용정책을 시행하고 있다.

Tip 엽관주의의 폐단을 시정하기 위해 등장한 것은 실적주의이다.

정답 ②, ①

② 소극적 대표성과 적극적 대표성

소극적·수동적 대표성 (Passive Representation) 구성론적·비례적·배경적 대표성, 형식적 대표성(standing for)	적극적·능동적 대표성 (Active Representation) 역할론적·태도적·정책적 대표성, 실질적 대표성(acting for)
출신성분이 관료의 태도를 결정한다는 전제-형식적인 비례분포에 중점(인적 구성의 균형·사회적 대표성)	태도가 행동을 결정한다는 전제(임용 전 사회화 과정에서 획득한 태도가 공식적 역할자로서의 관료의 실제 행동으로 연결)-실질적인 대표기능에 중점(정치적·정책적 대표성)
전체사회 인구 구성의 특성을 그대로 관료제의 구성에 반영하는 관료제의 인적 구성 측면. 관료제의 모든 계층과 직위에 각 사회집단이 비례적으로 대표되는 것. 관료는 다른 사람을 위하여 실제로 행동하는 것이 아니라 단지, 그들을 상징적으로만 대표함	관료들이 적극적으로 출신집단·출신계층·출신지역의 이익을 적극적으로 대변하고 정책에 반영하는 등 책임을 지는 행위를 하는 것. 상호견제를 통해 비공식적 내부통제 작용을 하며 조직 전체가 소속사회의 공익을 추구하도록 하는데 기여

(2) 기능(정당화의 근거)

① **정부관료제의 대응성 강화** … 대표관료제는 국민의 다양한 요구에 대한 정부의 대응성을 향상시킬 수 있다.

② **책임성 확보** … 외부통제를 보완하는 내부통제 제도로서 정부정책에 대한 관료의 책임성을 제고시킬 수 있다. 이는 상징적·실제적으로 정부관료제의 정통성을 향상시킨다.

③ **행정의 민주성 확보** … 기회균등의 원칙을 보장함으로써 민주적 이념을 실현하고, 전형적인 관료제적 특성을 지닌 정부 내에 다양한 집단을 참여시킴으로써 정부관료제의 민주화에 기여한다.

④ **행정의 능률성 제고** … 정부가 민주적·합리적인 정책결정을 하도록 도와주며, 소외집단의 요구에 대한 정부정책의 대응성을 높임으로써 정책집행을 용이하게 하고 정부활동의 능률성을 향상시킨다. 또한 소외된 집단을 정부에 참여시키고 활용함으로써 유능하고 책임있는 관료를 확보하는 데 도움이 되며, 국가적인 견지에서 인적 자원을 효율적으로 관리하도록 도와준다.

⑤ **사회적 형평성 제고** … 정치체제를 통해 소수집단의 이익을 관료집단이 대표할 수 있다는 점에서 공직임용에 있어서 실질적 기회균등을 보장할 수 있다.

기출문제

(3) 대표관료제와 실적주의 차이점

① 대표관료제는 인사행정에 사회적 성격을 도입한 것으로 일부 사회집단의 구성원을 우대한다. 반면 실적주의는 가장 우수한 자격자를 선발하고 자격은 중립적으로 규정한다.

② 대표관료제는 집단주의적 접근을 취하고 사회집단들의 필요에 역점을 두는 반면, 실적주의는 개인주의적 접근을 취하여 개인의 자격에 초점을 둔다.

③ 대표관료제 원리에 따라 우수한 실적평가 임용후보자가 탈락할 경우, 실적주의는 이를 역차별이며 비능률적이라고 하고, 대표관료제는 부당하게 혜택을 받아온 집단의 불공평한 이득을 제거하는 것이라고 평가한다.

(4) 대표관료제의 문제점

① 관료들의 사회화 과정을 경시한다.

② 상류계급의 공직임용을 제한하게 되는 역차별의 문제가 있고 사회분열이 조장된다.

③ 전문적 능력이 미흡한 인사의 임용으로 전문성·능률성이 저해된다.

④ 외부통제이념과의 모순이 생긴다.

⑤ 공직에 응모할 수 있는 자격과 능력을 기준으로 선발을 결정하는 실적주의와의 상충되는 면이 생긴다.

⑥ 인구비례에 따른 정태적 균형유지의 어려움 등 대표관료제의 실현이 기술상 곤란하다.

⑦ 전체관료들의 정책결정에의 참여를 강조하고 있어 행정의 자율성 및 정치적 중립성을 저해하게 된다.

⑧ 집단이 중심이 되는 집단주의가 강조되고 있어 개인이 중시되는 자유주의의 원칙에 위배된다.

기출문제

🖈 중앙인사기관에 대한 설명으로 옳지 않은 것은?

▸ 2016. 6. 18 제1회 지방직

① 독립합의형은 엽관주의를 배제하고 실적제를 발전시키는데 유리하지만, 책임소재가 불분명해질 수 있는 단점이 있다.

② 비독립단독형은 집행부형태로 인사행정의 책임이 분명하고 신속한 의사결정을 가능하게 해주지만, 인사행정의 정실화를 막기 어렵다.

③ 독립단독형은 독립합의형과 비독립단독형의 절충적 성격을 가진 형태로서 대표적인 예는 미국의 인사관리처나 영국의 공무원 장관실 등이다.

④ 정부 규모의 확대로 전략적 인적자원관리가 강조되어 중앙인사기관의 설치 및 기능이 중요시 된다.

Tip 중앙인사기관은 독립성 유무와 합의성 유무에 따라 독립합의형, 독립단독형, 비독립합의형, 비독립단독형으로 구분할 수 있다.
③ 미국의 인사관리처나 영국의 공무원 장관실은 비독립단독형 중앙인사기관의 대표적인 예이다. 우리나라의 인사혁신처 역시 비독립단독형 중앙인사기관에 해당한다.

┃정답 ③

section 5 중앙인사기관

(1) 의의

① **개념** … 정부 각 기관의 균형적인 인사운영, 인력의 효율적 활용 및 공무원의 능력발전을 위해 정부의 인사행정을 전문적·집중적으로 총괄하여 관리하는 기관이다.

② **필요성**

ㄱ. 엽관·정실의 개입을 배제하고 인사행정에 대한 공정성, 중립성을 확보하는 데는 강력한 권한을 지닌 인사기관이 필요하다.

ㄴ. 공무원의 수적 증가로 인한 집중적 관리를 위해 합리적인 인사기구가 필요하다.

ㄷ. 행정수반에게 관리수단을 제공할 목적으로 설치한다.

ㄹ. 인사행정의 개혁과 전문화·기술화의 수준을 높이기 위해 집권적 인사기관의 존재가 요청된다.

ㅁ. 인사행정의 지나친 분산·할거성을 규제하고 효율적인 조정·통제와 인사행정의 통일성을 기할 수 있는 기관이 요구된다.

(2) 각국의 중앙인사기관

행정수반으로부터의 독립성 여부와 인사기관의 내부 의사결정형태(합의성 유무)에 따라 4가지 유형으로 구분한다.

① **독립·합의제형**(위원회 형태 commission-type)

ㄱ. **의의**: 중앙인사기관이 일반행정부처에서 분리되어 있고 행정수반으로부터 독립된 지위를 가진 합의체로 구성된다.

ㄴ. **사례**: 미국 실적제도보호위원회(MSPB; Merit System Protection Board) 영국 인사위원회(CSC; Civil Service Commission), 일본 인사원

ㄷ. **장점**

• 엽관주의적 영향력을 배제하고 인사행정의 정치적 중립을 유지하며, 실적제 발전에 유리하다.

• 합의제에 의한 신중하고 공정한 의사결정(1인에 의한 전횡·독단 방지)이 이루어지며 중요 이익집단 대표자를 참여시켜 인사행정에 대한 이익집단의 요구를 균형 있게 수용할 수 있다.

• 합의체 구성원 임기를 서로 엇갈리게 하여 인사행정의 계속성을 확보한다 (staggering term, 임기시차제).

• 단독책임자가 아닌 여러 명의 위원으로 구성되므로 다른 기관과의 밀착이나 소원한 관계를 방지하고 입법부나 일반 국민 및 행정부와의 관계를 원만하게 유지할 수 있다.

기출문제

　　ⓔ 단점
　　　• 인사행정의 책임소재가 불분명하고 책임을 전가하기 쉽다.
　　　• 합의에 따른 시간 소요로 인사정책 결정이 지연된다.
　　　• 독립합의형의 목적은 엽관주의 방지이므로 인사행정의 적극화나 전문화하기 곤란하다.
　　　• 구성원이 양당적 또는 초당적 비전문가이므로 전문적 인사문제를 다룰 때 비능률성과 비합리성이 우려된다.
　　　• 행정수반에 대해서도 독립적 지위를 유지하므로, 행정수반이 인사관리수단을 확보하지 못해 자신의 정책을 강력히 추진하기 곤란하다.
　　　• 일상적인 행정을 수행하는 행정부로부터 인사권이 분리되어 있고, 합의제 형태의 조직구조이므로 일상적 행정의 필요성과 변화에 신축적으로 대응 곤란하다.

② 비독립 · 단독제형(집행부 형태, executive−type)
　　㉠ 의의 : 중앙인사기관이 행정수반에 의해 임명된 한 명의 기관장에 의해 관리된다.
　　㉡ 사례 : 미국 인사관리처(OPM ; Office of Personnel Management), 영국 내각사무처(Cabinet Office), 일본 내각관방의 내각인사국(2014년 총무성 인사은급국 폐지 후 설치), 프랑스 인사행정처(총리 직속), 우리나라 인사혁신처(국무총리 소속)
　　㉢ 장점
　　　• 한 사람이 단독으로 인사행정의 수행하므로 인사행정의 책임소재가 명확하다.
　　　• 단일 지도층으로 형성되므로 중요 인사정책의 신속한 결정이 가능하다.
　　　• 행정수반이 인사행정을 관리도구로 삼아 신속하고 강력한 정책추진이 가능하므로 능률적 행정을 수행할 수 있다.
　　　• 일상적 행정의 필요성과 변화에 신축적으로 대응 가능하다.
　　㉣ 단점
　　　• 단독제 기관장의 독선적·자의적 결정에 대한 통제가 곤란하다.
　　　• 인사행정의 독립성(정치적 중립성) 결여로 인해 인사행정의 엽관화 · 정실화가 우려된다.
　　　• 기관장이 바뀔 때마다 인사행정의 방향이 달라질 수 있어서 인사행정의 일관성 · 계속성이 결여된다.
　　　• 행정수반이나 내각에 소속되므로 양당적이거나 초당적인 문제를 적절히 반영하기 곤란하다.

③ 절충형
　　㉠ 독립 · 단독제형 : 중앙인사기관이 독립성이 있으며, 한 사람의 기관장에 의해 관리된다(흔하지 않음).

333

ⓛ **비독립·합의제형** : 중앙인사기관이 행정수반이나 내각에 소속되어 독립성은 없지만, 합의제 의사결정구조로 구성된다(미국의 연방노동관계청, 우리나라의 과거 중앙인사위원회(1999)와 현재 소청심사위원회).

(3) 중앙인사기관의 기능

① **전통적 기능**

ⓐ **준사법적 기능** : 인사에 관한 구속력 있는 제재나 의결을 할 수 있는 기능이다. 예 징계·소청심사·고충심사

ⓛ **준입법적 기능** : 관련 법률의 위임을 받아 인사행정에 관한 명령·규칙을 제정하는 기능이다.

ⓒ **기획(계획)기능** : 인력수급계획수립 등 인사에 관한 기획·선발 업무이다.

ⓔ **집행기능** : 인사행정에 관한 구체적 사무(임용·교육훈련·승진·보수·연금 등)를 인사법령에 따라 수행하는 기능이다. 인사행정의 분권화는 집행기능을 대상으로 한다.

ⓜ **감사기능** : 부처 및 기관의 인사행정을 통제·지도하고, 인사업무의 위법성과 부당성을 조사하며, 공무원을 징계 처리하는 등 시정조치를 취할 수 있는 권한이다.

② **새로운 기능** … 인사행정의 효율성을 높이기 위해 중앙인사행정기관이 행정수반 및 계선기관 관리자에 대한 보좌역할을 중시한다.

ⓐ **감시 및 자문 기능** : 인사권의 분권화로 각 부처 인사권이 커짐에 따라 이에 대한 감시 및 자문 역할을 수행하고, 행정수반에게 인사에 관한 자문·보좌 및 인사정책 건의 등을 한다.

ⓛ **연구 및 조사 기능** : 민영화, 계약공급, 임기제공무원제도 등 새로운 행정관리기술의 도입에 따라 중앙인사기관의 요구 및 조사 기능을 강화한다.

(4) 우리나라의 중앙인사기관

① **중앙인사관장기관의 일원화** … 인사행정에 관한 기본정책의 수립 및 이 법의 시행운영에 관한 사무는 국회는 국회사무총장, 법원은 법원행정처장, 헌법재판소는 헌법재판소사무처장, 선거관리위원회는 중앙선거관리위원회사무총장, 행정부는 인사혁신처가 관장한다.

② **인사혁신처 – 행정부 중앙인사관장기관, 국무총리 소속, 비독립·단독제형**

ⓐ **관장 사무** : 행정부 소속 공무원의 인사행정에 관한 기본정책의 수립, 인사행정분야의 개혁, 채용, 능력발전, 공직윤리, 복무, 공무원 연금, 처우개선, 인사관리 및 소청에 관한 사무

ⓒ 소속기관

- 소청심사위원회 : 행정기관 소속 공무원의 징계처분, 그 밖에 그 의사에 반하는 불리한 처분이나 부작위에 대한 소청의 심사·결정 및 그 재심청구 사건의 심사·결정에 관한 사무를 관장(중앙고충심사위원회 기능을 겸함). 소청심사는 특별행정심판제도로, 소청심사를 거치지 않고 행정소송을 제기할 수 없다.
- 고위공무원임용심사위원회 : 고위공무원단에 속하는 공무원의 채용과 고위공무원단 직위로의 승진임용 및 고위공무원으로서 적격 여부를 심사한다. 위원장(인사혁신처장) 포함 5~9인의 위원으로 구성되며 위원은 공무원이나 민간 전문가 중 인사혁신처장이 지명 또는 위촉한다.

section 6 공직의 분류

(1) 경력직과 특수경력직 – 우리나라의 공직분류

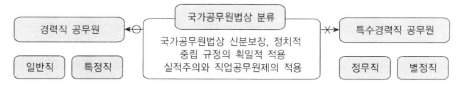

① 경력직 공무원 … 실적과 자격에 따라 임용되고 그 신분이 보장되며 평생 동안 (근무기간을 정하여 임용하는 공무원의 경우에는 그 기간 동안) 공무원으로 근무할 것이 예정되는 공무원을 말한다. 정부로부터 보수를 지급받고 신분보장 등의 혜택을 받으며 실적주의의 적용을 받는다.

일반직	• 기술·연구 또는 행정일반에 대한 업무를 담당하며 직군·직렬별로 분류되는 공무원으로 행정직·기술직·관리운영직·연구직·지도직·우정직이 있음. • 행정직·기술직·관리운영직은 9계급. 연구직·지도직은 2계급(연구관·연구사, 지도관·지도사), 우정직은 9계급 • 직업공무원제의 전형[주류]. 우리나라 지방공무원 중 가장 많은 수를 차지 • 경력경쟁채용으로 선발하는 특수한 일반직 공무원 : ㉠ 임기제 공무원(기존 계약직을 전환), ㉡ 전문경력관(기존 별정직 중 전문성이 요구되는 직위를 전환), ㉢ 시간선택제 채용공무원
특정직	• 법관·검사·외무공무원·경찰공무원·소방공무원·교육공무원·군인·군무원, 헌법재판소 헌법연구관, 국가정보원의 직원, 경호공무원과 특수 분야의 업무를 담당하는 공무원으로서 다른 법률에서 특정직 공무원으로 지정하는 공무원(지방공무원법 2조 2항 2호는 공립[지방차치단체 설립] 대학·전문대학에 근무하는 교육공무원, 교육감 소속 교육전문직원, 자치경찰공무원을 예시)

※ 대법원장·대법관(법관), 검찰총장(검사), 경찰청장·해양경찰청장(경찰공무원), 소방청장(소방공무원)은 특정직

- 일반직처럼 실적과 자격에 의해 임용되고 신분보장도 되지만, 담당직무가 특수하여 거기에 필요한 자격·복무규율, 보수체계, 신분보장 등에서 특수성을 인정할 필요가 있는 공무원으로 별도로 분류한 유형
- 개별법상 별도의 인사법령체계와 별도의 계급체계 적용. 계급정년제가 적용되는 경우도 있음
- 우리나라 국가공무원 중 가장 많은 수를 차지

② **특수경력직 공무원** … 경력직 이외의 공무원으로, 보수 및 복무규정을 제외하고는 국가공무원법이나 실적주의의 획일적인 적용을 받지 않으며, 정치적 임용이 필요하거나 특수한 직무를 담당하는 자로서, 임명에 특수한 기준을 요하는 공무원을 말한다.

정무직	• 선거로 취임하는 공무원 ⓔ 대통령·국회의원(국가공무원), 지방자치단체장·지방의회의원·교육감(지방공무원) • 임명할 때 국회 동의가 필요한 공무원 ⓔ 국무총리, 감사원장, 헌법재판소장, 헌법재판관, 중앙선거관리위원회 상임위원 • 고도의 정책결정 업무를 담당하거나 이러한 업무를 보조하는 공무원으로서 법률이나 대통령령(대통령비서실 및 국가안보실의 조직에 관한 대통령령만 해당)에서 정무직으로 지정하는 공무원 　㉠ 국무위원, 장관·차관, 처장, 청장(단, 검찰총장, 경찰청장·해양경찰청장, 소방청장은 특정직), 국가정보원장 및 차장, 대통령비서실장, 국가안보실장, 대통령경호실장, 국무조정실장, 차관급상당 이상의 보수를 받는 비서관(대통령비서실 수석비서관, 국무총리비서실장, 대법원장비서실장, 국회의장비서실장) 　㉡ 감사원 감사위원·사무총장, 국회 사무총장·사무차장·도서관장·예산정책처장·입법조사처장, 헌법재판소 사무처장·차장, 중앙선거관리위원회 상임위원과 사무총장·차장 　㉢ 방송통신위원회·공정거래위원회·금융위원회·국민권익위원회·국가인권위원회·소청심사위원회 위원장 　㉣ 특별시 행정부시장(국가공무원), 특별시 정무부시장(지방공무원)
별정직	• 비서관·비서 등 보좌업무 등을 수행하거나 특정한 업무 수행을 위하여 법령에서 별정직으로 지정하는 공무원 ⓔ 장관정책보좌관, 국회 수석전문위원, 국가정보원 기획조정실장 등 • 일반직공무원에 비해 상대적으로 전문성은 강하나 신분보장이 약하며 인사교류나 승진도 어렵다.

문 정무직 공무원과 직업관료 간의 일반적인 성향 차이에 대한 내용으로 옳지 않은 것은?

▶ 2017. 6. 17 제1회 지방직

① 정무직 공무원은 재임기간이 짧기 때문에 정책의 필요성이나 성패를 단기적으로 바라보지만, 직업관료는 신분보장이 되어 있기 때문에 장기적으로 바라보는 경향이 있다.

② 정무직 공무원은 행정수반의 정책비전에 따른 변화를 추구하고, 직업관료는 제도적 건전성을 통한 중립적 공공봉사를 중시한다.

③ 정무직 공무원은 직업적 전문성(professionalism)에 따라 정책문제를 바라보고, 직업관료는 정치적 이념에 따라 정책문제를 정의한다.

④ 정책대안을 평가할 때 정무직 공무원은 조직 내부의 이익보다 정치적 반응에 더 큰 비중을 두고, 직업관료는 본인이 소속된 기관의 이익을 중시하는 경향이 있다.

Tip 정무직 공무원은 정치적 이념에 따라 정책문제를 바라보고, 직업관료는 직업적 전문성에 따라 정책문제를 정의한다.

정답 ③

(2) 폐쇄형과 개방형

① 폐쇄형

ⓐ 의의 : 계층구조의 중간에 외부로부터의 신규채용을 허용하지 않는 인사제도로서, 계급의 수가 적어 계급간 승진이 상대적으로 용이하지는 않으나, 승진의 한계는 높은 편이다.

ⓑ 장·단점

• 장점
  - 공무원의 신분보장이 강화되어 행정의 안정성 확보에 유리하다.
  - 재직공무원의 승진기회가 많아 사기앙양에 유리하다.
  - 직업공무원제의 확립에 유리하다.
  - 조직에 대한 소속감으로 행정능률이 향상된다.

• 단점
  - 공무원 질 저하와 행정침체의 우려가 있다.
  - 민주통제가 곤란하다.
  - 정책변동 시 필요한 인재채용이 곤란하다.
  - 기관장의 영향력과 리더십 발휘가 곤란하다.

② 개방형

ⓐ 의의 : 공직의 모든 계층에 대한 신규임용을 허용하는 인사제도로서 외부전문가를 중시한다.

ⓑ 장·단점

• 장점
  - 외부로부터 유능한 인재등용으로 공무원의 질이 향상된다.
  - 행정의 전문성을 제고할 수 있다.
  - 공직의 유동성을 높여 관료주의화 및 공직사회의 침체를 방지한다.
  - 민주적 통제가 용이하다.

• 단점
  - 재직자의 능력발전 저해와 사기 저하의 우려가 있다.
  - 신분 불안정으로 행정의 안정성·일관성이 저해된다.
  - 직업공무원제의 확립이 곤란하다.

[개방형과 폐쇄형의 비교]

특성	개방형	폐쇄형
신분보장	신분불안정(임용권자가 좌우)	신분보장(법적 보장)
신규임용	전 등급에서 허용	최하위직만 허용
승진임용기준	최적격자(외부임용)	상위적격자(내부임용)
임용자격	전문능력	일반능력
배경제도	실적주의, 직위분류제	직업공무원제, 계급제
직원 간 관계	사무적	온정적

기출문제

問 개방형 인사제도에 대한 설명으로 옳지 않은 것은?
▶ 2015. 6. 27 제1회 지방직

① 폭넓은 지식을 갖춘 일반행정가를 육성하는 데에 효과적이다.
② 기존 관료들에게 승진 기회가 축소될 수 있다는 불안감을 주고 사기를 저하시킬 수 있다.
③ 정실주의로 전락할 가능성이 있다.
④ 기존 내부 관료들에게 전문성 축적에 대한 자극제가 된다.

Tip 폐쇄형 인사제도가 계급제에 바탕을 두고 있으며, 전문가보다는 일반행정가 중심의 인사체제를 이룬다.

정답 ①

337

③ 양 제도의 관계 … 폐쇄형을 채용하던 국가들이 최근 개방형을 점차적으로 도입하고 있으며, 미국은 효용성에 한계를 나타내는 개방형을 폐쇄성의 요소로 점차 확대하고 있다.

④ 우리나라 개방형직위제도와 공모직위제도

구분	개방형 직위제도	공모직위제도
요건	• 전문성이나 효율적 정책수립에 필요한 경우 • 공직 내부 또는 외부에서 적격자 임용(경력개방형은 공직외부)	• 효율적 정책수립 또는 관리를 위한 적격자 임용 필요 • 해당 기관 내부 또는 외부의 공무원 중 적격자 임용
지정기준	전문성, 중요성, 민주성, 조정성(낮아야 함), 변화필요성	직무공통성, 정책통합성, 변화필요성
지정비율	• 고위공무원단 : 20% 범위 • 과장급 : 20% 범위	• 고위공무원단 : 경력직 30% 범위 • 과장급 : 경력직 20% 범위
지정협의	소속장관은 개방형직위로 지정·변경·해제되는 직위와 지정범위에 관해 인사혁신처장과 협의해야 함.	소속장관은 공모직위 지정범위에 관하여 인사혁신처장과 협의. 공모직위의 지정·변경·해제는 협의 필요 없음
선발시험	서류전형과 면접시험(필기·실기시험도 가능)	서류전형과 면접시험
선발시험 위원회	개방형직위 중앙선발시험위원회(5인 이상) −인사혁신처 소속 −위원은 전원 민간위원으로 구성, 인사혁신처장이 위촉 −위원장은 위원 중 호선	공모직위 선발심사위원회(5인 이상) −소속장관 소속 −심사위원의 1/2이상은 타 기관 소속공무원 또는 민간위원 −위원장은 위원 중 소속장관이 지명 가능
임용방법	• 경력경쟁채용 원칙. • 경력직(임기제 제외)이던 자는 전보·승진·전직 방법 가능	경력경쟁채용, 전보, 승진, 전직
임용신분	임기제 원칙(임용시 경력직이면 경력직으로 임용 등 예외 있음)	−
임용기간	소속장관이 5년~2년의 범위 안에서 정함(원칙)	−
전보 제한	임용시 경력직은 임용기간 내에 다른 직위에 임용될 수 없음	2년 이내에 다른 직위에 임용될 수 없음
지방 공무원	광역자치단체는 1~5급, 기초자치단체는 2~5급 10% 범위	지정범위, 지정비율은 임용권자가 정하도록 함

(3) 직위분류제와 계급제

① 직위분류제

　㉠ 의의

　　• 개념 : 직무 또는 직위라는 관념에 기초하여 직무의 종류, 곤란도, 책임도 등을 기준으로 하여 직류별·직렬별·등급별로 분류·정리하는 제도이다.

　　• 발전 : 직위분류제는 미국에서 발전되었는데 실적주의의 확립, 과학적 관리법의 행정에의 도입, 보수제도의 합리화 필요성 등이 이 제도의 채택에 영향을 미쳤다.

　　• 특징
　　　- 교육·출신배경·학력과의 관련성이 낮다.
　　　- 개방형 공무원제를 채택한다.
　　　- 형평성과 능률성을 중시한다.
　　　- 과학적 관리법에 입각한 직무분석과 직무평가가 이루어진다.

　㉡ 직위분류제의 수립절차

　　• 계획의 수립 및 분류담당자 선정 : 분류작업을 위한 법적 근거 마련, 직위분류작업을 담당할 주관기관 결정, 분류대상직위 결정, 분류기술자 확보, 직위분류에 대한 공보활동을 하는 준비작업단계이다.

　　• 직무기술서의 작성 : 질문지법, 면접법, 관찰법 등에 의하여 분류될 직위의 직무에 대한 객관적 정보를 수집·기록하는 직무조사단계이다.

　　• 직무분석 : 직무의 종류·성질에 따라 직군·직류·직렬별로 종적으로 분류(직무 자체의 객관화·과학화)한다.

　　• 직무평가 : 직무의 곤란도·책임도에 따른 횡적 분류, 직위분류제하의 보수표 작성과 관련, 직급·등급이 결정된다.

　　• 직급명세서 작성단계 : 직급명, 직무내용, 자격요건, 보수, 채용방법 등 각 직급에 대한 특징에 관하여 정의·설명한다.

　　• 정급단계 : 분류대상 직위를 해당직급에 배정한다.

　　• 유지 및 관리단계 : 직위분류제 실시에 따른 문제점을 발견하여 해결하고, 변동하는 상황에 따라 분류를 계속 적응시키며 개선한다.

Point 팁　직위분류제의 구성요소

　㉠ 직위 : 1인의 공무원에게 부여할 수 있는 직무와 책임

　㉡ 직급 : 직무의 종류·곤란성과 책임도가 상당히 유사하여 채용·보수 기타 인사행정상 동일하게 다룰 수 있는 직위의 군

　㉢ 직류 : 동일한 직렬 내에서 담당분야가 동일한 직무의 군

　㉣ 직렬 : 직무의 종류가 유사하고 책임과 곤란성의 정도가 상이한 직급의 군

　㉤ 직군 : 직무의 성질이 유사한 직렬의 군

　㉥ 직무등급 : 직무의 곤란성과 책임도가 상당히 유사하여 동일한 보수를 받는 모든 직위로, 직책을 계층화한 것

기출문제

문 직위분류제와 관련하여 다음 설명에 해당하는 것은?
▶ 2020. 7. 11. 인사혁신처

• 직무의 곤란성과 책임성을 기준으로 상대적 가치를 결정하는 것이다.
• 서열법, 분류법, 점수법 등을 활용한다.
• 개인에게 공정한 보수를 제공하는 데 필요한 작업이다.

① 직무조사　　② 직무분석
③ 직무평가　　④ 정급

Tip 직무평가로 직무의 책임도·곤란도에 따라 직급·등급을 결정하며 서열법, 분류법, 점수법, 요소비교법 등이 활용된다. 등급은 직무급 산정의 기준이 되므로 직무평가는 직무의 책임도·곤란도에 비례한 공정한 보수 제공에 필요한 작업이다.

문 직위분류제를 형성하는 기본 개념들에 대한 다음 설명 중 옳지 않은 것은?
▶ 2015. 6. 13 서울특별시

① 직급 - 직무의 종류는 다르지만 그 곤란성·책임도 및 자격 수준이 상당히 유사하여 동일한 보수를 지급할 수 있는 모든 직위를 포함하는 것

② 직류 - 동일한 직렬 내에서 담당 직책이 유사한 직무의 군

③ 직렬 - 난이도와 책임도는 서로 다르지만 직무의 종류가 유사한 직급의 군

④ 직군 - 직무의 종류가 광범위하게 유사한 직렬의 범주

Tip 직급은 직무의 종류·곤란성과 책임도가 상당히 유사하여 채용·보수 기타 인사행정상 동일하게 다룰 수 있는 직위의 군을 말한다.

정답 ③, ①

기출문제

공직분류에 대한 설명으로 가장 옳은 것은?

▶ 2018. 6. 23 제2회 서울특별시

① 직무의 종류는 다르나 곤란도와 책임도가 상당히 유사한 직위의 군을 직렬이라고 한다.
② 직무의 종류는 유사하지만 곤란도와 책임도가 서로 다른 직무의 군을 직급이라고 한다.
③ 비슷한 성격의 직렬들을 모은 직위 분류의 대단위는 직군이라고 한다.
④ 동일한 직급 내에 담당 분야가 동일한 직무의 군으로 세분화한 것을 직류라고 한다.

Tip ① 직무의 종류는 다르나 곤란도와 책임도가 상당히 유사한 직위의 군을 등급이라고 한다.
② 직급은 직무의 종류가 유사하며 곤란도와 책임도가 서로 같은 직무의 군을 말한다.
④ 직류는 동일한 직렬 내에서 담당 분야가 동일한 직무의 군으로 세분화한 것을 말한다.

직위분류제의 장점에 대한 설명으로 가장 옳지 않은 것은?

▶ 2018. 6. 23 제2회 서울특별시

① 근무성적평정을 객관적으로 할 수 있는 기준을 제시해준다.
② 직위 간의 권한과 책임의 한계를 명확히 해준다.
③ 전문직업인을 양성하는 데 도움이 되고 행정의 전문화에 기여한다.
④ 조직과 직무의 변화 등에 신속히 대응할 수 있다.

Tip 직위분류제는 엄격한 직무구조와 비탄력적 분류체계로 인해 조직과 직무의 변화 등에 신속히 대응하기 어렵다.

정답 ③, ④

ⓒ 직무평가방법

• 비계량적 방법
– 서열법 : 직무를 전체적·종합적으로 평가하여 상대적 중요도에 의해 서열을 부여하는 자의적 평가방법으로, 평가작업이 단순·신속, 경제적이다.
– 분류법 : 사전에 작성된 등급기준표에 의해 직무의 책임과 곤란도 등을 파악하는 방법으로, 서열법보다 다소 세련되고 정부부문에서 많이 사용하나 등급정의 작업이 곤란하다.
• 계량적 방법
– 점수법 : 직위의 직무 구성요소를 정의하고 요소별로 평가한 점수를 총합하는 방식으로, 결과의 타당도·객관도가 높고 이해가 용이하나, 고도의 기술과 많은 시간·노력이 요구된다.
– 요소비교법 : 직무를 평가요소별로 나누어 계량적으로 평가하되 기준직위를 선정하여 이와 대비시키는 방법으로 보수액 산정이 동시에 이루어진다.

ⓔ 장·단점

• 장점
– 보수관계의 합리화, 공정성, 객관성을 확보할 수 있다.
– 인력계획·임용·인사배치의 공정한 기준이 된다.
– 훈련수요가 명확하다.
– 근무성적평정의 기준을 제시한다.
– 권한과 책임한계가 명확하다.
– 전문행정가를 양성할 수 있다.
– 행정의 전문화·분업화를 촉진한다.
– 예산행정의 능률화를 도모한다.
– 용어의 통일과 정보자료를 제공한다.
– 인사행정상의 자의성을 배제할 수 있다.
– 민주통제가 용이하다.
• 단점
– 인간관계가 사무적이고 협조와 조정이 곤란하다.
– 인사배치의 신축성이 곤란하다.
– 직업공무원제의 수립·확립이 곤란하다.
– 신분의 임의적 보장으로 행정의 안정성이 저해된다.
– 일반행정가의 양성이 곤란하다.
– 협동·조정이 곤란하다.
– 장기적이고 넓은 시계를 가진 인재양성이 곤란하다.
– 혼합직에 적용이 곤란하다.

Point 팁   직위분류제의 전면적 도입상의 문제점
　㉠ 분류대상 직위의 문제
　㉡ 지나친 세분화 · 전문화의 곤란
　㉢ 혼합직의 문제
　㉣ 기술의 미흡
　㉤ 사고방식, 가치관의 문제

② 계급제

　㉠ 개념 : 학력 · 경력 · 자격과 같은 공무원이 가지는 개인적 특성을 기준으로, 유사한 개인의 특성을 가진 공무원을 하나의 범주나 집단으로 구분하여 계급을 형성하는 제도이다.

　㉡ 특징

　　• 교육제도와 관련하여 4대 계급으로 구분한 폐쇄형 공무원제이며, 계급에 따라 학력 · 경력 · 출신성분 · 사회적 평가 · 보수 등의 격차를 둔다.

　　• 공직 채용 후 다양한 경험과 지식을 축적시켜 조직 전체 혹은 국가 전반의 시각에서 업무를 파악하고 처리할 수 있는 일반 행정가를 지향한다.

　㉢ 장 · 단점

　　• 장점
　　－넓은 시야를 가진 유능한 인재의 등용이 가능하다.
　　－행정조정이 원활하다.
　　－신분보장이 강화되고, 인사배치의 신축성 확보가 가능하다.
　　－직업공무원제도의 발달이 촉진되기도 한다.

　　• 단점
　　－비합리적인 보수체계를 지니고 있다.
　　－상하 간의 의사소통이 곤란하다.
　　－형식주의화 경향, 관료주의화 경향이 있다.
　　－전문가의 양성이 곤란하다.
　　－산업사회에 적용하기가 곤란하다.

기출문제

문 공직의 분류에 대한 설명으로 옳지 않은 것은?
▶ 2013. 8. 24 제1회 지방직

① 계급제는 사람을 중심으로, 직위분류제는 직무를 중심으로 공직을 분류하는 인사제도이다.
② 직위분류제에 비해 계급제는 인적 자원의 탄력적 활용이라는 측면에서 유리한 제도이다.
③ 직위분류제에 비해 계급제는 폭넓은 안목을 지닌 일반행정가를 양성하는 데 유리한 제도이다.
④ 계급제에 비해 직위분류제는 공무원의 신분을 강하게 보장하는 경향이 있는 제도이다.

Tip 직위분류제에 비해 계급제는 공무원의 신분을 강하게 보장한다.

문 계급제와 직위분류제에 대한 설명으로 가장 옳은 것은?
▶ 2019. 6. 15 제2회 서울특별시

① 과학적 관리론과 실적제의 발달은 직위분류제의 쇠퇴와 계급제의 발전에 기여했다.
② 우리나라 「국가공무원법」에는 직위분류제 주요 구성 개념인 '직위, 직군, 직렬, 직류, 직급' 등이 제시되어 있다.
③ 직위분류제는 공무원 개인의 능력이나 자격을 기준으로 공직분류체계를 형성한다.
④ 계급제와 직위분류제는 절대 양립불가능하며 우리나라는 계급제를 기반으로 한다.

Tip ① 과학적 관리론, 실적제, 직무급 요청 등은 직위분류제의 발전에 기여했다.
③ 공무원 개인의 능력이나 자격을 기준으로 공직분류체계를 형성하는 것은 계급제이다. 직위분류제는 직무를 중심으로 공직분류체계를 형성한다.
④ 계급제와 직위분류제는 양립가능하며 우리나라는 계급제를 기반으로 직위분류제를 가미한 절충형을 취한다

┃정답 ④, ②

③ 직위분류제와 계급제의 비교

구분	직위분류제	계급제
인간과 직무	직무 중심(인간적 요인 배제, 직무분석과 평가를 중시)	인간(계급) 중심(능동적·창의적·쇄신적 행정인 강조)
분류기준	• 직무의 차이 : 직무의 종류·성질(종적 분류 : 직급·등급) + 직무의 책임도·곤란도(횡적 분류 : 직류·직렬·직군) • 직무분화·계급세분화 → 권한·책임 한계 명확	• 사람의 차이 : 개개인의 자격·능력·신분(횡적 분류) • 4대 계급제 → 권한·책임 한계 불명확
채택국가	미국, 캐나다, 필리핀, 파나마 등	영국, 독일, 프랑스, 일본 등
발달배경	직무가 다양하게 분화된 산업사회, 엽관주의 배척, 과학적 관리법의 영향	직무가 단순한 농업사회, 신분사회
복잡성·비용	운영 복잡, 고비용	운영 단순, 저비용
경력발전	• 전문행정가(좁은 식견, 깊은 지식 수준, 전문적 권위) • 행정의 전문성 높음	• 일반행정가(넓은 식견, 낮은 지식 수준, 행정적 권위) • 행정의 전문성 낮음
시험과 채용(임용)	• 합리성(직무에 알맞은 전문성 강조) • 시험과목은 전문과목 위주, 시험과 채용의 연계성 높음	• 비합리성(근무를 통한 능력발전 중시) • 시험과목은 일반교양과목 위주, 시험과 채용의 연계성 낮음
조직구조와의 관계	공직분류와 조직구조와의 연계성 높음	공직분류와 조직구조와의 연계성 부족
행정계획 인력계획	• 단기계획, 단기능률, 단기안목 → 단기적 직무수행능력 중시 • off-the-job-training (외부전문훈련기관 활용)	• 장기계획, 장기능률, 장기안목 → 장기적 발전가능성 중시 • on-the-job-training (현장훈련 ; 직장 내 훈련)
배치전환 인사이동 전직·전보	• 배치전환의 비신축성·비용통성 - 동일 직군 내 이동, 전직·전보 범위 좁음(외부개방성은 높고, 수평적 개방성은 낮음) • 배치전환 기준의 공정성·합리성(적재적소 배치)	• 배치전환의 신축성·융통성 - 능력발전 중시, 전직·전보범위 넓음(외부개방성은 낮고, 수평적 개방성은 높음) • 배치전환 기준의 비합리성
교육훈련	교육훈련수요의 정확한 파악 가능 전문지식 강조, 담당직책과 직접 관련된 지식	교육훈련수요나 내용 파악 곤란 일반지식·교양 강조, 잠재능력의 개발

기출문제

조정, 협조	엄격한 전문화→수평적 조정·협조 곤란(부처할거주의)	일반행정가→수평적 조정·협조 용이
임용방식	개방형 (결원시 외부에서도 충원)	폐쇄형 (결원시 내부에서만 충원)
신분보장	약함 (조직개편, 예산축소, 직무변동에 의해 직위가 없어지면 직위자체가 폐지됨)	강함 (폐쇄형 운영에 따른 폭넓은 순환보직을 통해 신분보장 가능)
승진의 한계·폭	낮은 승진 한계, 승진의 폭이 좁음	높은 승진 한계, 승진의 폭이 넓음
승진·보상기준	개인의 직무능력과 성과	연공서열과 계급
직업공무원제	직업공무원제 확립 곤란	직업공무원제 확립 용이
보수책정	• 직무급(동일직무에 동일보수) – 보수체계의 합리적 기준 • 업무와 보수 간의 형평성(공정성) 높음	• 생활급·생계급(사회윤리적 요인 고려) – 보수의 적정화·현실화 • 보수의 공정성 낮음(동일계급 동일보수)
사기	낮음	높음
몰입	직무몰입(직위목표 중시)	조직몰입(조직목표 중시)
인사권자의 권한	적음(직급명세서에 의존)	큼(인사권자의 판단에 의존)
인사행정의 합리성	높음(정실 개입 가능성 낮음)	낮음(인사권자의 자의성 및 정실 개입 가능)
인사권자의 리더십	낮음	높음
외부환경에의 대응력	높음	낮음
직무변화에의 대응력	낮음	높음

기출문제

(4) 우리나라의 고위공무원단 제도(SCS ; Senior Civil Service)

① 의의

    ⊙ 노무현 정부 시기 2006년부터 중앙정부의 실·국장급 고위공무원에 대하여 개방과 경쟁을 확대하고 성과관리와 책임을 강화하는 고위공무원단제도를 시행하여 신분보다 직무 중심의 직위분류제 요소를 대폭 강화하였다.

    ⓒ 고위공무원에 대하여 계급·직급을 폐지하고 부처와 소속 중심의 폐쇄적 인사관리를 개방하여 범정부적 차원에서 경쟁을 통해 최적임자를 선임하게 함으로써 적재적소 인사를 실현하는 동시에, 고위공무원 마다 성과계약을 체결하여 담당직무와 업무성과에 따라 보수를 지급(직무성과급적 연봉)하고 성과가 부진한 경우 적격심사를 거쳐 직권면직할 수 있도록 하는 등 성과책임을 엄격히 지게 하였다(우리나라는 미국식보다는 영국식에 가까움).

② 대상(국가공무원법 제2조의2) … 직무의 곤란성과 책임도가 높은 다음 직위(고위공무원단 직위)에 임용되어 재직 중이거나 파견·휴직 등으로 인사관리되고 있는 일반직·별정직·특정직 공무원의 군(群)(단, 특정직은 타 법률에서 규정한 경우에만 해당. 예 외무공무원)을 말한다.

    ⊙ 「정부조직법」 제2조에 따른 중앙행정기관의 실장·국장 및 이에 상당하는 보좌기관

    ⓒ 행정부 각급 기관(감사원 제외)의 직위 중 ⊙의 직위에 상당하는 직위(감사원은 고위감사공무원단을 별도로 운영)

    ⓒ 「지방자치법」 및 「지방교육자치에 관한 법률」에 따라 국가공무원으로 보하는 지방자치단체 및 지방교육행정기관의 직위 중 ⊙의 직위에 상당하는 직위

지방자치단체에 두는 직위 중 고위공무원단 일반직공무원	지방교육행정기관에 두는 직위 중 고위공무원단 일반직공무원
• 광역시·특별자치시·도·특별자치도의 국가공무원으로 보하는 부시장·부지사(행정부시장·행정부지사를 의미함) • 특별시·광역시·특별자치시·도의 기획업무담당실장 • 도의 농업기술원장	• 부교육감(고위공무원단인 장학관으로도 임용 가능) • 서울특별시교육청·경기도교육청의 기획업무담당실장

    ⓔ 그 밖에 다른 법령에서 고위공무원단에 속하는 공무원으로 임용할 수 있도록 정한 직위

③ 임용 및 인사관리
   ㉠ **임용방법** : 일반직 고위공무원으로의 임용은 경력경쟁채용시험(서류전형과 면접시험), 승진임용, 전보의 방법에 의한다.
   ㉡ **임용권**
   • 고위공무원단에 속하는 일반직 공무원은 소속 장관의 제청으로 인사혁신처장과 협의를 거친 후에 국무총리를 거쳐 대통령이 임용한다(소속 장관은 해당 기관에 소속되지 않은 공무원도 임용제청 가능).
   • 대통령은 임용권의 일부를 소속 장관에게 위임 가능하다(신규채용, 면직, 해임, 파면 등은 위임 불가).
   ㉢ **충원비율** : 30%는 공모직위로서 타 부처에 개방, 20%는 개방형직위로서 민간에게도 개방, 50%는 부처자율직위로서 해당 부처 소속 공무원 또는 타 부처 소속 공무원으로 제청 가능하다(개방형과 공모직위는 경쟁방식 임용).
   ㉣ **후보자** : 후보자 교육과정을 마치고 역량평가를 통과한 자로서 법이 정한 요건 해당자는 고위공무원단 후보자가 된다.
   ㉤ **역량평가** : 역량평가는 고위공무원단 직위로 신규채용되려는 사람 또는 4급 이상 공무원이 고위공무원단 직위로 승진임용되거나 전보되려는 사람을 대상으로 신규채용, 승진임용 또는 전보 전에 실시한다(예외적으로 역량평가 없이 임용 가능한 경우도 있음).
   ㉥ **고위공무원 임용심사 위원회**
   • 인사혁신처장 소속. 위원장(인사혁신처장) 포함 5~9인의 위원으로 구성된다. 위원은 공무원이나 민간 전문가 중 인사혁신처장이 지명 또는 위촉한다
   • 고위공무원의 채용심사ㆍ적격심사, 고위공무원단 직위로의 승진임용 심사 담당한다.

④ 직무중심ㆍ성과관리
   ㉠ **계급ㆍ직급 폐지** : 신분(계급)보다 일(직무) 중심의 인사관리를 실시한다. 고위공무원단 소속 공무원은 1~3급 계급 및 직급(관리관, 이사관, 부이사관) 구분을 폐지하고, 직위의 직무값에 따라 부여되는 직무등급을 기준으로 인사관리를 실시한다.
   ㉡ **성과계약 등의 평가**
   • 성과목표ㆍ평가기준 등을 직상급자와 협의하여 1년 단위의 성과계약을 체결하고, 개인의 성과목표 달성도 등 객관적 지표에 따라 매우우수ㆍ우수ㆍ보통ㆍ미흡ㆍ매우미흡 5등급으로 하여 평가한다.
   • 등급별 인원분포 비율(강제배분법 적용)은 소속 장관이 정하되 최상위 등급(매우우수) 인원은 상위 20% 이하, 하위 2개 등급(미흡 및 매우미흡)의 인원은 하위 10% 이상의 비율로 분포하도록 해야 한다(상대평가).

기출문제

ⓒ **직무성과급적 연봉** : 직무의 곤란도·책임도를 반영한 직무등급별 보수＋성과에 따라 차등 보상
- 기본연봉(기본급여)
-기준급 : 개인의 경력·누적성과 반영
-직무급 : 직무의 곤란성·책임도에 따른 직무등급(가, 나 2등급)에 따라 차등 책정
- 성과연봉(성과급여) : 전년도 업무실적 평가결과에 따라 차등 지급(호봉제 적용 고위공무원은 성과연봉 상당액을 성과상여금으로 지급)

평가등급	매우 우수	우수	보통	미흡·매우미흡
성과연봉 지급률 (지급기준액 대비)	18%	12%	8%	0

⑤ **고위공무원단의 신분관리**

㉠ **실적제와 신분보장** : 실적주의 원칙과 정치적 중립성이 보장되며 정년 등 신분보장제도는 존치되므로 직업공무원제의 근간은 유지되지만, 고위직의 책임성 제고를 위해 성과와 능력미달자에 대해 적격심사를 통한 직권면직과 개방형 임용방식으로 인해 신분보장 및 직업공무원제는 약화된다. 직무등급이 가장 높은 등급의 직위에 임용된 고위공무원단에 속하는 공무원은 1급 공무원과 같이 신분보장이 배제된다.

㉡ **적격심사**

적격심사 사유	고위공무원단에 속하는 일반직 공무원은 다음에 사유에 해당하면 적격심사를 받아야 함 • 근무성적평정에서 최하위 등급의 평정을 총 2년 이상 받은 때 • 대통령령으로 정하는 정당한 사유 없이 직위를 부여받지 못한 기간이 총 1년에 이른 때 • 근무성적평정에서 최하위 등급을 1년 이상 받은 사실이 있고 대통령령으로 정하는 정당한 사유 없이 6개월 이상 직위를 부여받지 못한 사실이 있는 경우 • 조건부 적격자가 교육훈련을 이수하지 않거나 연구과제를 수행하지 않은 때
심사시기	적격심사는 사유에 해당하게 된 때부터 6개월 이내에 실시해야 함
심사기관	고위공무원임용심사위원회.
결정	• 적격 결정 • 조건부 적격 결정 : 교육훈련 또는 연구과제 등을 통하여 근무성적 및 능력의 향상이 기대되는 사람 • 부적격 결정 : 위공무원의 직무를 계속 수행하게 하는 것이 곤란하다고 판단되는 사람→직권면직 가능

⑥ 제도 도입 전후 비교

기출문제

구분	도입 전	도입 후
인사운영 기준	계급제 (사람에게 부여되는 계급을 기준으로 인사운영)	직무등급제 (직무의 난이도 · 중요도의 차이를 기준으로 인사운영)
충원 · 보직 이동	부처 내 폐쇄적 임용	부처 내 · 외 개방적 임용, 경쟁
성과관리	연공서열 위주의 형식적 관리	엄격한 성과관리 - 직무성과계약제
보수	계급제적 연봉제	직무성과급적 연봉제
자질 · 능력 평가	주관적 · 추상적 평가	역량평가제
교육훈련	획일적 교육	개별적 · 맞춤식 교육
검증	인사심사	인사심사 + 적격성 심사
신분관리	안정적 신분보장	엄격한 인사관리, 적격심사를 통한 인사조치

1 직업공무원제를 정립하기 위한 요건에 대한 설명으로 옳지 않은 것은?

① 공직에 대한 높은 사회적 평가가 유지되어야 한다.

② 노력에 대한 충분한 보상과 보수가 적절하게 지급되어야 한다.

③ 승진·전보·훈련 등 능력 발전의 기회가 공정하게 부여되어야 한다.

④ 젊은 사람보다는 직무경험이 많은 사람을 채용하여야 한다.

2 엽관주의와 실적주의 발전 과정에 대한 설명 중 적절하지 않은 것은?

① 엽관주의는 정당이념의 철저한 실현이 가능하다.

② 직업공무원제는 직위분류제와 계급제를 지향하고 있다.

③ 엽관주의는 관료기구와 국민의 동질성을 확보하기 위한 수단으로 발전했다.

④ 정실주의는 인사권자의 개인적 신임이나 친분관계를 기준으로 한다.

3 직위분류제를 도입하기 위해 직무를 분석하고 평가하여 직무값을 결정하고자 한다. 다음 중 직무평가시 활용되는 평가방법 중에 계량적 방법끼리 묶은 것은?

① 분류법, 요소비교법　　　　　　② 점수법, 요소비교법

③ 서열법, 점수법　　　　　　　　④ 서열법, 분류법

4 인사행정 제도에 대한 설명으로 가장 옳은 것은?

① 직위분류제는 계급제에 비해 탄력적 인사관리가 가능한 장점을 가진다.
② 엽관주의는 정당에의 충성도와 공헌도를 임용기준으로 삼았기 때문에 민주주의와 전혀 관련이 없다.
③ 실적주의는 정치적 중립을 지향하여 인사행정을 소극화, 형식화시켰다.
④ 직업공무원제는 원칙적으로 개방형 충원 및 전문가 주의에 입각하고 있다.

5 다음 중 특정직 공무원에 해당하는 것은 모두 몇 개인가?

㉠ 해양경찰청장	㉡ 국가정보원 차장
㉢ 헌법재판소 헌법연구관	㉣ 국가인권위원회 상임위원
㉤ 대법관	

① 2개   ② 3개
③ 4개   ④ 5개

6 우리나라 고위공무원단에 대한 설명으로 틀린 것은?

① 고위공무원단은 국정의 전문성과 업무추진의 효율성 차원에서 정책과정에서 일어날 수 있는 갈등가능성을 방지할 수 있다.
② 행정부 전체에 걸쳐 국장급 이상의 공무원으로 구성되며 지방자치단체의 국가고위직은 포함되지 않는다.
③ 고위공무원단의 인사관리는 계급이나 신분보다는 업무중심으로 이루어지며 보수도 계급과 연공서열보다는 직무의 중요도, 난이도 및 성과에 따라 지급된다.
④ 고위공무원단제도는 관료제의 폐쇄성을 극복하고 인사관리의 선진화를 추구하는 것이라고 할 수 있다.

7 대표관료제에 대한 설명으로 적절하지 않은 것은?

① 국민의 다양한 요구에 대한 정부의 대응성을 향상시킬 수 있다.

② 현대 인사행정의 기본 원칙인 실적주의를 강화시킨다.

③ 정부 관료의 충원에 있어서 다양한 집단을 참여시킴으로써, 정부 관료제의 민주화에 기여할 수 있다.

④ 장애인채용목표제는 대표관료제의 일종이다.

8 다음 중 엽관주의의 폐단과 관련하여 타당성이 적은 것은?

① 행정의 낭비 초래　　　　　　　　② 행정의 안정성 저해
③ 공무원의 정치적 중립 저해　　　　④ 민주주의의 이념 저해

9 인사행정제도에 관한 설명 중 적절하지 않은 것은?

① 엽관주의는 정당에의 충성도와 공헌도를 관직 임용의 기준으로 삼는 제도이다.

② 엽관주의는 국민의 요구에 대한 관료적 대응성을 확보하기 어렵다는 단점을 갖는다.

③ 행정국가 현상의 등장은 실적주의 수립의 환경적 기반을 제공하였다.

④ 직업공무원제는 계급제와 폐쇄형 공무원제, 그리고 일반행정가주의를 지향한다.

10 직업공무원제의 확립방안으로 볼 수 없는 것은?

① 실적주의의 확립

② 적정한 보수지급 및 연금수준의 현실화

③ 일관성 있고 장기적인 인력수급계획의 수립

④ 개방형 임용제도의 채택

11 다음 중 대표관료제의 필요성으로 보기 어려운 것은?

① 정부관료제가 사회 각계각층의 이익을 균형있게 대표할 수 있다.
② 대중통제를 정부관료제에 내재화시킬 수 있다.
③ 각계각층에서 충원하므로 행정의 전문성과 생산성을 높일 수 있다.
④ 대표관료제는 실질적인 기회균등을 가져온다.

12 독립성 중앙인사기관에 대한 특징으로 옳지 않은 것은?

① 임원의 신분보장
② 엽관제 배제와 행정부패 방지
③ 이익집단 및 전문가의 의견반영
④ 정치권의 압력방지

13 직위분류제의 구성요소로서 직위에 내포되는 직무의 종류, 곤란도, 책임도, 자격요건 등이 상당히 유사하여 채용, 보수 기타 사행정상 동일하게 다룰 수 있는 직위의 집단은?

① 직류   ② 직급
③ 직렬   ④ 직군

14 인사제도에 대한 설명으로 옳지 않은 것은?

① 직위분류제는 동일직무에 동일보수를 원칙으로 한다.
② 한국의 공무원제도는 계급제적 토대 위에 직위분류제적 요소가 가미된 혼합형 인사체계이다.
③ 특정직 공무원은 직업공무원제의 적용을 받는다.
④ 비교류형 인사체계는 교류형에 비해 기관 간 승진 기회의 형평성 확보에 유리하다.

15 「국가공무원법」상 우리나라 인사제도에 대한 설명으로 옳지 않은 것은?

① 인사혁신처장은 고위공무원단에 속하는 공무원이 갖추어야 할 능력과 자질을 설정하고 이를 기준으로 고위공무원단 직위에 임용되려는 자를 평가하여 신규채용·승진임용 등 인사관리에 활용할 수 있다.

② 국가공무원은 경력직 공무원과 특수경력직 공무원으로 구분하고, 경력직 공무원은 다시 일반직 공무원과 특정직 공무원으로 나뉜다.

③ 개방형직위로 지정된 직위에는 외부 적격자뿐만 아니라 내부 적격자도 임용할 수 있다.

④ 고위공무원단에 속하는 일반직 공무원의 경우 소속 장관은 해당 기관에 소속되지 아니한 공무원에 대하여 임용제청을 할 수 없다.

정답및해설

1	④	2	②	3	②	4	③	5	②
6	②	7	②	8	④	9	②	10	④
11	③	12	③	13	②	14	④	15	④

1 직업공무원제의 정립 요건
ⓐ 실적주의의 우선 확립
ⓑ 젊고 유능한 인재 채용
ⓒ 적정 보수 및 연금제도 확립
ⓓ 능력발전을 위한 승진 · 전보 · 훈련
ⓔ 폐쇄형 인사제도와 계급제 확립
ⓕ 장기적인 인력계획 수립

2 ② 직업공무원제는 일반행정가주의와 계급제를 지향하고 있다.
※ 엽관주의와 실적주의 … 엽관주의는 복수정당제가 허용되는 민주국가에서 선거에 승리한 정당이 정당 활동에 대한 공헌도와 충성심 정도에 따라 공직에 임명하는 제도이다. 이에 반해 실적주의는 개인의 능력 · 실적을 기준으로 정부의 공무원을 모집 · 임명 · 승진시키는 인사행정제체이다.

3 직무평가의 방법
ⓐ 비계량적 방법
 • 서열법 : 직위의 가치를 종합적으로 평가하여 상하서열을 정한다.
 • 분류법 : 직무간 난이도 평가기준인 등급기준표에 입각하여 직무를 해당 등급에 배치한다.
ⓑ 계량적 방법
 • 점수법 : 직무 구성요소별로 계량적 점수를 부여하여 평가한다.
 • 요소비교법 : 기준직무의 평가요소에 부여된 수치에 각 직무평가요소를 상호 대비하여 점수를 매긴다.

4 ③ 실적주의는 엽관주의와 정실주의를 타파하는데 초점을 두었다. 이로 인해 인사기능이 집권화 · 법제화됨에 따라 신축성을 결여한 채 경직적으로 운영되고, 상대적으로 유능한 인재의 유치라는 적극적인 측면보다는 부적격자의 배제라는 소극적 측면에 중점을 두게 되었다. 또한 반엽관주의에 지나치게 집착하여 기술성 · 수단성 위주의 경직적 인사행정이 이뤄졌고 인간적 요인이 과소평가되어 능력발전이나 사기에 대한 고려가 부족하여 인사행정의 형식화(경직성 · 비융통성) · 비인간화를 초래했다.
① 직위분류제는 동일 직렬에서의 승진이나 전보는 가능하나, 다른 직무로의 전직이 어렵기 때문에 계급제에 비하여 인사관리의 탄력성과 신축성이 낮다(인사관리의 수평적 융통성 낮음).
② 엽관주의는 정당에의 충성도와 공헌도를 임용 기준으로 삼는다. 국민의 지지를 받은 정당의 당원이 공직에 임명되므로 국민의사를 존중하는 민주통제 강화, 책임행정의 구현에 기여한다. 엽관제에 의해 임명된 공무원은 직업공무원에 비해 국민의 요구를 더욱 적극적으로 행정에 반영하므로 행정의 민주성 · 대응성을 높인다.
④ 직업공무원제는 폐쇄형 충원 및 일반행정가주의에 입각하고 있다.
 직위분류제는 개방형 충원 및 전문행정가주의에 입각하고 있다.

353

5 ㉠㉢㉤은 특정직이다. 해양경찰청장이나 경찰청장은 경찰공무원(치안총감)으로 보하므로 특정직이다. 마찬가지로 검찰총장은 검사, 소방청장은 소방공무원(소방총감), 대법원장·대법관은 법관으로서 특정직이다.

    ㉡ 국가정보원 원장·차장은 정무직이다. 국가정보원 일반직원은 특정직이며, 국가정보원 기획조정실장은 별정직이다.

    ㉣ 국가인원위원회 위원장과 상임위원은 정무직이다.

6 ② 고위공무원단은 행정부 내 중앙부처 1~3급 실·국장급 일반직, 별정직, 특정직(외무직) 직위를 대상으로 한다. 지방자치단체에 근무하는 1~3급 실·국장급인 국가공무원(도·특별자치도의 행정부지사, 광역시·특별자치시의 행정부시장, 특별시·광역시·특별자치시 및 도의 기획업무담당실장, 부교육감 등)도 포함된다.

    ※ 고위공무원단 대상 구별

대상	대상 아님
국가공무원 중 실·국장급의 일반직·별정직 공무원과 특정직 중 외무공무원	• 지방공무원 • 정무직 국가공무원 • 특정직 국가공무원 중 소방·경찰·군인 등
광역시·특별자치시·도·특별자치도의 행정부시장·행정부지사와 부교육감 → 고위공무원단인 일반직 국가공무원(부교육감은 고위공무원단인 장학관 가능)	• 광역시·특별자치시·도·특별자치도 정무부시장 → 지방공무원 • 특별시 행정부시장 → 정무직 국가공무원 • 특별시 정무부시장 → 정무직 지방공무원

7 대표관료제는 수직적 형평성이 제고되는 균형인사 제도로 수평적 형평성이 저해되기 때문에 실적주의와 갈등을 빚는 제도이다.

8 엽관주의 ··· 복수정당제가 허용되는 민주국가에서 선거에서 승리한 정당이 정당활동에 대한 공헌도와 충성심의 정도에 따라 공직에 임명하는 제도이다. 엽관주의는 미국에서 처음으로 도입된 것으로 선거에서 승리한 정당이 모든 관직을 전리품처럼 임의로 처분할 수 있는 제도를 의미하고, 정권교체와 함께 공직의 광범한 경질이 단행된다.

9 엽관주의는 정당지도자가 정당충성도와 선거 공헌도에 따라 공무원을 임용하는 제도로 이렇게 임용된 공무원은 자신의 신분을 연장시키기 위해 국민의 요구를 더욱 적극적으로 행정에 반영시킨다. 엽관제도는 대응성, 민주성, 책임성을 제고한다.

10 직업공무원제의 확립방안

    ㉠ 공개경쟁시험, 신분보장, 정치적 중립 등을 이용한 실적주의의 우선적 확립이 필요

    ㉡ 일관성 있고 장기적인 인력수급계획의 수립이 필요

    ㉢ 공직에 대한 사회적 평가의 제고를 위해 공직사회에 만연된 관료부패를 방지

    ㉣ 적정한 보수지급 및 연금수준의 현실화로 생계보장

    ㉤ 승진제도의 합리적 운영, 교육훈련의 강화, 각 부처 및 중앙·지방 간의 폭넓은 인사교류를 통한 능력발전의 기회부여 등의 다양한 능력발전제도를 강구

    ㉥ 고급공무원을 양성

11 대표관료제(Representative Bureaucracy) ··· 사회를 구성하는 모든 주요 집단으로부터 인구비례에 따라 관료를 충원하고, 그들을 정부관료제 내의 모든 계급에 비례적으로 배치함으로써 정부관료제가 그 사회의 모든 계층과 집단에 공평하게 대응하도록 하는 제도이다. 즉, 정부관료제가 그 사회의 인적 구성을 반영하도록 구성함으로써 관료제 내에 민주적 가치를 주입시키려는 의도에서 발달된 개념이다.

    ㉠ 정부관료제의 대응성 강화 : 대표관료제는 국민의 다양한 요구에 대한 정부의 대응성을 향상시킬 수 있다.

    ㉡ 책임성 확보 : 외부통제를 보완하는 내부통제 제도로서 정부정책에 대한 관료의 책임성을 제고시킬 수 있다. 이는 상징적·실제적으로 정부관료제의 정통성을 향상시킨다.

ⓒ 행정의 민주성 확보 : 기회균등의 원칙을 보장함으로써 민주적 이념을 실현하고, 전형적인 관료제적 특성을 지닌 정부 내에 다양한 집단을 참여시킴으로써 정부관료제의 민주화에 기여한다.

ⓔ 행정의 능률성 제고 : 정부가 민주적·합리적인 정책결정을 하도록 도와주며, 소외집단의 요구에 대한 정부정책의 대응성을 높임으로써 정책집행을 용이하게 하고 정부활동의 능률성을 향상시킨다. 또한, 소외된 집단을 정부에 참여시키고 활용함으로써 유능하고 책임있는 관료를 확보하는 데 도움이 되며, 국가적인 견지에서 인적 자원을 효율적으로 관리하도록 도와준다.

ⓜ 사회적 형평성 제고 : 정치체제를 통해 소수집단의 이익을 관료집단이 대표할 수 있다는 점에서 공직임용에 있어서 실질적 기회균등을 보장할 수 있다.

12 ③ 합의성 중앙인사기관의 특징이다.

13 ① 동일한 직렬 내에서 담당분야가 동일한 직무의 군
③ 직무의 종류는 유사하지만 곤란도·책임도가 상이한 직급의 군
④ 직무의 성질이 유사한 직렬의 군

14 비교류형 인사체계는 기관 간 인사교류가 곤란한 제도이다. 따라서 부처 간 승진기회가 다를 경우 승진여건이 좋지 않은 기관의 승진기회의 형평성이 확보되지 못한다.

15 ④ 고위공무원단에 속하는 일반직 공무원의 경우 소속 장관은 해당기관에 소속되지 아니한 공무원에 대해서도 임용제청을 할 수 있다.(국가공무원법 제32조)

02 채용

기출문제

문 다음 중 적극적 모집에 대한 설명으로 옳지 않은 것은?

▶ 2001. 3. 25 울산광역시

① 직원 간의 인간관계를 개선한다.
② 정치적 중립을 강화한다.
③ 외부전문가의 영입을 강화한다.
④ 재직자의 능력발전을 기해야 한다.
⑤ 고위직의 경우에는 정치적 임용을 허용한다.

Tip 엽관주의를 배격하고 실적주의적인 입장에서만 인사행정이 이루어졌을 때 형식화·경직화 되어가는 폐단이 나타났다. 이를 극복하기 위해 적극적 모집이 등장했는데, 고위직에 정치적 임명이 가능하도록 하는 정실주의 요소를 더한 것을 특징으로 한다.

section 1 모집(Recruitment)

(1) 의의

① 개념 … 조직의 목표달성에 기여할 수 있는 인격을 확보하기 위하여 우수한 인력을 유지하는 절차와 과정, 행동을 말한다.

② 방법

   ㉠ 소극적 모집 : 시험의 사전적 연장으로서 부적격자를 사전에 억제하는 것이다.

   ㉡ 적극적 모집 : 유능한 인재를 유치하려고 노력하는 것이다.

(2) 적극적 모집

① 필요성

   ㉠ 선진국 : 높은 고용수준과 사회적 평가의 저하, 상대적 저임금, 승진지체 및 높은 이직률 등으로 적극적 모집이 요구된다.

   ㉡ 우리나라 및 개발도상국 : 농업사회적 전통으로 공직의 사회적 평가가 높았기 때문에 큰 문제가 되지 않았다. 최근에는 신분보장 및 직업의 안정성으로 인해 공직이 더욱 선호되는 경향이 있어 적극적 모집의 필요성은 크지 않다고 볼 수 있다.

② 모집방안

   ㉠ 사회적 평가의 제고를 위한 적정한 보수를 지급한다.

   ㉡ 장기적 시야를 가진 인력계획을 수립한다.

   ㉢ 시험방법을 개선한다.

   ㉣ 모집결과에 대한 사후평가를 실시한다.

   ㉤ 적극적인 홍보에 투자한다.

   ㉥ 수습 및 위탁교육을 실시한다.

   ㉦ 신분보장과 연금제도의 합리화를 확보한다.

   ㉧ 효과적인 능력발전방안을 강구한다.

③ 모집의 요건 … 소극적 요건으로서 연령, 국민·주민, 학력, 적극적 요건으로서 지식·기술, 가치관, 태도가 있다.

‖정답 ②

Point 팁

공무원 임용 시 결격사유〈국가공무원법 제33조〉

㉠ 피성년후견인 또는 피한정후견인

㉡ 파산선고를 받고 복권되지 아니한 자

㉢ 금고 이상의 실형을 선고받고 그 집행이 종료되거나 집행을 받지 아니하기로 확정된 후 5년이 지나지 아니한 자

㉣ 금고 이상의 형을 선고받고 그 집행유예 기간이 끝난 날부터 2년이 지나지 아니한 자

㉤ 금고 이상의 형의 선고유예를 받은 경우에 그 선고유예 기간 중에 있는 자

㉥ 법원의 판결 또는 다른 법률에 따라 자격이 상실되거나 정지된 자

㉦ 공무원으로 재직기간 중 직무와 관련하여 「형법」 제355조(횡령, 배임) 및 제356조(업무상의 횡령과 배임)에 규정된 죄를 범한 자로서 300만 원 이상의 벌금형을 선고받고 그 형이 확정된 후 2년이 지나지 아니한 자

㉧ 「성폭력범죄의 처벌 등에 관한 특례법」 제2조(정의)에 규정된 죄를 범한 사람으로서 100만 원 이상의 벌금형을 선고받고 그 형이 확정된 후 3년이 지나지 아니한 사람

㉨ 미성년자에 대한 다음의 어느 하나에 해당하는 죄를 저질러 파면·해임되거나 형 또는 치료감호를 선고받아 그 형 또는 치료감호가 확정된 사람(집행유예를 선고받은 후 그 집행유예기간이 경과한 사람을 포함)
  • 「성폭력범죄의 처벌 등에 관한 특례법」에 따른 성폭력범죄
  • 「아동·청소년의 성보호에 관한 법률」에 따른 아동·청소년대상 성범죄

㉩ 징계로 파면처분을 받은 때부터 5년이 지나지 아니한 자

㉪ 징계로 해임처분을 받은 때부터 3년이 지나지 아니한 자

section 2 시험(Test)

(1) 의의

능력있는 자와 없는 자를 구별하는 가장 성공적 방법으로 알려져 있는 방법으로, 잠재적 능력의 측정, 직무수행능력의 예측, 장래의 발전가능성 측정에 그 효용이 있다.

(2) 효용성 확보요건

① 균등한 기회, 공정한 절차와 공정한 기준이 적용되어야 한다.

② 적절한 시험방법이 활용되어야 한다.

③ 대상업무의 수행능력 발견이 필요하다.

기출문제

📝 선발시험의 효용성에 대한 설명으로 옳지 않은 것은?
▶ 2010. 8. 14 국회사무처(8급)

① 신뢰성은 시험 그 자체의 문제이지만, 타당성은 시험과 기준과의 관계를 말한다.

② 신뢰성이 높다고 해서 반드시 타당성이 높은 시험이라고 할 수 없다.

③ 타당성의 기준측면이 되는 것은 근무성적, 결근율, 이직률 등이다.

④ 재시험법, 복수양식법, 이분법 등은 신뢰성을 검증하는 수단이다.

⑤ 동시적 타당성 검증과 예측적 타당성 검증은 구성타당성을 검증하는 수단이다.

Tip 동시적 타당성 검증과 예측적 타당성 검증은 구성타당성을 검증하는 수단이 아니라 기준타당성을 검증하는 수단이다.

📝 다음에서 검증하고자 하는 선발시험의 효용성 기준은?
▶ 2012. 5. 12 상반기 지방직

행정안전부는 2010년도 국가직 9급 공개경쟁채용시험을 통해 채용된 직원들의 시험 성적을 이들의 채용 이후 1년 동안의 근무성적 결과와 비교하려고 한다.

① 타당성(validity)

② 능률성(efficiency)

③ 실용성(practicability)

④ 신뢰성(reliability)

Tip 타당도(기준타당도)는 시험이 측정하려고 목적하는 바를 실제로 측정할 수 있는 정도를 말한다. 즉, 시험이 직무수행에 필요한 능력을 얼마나 정확하게 측정하느냐에 관한 기준이라고 말할 수 있다.

| 정답 ⑤, ①

문 다음에 밑줄 친 부분과 가장 관련이 높은 것은?

▶ 2011. 6. 11 서울특별시

"학생들의 수학능력 평가를 수능시험을 측정해 산출한다면, 측정대상의 의미, 즉 <u>수학능력을 포괄적으로 측정</u>했다고 설명하기 어렵다. 따라서 학생들의 수학능력 평가는 수능은 물론, 학생부, 자기소개서, 면접 등을 포함한 포괄적 요소를 바탕으로 이루어져야 한다."

① 구성타당도 ② 내용타당도
③ 신뢰도   ④ 외적타당도
⑤ 예측타당도

> **Tip** 내용타당도는 검사문항이 측정하려고 하는 내용을 얼마나 잘 대표하고 있는가를 나타낸다.

문 「공무원임용시험령」상의 면접시험 평정요소가 아닌 것은?

▶ 2014. 4. 19 안전행정부

① 공무원으로서의 정신자세
② 직장인으로서의 대인관계능력
③ 전문지식과 그 응용능력
④ 예의·품행 및 성실성

> **Tip** 「공무원임용시험령」 제5조(시험방법) 제3항…면접시험은 해당 직무 수행에 필요한 능력 및 적격성을 검정하며, 다음 각 호의 모든 평정요소를 각각 상, 중, 하로 평정한다.
> ㉠ 공무원으로서의 정신자세
> ㉡ 전문지식과 그 응용능력
> ㉢ 의사 표현의 정확성과 논리성
> ㉣ 예의·품행 및 성실성
> ㉤ 창의력·의지력 및 발전 가능성

정답 ②, ②

(3) 측정기준

① **타당도** … 측정하려는 대상의 내용을 얼마나 충실하고 정확하게 측정하고 있는가를 나타내는 것이다.

㉠ 유형
- 기준 타당도 : 업무수행능력의 정확성
- 기준 타당도의 검증 : 선발시험성적과 업무수행실적의 상관계수 측정

예측적 타당 = 추종법	동시적 타당도(현재적 타당도)
시험합격자의 채용 후 근무성적과 채용 당시 시험성적의 비교	재직자에게 미리 실시 후 현재 근무성적과 시험성적의 비교
측정의 정확성은 높으나, 비용·노력이 많이 소요됨	측정의 정확성은 낮으나, 신속하고 비용·노력이 절감됨
시험성적과 근무성적 측정 간 시차가 존재하기 어려움	시험성적과 근무성적의 동시측정이 가능하며 시차가 없음

- 내용 타당도 : 업무에 필요한 요소에 대한 측정여부
- 구성 타당도 : 시험이 이론적으로 구성된 능력요소를 얼마나 정확히 측정할 수 있는가
- 구성 타당도의 유형

수렴적(convergent) 타당성 (집중타당성)	차별적(discriminant) 타당성 (판별타당성)
동일 또는 유사한 개념(속성)을 상이한 측정방법으로 측정시 그 측정값 사이의 상관관계가 높을 경우 수렴적 타당성이 높음	서로 다른 개념(속성)을 동일한 측정방법으로 측정시 그 측정값 사이의 상관관계가 낮을 경우 차별적 타당성이 높음

㉡ 측정 : 시험성적과 근무성적을 비교해 본다.

② **신뢰도** … 대상을 얼마나 일관성 있게 측정하고 있는가에 관한 것이다.

㉠ 측정 : 동일한 내용의 시험을 반복 시행한 결과가 비슷해야 한다.

㉡ 제고방법 : 채점의 객관성 향상, 보다 많은 문항 수, 시험시간의 적절성

③ **객관도** … 채점의 공정성에 관한 것이다. 평가도구·방법의 객관화, 명확한 평가기준의 설정, 공동평가의 종합 등으로 제고한다.

④ **난이도** … 시험의 쉽고 어려움을 조절하여 고른 득점분포를 얻고자 하는 것이다. 득점차의 범위로 측정한다.

⑤ **실용도** … 시험의 경제성, 채점의 용이성, 활용가치 등에 관한 것이다. 시험의 실시·채점·해석·활용의 용이함과 비용·시간·노력 등의 절약으로 측정한다.

(4) 시험의 종류

① 형식에 의한 분류 … 필기시험(객관식, 주관식), 실기시험, 면접, 서류심사로 구분할 수 있다.

② 목적에 의한 분류

　㉠ 일반지능검사 : 일반적인 지능 또는 정신적 능력을 측정한다.

　㉡ 적성검사 : 잠재적 능력을 측정한다.

　㉢ 성격검사 : 기질적 · 정서적 특성을 측정한다.

　㉣ 업적검사 : 현재의 지식 · 기술을 평가 · 측정한다.

　㉤ 신체검사 : 직무수행에 대한 신체적 적격성을 측정한다.

section 3 임용

(1) 의의

① 공무원 관계 발생 : 신규채용

② 공무원 관계 변경 : 승진 · 임용 · 전직 · 전보 · 겸임 · 파견 · 강임 · 휴직 · 직위해제 · 정직 · 복직 · 강등 · 파견 등

③ 공무원 관계 소멸 : 면직 · 해임 · 파면 등

(2) 임용의 절차

① **채용후보자 명단에 등재** … 시험실시기관의 장은 채용시험에 합격한 자를 채용후보자명단에 등재한다. 6급 이하 공무원 및 기능직공무원의 채용후보자 명부의 유효기간은 2년이다.

② **추천** … 시험실시기관의 장은 채용후보자 명단에 등재된 채용후보자를 임용권을 갖는 기관에 추천한다.

③ **시보임용** … 임용후보자에게 임용예정직의 업무를 상당한 기간 실제로 실행할 기회를 주어 적격성 판정, 적응훈련 목적으로 시행하는 제도로서, 부적격자를 나중에라도 배제하려는 것이다.

　㉠ 목적 : 채용후보자의 직업공무원으로서의 적격성 심사, 직무수행능력 평가, 적응훈련

　㉡ 면제 및 기간단축

　　• 시보 공무원이 될 사람이 받은 교육훈련 기간은 시보로 임용되어 근무한 것으로 보아 시보임용을 면제하거나 그 기간을 단축할 수 있다.

　　• 다음 각 호의 경우에는 시보임용을 면제한다.

　　－승진소요최저연수를 초과하여 재직하고 승진임용 제한 사유에 해당하지 아니하는 사람으로서 승진예정 계급에 해당하는 채용시험에 합격하여 임용된 경우

－정규의 일반직 또는 기능직의 국가·지방공무원이었던 사람이 퇴직 당시의 계급이나 그 이하의 계급으로 임용된 경우
　－수습직원이 6급 이하의 공무원 또는 기능직 공무원으로 임용된 경우
　ⓒ **신분**: 시보로 임용기간 중에 근무성적이 양호한 경우에는 정규공무원으로 임용한다. 근무성적 또는 교육훈련성적이 불량한 때에는 면직시키거나 면직을 제청할 수 있다. 즉, 신분보장이 되지 않아 소청심사를 청구할 수 없다.
④ **보직** … 임용권자 또는 임용제청권자는 소속 공무원의 직급과 직류를 고려, 그 직급에 상응하는 일정한 직위를 부여한다.

(3) 임용의 종류

① **외부임용** … 공개경쟁채용과 특별채용을 이용한다.
② **내부임용**
　ⓐ 수직적 내부임용 : 승진, 강임(동일 직렬 또는 다른 직렬의 하위직급으로 임명)
　ⓑ 수평적 내부임용 : 배치전환(전직, 전보, 전입, 파견근무), 겸임, 직무대행

section 4 배치전환

(1) 의의·유형

동일한 등급·계급 내에서 보수의 변동 없이 수평적으로 직위를 옮기는 것(계급제에서 발달)을 말한다.

① **전직(轉職)** … 동일한 등급·계급 내에서 상이한 직렬로 수평 이동을 말한다. 원칙적으로 전직시험이 필요하다(직위분류제적 요소).
② **전보(轉補)**
　ⓐ 동일 직급, 동일 직렬 내에서의 직위(보직)의 변경, 고위공무원단 직위 간 보직변경을 말한다. 시험 필요 없다.
　ⓑ 필수보직기간수(전보 제한 기간) : 3년으로 하되, 실장·국장 밑에 두는 보조기관 또는 이에 상당하는 보좌기관인 직위에 보직된 3급 또는 4급 공무원과 고위공무원단 직위에 재직 중인 공무원은 2년으로 한다.
③ **전입·전출** … 인사 관할을 달리하는 국회·법원·헌법재판소·선거관리위원회 및 행정부 간 이동을 말한다. 전입시험이 필요하다.
④ **파견근무** … 공무원의 소속을 바꾸지 않고, 일시적으로 타 기관이나 국가기관 이외의 기관, 단체에서 근무하게 하는 것을 말한다.

⑤ 겸임(兼任)

　　㉠ 직무 내용이 유사하고 담당 직무수행에 지장이 없는 경우 한 공무원에게 둘 이상의 직위를 부여하는 것이다.

　　㉡ 겸임기간은 2년 이내, 필요시 2년 범위에서 연장 가능하다.

(2) 용도(기능)

적극적 용도(정당한 용도)	소극적 용도(정당하지 못한 용도)
① 공직침체방지 : 업무수행의 권태방지와 조직의 활성화	① 징계 수단으로 대신 사용, 사임의 강요 수단(한직이나 힘든 보직 부여－좌천)
② 보직 부적응 해결과 적재적소의 인사배치	② 개인적 특혜의 제공수단(좋은 자리로의 이동)
③ 능력발전, 교육훈련 수단 : 다양하고 폭넓은 지식·기술의 습득에 따른 일반행정가 양성 및 인간관계 개선. 선발의 불완전성을 보완하여 개인의 능력발전 촉진	③ 개인세력의 확대 및 부식 수단(인의 장막 구성 － 자신의 세력권 구축)
④ 행정조직·관리상 변동(보직내용 변화)에 따른 적응(신규채용에 따른 혼란·비용을 최소화하고 조직구조의 변화에 대한 저항을 줄임)	④ 부정·부패의 방지 수단(장기 근무시 나타날 수 있는 부패의 가능성을 차단)
⑤ 행정조정·협조의 촉진 : 수평적 갈등의 완화, 할거주의의 방지·완화	
⑥ 개인적인 희망 존중(개인이 원하는 직무로 이동)과 사기앙양	
⑦ 승진의 기회제공(승진이 유리한 직위로의 이동의 경우)	
⑧ 비공식집단의 폐해 제거(비공식집단 구성원을 분산시킴)	

(3) 단점·한계

① 지나친 보직변경으로 인한 행정의 전문화 저해하며 전문행정가 양성하기 곤란하다.

② 잦은 이동에 따른 전문직업관료 양성이 곤란(직업관료제의 약화)하며, 업무의 숙련도가 저하되고 행정의 안정성 확보가 곤란하다.

③ 특정 목적을 위한 악용 가능성(정실인사, 사임 강요)이 존재한다.

기출문제

공무원의 인사이동에 대한 설명으로 옳은 것은?

▶ 2020. 7. 11. 인사혁신처

① 겸임은 한 사람에게 둘 이상의 직위를 부여하는 것으로 그 대상은 특정직 공무원이며, 겸임기간은 3년 이내로 한다.

② 전직은 인사 관할을 달리하는 기관 사이의 수평적 인사이동에 해당하며, 예외적인 경우에만 전직시험을 거치도록 하고 있다.

③ 같은 직급 내에서 직위 등을 변경하는 전보는 수평적 인사이동에 해당하며, 전보의 오용과 남용을 방지하기 위해 전보가 제한되는 기간이나 범위를 두고 있다.

④ 예산 감소 등으로 직위가 폐지되어 하위 계급의 직위에 임용하려면 별도의 심사 절차를 거쳐야 하고, 강임된 공무원에게는 강임된 계급의 봉급이 지급된다.

Tip ① 겸임은 주로 일반직 공무원에 인정되나, 교육공무원법 상 특정직인 교육공무원에게도 인정되며 겸임기간은 2년 이내로 한다.
② 인사관할을 달리하는 기관 사이의 수평적 인사이동은 전입이며 원칙적으로 시험을 거쳐 임용한다.
④ 강임은 별도의 심사절차를 걸쳐야 하는 것은 아니며, 강임된 사람에게는 강임된 봉급이 강임되기 전보다 많아지게 될 때까지는 강임되기 전의 봉급에 해당하는 금액을 지급한다.

정답 ③

1 다음 중 배치전환의 적극적 용도에 대한 설명이 아닌 것은?

① 업무수행에 있어서 권태를 방지하고 조직을 활성화한다.

② 다양하고 폭넓은 지식·기술의 습득에 따른 일반행정가를 양성한다.

③ 개인적 특혜의 제공수단이 된다.

④ 개인이 원하는 직무로 이동하게 될 시 사기가 높아진다.

2 다음 중 임용후보자에게 임용예정직의 업무를 상당기간 실제로 실행할 기회를 주어 적격성을 심사하고자 하는 것은?

① 전입

② 직무대행

③ 추천

④ 시보임용

3 다음 중 공무원 채용에 있어 적극적 모집방안으로 볼 수 없는 것은?

① 시험방법을 개선한다.

② 모집결과에 대한 사후평가를 실시한다.

③ 모집인원을 확대한다.

④ 수습 및 위탁교육을 실시한다.

4 선발시험의 타당성과 신뢰성에 대한 옳은 설명은?

① 시험의 신뢰성은 시험과 기준의 관계이며, 재시험법은 시험의 횡적 일관성을 조사하는 것이다.

② 동시적 타당성 검증에서는 시험합격자를 대상으로 시험성적과 일정기간을 기다려야 나타나는 근무실적을 시차를 두고 수집 하여 비교하는 것이다.

③ 내용타당성은 직무에 정통한 전문가 집단이 시험의 구체적 내용이나 항목이 직무의 성공적 임무 수행에 얼마나 적합한 지를 판단하여 검증하게 된다.

④ 현재 근무하고 있는 재직자에게 시험을 실시한 결과 근무실적이 좋은 재직자가 시험성적도 좋았다면, 그 시험은 구성적 타당성을 갖추었다고 인정할 수 있다.

5 내부임용에 대한 설명으로 옳지 않은 것은?

① 승진은 일반적으로 직무의 곤란도와 책임의 증대를 의미하며 보수의 증액을 수반한다.

② 전직은 동일한 직렬·직급 내에서 직위를 바꾸는 것을 의미한다.

③ 승급은 계급이나 직책 변동을 수반하지 않기에 승진과 구별된다.

④ 겸임은 필요한 인력을 확보할 준비가 안 된 경우나 교육훈련 기관의 교관 요원을 임용하는 경우 등에 이용되는 방법이다.

6 우리나라 공무원 시보임용제도에 관한 설명으로 옳지 않은 것은?

① 공무원시험에 합격한 사람들의 공직 적격성을 심사하고 공무원 실무능력 배양을 위해 존재한다.

② 국가공무원법에 의하면 공무원의 시보기간은 3개월이다.

③ 시보기간 중 근무성적이 좋으면 정규공무원으로 임용한다.

④ 시보기간 중 교육훈련 성적이 나쁘거나 공무원으로서의 자질이 부족하다고 판단되는 경우 면직될 수 있다.

7 다음은 공무원 임용결격사유이다. 괄호 안의 숫자가 다른 하나는?

① 금고 이상의 실형을 선고받고 집행이 종료된 후 (   )년이 지나지 아니한 자

② 금고 이상의 형을 선고받고 그 집행유예 기간이 끝난 날부터 (   )년이 지나지 아니한 자

③ 금고 이상의 실형을 선고받고 집행 받지 아니하기로 확정된 후 (   )년이 지나지 아니한 자

④ 징계로 파면처분을 받은 때부터 (   )년이 지나지 아니한 자

8 연구조사방법론에서 사용하는 타당성에 대한 설명 중 가장 적절하지 않은 것은?

① 기준타당성은 하나의 측정도구를 이용하여 측정한 결과와 다른 기준을 적용하여 측정한 결과를 비교했을 때 도출된 연관성의 정도이다.

② 내용타당성은 연구에서 이용된 이론적 개념과 이를 측정하는 측정 수단 간의 일치정도를 의미한다.

③ 수렴적 타당성은 동일한 개념을 다른 측정방법으로 측정했을 때 측정된 값 사이의 상관관계 정도를 의미한다.

④ 차별적 타당성은 지표 간 상관관계가 낮을 때 차별적 타당성이 높다.

9 국가공무원 임용시험의 타당성과 그 검증방법에 대한 설명으로 옳지 않은 것은?

① 기준타당성은 시험성적과 본래 시험에서 예측하고자 했던 기준 간의 상관관계를 의미한다.

② 동시적 타당성 검증은 재직자에게 시험을 실시하여 얻은 시험성적과 그들의 근무실적에 대한 자료를 수집하여 상관관계를 검토한다.

③ 예측적 타당성 검증은 시험합격자의 시험성적과 근무를 시작하여 일정기간이 지난 후 평가한 근무실적 간 상관관계를 분석하여 타당성을 검증한다.

④ 내용타당성은 측정도구의 측정결과가 보여주는 일관성을 말하는 것으로서 같은 사람에게 여러 번 반복하여 시험을 치르게 하더라도 결과는 크게 변하지 않는 정도를 의미한다.

10 선발시험의 효용성 기준에 관한 설명으로 틀린 것은?

① 시험문제가 지나치게 어려워 대부분 수험생들의 성적이 거의 60점 이하로 분포되어 우수한 사람과 열등한 사람을 구별하기가 어려웠다면 내용타당성이 낮다고 말할 수 있다.

② 같은 시험을 같은 집단에 시간간격을 두고 두 번 실시하여 성적을 비교한 결과 비슷한 분포를 이루는 것으로 나타났다면 시험의 신뢰도가 높다고 본다.

③ 시험문제가 주관식(서술형)이었는데, 채점위원 A교수의 채점 결과 평균점수와 다른 시험위원 B교수의 채점결과 평균점수가 상당한 차이를 보였다면 시험의 객관도가 낮다고 여겨진다.

④ 우수한 성적을 받고 합격한 사람들이 실제 임용 후에도 일을 잘 하는 것으로 조사되었다면 시험의 기준타당성이 높다고 본다.

정답및해설

1	③	2	④	3	③	4	③	5	②
6	②	7	②	8	②	9	④	10	①

1 ③ 배치전환의 소극적 용도에 해당한다.

2 공개채용에 의해 각 부처에 신규공무원이 임용되면 바로 정규공무원이 되는 것이 아니고 일정한 시보기간을 거쳐야 한다. 이 기간의 임용을 시보임용이라 한다.

3 적극적 모집방안
   ㉠ 사회적 평가의 제고를 위한 적정한 보수를 지급한다.
   ㉡ 장기적 시야를 가진 인력계획을 수립한다.
   ㉢ 시험방법을 개선한다.
   ㉣ 모집결과에 대한 사후평가를 실시한다.
   ㉤ 적극적인 홍보에 투자한다.
   ㉥ 수습 및 위탁교육을 실시한다.
   ㉦ 신분보장과 연금제도의 합리화를 확보한다.
   ㉧ 효과적인 능력발전방안을 강구한다.

4 ③ 내용적 타당도의 검증은 시험출제자가 아닌, 직무의 지식·기술 등에 정통한 전문가집단이 시험의 구체적 내용이 직무의 성공적 수행에 얼마나 적합한 지 논리적·주관적으로 판단(경험적 자료로 판단하는 것이 아님)하므로 논리적 타당성이라고도 한다. 내용적 타당성은 시험에 합격한 자가 실제 직무수행에서 성공하리라는 것을 직접 검증하지는 못한다.
   ① 시험의 기준의 타당성은 예측치(채용시험성적)과 기준에 대한 측정치(근무성적)의 관계이다. 시험의 신뢰성은 측정도구(시험)가 측정대상을 일관성 있게 측정하는 정도로 측정결과(시험성적)가 일관된 값을 가질수록 신뢰도가 높다. 신뢰성의 측정방법 중 재시험법(Test-retest Method)은 동일 시험을 수험자에게 일정시간 간격을 두고 두 번 실시한 후 두 점수 간 일관성을 측정하는 방법(시험의 종적 일관성 측정)으로 측정이 간단하지만, 시험간격 설정과 동일 상황 설정의 문제가 있다.

종적 일관성	횡적 일관성
동일 대상에게 동일 시험을 다른 시간에 치르는 경우 측정결과가 안정된 값을 가지는 것 ⓓ 재시험법, 동질이형법	동일 시간에 동일 시험을 다른 사람들에게 치르는 경우 측정결과가 안정된 값을 가지는 것 ⓓ 동질이형법, 문항 내적 일관성 검증

   ② 동적 타당성(현재적 타당성)은 재직자에게 미리 실시 후 현재 근무성적과 시험성적을 비교하는 방법으로 시험성적과 근무성적의 동시 측정이 가능하므로 시차가 없다.
   ④ 동시적 타당성에 대한 설명임.

5 • 전보(보직변경): 동일한 직렬·직급 내에서 직위를 바꾸는 것(보직변경). 시험은 필요 없음.
   • 전직: 동일한 등급계급 내에서 상이한 직렬로의 수평적 이동. 원칙적으로 시험 거침.
   ③ 승급(昇級)은 동일 직급 내에서 호봉만 올리는 것으로 근무연한 우대, 장기근무 장려, 근무성적 향상을 목적으로 한다. 정기(보통)승급은 경력(연공서열)을 기준(1년 1호봉)으로 하며, 특별승급은 실적(현저히 우수하거나 공적이 있는 자)을 기준으로 한다. 승급은 단순히 동일 직급에서 일정기간 경과 후 호봉이 높아짐에 따른 보수 증가를 의미하며 권한과 책임의 증가를 수반하지 않는 점(계급·직책 변동 없음)에서 승진과 다르다.

365

6 ② 시보임용 기간 : 5급 공무원 신규 채용 시 1년, 6급 이하의 공무원 신규 채용 시 6개월

7 ②의 경우만 2년이고 나머지는 모두 5년이다.

8 ② 이론적 개념과 이를 측정하는 측정 수단 간의 일치정도는 구성적 타당성이다.
※ 시험의 타당도

구분	개념	판단기준	검증방법
기준 타당도	직무수행능력을 제대로 예측한 정도	시험성적(예측치) = 근무성적(기준에 대한 측정치)	선발시험성적과 업무수행실적의 상관계수 측정 ㉠ 예측적 타당도(합격자, 정확성) ㉡ 동시적[현재적] 타당도(재직자 신속·저렴)
내용 타당도	특정 직무수행에 필요한 '능력요소(구체적 지식·기술 등)'를 제대로 측정한 정도	시험내용 = 직무수행 능력요소(지식·기술). 측정지표가 지표의 모집단을 대표하는 정도	능력요소와 시험내용의 내용분석 – 전문가의 판단에 의존
구성 [개념] 타당도	직무수행에 필요한 능력요소와 관련된다고 믿는 '이론적 구성요소'를 제대로 측정한 정도	시험내용 = 이론적으로 추정한 능력요소(추상적 개념과 측정지표의 일치 정도)	추상성을 측정할 지표개발과 고도의 계량분석 기법 및 행태과학적 조사. ㉠ 수렴적 타당성(동일 개념을 다른 방법으로 측정. 상관관계 높아야 함) ㉡ 차별적 타당성(다른 개념을 동일 방법으로 측정. 상관관계 낮아야 함)

9 ④는 내용 타당성이 아니라 신뢰성에 대한 내용이다.

10 ① 시험의 난이도에 대한 내용. 시험의 난이도는 유능한 자와 무능한 자의 구별(변별력)이 가능하도록 쉬운 문제와 어려운 문제의 조화가 필요하다는 것이다. 시험성적이 집중되지 않고 득점 차가 광범위하게 골고루 분포되도록 하는 것(정규분포)을 의미한다.
② 신뢰도 측정법 중 재시험법에 대한 내용.
③ 객관도는 시험결과가 채점자의 주관적 편견이나 시험 외적 요인에 의해 차이를 나타내지 않는 정도로 주관식 시험은 채점자의 주관·감정에 따라 점수가 달라져 객관도가 낮아짐
④ 시험성적과 임용 후 근무성적의 일치 여부는 기준타당성 중 예측적 타당성

03 능력발전

section 1 교육훈련

(1) 의의

급변하는 환경에의 적응을 위하여 직무수행에 필요한 지식과 기술은 물론 가치관과 태도의 발전을 유도하는 인사관리법이다.

(2) 목적과 필요성

① 목적

  ㉠ 직무수행에 필요한 지식·기술 향상으로 생산성을 제고한다.

  ㉡ 가치관·행태 변화를 통하여 인간관계를 개선한다.

  ㉢ 공무원 개인의 능력발전 및 사기앙양을 도모한다.

  ㉣ 공무에만 제한된 직무에 관한 훈련을 실시한다.

  ㉤ 체제안정·유지를 도모한다.

  ㉥ 행정침체의 예방과 행정개혁의 수단으로 삼는다.

② 필요성

  ㉠ 행정기술·가치관·행정윤리의 변화를 꾀한다.

  ㉡ 조직의 쇄신·변혁이 필요하다.

  ㉢ 승진준비와 책임의 확대를 도모한다.

  ㉣ 업무변화에 대한 준비·적응이 필요하다.

  ㉤ 새로운 관리기법의 도입이 요구된다.

  ㉥ 직무의 변동 및 조직목표의 내면화가 요구된다.

  ㉦ 신규채용자의 직장사회화 및 적응을 위함이다.

(3) 내용

① 종류

  ㉠ **신규채용자 훈련**(기초훈련, 적응훈련) : 신규채용자에게 공무원이 갖추어야 할 직무수행 및 소양교육에 요구되는 기초적 지식을 습득시키고 적응하도록 하는 훈련이다.

  ㉡ **관리자 훈련** : 관리자의 지도·감독능력과 정책개발 및 조정능력 등을 향상시켜 행정조직의 목적을 효과적으로 달성할 수 있도록 하는 훈련이다.

ⓒ **재직자 훈련**: 재직 공무원에게 새로운 지식·기술·규칙·법령 등의 내용을 습득시키기 위해 정기적으로 실시하는 훈련이다.

② **감독자 훈련**: 1인 이상의 부하를 지휘·감독하는 책임을 지는 감독자를 대상으로 인간관계·의사전달·인사행정·근무성적평정 등의 실무에 관한 기술적인 것들을 훈련하는 것이다.

ⓤ **정부고유업무 담당자 훈련**: 사기업에 존재하지 않는 직책에 있는 사람에게 업무담당 전에 실시하는 전문적인 훈련이다.

ⓗ **교관 훈련**: 교육을 담당하는 실무자를 대상으로 하는 훈련을 말한다.

ⓢ **윤리교육 훈련**: 공무원으로서의 바람직한 가치관과 윤리성 제고를 위한 훈련이다.

② **훈련방법**

㉠ **강의**: 강사가 일시에 지식을 전달하는 방법으로 경제적·획일적·체계적인 방법이다. 그러나 일방적인 지식의 전달, 피훈련자 개개인에 대한 관심의 소홀, 피훈련자의 흥미상실 등의 단점이 있다.

㉡ **회의, 토론**(포럼, 패널, 심포지엄, 대담): 피훈련자들을 회의나 토론에 참여시켜 다양한 견해와 의견을 교환하는 방법이다. 여러 사람들의 의견을 종합할 수 있고 회의진행에 따라 새로운 생각을 유도하며 결론을 내리기 힘든 문제의 해결을 쉽게 하는 반면, 소수만 가능하며 시간이 오래 걸리고 비경제적이다.

㉢ **사례연구**: 구체적·실제적인 사례를 중심으로 교육하는 것으로, 피훈련자의 참여를 유도하고 응용력·문제해결능력을 기를 수 있으나, 시간과 비용이 많이 들고 상황변화 시 적용이 어렵다.

㉣ **역할연기**: 기대되는 행태유형을 실제로 행동화하는 것으로 피훈련자의 참여와 감정이입을 촉진하고 태도나 행동을 변경하는 데 효과적이나, 고도의 기술적 사회방법으로 철저한 사전준비가 요구된다.

㉤ **현장훈련**: 훈련을 받은 자가 실제 직위에서 일을 하면서 상관으로부터 지도훈련을 받는 것으로, 고도의 기술적 전문성과 정밀성을 요구하는 훈련에 적합하고 실용적이나, 다수인을 동시에 훈련할 수 없고 한정된 분야의 일을 집중적으로 훈련하므로 고급공무원 훈련에는 부적당하다.

㉥ **시찰**: 현장에서 직접 관찰하게 하여 피훈련자의 시야와 이해력을 넓히는 데 효과적이나 막대한 경비와 시간이 소요된다.

㉦ **모의연습**(시뮬레이션): 피훈련자가 업무수행 중 직면하게 될 가능성이 있는 가상적인 상황을 설정하고 거기에 대처하도록 하는 것이다.

◎ **감수성 훈련** : 피훈련자를 외부환경과 차단시킨 상황 속에서 자신의 경험을 교환하고 비판하게 함으로써 대인관계에 대한 이해와 감수성을 높이려는 현대적 훈련방법으로, 인간관계에 불가결한 가치관·태도·행동의 변화에 유익하나 다수자의 참여가 곤란하다.

ⓩ **브레인 스토밍** : 인간의 부정적인 측면을 제거하고 두뇌개발이나 창의력을 집중적으로 개발하는 방법이다. 제안된 아이디어에 대한 비판 금지, 자유스러운 분위기 조장, 다량의 아이디어 제안 중시, 아이디어의 모방·통합 및 개선 허락을 기본원칙으로 한다.

ⓩ **액션 러닝**[실천학습·행동학습·문제해결학습](Action Learning) : 교육 참가자들이 소집단을 구성하여 각자 또는 전체가 팀워크를 바탕으로(집단학습) 실패의 위험을 갖는 실제 문제를 정해진 시점까지 해결(문제 해결을 위한 실행계획을 수립하여 현장에 적용)하는 동시에, 문제해결과정에 대한 성찰을 통해 학습하도록 지원하는 Learning by Doing(실천학습) 방식이다. 전통적 방식인 주제·강의중심에서 문제·실천중심의 방식으로 전환하였으며 우리나라는 2005년 중앙공무원교육원의 관리직 기본교육에 도입하여 고위공무원후보자 교육과정에 활용된다.

section 2 근무성적평정

(1) 의의

근무성적평정이란 공무원이 일정기간 동안에 수행한 능력, 근무성적, 가치관, 태도 등을 평가하여 재직, 승진, 훈련수요의 파악, 보수결정 및 상벌에 영향을 주는 인사행정상의 한 과정을 말한다.

(2) 용도

① **공정한 인사행정의 기준제공** … 승진·전보·보수지급·훈련·퇴직 등 인사행정의 기초자료를 제공한다.

② **공무원의 직무수행능력발전** … 개개 공무원의 능력과 직책이 요구하는 능력을 비교하여 훈련수요를 파악, 개인의 능력발전 또는 인간관계 개선이나 업무능률 향상을 위해 근무성적평정을 활용할 수 있다.

③ **시험의 타당도 측정기준 제공** … 공무원의 채용시험성적과 임용 후의 근무성적을 비교하여 시험의 타당성 여부를 측정할 수 있다.

기출문제

🔐 **공무원의 근무성적평정에 대한 설명으로 옳은 것은?**

▶ 2019. 6. 15. 제1회 지방직

① 평정대상자의 근무실적과 직무수행능력을 평가하지만 적성, 근무태도 등은 평가하지 않는다.

② 중요사건기록법은 평정대상자로 하여금 자신의 근무실적을 스스로 보고하도록 하는 방법이다.

③ 평정자가 평정대상자를 다른 평정대상자와 비교함으로써 발생하는 오류는 대비오차이다.

④ 우리나라의 6급 이하 공무원에게는 직무성과계약제가 적용되고 있다.

Tip ① 평정대상자의 근무실적과 직무수행능력을 주로 평가하며 적성, 근무태도 등도 평가대상에 포함된다.

② 자기평정법에 대한 설명이다. 중요사건기록법은 근무성적 평정에서 피평정자의 근무 실적에 큰 영향을 주는 중요 사건들을 평정자로 하여금 기술하게 하는 평정 방법을 말한다.

④ 우리나라의 경우 4급 이상 공무원에게는 직무성과계약제가 적용되고, 5급 이하 공무원에 대해서는 근무성적평가가 적용되고 있다..

정답 ③

기출문제

❓ 근무성적평정의 오류 중 관대화 경향, 엄격화 경향, 집중화 경향을 방지할 수 있는 방법 중 가장 효과적인 것은?

▶ 2016. 6. 25 서울특별시

① 서술적 보고법
② 강제배분법
③ 연공서열법
④ 가점법

Tip 관대화 경향은 높은 점수로, 엄격화 경향은 낮은 점수로, 집중화 경향은 중간 점수로 근무성정평정이 치우치는 오류를 말한다. 따라서 이러한 경향을 방지할 수 있는 방법으로 평가 등급별 일정 비율을 지정하는 강제배분법이 효과적이다.

❓ 다음의 근무성적평정상의 오류 중 '어떤 평정자가 다른 평정자들보다 언제나 좋은 점수 또는 나쁜 점수를 주게 됨으로써 나타나는 것은?

▶ 2013. 9. 7 서울특별시

① 집중화 경향
② 관대화 경향
③ 시간적 오류
④ 총계적 오류
⑤ 규칙적 오류

Tip ① 대부분 중간으로 평정하여 척도상의 중간에 절대 다수가 집중되는 경향이다.
② 평정결과의 분포가 우수한 쪽으로 치우치는 경향이다.
③ 쉽게 기억할 수 있는 최근의 실적이나 능력을 중심으로 평가하려는 데서 생기는 오류이다.
④ 규칙적 오류와 대응되는 개념으로 특정한 평정자의 평정기준이 불규칙하여 생기는 오차이다.

정답 ②, ⑤

(3) 평정방법

① **도표식 평정척도법** … 평정요소를 나열하고 각 평정요소마다 그 우열을 나타내는 척도인 등급을 표시한 평정표를 사용하는 방법이다.

② **사실기록법** … 객관적인 사실에 기초하여 근무성적을 평가하는 방법으로, 산출기록법 · 주기적 검사법 · 근태기록법 · 가감점수법 등이 있다.

③ **서열법** … 피평정자 간의 근무성적을 서로 비교해서 서열을 정하는 방법이다.

④ **체크리스트법** … 공무원을 평가하는 데 적절하다고 판단되는 표준행동목록에 단순히 가부를 표시하게 하는 방법을 통해 공무원을 평가하는 방법이다.

⑤ **강제선택법** … 2개 또는 4 ~ 5개의 항목으로 구성된 각 기술항목의 조 가운데서 피평정자의 특성에 가까운 것을 강제적으로 골라 표시하도록 하는 방법이다.

⑥ **인물비교법** … 실제 인물 중 기준이 되는 사람을 등급별로 선정하여 해당 인물과 비교하여 평정한다.

⑦ **직무기준법** … 직무수행기준을 설정하고 피평정자의 직무수행을 이 기준과 비교함으로써 평정하는 방법이다.

⑧ **강제배분법** … 피평정자들의 성적 분포가 과도하게 집중되거나 관대화되는 평정상의 오류를 방지하기 위해 평정점수의 분포비율을 획일적으로 미리 정해 놓는 방법이다. 피평정자가 많을 때에는 관대화 경향에 따르는 평정오차를 방지할 수 있으나, 평정대상 전원이 무능하거나 유능한 경우에도 일정비율만이 우수하거나 열등하다는 평정을 받게 되어 현실을 왜곡하는 부작용이 초래될 수 있다.

⑨ **집단평정법(다면평정)** … 평정에 관련된 여러 사람(감독자뿐만 아니라 동료, 부하평가를 병행)이 평가자로 참여하여 평가의 객관성 및 신뢰도를 높이고자 하는 제도이다(종합적 · 입체적인 평가).

    ㉠ 장점
- 조직의 권위적 관리를 규제한다.
- 무임승차하려는 행태를 억제할 수 있다.
- 정실주의를 차단한다.
- 동기부여를 할 수 있다.
- 평정에의 관심도와 지지도를 높일 수 있다.

    ㉡ 단점
- 소신있는 결정 및 업무처리가 저해될 우려가 있다.
- 솔직한 평가로 인한 평가자에게 부담으로 작용될 우려가 있다.
- 담합에 의한 관대화 현상 등 평가결과가 왜곡될 수 있다.
- 시간 · 비용이 많이 소모되며 정확한 평가모형구성이 어렵다.

(4) 근무성적평정상의 오류와 한계

① 근무성적평정상의 오류

　㉠ 연쇄효과(halo effect) : 한 평정자의 판단이 연쇄적으로 다른 요소의 평정에도 영향을 주는 현상이다. 강제선택법을 사용하여 평정요소 간의 연상효과를 배제하고, 각 평정요소별로 모든 피평정자를 순차적으로 평정하며, 평정요소별 배열순서에 유의하여야 한다.

　㉡ 집중화 경향 : 제일 무난한 것은 대부분 중간으로 평정하여 척도상의 중간에 절대 다수가 집중되는 경향으로, 이를 방지하기 위한 방법으로 강제배분법이 있다.

　㉢ 관대화 경향과 엄격화 경향 : 평정결과의 분포가 우수한 쪽 또는 열등한 쪽에 치우치는 경향을 말하며, 강제배분법을 통하여 해결할 수 있다.

　㉣ 규칙적 오류와 총계적 오류 : 규칙적 오류란 한 평정자가 다른 평정자보다 일반적으로 과대 또는 과소평정하는 것을 말하며, 총계적 오류란 동일한 피평정자에 대한 평점과 평균치 간의 차이의 총계를 말한다.

　㉤ 시간적 오류 : 쉽게 기억할 수 있는 최근의 실적이나 능력을 중심으로 평가하려는 데서 생긴 오차이다.

　㉥ 선입견에 의한 오류 : 평정의 요소와 관계가 없이 평정자가 갖고 있는 편견이 평정에 영향을 미치는 것을 말한다.

　㉦ 논리적 오차 : 평정요소 간 논리적 상관관계가 있다는 관념에 의한 오차로, 상관관계가 있는 한 요소의 평정점수에 의해 다른 요소의 평정점수가 결정된다.

② 한계

　㉠ 주관성의 개입으로 공정한 평정이 어려우며 표준화가 어렵다.

　㉡ 과거의 평가에 치중하고 장래의 예측에는 소홀할 우려가 있다.

　㉢ 평정상의 오류로 평정결과의 타당성과 신뢰성이 낮다.

　㉣ 자격있는 평정자를 확보하기 어렵다.

　㉤ 평정제도 자체를 무효화하는 행태들이 비공식적으로 제도화되기도 하므로 형식적인 평정이 되기 쉽다.

기출문제

문 근무성적평정상의 오류 중 평가자가 일관성 있는 평정기준을 갖지 못하여 관대화 및 엄격화 경향이 불규칙하게 나타나는 것은?

▶ 2018. 4. 7 인사혁신처 시행

① 연쇄 효과(halo effect)
② 규칙적 오류(systematic error)
③ 집중화 경향(central tendency)
④ 총계적 오류(total error)

　Tip 지문은 총계적 오류에 대한 설명이다.
　① 한 평정 요소에 대한 판단이 연쇄적으로 다른 요소 평정에도 영향을 주는 오류다.
　② 어떤 평정자가 항상 관대화나 엄격화 경향을 보이는 것으로 평정기준이 높거나 낮은 데서 오는 규칙적·일관적 착오다.

문 국내 최고 대학을 졸업했기 때문에 일을 잘했을 것이라고 생각하여 피평정자에게 높은 근무성적평정 등급을 부여할 경우 평정자가 범하는 오류는?

▶ 2020. 6. 13. 지방직/서울특별시

① 선입견에 의한 오류
② 집중화 경향으로 인한 오류
③ 엄격화 경향으로 인한 오류
④ 첫머리 효과에 의한 오류

　Tip 평정요소와 관계가 없는 요소 등에 대해 평정자가 갖고 있는 편견·선입견·고정관념이 평정에 영향을 미치는 것이다

정답 ④, ①

기출문제

(5) 우리나라의 근무성적평정제도(「공무원 성과평가 등에 관한 규정」상)

근무성적평정(㉠ 성과계약 등의 평가 또는 ㉡ 근무성적평가) – 필수적	+ 다면평정 – 임의적

방식	성과계약 등의 평가	근무성적평가
평가대상	4급 이상 / 연구관 · 지도관(5급 이하나 우정직도 소속장관이 인정시 가능)	5급 이하 / 연구사 · 지도사, 우정직 공무원
평가시기	정기 : 연 1회(12.31.)	• 정기 : 연 2회(6.30., 12.31.). 단, 연 1회만 실시 가능 • 수시 : 승진후보자명부 조정사유 발생시
평정주체 (복수평정)	• 평가자 : 평가대상 공무원의 업무수행 과정 및 성과를 관찰할 수 있는 상급 또는 상위 감독자 중 소속장관이 지정 • 확인자 : 평가자의 상급 또는 상위 감독자 중 소속장관이 지정(미지정 가능)	
평가항목	성과목표 달성도 등을 감안하여 평가, 성과목표의 중요도 · 난이도 및 평가대상 공무원의 자질 · 태도 등을 고려하여 평가 가능 *성과목표달성도가 평가항목의 필수내용은 아님	평가항목 : 근무실적, 직무수행능력(직무수행태도, 부서단위 운영평가 추가 가능) *평가항목별 평가요소는 소속장관이 직급별 · 부서별 · 업무분야별 직무특성을 반영하여 정함
평가항목	성과계약의 체결 : 소속장관은 평가대상공무원과 평가자간에 성과계약을 체결하도록 함(기관장 또는 부기관장과 실 · 국장급간, 실 · 국장급과 과장급간 등 직근상하급자 간 체결)	성과목표의 선정 : 소속장관은 해당 기관의 임무 등을 기초로 하여 평가대상 공무원이 평가자 및 확인자와 협의하여 성과목표 등을 선정하도록 함
평가등급	평가등급의 수는 3개 이상. 절대평가. 단 고위공무원단은 평가등급 5등급, 상대평가와 강제배분법(최상위등급 20%이하, 하위 2개 등급 10%이상).	평가등급 수는 3개 이상. 상대평가, 강제배분법(최상위 등급의 인원은 상위 20% 비율, 최하위 등급의 인원은 하위 10% 비율)
승진후보자 명부	미작성	작성

절차
(공통)
	㉠ 성과면담 : 사전면담, 사후면담(최하위등급 공무원)
	㉡ 평정결과의 공개 : 평가자는 평정 완료시 평정 대상 본인에게 평정결과를 알려 주어야 함
	  • 공개시 단점 : 관대화 초래, 평정자와 피평정자 간 인간관계 악화, 성적 불량자의 사기 저하
	  • 공개시 장점 : 능력발전에 활용 가능, 평정의 객관성·공정성 제고, 평정결과의 광범위한 활용
	㉢ 평정결과에 대한 이의신청 : 평가자의 평정결과에 대해 확인자에게 이의 신청 가능(확인자가 없으면 평가자에게 신청)
	  * 근무성적평가위원회에 조정 신청 : 근무성적평가의 경우 이의신청 결과에 불복시.
	㉣ 소청심사의 제기 가능성 : 법령에 명문 규정은 없지만 소청심사위원회는 부인.

section 3 승진

(1) 의의

① 개념 … 특정한 직책에 가장 적합한 자를 선별해내는 내부임용방법의 하나로, 직무책임도·곤란도가 낮은 하위직에서 높은 상위직으로의 수직적인 인사이동을 말한다. 동일 직급에서의 승급, 횡정·수평적 이동인 전직·전보와 구별된다.

② 중요성

  ㉠ 공무원(개인) 차원
- 행정목적 달성에 효율적인 기여
- 사기앙양
- 능력발전의 유인 제공

  ㉡ 정부 차원
- 공무원 능력의 적절한 평가 및 적재적소 배치
- 공무원의 기대충족을 통한 이직방지로 전체 공무원의 질 확보
- 전보를 가능케 하여 인적 자원의 효율적 이용에 기여

  ㉢ 인사행정상의 다른 측면
- 성과에 대한 보상의 의미
- 훈련프로그램에 대한 결과로서의 효과
- 공무원의 동기부여와 행태개선 방법으로서의 효과
- 상대적으로 선호도가 낮은 직위근무자의 차별대우에 대한 격차의 감소

(2) 승진의 기준과 범위

① 승진의 기준

⊙ 경력(연공서열)

- 개념 : 근무연한, 학력, 경험 등을 의미한다.
- 장점 : 객관성이 확보되고 행정의 안정성 확보 및 정실개입을 차단하는 효과가 있다.
- 단점 : 기관장의 부하통솔이 곤란할 수 있고, 관료주의화가 우려되며 공무원의 질이 저하될 수 있다.

> **Point 팁** 경력평정의 원칙
> ⊙ 근시성의 원칙 : 실효성이 있는 최근의 경력을 중요시한다.
> ⓒ 습숙성의 원칙 : 담당직무에 대한 숙련도가 높은 상위직급의 경력은 하위직급의 경력보다 배점비율을 높여야 한다.
> ⓒ 친근성의 원칙 : 과거의 경력이 현재 담당하고 있거나 또는 담당예정인 직무와 관련성·유사성이 있으면 배점비율을 높여야 한다.
> ⓔ 발전성의 원칙 : 학력 또는 직무와 관련성이 있는 훈련경력을 참작하여 장래의 발전 가능성을 평가해야 한다.

ⓒ 실적(시험 등)

- 개념 : 주관적 성격의 교육훈련, 근무성적평정, 인사권자의 판단 등을 말한다.
- 장점 : 승진의 공정성이 확보되고, 시험 작성 여하에 따라 평가의 타당도가 높아질 수 있다.
- 단점 : 수험에 대한 부담으로 근무에 소홀해질 수 있고, 시험의 타당도가 낮은 경우 장기 성실근속자가 불리하여 행정의 안정성이 저해된다.

② 승진의 범위

⊙ 승진의 한계 : 높을 경우 사기가 앙양되고 전문성이 증대하나, 관료의 권력이 강화되어 민주통제의 곤란의 문제가 발생한다. 지나친 승진에의 기대나 노력의 낭비를 줄이기 위해서는 승진의 한계를 정하고 적절한 비율을 정해야 한다.

ⓒ 신규채용과의 관계 : 신규채용의 비율이 높아지면 공무원의 질 향상을 기할 수 있고, 공직의 침체를 방지할 수 있는 반면, 재직자의 승진비율이 높으면 재직자들의 사기향상과 신분보장으로 인한 행정의 일관성 유지, 직업공무원제의 확립에 기여할 수 있는 장점이 있다. 그러나 직업화의 정도가 낮은 경우 지나친 관료권의 강화를 가져올 우려도 있다.

ⓒ 재직자 간 경쟁 : 공석이 생기는 경우에 동일부처에 한정시킬 것인지 또는 부처 간의 간격을 넘어서 경쟁시킬 것인지가 문제된다. 폐쇄제는 부처직원의 사기를 높일 수 있고, 개방제는 공무원의 질을 높일 수 있는 장점이 있다.

section 4 경력개발프로그램(Career Development Program)

(1) 의의

① 조직의 요구과 개인의 요구가 일치되도록 개인의 경력목표를 설정하고 이를 달성하기 위한 경력계획을 수립하여 각 개인의 경력을 개발하는 활동이다.

② 부처의 조직을 몇 개의 전문분야와 하나의 공통분야로 구분하고 개인별 전문분야를 지정하여 지정된 전문분야 내에서 인사관리를 실시한다. 전문분야 내에서 이동할 수 있도록 보직경로를 운영하고 교육훈련과 연계한다.

③ 연공서열 위주의 Z자형 순환형 보직경로를 직급별 맞춤형으로 개선한다.

④ 조직의 효율성 극대화와 개인의 생애설계 욕구를 결합시킨 제도로서 조직의 수요와 개인의 욕구가 전문성이라는 공통분모에서 접점을 찾아 결합된 인사시스템이다(개인이 제시한 경력목표와 조직이 제시한 경력경로를 전문성이라는 공통분모 하에서 서로 접목시키는 인사관리활동).

(2) 도입배경

순환보직제도(배치전환)의 폐해가 발생하였고 전문성이 약화되었다.

(3) 경력개발제도의 유용성(목적)

개인적 측면 - 개인의 능력개발	조직적 측면 - 조직 유효성 확보
㉠ 적성에 따른 자발적 경력 설계	㉠ 조직구성원의 직무역량 극대화
㉡ 자기계발과 동기부여, 직무만족도·몰입도 증대	㉡ 미래의 필요인력 양성
㉢ 개인의 자아실현과 생활의 질 향상	㉢ 체계적 인력관리시스템 구축
㉣ 역량과 전문성 증진으로 사회적 가치 제고	㉣ 인력의 적재적소 활용으로 인적자원관리의 효율성 극대화
㉤ 이직 및 퇴직 이후 직업 안정성 확보	㉤ 직무성과 및 전문성·생산성 향상

1 공무원 교육방법에 대한 설명으로 옳지 않은 것은?

① 현장훈련(on the job training)은 피훈련자가 실제 직무를 수행하면서 직무수행에 관한 지식과 기술을 배우는 방법이다.
② 강의, 토론회, 시찰, 시청각교육 등은 태도나 행동의 변화를 주된 목적으로 한다.
③ 액션러닝(action learning)은 소규모로 구성된 그룹이 실질적인 업무현장의 문제를 해결해 내고 그 과정에서 성찰을 통해 학습하도록 하는 행동학습(learning by doing) 교육훈련 방법이다.
④ 감수성훈련(sensitivity training)은 대인관계의 이해와 이를 통한 인간관계의 개선을 목적으로 한다.

2 다음은 공무원 평정제도와 관련되는 내용이다. 각각의 내용이 바르게 연결된 것은?

> ㉠ 고위공무원단제도의 도입에 따라 고위공무원으로서 요구되는 역량을 구비했는지를 사전에 검증하는 제도적 장치로 도입되었다.
> ㉡ 직무분석을 통해 도출된 성과책임을 바탕으로 성과목표를 설정·관리·평가하고, 그 결과를 보수 혹은 처우 등에 적용하는 일련의 과정을 거친다.
> ㉢ 행정서비스에 관한 다방향적 의사전달을 촉진하며 충성심의 방향을 다원화하는 데 기여할 수 있다.(조직 구성원들과 원만한 관계를 증진시키도록 동기를 부여함으로써 조직 내 상하 간, 동료 간 의사소통을 원활히 한다.)
> ㉣ 공무원의 능력, 근무성적 및 태도 등을 평가해 교육훈련 수요를 파악하고, 승진 및 보수결정 등의 인사관리자료를 얻는 데 활용한다.

	㉠	㉡	㉢	㉣
①	역량평가제	직무성과관리제	다면평가제	근무성적평정제
②	다면평가제	역량평가제	직무성과관리제	근무성적평정제
③	역량평가제	근무성적평정제	다면평가제	직무성과관리제
④	다면평가제	직무성과관리제	역량평가제	근무성적평정제

3 근무성적평정의 방법과 그 단점에 관한 다음 설명 중 가장 옳지 않은 것은?

① 서열법은 특정집단 내의 전체적인 서열을 알려 줄 수 있으나, 다른 집단과 비교할 수 있는 객관적 자료는 제시하지 못한다.

② 사실기록법은 공무원이 달성한 작업량을 측정하기 어려운 업무에 대해서는 적용하기가 곤란하다.

③ 강제선택법은 평정자가 미리 정해진 비율에 따라 평정대상자를 각 등급에 분포시키고, 그 다음에 역으로 등급에 해당하는 점수를 부여하는 역산식 평정을 할 가능성이 높다.

④ 체크리스트평정법은 평정요소에 관한 평정항목을 만들기가 힘들며, 질문 항목이 많을 경우 평정자가 곤란을 겪게 된다.

4 근무성적평정에 관한 설명으로 옳지 않은 것은?

① 연쇄효과란 평정자가 가장 중요시하는 하나의 평정요소에 대한 평가 결과가 성격이 다른 평정요소에도 영향을 미치는 것으로 연쇄화의 오류를 방지하기 위해서는 강제선택법을 사용한다.

② 총계적 오류는 평정자의 평정기준이 일정하지 않아 관대화 및 엄격화 경향이 불규칙하게 나타나는 오류를 의미한다.

③ 행태관찰척도법은 도표식 평정척도법이 갖는 등급과 등급 간의 모호한 구분과 연쇄효과의 오류가 나타날 수 있다.

④ 쌍쌍비교법, 대인비교법 등 서열법은 특정집단 내의 서열 외에 다른 집단과 비교할 수 있는 객관적인 자료도 제시할 수 있다는 장점이 있다.

5 근무성적평정의 오류에 대한 설명으로 옳은 것은?

① 집중화 경향은 상관이 부하와의 인간관계를 고려하여 실제보다 후한 평정을 하는 것을 말한다.

② 방어적 지각의 착오는 근본적 귀속의 착오라고도 하며 타인의 성공을 평가할 때에는 상황적 요인을 높게 평가하고 실패를 평가할 때에는 개인적 요인을 높게 평가하는 경향을 말한다.

③ 논리적 오차는 사람에 대한 경직된 편견이나 선입견 또는 고정관념에 의한 오차를 뜻하는 것으로 이를 방지하기 위해서는 개인의 귀속적 요인에 대한 신상정보를 밝히지 말아야 한다.

④ 연쇄효과란 평정자가 가장 중요시하는 하나의 평정요소에 대한 평가결과가 성격이 다른 평정요소에도 영향을 미치는 것으로 연쇄화의 오류를 방지하기 위해서는 강제선택법을 사용한다.

정답및해설

1	②	2	①	3	③	4	④	5	④

1 ② 강의, 토론회, 시찰, 시청각교육 등은 지식의 습득을 주된 목적으로 한다. 태도나 행동의 변화를 주된 목적으로 하는 것은 사례연구, 역할연기, 감수성 훈련 등이다.

※ 훈련의 목적과 훈련방법

훈련의 목적	훈련 방법
지식의 습득	강의, 토론회, 사례연구, 시찰, 시청각 교육 등
기술의 연마	사례연구, 모의연습, 현장훈련, 전보, 순환보직, 실무수습, 시청각교육 등
태도 및 행동의 교정	사례연구, 역할연기, 감수성 훈련 등

2 ㉠ 고위공무원단의 역량평가제, ㉡ 4급 이상에 대한 근무성적평정인 직무성과관리제(성과계약등 평가), ㉢ 복수가 평정하는 다면평가제, ㉣ 일반적인 근무성적평정제의 내용.

3 ① 서열법은 한 집단내의 서열만 알 수 있을 뿐 다른 집단과 비교할 수 있는 객관적 자료를 제시하지 못한다. 따라서 같은 직무의 범위에서만 적용할 수 있으며, 부서 간 상호 비교는 불가능하다.

② 사실기록법은 객관적인 사실에 기초를 두고 평가하는 방법으로, 공무원이 달성한 작업량의 측정이 곤란한 업무에 적용하기 어렵다.

③ 평정자가 미리 강제 배분비율에 따라 피평정자를 연공서열에 따라 각 등급에 분포시킨 후 등급에 해당되는 점수를 형식적으로 부여하는 역산(逆算)식 평정은 성적분포비율이 정규분포화 되도록 획일적으로 등급의 분포비율을 미리 정해 놓는 강제배분법[분포제한법, 강제할당법, 정규분포법](Forced Distribution)에서 나타날 가능성이 높다. 강제선택법(Forced Choice Method)은 2개 또는 4～5개의 서술항목 중 피평정자의 특성에 가장 적합하거나 부적합한 표현을 선택하도록 하는 방법이다.

④ 공무원을 평가하는 표준행동목록을 미리 작성하고, 평정요소의 설명에 대해 피평정자의 특성에 해당하는지 가부(Yes, No)를 표시하는 방법이다. 평정요소가 명확하게 제시되고, 평정자가 피평정자에 대한 질문항목마다 유무(有無)나 가부(可否)만을 판단하므로 평정 용이하고 연쇄효과가 감소되는 장점이 있다. 그러나 평정요소에 관한 평정항목 작성이 곤란하고, 질문항목이 많으면 평정이 곤란하며, 직무성격에 따라 평정항목이 다를 수 있어 부서 내 전체적 평가가 곤란하고, 동일 항목에 대해 차별을 두지 못한다(일을 열심히 한다고 체크할 경우 어느 정도 열심히 하는지 차별을 두지 못함)는 한계가 있다.

4 ④ 서열법은 특정 집단 내의 서열만 보여줄 뿐 다른 집단과 비교할 수 있는 객관적인 자료를 제시할 수 없다는 점에서 한계가 있다.

5 ④ 연쇄효과(헤일로 효과 ; halo effect, 후광·현혹효과)는 어느 한 평정요소에 대한 평정자의 판단이 연쇄적으로 다른 요소의 평정에도 전반적인 인상으로 작용하여 부분적 특징만으로 전체를 평가하거나, 평정자가 피평정자에 대해 가지고 있는 막연한 일반적 인상이 모든 평정요소에 영향을 미치는 것(하나의 장점이 모든 것을 좋게 평가하게 하거나 하나의 단점이 모든 것은 나쁘게 평가)이다. 연쇄효과 방지를 위해 강제선택법이나 프로브스트법(평정요소 간 연상효과 배제)을 사용한다.

① 관대화 경향에 대한 설명이다. 집중화는 평정자가 모든 피평정자들에게 대부분 중간수준의 점수나 가치를 주는 심리적 경향으로 평정상 의문이 있거나 피평정자에 관해 잘 모르는 경우, 모험을 피하려는 방편으로 모든 것이 평균이라는 평정을 하게 되는 것이다. 집중화는 무사안일주의에 빠져있거나 평정에 자신이 없을 때 책임회피 수단으로 발생한다.

② 근본적 귀인[귀속] 오류(fundamental attribution error) : 타인의 (부정적) 행동을 평가할 때 외재적 요인(상황 요인)의 영향을 과소평가하고 행위자의 성격·동기·태도·능력·신념 등 내재적 요인(개인적 요인)의 영향을 과대평가하는 경향을 말한다.

　　지각적 방어(방어적 지각 perceptual defense) : 자신의 습성이나 고정관념에 어긋나는 정보를 회피하거나 그것을 자기의 고정관념에 부합하도록 왜곡시키는 것이다. 유형화의 착오나 투사도 이에 해당한다.

③ 상동적 착오(stereotyping, 유형화의 착오, 집단화의 오류, 선입견)에 대한 설명이다. 논리적 오차는 평정요소 간 논리적 상관관계가 있는 요소를 연관지어 평정하는 것으로 한 요소의 평정점수가 논리적으로 상관관계에 있는 다른 요소의 평정점수에 영향을 미치게 된다. (예 산출량이 많으면 숙련도가 높다고 판단할 경우, 기억력이 높으면 지식이 높다고 판단할 경우, 초과근무시간이 많으면 직무수행태도가 좋다고 판단할 경우)

04 사기

기출문제

문 공무원의 사기관리에 대한 설명으로 옳은 것은?

▶ 2017. 6. 17 제1회 지방직

① 「공무원 제안 규정」상 우수한 제안을 제출한 공무원에게 인사상 특전을 부여할 수 있지만, 상여금은 지급할 수 없다.

② 소청심사제도는 징계처분과 같이 의사에 반하는 불이익 처분을 받은 공무원이 그에 불복하여 이의를 제기했을 때 이를 심사하여 결정하는 절차이다.

③ 우리나라는 공무원의 고충을 심사하기 위하여 행정자치부에 중앙고충심사위원회를 둔다.

④ 성과상여금제도는 공직의 경쟁력을 높이기 위하여 공무원 인사와 급여체계를 사람과 연공 중심으로 개편한 것이다.

Tip ① 「공무원 제안 규정」상 우수한 제안을 제출한 공무원에게는 인사상 특전을 부여하거나 상여금을 지급할 수 있다.

③ 6급 이하 공무원의 고충심사는 각 부처에 설치된 보통고충심사위원회에서, 5급 이상의 공무원의 고충심사는 중앙고충심사위원회가 각각 담당하며, 중앙고충심사위원회는 중앙인사관장기관(행정부는 인사혁신처)에 둔다.

④ 성과상여금은 사람과 연공 중심이 아닌 직무수행의 성과를 측정하여 그 결과에 따라 보수를 차등적으로 지급하는 방식으로 공직의 경쟁력 향상을 목적으로 한다.

|정답 ②

section 1 공무원의 사기

(1) 의의

① 개념 … 사기란 공무원들의 직무와 관련된 수행의욕 또는 수행동기로, 직무수행에 관련된 심리적 만족감 · 자발적 근무의욕 · 집단의 정신상태 등을 총칭하는 말이다.

② 특성

ㄱ 개인적 · 자발적인 근무의욕에 관계된다.

ㄴ 집단적 · 조직적 성격을 가져, 전체 조직의 목표달성에 이바지한다.

ㄷ 사회적 가치 또는 발전에 공헌한다.

(2) 사기의 효용성

생산성을 제고, 공직에 대한 자긍심을 제고, 소속감 · 일체감을 제고, 공직윤리 및 가치관을 확립, 공직의 전문성을 제고, 창의성 · 쇄신성을 발휘하도록 돕는다.

(3) 사기 결정요인(Herzberg의 요인이론)

① 경제적 요인 … 물질적 보수는 사기에 큰 영향을 미친다.

② 사회 · 심리적 요인 … 귀속감, 인정감, 성취감 등은 사기를 고양시킨다.

③ 연금제도 … 심리적 안정감으로 사기가 고양된다.

④ 공정한 인사행정 … 객관적 인사기준은 사기를 고양시킨다.

(4) 사기 조사방법

① 기록조사법

  ㉠ 생산고 조사 : 주로 기능직 공무원들의 직무수행성과를 중심으로 계량화하여 조사하는 방법이다.

  ㉡ 근태율 조사 : 결근율, 지각율, 조퇴율 등을 분석한다.

  ㉢ 사고율 조사 : 직장 내의 사고를 조사하는 기록조사이다.

② 태도조사법 … 면접법, 질문지법

③ 기타

  ㉠ 소시오메트리(Sociometry) : 집단성원 상호 간의 선호, 사람들이 서로 상대방에 대해 가지는 호의와 혐오의 감정을 포착하여 분석함으로써 집단의 구조, 인간관계, 집단성원의 지위 등을 알고자 하는 방법이다.

  ㉡ 투사법 : 피조사자가 무엇에 관하여 조사를 받는지 모르는 가운데 솔직한 태도를 노출시키게 하여 그 결과를 분석하는 것이다.

(5) 사기 앙양방안

① 인사행정의 공정성과 합리성이 보장되면 사기가 고양된다.

② 민간부문의 보수와 대등한 수준으로 보수의 적정화를 시키면 사기가 고양된다.

③ 제안제도의 활성화 및 고충처리는 사기고양의 방법이다.

④ 공무원단체의 조직, 단체교섭 등의 인정범위를 일반직 공무원에게까지 확대해야 한다.

⑤ 공무원에 대한 처우개선과 신분보장의 강화는 사기를 고양시킨다.

(6) 유연근무제(변형근무제)

공직생산성을 향상시키고 삶의 질을 높이기 위해(일과 삶의 균형) 개인·업무·기관별 특성에 맞는 유연한 근무형태·근무시간·근무장소를 공무원이 선택하여 활용할 수 있는 제도이다.

① 근무형태 … 시간선택제 전환근무제(part-time work)

  통상적 근무시간(주 40시간, 1일 8시간) 동안 근무하던 공무원이 본인의 필요에 따라 신청하여 시간을 선택해 근무하는 제도이다(시간선택제채용공무원, 시간선택제임기제공무원, 한시임기제공무원은 제외). 공무원은 직종(정무직 제외)·직위·계급 및 직무분야의 제한 없이 수시로 신청 가능하다. 1일 최소 3시간 이상, 주당 15 ~ 35시간 근무, 실시기간은 최소 3개월 이상으로 지정하고 보수·연가는 근무시간에 비례하여 적용한다.

문 공무원 보수에 대한 설명으로 옳지 않은 것은?

▶ 2016. 3. 19 사회복지직

① 직능급이란 직무의 난이도와 책임에 따라 결정되는 보수이다.

② 실적급(성과급)은 개인이나 집단의 근무실적과 보수를 연결시킨 것이다.

③ 생활급은 생계비를 기준으로 하는 보수로서 공무원과 그 가족의 기본적인 생활을 보장하기 위한 것이다.

④ 연공급(근속급)은 근속연수와 같은 인적 요소를 기준으로 하는 보수이다.

Tip 직무의 난이도와 책임에 따라 결정되는 보수는 직무급이며, 직능급이란 직무수행 능력에 따라 결정되는 보수이다.

정답 ①

381

② 근무시간 … 탄력근무제(주40시간 근무하되, 출퇴근시각·근무시간·근무일 자율 조정.)

    ⊙ 시차출퇴근형(flex-time work) : 1일 8시간 근무하되 출근시간 자율 조정(매일 같은 출근시간 또는 요일별 다른 출근 시간)

    ⓒ 근무시간선택형(alternative work schedule) : 1일 8시간에 구애받지 않고 1일 4~12시간 근무, 주5일 근무

    ⓒ 집약근무형(compressed work) : 1일 8시간, 주5일 근무에 구애받지 않고 1일 4~12시간 근무, 주3.5~4일 근무

        *1일 8시간을 초과하여 근무함으로써 1주일의 근무일을 5일 미만으로 함

    ⓔ 재량근무형(discretionary work) : 출퇴근의무 없이 프로젝트 수행으로 주40시간 근무를 인정한다. 고도의 전문적 지식과 기술이 필요해 업무수행 방법이나 시간배분을 담당자의 재량에 맡길 필요가 있는 분야에 적용한다.

③ 근무장소 … 원격근무제(고정된 근무장소에서 벗어나 정보통신기술을 이용해 근무)

    ⊙ 재택근무형(at-home work) : 정보통신기술을 활용하여 부여받은 업무를 집에서 수행하는 근무형태. 재택근무자의 재택근무일에는 시간외근무수당 실적지급분을 지급 불가(정액지급분은 지급 가능).

    ⓒ 스마트워크근무형 : 정보통신기술을 활용하여 부여받은 업무를 주거지나 교통요지에 마련된 장소(스마트워크센터)에서 수행하는 근무형태

section 2 공무원 보수

(1) 의의

공무원 보수란 공무원으로서의 근무에 대해 정부가 금전적으로 지급하는 재정적 보상으로 이는 공무원과 각종 수당으로 이루어진다.

(2) 보수 결정요인

① 경제적 요인 … 민간기업의 임금수준, 정부의 지불능력, 정부의 경제정책 등을 고려한다.

② 사회·윤리적 요인 … 보수수준 결정에서 정부의 사회·윤리적 입장으로 공무원의 생계비와 사회적 세력의 압력이 고려된다. 공무원의 생계비는 공무원 보수의 하한선을 규정하고, 사회적 세력의 압력은 상한선을 규정한다. 이는 일반적으로 빈곤수준, 최저생활수준, 건강·품위유지수준, 안락수준, 문화생활수준을 고려하는 것이다.

「공무원보수규정」상 고위공무원단 소속 공무원에 적용되는 직무성과급적 연봉제에 대한 설명으로 옳지 않은 것은?
▶ 2017. 6. 17 제1회 지방직

① 고위공무원단에 속하는 모든 공무원에 대하여 적용한다.
② 기본연봉은 기준급과 직무급으로 구성된다.
③ 기준급은 개인의 경력 및 누적성과를 반영하여 책정된다.
④ 직무급은 직무의 곤란성 및 책임의 정도를 반영하여 직무등급에 따라 책정된다.

Tip 직무성과급적 연봉제는 고위공무원단에 적용하지만 모든 공무원에 대하여 적용하는 것은 아니다. 대통령경호실 직원 중 고위공무원단에 속하는 별정직공무원에 대해서는 호봉제를 적용한다.

정답 ①

③ **부가적 · 정책적 요인** ··· 성과와 동기부여를 위해 연구제도, 휴가, 근무시간, 복지후생, 신분보장 등이 고려된다.

④ **집단공무원의 기대와 노동시장의 조건** ··· 보수를 받는 공무원들의 보수수준에 대한 기대와 요구도 중요한 고려요인이다.

(3) 보수체계

① **직무급** ··· 동일 직무에 대한 동일 보수의 원칙에 근거하여 직무의 내용 · 곤란성 · 책임도를 기준으로 한 보수를 말한다.

② **성과급(능률급)** ··· 공무원의 직무에 대한 실적 · 성과 · 능률의 정도를 고려하여 보수를 결정하는 것으로 생산성 향상에 가장 유리하다.

③ **근속급(연공급)** ··· 공무원의 근속 연수를 기준으로 한 보수이다.

④ **직능급** ··· 직무를 수행하는 데 요구되는 능력을 기준으로 보수를 결정한다.

Point

우리나라의 봉급제도

㉠ 공무원 보수체계 : 호봉제, 연봉제
㉡ 호봉제 : 연공급적 성격, 기본급 + 수당
㉢ 연봉제
  • 고정급적 연봉제 : 차관급 이상 정무직 공무원
  • 성과급적 연봉제 : 일반직, 별정직 등의 4급 과장급 이상 공무원과 계약직 공무원
  • 직무성과급적 연봉제 : 고위공무원단

(4) 보수표 작성

① **등급의 수** ··· 등급이란 한 보수표 내에서 직무의 가치나 자격의 단계를 나타내는 기준으로 등급 수는 계급제에서보다 직위분류제에서 더 많다.

② **등급의 폭** ··· 등급 내 보수의 차를 말하는 것으로 공무원이 직무에 친숙해질수록 공무원의 가치와 유용성이 증가된다는 전제를 두고 있다. 이는 근무연한 우대, 장기근무 장려, 근무성적의 향상을 목적으로 하는 것이다.

③ **등급 간 중첩** ··· 한 등급의 봉급 폭이 상위등급의 봉급 폭과 부분적으로 겹치는 것을 말하며, 근속자에 혜택을 주기 위한 것으로 생활급의 요소를 가지고 있다.

④ **보수곡선**
  ㉠ **직선형** : 호봉 간의 승급액은 일정하지만 승급률은 체감하는 형이다.
  ㉡ **요형** : 최고 호봉과 최하 호봉을 연결하는 선이 요형곡선으로 되는 것이다. 이는 승급률은 일정하지만 승급액은 체증한다.
  ㉢ **철형** : 요형과는 반대로 승급률과 승급액이 체감하는 형이다.

성과급제도에 대한 설명으로 옳지 않은 것은?
▶ 2010. 11. 7 국회사무처

① 정부부문에서 개발한 조직 차원의 성과급은 이윤분배적 성과급과 생산성향상 성과급으로 구분된다.
② 집단성과급의 핵심 문제는 무임승차자(free rider)들의 발생이다.
③ 추가적 금전지급이 동기유발과 생산성의 향상에 직결되지 않을 수 있는 문제점이 있다.
④ 직무수행의 실적을 보수결정의 기준으로 삼으며 기본보수에 추가하여 지급한다.
⑤ 보수 예산의 제한과 재정적 경직성은 성과급제의 원활한 운용을 방해한다.

Tip 이윤분배적 성과급과 생산성향상 성과급은 민간부문에서 개발한 성과급이다. 정부부문 성과급은 개인별 차등, 부서별 차등, 개인별 · 부서별 차등의 병용, 부서별 차등 적용 후 개인별 차등을 적용하는 방법 등을 자율적으로 선택할 수 있다.

정답 ①

ⓔ S자형 : 요형과 철형을 조합한 것으로서, 승급률이 일정하다가 체감하기 시작하면 체증하던 승급액도 체감하는 것이다.

ⓗ J자형 : 상위직으로 올라갈수록 누진율이 커지는 봉급곡선이다.

(5) 우리나라 공무원 보수의 문제점과 개선방향

① 문제점

　ㄱ 보수수준의 인상의 제약 : 공무원에게 표준생계비 이하의 보수를 지급(민간기업과의 심한 격차)한다.

　ㄴ 비합리적인 보수체계 : 금전적 부패의 구실 및 원인이 된다.

② 개선방안 … 보수의 적정화, 합리적인 보수표의 작성, 공무원 단체활동 허용, 정치인·국민의 인식 개선, 집권자의 결단 요망

section 3 연금

(1) 의의

공무원에 대한 사회보장제도의 하나로서, 장기간에 걸쳐 충실히 근무한 대가를 퇴직 후에 금전적으로 보상받게 되는 인사행정의 보상체계 중 하나이다.

(2) 성격

① 은혜설 … 종래 봉건·군주시대에 영주나 군주에게 장기간 헌신적으로 일해온 관료의 노고에 대하여 퇴직시 보답에서 제공하는 은전에서 유래를 찾고 있는 것으로, 장기성실근무에 대한 위로·감사의 보상으로 본다.

② 거치보수설(임금후불설) … 공무원이 근로의 대가로 받아야 할 보수를 일정기간 유예(또는 거치)시켜 놓았다가 되돌려 받는 것으로 본다.

③ 생활보장설 … 퇴직 후 생활보장을 위해서 고용주에게 퇴직 후의 생활을 보장할 의무가 있다고 본다.

④ 위자료설

(3) 재원조성방법

① 기여제와 비기여제 … 기여제란 정부와 연금수혜인 공무원이 공동으로 기금조성의 비용을 부담하는 제도이고, 비기여제란 공무원에게는 비용부담을 시키지 않고 기금조성에 필요한 비용을 정부가 전액 부담하는 제도이다.

문 공무원연금은 재원의 형성방식에 따라 부과방식과 적립방식으로 나눌 수 있다. 부과방식과 비교한 적립방식의 장점이 아닌 것은?

▶ 2017. 12. 16 지방직 추가선발 시행

① 인구구조의 변화나 경기 변동에 영향을 덜 받는다.

② 인플레이션이 심하더라도 연금급여의 실질가치를 유지할 수 있다.

③ 연금재정 및 급여의 안정성을 꾀할 수 있다.

④ 기금 수익을 통해 장기 비용부담을 덜어 제도의 안정적인 운영이 가능하다.

Tip 적립방식은 연금급여비의 재원을 보험료 등의 수입에 의해 미리 적립하는 방식으로, ①③④ 등의 장점이 있으나 인플레이션 화폐가치의 변동에 약하다는 단점이 있어 인플레이션이 심할 경우 연금급여의 실질가치를 유지하기 어렵다.

정답 ②

② 기금제와 비기금제 … 기금제란 연금사업의 재원을 조달하기 위해 미리 기금을 마련하는 제도이고, 비기금제란 기금을 미리 마련하지 않고 필요한 때 연금급여에 필요한 재원만을 조달하는 제도이다. 우리나라는 기금제 및 기여제를 채택하고 있다.

section 4 고충처리제도

(1) 의의 및 목적

① 의의 … 직무를 수행함에 있어서 조직의 구성원이 근무조건 · 인사관리 · 신상문제나 직장생활과 관련하여 제기하는 고충을 심사하고 처리하는 일련의 과정을 말한다.

② 목적 … 조직에 대한 욕구불만을 처리, 사기앙양, 조직의 능률향상에 이바지

(2) 고충처리방법의 유형

① 비공식절차 … 상 · 하급자 간의 대화와 상호이해를 통해 고충의 원인을 제거하는 것으로 감독자는 고충의 근본적인 원인이 무엇인가를 신중하게 분석하고 가능한 범위 내에서 조치를 취해야 한다.

② 공식절차 … 비공식절차의 해결이 완전하지 않으므로 고충처리를 전담할 기구를 설치하고 이 기구를 통해서 고충을 처리하는 것을 말한다.

(3) 상담의 유형

① 지시적 상담 … 상담자가 주도적으로 진행하며 과거의 경력, 이력, 이성에 호소한다는 특징이 있다.

② 비지시적 상담 … 불평불만자가 주도권을 행사하며 감정에 호소한다.

③ 절충적 상담 … 가장 이상적인 상담이라고 본다.

문 공무원 단체활동 제한론의 근거로 옳지 않은 것은?

▶ 2013. 7. 27 안전행정부

① 실적주의 원칙을 침해할 우려가 있다.
② 공무원의 정치적 중립성이 훼손될 수 있다.
③ 공직 내 의사소통을 약화시킨다.
④ 보수 인상 등 복지 요구 확대는 국민 부담으로 이어진다.

Tip 공무원 단체활동은 관리층과 구성원 간의 의사소통을 촉진하여 사기 증진, 참여감, 소속감 등을 제고할 수 있으며 행정관리 개선에도 기여한다.

문 고충처리제도와 소청심사제도에 대한 설명으로 옳지 않은 것은?

▶ 2015. 6. 27 제1회 지방직

① 양자 모두 공무원의 권익보호를 위한 제도이다.
② 고충심사위원회와 소청심사위원회의 결정은 관계기관의 장을 기속한다.
③ 중앙고충심사위원회의 기능은 인사혁신처 소청심사위원회에서 관장한다.
④ 소청심사제도는 공무원이 징계처분 기타 그 의사에 반하는 불이익 처분에 대해 이의를 제기하는 경우 이를 심사·결정하는 특별행정심판제도이다.

Tip 고충심사위원회의 결정은 구속력이 없다.

section 5 공무원단체

(1) 개념

기업체의 노동조합과 유사한 기구로서 공무원의 인권·권리를 보장하고 합리적인 근무조건, 보수체계를 개선하기 위하여 설치되는 조직이다.

(2) 순기능 및 역기능

① 순기능
  ㉠ 공무원의 권익을 증진하고 의사전달의 통로가 된다.
  ㉡ 사기앙양의 방안이며, 행정내부의 민주화가 이루어진다.
  ㉢ 실적제가 강화된다.
  ㉣ 올바른 직업윤리의 확립과 부패방지를 도모한다.
  ㉤ 사회적·경제적 지위의 향상을 이룰 수 있다.

② 역기능
  ㉠ 공무원들의 단체활동은 국민 다수의 이익에 부정적 영향을 미칠 수 있다.
  ㉡ 협상을 통해 얻게 되는 부가적 이득은 다른 집단, 일반 납세자들의 추가적 부담을 전제로 한다.
  ㉢ 행정능률을 저해할 수 있다.
  ㉣ 공무원의 신분보장을 지나치게 강조하고 선임 위주의 인사원칙을 내세움으로써 실적주의 인사원칙을 저해할 수 있다.

(3) 공무원단체의 활동내용

① **단결권** … 공무원단체를 유지·결성할 수 있는 권리(단체구성권)이다. ILO헌장에서는 군대와 경찰을 제외한 공무원의 단결권을, 미국은 Lloyd – La Follette법으로 인정하였다.

② **단체교섭권** … 근무조건 개선, 보수에 대해서 타협할 수 있는 권리로 신규채용기준은 협의대상이 아니다. 영국은 Whitley Council로, 미국은 1962년 '노사협력에 관한 행정명령'으로 이를 인정하였다.

③ **단체행동권** … 단체교섭이 결렬되었을 때 파업·태업을 일으킬 수 있는 권리이다. 대부분의 국가에서 금지되어 있고, 프랑스는 공무원의 노동 3권을 인정한다.

정답 ③, ②

(4) 우리나라의 경우

① 헌법 제33조 제2항 … 공무원인 근로자는 법률이 정하는 자에 한하여 단결권 · 단체교섭권 · 단체행동권을 가진다.

② 법률

ㄱ 국가공무원법 제66조 ①항(지방공무원법 제58조 ①항) – 사실상 노무에 종사하는 공무원
- 공무원의 노동운동 그 밖의 공무 외의 일을 위한 집단행위를 해서는 안 됨. 단, 사실상 노무에 종사하는 공무원은 예외로 함
- 사실상 노무에 종사하는 공무원으로서 노동조합에 가입한 사람이 조합업무를 전임(專任)으로 하려면 소속 장관(지방공무원은 소속 지방자치단체장)의 허가를 받아야 함
- 사실상 노무에 종사하는 공무원에게 인정되는 노동조합(예 전국우정노동조합)의 경우 민간의 노동조합처럼 노동조합 및 노동관계조정법 적용, 노동3권이 모두 인정됨

ㄴ 교원의 노동조합 설립 및 운영 등에 관한 법률(1999) – 교원노조
단결권 · 단체교섭권만 인정, 단체행동권은 인정 안 됨

ㄷ 공무원의 노동조합 설립 및 운영 등에 관한 법률(2006) – 일반 공무원노조
「공무원의 노동조합 설립 및 운영 등에 관한 법률」 주요 내용

설립	• 최소 설립단위 : 국회 · 법원 · 헌법재판소 · 선거관리위원회 · 행정부, 지방자치단체(특별시 · 광역시 · 특별자치시 · 도 · 특별자치도 · 시 · 군 · 자치구) 및 특별시 · 광역시 · 특별자치시 · 도 · 특별자치도의 교육청 • 노동조합을 설립하려는 사람은 고용노동부장관에게 설립신고서를 제출해야 함 • 복수노조 및 전국단위의 노조도 허용됨	
가입 범위	가입 가능	• 6급 이하의 일반직 공무원 및 이에 상당하는 일반직 공무원 • 특정직 공무원 중 6급 이하의 일반직 공무원에 상당하는 외무행정 · 외교정보관리직 공무원 • 6급 이하의 일반직 공무원에 상당하는 별정직 공무원
	가입 불가	위 가입 가능한 범위에 해당하는 자라도 다음 공무원은 가입 불가 • 다른 공무원에 대하여 지휘 · 감독권을 행사하거나 다른 공무원의 업무를 총괄하는 업무에 종사하는 공무원 • 인사 · 보수에 관한 업무를 수행하는 공무원 등 노동조합과의 관계에서 행정기관의 입장에 서서 업무를 수행하는 공무원 • 교정 · 수사 그 밖에 이와 유사한 업무에 종사하는 공무원 • 업무의 주된 내용이 노동관계의 조정 · 감독 등 노동조합의 조합원으로서의 지위를 가지고 수행하기에 적절하지 않다고 인정되는 업무에 종사하는 공무원

문 공무원의 노동조합 설립 및 운영에 대한 설명으로 옳지 않은 것은?
▶ 2010. 8. 14 국회사무처(8급)

① 단체협약의 내용 중 법령, 조례, 예산에 의하여 규정되는 내용은 단체협약으로서의 효력을 인정하지 아니한다.

② 공무원노조를 설립하고자 하는 경우에는 고용노동부장관에게 노조설립허가서를 제출하여야 한다.

③ 인사 · 보수에 관한 업무를 수행하는 공무원 등 노동조합과의 관계에서 행정기관의 입장에서 업무를 수행하는 공무원은 노동조합에 가입할 수 없다.

④ 단체교섭이 결렬된 경우에는 당사자 일방 또는 쌍방은 중앙노동위원회의 조정을 신청할 수 있다. 중앙노동위원회는 조정신청을 받은 날부터 20일 이내에 조정을 마쳐야 한다.

⑤ 정부교섭대표는 정부교섭대표가 아닌 관계 기관의 장으로 하여금 교섭에 참여하게 할 수 있고, 다른 기관의 장이 관리하거나 결정할 권한을 가진 사항에 대해서 해당 기관의 장에게 교섭 및 단체협약 체결 권한을 위임할 수 있다.

Tip 단체교섭이 결렬된 경우에는 당사자 한쪽 또는 양쪽은 중앙노동위원회에 조정을 신청할 수 있고, 중앙노동위원회는 조정신청을 받은 날부터 30일 이내에 조정을 마쳐야 한다(공무원의 노동조합 설립 및 운영 등에 관한 법률 제12조).

정답 ④

기출문제

노조 전임자		• 공무원은 임용권자의 동의 얻어 노동조합의 업무에만 종사할 수 있음 • 노조 전임자에 대해서는 휴직명령을 내려야 하며 전임기간 중 보수를 지급하면 안 됨(무급휴직)
단체 교섭 및 단체 협약	정부 교섭 대표	국회사무총장, 법원행정처장, 인사혁신처장(행정부를 대표함), 헌법재판소사무처장, 중앙선거관리위원회사무총장, 지방자치단체장(특별시장·광역시장·특별자치시장·도지사·특별자치도지사·시장·군수·자치구청장), 특별시·광역시·특별자치시·도·특별자치도의 교육감이 정부교섭대표로서 공무원 노조 대표자와 단체교섭·단체협약체결 권한을 지님.
	교섭· 협약 사항	• 단체교섭·협약 가능 사항 : 노동조합에 관한 사항 또는 조합원의 보수·복지 그 밖의 근무조건 • 단체교섭·협약 불가 사항 : 법령 등에 의해 국가나 지방자치단체가 그 권한으로 행하는 정책결정에 관한 사항이나 임용권 행사 등 그 기관의 관리·운영에 관한 사항으로서 근무조건과 직접 관련 없는 사항 　－정책의 기획 또는 계획의 입안 등 정책결정에 관한 사항 　－기관의 조직 및 정원에 관한 사항 　－공무원의 채용·승진 및 전보 등 임용권의 행사에 관한 사항 　－예산·기금의 편성 및 집행에 관한 사항 　－행정기관이 당사자인 쟁송에 관한 사항 　－기관의 관리·운영에 관한 그 밖의 사항
	단체 협약의 효력	체결된 단체협약의 내용 중 법령·조례 또는 예산에 의하여 규정되는 내용과 법령 또는 조례에 의하여 위임을 받아 규정되는 내용은 단체협약으로서의 효력이 없음. 이 경우 정부교섭대표는 그 내용이 이행될 수 있도록 성실하게 노력해야 함.
	조정 신청	단체교섭 결렬시 당사자 어느 한쪽 또는 양쪽은 중앙노동위원회에 조정 신청 가능. 중앙노동위원회는 지체 없이 조정 시작. 조정은 조정신청 받은 날부터 30일 이내 마쳐야 하며, 당사자 간 합의시 30일 이내의 범위에서 연장 가능.
	중재	단체교섭이 결렬되어 당사자 양쪽이 함께 중재를 신청한 경우 또는 조정이 이루어지지 않아 공무원노동관계조정위원회 전원회의에서 중재회부를 결정한 경우 중앙노동위원회는 지체 없이 중재
	중재 재정 등의 확정	관계 당사자는 중앙노동위의 중재재정이 위법하거나 월권이라고 인정되면 중재재정서를 송달받은 날부터 15일 이내에 중앙노동위원회 위원장을 피고로 하여 행정소송 제기할 수 있으며, 기간 내에 행정소송을 제기하지 않으면 중재재정은 확정되고 관계 당사자는 이에 따라야 하며, 중재재정의 내용은 단체협약과 같은 효력을 가짐
제한		• 공무원노조와 그 조합원은 정치활동을 할 수 없으며(4조), 파업·태업 등 업무의 정상적인 운영을 저해하는 일체의 행위를 해서는 안 됨 • 공무원노조는 다른 법령이 규정된 공무원의 의무에 반하는 행위를 할 수 없음

1 공무원 A는 주5일 대중교통으로 출퇴근 한다. 코로나19 사태로 인해 재택근무를 하고 싶으나 그가 맡은 업무는 정형적이면서도 보안을 유지해야 하는 특성이 있어 집에서 일할 수 없고 반드시 주5일 출근을 해야만 한다. 대중교통 이용 시 사람들과의 접촉을 최소화하기 위하여 A가 택할 수 있는 가장 적합한 탄력근무 방식으로 묶인 것은?

> ㉠ 시간선택제 전환근무   ㉡ 시차출퇴근제
> ㉢ 원격근무제   ㉣ 재량근무제
> ㉤ 근무시간선택제

① ㉠, ㉡   ② ㉠, ㉣
③ ㉡, ㉤   ④ ㉢, ㉣

2 공무원 보수에 대한 설명으로 옳지 않은 것은?

① 보수는 직무의 곤란성과 책임의 정도에 맞도록 계급별·직위별 또는 직무등급별로 정한다.
② 공무원의 보수는 일반의 표준 생계비, 물가 수준, 그 밖의 사정을 고려하여 정해야 하며 민간의 임금수준은 고려사항이 아니다.
③ 경력직공무원 간의 보수 및 경력직공무원과 특수경력직공무원 간의 보수는 균형을 도모하여야 한다.
④ 연봉제 적용대상 공무원의 보수는 연봉과 그 밖의 각종 수당을 합산한 금액을 말한다.

3 공무원단체에 대한 설명으로 옳은 것은?

① 공무원의 노동조합 설립 및 운영 등에 관한 법률 은 공무원 노조의 쟁의행위를 명시적으로 허용하고 있다.
② 별정직 공무원은 6급 이하도 공무원 노조에 가입할 수 없다.
③ 우리나라는 공무원 노조의 단체교섭권을 허용하고 있지 않다.
④ 특정직 공무원 중 6급 이하의 일반직 공무원에 상당하는 외무행정직 공무원은 공무원 노조에 가입할 수 있다.

4 공무원단체의 순기능에 대한 설명으로 옳지 않은 것은?

① 행정 내부의 민주화가 이루어진다.
② 국민 다수의 이익에 긍정적인 영향을 미친다.
③ 사기앙양의 방안이다.
④ 올바른 직업윤리의 확립과 부패방지를 도모한다.

5 우리나라의 현행 인사행정제도에 관한 설명으로 옳지 않은 것은?

① 국가공무원법에 의거한 징계의 종류에는 파면·해임·강등·정직·감봉·견책이 있다.
② 고위공무원단에는 정부조직법상 중앙행정기관의 실장·국장 등 보조기관뿐 아니라 이에 상당하는 보좌기관도 포함된다.
③ 정당법에 의한 정당의 당원은 소청심사위원회의 위원이 될 수 없다.
④ 사실상 노무에 종사하는 공무원으로서 노동조합에 가입된 자가 조합 업무에 전임하려면 고용노동부 장관의 허가를 받아야 한다.

정답및해설

1	③	2	②	3	④	4	②	5	④

1 ㉠ 시간선택제전환근무제는 1일 최소 3시간 이상, 주당 15 ~ 35시간 근무한다. 따라서 제시된 조건에는 적합하다. 그러나 질문 내용이 가장 적합한 '탄력근무 방식'이며 탄력근무제에는 시차출퇴근형, 근무시간선택형, 집약근무형, 재량근무형이 있다. 시간선택제전환근무제나 원격근무제는 탄력근무방식이 아니므로 답이 될 수 없다.

　　㉢ 주5일 출근해야 하므로 원격근무제 불가. 또한 원격근무제는 탄력근무제에 속하지도 않는다.

　　㉣ 주5일 출근해야 하고 정형적 업무이므로 출퇴근 의무가 없고 전문적 지식과 기술이 필요한 업무에 적용되는 재량근무제는 불가.

　　㉡ 시차출퇴근제는 1일 8시간, 주40시간 근무하면서 출퇴근시간조절이 가능하므로 제시된 조건에 적합.

　　㉤ 근무시간선택제는 1일 8시간에 구애받지 않고 1일 4~12시간 근무하되 주5일 근무를 준수해야 하므로 제시된 조건에 적합

2 ② 공무원 보수는 직무의 곤란성과 책임의 정도에 맞도록 계급별·직위별 또는 직무등급별로 정하며 일반의 표준생계비, 물가수준, 그 밖의 사정을 고려하여 정하되 민간부문 임금수준과 적절한 균형을 유지하도록 노력해야 한다.

　　※ 국가공무원법 제46조(보수 결정의 원칙)

> ① 공무원의 보수는 직무의 곤란성과 책임의 정도에 맞도록 계급별·직위별 또는 직무등급별로 정한다. 다만, 다음 각 호의 어느 하나에 해당하는 공무원의 보수는 따로 정할 수 있다.
> 　1. 직무의 곤란성과 책임도가 매우 특수하거나 결원을 보충하는 것이 곤란한 직무에 종사하는 공무원
> 　2. 제4조제2항에 따라 같은 조 제1항의 계급 구분이나 직군 및 직렬의 분류를 적용하지 아니하는 공무원
> 　3. 임기제공무원
> ② 공무원의 보수는 일반의 표준 생계비, 물가 수준, 그 밖의 사정을 고려하여 정하되, 민간 부문의 임금 수준과 적절한 균형을 유지하도록 노력하여야 한다.
> ③ 경력직공무원 간의 보수 및 경력직공무원과 특수경력직공무원 간의 보수는 균형을 도모하여야 한다.

3 ④ 특정직 공무원 중 6급 이하의 일반직 공무원에 상당하는 외무행정·외교정보관리직 공무원은 공무원 노조 가입이 가능하다.

　　① 「공무원의 노동조합 설립 및 운영 등에 관한 법률」 제11조(쟁의행위의 금지) 노동조합과 그 조합원은 파업, 태업 또는 그밖에 업무의 정상적인 운영을 방해하는 일체의 행위를 하여서는 아니 된다.

　　② 6급 이하의 일반직 공무원에 상당하는 별정직 공무원은 가입할 수 있다.

　　③ 공무원노조는 일반적으로 단결권과 단체교섭권이 인정된다. 단 사실상 노무에 종사하는 공무원의 경우 단체행동권이 인정되는데 행정부 공무원의 경우 과학기술정보통신부 소속 현업기관의 작업 현장에서 노무에 종사하는 우정직공무원 노조에게는 단체행동권까지 인정된다.

4 ② 공무원들의 단체활동은 국민 다수의 이익에 부정적 영향을 미칠 수 있다.

　　※ 공무원단체의 순기능과 역기능

　　　㉠ 순기능
　　　　• 공무원의 권익을 증진하고 의사전달의 통로가 됨
　　　　• 사기앙양의 방안
　　　　• 행정내부의 민주화가 이루어짐
　　　　• 실적제의 강화
　　　　• 올바른 직업윤리의 확립과 부패방지 도모
　　　　• 사회적·경제적 지위의 향상

  ⓛ 역기능
   • 공무원들의 단체활동은 국민 다수의 이익에 부정적 영향
   • 협상을 통해 얻게 되는 부가적 이득은 다른 집단 또는 일반 납세자들의 추가적 부담을 전제
   • 행정능률을 저해할 수 있음
   • 공무원의 신분보장을 지나치게 강조하고 선임 위주의 인사원칙을 내세움으로써 실적주의 인사원칙을 저해할 수 있음

5 ④ 사실상 노무에 종사하는 공무원으로서 노동조합에 가입된 자가 조합 업무에 전임하려면 소속 장관의 허가를 받아야 한다〈국가공무원법 제66조 제3항〉.

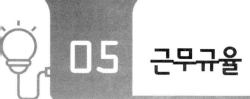

05 근무규율

section 1 공무원 윤리

(1) 개념

공무원이 국민전체에 대한 봉사자로서 공무수행과정이나 공직이라는 신분 면에서 준수해야 할 행동규범이나 가치기준으로 공무원이 입안하여 집행하는 정책의 내용도 윤리적이어야 한다는 의미도 지닌다. 공무원의 개인적 윤리기준은 공공의 신탁(public trust)과 관련된다.

① **소극적 관점** … 부패방지, 부정행위 금지 등 직무수행과 관련하여 지켜야 할 최소한의 기준

② **적극적 관점** … 행정목적의 실현과 공익을 위한 봉사 등 적극적으로 인간의 가치를 향상시키는 모든 행위

(2) 행정윤리의 내용(공직윤리를 확보하기 위한 규율)

① **법적·타율적 규범** … 공무원은 국민에 대한 봉사자이며 국민에 대하여 책임을 진다(제7조 1항).

   ⊙ **헌법** : 성실의무, 복종의무, 친절공정의무, 비밀엄수의무, 청렴의무, 품위유지의무, 종교중립 의무, 선서의무, 외국정부의 영예 등 규제, 직장이탈 금지, 영리업무 및 겸직 금지, 정치운동 금지, 집단행위 금지

     ＊충성의 의무를 헌법상 의무(헌법에 명시적으로 규정된 의무는 아님)로 분류하기도 한다.

   ⊙ **국가공무원법** : 이해충돌방지의무, 재산등록 및 공개, 외국 정부 등으로부터 받은 선물의 신고·인도, 퇴직공직자 취업제한(3년) 및 행위제한, 주식 매각 및 백지신탁

     ＊징계 및 징계부가금

   ⊙ **공직자윤리법** : 부패행위신고(내부고발)의무 및 부패행위신고자 보호, 비위면직자의 취업제한(5년), 공직자의 업무상 비밀이용 금지, 공직자의 청렴의무

     ＊공직자윤리위원회 설치

   ⊙ **부패방지 및 국민권익위원회의 설치와 운영에 관한 법률** : 부패행위신고(내부고발)의무 및 부패행위신고자 보호, 비위면직자의 취업제한(5년), 공직자의 업무상 비밀이용 금지, 공직자의 청렴의무

     ＊국민감사청구, 부패유발 요인 검토, 공무원행동강령의 근거, 검찰에의 고발과 재정신청

문 공직윤리와 관련한 설명으로 가장 옳지 않은 것은?

▶ 2018. 6. 23 제2회 서울특별시

① 정무직 공무원과 일반직 4급 이상 공무원은 재산등록의무가 있다.

② 공무원이 직무와 관련하여 외국인으로부터 10만원 또는 100달러 이상의 선물을 받은 때에는 소속 기관·단체의 장에게 신고하고 그 선물을 인도하여야 한다.

③ 세무·감사·건축·토목·환경·식품위생분야의 대민업무 담당부서에 근무하는 일반직 7급 이상의 경우 재산등록 대상에 해당한다.

④ 4급 이상 공무원과 공직유관단체 임직원은 퇴직일로부터 2년 간, 퇴직 전 5년 간 소속 부서 또는 기관 업무와 밀접한 관련이 있는 사기업체에 취업할 수 없다.

Tip 4급 이상 공무원과 공직유관단체 임직원은 퇴직일로부터 3년간, 퇴직 전 5년간 소속부서 또는 기관 업무와 밀접한 관련이 있는 사기업체에 취업할 수 없다.

정답 ④

기출문제

📢 공직윤리 확보를 위한 행동강령 (code of conduct)에 대한 설명으로 옳지 않은 것은?

▶ 2016. 4. 9. 인사혁신처

① 행동강령은 공무원에게 기대되는 바람직한 가치판단이나 의사결정을 담고 있으며, 공무원이 준수하여야 할 행동기준으로 작용한다.

② 「공무원 행동강령」은 「부패방지 및 국민권익위원회의 설치와 운영에 관한 법률」제8조에 근거해 대통령령으로 제정되었다.

③ 「공무원 행동강령」은 중앙행정기관의 장 등에게 「공무원 행동강령」의 시행에 필요한 범위에서 해당 기관의 특성에 적합한 세부적인 기관별 공무원 행동강령을 제정하도록 규정하고 있다.

④ OECD 국가들의 행동강령은 1970년대부터 집중적으로 제정되었으며, 주로 법률 형식으로 규정하고 있다.

> **Tip** ④ 공직윤리 확보를 위한 행동강령은 주로 법률의 하위형식으로 규정하고 있는데, 이는 시대적 윤리경향을 빠르게 반영할 수 있도록 하기 위함이다.

▮정답 ④

ⓜ **부정청탁 및 금품 등 수수의 금지에 관한 법률**(김영란법) : 공정·청렴한 직무수행, 직무수행 관련 공평무사한 처신 및 직무관련자 우대·차별 금지, 부정청탁에 따른 직무수행 금지와 부정청탁의 신고, 금품 등의 수수 금지 및 수수금지품등의 신고, 외부강의 등의 사례금 수수 제한, 공무수행사인의 공무수행과 관련된 행위제한 등

ⓑ **기타 개별법**
- 공직자 등의 병역사항 신고 및 공개에 관한 법률(고위공직자의 병역사항 신고·공개)
- 공무원범죄에 관한 몰수특례법(공무원범죄를 통한 불법수익 추적·환수)
- 공직선거법(선거범죄자 임용제한)

② **행정적 자율적 규범**
- ㉠ **추상적 규범** : 공무원헌장(2016. 대통령훈령. 기존 공무원윤리헌장을 대체)
- ㉡ **구체적 규범** : 공무원행동강령(2005. 대통령령)

(3) 국가공무원법 상 공무원의 의무(13대 의무)

선서 (55조)	공무원은 취임할 때에 소속 기관장 앞에서 대통령령등으로 정하는 바에 따라 선서해야 한다. 다만, 불가피한 사유가 있으면 취임 후에 선서하게 할 수 있다.
성실 의무 (56조)	모든 공무원은 법령을 준수하며 성실히 직무를 수행해야 한다.
복종의 의무 (57조)	공무원은 직무를 수행할 때 소속 상관의 직무상 명령에 복종해야 한다.
직장 이탈 금지 (58조)	• 공무원은 소속 상관의 허가 또는 정당한 사유가 없으면 직장을 이탈하지 못한다. • 수사기관이 공무원을 구속하려면 그 소속 기관의 장에게 미리 통보해야 한다. 단, 현행범은 예외.
친절·공정 의무 (59조)	공무원은 국민 전체의 봉사자로서 친절하고 공정하게 직무를 수행해야 한다.
종교중립 의무 (59조의2)	공무원은 종교에 따른 차별 없이 직무를 수행해야 한다. 공무원은 소속 상관이 이에 위배되는 직무상 명령을 한 경우에는 이에 따르지 않을 수 있다.
비밀 엄수 의무 (60조)	공무원은 재직 중은 물론 퇴직 후에도 직무상 알게 된 비밀을 엄수(嚴守)해야 한다.
청렴 의무 (61조)	• 공무원은 직무와 관련하여 직접적이든 간접적이든 사례·증여 또는 향응을 주거나 받을 수 없다. • 공무원은 직무상의 관계가 있든 없든 그 소속 상관에게 증여하거나 소속 공무원으로부터 증여를 받아서는 아니 된다.

외국 정부의 영예 등 제한(62조)	공무원이 외국 정부로부터 영예나 증여를 받을 경우에는 대통령의 허가를 받아야 한다.
품위 유지 의무 (63조)	공무원은 직무의 내외를 불문하고 그 품위가 손상되는 행위를 하여서는 아니 된다.
영리 업무 및 겸직 금지(64조)	공무원은 공무 외에 영리 목적의 업무에 종사하지 못하며 소속 기관장의 허가 없이 다른 직무를 겸할 수 없다.
정치운동 금지 (65조)	공무원은 정당이나 그 밖의 정치단체의 결성에 관여하거나 이에 가입할 수 없다. 공무원은 선거에서 특정 정당 또는 특정인을 지지 또는 반대하기 위한 일정 행위를 하여서는 아니 된다.
집단행위 금지 (66조)	공무원은 노동운동이나 그 밖에 공무 외의 일을 위한 집단 행위를 하여서는 아니 된다. 다만, 사실상 노무에 종사하는 공무원은 예외로 한다.

(4) 공직자윤리법 상 공무원의 의무

① 이해충돌 방지 의무(2조의2) … 공무원들에게 공적으로 부여된 직무수행상 의무와 사인으로서의 개인의 사적 이해가 충돌됨으로써 공정한 직무수행이 방해될 가능성이 있으므로 이를 방지할 필요성이 있다(대리인 이론과 관련되며 사전적·예방적 통제의 성격을 지님).

② 재산등록 및 재산공개

　㉠ 재산등록 및 공개의무자

구분		재산등록의무자	재산공개의무자
정무직		대통령·국무총리·국무위원·국회의원 등 국가의 정무직공무원	대통령, 국무총리, 국무위원, 국회의원, 국가정보원의 원장 및 차장 등 국가의 정무직공무원
		지방자치단체장, 지방의회의원 등 지방자치단체 정무직공무원	지방자치단체장, 지방의회의원 등 지방자치단체 정무직공무원
일반직 별정직		4급 이상의 일반직 국가공무원(고위공무원단 소속 포함) 및 지방공무원과 이에 상당하는 보수를 받는 별정직공무원(고위공무원단 소속 포함)	일반직 1급 국가공무원(최고 직무등급 고위공무원단 소속 포함) 및 지방공무원과 이에 상응하는 보수를 받는 별정직공무원(고위공무원단에 소속 포함)
		회계·조세·규제(인허가)·감사·수사 등 관련 부처의 5급~7급 공무원	지방 국세청장 및 3급 공무원 또는 고위공무원단에 속하는 공무원인 세관장

• 특정직도 일정계급 이상 대상자가 된다.
• 「공공기관의 운영에 관한 법률」 상 공공기관, 공직유관단체 등의 임원이나 직원도 대상이 된다.

ⓒ **등록대상 재산** : 본인과 배우자(사실혼 포함), 본인의 직계존속·직계비속(단, 혼인한 직계비속인 여성과 외증조부모·외조부모·외손자녀·외증손자녀는 제외)의 재산(소유 명의와 관계없이 사실상 소유하는 재산, 비영리법인에 출연한 재산과 외국에 있는 재산을 포함)

ⓒ **등록시기** : 공직자는 등록의무자가 된 날부터 2개월이 되는 날이 속하는 달의 말일까지 등록의무자가 된 날 현재의 재산을 등록기관에 등록

ⓔ **변동사항 신고** : 매년 1월 1일~12월 31일까지의 재산 변동사항을 다음 해 2월 말일까지 등록기관에 신고

ⓗ **등록재산 공개** : 공직자윤리위원회가 신고내용 등록이나 신고기간 만료 후 1개월 이내에 관보나 공보에 공개.

② **외국 정부 등으로부터 받은 선물의 신고·인도** … 공무원(지방의회의원 포함) 또는 공직유관단체의 임직원은 외국으로부터 선물을 받거나 그 직무와 관련하여 외국인(외국단체 포함)에게 선물을 받으면 지체 없이 소속 기관·단체의 장에게 신고하고 그 선물을 인도해야 한다.(이들의 가족이 외국으로부터 선물을 받거나 그 공무원이나 공직유관단체 임직원의 직무와 관련하여 외국인에게 선물을 받은 경우도 포함). 신고할 선물의 가액은 선물 수령 당시 증정한 국가 또는 외국인이 속한 국가의 시가로 미국화폐 100달러 이상이거나 국내 시가 10만 원 이상인 선물이며 신고된 선물은 즉시 국고에 귀속된다.

③ **퇴직공직자의 취업제한**

ⓒ **의의** : 공직자가 퇴직 후 유관기업체에 유리한 조건으로 취업하기 위해 재직 중 특정 업체에 부당한 혜택을 주는 행위를 막고 영리업체에 취업하여 공직 재직시의 연고관계나 정보를 악용하지 못하게 하는 사전적 통제제도이다.

ⓒ **대상 및 제한기간** : 취업심사대상자(재산등록의무자와 동일)는 퇴직일부터 3년간 취업심사기관에 취업할 수 없다(위반시 형사처벌). 단, 관할 공직자윤리위원회로부터 취업심사대상자가 퇴직 전 5년 동안 소속하였던 부서 또는 기관의 업무와 취업심사대상기관 간에 밀접한 관련성이 없다는 확인을 받거나 취업승인을 받은 때에는 취업이 가능하다.

ⓒ **취업자의 해임 요구 등** : 관할 공직자윤리위원회는 퇴직공직자의 취업 제한 규정을 위반하여 취업한 사람이 있는 때에는 국가기관의 장(독립기관은 인사관장기관의 장), 지방자치단체장에게 해당인에 대한 취업해제조치를 하도록 요청해야 하며, 요청을 받은 국가기관의 장 또는 지방자치단체장은 해당인이 취업하고 있는 취업제한기관의 장에게 해당인의 해임을 요구해야 한다. 요구를 받은 취업제한기관의 장은 지체 없이 이에 응해야 한다.

④ **퇴직공직자의 업무취급 제한** … 전관예우 근절 목적으로 퇴직 공직자의 취업 이후 부적절한 행위 규제한다.

    ㉠ **본인 처리 업무 취급 금지** : 모든 공무원 또는 공직유관단체 임직원은 재직 중 직접 처리한 제17조제2항에서 정하는 업무(밀접한 관련성 있는 업무)를 퇴직 후에 취급할 수 없다. 위반시 형사처벌(2년 이하 징역 또는 2천만 원 이하 벌금)에 처한다.

    ㉡ **기관업무기준 취업심사대상자 업무취급 금지** : 기관업무기준 취업심사대상자(재산공개대상자, 고위공무원단 소속 공무원, 2급 이상 공무원, 공직유관단체 임원 등)는 퇴직 전 2년부터 퇴직할 때까지 근무한 기관이 취업한 취업제한기관에 대하여 처리하는 제17조제2항의 업무(밀접한 관련성있는 업무)를 퇴직한 날부터 2년 동안 취급할 수 없다(위반시 5천만원 이하 과태료). 기관업무기준 취업심사대상자는 퇴직 후 2년간 업무활동내역 등이 포함된 업무내역서를 매년 작성하여 소속 취업제한기관의 장의 확인을 거쳐 관할 공직자윤리위원회에 제출해야 한다.

    ㉢ **예외** : 국가안보상 이유나 공공의 이익을 위한 목적 등 해당 업무 취급이 필요하고 그 취급이 해당 업무의 공정한 처리에 영향을 미치지 않는다고 인정되어 관할 공직자윤리위원회의 승인을 받은 경우 해당 업무의 취급이 가능하다.

⑦ **주식백지신탁제도**(blind trust)

    ㉠ **의의** : 도덕적 해이의 방지와 공직수행의 공정성을 기하도록 공직자가 재임기간동안 재산을 공직과 관계없는 대리인에게 맡기고 절대 간섭할 수 없게 하는 사전적 통제제도(도덕적 해이 및 이해충돌의 방지)이다.

    ㉡ **내용** : 재산공개대상자와 기획재정부(금융정책·은행·증권·보험 등 금융에 관한 사무를 관장하는 국에 한함) 및 금융위원회의 고위공무원단 소속 공무원과 4급 이상 공무원 본인 및 그 이해관계자(배우자, 직계 존·비속) 모두가 보유한 주식의 총가액 1000만원~5,000만원 범위에서 대통령령이 정한 금액(3,000만원)을 초과한 경우 초과하게 된 날부터 1개월 이내에 해당 주식 매각이나 주식백지신탁계약 체결을 직접 하거나 이해관계자로 하여금 하도록 하고 그 행위를 한 사실을 등록기관에 신고해야 한다. 단, 직무관련성 심사 청구에 의해 주식백지신탁심사위원회로부터 직무관련성이 없다는 결정을 통지받은 경우에는 주식보유가 가능하다.

기출문제

section 2 공무원의 정치적 중립

(1) 개념

공무원은 일당일파의 이익에만 편중하거나 부당한 정치적 압력에 굴복함이 없이 자기의 직무를 성실히 수행해야 하며, 공무원에 대한 모든 인사관리에 있어서 정치적 간섭이 배제되어야 한다.

(2) 필요성

① 부패 방지를 위하여 필요하다.
② 행정의 계속성과 안정성 확보를 위해 필요하다.
③ 행정의 능률성과 전문성 제고를 위해 필요하다.
④ 공익의 증진을 위해 필요하다.
⑤ 관료제에 대한 국민의 신뢰 확보를 위해 필요하다.
⑥ 민주정치의 발달의 바탕이 된다.

(3) 내용

① 미국
　㉠ 1883년 Pendleton법에서 분류직 공무원의 정치활동을 금지하였다.
　㉡ 1939년 Hatch법을 통해 선거자금 제공과 선거운동 금지, 정당 강요와 보상 금지 등을 규정하였다.

② 영국(Whitley협의회)
　㉠ 하위직 : 정치활동의 자유를 허용하였다.
　㉡ 서기계급(중간계급) : 입후보만을 금지하였다.
　㉢ 행정 · 집행계급(고위계급) : 정치활동을 금지하였다.

③ 독일 · 프랑스 … 공무원의 정치활동의 자유를 보장하였다.

④ 우리나라
　㉠ 헌법 제7조 제2항 : 공무원의 신분과 정치적 중립성은 법률이 정하는 바에 의하여 보장된다.
　㉡ 국가공무원법 제65조
　　• 정당이나 기타 정치단체의 결성에 관여하거나 가입할 수 없다.
　　• 선거에서 특정 정당이나 특정인을 지지하거나 반대하는 행위를 할 수 없다.
　　• 다른 공무원에게 이와 같은 행위를 요구하거나 정치적 행위의 보상 · 보복으로서 이익 · 불이익을 약속하여서는 아니 된다.

(4) 한계

① 공무원의 정치적 중립은 공무원들의 이념적 무관심을 초래하고, 정부관료제를 국민의 요구에 민감하게 대응하지 못하는 폐쇄집단으로 만들 우려가 있으며, 관료제의 책임회피·무사안일을 야기한다.

② 공개경쟁에 의한 공무원 충원은 특정 집단(중산층 이상의 사회경제적 배경을 가진 사람들) 중심으로 이루어져 실질적인 정치적 중립이 가능한가의 문제가 제기되고 있다.

③ 공무원에 대한 참정권 제한은 민주정치의 원리와 모순된다.

④ 현대행정국가에서 행정에 대한 공무원들의 자율적 책임 등 행정책임을 강조하면서 정치적 활동을 제한하는 것은 논리적으로 모순이다.

⑤ 공무원의 정치참여를 제한하는 것은 공무원집단의 이익이 경시되는 결과를 초래할 수 있다. 이는 중하급 공무원들의 정책형성 참여기회 및 대내외적 의사표현기회를 넓혀주는 참여적 관료제의 발전을 저해한다.

(5) 확보방안

① 평화적 정권교체가 필요하다.

② 보수체계의 적정화가 이루어져야 한다.

③ 실적주의, 직업공무원제가 확립되어야 한다.

④ 국민의 의식수준이 향상되어야 한다.

⑤ 기구나 위원회 조직·설치가 자유로워야 한다.

⑥ 가치의 다원화가 이루어져야 한다.

⑦ 정치·경제·사회상황의 정상화가 이루어져야 한다.

section 3 신분보장

(1) 의의

① **개념** … 국가공무원법상 형의 선고, 징계처분, 기타 이 법이 정하는 사유에 의하지 아니하고는 그 의사에 반하여 신분상의 불이익 처분을 받지 않는 것을 의미한다.

② **필요성 및 한계**

　㉠ **필요성**
　　• 공무원의 사기앙양의 방안이다.

- 공직의 안정성·계속성 확보에 기여한다.
- 행정의 자율성·독립성을 확립하게 한다.
- 실적주의 및 직업공무원제 확립에 기여한다.
- 창의적 직무수행을 촉진한다.

ⓛ 한계
- 공직의 침체화 또는 특권집단화를 초래한다.
- 공직에 대한 민주적 통제가 곤란해진다.
- 무사안일을 초래한다.
- 관리자의 감독이 곤란하다.

(2) 징계제도

① 징계사유
- ㉠ 국가공무원법(지방공무원법) 및 법의 명령(지방공무원의 경우 지방자치단체의 조례 또는 규칙)을 위반한 때
- ㉡ 직무상의 의무를 위반하거나 직무를 태만히 한 때
- ㉢ 직무 내외를 불문하고 체면 또는 공무원의 품위를 손상하는 행위를 한 때

② 징계의 종류
- ㉠ 파면 : 5년간 임용에 금지되는 강제퇴직이다.
- ㉡ 해임 : 3년간 공직임용에 제한되는 강제퇴직이다.
- ㉢ 강등 : 1계급 아래로 직급을 내리고(고위공무원단에 속하는 공무원은 3급으로 임용하고, 연구관 및 지도관은 연구사 및 지도사로 함), 공무원의 신분은 보유하나 3개월간 직무에 종사하지 못하며, 그 기간 중 보수는 전액을 감한다(다만 계급을 구분하지 아니하는 공무원과 임기제공무원에 대해서는 강등을 적용하지 아니한다).
- ㉣ 정직 : 1개월 이상 3개월 이하의 기간으로 하고, 정직처분을 받은 사람은 그 기간 중 공무원의 신분은 보유하나 직무에 종사하지 못하며, 보수는 전액을 감한다.
- ㉤ 감봉 : 1개월 이상 3개월 이하 동안 보수의 3분의 1을 감한다.
- ㉥ 견책 : 전과에 대하여 훈계하고 회개하게 한다.

(3) 직위해제와 대기명령

① 직위해제
- ㉠ 직무수행능력 부족 또는 근무성적이 극히 나쁠 때 적용된다.
- ㉡ 파면·해임·강등·정직에 해당하는 징계의결이 요구 중인 자에게 내려진다.
- ㉢ 형사사건으로 기소된 자 등에게 직위를 부여하지 않는다.

① 징계는 파면·해임·정직·감봉·견책으로 구분한다.
② 정직은 1개월 이상 3개월 이하의 기간으로 하고, 정직 처분을 받은 자는 그 기간 중 공무원의 신분은 보유하나 직무에 종사하지 못하며 보수의 3분의 2를 감한다.
③ 감봉은 1개월 이상 3개월 이하의 기간 동안 보수의 3분의 1을 감한다.
④ 감사원에서 조사 중인 사건에 대하여는 조사개시 통보를 받은 후부터 징계 의결의 요구나 그 밖의 징계 절차를 진행할 수 있다.

Tip ① 징계는 파면, 해임, 강등, 정직, 감봉, 견책으로 구분한다〈국가공무원법 제79조〉.
② 정직은 1개월 이상 3개월 이하의 기간으로 하고, 정직 처분을 받는 자는 그 기간 중 공무원의 신분은 보유하나 직무에 종사하지 못하며, 보수는 전액을 감한다〈국가공무원법 제80조〉.
④ 감사원에서 조사 중인 사건에 대하여는 조사개시 통보를 받은 날부터 징계 의결의 요구나 그 밖의 징계 절차를 진행하지 못한다〈국가공무원법 제83조〉.

정답 ③

ⓐ 고위공무원단에 속하는 일반직 공무원으로서 특정사유로 적격심사를 요구받은 자에게 내려진다.

② 대기명령 … 직무수행능력의 부족이나 근무성적이 극히 나빠 직위해제된 공무원에 대해 3개월 이내의 기간대기명령을 내린다.

(4) 강제퇴직

① 직권면직

　㉠ 직제와 정원의 개폐 또는 예산의 감소 등에 의하여 폐직 또는 과원이 되었을 때 내려진다.

　㉡ 휴직기간의 만료 또는 휴직사유가 소멸된 후에도 직무에 복귀하지 않거나 직무를 감당할 수 없을 때 내려진다.

　㉢ 대기명령을 받은 사람이 그 기간 중 능력 또는 근무성적의 향상을 기대하기 어렵다고 인정된 때 내려진다.

　㉣ 전직 시험에서 3회 이상 불합격한 사람으로서 직무수행능력이 부족하다고 인정된 때 내려진다.

　㉤ 병역판정검사 · 입영 또는 소집의 명령을 받고 정당한 사유 없이 이를 기피하거나 군복무를 위하여 휴직 중에 있는 자가 군복무 중 군무(軍務)를 이탈하였을 때 내려진다.

　㉥ 해당 직급 · 직위에서 직무를 수행하는데 필요한 자격증의 효력이 없어지거나 면허가 취소되어 담당 직무를 수행할 수 없게 된 때 내려진다.

　㉦ 고위공무원단에 속하는 공무원이 적격심사 결과 부적격 결정을 받은 때 내려진다.

② 감원 … 정부의 사정에 의한 일방적 · 강제적 퇴직으로 신분상 불안을 야기시키는 가장 중대한 사유이다.

(5) 정년제도

① 개념 … 일정한 기준 충족시 자동적으로 그 직위를 정지시키는 제도이다.

② 유형

　㉠ 연령정년제
　　• 일정한 연령에 달하면 자동퇴직하는 제도이다.
　　• 다른 법률에 특별한 규정이 있는 경우를 제외하고는 60세로 한다.

　㉡ 근속정년제
　　• 공직 근속연한이 일정기간에 달하면 자동퇴직하는 제도이다.
　　• 우리나라에서는 군인에게 적용된다.

기출문제

「국가공무원법」상 공무원 인사에 대한 설명으로 옳지 않은 것은?
▷ 2018. 5. 19 제1회 지방직

① 당연퇴직은 법이 정한 사유가 발생한 경우 별도의 처분 없이 공무원 관계가 소멸되는 것을 말한다.

② 직권면직은 법이 정한 사유가 발생한 경우 임용권자가 일방적으로 공무원 관계를 소멸시키는 것을 말한다.

③ 직위해제는 직무수행능력이 부족하거나 근무성적이 극히 나쁜 경우 공무원의 신분은 유지하지만 강제로 직무를 담당하지 못하게 하는 것이다.

④ 강임은 한 계급 아래로 직급을 내리는 것으로 징계의 종류 중 하나이다.

> **Tip** '강임은 징계가 아니며 정부조직개편으로 폐직 · 과원 상태가 되었거나 본인 희망에 의해 하위직급으로 임용되는 것이다.

정답 ④

⊙ 공무원 부패에 관한 설명으로 가장 옳지 않은 것은?

▶ 2017. 6. 24 제2회 서울특별시

① 인·허가와 관련된 업무를 처리할 때 소위 '급행료'를 지불하는 것을 당연시하는 관행은 제도화된 부패에 해당한다.

② 금융위기가 심각함에도 불구하고 국민들의 동요나 기업활동의 위축을 막기 위해 공직자가 거짓말을 하는 것은 회색부패에 해당한다.

③ 무허가 업소를 단속하던 단속원이 정상적인 단속활동을 수행하다가 금품을 제공하는 특정 업소에 대해서 단속을 하지 않는 것은 일탈형 부패에 해당한다.

④ 공금 횡령, 개인적인 이익의 편취, 회계 부정 등은 비거래형 부패에 해당한다.

> **Tip** ② 금융위기가 심각함에도 불구하고 국민들의 동요나 기업활동의 위축을 막기 위해 공직자가 거짓말을 하는 것은 백색부패에 해당한다.
> ④ 공금횡령, 개인적인 이익 편취, 회계 부정 등은 사기형 부패에 해당한다. 사기형 부패는 비거래형 부패이다. 거래형 부패는 뇌물을 매개로 이권이나 특혜를 불법적으로 제공하는 전형적 부패유형이다.

⊙ 정답 ②

ⓒ 계급정년제
• 일정 계급에서 일정기간 승진을 하지 못하면 자동퇴직하는 제도이다.
• 군인, 경찰, 검찰직 고위공무원에 대하여 적용된다.

(6) 전보와 권고사직

① 전보 … 동일직렬·직급 내에서 직위만 바뀌는 것으로, 좌천의 기능도 있다.

② 권고사직 … 비합법적 수단으로 사표 제출을 강요한다.

> **Point 팁** 명예퇴직 … 공무원으로 20년 이상 근속한 자가 정년 전에 스스로 퇴직하면 예산의 범위에서 명예퇴직 수당을 지급할 수 있다〈국가공무원법 제74조의 2〉.

section 4 공무원의 부패

(1) 개념

공무원이 자신의 직책과 관련하여 직·간접적으로 부당한 이득을 취하거나 취하려고 기도하는 행위로서, 공직자가 사리사욕을 위하여 공직에 부수되는 공권력을 남용하거나 공직의 영향력을 직·간접적으로 행사하여 법규를 위반하는 경우 또는 공직자로서 기대되는 의무의 불이행 등을 총칭한다.

(2) 공직부패의 유형

① 부패의 성격

ㄱ **직무유기형 부패(복지부동)** : 시민이 개입되지 않은 관료 개인의 부패로서, 직접적이며 명백한 물질적 이익을 추구하지 않으며, 자신의 직무를 게으르게 하는 데에서 오는 부패를 말한다.

ㄴ **후원형[정실형] 부패(정실주의)** : 관료가 정실이나 학연 등을 토대로 불법적으로 후원하는 부패를 말한다. 직무유기형 부패처럼 물질적 이익을 추구하지는 않는다.

ㄷ **사기형[단독형] 부패(공금유용·횡령·회계부정)** : 상대방과 직접적 이익교환 없이 개인의 이익을 위해 벌이는 일방적 부패(비거래형 부패)로서 의도적으로 개인적 이익을 위한 공금유용·횡령·회계부정 등을 통해 국고의 손실을 가져오며 대개 형법상 범죄에 해당한다.

ㄹ **거래형 부패(뇌물수수)** : 가장 전형적인 부패, 공무원과 시민이 뇌물을 매개로 이권이나 특혜를 불법적으로 거래하는 쌍방적 부패를 말한다.

기출문제

    ⓜ 위협형 **부패**(갈취형 · 공갈형) : 사업자에게 불리한 조치나 결정을 예방하거나 그러한 조치나 결정을 구실로 금품 등을 직접 또는 간접적으로 강요하는 공무원 부정행위를 말한다.

    ⓑ **독직**(瀆職)**행위** : 공직자가 어떤 업무를 수행하는 것이 의무로 되어 있음에도 불구하고, 그 대가를 요구하는 경우를 말한다.

② **사회구성원의 관용도**(부패의 용인가능성)

    ㉠ **흑색부패** : 사회체제에 명백하고 심각한 해를 끼치는 부패로, 사회구성원 모두가 부정적으로 보고 처벌을 원하며 형법 · 공직자윤리법, 부패방지 관련 법 등에 처벌조항을 둔다.

    ㉡ **백색부패**

      • 사회구성원의 대다수가 어느 정도 용인하는 관례화된 부패로서 심리적으로 용인되고 합리화되기 때문에 사회체제에 심각한 파괴적 영향을 미치지는 않지만 다른 부패의 정당화에 기여함으로써 더 큰 확산의 동기가 된다.

      • 사적 이익을 추구하지 않고 공적인 이익을 위해 선의의 목적으로 행해지는 부패이다(ⓜ 금융위기시 "한국경제의 기초는 튼튼하다"라고 한 경제관료의 거짓말). 비록 공적 이익을 추구하더라도 국민에게 거짓말을 하는 것이므로 엄밀한 의미에서 부패에 해당되지만 사익을 추구하려는 악의가 없으므로 처벌할 수 없을 뿐이다.

    ㉢ **회색부패** : 사회체제에 파괴적인 영향을 미칠 수 있는 잠재성을 지닌 부패로서, 사회구성원 중 일부집단은 처벌을 원하지만 일부집단은 처벌을 원하지 않는 부패를 말한다. 비난과 용인 사이에서 일치점을 찾기 어렵다. 과도한 선물의 수수와 같이 공무원윤리강령에 규정될 수는 있으나 법률로 규정하는 것에 대해서는 논란의 소지가 있다. ⓜ 촌지, 소액규모의 접대 등

③ **부패의 규모**

    ㉠ **생계형 부패** : 하위직 공무원들이 낮은 보수를 채우기 위해 생계유지 차원에서 저지르는 부패. 작은 부패(petty corruption)라고도 한다. 방지 방안으로 적정 보수(생계급)의 지급이 필요하다.

    ㉡ **권력형 부패**(정치부패) : 주로 정계 · 관계 · 재계의 권력엘리트들이 결합하여 발생하며 정치인이 주축이 되므로 정치부패라고도 한다. 관료부패보다 더 암묵적이고 노출되지 않으며 주로 정책결정 이전 단계에서 그 영향력을 발휘하는 점에서 관료부패와 성격이 다르다. 희소한 권력을 지닌 사람들이 초과적인 막대한 이익을 부당하게 얻는 것이므로 엄정한 적발과 처벌, 공정한 법집행이 우선적으로 고려되어야 한다.

④ 부패의 제도화 여부 – 제도화된 부패와 우발적 부패

   ㉠ 제도화된 부패(체제적 부패)

- 부패가 일상화·제도화·관습화되어 행정체제 내에서 부패가 실질적인 규범이 되고 바람직한 행동규범은 예외적인 것으로 전락되는 부패된다. 적발되어도 관대한 처분을 받으며 공식적 행동규범을 고수하는 사람들이 오히려 제재를 받게 되며 부패가 생활양식화 되어 크게 죄의식 없이 이루어진다(🔳 관행화된 급행료).
- 특성
- 형식주의 : 반부패선언을 대외적으로 표방은 하지만, 조직 내에서는 사실상 위반을 방조·은폐한다.
- 부패저항자에 대한 제재와 보복 : 반부패 행동규범을 준수하려는 사람이나 부패를 폭로하려는 사람은 보복을 당하는 상황을 말한다. 조직적 은폐로 외부에 잘 드러나지 않음.
- 부패행위자의 보호와 관대한 처분 : 부패 사실이 외부에 노출되는 경우에도 관대한 처분을 받는다.
- 부패의 타성화 : 조직 내의 전반적 관행을 정당화함으로써 집단적으로 죄책감을 해소하며, 강력한 외적 압력이 없는 한 부패를 중단하려 하지 않는다.
- 통제자의 책임 회피 : 패 적발의 공식적 책임자가 공식적 책무수행을 꺼린다.

   ㉡ 일탈형 부패(우발적 부패) : 부정적 관행이나 구조보다 개인의 윤리적 일탈에 의해 발생하는 부패로서 연속성이 없고 구조화되지 않은 일시적 부패를 말한다(🔳 무허가 업소를 단속하던 단속원이 정상적인 단속활동을 수행하다가 금품을 제공하는 특정 업소에 대해서 단속을 하지 않는 것). 크게 죄의식을 느끼는 것이 보통이지만, 규모가 크거나 권력자가 개입된 경우 제도화된 부패처럼 크게 죄의식을 느끼지 않는 경우도 있다.

⑤ 기타

   ㉠ 부패 발생수준

- 개인부패 : 개인수준에서 발생하는 부패로 대부분의 부패는 개인부패 유형에 속한다.
- 조직부패 : 하나의 부패사건에 여러 사람이 조직적·집단적으로 연루되어 있는 경우로 외부로 잘 드러나지 않는다.

   ㉡ 부패 당사자

- 내부부패 : 정부관료제 내부 공무원 간의 직무 관련 부패.
- 외부부패 : 관료와 국민 간에 이루어지는 부패

   ㉢ 행위의 적극성

- 적극적 부패 : 해서는 안 될 일을 하는 경우 🔳 공금횡령, 직권남용
- 소극적 부패 : 해야 할 일을 하지 않는 경우 🔳 불친절, 업무지연, 무사안일, 감독소홀

(3) 공직부패에 대한 접근법

① 기능주의와 후기기능주의

기능주의적 접근 (수정주의)	관료부패를 발전의 종속물·부산물로 간주. 부패의 자기파괴성(관료부패는 일정한 발전단계에 이르면 자연적으로 감소 또는 소멸되는 속성을 지님). 개도국에서의 일부 부패는 자본축적을 조장하고 경제발전을 촉진하는 순기능적 역할을 할 수 있다고 봄.	**부패의 순기능과 역기능 모두 인정**
후기 기능주의적 접근	부패는 자기영속성을 지님. 부패는 선·후진국 모두에 발생하는 보편적인 현상으로 후진국이 발전하여 어느 정도 안정성을 유지하더라도 부패는 자연적으로 소멸되지 않고, 시대의 변화에 상관없이 다양한 먹이사슬에 얽힌 괴물처럼 후원자−고객망을 통해 정치발전이나 제도화의 어떤 단계에서도 나타남.	

② 부패의 원인에 대한 접근방법

㉠ **도덕적 접근법**(행태적 접근) : 개인적 특성론으로 부패를 개인행동의 결과로 보고 개인의 윤리나 자질을 부패 원인으로 본다. 개인의 성격 및 독특한 습성과 윤리문제가 부패 형태와 밀접한 관련이 있다고 본다. 부패의 사회적 맥락이나 규범과 실제간 간극을 설명하지 못하는 한계가 있다.

㉡ **사회문화적 접근법** : 특정한 지배적 관습·전통이나 경험적 습성이 부패를 조장한다고 본다(예 우리나라의 전통적인 사례·선물문화나 보은의식을 부패 원인으로 보는 경우). 관료부패를 사회문화적 환경의 종속변수로 파악한다. 공식적 법규보다는 사회문화적 관습을 중시하는 후진국 부패현상을 설명하는데 유용하다.

㉢ **법적·제도적 접근법** : 사회의 법과 제도상의 결함이나 법·제도의 운영상의 문제나 부작용이 원인이라고 본다. 예 현실과 괴리된 법령의 이중적 규제기준, 공무원의 자의적 해석을 가능하게 하는 모호한 법 규정, 행정통제 장치의 미흡 등을 원인으로 보는 경우

㉣ **체제론적[체계적] 접근법** : 부패는 단일 요인이 아니라 그 나라의 문화적 특성, 제도상 결함, 구조상 모순, 공무원의 부정적 행태 등 복합적 요인에 의해 발생하므로 부패에 대한 지엽적·부분적인 대응만으로는 부패를 억제하기 곤란하다고 본다. 부패현상에 대한 체계적 설명은 용이하나 부패통제 수단을 손쉽게 처방해주지는 못한다.

㉤ **권력관계 접근** : 부패는 권력의 오·남용에서 유발된다고 본다. 부패의 원인을 사회 내 권력관계에서 찾는 입장이다. 관료엘리트가 정치사회 및 경제적 권력을 독점하고 준귀족집단으로 처신하면서 부패가 발생한다고 본다.

ⓑ **거버넌스적 접근**: 부패란 정부주도적 통치구조에서 비롯된 것으로 일방적 외부통제로는 척결이 어려우므로 정부와 시민간의 상호보완적 감시에 의한 협력적 네트워에 의해 해결이 가능하다.

ⓢ **시장·교환 접근, 정치경제학적 접근**: 부패란 지위를 이용해 특수한 이득을 추구하는 시장 교환관계적 행위이다. 부패는 정치·경제엘리트 간 야합과 이권 개입에 의한 공직 타락이 발생한다. 정부규제가 구성원의 기본권과 재산권을 재배분함으로써 경제적 지대(economic rent)를 창출하여 부정부패의 원인을 제공한다.

Point 팁 기타 부패원인에 대한 접근

① 맥락적 분석: 부패를 발전과정상 불가피하게 발생하는 부산물이며, 발전의 종속변수로서 필요악으로 파악(기능주의)

② (의식)구조적 분석: 공직자의 권위주의적 복종관계나 공직사유관에서 도출된 공직자의 의식구조 등이 부패 원인.

③ 권력문화적 분석: 공익과 사익의 혼동, 공직사유관, 권력남용, 장기집권의 병폐 등을 포함한 미분화된 권력문화가 부패 원인.

④ 거시적 분석: 행정통제의 미비, 비민주적 행정체제와 제도, 공직자의 욕구기대와 현실적인 보수구조와의 심각한 괴리 등이 원인.

⑤ 군사문화적 분석: 건전한 정치문화의 미성숙과 군사문화의 구조화(권위주의적 정치와 관료주의적 정치)가 원인

⑥ 시민문화의 환경적 분석: 건전한 시민문화의 미비로 행정부패환경 조성.

⑦ 정경유착적 분석: 개도국에서 고도경제성장의 모형과 불균형발전모형을 선택한 국가는, 군엘리트가 정치권력을 장악한 후 정치권력과 경제권력의 야합으로 부패가 발생.

(4) 공직부패에 대한 대책

기출문제

구분	공직부패의 원인	공직부패 완화방안
근무환경	신분불안	신분보장
	보수·연금의 비현실성	보수 현실화(생계급 및 민간수준 보장), 연금 적정화
행정통제	행정통제(내부·외부통제)의 미흡	행정통제의 강화, 국민소환제 도입
	부패처벌시의 관용	신상필벌(信賞必罰) 등 내부통제 강화
행정체제·정부활동	관주도 경제발전	정치권력의 분권화
	관료독선주의, 관존민비 관료의 재량권 남용 관직사유관, 관직이권주의, 정경유착	고객위주행정(소비자중심주의) 부패 소지가 큰 재량권 축소 정치적 중립의 확보, 정경유착의 단절
	복잡한 절차, 정부규제 강화(포획, 지대추구 초래)	절차간소화, 규제완화
	정보의 비대칭성 (국민의 감시 곤란 → 도덕적 해이 → 부정부패)	정보의 균형화 장치(행정의 투명성 강화) (내부고발, 정보공개, 입법예고, 정책실명제 등)
	부패를 당연시하는 관료의 의식구조·가치관(행정문화)	공직윤리 확립(윤리교육 강화), 민주적 공복의식 함양
	인사행정의 비합리성, 정실인사	합리적 인사행정
	행정 불신	신뢰성 회복
법·제도	법·제도의 미비, 행정규제 및 관리기준의 비현실성	법·제도의 확충과 실효성 확보, 비현실적 법 규정 정비
환경	사회문화·전통 - 정의주의, 정실·연고·가족주의 공동체의식의 약화(사회전체이익보다 개인이익을 우선시) 사회불안정과 정치·제도·법률에 대한 불신, 가치관의 혼돈	합리주의·객관주의 사고방식의 확대, 건전한 시민의식 확립, 정부와 민간의 협동적 노력. 언론·매스컴의 적극적 활동

「**부정청탁 및 금품등 수수의 금지에 관한 법률**」상 금지하는 부정청탁에 해당하지 않는 것은?

▶ 2017. 4. 8 인사혁신처

① 각급 학교의 입학·성적·수행평가 등의 업무에 관하여 법령을 위반하여 처리·조작하도록 하는 행위

② 공개적으로 공직자 등에게 특정한 행위를 요구하는 행위

③ 공공기관이 주관하는 각종 수상, 포상, 우수기관 선정 또는 우수자 선발에 관하여 법령을 위반하여 특정 개인·단체·법인이 선정 또는 탈락되도록 하는 행위

④ 채용·승진·전보 등 공직자 등의 인사에 관하여 법령을 위반하여 개입하거나 영향을 미치도록 하는 행위

Tip 공개적으로 공직자 등에게 특정한 행위를 요구하는 것은 부정청탁에 해당하지 않는다.

(5) 부정청탁 및 금품 등 수수의 금지에 관한 법률

① **목적** … 공직자 등에 대한 부정청탁 및 공직자 등의 금품 등의 수수(收受)를 지양함으로써 공직자 등의 공정한 직무수행을 보장하고 공공기관에 대한 국민의 신뢰를 확보하는 것을 목적으로 한다.

② **부정청탁의 금지** … 누구든지 직접 또는 제3자를 통하여 직무를 수행하는 공직자 등에게 다음의 어느 하나에 해당하는 부정청탁을 해서는 안 되며, 부정청탁의 대상이 되는 업무에 관하여 공직자 등이 법령에 따라 부여받은 지위·권한을 벗어나 행사하거나 권한에 속하지 아니한 사항을 행사하도록 하는 행위를 해서는 안 된다.

  ㉠ 인가·허가·면허·특허·승인·검사·검정·시험·인증·확인 등 법령에서 일정한 요건을 정하여 놓고 직무관련자로부터 신청을 받아 처리하는 직무에 대하여 법령을 위반하여 처리하도록 하는 행위

  ㉡ 인가 또는 허가의 취소, 조세, 부담금, 과태료, 과징금, 이행강제금, 범칙금, 징계 등 각종 행정처분 또는 형벌부과에 관하여 법령을 위반하여 감경·면제하도록 하는 행위

  ㉢ 채용·승진·전보 등 공직자 등의 인사에 관하여 법령을 위반하여 개입하거나 영향을 미치도록 하는 행위

  ㉣ 법령을 위반하여 각종 심의·의결·조정 위원회의 위원, 공공기관이 주관하는 시험·선발 위원 등 공공기관의 의사결정에 관여하는 직위에 선정 또는 탈락되도록 하는 행위

  ㉤ 공공기관이 주관하는 각종 수상, 포상, 우수기관 선정 또는 우수자 선발에 관하여 법령을 위반하여 특정 개인·단체·법인이 선정 또는 탈락되도록 하는 행위

  ㉥ 입찰·경매·개발·시험·특허·군사·과세 등에 관한 직무상 비밀을 법령을 위반하여 누설하도록 하는 행위

  ㉦ 계약 관련 법령을 위반하여 특정 개인·단체·법인이 계약의 당사자로 선정 또는 탈락되도록 하는 행위

  ㉧ 보조금·장려금·출연금·출자금·교부금·기금 등의 업무에 관하여 법령을 위반하여 특정 개인·단체·법인에 배정·지원하거나 투자·예치·대여·출연·출자하도록 개입하거나 영향을 미치도록 하는 행위

  ㉨ 공공기관이 생산·공급·관리하는 재화 및 용역을 특정 개인·단체·법인에게 법령에서 정하는 가격 또는 정상적인 거래관행에서 벗어나 매각·교환·사용·수익·점유하도록 하는 행위

  ㉩ 각급 학교의 입학·성적·수행평가 등의 업무에 관하여 법령을 위반하여 처리·조작하도록 하는 행위

┃정답 ②

ⓒ 병역판정검사, 부대 배속, 보직 부여 등 병역 관련 업무에 관하여 법령을 위반하여 처리하도록 하는 행위

ⓣ 공공기관이 실시하는 각종 평가·판정 업무에 관하여 법령을 위반하여 평가 또는 판정하게 하거나 결과를 조작하도록 하는 행위

ⓟ 법령을 위반하여 행정지도·단속·감사·조사 대상에서 특정 개인·단체· 법인이 선정·배제되도록 하거나 행정지도·단속·감사·조사의 결과를 조작하거나 또는 그 위법사항을 묵인하게 하는 행위

ⓗ 사건의 수사·재판·심판·결정·조정·중재·화해 또는 이에 준하는 업무를 법령을 위반하여 처리하도록 하는 행위

③ 금품 등의 수수 금지

㉠ 공직자 등은 직무 관련 여부 및 기부·후원·증여 등 그 명목에 관계없이 동일인으로부터 1회에 100만 원 또는 매 회계년도에 300만 원을 초과하는 금품 등을 받거나 요구 또는 약속해서는 아니 된다.

㉡ 공직자 등은 직무와 관련하여 대가성 여부를 불문하고 ㉠에서 정한 금액 이하의 금품 등을 받거나 요구 또는 약속해서는 아니 된다.

㉢ 외부강의 등에 관한 사례금 또는 다음의 어느 하나에 해당하는 금품 등의 경우에는 수수를 금지하는 금품 등에 해당하지 아니한다.

• 공공기관이 소속 공직자 등이나 파견 공직자 등에게 지급하거나 상급 공직자 등이 위로·격려·포상 등의 목적으로 하급 공직자 등에게 제공하는 금품 등

• 원활한 직무수행 또는 사교·의례 또는 부조의 목적으로 제공되는 음식물·경조사비·선물 등으로서 대통령령으로 정하는 가액 범위 안의 금품 등

Point 팁 음식물·경조사비·선물 등의 가액 범위

㉠ 음식물(제공자와 공직자 등이 함께 하는 식사, 다과, 주류, 음료, 그 밖에 이에 준하는 것) : 3만 원

㉡ 경조사비 : 축의금·조의금은 5만 원. 다만, 축의금·조의금을 대신하는 화환·조화는 10만 원

㉢ 선물 : 금전, 유가증권, 음식물 및 경조사비를 제외한 일체의 물품, 그 밖에 이에 준하는 것은 5만 원. 다만, 「농수산물 품질관리법」에 따른 농수산물 및 농수산가공품은 10만 원

• 사적 거래(증여 제외)로 인한 채무의 이행 등 정당한 권원(權原)에 의하여 제공되는 금품 등

• 공직자 등의 친족이 제공하는 금품 등

• 공직자 등과 관련된 직원상조회·동호인회·동창회·향우회·친목회·종교단체· 사회단체 등이 정하는 기준에 따라 구성원에게 제공하는 금품 등 및 그 소속 구성원 등 공직자 등과 특별히 장기적·지속적인 친분관계를 맺고 있는 자가 질병·재난 등으로 어려운 처지에 있는 공직자 등에게 제공하는 금품 등

문 「부정청탁 및 금품등 수수의 금지에 관한 법률 시행령」의 개정 내용 중 음식물·경조사비 등의 가액 범위로 옳지 않은 것은? (단, 합산의 경우는 배제한다)

▶ 2018. 5. 19 제1회 지방직

내용	종전 (16. 9. 8.)	개정 (18. 1. 17.)
① 유가증권	5만 원	5만 원
② 축의금, 조의금	10만 원	5만 원
③ 음식물	3만 원	5만 원
④ 농수산물 및 농수산 가공품	5만 원	10만 원

Tip ① 상품권 등의 유가증권은 현금과 유사하고 추적이 어려워 부패에 취약해 공직자 등에게 제공할 수 있는 선물의 범위에서 제외되었다.
③ 음식물의 상한액은 현재도 3만 원으로 규정되어 있다.

정답 ①, ③(복수정답)

- 공직자 등의 직무와 관련된 공식적인 행사에서 주최자가 참석자에게 통상적인 범위에서 일률적으로 제공하는 교통, 숙박, 음식물 등의 금품 등
- 불특정 다수인에게 배포하기 위한 기념품 또는 홍보용품 등이나 경연·추첨을 통하여 받는 보상 또는 상품 등
- 그 밖에 다른 법령·기준 또는 사회상규에 따라 허용되는 금품 등

② 공직자 등의 배우자는 공직자 등의 직무와 관련하여 공직자 등이 받는 것이 금지되는 금품 등을 받거나 요구하거나 제공받기로 약속해서는 아니 된다.

⑩ 누구든지 공직자 등에게 또는 그 공직자 등의 배우자에게 수수 금지 금품 등을 제공하거나 그 제공의 약속 또는 의사표시를 해서는 아니 된다.

 **단원평가** 근무규율

1 내부고발에 대한 설명으로 가장 타당한 것은?

① 조직 내의 비정치적 행위를 대상으로 한다.
② 내부고발은 공직사회의 응집력을 강화시킨다.
③ 내부고발은 익명으로 이루어져야 한다.
④ 내부적인 이의제기 형식과 다르다.

2 다음 중 우리나라 공무원의 행동규범과 징계에 관한 내용으로 가장 적절하지 않은 것은?

① 공무원법은 충성이라는 용어를 사용하여 규정하는 바는 없지만 충성을 강력히 요구한다.
② 제헌헌법 제18조는 공무원과 민간 노동자의 구분 없이 근로자의 단결, 단체교섭과 단체행동의 자유는 법률의
범위 내에서 보장한다.
③ 국가공무원법 제74조에 따르면 공무원의 정년은 다른 법률에 특별한 규정이 있는 경우를 제외하고는 60세로
한다.
④ 정직은 1개월 이상 3개월 이하의 기간으로 정하고, 그 기간 중 공무원의 신분은 보유하고 직무에 종사하나
보수의 3분의 1을 감한다.

3 공무원의 정치적 중립성이 중요시되는 이유가 아닌 것은?

① 불편부당(不偏不黨)한 정책집행을 통한 전체이익의 실현을 위해서
② 선거비용의 절약을 통한 정치의 민주화를 위해서
③ 정당 간 공정한 선거를 위해서
④ 행정의 계속성 유지를 위해서

4 「국가공무원법」에 대한 설명으로 틀린 것은?

① 직권면직은 직제 정원의 개폐, 예산의 감소 등에 의해 폐직 또는 과원이 될 경우에 임용권자가 직권에 의해 공무원의 신분을 박탈하는 제도이다.

② 해임된 공무원은 3년 동안 공무원으로 임용될 수 없으며, 파면된 경우에는 5년 동안 공무원으로 임용될 수 없다.

③ 정직은 1개월 이상 3개월 이하의 기간으로 하고, 그 기간동안 보수의 2/3를 감한다.

④ 감봉은 1개월 이상 3개월 이하의 기간 동안 보수의 1/3을 감한다.

5 국가공무원법에 규정된 공무원의 의무에 대한 설명으로 옳지 않은 것은?

① 공무원은 소속 상관의 허가 또는 정당한 사유가 없으면 직장을 이탈하지 못한다.

② 공무원은 공무 외에 영리를 목적으로 하는 업무에 종사하지 못하며 소속 기관장의 허가 없이 다른 직무를 겸할 수 없다.

③ 공무원이 외국 정부로부터 영예나 증여를 받을 경우에는 소속 기관장의 허가를 받아야 한다.

④ 사실상 노무에 종사하는 공무원으로서 노동조합에 가입된 자가 조합 업무에 전임하려면 소속 장관의 허가를 받아야 한다.

6 우리나라와 같은 정치·사회 환경 속에서 공무원의 정치적 중립이 강조되는 가장 큰 이유는?

① 행정의 정치적 개입을 금지
② 정치의 공무원에 대한 간섭배제
③ 행정의 능률성·합리성의 확보
④ 행정의 자율성 보장

7 다음 중 우리나라 공무원의 직권면직 사유가 아닌 것은?

① 파면·해임·강등 또는 정직에 해당하는 징계 의결이 요구 중인 경우

② 직제와 정원의 개폐 또는 예산 감소 등에 따라 폐직 또는 과원이 된 경우

③ 휴직 기간이 끝나거나 휴직 사유가 소멸된 후에도 직무를 감당할 수 없는 경우

④ 전직시험에서 세 번 이상 불합격한 경우

8 행정윤리에 대한 설명으로 옳은 것은?

① 특정한 지배적 관습이나 경험적 습성과 같은 것이 부패를 조장한다고 보는 입장은 부패에 대한 도덕적 접근이다.

② 선의의 목적으로 공직자가 국민에게 거짓말을 하는 백색부패는 엄밀한 의미에서 부패의 범주에 들어가지 않는다.

③ 공무원의 재량 범위가 확대되면 비윤리적 일탈행위의 가능성이 줄어든다.

④ 조직적으로 부패행위가 이루어지는 조직부패는 공무원 개인이 금품을 수수하는 개인부패에 비해 외부에 잘 드러나지 않는다.

9 우리나라의 공무원 인사제도에 대한 내용으로 옳지 않은 것은?

① 공무원이 인사에 관하여 자신의 의사에 반한 불리한 처분을 받았을 때에는 소청심사를 청구할 수 있다.

② 임용권자는 직무수행 능력이 부족하거나 근무성적이 극히 나쁜 자에게 직위를 부여하지 아니할 수 있다.

③ 직권면직은 「국가공무원법」상 징계의 한 종류로서, 임용권자가 특정한 사유에 해당되는 공무원을 직권으로 면직시키는 것이다.

④ 해임처분을 받은 때부터 3년, 파면처분을 받은 때부터 5년이 지나지 아니한 자는 공무원으로 임용될 수 없다.

10 우리나라의 공무원 인사제도에 대한 설명으로 옳지 않은 것은?

① 공무원을 수직적으로 이동시키는 내부 임용의 방법으로는 전직과 전보가 있다.

② 강등은 1계급 아래로 직급을 내리고(고위공무원단에 속하는 공무원은 3급으로 임용하고, 연구관 및 지도관은 연구사 및 지도사로 한다) 공무원 신분은 보유하나 3개월간 직무에 종사하지 못하며 그 기간 중 보수의 전액을 감한다.

③ 청렴하고 투철한 봉사 정신으로 직무에 모든 힘을 다하여 공무 집행의 공정성을 유지하고 깨끗한 공직 사회를 구현하는 데에 다른 공무원의 귀감이 되는 공무원은 특별승진임용하거나 일반 승진시험에 우선 응시하게 할 수 있다.

④ 임용권자는 만 8세 이하(취학 중인 경우에는 초등학교 2학년 이하)의 자녀를 양육하기 위하여 필요하거나 여성공무원이 임신 또는 출산하게 되어 휴직을 원하면 대통령령으로 정하는 특별한 사정이 없으면 휴직을 명하여야 한다.

정답및해설

1	④	2	④	3	②	4	③	5	③
6	②	7	①	8	④	9	③	10	①

1 내부고발 … 조직구성원인 개인 또는 집단이 불법·부당·부도덕한 것이라고 보는 조직 내의 일을 대외적으로 폭로하는 행위를 말한다.

2 ④ 정직은 1개월 이상 3개월 이하의 기간으로 하고, 그 기간 중 공무원의 신분은 보유하나 직무에 종사하지 못한다. 또한 정직 기간 동안 보수는 전액을 감하고 18개월간 승진에 임용될 수 없다.

3 공무원의 정치적 중립은 선거비용 절약과 직접적 관계가 없으며, 공무원의 정치적 민주화를 이루려면 정치활동을 허용하는 것이 옳다.

4 ③ 정직은 1개월 이상 3개월 이하의 기간 동안 공무원의 신분은 보유하나 직무수행이 정지되고, 그 기간 중 보수의 전부를 감하는 처분이다.

5 ③ 공무원이 외국 정부로부터 영예나 증여를 받을 경우에는 대통령의 허가를 받아야 한다.
※ 국가공무원법 관련 규정

> - 제58조(직장 이탈 금지) ① 공무원은 소속 상관의 허가 또는 정당한 사유가 없으면 직장을 이탈하지 못한다.
> - 제64조(영리 업무 및 겸직 금지) ① 공무원은 공무 외에 영리를 목적으로 하는 업무에 종사하지 못하며 소속 기관장의 허가 없이 다른 직무를 겸할 수 없다.
> - 제62조(외국 정부의 영예 등을 받을 경우) 공무원이 외국 정부로부터 영예나 증여를 받을 경우에는 대통령의 허가를 받아야 한다.
> - 66조(집단 행위의 금지)
>   ① 공무원은 노동운동이나 그 밖에 공무 외의 일을 위한 집단 행위를 하여서는 아니 된다. 다만, 사실상 노무에 종사하는 공무원은 예외로 한다.
>   ② 제1항 단서의 사실상 노무에 종사하는 공무원의 범위는 대통령령등으로 정한다.
>   ③ 제1항 단서에 규정된 공무원으로서 노동조합에 가입된 자가 조합 업무에 전임하려면 소속 장관의 허가를 받아야 한다.
>> ※ 일반 공무원노조 전임은 임용권자 동의 필요 / 사실상 노무종사자 노조 전임은 소속장관(지방공무원은 지방자치단체장)의 허가 필요
>> - 공무원의 노동조합 설립 및 운영 등에 관한 법률 제7조(노동조합 전임자의 지위) ① 공무원은 임용권자의 동의를 받아 노동조합의 업무에만 종사할 수 있다.

6 ② 우리나라에서 정치적 중립이 강조되는 때는 각종 선거를 치를 때이다. 각종 선거 시 특정정당이 공무원에게 부당한 압력을 행사하여 공무원이 여당운동을 하게 되는데, 이를 방지하는 데 정치적 중립의 목적이 있다.

7 ① 직위해제의 이유이다.
※ 직권면직〈국가공무원법 제70조 제1항〉
ⓐ 직제와 정원의 개폐 또는 예산의 감소 등에 따라 폐직 또는 과원이 되었을 때
ⓑ 휴직 기간이 끝나거나 휴직 사유가 소멸된 후에도 직무에 복귀하지 아니하거나 직무를 감당할 수 없을 때
ⓒ 대기 명령을 받은 자가 그 기간에 능력 또는 근무성적의 향상을 기대하기 어렵다고 인정된 때

  ㉣ 전직시험에서 세 번 이상 불합격한 자로서 직무수행 능력이 부족하다고 인정된 때

  ㉤ 병역판정검사 · 입영 또는 소집의 명령을 받고 정당한 사유 없이 이를 기피하거나 군복무를 위하여 휴직 중에 있는 자가 군복무 중 군무를 이탈하였을 때

  ㉥ 해당 직급 · 직위에서 직무를 수행하는 데 필요한 자격증의 효력이 없어지거나 면허가 취소되어 담당 직무를 수행할 수 없게 된 때

  ㉦ 고위공무원단에 속하는 공무원이 적격심사 결과 부적격 결정을 받은 때

※ 직위해제〈동법 제73조의3 제1항〉

  ㉠ 직무수행 능력이 부족하거나 근무성적이 극히 나쁜 자

  ㉡ 파면 · 해임 · 강등 또는 정직에 해당하는 징계 의결이 요구 중인 자

  ㉢ 형사 사건으로 기소된 자(약식명령이 청구된 자는 제외한다)

  ㉣ 고위공무원단에 속하는 일반직 공무원으로서 적격심사를 요구받은 자

  ㉤ 금품비위, 성범죄 등 대통령령으로 정하는 비위행위로 인하여 감사원 및 검찰 · 경찰 등 수사기관에서 조사나 수사 중인 자로서 비위의 정도가 중대하고 이로 인하여 정상적인 업무수행을 기대하기 현저히 어려운 자

8 ① 특정한 지배적 관습이나 경험적 습성과 같은 것이 부패를 조장한다고 보는 입장은 부패에 대한 사회문화적 접근이다.

  ② 백색부패도 엄밀한 의미에서 부패의 범주에 들어간다.

  ③ 공무원의 재량 범위가 확대되면 비윤리적 일탈행위의 가능성이 커진다.

9 직권면직은 공무원의 강제퇴직 수단이라는 점에서 징계면직과 유사하지만, 국가공무원법상 징계 종류에 해당하지는 않는다. 국가공무원법상 징계는 파면, 해임, 강등, 정직, 감봉, 견책 등으로 구성된다. 파면과 해임에 의한 강제퇴직은 징계면직에 해당한다.

10 ① 공무원의 수직적 이동에는 승진과 강임이 있으며, 전직 · 전보는 직급이나 계급의 변동이 없는 상태에서 직렬이나 직위만 바꾸는 수평적 인사이동에 해당한다.

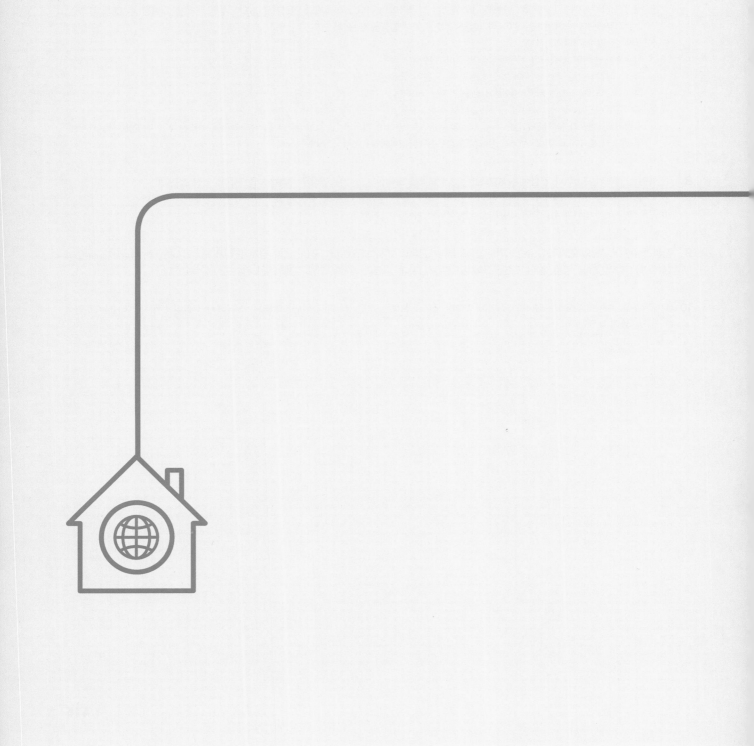

05

재무행정론

01 예산의 기초이론

02 예산과정

03 예산제도

01. 예산의 기초이론

기출문제

section 1 예산의 개념 및 기능

(1) 예산의 개념

① 형식적 개념(법률적 개념) … 헌법과 국가재정법에 의거하여 편성, 국회의 심의 · 의결을 거친 1회계 연도간의 재정계획이다.

② 실질적 개념 … 국가의 재정수요와 이에 충당할 재원을 비교하여 배정한 1회계 연도에 있어서의 세입 · 세출의 예정적 계산이다.

③ 행정관리적 개념 … 행정부 최고관리계층의 이념을 달성하기 위하여 편성된 예산이다.

> **Point 팁** 예산의 구성〈국가재정법 제19조〉 … 예산은 예산총칙, 세입세출예산, 계속비, 명시이월비 및 국고채무부담행위를 총칭한다.

(2) 예산의 기능

① 정치적 기능 … 예산은 단순히 합리적 · 과학적 · 총체적 결정이 아닌, 다양한 이해관계의 조정과 타협으로 결정되어 가치배분적 성격을 가진다.

> **Point 팁** A. Wildavsky의 예산의 정치적 기능
> ㉠ 의회의 행정부 통제수단이다.
> ㉡ 단순한 국가의 수입과 지출의 계획안이 아닌 정치적 투쟁의 결과를 의미한다.
> ㉢ 행정부의 신임정도를 알 수 있는 척도가 된다.

② 법적 기능 … 예산은 입법부가 행정부에 대해 재정권을 부여하는 하나의 형식이며, 예산이 법률의 형식을 가지지 않더라도 입법부의 승인을 받음으로써 강제적으로 집행해야 할 의무를 가지게 된다.

③ 행정적 기능(A. Schick)

㉠ 통제적 기능
  • 예산은 국민이 의회를 통하여 정부를 통제하는 수단으로 이러한 예산제도는 의회제도와 병행해서 발달한 제도이다.
  • 예산의 기획기능이 중요시 되어감에 따라 중요성이 약화되어 가고 있다.

㉡ 관리적 기능 : 행정부가 각종 사업계획을 뒷받침하기 위하여 자원을 효과적으로 동원, 경제성 · 능률성을 고려하여 예산을 관리하는 기능이다.

문 우리나라의 예산안과 법률안의 의결방식에 대한 설명으로 가장 옳지 않은 것은?

▶ 2018. 6. 23 제2회 서울특별시

① 법률에 대해서는 대통령의 거부권 행사가 가능하지만 예산은 거부권을 행사할 수 없다.

② 예산으로 법률의 개폐가 불가능하지만, 법률로는 예산을 변경할 수 있다.

③ 법률과 달리 예산안은 정부만이 편성하여 제출할 수 있다.

④ 예산안을 심의할 때 국회는 정부가 제출한 예산안의 범위 내에서 삭감할 수 있고, 정부의 동의 없이 지출예산의 각 항의 금액을 증가하거나 새 비목을 설치할 수 없다.

Tip 우리나라의 예산안은 의결형식으로, 예산으로 법률의 개폐가 불가능하며 법률로 예산을 변경할 수도 없다.

문 미국의 예산개혁과 결부시켜 쉬크(A. Schick)가 도출한 예산제도의 주된 지향점으로 볼 수 없는 것은?

▶ 2012. 4. 7 행정안전부

① 성과지향   ② 통제지향
③ 기획지향   ④ 관리지향

Tip 쉬크는 「예산개혁단계론(1966)」에서 예산개혁을 위한 예산제도의 주된 지향점으로 통제, 관리, 계획의 3가지가 공존하고 있다고 언급하였다.

정답 ②, ①

ⓒ 계획기능 : 계획기능을 통하여 조직목표가 결정되고 대안이 평가되어 사업이 선정되며 목표달성을 위한 자원이 확보 · 배분될 수 있다.

④ 경제적 기능(R.A. Musgrave)

    ㉠ 자원배분기능 : 정부는 현재의 수요 · 공급을 직접 담당하거나 예산의 지원으로 자원을 배분한다.

    ㉡ 소득재분배기능 : 상속세 · 소득세 등의 세율조정이나 사회보장적 지출 등을 통하여 사회계층의 소득분배의 불균등을 해소한다.

    ㉢ 경제안정기능과 경제성장기능 : 자본형성, 강제저축, SOC기능 확충 등으로 경제안정과 성장을 도모한다.

(3) 중앙정부와 지방정부의 예산비교

구분	중앙정부 예산	지방정부 예산
예산제출기한	120일 전	광역 : 50일 전, 기초 : 40일 전
예산의결기한	30일 전	광역 : 15일 전, 기초 : 10일 전
출납정리(폐쇄)기한	12월 31일까지	
출납기한	2월 10일까지	
예산의 형식적 내용	예산총칙, 세입세출예산, 계속비, 명시이월비	
	국고채무부담행위	채무부담행위
예비비 반영	예측할 수 없는 예산 외의 지출 또는 예산초과지출에 충당하기 위해 일반회계예산 총액의 100분의 1 이내의 금액을 예비비로 세입세출예산에 계산할 수 있다.	

section 2   예산의 원칙

(1) 예산원칙의 개념

예산제도를 운영하는 데 있어 지켜야 할 기준으로, 예산의 전과정과 밀접한 관련을 가진다.

(2) F. Neumark의 전통적 예산원칙(입법부 우위의 원칙)

① 예산통일의 원칙 … 특정한 세입 · 세출을 직접 연결하여서는 안된다는 원칙으로 목적세, 특별회계는 예외이다.

② 사전의결의 원칙 … 예산은 집행에 앞서 의회의 사전승인이 있어야 한다.

③ 정확성(엄밀성)의 원칙 … 계상된 수입 · 지출이 결산과 일치하여야 한다.

기출문제

🔲 머스그레이브(Musgrave)의 정부 재정기능의 기본 원칙에 대한 설명으로 옳지 않은 것은?
  ▶ 2018. 5. 19 제1회 지방직

① 시장실패를 교정하고 사회적 최적 생산과 소비수준이 이루어지도록 해야 한다.

② 세입 면에서는 차별 과세를 하고, 세출 면에서는 사회보장적 지출을 통해 소외계층을 지원해야 한다.

③ 고용, 물가 등과 같은 거시경제지표들을 안정적으로 조절해야 한다.

④ 정부에 부여된 목적과 자원을 연계하여 소기의 성과를 거둘 수 있도록 관료를 통제해야 한다.

> Tip ④ 쉬크가 강조한 행정관리적 원칙이다. Musgrave는 경제적 측면에서 경제 안정화, 자원배분의 효율화, 소득분배의 공평화를 3대 재정기능으로 보았다.
> ① 분배기능(자원배분의 효율화)
> ② 재분배기능(소득분배의 공평화)
> ③ 경기 조절적 기능(거시경제의 안정화)

🔲 현대적 예산원칙과 거리가 먼 것은?
  ▶ 2012. 5. 12 상반기 지방직

① 사전승인의 원칙
② 보고와 수단 구비의 원리
③ 다원과 신축의 원칙
④ 계획과 책임의 원칙

> Tip 사전승인의 원칙은 전통적 예산원칙에 해당된다.

❙정답 ④, ①

❙ **419**

문 예산의 원칙과 그 예외 사항에 대한 설명으로 옳은 것은?

▶ 2015. 6. 27 제1회 지방직

① 특정 수입과 특정 지출이 연계되어서는 안 된다는 것은 '단일성의 원칙'이다.

② 예산은 주어진 목적, 규모 그리고 시간에 따라 집행되어야 한다는 원칙은 '예산총계주의'이다.

③ 예산구조나 과목은 이해하기 쉽도록 단순해야 한다는 것은 '통일성의 원칙'이다.

④ 특별회계는 '통일성의 원칙'과 '단일성의 원칙'의 예외적인 장치에 해당된다.

> **Tip** ① 통일성의 원칙
> ② 한계성의 원칙
> ③ 명료성의 원칙

문 예산원칙 예외에 대한 설명 중 옳지 않은 것은?

▶ 2017. 3. 18 제1회 서울특별시

① 국가정보원 예산의 비공개는 예산 공개의 원칙에 대한 예외이다.

② 수입대체경비, 차관물자대 등은 예산총계주의 원칙에 대한 예외이다.

③ 특별회계와 추가경정예산은 예산 단일성의 원칙에 대한 예외이다.

④ 예산 한정성의 원칙 중 예산 목적 외 사용 금지인 질적 한정의 원칙은 엄격히 지켜지고 있다.

> **Tip** 예산의 이용과 전용 등 예산 목적 외 사용 금지 원칙의 예외가 존재한다.

④ **한정성의 원칙** … 예산의 각 항목은 상호 명확한 한계를 지녀야 하며 타 용도로의 이전 금지, 초과지출의 금지, 연도경과의 금지가 있다.

⑤ **완전성의 원칙** … 예산에는 모든 정부수입과 지출이 완전히 계상되어야 한다. 즉 조세징수비를 공제한 순세입만을 기재해서는 안된다.

⑥ **공개성의 원칙** … 예산과정의 주요한 단계는 국민에게 공개하여야 한다.

⑦ **단일성의 원칙** … 복수예산이 아닌 단일성을 가져야 한다.

⑧ **명료성의 원칙** … 국민이 쉽게 이해할 수 있도록 합리적인 관점에서 분류되고 명확하고 분명하게 표시되어야 한다.

(3) 전통적 예산원칙과 그 예외

전통적 예산원칙		예외
공개성		국방비 예산, 국가정보원 예산, 국가안전보장 관련 예비비 사용
명확성(명료성)		총괄(총액)예산, 총액계상예산
사전의결		준예산, 긴급재정경제처분, 예비비지출, 전용, 사고이월, 이체, 선결처분
정확성		적자예산, 흑자예산
한정성 (한계성)	목적 외 사용 금지	이용, 전용
	초과지출 금지	예비비, 추가경정예산
	기한경과 금지 (회계연도 독립)	이월(명시이월, 사고이월), 계속비, 국고채무부담행위, 지난연도 수입, 지난연도 지출, 조상충용(2014년 11월 29일부로 폐지된 제도임)
통일성(국고통일)		특별회계, 기금, 목적세, 수입대체경비, 수입금마련지출
단일성		특별회계, 기금, 추가경정예산
완전성(포괄성, 총계예산)		순계예산, 전대차관, 현물출자, 초과수입을 초과지출에 충당할 수 있는 수입대체경비, 부득이한 사유로 세입예산 초과 시 초과지출 가능한 차관물자대

Point 팁

• 현물출자 : 동산, 부동산, 채권, 유가증권, 특허권 등 금전 이외의 재산에 의한 출자 형태를 현물출자라 한다.

• 전대차관 : 국내 거주자에게 전대할 것을 조건으로 기획재정부장관을 차주로 하여 외국의 금융기관으로부터 외화자금을 차입하는 것을 전대차관이라 한다.

• 차관물자대 : 외국의 실물자본을 일정 기간 사용하거나 대금 결제를 유예하면서 도입하는 차관이다.

• 명세예산 : 구체적 항목에 대해 엄격히 통제하는 방식으로 전통적인 품목별 예산이 이 범주에 속한다.

• 예산총계 : 일반회계와 특별회계를 합산한 금액에서 중복계산된 금액을 뺀 것이다.

▌정답 ④, ④

- 총계예산 : 중간경비(징세비)를 상계해서는 안 된다(완전성 원칙). 대비되는 개념은 순계예산이다.
- 총괄(총액)예산 : 총액을 중심으로 통제하되, 구체적 항목에 대해서는 재량을 부여하는 제도이다. 총괄예산의 형태를 취하는 예산에는 지출통제예산, 지출대예산, 호주의 총괄경상비, 뉴질랜드의 운영비, 우리나라의 총액계상사업 등이 이에 속한다.

(4) H. Smith의 현대적 예산원칙(행정부 우위의 원칙)

① 행정부책임의 원칙 ··· 행정부는 예산을 경제적으로 집행할 책임이 있다.

② 상호교류적 예산기구의 원칙 ··· 예산기능은 중앙예산기관과 각 부처 예산기관 간의 상호교류로 능률적 · 적극적인 협력관계가 확립되어야 한다.

③ 보고의 원칙 ··· 예산의 편성 · 심의 · 관리는 각 수요기관이 제출한 정확한 재정보고 및 업무보고를 참고로 하여야 한다.

④ 다원적 절차의 원칙 ··· 일반 행정기능뿐 아니라 장기적 사업 등 다양한 활동을 위한 다원적 절차가 구비되어야 한다.

⑤ 적절한 수단구비의 원칙 ··· 예산책임을 수행하는 데 필요한 예산기관과 분기별 배정계획, 준비금 제도 등 제도적 수단을 갖추어야 한다.

⑥ 행정부재량의 원칙 ··· 입법부는 총괄예산을 승인하고 명세적 지출은 행정부의 재량이어야 한다.

⑦ 행정부계획의 원칙 ··· 예산은 행정수반의 사업계획을 반영해야 한다.

⑧ 시기신축성의 원칙 ··· 적절히 시기적인 신축성을 확보해야 한다.

---

section 3 예산의 종류

(1) 일반회계예산과 특별회계예산

① 일반회계예산 ··· 조세수입을 주 재원으로 한 국가활동에 사용되는 예산이다.

② 특별회계예산

ㄱ 의의 : 특정한 세입으로 특정한 세출에 충당함으로써 일반의 세입 · 세출과 구분하여 계리할 필요가 있을 때 법률로써 설치하는 회계이다.

ㄴ 특징
- 예산단일의 원칙과 예산통일의 원칙의 예외이다.
- 특별법에 의하여 만들어지고 운영된다.
- 발생주의 원칙에 의한 회계처리를 한다.
- 4대 특별회계로는 우편사업, 우체국예금, 조달, 양곡관리가 있다.

📝 다음 예산의 원칙 중 스미스(H. Smith)가 주장한 현대적 예산의 원칙은?
▶ 2016. 6. 25 서울특별시

① 예산은 미리 결정되어 회계연도가 시작되면 바로 집행할 수 있도록 해야 한다.
② 예산의 편성, 심의, 집행은 공식적인 형식을 가진 재정 보고 및 업무 보고에 기초를 두어야 한다.
③ 모든 예산은 공개되어야 한다.
④ 예산구조나 과목은 국민들이 이해하기 쉽게 단순해야 한다.

Tip ②는 보고의 원칙으로 현대적 예산의 원칙이다.
① 사전의결의 원칙, ③ 공개성의 원칙, ④ 명확성의 원칙은 모두 전통적 예산의 원칙이다.

📝 다음 중 특별회계예산의 특징으로 가장 옳지 않은 것은?
▶ 2016. 6. 25 서울특별시

① 특별회계예산은 세입과 세출의 수지가 명백하다.
② 특별회계예산에서는 행정부의 재량이 확대된다.
③ 특별회계예산은 국가재정의 전체적인 관련성을 파악하기 곤란하다.
④ 특별회계예산에서는 입법부의 예산통제가 용이해진다.

Tip 특별회계는 특정 사업을 운영하거나 특정 자금을 보유하여 운영하고자 하는 경우 및 특정 세입으로 특정 세출을 충당하는 경우에 설치하는 것으로 행정부의 재량이 확대되어 국회의 예산통제가 곤란해진다.

정답 ②, ④

문 예산 유형에 대한 〈보기〉의 설명 중 옳은 것을 모두 고르면?

▶ 2019. 6. 15 제2회 서울특별시

〈보기〉
㉠ 준예산은 회계연도 개시 전까지 예산이 의결되지 않을 경우 편성하는 예산이다.
㉡ 본예산은 매 회계연도 개시 전에 국회의 심의·의결을 거쳐 성립되는 예산이다.
㉢ 추가경정예산은 본예산과 별개로 성립하며 결산 심의 역시 별도로 이루어진다.
㉣ 우리나라는 1960년도 이후부터 잠정예산제도를 채택하고 있다.

① ㉠, ㉡   ② ㉠, ㉣
③ ㉡, ㉢   ④ ㉢, ㉣

Tip ㉢ 추가경정예산은 본예산 성립 후에 발생하는 사유로 본예산과 별개로 성립되지만 집행이나 결산 심의 등은 본예산과 통합되어 이루어진다.
㉣ 우리나라는 1960년도 이후부터 준예산제도를 채택하고 있다.

정답 ①

㉢ 장·단점
• 장점
－정부가 사업을 운영하는 경우 수지가 명백하다.
－행정기관의 재량범위 확대로 능률과 합리화에 기여한다.
－안정된 자금 확보로 안정적인 사업운영이 가능하다.
－행정기능의 전문화, 다양화에 기여한다.
• 단점
－예산구조의 복잡화로 심의·관리 및 정책과의 연결·운영이 곤란하다.
－국가재정의 전체적인 관련성을 명확하지 않게 하여 통합성을 저해한다.
－입법부의 예산통제 또는 국민의 행정통제가 곤란하다.

(2) 본예산·수정예산·추가경정예산

① **본예산** … 정상적인 편성과 심의를 거쳐 최초로 확정되는 예산으로 정기적으로 매년 다음 해의 총세입과 세출을 예산으로 편성하여 정기예산국회에 다음 회계연도가 시작되기 120일 전에 제출하는 예산이다.

② **수정예산** … 예산안이 편성되어 국회에 제출된 후 심의를 거쳐 성립되기 이전에 부득이한 사유로 인하여 그 내용의 일부를 수정하고자 하는 경우 작성되는 예산안을 의미한다.

③ **추가경정예산** … 예산이 국회를 통과하여 예산이 성립된 이후 예산에 변경을 가할 필요가 있을 때, 국회에 제출하여 성립되는 예산을 말한다.

(3) 준예산·잠정예산·답습예산·가예산

① **준예산** … 의회에서 예산안이 성립되지 않은 경우 예산의 의결이 있을 때까지 세입의 범위 안에서 전년도 예산에 준하여 일정한 경비를 지출할 수 있도록 하는 제도로 우리나라에서 활용되고 있다.

② **잠정예산** … 회계연도 개시 전까지 예산 불성립 시, 일정기간 동안 일정금액 예산의 국고지출을 잠정적으로 의회의결하에 허용하는 제도이다.

③ **답습예산** … 회계연도 개시 전까지 예산이 확정되지 않았을 때 상·하원의 의결을 통해 전년도 예산을 그대로 답습하는 제도이다.

④ **가예산**
㉠ 부득이한 사유로 예산이 국회에서 의결되지 못한 경우에 최초의 1개월분을 국회의 의결로 집행할 수 있는 예산이다.
㉡ 1개월간의 기간 제한이 있다는 점에서 잠정예산과 차이가 나며, 국회의 의결을 필요로 한다는 점에서 준예산과 다르다.

(4) 통합예산

① 전체 예산이 국민경제에 미치는 영향을 체계적으로 파악하는 것을 목적으로 한다.

② 1979년 IMF의 권고에 따라 일부 도입되기 시작하였다.

(5) 신임예산 · 총계예산 · 순계예산

① 신임예산 … 예산의 구체적인 용도는 행정부의 자유재량에 맡기는 예산제이다.

② 총계예산 … 세입 · 세출 총액을 계상한 것으로 완전성의 원칙에 합치된다.

③ 순계예산 … 경비를 공제한 순세입 또는 순세출만을 계상한 예산이다.

(6) 기금

① 의의

  ㉠ 국가가 사업운영상 필요할 때에 한하여 법률로써 특별히 설치하는 자금으로 세입 · 세출예산에 의하지 아니하고 예산 외로 운용한다.

  ㉡ (구)기금관리기본법은 2007년 1월 1일 국가재정법에 통합되었다.

② 예산과의 공통점 … 정부의 재정활동으로서 공공욕구를 충족시키기 위한 수단이며 통합예산의 구성요소라는 점에서 동일하다.

③ 예산과의 차이점

  ㉠ 예산이 조세수입을 재원으로 하며 무상적 급부를 원칙으로 하는 데 반해, 기금은 주로 일반회계로부터의 전입금이나 정부출연금 등에 의존하며 유상적 급부를 원칙으로 한다.

  ㉡ 일반회계예산은 예산통일의 원칙을 적용받지만, 기금은 특정수입으로 특정지출에 충당하게 되며 세입 · 세출 예산 외로 운영되어, 재정운용의 신축성과 효율성을 확보할 수 있다.

④ 기금 운용의 문제점

  ㉠ 기금의 종류 및 규모가 증대된다.

  ㉡ 정부관리기금과 민간관리기금의 구분이 모호하다.

  ㉢ 특별회계와 기금의 중복 운용의 가능성이 있다.

  ㉣ 재정민주주의에 위배된다.

  ㉤ 전체 재정운용의 맥락과의 단절 및 자의적 운용위험이 있다.

  ㉥ 공공부문의 재정적자의 중요한 요인이고, 국가자원배분의 왜곡이 가속화된다.

기출문제

추가경정예산을 통한 재정의 방만한 운영 가능성을 줄이기 위해 「국가재정법」 제89조에서는 추가경정예산안을 편성할 수 있는 경우를 제한하고 있다. 다음 중 위 법 조항에 명시된 추가경정예산안을 편성할 수 있는 경우가 아닌 것은?
▶2015. 6. 13 서울특별시
① 부동산 경기 등 경기부양을 위하여 기획재정부 장관이 필요하다고 판단하는 경우
② 전쟁이나 대규모 자연재해가 발생한 경우
③ 경기침체, 대량실업, 남북관계의 변화, 경제협력 같은 대내·외 여건에 중대한 변화가 발생하였거나 발생할 우려가 있는 경우
④ 법령에 따라 국가가 지급하여야 하는 지출이 발생하거나 증가하는 경우

Tip 국가재정법 제89조(추가경정예산안의 편성)
㉠ 전쟁이나 대규모 자연재해가 발생한 경우
㉡ 경기침체, 대량실업, 남북관계의 변화, 경제협력과 같은 대내·외 여건에 중대한 변화가 발생하였거나 발생할 우려가 있는 경우
㉢ 법령에 따라 국가가 지급하여야 하는 지출이 발생하거나 증가하는 경우

정답 ①

問 조세지출 예산제도에 대한 설명으로 옳지 않은 것은?

▶ 2020. 6. 13. 지방직/서울특별시

① 세제 지원을 통해 제공한 혜택을 예산지출로 인정하는 것이다.
② 예산지출이 직접적 예산 집행이라면 조세지출은 세제상의 혜택을 통한 간접지출의 성격을 띤다.
③ 직접 보조금과 대비해 눈에 보이지 않는 숨겨진 보조금이라고 이해할 수 있다.
④ 세금 자체를 부과하지 않는 비과세는 조세지출의 방법으로 볼 수 없다.

Tip ④ 조세지출의 유형 : 조세감면 · 비과세 · 면세 · 소득공제 · 세액공제 · 우대세율적용 · 과세이연(課稅移延 ; 기업이나 개인의 자금 활용에 여유를 주기 위해 세금 납부 시점을 미뤄주는 것)

정답 ④

(7) 조세지출예산

① **의의** … 조세감면(조세지출)의 구체적인 내역을 예산구조에 밝히고 국회의 심의 · 의결을 받도록 하는 제도로서 행정부에 일임되어 있던 조세감면의 집행을 국회 차원에서 통제하고 정책효과를 판단하고자 하는 제도이다.

② **도입배경**

　㉠ 비과세 및 조세감면에 따르는 일반국민의 의혹을 불식하고, 자원배분의 효율성과 과세의 형평성을 제고하고자 하였다.

　㉡ 조세지출 내역을 대외적으로 공개하여 재정운용의 투명성을 높이며 조세수입 재원의 불요불급한 누출을 막아 국가재정의 건전성을 확보하고자 하였다.

　㉢ 조세지출을 재정지출과 연계하여 운용함으로써 국회의 행정부 통제에 기여한다.

③ **연혁**

　㉠ **외국** : 최초로 서독에서 1967년 도입. 미국은 1974년 도입. 대부분의 선진국에서 도입하였다.

　㉡ **우리나라**

　　• 중앙정부 : 1999년부터 조세지출보고서를 매년 국회에 제출하여 예산심의 참고자료로 활용. 2007년 국가재정법 제정으로 세출예산 분류체계와 연계시킨 조세지출예산서를 2010년부터 작성 · 제출하도록 의무화했고 프로그램예산의 분류체계와 일치시켜 예산지출과의 연계성을 높였다(현재는 조세특례제한법에 규정)

　　• 지방정부 : 2010년부터 지방세지출보고서를 작성하여 지방의회에 제출하도록 의무화(현재는 지방세특례제한법에 규정)하였다.

④ **내용**

　㉠ **조세지출예산서 작성** : 기획재정부장관은 조세감면 · 비과세 · 소득공제 · 세액공제 · 우대세율적용 · 과세이연 등 조세특례에 따른 재정지원(조세지출)의 직전 연도 실적과 해당 연도 및 다음 연도의 추정금액을 기능별 · 세목별로 분석한 조세지출예산서를 작성하여(조세특례제한법 142조의2), 정부가 국회에 제출하는 예산안에 첨부해야 한다(국가재정법 34조).

　㉡ **지방세지출보고서 작성** : 지방자치단체장은 지방세 감면 등 지방세 특례에 따른 재정 지원의 직전 회계연도의 실적과 해당 회계연도의 추정 금액에 대한 보고서(지방세지출보고서)를 작성하여 지방의회에 제출해야 함. 지방세지출보고서의 작성방법 등에 관하여는 행정안전부장관이 정한다(지방세특례제한법 5조). 지방자치단체장이 지방의회에 제출하는 예산안에 조세지출보고서를 첨부해야 한다(지방재정법 시행령 49조의2).

⑤ 장점

    ㉠ 조세지출을 재정지출과 연계하여 의회의 예산 심의시 재정활동에 소요되는 재정규모를 정확히 파악할 수 있고 중복 지원을 방지할 수 있으므로 자원배분의 효율성을 높인다.

    ㉡ 조세지출내역을 공개함으로써 재정운영의 투명성을 높인다.

    ㉢ 조세지출은 일단 법률에 규정되면 지속적으로 조세감면의 혜택이 이루어져 기득권화·만성화되므로 조세지출예산을 통해 효과적으로 조세지출에 대한 통제가 가능하다.

    ㉣ 정치적 특혜가능성이 커 빈익빈 부익부를 초래할 수 있는 조세감면제도의 합리적 운영과 부정한 조세지출 방지를 통한 국고수입의 증대 및 재정부담의 형평성을 제고한다.

    ㉤ 예산심의과정에서 조세감면과 그 성과를 객관적으로 평가하고 평가결과를 조세감면 범위의 조정과정에 반영한다.

    ㉥ 과세의 수직적·수평적 형평성을 파악할 수 있으므로 세수(税收)인상을 위한 정책판단 자료로 이용이 가능하다.

⑥ 단점

    ㉠ 조세지출의 보조금적 성격으로 인한 국제무역 마찰 우려가 발생한다(국내 기업에 대한 조세지출은 그 만큼의 보조금 지불과 같고, 이를 알 수 있는 근거자료가 조세지출예산제도로 인해 대외적으로 공개되므로, 개방된 국제무역 환경에서는 불공정 무역거래의 기초자료가 되어 무역마찰 우려가 있음).

    ㉡ 조세지출에 대한 정책적 신축성이 저하되어 급변하는 상황에 능동적인 대처가 곤란하다.

section 4 예산의 분류

(1) 의의 및 목적

① 의의 … 국가의 세입·세출을 일정한 기준에 따라 유형별·체계적으로 배열한 것으로, 우리나라는 장 – 관 – 항 – 세항 – 목의 형식으로 분류한다.

② 목적

    ㉠ **사업계획의 수립과 예산심의의 능률화** : 기능별, 조직체별, 사업계획별, 활동별 분류방법

    ㉡ **예산집행의 효율화** : 조직체별, 품목별 분류

    ㉢ **회계책임의 명확화** : 품목별 분류

ⓔ 경제분석의 촉진 : 경제성질별 분류

Point 팁 예산제도와 기능

구분		기능
예산제도	품목별 · 조직체별	통제기능
	성과주의	관리기능
	계획예산	계획기능
	MBO	목표관리, 참여기능
	ZBB나 일몰법	사업우선순위, 감축기능

(2) 분류방법

① 조직체별 분류

ⓐ 의의 : 예산을 편성과 집행책임을 담당한 조직단위별로 분류하는 것으로 입법부의 예산심의 촉진과 회계책임 명확화에 의의가 있다.

ⓑ 장점

• 입법부의 예산통제에 가장 효과적이다.
• 경비지출의 책임소재를 분명히 할 수 있다.
• 예산과정의 단계가 명백하다.

ⓒ 단점

• 경비지출의 목적을 밝힐 수 없다.
• 예산의 전체적인 경제적 효과를 파악할 수 없다.
• 조직활동의 전반적인 성과나 사업계획의 효과를 평가하기 어렵고, 사업의 우선순위를 파악하기 어렵다.

② 품목별 분류

ⓐ 의의 : 예산을 급여, 수당, 정보비 등 지출대상에 따라 분류한 것으로 세출예산과목 중 목이 품목별 분류이다.

ⓑ 장점

• 예산집행자의 회계책임이 명확하다.
• 인사행정에 유용한 자료 · 정보를 제공한다.
• 지출의 합법성에 치중하는 회계검사가 용이하다.
• 입법부의 행정부에 대한 민주통제를 가능하게 한다.

ⓒ 단점

• 국가사업의 우선 순위를 알 수 없고 지출의 목적을 이해할 수 없다.
• 예산집행의 신축성을 저해할 우려가 있다.
• 정책수립에 도움이 되는 자료를 제공하지 못한다.
• 예산과 사업을 연결시키기 곤란하다.
• 행정부의 창의적 활동과 재량권에 제약을 가져온다.

기출문제

문 **예산과 재정 관리에 대한 설명으로 옳지 않은 것은?**

▶ 2018. 4. 7 인사혁신처

① 우리나라의 예산은 행정부가 제출하고 국회가 심의 · 확정하지만, 미국과 같은 세출예산법률의 형식은 아니다.

② 조세는 현 세대의 의사결정에 대한 재정 부담을 미래 세대로 전가하지 않는다는 장점이 있다.

③ 성과주의 예산제도의 도입에도 불구하고 품목별 예산제도는 우리나라에서 여전히 활용되고 있다.

④ 추가경정예산은 예산의 신축성 확보를 위한 제도로서, 최소 1회의 추가경정예산을 편성하도록 「국가재정법」에 규정되어 있다.

Tip 추가경정예산은 그 편성횟수에 제한이 없다.

정답 ④

③ 기능별 분류

　㉠ 의의 : 예산을 정부가 수행하는 기능별로 분류하는 것으로, 정부업무에 관한 개략적인 정보를 시민에게 제공한다는 의미에서 '시민을 위한 분류'라고도 한다.

　㉡ 장점

　　• 행정수반의 예산결정과 의회의 예산심의가 용이하다.

　　• 장기간에 걸쳐 연차적으로 정부활동을 분석하는 데 효과적이다.

　　• 정부계획의 성격상의 변동이나 중점의 변동을 파악하는 데 적합하다.

　　• 행정부의 재량행위나 신축성 유지방안에 기여한다.

　㉢ 단점

　　• 회계책임의 확보가 곤란하다.

　　• 기관별 예산의 흐름 파악이 곤란하다.

　　• 예산이 국민경제에 미치는 영향의 파악이 곤란하다.

　㉣ 특징

　　• 대항목은 여러 부처의 예산을 망라한다.

　　• 공공사업을 별개의 범주로 삼지 않는다.

　　• 일반행정비를 가능한 한 적게 잡아야 한다.

　　• 한 개 이상의 기능에 해당하는 사업이 많다.

　　• 최종적인 세목 분류는 품목별 분류에 의할 수밖에 없다.

Point 팁 　우리나라 예산의 기능별 분류 … 방위비, 교육비, 사회개발비, 경제개발비, 일반행정비, 지방재정교부금, 채무상환 및 기타 등으로 구분한다.

④ 경제성질별 분류

　㉠ 의의 : 정부예산이 국민경제에 미치는 영향을 파악하기 위하여 거시경제적 관점에서 정부예산을 경상예산과 자본예산으로 구분하는 것이다.

　㉡ 장점

　　• 경제분석이 가능하다.

　　• 경제안정화 및 경제성장 촉진이 가능하다.

　　• 인플레이션 · 디플레이션 방지효과가 있다.

　　• 국민경제동향 파악이 가능하다.

　㉢ 단점

　　• 경제활동에 대한 정부영향의 일부만 개략적으로 추정할 뿐이다.

　　• 세입 · 세출 이외의 요인 파악에 어려움이 따른다.

　　• 정책결정을 담당하는 고위공무원이 아닌 실무자에게는 비효과적이다.

　　• 소득배분에 대한 정부활동의 영향을 밝혀주지 못한다.

　　• 언제나 다른 예산분류방법과 함께 이용되어야만 한다.

문 정부활동의 일반적이며 총체적인 내용을 보여 주어 일반납세자가 정부의 예산내용을 쉽게 이해할 수 있도록 설계된 예산의 분류 방법은?

▶ 2017. 3. 18 제1회 서울특별시

① 품목별 분류

② 기능별 분류

③ 경제성질별 분류

④ 조직별 분류

Tip 정부활동의 일반적이며 총체적인 내용을 보여 주어 일반납세자가 정부의 예산내용을 쉽게 이해할 수 있도록 설계된 예산의 분류 방법은 기능별 분류로 시민을 위한 분류라고도 한다.

정답 ②

⑤ **사업계획별 분류와 활동별 분류**

    ㉠ **사업계획별 분류**: 각 부처의 업무를 사업계획별로 작성한 예산으로, 예측 가능한 최종생산물을 지녀야 한다.

    ㉡ **활동별 분류**: 사업계획별 분류의 세분류로서, 예산안의 편성·제출, 회계업무, 예산집행상황의 보고를 용이하게 하는 분류방법이다.

section 5 중앙예산기관

(1) 의의

정부수준에서 각종 정부기관의 사업 계획과 예산 요구를 검토·분석하여 예산을 편성·집행하는 최고관리기관이다.

(2) 기능

① **기획·관리기능** … 예산편성·집행과정에 있어 합리적·효과적인 배분과 사업을 위해 조정·지도한다.

② **각 부처에 대한 기능** … 예산요구서의 작성과 집행을 지도·감독한다.

③ **의회에 대한 기능** … 행정부의 예산안을 편성하여 의회에 제출한다.

④ **국민에 대한 기능** … 국민에게 예산을 알리고 그 집행상황을 공개한다.

(3) 유형

① **행정수반직속형** … 중앙예산기관을 행정수반의 첨단기구로 직속시키는 유형으로서, 미국의 관리예산처(OMB)가 대표적이다.

② **재무부형** … 중앙예산기관을 중앙부처의 하나인 재무부에 설치하는 유형으로서, 영국의 대장성, 일본의 대장성, 프랑스의 경제재무성예산국, 독일의 연방예산국, 1955 ~ 1961년 우리나라 예산국 등이 있다.

③ **중간형** … 1948 ~ 1955년 우리나라 기획처, 1961년 이후 경제기획부(원), 캐나다의 내각예산국 등이 있다.

(4) 우리나라의 중앙예산기관

① **연혁** … 1948년 국무총리 직속의 기획처 예산국 → 1955년 재무부 예산국 → 1963년 경제기획원 예산국(기능강화) → 1979년 경제기획원 예산실 → 1994년 재정경제원 예산실 → 1998년 재정경제부 예산청, 기획예산위원회 → 1999년 기획예산처 → 2008년 기획재정부

② 문제점
  ㉠ 기획기능과 예산기능 간의 조정문제로 갈등이 있고 괴리가 심하다.
  ㉡ 사업계획의 평가에 대한 기능이 경시되었고 정책·사업계획 중심의 예산편성 가능성이 희박하다.

section 6 예산에 관한 법률

기출문제

(1) 국가재정법

① 개념 … 재정에 관한 헌법상의 규정을 보완하는 헌법시행법적인 성격을 가진 국가재정에 관한 총칙법이다.

② 특징
  ㉠ 국가재정운영계획 수립
  ㉡ 성과중심 재정운영
  ㉢ 회계 및 기금 간 여유재원 신축적 운용
  ㉣ 조세지출예산제도 도입

(2) 정부기업예산법

① 개념 … 우편사업·우체국예금·양곡관리·조달사업의 특별회계예산에 관한 법이다.

② 특징
  ㉠ 제명 및 입법목적 변경 : 정부기업의 회계 및 결산 관련 조항이 삭제되어 예산 관련 조항만 남게 됨에 따라 법의 제명을 정부기업예산법으로 변경하고, 법의 목적 역시 각 정부기업별 특별 회계의 설치 및 그 예산 등의 운용에 관한 사항을 규정하는 것으로 변경하였다.
  ㉡ 세입·세출예산의 구분 및 내용 신설 : 회계 운영의 투명성을 높이기 위해 우편사업특별회계, 우체국예금특별회계, 양곡관리특별회계 및 조달특별회계의 세입 및 세출 내용을 명확히 규정하였다.
  ㉢ 회계·결산 관련 삭제 : 국가회계법에서 국가회계 및 결산에 관한 일반적인 사항을 규정하게 됨에 따라 정부기업의 회계 및 결산과 관련된 조항들을 삭제하였다.

(3) 공공기관의 운영에 관한 법률

① 목적 … 경영의 합리화와 운영의 투명성을 제고함으로써 공공기관의 대국민 서비스 증진에 기여함을 목적으로 한다.

② 특징

  ㉠ 공기업 · 준정부기관의 회계연도는 정부의 회계연도에 따른다.

  ㉡ 공기업 · 준정부기관의 회계는 경영성과와 재산의 증감 및 변동 상태를 명백히 표시하기 위하여 그 발생 사실에 따라 처리한다.

  ㉢ 공기업 · 준정부기관은 공정한 경쟁이나 계약의 적정한 이행을 해칠 것이 명백하다고 판단되는 사람 · 법인 또는 단체 등에 대하여 2년의 범위 내에서 일정기간 입찰참가자격을 제한할 수 있다.

  ㉣ 공기업 · 준정부기관의 예산은 예산총칙 · 추정손익계산서 · 추정대차대조표와 자금계획서로 구분하여 편성한다.

section 7 정부회계

(1) 개념

정부조직의 재정활동과 재정상태를 분석하고 기록 · 요약 · 평가 · 해석하는 기술임과 동시에 정부조직의 내 · 외적 관련자의 의사결정을 돕기 위한 정보를 제공하는 과학

(2) 회계제도의 유형

① 인식기준에 의한 분류

  ㉠ 현금주의(cash basis ; 형식주의)

의의	• 현금의 유입과 유출을 기준으로 거래를 인식하는 방식. 현금 수취시 수입으로 인식하고, 현금 지불시 지출로 인식. 현금주의는 일반적으로 단식부기 적용 • 채권이나 채무는 회계장부상에 존재하지 않음. 재화 · 용역을 제공했더라도 현금으로 회수되지 않는 동안은 수익으로 계상하지 않고 재화 · 용역을 제공받았더라도 현금으로 지급되기 전에는 비용으로 계상하지 않음
장점	• 회계관리가 단순하고, 작성 · 관리 용이, 회계처리 비용이 적음 • 회계공무원이나 일반시민이 이해하기 쉬움 • 현금의 유입 · 유출이 명확하므로 현금흐름 파악이 용이함 • 자산이나 부채 등을 인식하지 못하므로 자산이나 부채 평가시 발생하는 주관적 판단이 배제되어 발생주의보다 객관성 확보. 자의적인 회계처리가 불가능하여 통제가 용이

- 실제 지출내역을 기록하므로 예산액수와 실제지출액수의 비교가 쉬워 비목별(費目別) 통제[예산통제, 관리통제] 용이
- 세입과 세출을 분리하여 표시할 수 있으므로 계정과목을 사업별·조직별·기능별로 분류로 분류 가능
- 지출 용도에 따라 인건비, 물건비 등으로 다양하게 나눌 수 있음

단점	• 수입·지출을 수반하지 않은 비용·수익의 발생은 기록하지 않으므로 비용·수익에 관한 정확한 정보를 주지 못함 　－거래의 실질 및 원가 미반영, 현금 출납정보만으로는 경영성과의 정확한 측정 곤란 　－자산과 부채를 비망기록(memo)으로만 관리하므로 정부 투자사업의 비용과 편익에 대한 정확한 계산 곤란 　－자정책결정시 대안별 비용·편익(BC)분석 곤란(비용에는 현금 외에도 건물·토지 등 자산도 포함되기 때문) • 자산·부채의 명확한 인식 곤란 　－이미 발생했지만 아직 지불되지 않은 채무에 관한 정보를 제공하지 않으므로, 가용재원이 과대평가되기 쉽고 재정적자의 초래가능성이 높음 　－부채 발생을 그 시점에서 인식하지 못하므로 부채를 과소평가(외형상[현금상] 수지균형이 이뤄져 재정건전성이 확보된 듯 보이나 미래재정의 영향을 미치는 자산과 부채가 인식되지 못하므로 실질적으로는 재정건전성을 확보하지 못함) 　－정부재산의 매각은 수입 증가로 기록되지만, 이에 따른 자산 감소는 기록하지 못함 • 회계의 조작 가능성(현금지급의 고의 지연 등) • 통합(연결) 재무제표 없이 현금수지, 자산과 부채(비공식표기)가 각각의 장부에 별도 기록되므로 회계 상호간 연계를 체계적으로 파악하기 곤란함. 통합재정상태표 없이 재정상황들이 단편적으로 구분·관리되므로 재정의 총괄적 체계적 인식 곤란

ⓛ 발생주의(accrual basis ; 실질주의, 채권채무주의)

의의	• 현금의 유입(수입)·유출(지출)과는 관계없이 거래가 발생한 시점을 기준으로 인식하는 방식. 실질적으로 수익이 획득되거나 지출 또는 비용이 발생(자산의 변동·증감)한 시점을 기준으로 함 • 수익은 회수할 권리(채권)가 발생한 시점(징수결정시점 ▣ 납세고지)에 기록하고, 비용은 현금을 지불할 채무가 발생한 시점(채무확정시점 ▣ 지출원인행위)에서 기록(채권채무주의)
장점	• 공공부문의 생산성 행상을 위한 유용한 회계정보의 활용 가능. 재정적 성과 파악 용이 　－현금주의와 달리 자본적 자산의 감가상각비, 자본에 대한 이자, 내재적 비용부담 등 고려. 자산의 유지·보수·교체, 연금, 부채, 임대계약 등 미래에 지불해야 되는 자금에 대한 정보 제공

[문] 다음 괄호 안에 들어갈 내용으로 바르게 짝지어진 것은?

▶ 2014. 6. 21. 제1회 지방직

정부회계의 '발생주의'는 정부의 수입을 (㉠) 시점으로, 정부의 지출을 (㉡) 시점으로 계산하는 방식을 의미한다.

	㉠	㉡
①	현금수취	현금지불
②	현금수취	지출원인행위
③	납세고지	현금지불
④	납세고지	지출원인행위

Tip 발생주의는 수입과 지출의 '실질적인 원인이 발생한 시점'을 기준으로 하는 회계방식이다.

	–투입비용에 대한 정보(원가계산, 감가상각 등 반영)를 제공하여 업무성과의 정확한 단위비용을 산정할 수 있도록 함으로써 올바른 재무적 의사결정에 공헌 –최근 선진국에서 강조되는 신성과주의예산도 발생주의 회계방식을 전제로 함(재무제표, 대차대조표, 원가계산, 손익계산서, 감가상각, BC분석 등) • 자산·부채 규모를 정확히 파악할 수 있으므로 재정적자 및 실질적인 재정건전성 판단이 용이 • 간접비, 감가상각 등을 통하여 정확한 원가개념을 도출할 수 있어 공공서비스의 가격을 정확하게 산정 • 산출에 대한 정확한 원가 산정을 통해 부문별 성과측정이 가능하므로 분권화된 조직의 자율과 책임 구현 가능 • 지출내역을 기록하는 방식이 아니므로 예산편성과 집행에 있어서 자율성이 높음 • 발생한 비용과 수익이 기록되므로 회계연도 말에 보다 정확하고 종합적인 재무정보를 반영할 수 있으며 기간 간 손익비교나 기관별 성과 비교가 가능 • 재정성과에 대한 정보공유를 통해 정부재정활동의 투명성·신뢰성·책임성 제고와 미래지향적 재정관리기반 조성 • 현금기준이 아니므로 출납폐쇄기한 불필요 • 복식부기가 용이하게 적용될 수 있고 거래의 이중성을 반영한 대차평균원리에 따른 오류의 자기검증기능을 통해 예산집행상 오류·비리 방지
단점	• 회계전문지식 필요(숙련된 회계공무원 필요), 회계처리 시간·비용 과다와 작성절차 복잡 • 회계담당자의 주관성 개입(예 자산평가·감가상각의 주관성, 채권·채무의 자의적 추정)으로 인한 정보왜곡 • 회수 불가능한 부실채권, 지불할 필요가 없는 채무의 파악 곤란 : 채권의 발생시점에 수익을 기록하지만, 모든 채권이 징수 가능한 것은 아니므로 수익의 과대평가가 이루어질 수도 있음 • 실제 현금지출내역을 기록하는 것이 아니므로 비목별(費目別) 통제 곤란 • 현금흐름 파악 곤란(현금흐름표나 현금예산(Cash Budget) 등으로 보완 필요) • 공공부문의 무형성으로 인해 자산가치의 정확한 파악 곤란 • 공공재의 비시장성·무상공급 특성으로 인해 성과의 계량화 곤란 • 수익·비용의 계산에 항상 추정이 개입될 수밖에 없으므로 예산운용에 대한 통제가 느슨해질 수 있음

[현금주의와 발생주의 비교]

기출문제

구분	현금주의 (cash basis ; 형식주의)	발생주의 (accrual basis ; 실질주의, 채권채무주의)
인식기준	• 현금의 수불(수취 · 지불) 사실을 기준으로 인식 • 현금 유입시 수입으로 인식, 현금 유출시 지출로 인식 • 수입은 현금수납이 있을 때 기록 • 지출은 현금지급 및 수표발행이 있을 때 기록 • 자산 · 부채 변동은 비망(備忘)기록으로 관리(공식적 표기 없음)	• 현금 유 · 출입과 관계없이 거래 발생 시점을 기준으로 인식 • 수익의 획득과 비용(지출)의 발생(자산 변동 · 증감)시점 기준 • 현금으로 회수될 채권 발생시(징수결정시점) 수익으로 인식 • 현금을 지불할 채무 발생시(채무 확정시점) 비용으로 인식 • 자산 · 부채 평가(주관적), 자산 · 부채 변동의 공식적 표기
인식내용	미지급비용 · 미수수익(未收收益)은 인식 안 됨	미지급비용은 부채로, 미수수익은 자산으로 인식
	선급비용(先給費用)은 비용으로 선수수익(先受收益)은 수익으로 인식	선급비용은 자산으로, 선수수익은 부채로 인식
	감가상각 · 대손상각 · 제품보증비 · 퇴직급여충당금은 인식 못함	감가상각 · 대손상각 · 제품보증비 · 퇴직급여충당금은 비용으로 인식
	무상거래는 인식 안 됨	무상거래는 이중거래로 인식(정부는 비용으로 인식)
	상환이자지급액은 지급시기에 비용으로 인식	상환이자지급액은 기간별 인식
특징	절차 간편, 회계 비용 저렴, 비목별 통제 용이 • 외형상 수지균형의 재정건전성(부채 규모 파악 안 됨) • 재정상황의 총괄적 인식 곤란, 경영성과 파악 곤란 • 원가산정 · 비용편익분석, 거래오류 파악 곤란	절차 복잡, 회계 관련 비용 높음, 비목별 통제 곤란 • 실질적 재정건전성(부채 규모 파악) • 재정상황의 총괄적 인식, 경영성과 파악 용이 • 원가산정 · 비용편익분석 용이, 거래오류 파악 용이
기장방식	주로 단식부기 활용, 복식부기도 가능	복식부기 활용, 단식부기 불가
정보활용원	개별자료 우선	통합자료 우선
추가정보요구	별도 작업 필요	기본 시스템에 존재
사용례	정부 예산회계, 가계부	정부 재무회계, 민간기업, 정부기업

기출문제

문 정부회계의 기장 방식에 대한 설명으로 옳지 않은 것은?

▶ 2018. 4. 7. 인사혁신처

① 단식부기는 발생주의 회계와, 복식부기는 현금주의 회계와 서로 밀접한 연계성을 갖는다.

② 단식부기는 현금의 수지와 같이 단일 항목의 증감을 중심으로 기록하는 방식이다.

③ 복식부기에서는 계정 과목 간에 유기적 관련성이 있기 때문에 상호 검증을 통한 부정이나 오류의 발견이 쉽다.

④ 복식부기는 하나의 거래를 대차평균의 원리에 따라 차변과 대변에 동시에 기록하는 방식이다.

Tip ① 단식부기는 현금주의와, 복식부기는 발생주의와 밀접한 연계성을 갖는다.

|정답 ①

② **기장방식에 의한 분류**

㉠ **단식부기**(single entry bookkeeping system)

개념	• 현금의 수지와 같이 단일항목의 증감을 중심으로 기록하는 방식으로서, 거래의 영향을 단 한 가지 측면에서만 수입과 지출로 파악하여 기록 • 일정한 원리 없이 상식적으로 기장, 보통 경영활동의 일부만을 기록하는 불완전한 부기방식 • 현금주의에서 주로 사용. 단식부기로는 자산·자본·부채를 인식하지 못하므로 발생주의 방식 사용 불가
장점	단순하고 작성·관리 용이, 회계처리비용이 적음
단점	• 재정의 총괄적·체계적인 현황 파악 곤란. 자산·부채를 명확히 인식하기 힘들어 회계의 건전성 파악 곤란 • 원가파악이 안되고 이익과 손실 원인의 명확한 파악이 어려워 정부 전체의 예산 사업 규모나 운용성과를 정확히 파악하기 곤란함 • 기록·계산과정에서의 오류나 누락이 있어도 부기 자체의 구조를 통한 자동적 검출이 어려워 회계상 정확도가 떨어짐

㉡ **복식부기**(double entry bookkeeping system)

개념	• 경제의 일반 현상인 거래의 이중성을 회계처리에 반영하여 기록하는 방식 • 자산·부채·자본을 인식하여 거래의 이중성에 따라 하나의 거래를 차변(왼쪽)과 대변(오른쪽)에 이중 기록하고 그 결과 차변의 합계와 대변의 합계가 반드시 일치하여(대차평균의 원리) 자기검증기능을 가지며 발생주의에서 주로 사용
장점	• 거래의 인과관계를 파악할 수 있어 거래의 성격을 잘 이해할 수 있음 • 대차평균원리에 따른 기장내용의 자기검증기능(회계오류나 회계부정에 대한 통제기능)으로 신뢰성·투명성 제고. • 산출물에 대한 정확한 원가산정을 통해 정부의 예산사업의 규모나 성과 파악 용이. 부문별성과측정이 가능하므로 원가개념을 제고하여 성과측정 능력 향상 • 자동 이월(rolling-over) 기능과 자동 산출 기능 : 거래관계가 자산·부채·자본 간 상호관계로 자동 이월되면서 회계자료가 자동 산출됨. 별도의 작업 없이도 항상 최근의 총량데이터(gross data)를 작성·확보하고 매일 매일의 종합적 재정상태를 즉시 알 수 있으므로 정보의 적시성 확보. 출납 폐쇄기한이 필요하지 않음 • 총량 데이터(gross data)를 확보할 수 있으므로 최고관리층이나 정책결정자에게 유용한 정보를 적시에 제공 • 결산과 회계검사의 효율성과 효과성 향상 및 회계정보의 이해가능성 증대로 대국민 신뢰 확보 • 단식부기와 달리, 장부 간 또는 재무제표 간 연계성이 높음
단점	처리 절차가 복잡하고, 회계처리 비용이 많이 소요되며, 전문적 회계지식이 요구됨

[단식부기와 복식부기 비교]

구분	단식부기	복식부기
기록방법	일정한 원리 없이 상식적으로 기장 (경영활동의 일부만 기록)	일정한 원리 원칙에 의해 기장(대차대조표)
기록범위	현금의 수입과 지출 내용.	모든 재산의 증감 및 수익의 발생 내용을 기록
자기검증기능	오류의 자기검증기능이 없음 채무증감, 손익발생의 파악이 불완전	오류의 자기검증기능이 있음 채무증감, 손익발생의 파악이 완전함
이용기관	비영리단체, 소규모 상점	영리단체, 대규모 기업
결과보고서	일정한 보고서 없음	각종 재무제표(대차대조표, 손익계산서)

기출문제

1 예산안 편성과정에 대한 설명으로 옳지 않은 것은?

① 정부는 국회에 제출된 예산안의 일부를 부득이한 사유로 수정해야 하는 때에는 국무회의의 심의를 거쳐 대통령의 승인을 얻은 수정예산안을 국회에 제출할 수 있다.

② 정부는 대통령의 승인을 얻은 예산안을 회계연도 개시 120일 전까지 국회에 제출하여야 한다.

③ 각 중앙관서의 장은 매년 1월 31일까지 당해 회계연도부터 5회계연도 이상의 기간 동안의 계속사업에 대한 중기사업계획서를 국무회의에 보고하여야 한다.

④ 기획재정부장관은 각 중앙관서의 장에게 통보한 예산안편성지침을 국회 예산결산특별위원회에 보고하여야 한다.

2 국가가 현물로 출자하는 경우와 외국차관을 도입하여 전대(轉貸)하는 경우에 이를 세입세출예산 외로 처리할 수 있도록 한 것은 어떤 원칙의 예외인가?

① 예산 완전성의 원칙
② 예산 공개의 원칙
③ 예산 통일의 원칙
④ 예산 단일의 원칙

3 일반회계, 특별회계, 기금에 대한 다음 설명 중 가장 적절하지 않은 것은?

① 일반회계는 국가 고유의 일반적 재정 활동을, 특별회계는 특정한 세입으로 특정한 사업을 운용하기 위해 설치된다.

② 특별회계는 일반회계와 기금 운용 형태가 혼재되어 있다.

③ 기금은 예산과 달리 국회 심의·의결 확정절차를 따르지 않는다.

④ 기금과 특별회계는 특정 수입과 지출이 연계되어 있다.

4 예산의 기능에 대한 설명 중 그 성격이 다른 것은?

① 예산은 시장경제를 통해 생산되지 않는 재화나 용역을 공급하기 위하여 자원을 할당한다.

② 예산은 다양한 이해관계의 조정과 타협으로 결정되며 입법부가 행정부를 통제하는 수단이다.

③ 예산은 개발도상국의 경제성장을 위한 자본을 형성한다.

④ 예산은 시장경제에서 결정된 분배상태가 바람직하지 못할 때 이를 시정한다.

5 미국의 행정학자인 스미스(Harold D. Smith)가 제시한 현대적 예산원칙은 모두 몇 개 인가?

㉠ 한정성의 원칙	㉡ 보고의 원칙
㉢ 책임의 원칙	㉣ 공개의 원칙
㉤ 계획의 원칙	㉥ 단일의 원칙
㉦ 사전의결 원칙	㉧ 재량의 원칙
㉨ 완전성의 원칙	㉩ 시기신축성 원칙

① 3개   ② 4개

③ 5개   ④ 6개

6 예산의 원칙에 관한 설명으로 옳지 않은 것은?

① '예산단일의 원칙'은 정부의 모든 수입은 하나로 합쳐서 지출되어야 한다는 것이다.

② '입법부 우위의 예산원칙'은 행정이 소극적 성격을 가졌던 상황에서 효과적이다.

③ 목적세 및 기금은 '통일성 원칙'의 예외이고, 예비비와 예산의 이용·전용, 계속비는 한정성의 원칙의 예외이다.

④ 조세를 징수하는 경우 징세비를 제외한 순수입만을 예산에 반영한다면 '예산완전성의 원칙'에 위반하는 것이다.

7 예산에 관한 설명 중 가장 적절하지 않은 것은?

① 예산의 불성립 시 대처방안으로는 수정예산, 잠정예산, 준예산 등이 있으며, 준예산은 새로운 회계연도가 개시될 때까지 예산이 의결되지 못할 경우 사용할 수 있다.

② 일반회계와 특별회계는 세입세출의 성질에 따른 분류로 특별회계는 예산 단일성 원칙의 예외이다.

③ 한 국가의 전체 재정규모를 파악하는데 가장 용이한 예산의 유형은 '통합예산'이다.

④ 예산의 분류방식 중 '경제성질별 분류'는 정부활동이 국민경제에 미치는 영향을 알 수 있으며 정부거래의 경제적 효과분석이 용이하다.

8 전통적 예산의 원칙에 관한 설명이다. 괄호 안에 들어갈 내용으로 가장 바르게 연결한 것은?

> • 수입대체경비의 초과수입, 현물출자와 외국차관을 정부 이름으로 대신 빌려서 실제 그 돈을 사용할 차관사업 수행자에게 그대로 넘겨주는 전대차관은 (㉠)의 예외이다.
> • 목적세, 수입대체경비, 특별회계, 기금은 (㉡)의 예외이다.
> • 준예산, 전용, 사고이월, 재정상의 긴급명령, 선결처분은 (㉢)의 예외이다.
> • 추가경정예산의 편성, 예산의 이월, 계속비 등은 (㉣)의 예외이다.

	㉠	㉡	㉢	㉣
①	예산총계주의	단일성 원칙	공개성 원칙	한계성 원칙
②	초과지출금지 원칙	통일성 원칙	공개성 원칙	단일성 원칙
③	예산총계주의	통일성 원칙	사전의결 원칙	한계성 원칙
④	초과지출금지 원칙	단일성 원칙	사전의결 원칙	한계성 원칙

9 다음은 특별회계에 대한 설명이다. 가장 타당한 것은?

① 특별회계는 기금과는 달리 예산단일의 원칙에 부합한다.
② 특별회계는 일반회계와는 달리 입법부의 심의를 받지 않는다.
③ 국가에서 특정사업을 운영하기 위해 일반회계와 구분하여 경리할 필요가 있을 때 설치한다.
④ 특별회계의 세입은 주로 조세수입으로 이루어진다.

10 발생주의 · 복식부기 회계제도의 장점이 아닌 것은?

① 정부의 자산에 대한 평가와 재평가를 통해 자원을 효율적으로 사용할 수 있다.
② 미래의 현금지출에 대한 정보나 자산 · 부채의 정확한 파악으로 실질적인 재정건전성 평가에 유용하다.
③ 회수가 불가능한 채권이나 지불이 불필요한 채무를 쉽게 구별하게 하여 재무정보의 왜곡현상을 제거한다.
④ 회계의 자기검증기능으로 부정과 비리에 대한 통제 가능성을 높여준다.

정답및해설

1	③	2	①	3	③	4	②	5	③
6	①	7	①	8	③	9	③	10	③

1 ③ 각 중앙관서의 장은 매년 1월 31일까지 당해 회계연도부터 5회계연도 이상의 기간 동안 신규사업 및 기획재정부장관이 정하는 주요 사업에 대한 중기사업계획서를 기획재정부장관에게 제출하여야 한다.

2 예산 완전성의 원칙(예산총계주의) ⋯ 한 회계연도의 모든 수입을 세입으로 하고, 모든 지출을 세출로 하여 세입·세출은 모두 예산에 편입하여야 한다는 것이다. 즉, 예산총계주의를 말하며, 이는 예산순계주의와 대비된다.
① 현물출자나 차관전대 등은 국가재정법 제17조에 의한 예산총계주의(완전성 원칙)에 대한 예외이다.

3 기금과 예산 모두 국회 심의·의결절차를 따른다.
※ 기금 변경 ⋯ 기금운용계획 중 주요항목 지출금액을 변경하고자 할 때에는 기획재정부장관과 협의·조정하여 마련한 기금운용계획변경안을 국무회의의 심의를 거쳐 대통령의 승인을 얻은 후 국회에 제출하여야 한다. 다만 주요 항목 지출금액의 10분의 2(금융성 기금은 10분의 3, 경상비는 10분의 2) 이하의 범위 안에서는 기금운용계획변경안을 국회에 제출하지 아니하고 대통령령으로 정하는 바에 따라 변경할 수 있다.

4 ②만 예산의 정치적 기능과 연관되고 나머지는 모두 경제적 기능에 해당한다.

5 루스벨트행정부에서 예산국장을 역임한 스미스(Harold D. Smith)는 전통적 원칙을 8가지로 유형화하고 이와 대비되는 현대적 원칙을 제시하였다. 출제자는 전통적 예산원칙은 독일의 재정학자인 노이마크(Neuma가), 현대적 예산원칙은 스미스(Harold D. Smith)가 체계적으로 제시했다는 점에서 현대적 예산원칙을 찾는 문제로 출제한 것으로 보인다. 현대적 예산원칙은 ⓒ 책임의 원칙, ⓜ 계획의 원칙, ⓞ 재량의 원칙, ⓩ 시기신축성의 원칙 5개이다. 나머지는 모두 F. Neumark나 W. Sundelson이 주장한 전통적 예산원칙에 해당한다.

6 ① 정부의 모든 수입은 하나로 합쳐서 지출되어야 한다는 것은 예산통일성의 원칙이다. 단일성의 원칙이란 독립된 복수의 예산은 전체적 관련성의 불명확성과 혼란을 야기하고, 예산에 대한 국민의 감시를 회피할 우려가 있으며, 의회의 예산통제권도 저해하므로, 예산은 가능한 한 단일하게 편성되어야 한다는 원칙이다.

7 ① 예산 불성립 시 대처방안으로는 가예산, 잠정예산, 준예산 등이 있다. 수정예산은 예산안이 국회로 제출된 후 의결되기 전에 내용을 수정하여 제출한 예산이다.

8 ㉠ – 예산총계주의(완전성의 원칙, 총계예산주의), ㉡ – 통일성의 원칙, ㉢ – 사전의결의 원칙, ㉣ – 한계성(한정성)의 원칙이다.

※ 전통적 예산원칙과 예외

유형	내용	예외
공개성	국민에게 공개	신임예산, 국가정보원 예산(정보비)이나 국방부 일부 예산 등은 안보상 이유로 비공개
명확성 · 명료성	국민이 이해하기 쉽게 편성	총액(총괄)예산(총액계상예산), 예비비
명세성	구체적 항목에 따라 세분화	총액(총괄)예산
엄밀성 · 정확성	예산(예정) = 결산(확정) *세입 = 세출(수지균형)로 보는 견해도 있음	예산불용액, 예산 집행의 신축성 확보장치로 인한 예산·결산 간 불일치 *엄밀성을 세입 = 세출로 볼 경우 흑자예산, 적자예산
한정성	양적 한정성(초과지출 금지)	추가경정예산, 예비비
	질적 한정성(목적 외 사용금지)	이용, 전용, 예비비
	시기적 한정성(회계연도독립원칙)	이월(명시이월 · 사고이월), 국고채무부담행위, 계속비, 지난 연도 수입 · 지출, 긴급배정
단일성	재정활동을 단일예산으로 편성	특별회계, 기금, 추가경정예산, 공공기관의 운영에 관한 법률상 공공기관의 예산
통일성	특정 세입과 특정 세출의 연결 금지, 국고로 통합, 국고에서 지출	기금, 특별회계, 수입대체경비 · 수입금마련지출, 목적세(교통 · 에너지·환경세, 교육세, 농어촌특별세, 지방교육세, 지역자원시설세)
사전의결 원칙	의회가 사전 심의 및 의결	준예산, 사고이월, 전용, 이체(이견 있음), 예비비 지출, 공공기관의 예산, 긴급재정 · 경제 명령 · 처분, 선결처분, 수입대체경비, 수입금마련지출
완전성 · 포괄성 예산총계주의	모든 세입 · 세출을 빠짐없이 예산에 계상 (포괄성의 원칙)	순계예산, 공공기관의 예산, 기금(이견 있음), 정부의 현물출자, 전대차관, 초과지출 가능한 차관물자대, 초과수입을 관련 경비에 초과지출할 수 있는 수입대체경비, 수입금마련지출

9 특별회계예산 … 특정한 세입을 특정한 세출에 충당함으로써 일반의 세입 · 세출과 구분하여 계리할 필요가 있을 때 법률로써 설치하는 회계이다.

㉠ 특징
- 예산단일의 원칙과 예산통일의 원칙의 예외이다.
- 특별법에 의하여 만들어지고 운영된다.
- 발생주의 원칙에 의한 회계처리를 한다.

㉡ 장점
- 정부가 사업을 운영하는 경우 수지가 명백하다.
- 행정기관의 재량범위 확대로 능률과 합리화에 기여한다.
- 안정된 자금 확보로 안정적인 사업운영이 가능하다.
- 행정기능의 전문화, 다양화에 기여한다.

10 ③ 실현되지 않은 채권 · 채무도 모두 계상이 되므로 회수가 불가능한 채권이나 지불이 불필요한 채무를 포함시키게 되어 재무정보의 왜곡현상을 초래한다는 것이 발생주의의 단점이다.

02 예산과정

기출문제

(물) 총체주의 예산이론에 대한 설명 중 옳지 않은 것은?
▶ 2017. 3. 18 제1회 서울특별시
① 계획예산제도(PPBS)와 영기준 예산제도(ZBB)는 대표적 총체주의 예산제도이다.
② 정치적 타협과 상호 조절을 통해 최적의 예산을 추구한다.
③ 예산의 목표와 목표 간 우선순위를 명확하게 설정한다.
④ 합리적 분석을 통해 비효율적 예산 배분을 지양한다.

Tip 정치적 타협과 상호 조절을 통해 최적의 예산을 추구하는 것은 점증모형의 특징이다.

(물) 점증주의적 예산결정에 대한 설명으로 옳지 않은 것은?
① 현상유지(status quo)적 결정에 치우칠 수 있다.
② 자원이 부족한 경우 소수기득권층의 이해를 먼저 반영하게 되어 사회적 불평등을 야기할 우려가 있다.
③ 다수의 참여자들 간 고리형의 상호작용을 통한 합의를 중시하는 합리주의와는 달리 선형적 과정을 중시한다.
④ 긴축재정 시의 예산행태를 잘 설명해주지 못한다.

Tip 점증주의적 예산결정은 선형적 과정을 중시하는 합리주의적 예산결정과 달리 다수의 참여자들 간 고리형의 상호작용을 통한 합의를 중시한다.

| 정답 ②, ③

section 1 예산과정의 개요

(1) 예산과정의 의의

예산은 편성, 심의, 집행, 결산 및 회계검사의 과정으로 구성되는데 이를 예산과정이라 하며 통상 3년의 기간이 요구된다.

(2) 회계연도

회계연도란 일정기간에 있어서의 수입과 지출을 구분·정리하여 그 관계를 명확하게 하기 위한 예산의 유효기간을 말한다. 하지만 회계연도의 경비는 그 연도의 세입으로서 지변되어야 하는데 이를 회계연도 독립의 원칙이라 한다.

Point 팁 회계연도 독립의 원칙 … 각 회계연도의 수입은 모두 전체지출의 재원이 되며 각 회계연도는 다른 회계연도와 독립되어 있어야 한다는 원칙이다. 우리나라는 매년 1월 1일 시작하여 12월 31일에 끝나게 되어 있다. 회계연도 독립의 원칙에 대한 예외로 예산의 이월, 계속비, 과년도 수입·지출 등이 있다.

(3) 예산결정이론

① 합리주의(총체주의)

    ㉠ 결정과 관련된 모든 요소를 종합적으로 고려하여 자원배분을 합리적으로 행하려는 데서 나온 예산결정이론이다.

    ㉡ 목표의 정확한 파악, 목적과 수단의 구별과 분석, 대안의 선정, 분석의 종합성 등을 추구하는 특징을 가진다.

    ㉢ 계획예산제도, ZBB 등이 합리주의와 관계가 깊은 예산제도이다.

② 점증주의(정치적 접근법)

    ㉠ 정치과정으로서의 예산과정론에 입각하여 현실적으로 전년도 예산을 고려하여 다음 연도 예산을 결정하는 방법을 점증주의라 한다.

    ㉡ Wildavsky는 예산편성이 정치적 과정이라는 관점에서 예산편성은 점진적이지 종합적이 아니라고 보고 있다.

    ㉢ 예산은 보수적, 정치적, 단편적이며 품목 중심으로 편성된다.

    ㉣ 품목예산, 성과주의예산이 점증주의적 예산제도들이다.

[합리주의와 점증주의의 비교]

구분	거시적 과정	미시적 과정	결과
합리주의	종합적 · 체계적인 분석	집권적이고 제도화된 사업별 예산	새로운 프로그램, 대폭적 · 체계적 예산 증감
점증주의	연속적 · 한정적인 비교	정치적 타협과 상호 조절	전년도 대비 소폭적 예산 점증

section 2 예산의 편성

(1) 개념

예산편성이란 새해에 또는 장래 몇 년 동안 정부가 수행하고자 하는 계획과 사업을 구체화하는 과정으로, 예산편성지침의 작성에서 예산편성안의 확정에 이르는 일련의 과정을 말한다. 특히 오늘날은 행정부가 예산을 편성하여 입법부에 제출하는 것이 추세인데, 이를 행정부편성제출예산제도라고 한다.

Point 팁

예산사정의 방법

㉠ 무제한법 : 예산 요구 시 일정한 규모의 한도액을 설정하지 않고 필요한 사업을 요구하는 방법이다.

㉡ 한도액설정법 : 예산을 요구하면서 초과할 수 없는 예산요구 한도액을 설정하여 이를 벗어나지 않는 사업을 요구하도록 사전에 제한하는 방법이다.

㉢ 증감분석법 : 차기연도 사업을 결정하면서 당해연도 사업과 비교하여 예산규모의 증감 정도를 감안하여 사업 선택 여부를 결정하는 방법으로, 점증주의 예산결정방법이다.

㉣ 우선순위통제법 : 예산항목 또는 예산사업 간의 우선 순위를 명시하여 사업을 선정하는 방법으로 영기준예산제도의 일종이다.

㉤ 항목별 통제법 : 예산에 포함되어서는 안 될 항목들을 사전에 제시하고 그 외의 항목만을 예산에 포함되도록 승인하는 방법이다.

(2) 예산편성과정

① **사업계획서 제출** … 각 중앙관서의 장은 매년 1월 31일까지 기획재정부장관에게 당해 회계연도부터 5회계연도 이상의 기간 동안의 신규사업 및 주요 사업에 대한 중기 사업계획서를 제출해야 한다.

② **예산안편성지침서 시달** … 기획재정부장관은 매년 3월 31일까지 국무회의의 심의 후 대통령의 승인을 얻어 다음 연도의 예산안편성지침을 각 중앙관서의 장에게 통보해야 한다.

③ **예산요구서 작성** ⋯ 각 중앙관서의 장은 5월 31일까지 예산안편성지침에 따라 예산요구서를 작성하여 첨부서류와 함께 기획재정부장관에게 제출하여야 한다.

④ **기획재정부의 사정** ⋯ 기획재정부는 각 부처의 예산요구서를 세입·세출 요구 등의 분석에 의한 다음 해의 예산규모 등을 분석·검토한다.

⑤ **정부 예산안의 확정과 국회 제출** ⋯ 예산사정이 끝나면 국무회의의 심의와 대통령의 승인에 의한 정부예산안이 확정되고, 이 예산안은 회계연도 개시 120일 전까지 국회에 제출하여야 한다.

[정부의 예산안 편성과정]

```
┌──────────┐        ┌──────────┐        ┌──────┐
│  중앙관서  │        │ 기획재정부 │        │  국회  │
└──────────┘        └──────────┘        └──────┘
     ↑                    ↑    ↑              ↑
  ┌─ ① 중기사업계획서 제출(~1. 31)─┘    │              │
  ├─ ② 예산안편성지침 작성 시달(~3. 31)  │              │
  └─ ③ 예산요구서 작성 제출(~5. 31)       ④ 예산안의 국회 제출
                                        (~회계연도 개시 120일 전)
```

(3) 예산편성의 형식

① **예산총칙** ⋯ 세입·세출예산 이외에 매년도의 재정운영에 필요한 기초사항에 관하여 국회의 의결을 받아두는 형식이다.

② **세입·세출예산** ⋯ 당해 회계연도의 모든 수입과 지출 예정액을 제시하고 있는데, 세입예산은 법적 효력이 없고, 세출예산은 법적 효력이 있다.

③ **계속비** ⋯ 수년에 걸쳐 완성되는 공사, 제조, 연구개발사업은 경비의 총액과 연부액을 정하여 미리 국회의 의결을 얻어 수년에 걸쳐 지출할 수 있다. 계속비의 연한은 회계연도로부터 5년이다.

④ **명시이월비** ⋯ 세출예산 중 경비의 성질상 당해 그 지출을 끝내지 못할 것이 예측될 때에는 특히 그 취지를 세입·세출예산에 명시하여 미리 국회의 승인을 얻어 다음 해에 이월하여 사용할 수 있다.

⑤ **국고채무부담행위** ⋯ 법률에 의한 것과 세출예산금액 또는 계속비의 총액의 범위 내의 것 이외에 국가가 채무를 부담하는 행위를 할 때는 미리 예산으로서 국회의 의결을 얻어야 한다.

(4) 예산편성의 문제점

① 지나치게 점증주의의 방식을 답습한다.
② 통제중심의 품목별 예산에 치중한다.
③ 각 부처의 예산확보 노력으로 예산액이 가공성을 띠고 있다.
④ 예산단가의 비현실성으로 비정상적인 예산집행이 만연되고 있다.

section 3 예산의 심의

(1) 개념

국민의 대표기관인 입법부가 행정부에서 제출한 예산안을 국가적 차원에서 심의·의결하는 것을 의미한다.

(2) 예산심의과정

① **국정감사** … 상임위원회별로 정기국회 개회 다음날부터 20일간 예산안에 대한 예비심사가 있기 전까지 국정감사가 이루어진다.

② **대통령의 시정연설** … 회계연도 개시 120일 전까지 예산안이 국회에 제출되면 본회의에서 대통령의 시정연설이 있게 된다.

③ **상임위원회의 예비심사** … 국회의 각 상임위원회는 소관부처별 예산안을 예비심사한다.

④ **예산결산특별위원회의 종합심사** … 기획재정부장관의 예산안 제안 설명과 전문위원의 예산안 검토·보고 후, 예산결산특별위원회는 국정 전반에 걸쳐 정책질의를 하며 각 부별로 예산안을 심의하고, 계수조정소위원회의 계수조정이 있은 후 전체 회의에 상정되어 의결, 본회의에 상정한다.

⑤ **본회의 의결** … 본회의에서는 예산결산특별위원회 위원장의 심사보고에 이어 의원들의 질의 및 토론을 거쳐 예산안을 회계연도 30일 전까지 최종적으로 의결·확정한다.

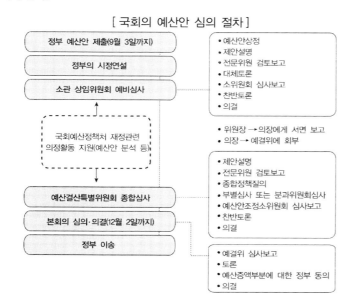

[국회의 예산안 심의 절차]

문 우리나라 행정부의 예산집행 통제장치에 해당하지 않는 것은?

▶ 2011. 4. 9 행정안전부

① 정원 및 보수를 통제하여 경직성 경비의 증대를 억제한다.

② 정부조직 등에 관한 법령의 제정·개정·폐지로 인해 그 직무 권한에 변동이 있을 때 예산도 이에 따라서 변동시킬 수 있다.

③ 각 중앙관서의 장은 2년 이상 소요되는 사업 중 대통령령이 정하는 대규모사업에 대해 사업규모·총사업비·사업기간을 정해 미리 기획재정부장관과 협의해야 한다.

④ 각 중앙관서의 장은 월별로 기획재정부장관에게 사업집행보고서를 제출해야 한다.

> **Tip** 예산의 이체에 해당하는 설명으로, 예산의 이체는 예산집행의 신축성 유지 방안에 해당한다.

문 예산집행에 대한 설명으로 옳지 않은 것은?

▶ 2019. 4. 6 인사혁신처

① 예산의 재배정은 행정부처의 장이 실무부서에게 지출을 할 수 있는 권한을 부여하는 것을 의미한다.

② 예산의 전용을 위해서 정부 부처는 미리 국회의 승인을 받아야 한다.

③ 예비비는 공무원 인건비 인상을 위한 인건비 충당을 목적으로 사용할 수 없다.

④ 사고이월은 집행과정에서 재해 등의 이유로 불가피하게 다음 연도로 이월된 경비를 말한다.

> **Tip** 예산의 전용은 행정과목 간의 융통으로 국회의 승인 없이 기획재정부장관의 승인만으로 가능하다.

(3) 예산심의의 한계점

① 여론투입이 취약하다는 한계가 있다.

② 국회의원의 전문성이 결여되어 있고 시간 제약의 단점이 있다.

③ 심의기간에 제약이 있다.

④ 삭감기준이 비합리적일 경우가 많다.

section 4 예산의 집행

(1) 개념

예산집행이란 국가의 수입과 지출을 실행·관리하는 모든 행위이다. 국고의 수납, 지출행위와 지출원인행위, 국고채무부담행위를 포함하여 확정된 예산에 따라 수입을 조달·지출하는 모든 재정활동을 말한다.

(2) 목표

① **예산집행의 통제** … 입법부와 집행부의 의도를 실행하면서 재정적 한계를 엄수하는 것이다.

② **예산집행의 신축성 유지** … 집행부에 일정한 재량을 허용하여 사업집행의 신축성을 유지하는 것이다.

(3) 재정통제의 방안

① **예산의 배정** … 확정된 예산을 계획대로 집행할 수 있도록 예산집행기관에게 허용하는 일종의 승인이며 회계연도를 분기별로 구분한다.

② **재배정** … 중앙관서에 대한 예산배정이 끝나면 중앙관서의 장은 예산배정의 범위 내에서 예산지출권한을 산하기관에 위임하는 절차를 이행한다.

③ **지출원인행위** … 예산지출의 원인이 되는 계약 또는 기타의 행위로, 배정된 예산의 범위 내에서 하도록 되어 있다.

④ **정원과 보수 등의 통제** … 공무원의 정원령(정원의 통제), 공무원보수규정(봉급의 통제)에 의해 통제된다. 정원과 보수의 변경 시에는 해당 부서와 행정안전부, 기획재정부의 협의가 필요하다.

⑤ **현금지불** … 지출관의 지출원인행위가 이루어지면 세입범위 내에서 회계연도를 준수하여 지급한다.

⑥ **계약의 통제** … 일정 금액 이상의 계약에 대해서는 승인을 받도록 하여 수입과 지출의 균형상태를 유지하고 사업의 질적인 면을 통제한다.

⑦ **기록과 보고** … 지출원인행위 등에 관한 기록과 보고를 통해 과도한 지출을 방지한다.

⑧ 예비타당성 조사제도

  ㉠ 의의 : 기존 타당성조사의 문제점을 보완하기 위하여 1999년에 도입된 제도로서, 대규모 재정사업에 대한 담당 부처의 본격적인 타당성조사 이전에 기획재정부가 객관적이고 중립적으로 타당성에 대한 개략적인 사전조사를 통해 재정사업의 신규투자를 우선순위에 입각하여 투명하고 공정하게 결정하도록 함으로써 예산낭비 방지, 신규사업의 신중한 착수, 재정운영의 효율성 제고를 목적으로 하는 제도이다.

  ㉡ 대상사업 : 다음 해당 신규 사업
   • 총사업비 500억 원 이상, 국가 재정지원 규모 300억 원 이상인 건설사업, 정보화 사업, 국가연구개발사업.
   • 국가재정법 제28조에 따라 제출된 중기재정지출이 500억 원 이상인 사회복지, 보건, 교육, 노동, 문화 및 관광, 환경보호, 농림해양수산, 산업·중소기업 분야의 사업.

  ㉢ 예비타당성 조사와 타당성 조사 : 타당성 조사는 예비타당성 조사를 거쳐 사업 추진이 확정된 뒤에, 시행부처가 해당 사업을 추진하는 가장 효율적인 방안을 검토하는 제도이므로 개략적 조사에 그치는 예비타당성 조사와 달리, 지질조사와 같은 기술적인 타당성 검토와 함께 경제성도 예비타당성 조사보다 더 구체적으로 분석한다. 예비타당성조사는 경제성 분석 외에 지역경제 파급효과, 지역균형개발 효과, 환경성, 지역의 사업추진의지까지 정책적 차원에서 분석하지만, 타당성 조사에서는 사업 추진을 전제로 현장실사 위주의 기술적 검토와 경제성 분석에 주안점을 둔다.

구분	예비타당성 조사	(본)타당성 조사
조사의 개념	타당성조사 이전에 예산반영 여부 및 투자우선순위 결정을 위한 조사	예비타당성조사 통과 후 본격적인 사업 착수를 위한 조사
조사주체	기획재정부	주무부처(사업시행기관)
기술적 타당성 분석	×(단, 정보화 사업과 국가연구개발사업은 기술성 분석을 포함)	○(토지형질조사, 공법분석 등 다각적인 기술성 분석)
정책적 분석	○	×(검토대상이 아님)

기출문제

경제성 분석	본격적인 타당성조사의 필요성 여부 판단을 위한 개략적 수준의 경제성 분석	실제 사업 착수를 위한 보다 정밀하고 세부적인 수준의 경제성 분석
조사기간	단기적	장기적
조사대상	종합적 조사─해당 사업과 함께 가능한 모든 대안(후보사업)을 검토	해당 사업만 대상으로 수행

⑨ 총사업비의 관리

　㉠ 의의 : 각 중앙관서의 장은 완성에 2년 이상 소요되는 사업으로서 대통령령이 정하는 대규모사업(총사업비가 500억 원[건축사업은 200억 원] 이상인 사업)에 대하여는 사업규모·총사업비·사업기간을 정하여 미리 기획재정부장관과 협의해야 한다. 협의를 거친 사업규모·총사업비·사업기간 변경시에도 협의해야 한다.

　㉡ 목적 : 투자사업의 추진 과정에서 총사업비의 대폭 증액을 방지하고 재정투자의 생산성을 높인다.

　㉢ 타당성 재조사 : 기획재정부장관은 총사업비 관리 대상 사업 중 총사업비가 일정 규모 이상 증가하는 등 대통령령이 정하는 요건에 해당하는 사업 및 감사원의 감사결과에 따라 감사원이 요청하는 사업에 대하여는 사업의 타당성을 재조사하고, 그 결과를 국회에 보고해야 한다. 기획재정부장관은 국회가 그 의결로 요구하는 사업에 대하여는 타당성재조사를 하고, 그 결과를 국회에 보고해야 한다.

⑩ 대규모 개발사업예산의 단계별 편성 : 각 중앙관서의 장은 대통령령이 정하는 대규모 개발사업(총사업비 500억 원[건축사업은 200억 원] 이상인 사업)에 대하여는 타당성조사 및 기본설계비·실시설계비·보상비(댐수몰지역 보상과 공사완료 후 존속하는 어업권의 피해 보상은 제외)와 공사비의 순서에 따라 그 중 하나의 단계에 소요되는 경비의 전부나 일부를 당해 연도의 예산으로 요구해야 한다(단, 부분완공 후 사용이 가능한 경우 등 사업의 효율적 추진을 위해 기획재정부장관이 불가피하다고 인정하는 사업은 2단계 이상의 예산을 동시에 요구 가능).

(4) 예산의 신축성 확보방안

① 예산의 이용·전용 ⋯ 예산의 이용은 입법과목(장·관·항) 간에 예산을 상호 융통해서 사용하는 것이며, 예산의 전용은 행정과목인 세항 또는 세항내의 목(경비성질별 분류) 간에 상호 융통해서 사용하는 제도이다.

② **예산의 이체** … 행정조직의 개편으로 인해 그 직무권한에 변동이 있을 때 예산도 이에 따라 변경시키는 것을 말한다.

③ **예산의 이월** … 회계연도 독립의 원칙에 대한 예외로서 한 회계연도의 세출예산의 일정액을 다음 연도에 넘겨서 사용할 수 있도록 함으로써 시기적인 신축성을 유지해 주는 제도이다.

Point 팁 이월의 종류

　ⓐ **명시이월** : 예산편성 때 이미 당해 연도에 지출을 마치지 못할 것을 예견하여 국회의 사전의결을 받아 다음 연도로 이월하여 지출할 수 있도록 하는 것이다.

　ⓑ **사고이월** : 세출예산 중 당해 연도에 지출원인행위를 하고 불가피한 사유로 지출하지 못한 경비와 지출원인행위를 못하였지만 해당 사업의 부대 경비를 다음 연도에 이월하여 사용하는 것을 말한다.

④ **예비비** … 예측할 수 없는 예산 외의 지출 또는 예산초과지출에 충당하기 위하여 세입세출예산에 계상한 금액이다.

⑤ **계속비** … 완성에 수년을 요하는 공사나 제도 및 연구개발사업의 경우 경비의 총액과 연부액을 정하여 미리 국회의 의결을 얻은 범위 내에서 5년 이내에 걸쳐 지출할 수 있는 예산을 말한다. 예산 1년주의와 회계연도 독립의 원칙에 대한 예외를 인정함으로써 예산집행의 신축성을 유지하기 위한 제도적 장치라고 할 수 있다.

⑥ **국고채무부담행위** … 국가가 채무를 부담하는 행위만 당해연도에 하고, 실제 지출은 그 다음 회계연도에 이루어지는 것을 말한다.

⑦ **수입대체경비** … 각 중앙관서의 장이 용역 또는 시설을 제공하여 발생하는 수입과 관련되는 경비로서 대통령이 정하는 경비를 말한다.

⑧ **긴급배정** … 회계연도 개시 전에 미리 예산을 배정하는 긴급배정제도로 정보비, 여비, 경제정책상 조기집행을 필요로 하는 공공사업비 등이 해당된다.

(5) 예산집행의 문제점

① 예산집행의 신축성이 결여되어 있다.

② 자금의 적기공급이 부진하여 국가사업의 진행에 차질을 빚을 때가 많다.

③ 예산제도가 통제중심이다.

④ 행정인의 윤리성·책임성 부족으로 주어진 예산은 다 쓰고 보자는 전략과 정치 행태를 보이고 있다.

￼ 예산집행의 신축성을 유지하기 위한 방안에 대한 설명 중 가장 옳지 않은 것은?

▶ 2017. 6. 24 제2회 서울특별시

① 이체란 정부조직 등에 관한 법령의 제정·개정 또는 폐지로 인하여 중앙관서의 직무와 권한에 변동이 있을 때 관련 예산을 이동하는 것이다.

② 전용이란 입법 과목 간 상호 융통으로, 각 중앙관서의 장은 예산의 목적범위 안에서 재원의 효율적 활용을 위하여 기획재정부장관의 승인을 얻어 각 세항 또는 목의 금액을 전용할 수 있다.

③ 이월이란 당해 연도 예산액의 일정 부분을 다음 연도로 넘겨서 사용할 수 있는 제도이다.

④ 계속비란 완성에 수년도를 요하는 사업에 대해 그 경비의 총액과 연도별 지출액을 정하여 미리 국회의 의결을 얻은 범위 안에서 수년도에 걸쳐 지출하는 경비이다.

Tip 전용이란 행정 과목 간 상호 융통으로, 각 중앙관서의 장은 예산의 목적범위 안에서 재원의 효율적 활용을 위하여 기획재정부장관의 승인을 얻어 각 세항 또는 목의 금액을 전용할 수 있다.

정답 ②

문 우리나라의 결산에 대한 설명으로 옳지 않은 것은?

▶ 2018. 4. 7 인사혁신처

① 각 중앙관서의 장은 회계연도마다 소관 기금의 결산보고서를 중앙관서결산보고서에 통합하여 작성하여야 한다.
② 결산은 국회의 심의를 거쳐 국무회의의 의결과 대통령의 승인으로 종료된다.
③ 정부는 감사원의 검사를 거친 국가결산보고서를 국회에 제출하여야 한다.
④ 결산은 한 회계연도의 수입과 지출 실적을 확정적 계수로 표시하는 행위이다.

> **Tip** 결산은 국무회의의 의결과 대통령의 승인 후 국회의 심의를 거쳐 종료된다.

문 우리나라의 성인지 예산제도에 대한 설명으로 옳지 않은 것은?

▶ 2018. 4. 7. 인사혁신처

① 정부는 예산이 여성과 남성에게 미치는 효과를 평가하고, 그 결과를 정부의 예산편성에 반영하기 위하여 노력하여야 한다.
② 성인지 예산서는 기획재정부 장관이 각 중앙관서의 장과 협의하여 제시한 작성기준 및 방식 등에 따라 여성가족부 장관이 작성한다.
③ 성인지 예산서에는 성인지 예산의 개요, 규모, 성평등 기대효과, 성과목표 및 성별 수혜 분석 등의 내용이 포함되어야 한다.
④ 성인지 결산서에는 집행실적, 성평등 효과분석 및 평가 등이 포함되어야 한다.

> **Tip** ② 성인지 예산서는 기획재정부장관과 여성가족부장관이 협의하여 제시한 작성기준과 방식에 따라 각 중앙관서의 장이 작성한다(국가재정법 시행령 제9조).

│정답 ②, ②

---

section 5 결산

(1) 개념

① 한 회계연도의 정부의 수입·지출의 실적을 확정적 계수로 표시하는 행위이다.
② 예·결산의 일치여부, 예산집행의 적정성·적법성 등을 심사하여 정부의 예산집행에 대한 사후감독과 정부의 국회예산심의권 침해를 방지하기 위한 통제장치이다.

(2) 예산과 결산의 불일치

① 결산은 1회계연도 동안의 예산집행의 실적이므로 세입·세출의 예측인 예산과는 대체적으로 일치하나 완전히 일치하는 것은 아니다.
② 예산과 결산의 불일치사유
  ㉠ 지나친 신축성
  ㉡ 전년 이월금 또는 예비비의 지출
  ㉢ 당해 연도에 사용하지 않은 불용액
  ㉣ 예산집행자의 고의 또는 과실로 인한 위법·부당한 지출

(3) 결산과정

① **성인지 결산의 작성** … 정부는 여성과 남성이 동등하게 예산의 수혜를 받고 예산이 성차별을 개선하는 방향으로 집행되었는지를 평가하는 보고서를 작성하여야 한다.
② **결산보고서 작성·제출** … 예산집행이 끝난 후 각 중앙관서의 장은 국가회계법에서 정하는 바에 따라 회계연도마다 작성한 결산보고서를 다음 연도 2월 말일까지 기획재정부장관에게 제출해야 한다.
③ **기획재정부장관의 결산서 작성** … 기획재정부장관은 국가회계법에서 정하는 바에 따라 회계연도마다 작성하여 대통령의 승인을 받은 국가결산보고서를 다음 연도 4월 10일까지 감사원에 각각 제출한다.
④ **감사원의 결산확인** … 기획재정부로부터 결산에 관한 서류를 제출받으면 감사원은 국가결산보고서를 검사하고, 그 보고서를 다음 연도 5월 20일까지 기획재정부장관에게 송부해야 한다.
⑤ **국회의 결산심의** … 정부는 감사원의 검사를 거친 국가결산보고서를 다음 회계연도 5월 31일까지 국회에 제출하면, 국회는 소관 상임위원회의 예비심사, 예산결산특별위원회의 종합심사, 본회의 심의와 의결을 거쳐 결산이 확정·승인된다.

[정부의 결산과정]

한국은행

① 국고금출납보고

② 중앙관서결산보고서 제출(~2월 말)   ⑤ 국가결산보고서 제출(~5. 31)

중앙관서 → 기획재정부 → 국회

③ 결산검사의뢰(~4. 10)   ④ 결산검사결과 송부(~5. 20)

감사원

⑤ 결산검사보고서 제출

(4) 세계잉여금

① 의의

  ㉠ 매 회계연도 세입·세출의 결산상 생긴 잉여금. 한 회계연도 내에 수납된 세입액으로부터 지출된 세출액을 차감한 잔액으로서 결산상 잉여금이라 한다.

  > 세계잉여금 = 세입수납액 – 지출된 세출액
  > = 초과세입액 + 다음 연도 이월액 + 불용액

  ㉡ 일반적으로 세계잉여금은 새로운 자원으로 사용할 수 있는 여유자원을 의미하므로 사용목적이 이미 정해진 다음 연도 이월액은 제외시키며 이를 세계순잉여금이라 하며 법적으로 처분 가능한 순잉여금이다.

  > 세계순잉여금 = 세계잉여금 – 다음 연도 이월액 = 초과세입액 + 불용액

② 세계잉여금(세계순잉여금을 의미함)의 사용 우선순위

남은 금액의 30% 이상   남은 금액의 30% 이상

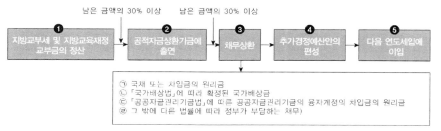

  ㉠ 국채 또는 차입금의 원리금
  ㉡ 「국가배상법」에 따라 확정된 국가배상금
  ㉢ 「공공자금관리기금법」에 따른 공공자금관리기금의 융자계정의 차입금의 원리금
  ㉣ 그 밖에 다른 법률에 따라 정부가 부담하는 채무

세계잉여금 사용·출연은 그 세계잉여금이 발생한 다음 연도까지 그 회계의 세출예산에 관계없이 가능하고 국무회의의 심의를 거쳐 대통령의 승인을 얻어야 하며 국회의 사전 동의를 받을 필요는 없다.

😀 **회계검사에 대한 올바른 설명이 아닌 것은?**

▶ 2004. 3. 21 대구광역시

① 회계검사에서 본질적으로 가장 중요시하는 것은 지출의 합법성이다.

② 회계검사는 재정에 관한 입법부의 의도실현여부를 검증하는 성격이다.

③ 자신이 기록하는 회계기록도 자율통제의 차원에서 회계검사를 할 수 있다.

④ 예산이 품목별로 편성되어 있을 경우 효과성 검사가 어렵다.

Tip 회계검사는 독립적인 제3의 기관에 의해 행해져야 한다.

section **6** 회계검사

(1) 개념

회계검사는 정부의 재정활동 및 그 수입·지출에 관한 사무가 적법하고 정당하게 이루어졌는가를 확인·검사하고, 결과보고를 위하여 회계장부와 기타 회계기록을 체계적으로 검토하여 그 내용에 대한 비판적 의견을 제시하는 것이다.

(2) 목적

① **책임의 확보** … 회계상의 책임, 관리상의 책임, 사업성과에 대한 책임

② **정보의 제공** … 행정제도의 개선, 정책결정, 자원의 합리적 이용, 집행부에 대한 통제

(3) 회계검사기관

① 합의제와 단독제

ㄱ 합의제 : 의사결정이 위원회의 합의에 의해 이루어지는 형태로 우리나라, 일본, 네덜란드가 이에 속한다.

ㄴ 단독제 : 주요 결정이 최고책임자 단독 결정에 의하여 이루어지는 형태로 미국과 영국의 회계검사원이 이에 속한다.

② 헌법기관과 비헌법기관

ㄱ 헌법기관 : 헌법에 회계검사기관에 관한 지위를 명시하는 형태로 우리나라, 일본, 독일, 이탈리아 등이 이에 속한다.

ㄴ 비헌법기관 : 헌법에 회계검사기관에 관한 지위 명시가 없는 형태로, 미국, 영국 등이 이에 속한다.

Point 팁 회계검사기관의 위치

ㄱ 입법부형(영미형) : 회계검사기관이 입법부에 소속된 형태로 미국의 회계검사원, 영국의 회계검사원, 오스트리아, 이스라엘 등이 이에 속한다.

ㄴ 행정부형(대륙형) : 회계검사기관이 행정부에 소속된 형태로 우리나라, 포르투갈 등이 이에 속한다.

ㄷ 독립형 : 회계검사기관이 독립된 기관으로 되어 있는 경우로 독일, 프랑스, 일본 등이 이에 속한다.

(4) 회계검사방식

① **서면검사** … 각 기관에서 제출된 서류를 통한 검사이다.

② **실지검사** … 직접 직원을 현지에 파견하여 서류와 실정을 대비하는 검사이다.

┃정답 ③

기출문제

③ **사전검사** … 지출이 실제로 이루어지기 전에 하는 검사(미국, 대만 등)이다.

④ **사후검사** … 지출이 실제로 이루어지고 난 후에 하는 검사(우리나라, 대부분의 국가)이다.

⑤ **정밀검사** … 모든 수입과 지출을 세밀히 검사하는 것으로 전면검사라고도 한다.

⑥ **발췌검사** … 표본을 추출하여 선택적으로 하는 검사이다.

⑦ **일반적 검사** … 회계공무원의 개인적 책임을 추궁하는 검사이다.

⑧ **상업식 검사** … 공인회계사를 동원하여 공기업 회계검사에 행하는 검사이다.

⑨ **종합적 검사** … 한 기관의 회계조직 전반에 대하여 중점적으로 하는 검사로 정부회계검사에 사용된다.

(5) 우리나라 회계검사의 문제점 및 개선방안

① 문제점

　㉠ 회계검사기관의 독립성에 제약이 있다.

　㉡ 감사보고서 처리기구가 존재하지 않는다.

　㉢ 실지검사에 치중한다.

　㉣ 감사업무가 과대화되었다.

　㉤ 감사원의 권한이 비대하다.

② 개선방안

　㉠ 독립성을 확보해야 한다.

　㉡ 결산위원회를 설치해야 한다.

　㉢ 회계검사와 직무감찰의 분리가 이루어져야 한다.

　㉣ 사전검사가 강화되어야 한다.

[회계검사와 직무감찰]

구분	회계검사	직무감찰
목적	의회의 재정 통제	관리들의 비위 규찰
지위	헌법기관	비헌법기관
독립성	강	약
대상	국가예산을 사용하는 모든 기관	행정부 · 공기업
감시내용	합법성을 강조하고 회계책임과 관련있는 사항만 추궁	시정방지와 새로운 행정조치와 행정운영의 개선

section 7 구매행정

(1) 의의

① **개념** … 행정기능을 수행하는 데 필요한 수단인 재화(소모품, 비품, 시설, 장비 등)를 적기·적소·적가·적재·적량의 원칙에 입각하여 구입·공급하는 행정행위이다.

② **절차** … 수요판단 → 구매계약 → 검사와 납품 → 물품인도와 보관 → 대금지급 등의 과정을 거친다.

③ **중요성**

㉠ 국가예산이 국민경제생활에 큰 영향을 미치게 됨에 따라 국가예산의 많은 비중을 차지하는 구매행정이 중시되며 구매정책을 통하여 국민경제의 발전에도 기여할 수 있다.

㉡ 구매행정을 통하여 행정기관이 행정업무를 효율적으로 수행하는 데 필요한 물자와 비품을 적기에 신속히 공급하여야 한다.

㉢ 국민은 막대한 재원이 소요되는 구매행정에 관심을 갖게 되었으며, 보다 능률적인 구매정책에 의한 예산절약을 기대하고 있다.

(2) 구매방식

① **집중구매** … 중앙구매기관에 의한 일괄 구입 후 실수요기관에 공급하여 주는 제도이다.

㉠ 장점

• 구매업무의 통제가 용이하다.
• 구매행정의 전문화가 이루어진다.
• 구매정책의 수립이 용이하다.
• 공급업자에게 유리하다.
• 물품규격의 통일과 사무표준화의 구현이 가능하다.
• 대량구매·보관·운반으로 인해 경제적인 비용절감이 가능하다.
• 기관 간 상호융통 사용 및 조정으로 신축성을 유지할 수 있다.

㉡ 단점

• 정치적 영향을 받기 쉽다.
• 대기업 편중의 우려가 있다.
• 행정비용이 증가한다.
• 적기·적재공급이 곤란할 수 있다.
• 특수품목의 구입에 부적합하다.
• 구매절차가 복잡하여 red tape의 조장이 우려된다.

② **분산구매** … 필요한 재화를 수요부처가 직접 구입하는 제도이다. 필요한 때에 공급이 가능하고 중소공급자를 보호할 수 있으며, 구매절차가 복잡하지 않고 특수품목 구입에 유리하며 각 부처의 실정을 반영하기에 적절하여 신축성을 유지할 수 있다.

기출문제

1 현 정부가 운영하고 있는 각 예산제도에 대한 설명으로 옳지 않은 것은?

① 정부는 예산이 성인지 예산서(여성과 남성에게 미칠 영향을 미리 분석한 보고서)를 작성해야 한다.
② 예비비란 정부가 예측하지 못한 예산 외의 지출 또는 예산 초과 지출에 충당하기 위해 운영하는 예산제도를 말한다.
③ 국고채무부담행위는 사항마다 그 필요한 이유를 명백히 하고, 그 행위를 할 연도 및 상황연도와 채무부담의 금액을 표시하여야 한다.
④ 명시이월이란 세출예산 중 경비의 성질상 연도 내에 지출을 끝내지 못할 것이 예측되는 때에 이용하는 제도로, 이월 이후에 반드시 국회의 의결을 얻어야 한다.

2 예산편성과정에서 나타나는 정치적 모습들에 대한 설명으로 타당하지 않은 것은?

① 문제가 있거나 새로운 사업을 반드시 필요한 다른 사업들과 연계하여 끼워팔기식 예산편성을 시도한다.
② 인기 있는 사업의 경우 가급적 우선순위를 높여 정치쟁점화 시킨다.
③ 각 부처들은 자신의 영향력이 미치는 단체들을 동원하여 예산의 필요성을 강조하는 경향이 있다.
④ 장관의 역점사업임을 강조하여 예산을 확보하려고 노력한다.

3 우리나라 국회의 예산심의에 대한 설명 중 가장 적절하지 않은 것은?

① 정부의 동의 없이 지출예산 각 항의 금액을 증액할 수 없다.
② 예산심의에 필요한 정보에 대한 지원이 미약하다.
③ 상임위원회의 예비심사와 예산결산특별위원회의 심사로 이원화되어 있다.
④ 예산안 심의가 정치적 협상의 대상이 됨으로써 수정비율이 크다.

4 다음 중 예산과정의 특성으로 볼 수 없는 것은?

① 일정기간을 단위로 한다.
② 각 단계는 독립적 특성을 가진다.
③ 주기적 · 반복적 특성을 가진다.
④ 중앙집권적인 권위체제이다.

5 다음 중 국회의 의결을 필요로 하는 예산집행의 신축성 확보 방안으로만 묶여진 것은?

㉠ 수입대체경비	㉡ 이용
㉢ 명시이월	㉣ 계속비
㉤ 이체	㉥ 국고채무부담행위
㉦ 사고이월	㉧ 전용
㉨ 예비비	

① ㉠, ㉡, ㉦, ㉧
② ㉠, ㉢, ㉤, ㉨
③ ㉡, ㉢, ㉣, ㉥
④ ㉣, ㉤, ㉥, ㉦

6 예산집행 과정에 대한 설명으로 옳은 것은?

① 긴급배정은 계획의 변동이나 여건의 변화로 인하여 당초의 연간정기배정계획보다 지출원인행위를 앞당길 필요가 있을 때, 해당 사업에 대한 예산을 분기별 정기 배정계획과 관계없이 앞당겨 배정하는 제도이다.
② 예산의 이체는 법령의 제정, 개정, 폐지 등으로 그 직무와 권한에 변동이 있을 때, 관련된 예산의 귀속을 변경시키는 것을 말한다.
③ 예산의 전용은 예산구조상 장 · 관 · 항 간에 상호 융통을 말한다.
④ 국고채무부담행위에 대한 국회의 의결은 국가로 하여금 다음 연도 이후에 지출할 수 있는 권한을 부여하는 것이다.

7 다음 중 점증주의 예산결정이론에 대한 내용으로 볼 수 없는 것은?

① 품목별예산, 성과주의예산에 적합하다.
② 총체적이고 종합적인 예산결정이 이루어진다.
③ 예산을 보수적, 정치적으로 보았다.
④ 단편적이며 품목 중심으로 편성된다.

8 우리나라의 예산총칙에 포함되는 내용이 아닌 것은?

① 국채의 한도액
② 이용허가의 범위
③ 차입금의 한도액
④ 재정증권의 발행

9 다음 중 예산편성의 문제점으로 볼 수 없는 것은?

① 지나친 점증주의의 답습으로 창의성, 쇄신성, 탄력성이 부족하다.
② 각 부처의 예산확보 노력으로 예산요구액이 가공성의 성격을 띠고 있다.
③ 통제 중심의 품목별 예산에 치중한다.
④ 예산편성의 지나친 합리성, 객관성에 치중한다.

10 예산집행에 대한 설명으로 옳지 않은 것은?

① 예산집행은 국가의 수입과 지출을 실행·관리하는 모든 행위를 말한다.
② 예산집행의 목표는 예산집행상의 신축성유지와 예산집행의 통제에 있다.
③ 지출원인행위의 통제와 내부통제 및 정원과 보수의 통제는 재정통제의 방안이다.
④ 예산의 배정과 재배정은 예산의 신축성 확보방안이다.

정답및해설

1	④	2	②	3	④	4	②	5	③
6	②	7	②	8	②	9	④	10	④

1 명시이월 … 세출예산 중 경비의 성질상 연도 내에 그 지출을 끝내지 못할 것이 예측되는 때에는 미리 세출예산에 그 취지를 명시하여 국회의 승인을 얻어 다음 연도에 이월하여 사용할 수 있도록 하는 것을 말한다.

2 ② 정치적으로 인기 있는 사업은 예산확보가 용이하므로 우선순위를 일부러 낮게 매기고, 인기가 없는 사업의 우선순위를 높게 매겨서 두 사업예산을 모두 확보하려는 전략을 사용한다.

 ※ 예산

  ㉠ 예산의 편성 : 예산편성이란 새해에 또는 장래 몇 년 동안 정부가 수행하고자 하는 계획과 사업을 구체화하는 과정으로, 예산편성지침의 작성에서 예산편성안의 확정에 이르는 일련의 과정을 말한다. 특히 오늘날은 행정부가 예산을 편성하여 입법부에 제출하는 것이 추세인데, 이를 행정부편성제출예산제도라고 한다.

  ㉡ 예산확보전략 : 역점사업활용, 기관장간의 정치적 해결방법, 인간관계의 활용방법 등이 있다. 정치적으로 인기있는 사업은 예산확보가 용이하므로 일부로 우선순위를 낮추고 인기가 없는 사업은 우선순위를 높게 설정하여 예산을 확보하려는 전략을 사용한다.

3 ④ 우리의 경우 예산안이 여·야 간 정치적 흥정의 대상이 됨으로써 국회에서 수정되거나 삭감되는 비율이 낮은 편이다.

 ※ 예산의 심의 … 국민의 대표기관인 입법부가 행정부에서 제출한 예산안을 국가적 차원에서 심의·의결하는 것을 의미한다.

  ㉠ 여론투입이 취약하다는 한계

  ㉡ 국회의원의 전문성이 결여되어 있고 시간 제약의 단점

  ㉢ 의원신분이 불안정하여 변수가 생길 가능성

  ㉣ 심의기간에 제약

  ㉤ 삭감기준이 비합리적일 가능성

4 ② 예산과정의 한 단계의 결정은 또 다른 단계의 결정에 영향을 주는 상호의존적 특성을 가진다.

5 ㉡ 입법과목 간 융통인 이용은 국회 의결을 요한다.

  ㉢ 명시이월비는 예산 형식에 포함되어 있으며 국회 의결을 요한다.

  ㉣ 계속비는 예산 형식에 포함되어 있으며 총액과 연부액으로 국회 의결을 받는다.

  ㉥ 국고채무부담행위는 예산 형식에 포함되어 있으며 국회 의결을 받는다.

  ㉠ 수입대체경비나 수입금마련지출은 국회 의결을 요하지 않는다.

  ㉤ 예산의 이체는 예산집행 기간 중에 정부조직 개편에 따른 소관업무의 변동에 대한 예산상의 조치이다. 기획재정부장관은 정부조직 등에 관한 법령의 제정·개정·폐지로 인해 중앙관서의 직무와 권한에 변동이 있는 때에는 그 중앙관서 장의 요구에 따라 그 예산을 상호 이체할 수 있다. 예산의 목적은 변경함이 없이 예산집행에 관한 책임소관을 변동시키는 것으로 국회의 의결을 요하지 않는다.

  ㉦ 사고이월은 국회의결을 요하지 않는다.

  ㉧ 행정과목 간 융통인 전용은 국회 의결을 요하지 않는다.

  ㉨ 예비비는 '총액'으로만 국회의 의결을 받으며, 예비비 지출은 국회의 사전의결을 받지 않고 사후 승인을 얻으면 된다.

6 ② 우리나라의 경우 기획재정부장관은 정부조직 등에 관한 법령의 제정·개정 또는 폐지로 인하여 중앙관서의 직무와 권한에 변동이 있는 때에는 그 중앙관서의 장의 요구에 따라 그 예산을 이체할 수 있다. 이체는 국회의 사전의결을 요하지 않는다.

① 긴급배정이 아니라 당겨배정의 내용이다. 긴급배정은 회계연도 개시 전에 예산을 배정하는 제도이다.

③ 예산의 이용은 입법과목(소관, 장, 관, 항) 간의 융통(사업 내용·규모의 변경)이며, 사업의 내용이나 규모를 변경시키므로 원칙적으로 국회의 사전의결이 필요한다. 예산의 전용은 행정과목(세항, 목) 간의 융통(동일한 사업에 관한 지출 대상의 변경)이며, 국회의 의결을 필요로 하지 않는다.

④ 국고채무부담행위에 대한 국회의 의결은 국가로 하여금 다음 연도 이후에 지출할 수 있는 권한까지 부여하는 것은 아니며, 다만 채무를 부담할 권한만을 부여하는 것이므로 채무부담과 관련한 지출에 대해서는 다시 국회의 의결을 얻어야 한다.

7 ② 전년도의 예산액을 기준으로 하여 다음 연도의 예산액을 결정하는 점증적인 예산결정방식이다.

8 우리나라의 예산총칙 ⋯ 세입세출예산, 계속비, 명시이월비, 국고재무부담행위에 관한 총괄적 규정을 두고, 이외에 국채 또는 차입금의 한도액, 재정증권의 발행과 일시차입금의 최고액, 기타 예산집행에 관하여 필요한 사항을 규정하고 있다.

9 ④ 예산단가의 비현실성으로 비정상적인 예산집행이 만연하고, 이를 극복하기 위해서 예산단가를 현실화시키고 합리적 객관적 기준에 의거하여 예산단가를 해마다 조정해야 한다.

10 ④ 예산의 배정, 재배정은 예산집행통제의 방안이다.

03 예산제도

section 1 예산제도의 형태

(1) 품목별예산제도(LIBS)

① 개념 … 지출의 대상·성질을 기준으로 하여 세출예산의 금액을 분류하는 것으로 예산의 집행에 대한 회계책임을 명백히 하고 경비사용의 적정화를 기하는 데 필요하다.

② 장·단점

장점	단점
• 행정재량 범위 제한 및 쉬운 통제로서 행정권 남용 억제	• 예산의 신축성 저해
• 회계책임 명확화	• 행정부의 정책, 사업계획 수립에 유용한 자료 제공하지 못함
• 지출의 합법성에 치중하는 회계검사 용이	• 신규사업이 아닌 전년도 답습사업만 확대
• 예산편성 용이	• 투입과 관련 있지만 산출과 관련 없음

(2) 성과주의 예산제도(PBS)

① 개념

　㉠ 품목별예산제도를 보완하기 위해 등장한 제도로, 최소의 행정이 최선의 행정으로 간주되던 시대에는 품목별 지출의 통제에만 관심을 가졌지만, 사업·예산규모가 급속히 커지면서 예산제도에 있어서도 회계책임을 중시하는 통제적 측면 외에 사업의 능률적인 수행을 위한 관리적 측면도 중요시하게 되었고, 이에 따라 성과주의 예산제도가 등장하였다.

　㉡ 관리중심적 예산으로 지출을 필요로 하는 사업계획과 이에 따른 세부사업, 나아가서는 업무측정 단위로 구획한 다음 이에 따라 예산을 편성한다(예산액 = 단위원가 × 업무량).

② 장·단점

장점	단점
• 국민이나 입법부가 정부의 활동을 쉽게 이해	• 세출통제의 곤란
• 정책이나 사업계획 수립이 용이	• 행정부에 대한 엄격한 입법통제의 곤란
• 효율적 관리수단 제공 및 자금배분의 합리화	• 회계책임의 불분명과 공금관리의 소홀
• 예산집행의 신축성	• 운영상의 문제점
	• 업무측정단위 선정의 어려움

① 계획예산제도
② 목표관리제
③ 영기준예산제도
④ 다면평가제

Tip 계획예산제도는 정부의 장기적인 계획 수립과 단기적인 예산편성을 유기적으로 결합시킴으로써 자원배분에 관한 의사결정을 합리적으로 행하고자 하는 예산제도로, 의사결정의 집권화를 특징으로 한다.

A 예산제도는 당시 미국의 국방장관이었던 맥나마라(McNamara)에 의해 국방부에 처음 도입되었고, 국방부의 성공적인 예산개혁에 공감한 존슨(Johnson) 대통령이 1965년에 전 연방정부에 도입하였다.

① 통제   ② 관리
③ 기획   ④ 감축

Tip 계획예산제도(PPBS)로 기획기능을 강조한다.

③ **품목별예산제도(LIBS)와의 비교**
　㉠ **공통점** : 예산결정이 점증적이고 책임이 분산되며, 예산구조와 일치하는 공통점이 있다.
　㉡ **차이점** : 정부의 사업이 효율적으로 운영되도록 관리에 주안점을 두는 것으로서 예산투입과 활동의 결과와의 관계를 중시한다.

(3) 계획예산제도(PPBS)

① **개념** … 계획예산제도는 장기적 계획수립과 단기적 예산결정을 프로그램 작성을 통해 유기적으로 연결시킴으로써 자원배분에 관한 의사결정의 일관성과 합리성을 도모하려는 예산제도이다.

② **구성요소**
　㉠ 목표의 정확한 파악이 필요하다.
　㉡ 장기적 시계를 가져야 한다.
　㉢ 대안의 체계적 검토가 요구된다.

③ **단계와 구조**
　㉠ **장기계획수립** : 조직목표와 우선순위를 결정하고 목표달성을 위한 여러 대안을 평가·선택하는 단계이다.
　㉡ **실시계획작성** : 계획수립과 예산편성을 연결시키는 과정으로, 선택된 프로그램에 대한 구체적인 활동에 대한 과정이다.
　㉢ **예산편성** : 목표달성을 위한 활동에 대하여 자금지출을 체계적으로 관련시키는 예산과정이다.

④ **특징**
　㉠ **목표지향주의** : 가능한 한 조직의 목표를 수량적으로 명확히 설정한다.
　㉡ **효과성과 비교선택주의** : 효과성을 중요시하는 비교선택주의이다.
　㉢ **절약과 능률** : 일정 자원을 투입하여 최대효과를 낳거나 일정효과를 낳기 위해 최소자원을 투입한다.
　㉣ **과학적 객관성** : 체제분석과 비용·효과분석 등 과학적 방법을 사용하여 주관과 편견을 배제하고 객관적 판단에 의해 결정한다.
　㉤ **예산기간의 장기화** : 장기적인 고찰을 지극히 중시하여 사업재정계획을 5년 기간으로 작성한 후 예산을 편성한다.

정답 ①, ③

⑤ 장·단점

장점	단점
• 사업계획과 예산편성 간의 불일치 해소 • 자원의 합리적 배분 • 정책결정과정을 일원화 • 조직체의 통합적 운영이 효과적 • 장기적 시계와 장기계획의 신뢰성	• 간접비의 배분문제 • 달성성과의 계량화 곤란 • 지나친 중앙집권화의 초래 • 목표설정의 곤란 • 환산작업의 곤란

⑥ 성과주의 예산제도(PBS)와의 비교

㉠ **공통점** : 프로그램을 중시한다.

㉡ **차이점** : 성과주의 예산이 중간 이하 계층의 활동에 초점을 두는 반면, 계획예산제도는 기획과 예산결정을 체계적으로 연계시키고 목표를 강조하며 사업의 계층제를 강조하기 때문에 결과적으로 집권화를 초래한다.

(4) 목표관리(MBO)

① **개념** … 상급자와 하급자가 공동으로 목표를 확인하고, 효과적인 관리를 통해 이 목표를 달성하고자 하는 관리기법인 동시에 예산기법이다.

② **절차** … 목표의 발견 → 목표설정(최고관리층에서 예비적 설정, 조직역할의 명확화, 부하목표의 설정, 목표와 자원의 관계 고려, 목표의 재순환) → 목표의 확인 → 목표의 시행 → 목표달성 상태의 통제 및 보고

③ **특성**

㉠ 관료주의를 타파한다.

㉡ 예측 가능한 결과지향적인 계량적 목표를 중시한다.

㉢ 구성원 간의 상호의존적인 팀워크를 강조한다.

㉣ 참여적·분권적·쇄신적·탄력적이다.

㉤ Y이론 혹은 Z이론적 인간관에 기준한다.

㉥ 상·하계급에 관계없이 공동 참여하는 참여적 관리이다.

㉦ 최종결과를 평가하여 목표와 대비시키는 환류과정을 강조한다.

④ 장·단점

장점	단점
• 조직의 효과성과 능률성 제고 • 자율적 책임을 통한 팀워크 강화와 사기 및 만족감 강화 • 민주적 관리 풍토 조성 • 불분명하고 애매한 것의 제거와 결과에 대한 책임의 수락 조성 • 관료제의 부정적 측면 제거	• 예측가능한 목표설정 곤란 • 불확실한 상황에서 의도된 목표달성 곤란 • 장기적·질적 목표 경시 • 권력성·강제성을 띤 조직에서의 적용상 어려움 • 절차의 번잡성과 문서주의적

➡ 다음 중 예산제도에 대한 설명으로 가장 옳지 않은 것은?
▶ 2016. 6. 25 서울특별시

① 품목별 예산(LIBS)의 정책결정방식은 분권적·참여적이다.

② 계획예산(PPBS)은 기획의 책임이 중앙에 집중되어 있다.

③ 영기준 예산(ZBB)은 기획의 책임이 분권화되어 있다.

④ 성과주의 예산(PBS)과 목표관리 예산(MBO)은 모두 관리에 초점이 맞추어져 있다.

Tip 품목별 예산은 예산집행 부서에서 예산편성 후 중앙예산기관의 승인을 얻어 집행한다. 재정통제가 목적이므로 세부 항목별로 예산을 편성하고 합법성 위주의 엄격한 회계검사가 이루어진다. 분권적·참여적이라 볼 수 없다.

➡ 다음은 여러 예산제도의 장·단점을 서술한 것이다. 틀린 것은?
▶ 2010. 5. 22 상반기 지방직

① 영기준예산제도는 점증주의적 예산편성의 폐단을 시정하고자 개발되었다.

② 계획예산제도는 목표·계획·사업의 연계성을 높일 수 있으나 과도한 정보를 필요로 한다는 단점이 있다.

③ 성과주의예산제도는 산출을 확인할 수 있는 장점이 있지만 업무단위선정 및 단위원가계산이 어렵다.

④ 품목별예산제도는 지출항목을 엄격히 분류하므로 사업성과와 정부 생산성을 정확하게 평가할 수 있다.

Tip 품목별 예산제도는 지출항목을 엄격히 분류하는 투입중심의 예산이기는 하지만 사업성과와 정부생산성의 정확한 평가는 어렵다.

정답 ①, ④

문 예산제도에 대한 설명으로 옳지 않은 것은?

▶ 2017. 4. 8 인사혁신처

① 쉬크(Schick)는 통제-관리-기획이라는 예산의 세 가지 지향(orientation)을 제시하였다.

② 영기준예산제도(ZBB)가 단위사업을 사업-재정계획에 따라 장기적인 예산편성 쪽으로 방향을 잡았다면, 계획예산제도(PPBS)는 당해 연도의 예산 제약 조건을 먼저 고려한다.

③ 우리나라는 예산편성과 성과관리의 연계를 위해 재정사업자율평가제도를 실시하고 있다.

④ 조세지출예산제도는 조세지출의 내용과 규모를 주기적으로 공표해 조세지출을 관리하는 제도이다.

> **Tip** 계획예산제도는 단위사업을 사업-재정계획에 따라 장기적인 예산편성 쪽으로 방향을 잡았다면, 영기준예산제도는 당해 연도의 예산 제약 조건을 먼저 고려하여 매년 '0'의 상태에서 시작한다.

문 다음 설명에 해당하는 예산제도는?

▶ 2018. 5. 19 제1회 지방직

• 합리적 선택을 강조하는 총체주의 방식의 예산제도이다.
• 조직구성원의 참여가 상대적으로 높은 분권화된 관리 체계를 갖는다.
• 예산편성에 비용·노력의 과다한 투입을 요구한다는 비판을 받는다.

① 성과주의예산제도
② 계획예산제도
③ 영기준예산제도
④ 품목별예산제도

> **Tip** 제시된 내용은 영기준예산제도에 대한 설명이다.

‖**정답** ②, ③

Point 팁 계획예산제도와 목표관리제도의 차이점

구분	계획예산(PPBS)	목표관리(MBO)
계획기간	종합적, 장기적(5년)	부분적, 단기적(1~5년)
권위구조	집권적, 막료에 치중	분권적, 계선기능에 치중
전문기술	통계학적, 고도의 세련된 관리기술	일반적 관리기술, 산술적 계산
사업계획	외적, 비용·편익에 치중	내적, 산출량에 치중
예산범위	종합적, 자원배분적	부분적, 개별적, 후원적
절차	경직적	신축적

(5) 영기준예산(ZBB)

① **개념** … 예산편성시에 기존 사업을 근본적으로 재검토하여 예산의 삭감은 물론 사업의 중단이나 폐지도 고려할 수 있는 예산결정방식이다. 기획과 분석을 강조한다는 점에서 계획예산제도와 비슷하고 능률적인 관리를 위해서 구성원의 참여를 촉진한다는 점에서는 MBO와 유사하다.

② **절차**

　㉠ **예산운영단위의 결정**: 예산을 가질 수 있는 최하위 수준의 활동단위 또는 기능단위로 예산결정단위를 어떻게 정하느냐에 따라 예산운영의 능률성과 효과성이 좌우된다.

　㉡ **결정항목의 작성**: 결정단위가 정해지면 그 책임자로 하여금 예산을 요구하는 사업별로 결정항목을 작성하게 한다. 여기에는 사업의 목적, 그 사업계획을 실현하지 않았을 때 나타나는 결과, 실적의 측정, 여러가지 대안, 비용효과분석 등이 포함되어야 한다.

　㉢ **우선순위의 결정**: 상급관리자는 하급관리자가 제출한 결정단위와 결정항목을 심사하여 자금배정과 승인여부를 결정한다. 우선순위 결정의 진행순서는 하급관리자의 순위결정은 중간관리자가, 중간관리자의 순위결정은 최고관리자가 심사하여 다음 순위를 정하고 상향적으로 통합시켜 조직 전체의 우선순위표가 작성된다.

　㉣ **실행예산의 편성**: 우선순위에 따라 실행예산을 편성한다.

③ **특징**

　㉠ 전 행정계층에 걸쳐 관리자가 예산편성에 참여한다.

　㉡ 신규사업뿐만 아니라 기존사업의 재원배분의 타당성을 분석한다.

　㉢ 행정기관의 모든 계층에 걸쳐 실적의 평가·측정을 위한 목표를 설정한다.

　㉣ 목표달성을 위한 대안의 평가와 결과를 분석한다.

　㉤ 업무활동을 의사결정 서류에 의하여 식별한다.

ⓗ 행정의 쇄신과 변화를 지속적으로 추구한다.

ⓐ 예산편성 시 전년도 예산기준이 아닌 영(zero)에서 출발한다.

④ 장·단점

장점	단점
• 사업의 전면적인 평가와 자원배분의 합리화	• 전면적 평가 곤란 및 능력 부족
• 하의상달과 각 수준의 관리자의 참여	• 우선순위 결정에는 가치판단을 필요로 하기 때문에 주관적 편견이 개입
• 경직성 경비의 절감으로 조세부담 억제 및 자원난 극복	• 국민생활의 연속성, 법령상 제약 등으로 사업의 축소 및 폐지가 곤란
• 재정운영의 효율성·탄력성	• 소규모 조직의 희생
• 적절한 정보의 제시와 계층 간의 단절을 방지하는 역할(계층상의 융통성)	• 시간, 노력의 과중
	• 목표·계획기능의 위축

Point 팁 기획예산과 영기준예산의 차이점

구분	계획예산(PPBS)	영기준예산(ZBB)
초점	목표에 초점	목표에 초점, 주어진 목표 달성
결정권한	중앙집권	분권
결정흐름	하향, 거시적	상향, 미시적
운영도구	운영의 도구 제공 못함, 신·구프로그램 간의 예산변동액에 주요 관심(기존조직 무시)	운영의 도구 제공, 기존 프로그램의 계속적 재평가에 관심(기존 조직 인정)

(6) 일몰법(SSL)

① 개념 … 특정의 행정기관이나 사업이 일정기간(3 ~ 7년)이 지나면 자동적으로 폐지되게 하는 법률로 재검토하여 존속한다.

② ZBB와의 공통점 및 차이점

ⓣ **공통점** : 행정기관이나 사업의 종결이라기보다는 평가에 의한 행정부의 책임성의 증대와 비효율적 행정의 비대화를 방지하기 위한 장치로 우선성을 기준으로 한 자원배분이라는 점에서 ZBB와 유사하다.

ⓛ **차이점** : 영기준예산제도는 단기적이고 모든 정책을 대상으로 하며 예산편성과정의 행정적 성격을 가지는 데 비해, 일몰법은 3 ~ 7년의 장기적인 주기를 가지고 최상위 정책을 대상으로 하며 입법적 과정인 예산심의과정이다.

③ 장·단점

장점	단점
• 입법부의 행정통제 강화 • 행정기관 및 정책에 대한 실적감사 • 공익에 대한 행정기관의 관심증대 유도 • 행정의 책임성 향상	• 시간과 노력 과중 • 대상기관이 실제 업무보다 일몰법의 기준에 맞게 활동하는 데 더 관심을 기울일 우려

(7) 자본예산(CBS)

① 개념 … 복식예산의 일종으로 정부예산을 경상지출과 자본지출로 구분하고, 경상지출은 경상수입으로 충당시켜 균형을 이루도록 하지만, 자본지출은 적자재정과 공채발행으로 수입에 충당케 함으로써 불균형예산을 편성하는 제도이다.

② 필요성

  ㉠ 선진국 : 자본예산편성을 통한 조달재원으로 공공사업을 실시하여 경기를 확보하기 위해 필요하다.

  ㉡ 후진국 : 경제성장 또는 도시개발계획을 효율적으로 추진하기 위한 투자재원의 확보의 방안으로 필요하다.

③ 장·단점

장점	단점
• 불경기 극복에 유리 • 수익자부담의 원칙에 적합 • 장기 재정계획 수립에 용이 • 일관성 있는 조세정책 구현 • 국가 순자산 변동파악에 유리 • 국가의 기본적인 재정구조 이해 용이 • 자본지출에 대한 특별한 심사분석 가능	• 인플레이션 유발 • 적자재정 은폐수단 • 적자재정 편성에 치중 • 과중한 사업이나 자본축적에만 치중 • 경상계정과 자본계정의 구분 불명확 • 민간자본의 효율적 이용에 대한 의문

section 2 예산제도의 개혁

기출문제

(1) 재정운영의 새로운 패러다임

재정운영 패러다임의 변화		내용	우리나라
관리자 (managers) 중심	⇨ 납세자 주권 (taxpayers sovereignty)	• 배경 : 민주화(1980년대)로 인한 시민 사회의 급속한 성장 • 재정민주주의 강화(예산을 공유재로 인식하는 데에서 벗어나 납세자 주권에 기초하여 예산과정에 국민 의사 반영), 재정운영의 투명성과 예산과정에의 시민참여 중시	주민참여예산 제도, 납세자소송 (주민소송)
투입(input) 과 통제 중심	⇨ 성과와 평가 중심	• 배경 : 신공공관리 정부개혁 • 예산운영조직의 자율성, 책임성을 강화하며 사전적 통제보다는 성과(performance) 중심의 사후적 평가에 초점. 재정지출의 가치(value for money)를 극대화	성과관리예산 (성과계획서, 성과보고서), 프로그램예산
유량(flow) 중심 [현금주의]	⇨ 유량과 저량 (stock) 중심 [발생주의]	• 배경 : 신공공관리 정부개혁 • 현금주의에서는 수입(receipt)과 지출(expenditure)이라는 유량(流量)이 주요 관리대상이었지만 발생주의에서는 유량 개념인 예산의 수익(revenue)과 비용(expense) 뿐 아니라, 저량(貯量) 개념의 자산(asset)과 부채(liability) 및 순자산(net asset)도 중시됨. 예산을 자원(resource) 개념으로 파악. ┌ 재정운영표(손익계산서) – 수익·비용 … 유량 └ 재정상태(대차대조표) – 자산·부채·순자산 … 저량	단식부기·현금주의회계에서 복식부기·발생주의 회계로 전환
아날로그 (analog) 정보시스템	⇨ 디지털 (digital) 정보시스템	• 배경 : 정보통신기술 발전과 디지털 정보시스템 구축(정보화) • 단절적·분산적 정보유통에서 벗어나 다양한 재정정보의 통합적 운영과 공유가 가능, 예산편성에서 결산·회계까지의 재정업무 과정을 논스톱으로 연계처리	디지털예산 회계시스템
몰성인지적 관점	⇨ 성인지적 관점	• 배경 : 예산이 성중립적(gender neutral)이라는 것이 반드시 양성평등이 아닐 수 있다는 문제의식. 성주류화 관점의 적용 • 예산이 남성과 여성에게 미치는 효과 분석, 예산 운영에서의 성차별 해소	성인지 예·결산

(2) 신성과주의 예산(결과지향적 예산, 성과지향예산[PBB : Performance—based budgeting])

① 의의

ⓐ 1980년대까지의 예산개혁은 기존과 다른 차별적 예산형식(ⒺⒾ PBS, PPBS, ZBB 등)을 개발하는데 초점을 맞추었다면, 1990년대 예산개혁은 이전의 개혁 과정에서 제시된 다양한 대안들이 복합적으로 등장하며 예산의 '형식'보다는 '과정이나 기능'에 초점을 맞추었다.

ⓑ 1990년대 예산개혁은 예산집행의 자율성·융통성을 부여하되 성과에 대한 책임성을 확보하는 방향(자율과 책임의 조화)으로 전개되어 투입·통제 중심이 아닌 산출(output)·결과(outcome) 중심의 예산운용방식을 강조하였다. 결과에 초점을 맞춤으로써 정부는 시민의 욕구나 관심에 대한 대응성과 서비스 전달의 효율성이 증대되었다.

ⓒ 1950년대 성과주의 예산과 구별하여 신성과주의예산(New PBS) 또는 결과기준예산, 기업가적 예산이라 한다.

② 발달 … 1980년대 들어 지속적인 경기침체와 재정적자에 대응하기 위해 시장메커니즘을 지향하는 신공공관리론에 입각한 신성과주의 예산이 등장하였다(캐나다의 정책 및 지출관리제도나 미국의 정치관리예산[BPM]이 그 토대가 됨).

③ 특징

ⓐ **자율(재량)과 책임의 연계** : 과거 예산제도는 합법성·효율성·효과성을 추구했으나 신성과주의예산은 '동기부여'를 강조하고 재정사업 담당자에게 재원 배분 관련 권한을 더 많이 부여하는 분권화된 인센티브체제를 구성한다. 대신 관리자들은 결과에 대해 책임을 지도록 하는 '집행의 재량과 결과에 대한 책임'이 핵심 요소.

ⓑ **총량적 재정규율의 강화** : 거시경제적 관점의 재정정책 수립과 재정적자 문제 해결을 위해 중앙예산기구에 의한 총량적 재정규율이 강화되고 국가 전체 차원에서 우선순위를 파악하여 자원을 전략적으로 배분한다(ⒺⒾ 총괄배정예산, 지출대예산).

ⓒ **신축성과 효율성 강화** : 경상비 총액한도 내에서 각 부처가 경상비 항목별 전용을 자유롭게 허용한 '총괄경상비' 같은 제도를 도입해 집행과정에서 자율성을 부여하여 전통적 중앙통제를 완화하고, 의무적으로 경비를 감축시키는 효율성배당제도(efficiency dividend)를 도입해 예산운영의 효율성을 제고한다.

ⓓ **시장원리(가격메커니즘, 경쟁) 도입** : 권력과 관행 중심의 기존 정부 운영체제의 혁신을 위해 예산운영에 있어 시장원리를 적용하여 수익자부담원칙을 부처 간 업무관계에도 적용하는 등 가격메커니즘과 경쟁장치를 도입하였다.

ⓜ **성과 중시**(구체적 산출물 강조) : 산출 또는 성과를 강조하므로 예산 요구시 구체적 산출물을 제시하여야 하며 집행에서는 재량을 확대하는 한편, 성과에 대한 평가를 통해 구체적 성과에 대한 책임을 강화한다.

ⓗ **고객지향** : 공급자 중심에서 수요자 중심으로 발상의 전환이 이루어짐에 따라 고객이 공공서비스 기준을 제정하고 이의 달성여부를 평가하며 성과정보의 공개 등 투명성을 강화한다.

ⓢ **기존 예산제도의 가치 승계**(다양한 예산제도의 결합) : 기존 예산제도의 가치와 장점들을 재해석하여 장점은 채택하고 단점은 피할 수 있도록 한다 (GPRA의 경우 예산제안서와 성과연계의 요구는 성과주의예산에, 성과측정지표와 부서 간 비교평가에 대한 관심은 계획예산에, 결과물과 산출물에 대한 관심은 MBO에서 도출됨).

ⓞ **정부개혁적 차원, 통합성과관리체계 구축** : 예산개혁이 독립적인 정책대상이 아니라, 한 차원 높은 수준에서 부서별로 성과관리와 고객지향적인 책임경영을 강화하는 정부개혁의 핵심 하위요소로 인식됨. 예산의 재무관리 정보와 정책의 성과관리정보를 일치시키고 통합성과관리체계를 구축한다.

ⓩ **예산회계정보체계의 구축** : 발생주의나 복식부기를 사용해 성과정보 생산·공유

④ **전통적 성과주의 예산과의 차이** … 성과측정을 강조하는 점은 기존 성과주의 예산과 유사하나 측정대상이 단기적 산출이 아닌 장기적·궁극적인 결과(효과)이며 성과 측정으로 끝나지 않고 다음 연도 예산배분과 연계시키고 이를 통해 책임성을 확보하며 국가전체 차원의 전략적인 하향식 총괄배분(top-down)과 병행하여 사용한다.

[성과주의 예산과 신성과주의 예산의 비교]

구분	성과주의 예산(PBS)	신성과주의 예산(NPBS)
시대	1950년대 행정국가를 배경	1980년대 신행정국가(탈행정국가)를 배경
관심대상	• 투입과 산출 • 비용정보와 업무·활동의 연계 • 예산액 =업무량 × 단위원가	• 산출(output)과 결과(outcome) • 사업·활동과 결과(성과)의 연계 • 성과계획서와 성과보고서
행정이념	능률성	능률성+효과성

투입 – 성과에 대한 경로가정	투입 – 업무수행 – 산출 – 성과간의 인과관계가 순조롭게 진행될 것이라는 '단선적 가정'	투입이 자동적으로 의도한 성과나 영향을 보장하지 않는다는 '복선적 가정'
성과책임	창출한 성과에 따른 정치적·도덕적 책임	구체적 보상적 책임(성과에 대한 유인과 처벌)
자율과 책임	자율보다는 통제와 감독을 기본으로 한 개혁	자율과 책임의 유기적 연계
성과평가와 예산	성과평가와 예산의 연계 미흡	성과평가와 예산의 연계(책임성 확보)
성과관리	단순한 성과관리(성과의 단순한 파악·측정)	성과의 제고
성과관점	정부(공무원) 관점	고객(만족감) 관점
회계방식	불완전한 발생주의(사실상 현금주의)	완전한 발생주의
연계범위	예산편성과정에 국한	국정전반에 연계(인사, 조직, 감사, 정책 등)
결정흐름	상향적(분권), 미시적	집권과 분권의 조화(거시 + 미시) – 목표에 대한 집권적 통제와 수단의 분권화(각 부처 예산 운용 재량권 부여)
예산배분	각 부처별 분산요구(상향식)	국가 전체 차원에서 총괄배분(하향식)
예산규범	기술적 효율성	기술적 효율성, 배분적 효율성, 총량적 재정규율

⑤ 신성과주의 예산의 장점

㉠ **자율성 향상** : 성과 제고를 위해 예산 편성과 집행과정에 자율성을 부여한다.

㉡ **책임성과 대응성 향상** : 중간목표가 아닌 정부활동의 최종 수요자인 국민을 중심으로 성과를 평가하고 책임을 물으며 그에 따라 예산을 배분하므로 성과에 따른 책임성을 높이고 국민의 요구에 대한 대응성을 높인다.

㉢ **효율성(능률성)·효과성 향상** : 성과계획서에 제시된 성과지표의 목표치와 사업 진행 후 실적치를 비교·분석하여 예산편성과정에 환류시킴으로써 예산과정의 효율성·효과성을 높인다(총량적 재정규율, 배분적 효율성, 운영효율성 충족).

㉣ **재정운용의 투명성 증대** : 각 부처 성과계획서·보고서를 공개하여 재정운용 성과를 국민들이 이해할 수 있게 하고 국회제출을 의무화하여 국회예산심의에 활용한다.

ⓜ 장기적·전략적 관점 : 국가 전체 차원에서 국정우선순위를 반영해 총액배분 (top-down)하므로 전략적 배분이 가능하며 다년도 관점을 중시하므로 장기적 시계를 지닌다.

⑥ 단점

　ⓐ 목표·성과기준 설정의 애로 : 정부조직의 목표가 명료하지 않거나 상충적 목표들이 갈등을 빚는 경우가 많고, 성과측정에 필요한 기준과 지표 개발이 어렵다.

　ⓑ 성과(결과)측정의 곤란 : 사업성과의 정확한 측정이 어렵고 목표성취도에 유인기제를 연결하므로 관리대상자들이 성과목표를 낮게 설정하는 행동경향을 보인다. 실제로는 결과(outcomes)보다 직접적 산출(활동)을 주로 측정한다.

　ⓒ 성과 비교의 곤란 : 모든 사업과 조직에 공통적으로 적용될 수 있는 표준적 성과 측정척도와 지표의 개발이 거의 불가능하다.

　ⓓ 억울한 책임 : 예산집행자의 노력과 예산지출 이외에도 많은 개입변수가 집행성과에 영향을 미치는데 예산집행자의 통제력 밖에 있는 요인의 영향력에 대해서까지 책임을 묻는 것은 부당하다.

　ⓔ 정보의 과다 : 성과 측정·평가의 과정에서 다량의 정보가 산출되므로 의사결정자들은 정보과다에 시달리게 된다.

　ⓕ 사업원가 산정 곤란 : 발생주의를 적용해도 원가회계가 발달하지 못한 경우나 예산과목과 회계과목이 불일치하는 경우 예산의 사업원가 산정이 곤란하다.

　ⓖ 성과평가와 예산의 연계 곤란 : 시간적 차이로 성과평가가 예산에 자동적으로 연계될 수가 없다(t+1년도 예산은 t년도에 편성되어야 하지만 t년도 성과보고서는 t+1년도에 보고되기 때문임).

(3) 선진국 재정개혁 - 신성과주의 예산 사례

① 선진국 재정개혁의 공통적인 특징

　㉠ 통제(집권)와 자율(분권)의 조화, 부처별 예산의 총괄배정과 각 부처장관의 재량권 증대

　㉡ 성과협약에 따란 관리자의 책임 증대

　㉢ 경영성과를 분명히 하기 위한 발생주의·복식부기 회계방식 도입

　㉣ 거시적·하향적(top-down) 예산, 총량적 재정규율 강화

　㉤ 프로그램 예산제도(개별 사업이 아닌 포괄적인 사업군인 프로그램별 접근)

　㉥ 성과관리제도 : 성과계획·성과평가 실시(성과계획서·성과보고서 작성) 및 성과에 대한 책임

　㉦ 시장원리 도입(경쟁원리, 가격원리, 수익자부담주의)

② **총괄배정예산**(Bulk Budget) · **지출대예산**(Expenditure Envelop Budget) … 중앙예산기관이 상한선을 정하여 총괄적인 규모로 재원을 배분한 후 각 부처는 배정된 재원범위 내에서 사업우선순위에 따라 구체적으로 예산을 편성하도록 하고, 다시 중앙예산기관이 이를 최종 조정하는 각 부문의 정책과 정부전체의 목표나 우선순위를 조화시키기 위한 하향식(top-down) 자원배분제도이다.

   ⊙ **정책 및 지출관리제도**(PEMS : Policy and Expenditure Management System) : 캐나다에서 1979년에 도입하였다(공식적으로는 1990년에 중단되었지만 PEMS의 특징과 정신은 지금까지도 정부예산제도 내에 존속하며 많은 영향을 미치고 있음).

    • 중기재정지출구상(MTEF : Medium-Term Expenditure Framework) : 5년짜리 거시적 · 전략적 재정운용계획(우리나라 국가재정운용계획이 이에 해당)이다. 집권화된 기획기능과 자율화(분권화)된 예산편성을 조화시킨다.

    • 지출대예산[봉투예산](EEP : Expenditure Envelop Budget) : 중기재정지출구상에 의거하여 중앙부처 장관들로 구성되는 '우선순위설정 및 계획위원회'에서 예산의 전체규모와 주요 부문별 배분규모(envelope)를 결정하고, 각 부문별 예산규모 내에서 각 부처가 예산을 편성하여 제출하게 하는 제도이다('envelope'란 기능별 분류와 유사한 것으로 주요 부문별 배분규모를 말함).

   ⓛ **총액배분자율예산편성제도** : 2005년도부터 우리나라에 도입하였다. 캐나다의 '정책 및 지출관리제도'와 유사하다.

③ **지출통제예산**(Expenditure Control Budget)

   ⊙ 지출항목을 없애고 지출을 총액으로만 통제하는 제도로서, 중앙예산기관이 예산의 총액만 정해 주면 각 부처는 그 범위 내에서 구체적 항목에 대한 지출을 재량적으로 집행하는 성과지향적 예산제도이다. 주민제안 13호로 재정수입이 격감했던 캘리포니아 주의 페어필드 시(Fairfield 市)가 도입하였다.

   ⓛ **효율성배당제도**(efficiency dividend) : 부처별 운영경비(경상비) 절감목표를 강제로 할당하고 지출효율화 노력으로 절감되는 예산은 다음 연도로 이월하여 해당 부처에서 사용하도록 허용하였다. 호주와 영국도 실시하였다.

④ **운영예산**(Operating Budget - 총괄경상비제도) … 호주 정부는 1987년도부터 예산을 사업비와 운영경비(경상비)로 구분하고 운영경비를 인건비와 행정비로 통합하였다. 운영경비 예산을 단일 비목으로 국회에 제출하고 국회는 운영경비 예산안에 대해 예산금액한도를 기준으로 심의 · 확정. 운영경비에는 봉급, 공공요금, 장비비, 여비 등 종전의 독립된 항목이었던 행정경비가 모두 포함되며, 운영경비의 상한선 내에서는 관리자가 이를 재량적으로 사용할 수 있다. 행정경비 간의 전용(轉用)을 보다 용이하게 하여 재정운영의 자율성 · 탄력성을 높였다.

⑤ **산출예산(Output Budget)** ··· 1990년대 뉴질랜드가 도입한 성과지향 예산제도로서, 공공서비스 생산과정인 투입(input) - 산출(output) - 효과(outcomes)의 단계 중 산출에 초점을 두고 각 부처의 산출물별로 소요비용을 산정하는 방식이다(소비자 지향).

⑥ **다년도예산(Multi-Year Budget)** ··· 1년의 회계연도를 가지는 단년도 예산제도의 한계를 극복하고자 3년 이상의 다년도회계기간으로 삼는 예산제도로서, 계속비제도의 취지를 모든 예산분야로 확대하는 것을 말한다. 미국 주정부, 영국, 호주, 스페인 등에서 시행한다.

(4) 우리나라의 재정개혁

노무현 정부는 3대 재정개혁과제로 국가재정운용계획(2003년 도입), 성과관리제(2003년 도입), 총액배분자율편성제(top-down예산, 2004년 도입, 2005년도 예산편성부터 적용)를 시행하고 국가재정법에 명문으로 규정, 2007년부터 디지털예산회계시스템을 도입하였다.

성과관리제도 [책임]　총액배분자율편성 [자율]
국가재정 운용계획 [상부상조]
4대 재정개혁　디지털 예산회계 [하부구조]

3대 재정개혁			〈우리나라 성과중심 재정운용체계〉		
국가재정 운용계획 2003	총액배분 자율편성 2004	성과관리 제도 2003	디지털예산회 계시스템 (dBrain) 2007	프로그램 예산 2007	발생주의 복식부기 2009
4대 재정개혁					

(5) 총액배분 · 자율예산편성제(사전재원배분제 : Top-down(하향식) 예산편성 방식)

① **의의** ··· 단년도 예산편성방식과 달리 재정당국(기획재정부)이 국정목표와 우선순위에 따라 장기(5개년) 재원배분계획을 수립하면, 국무위원들이 토론(국무회의)을 통해 연도별 · 분야별 · 부처별 지출한도를 미리 설정하고(Top-Down), 각 부처는 그 범위 내에서 사업의 우선순위에 따라 자율적으로 개별사업별 예산을 편성 · 제출하여 협의 · 조정하고, 재정당국이 이를 심사하여 정부예산을 최종 확정하는 제도이다.

② **외국의 사례**
　　㉠ 캐나다의 정책 및 지출관리제도(Policy and Expenditure Management System) : 사전에 거시적인 5개년 재정계획에 의거, 중앙부처 장관들로 구성되는 '우선순위설정 및 계획위원회'에서 예산의 전체규모와 주요 부문별 배분규모를 결정하고, 각 부문별 예산규모 내에서 각 부처가 예산을 편성하여 제출하게 한다.

ⓛ 스웨덴의 Spring Fiscal Plan, 영국의 Spending Review, 네덜란드의 Coalition Agreement

③ 도입배경 – 상향식 예산편성제도의 한계

개별사업별 검토중심의 단년도·상향식 예산편성방식을 탈피하고, 사전에 국가재원을 정책과 우선순위에 따라 전략적으로 배분하고, 이에 따라 각 부처가 예산을 자율적으로 편성하는 방식으로, 예산편성방식을 전면 혁신하여 2004년 도입하였다(2005년도 예산편성부터 적용). 참여정부의 4대 재정개혁과제로 추진하였다.

기존 예산제도	총액배분자율편성제
단년도 예산편성 중심(단기적 시각). 중장기적 시각의 재정운영 곤란	단년도 예산편성이지만 국가재정운용계획과 연계하여 장기적 목표 고려
개별사업 검토 중심→공약 등 정치적 우선순위와 예산의 연계 곤란, 각 부처의 과다한 예산요구 관행 및 예산사정기관과의 마찰	국가적 우선순위에 입각한 거시적·전략적 자원배분, 정책기능 강화. 과다요구 관행 축소 및 예산사정기관과의 마찰 감소
• 상향식(bottom-up) 편성 • 각 부처 예산요구→예산기관의 대폭 삭감→편성	• 하향식(top-down) 편성 • 지출한도 설정→각 부처 자율편성→종합편성
예산 투입에 치중 – 재정지출의 사후 성과관리 곤란	성과관리에 중점 – 성과관리제와의 연계

④ 예산운용절차

㉠ 국가재정운용계획 수립 : 중앙예산기관은 각 부처가 제출한 중기사업계획서상의 신규사업 및 계속사업계획을 기초로 연차별 재정규모와 분야별·부처별 지출한도의 초안을 협의과정으로 통해 준비하였다. 지출한도계획의 초안은 국무회의에 제출되고 국무회의는 국정목표와 우선순위에 따라 국가재정운용계획(5개년 연동계획)을 결정·공표하였다.

㉡ 지출한도 설정 : 국가재정운용계획을 토대로 국무회의에서 분야별·부처별 지출한도를 미리 설정하여 기획재정부장관이 예산편성지침·기금운용계획안 작성지침에 포함하여 통보한다(top-down). 지출한도는 칸막이식 재원확보 유인을 차단하기 위해 일반회계·특별회계·기금을 모두 포함하여 설정한다.

㉢ 각 부처의 예산 요구

㉣ 정부의 예산안 결정

⑤ 특징

　㉠ 전략적 재원배분(기획)과 부처 자율(분권적 접근)을 결합

　　• 거시예산(macro-budget) : 정책과 우선순위에 입각한 전략적 재원배분 방식이다. 지출 총액을 결정하고 분야별 부처별 지출한도를 설정한 후 구체적 사업별 예산을 정하는 방법으로 자금관리의 분권화를 강조하지만 의사결정의 주된 흐름은 하향적이다.

　　• 유사 소유권(quasi-property right) 개념이 부여된 예산 : 부처의 자율과 책임을 동시에 강조한다.
　　예산의 공유재(비배제성·경합성)적 특성에 따른 공유지의 비극(과다소비와 자원고갈) 문제 해결을 위해 총액배분자율편성제는 부처에게 예산 총액 한도 내에서 '주인의식'을 부여해 유사소유권을 제공하는 것으로 각 부처는 예산의 주인으로서 자원을 효율적으로 사용할 유인과 책임을 동시에 갖게 된다.

　　• 비교우위 개념에 부합하는 역할 분담(기능별 분담) : 중앙예산기구는 재원배분 계획과 전략을 수립하고, 개별 사업부처는 집행업무를 담당하는 체계를 재정립한다.

　㉡ 예산에 대한 주된 관심을 금액에서 정책으로 전환 : 부처 내에서 자율배분의 결정할 경우 돈을 위주로 펼쳐졌던 예산게임이 정책 합리성 위주로 펼쳐짐으로서 기획예산처의 악역(삭감자) 역할이 부처 예산담당관으로 이동되어 분담됨. 각 부처 정책·사업 담당자는 자신이 담당한 정책이나 사업의 예산을 확보하기 위해 다른 국이나 과의 정책·사업에 대해 객관적으로 효과성을 평가한다.

　㉢ 예산 배정과 집행관리의 강화와 수시 점검 : 예산편성 과정에서 기획재정부의 사전적 통제를 완화하지만 예산의 자율편성만 의미하며 예산집행상 점검이나 통제가 없어진 것은 아니므로 예산편성상 자율성이 높아진 만큼 그에 상응하는 책임을 강화하기 위해 오히려 예산집행에 있어서 예산배정과 집행관리를 강화하고 수시로 점검할 필요성이 있다.

⑥ 장점

　㉠ 영기준 분석의 촉진 : 경제와 정부임무에 대한 미래예측을 강조함으로써 점증주의적 관행을 바꾸는데 기여한다. 국정 우선순위에 따라 전략적으로 자원을 배분하고 배분과정에서 기존 사업보다는 미래예측을 강조하고 새로운 정부정책을 지지하는 예산요구에 프리미엄을 줌으로써 영기준 예산제도의 이점을 취할 수 있다.

　㉡ 목표관리 지원 : 부처별 지출한도가 미리 제시되기 때문에 각 부처는 자기 부처의 예산규모를 알고 사업별 배분을 자율적으로 할 수 있으므로 목표관리 예산제도의 이점을 취할 수 있다.

　㉢ 재정정책적 기능 강화 : 중기적 시각에서 정부 전체의 재정사업관점에서 국정 우선순위와 재원배분이 결정되므로 전략적 계획의 발전을 촉진하고 다년도 계획기능과 재정의 경기조절기능을 강화할 수 있다.

기출문제

총액배분·자율편성제도에 대한 설명으로 옳지 않은 것은?
▶ 2018. 5. 19 제1회 지방직

① 전략기획과 분권 확대를 예산편성 방식에 도입하기 위해 실시하고 있다.
② 각 중앙부처는 소관 정책과 우선순위에 입각해 연도별 재정규모, 분야별·부문별 지출한도를 제시한다.
③ 지출한도가 사전에 제시되기 때문에 부처의 재정사업에 대한 책임과 권한을 강화할 수 있다.
④ 부처의 재량을 확대하였지만 기획재정부는 사업별 예산통제 기능을 유지하고 있다.

Tip 재정당국이 분야별·부문별 지출한도를 제시하면, 각 중앙부처는 소관 정책과 우선순위에 입각해 자율적으로 지출한도 내에서 사업의 재원을 배분한다.

정답 ②

ㄹ 　**투명성 향상** : 전체 재정규모 분야별 · 부처별 예산규모 등 중요 정보를 편성 기간 중에 각 부처와 재정당국이 공유하고, 분야별 · 부처별 재원배분계획을 정부 두상구조의 회의체인 국무회의에서 함께 결정하므로 예산규모 결정과 정의 투명성을 높인다.

ㅁ 　**비효율적인 예산전략의 행태 개선** : 각 부처의 과다요구에 따른 재정당국 대 폭삭감 등 예산편성과정의 비효율성을 제거하였다. 각 부처의 예산과다 청 구관행이 줄어들고 중앙예산기관의 예산사정과정이 단순해졌다.

ㅂ 　**각 부처의 전문성 활용** : 부처별 지출한도가 사전에 제시됨에 따라 각 부처의 전문성을 적극 활용하여 사업별 예산규모를 미리 결정할 수 있고, 각 부처 의 책임과 권한이 강화된다.

ㅅ 　**칸막이식 재원확보 유인 감소** : 각 부처의 일반회계, 특별회계, 기금을 모두 포함한 지출한도(ceiling)가 주어지므로 회계별로 칸막이식 재원을 확보하려 는 유인을 줄였다.

⑦ 　한계

　ㄱ 　**갈등의 심화** : 국가 재원의 전략적 배분을 위한 협의과정에서 갈등이 격화되 어 조정이 어려울 수 있다.

　ㄴ 　**정책오류 · 파행의 위험** : 각 부처의 이기적 · 방어적 정보제공과 점증주의적 행태는 국무회의의 판단을 그르칠 수 있다. 국무회의에서의 토론과정을 거 친 재원배분 결정이 정치적 타협에 치우쳐 정책파행을 초래할 수 있다.

　ㄷ 　**예산통제 곤란** : 사업별 재원배분에 관한 각 부처 자율권의 인정은 예산통제 의 어려움을 수반한다. 부처 장관이 자신이 원하는 사업 중심의 선심성 예 산을 편성하는 것을 막을 수 없다(따라서 성과관리제도와 연계 필요).

　ㄹ 　**정치적 전략의 무게중심이 국회 예산심의과정으로 이동** : 중앙예산기관이 정한 총액 한도 내에서 의원들의 관심이 높은 예산사업은 소규모로 혹은 우선순위 를 낮게 설정하여 국회 예산심의과정에서 증액되도록 유도할 수 있다(국회 예 산심의 과정에서 증액되는 부분은 부처별 한도액의 제한을 받지 않기 때문임).

　ㅁ 　**운영상 문제점**

　　• 예산과다청구관행은 어느 정도 해소되었으나 여전히 총액범위가 지켜지지 않고 과다편성 사례가 있다. 부처 지출한도에 대한 공감대가 부족하다.

　　• 국회의 예산과정은 국가기능의 분야별 · 부처별 전략적 재원배분의 틀에 대한 논 의가 아니라, 개별 단위사업에 대한 예산배분액을 검토 · 조정하는 방식으로 이 루어지므로 국회의 예산심의 과정에서 행정부가 제출한 총액배분자율편성의 틀 이 무시될 가능성이 많다(내각제에서는 효율적이지만, 대통령제에서는 예산 심의 에서 예산 내용의 변경이 많기 때문에 적합성이 떨어질 수 있음).

1 성과주의 예산의 단점을 설명한 것으로 옳은 것은?

① 국민이나 입법부가 정부사업의 목적을 이해하기 어렵다.
② 총괄예산계정에 적합하지 않고 입법부의 재정통제가 곤란하다.
③ 정책과 계획수립을 어렵게 하고 입법부에 의한 예산심의가 복잡하다.
④ 예산집행의 신축성이 떨어진다.

2 영기준 예산제도(ZBB)의 특징으로 옳지 않는 것은?

① 예산배분 결정에 있어 경제 원리를 반영한다.
② 전 행정계층에 걸쳐 관리자가 예산편성에 참여한다.
③ 목표달성을 위한 대안의 평가와 결과를 분석한다.
④ 예산편성 시 전년도 예산을 기준으로 한다.

3 성과주의 예산제도(PBS)의 단점이 아닌 것은?

① 세출 통제의 곤란
② 업무측정단위 선정의 어려움
③ 회계책임의 불분명
④ 예산집행의 신축성

4   중앙예산기관의 기획기능을 가장 강조하는 예산제도는?

① LIBS   ② PBS

③ PPBS   ④ 총괄예산제도

5   다음 중 자본예산의 유용성에 해당하지 않는 것은?

① 선심성 사업을 줄일 수 있다.

② 자본지출사업별 원가계산을 하여 경제적이다.

③ 세대별 재원부담의 형평성을 높인다.

④ 수요의 변화에 탄력적으로 대처한다.

6   다음 중 자본예산의 단점으로 볼 수 없는 것은?

① 인플레이션을 유발   ② 적자재정편성에 치중

③ 단기재정계획수립의 문제   ④ 경상계정과 자본계정의 명확

7   다음 중 자본예산에 대한 설명으로 옳지 않은 것은?

① 복식예산의 일종이다.

② 불균형예산을 편성하는 제도이다.

③ 선진국의 경우는 자본예산편성을 통한 조달재원으로 공공사업을 실시하여 경기를 확보하기 위해 필요하다.

④ 단기 재정계획의 수립에 용이하다.

8 품목별 예산제도에 대한 설명으로 옳지 않은 것은?

① 비교적 운영하기 쉬우나 회계책임이 분명하지 않은 단점이 있다.

② 지출품목마다 그 비용이 얼마인가에 따라 예산을 배정하는 제도이다.

③ 예산담당 공무원들에게 필요한 핵심적 기술은 회계기술이다.

④ 예산집행자들의 재량권을 제한함으로써 행정의 정직성을 확보하려는 제도이다.

9 우리나라의 프로그램 예산제도에 대한 설명으로 옳지 않은 것은?

① 세부업무와 단가를 통해 예산금액을 산정하는 상향식 방식을 사용하고 단년도 중심의 예산이다.

② 프로그램은 동일한 정책을 수행하는 단위사업의 묶음이다.

③ 예산 운용의 초점을 투입중심보다는 성과중심에 둔다.

④ '프로그램 – 단위사업 – 세부사업'은 품목별 예산체계의 '항 – 세항 – 세세항'에 해당한다.

10 예산과정에 대한 설명으로 옳지 않은 것은?

① 단원제에서의 예산심의는 양원제의 경우보다 심의를 신속하게 할 수 있으나 신중한 심의가 어렵다.

② 과거 중앙예산기관과 결산관리기관을 분리하기도 했다.

③ 예산의 배정은 국가예산을 회계체계에 따라 질서 있게 집행하도록 하기 위한 내부통제의 기능을 수행한다.

④ 상향식 예산관리모형인 총액배분 자율편성 예산제도는 전략적 재원배분을 촉진한다.

정답및해설

1	②	2	④	3	④	4	③	5	①
6	④	7	④	8	①	9	①	10	④

1 ① 국민이나 입법부가 정부사업의 목적을 이해하기 용이하다.
③ 정책과 계획수립을 용이하게 하고 사업별 산출근거가 제시되므로 입법부에 의한 예산심의도 용이하다.
④ 통제보다는 관리중심의 예산이므로 예산집행의 신축성이 높아진다.

2 영기준 예산제도는 예산편성 시에 기존 사업을 근본적으로 재검토하여 예산의 삭감은 물론 중단이나 폐지도 고려할 수 있는 예상결정방식이다. 기획과 분석을 강조한다는 점에서 계획예산제도(PPBS)와 비슷하고 능률적인 관리를 위해서 구성원의 참여를 촉진한다는 점에서는 목표관리(MBO)와 유사하다.
④ 예산편성 시 전년도예산기준이 아닌 영(zero)에서 출발한다.

3 예산제도는 품목별 예산제도를 보완하기 위해 등장한 제도로, 사업·예산규모가 급속히 커지면서 예산제도에 있어서도 회계책임을 중시하는 통제적 측면 외에 사업의 능률적인 수행을 위한 관리적 측면도 중요시하게 되었다.
④ 성과주의 예산제도의 장점에 해당한다.

4 ① 통제 중심의 예산제도이다.
② 관리·사업·성과·산출·실적·원가 중심의 예산제도이다.
③ 기획 중심의 예산제도이다.
④ 중앙예산기관의 총괄적 규모의 재원배분 → 부처별 재원범위 안에서 사업우선 순위에 따른 예산편중 → 중앙예산기관의 최종조정제도의 예산제도이다.

5 ① 자본예산은 경제불황기에 적자예산을 편성하여 유효수요와 고용을 증대시킴으로써 불황을 극복하는 데 도움을 줄 수 있지만 자칫하면 경기를 회복시킨다는 명목으로 선심성 사업을 펼칠 우려가 있다.

6 ④ 자본예산은 경상계정과 자본계정 간의 구분이 곤란한 경우가 많다.

7 자본예산제도(Capital Budgeting System) … 국가의 예산을 경상계정과 자본계정으로 구분하여, 경상지출은 경상수입으로 자본지출은 자본적 수입이나 차입으로 충당하는 예산제도이다. 즉, 자본계정에 대하여는 적자 시 공채를 발행하여 예산을 운영하고 흑자 시 상환하는 제도를 말하는 것으로, 불균형예산제도 혹은 복식예산제도라 불린다. 불경기의 극복을 위해 적자재정의 필요성을 강조하고 수익자부담원칙을 특징으로 하며, 자본투자계획과 관련된다.
④ 자본예산제도는 장기 재정계획의 수립에 용이하다.

8 ① 품목별 예산제도는 지출의 대상에 따라 예산을 편성하는 통제적 예산제도로, 비교적 운영하기 쉬우며 회계책임이 분명하다는 장점이 있다.

9 ① 품목별 예산제도(LIBS)에 대한 설명이다.

　※ 프로그램 예산제도

　　㉠ 동일한 정책을 수행하는 단위사업의 묶음(프로그램)을 중심으로 예산을 편성한다.

　　㉡ 프로그램 중심의 예산편성을 함으로써 성과지향적 예산 편성 및 운용이 가능하다.

　　㉢ 기본구조 : 정부의 기능 – 정책 – 프로그램 – 단위사업의 계층구조로 이루어진다.

10 ④ 하향식 예산관리모형인 총액배분 자율편성 예산제도는 전략적 재원배분을 촉진한다.

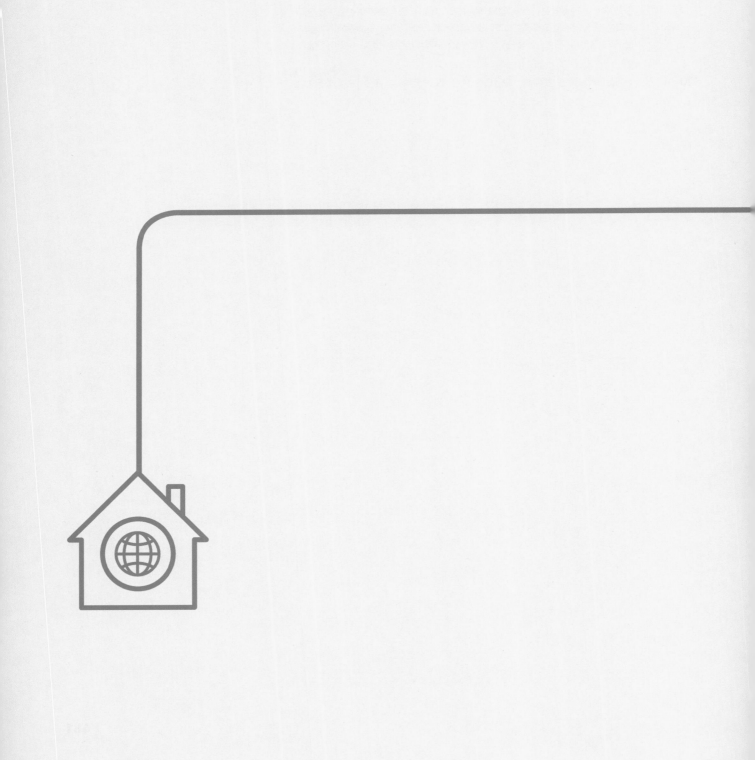

06

행정환류론

01 행정책임 및 행정통제

02 행정개혁

01. 행정책임 및 행정통제

section 1 행정책임

(1) 행정책임의 개념과 특징

① **행정책임의 개념** … 행정관료나 행정조직이 직무를 수행할 때 주권자인 국민의 기대와 요구에 부응하여 일정한 기준에 따라 행동해야 할 의무를 말한다.

② **행정책임의 기준**

   ⊙ **명문규정이 있는 경우**(강제적·법령적 기준) : 법률·명령·규칙·행정목표

   ⓛ **명문규정이 없는 경우**(자율적·추상적 기준) : 공익, 행정이념, 공직윤리, 여론, 조직목표와 정책·사업계획, 국민 및 수익자 집단·고객의 요구

③ **행정책임의 특징**

   ⊙ 개인적 차원에서는 공무원 개개인의 의무, 국가적 차원에서는 국민전체에 대한 국가역할의 정당성을 확인할 수 있다.

   ⓛ **행정상의 일정한 의무·권한(재량권)을 전제** : 의무 위반·해태나, 권한(재량권·자율권)의 남용·일탈 및 부적절한 행사가 없어야 한다.

   ⓒ 결과·내용상 책임과 과정·절차상 책임을 모두 포함하는 개념이며 상대적으로 결과에 대한 책임이 더 강조된다.

   ⓔ 행정책임의 대상이 되는 직무나 행위는 다른 사람에게 영향을 주는 것으로서 동기보다는 결과가 중요하며 행위의 결과가 비판의 대상이 될 수 없는 경우 동기만으로 책임의 대상이 되지 않는다.

   ⓜ **외연성(externality)** : 개인적 욕구가 아닌 공익적 요구 등 자기가 정하지 않은 포괄적 상위적 기준에 따르는 것을 말한다.

   ⓗ **행정책임기준의 유동성·상대성** : 시대에 따라 책임의 구성요소의 상대적 비중이 달라진다.

   ⓢ **대인적 성격** : 대물적(對物的) 관계보다는 공무원(대리인)과 국민(주인) 간 대인적 관계에서 나타난다.

   ⓞ 책임은 행위의 주체에 한정되지 않는다. 자기 주관하의 생활영역에서 일어난 모든 상황에 대한 책임(예 부하의 행위에 대한 책임)을 말한다.

   ⓩ 행정통제는 행정책임의 확보수단이며, 행정책임은 행정통제의 목적이다.

(2) 행정책임의 확보 필요성

① 행정권의 강화·집중, 행정의 전문화와 재량권의 확대(준입법·준사법 기능 수행, 위임입법 증대, 자원배분권 보유)되면서 행정권력의 남용가능성 증대. 행정책임이 중시되기 시작 한 때는 행정권이 강화된 행정국가(정치·행정1원론) 시기

② 행정기능의 전문성·기술성의 심화에 따른 외부통제(입법·사법·민중통제)의 상대적 취약성

③ 개도국은 정부주도형 경제발전과 행정관료의 자원배분권 행사

(3) 행정책임의 유형

외재적 책임 (객관적 책임)	자신의 내면적 판단기준이 아닌 법률·입법부·사법부·국민 등 '외부적 힘'에 의한 통제에 의해 확보되는 책임을 말한다. 재직자의 개인적 욕구, 취약점, 선호 등이 무엇인지는 고려되지 않고, 외재적으로 설정되는 의무가 조직 내의 역할을 규정한다. 사람들이 맡은 역할의 계속성은 객관적 책임에 뿌리를 둔 것이다. ㉠ 법률에 대한 책임(합법적 책임) : 공식적 법령 준수. 궁극적으로 주권자인 국민에 대한 책임을 반영 ㉡ 계층제적 책임 : 계층제 내 권한·책임을 바탕으로 상급자에게 지는 책임 ㉢ 입법부·사법부에 의한 책임 : 삼권 분립을 기초로 확보되는 행정부의 책임 ㉣ 국민에 대한 책임(민중통제) : 일반적으로 행정기관은 국민에게 직접 책임을 지지 않지만 주민소환, 선거, 정당, 위원회 참여 등 제도적 장치를 통해 간접적 책임을 짐 ㉤ 기타 : 규칙, 정책, 직무기술, 공익에 봉사해야 한다는 의무
내재적 책임 (주관적 책임)	㉠ 외부적 힘이 아니라 공무원의 내면적·주관적 기준에 따르는 책임 (旣 공직윤리, 공복의식, 도의적 책임) ㉡ 개인의 내면적·정신적 욕구와 관련되며, 가치관이나 윤리적 기준에 충실하려는 책임 ㉢ 고도로 개인적 도덕적 성격을 지니며 위반시 처벌은 양심의 가책뿐임 ㉣ 주관적 책임이 객관적 책임을 강화시킬 수 있지만 그렇지 않은 때도 있음 ㉤ 행정책임의 중점은 전통적인 외재적 타율적 제도적 책임에서 내재적 자율적 기능적 책임으로 이동하는 추세

[파이너(H. Finer)와 프리드리히(C. Friedrich)의 행정책임 논쟁]

구분	H. Finer의 외재적 책임론	C. Friedrich의 내재적 책임론
시대	근대입법국가를 대변하는 고전적 입장. 정치행정2원론 관련	행정의 재량권을 중시하는 현대행정국가. 정치행정1원론 관련
접근 차원	조직 차원 접근(조직 차원의 외부통제와 외재적 책임) 행정책임은 어떠한 조직·개인이든 스스로의 행동에 대해서는 심판관이 될 수 없다고 하여 자율적·비제도적 통제의 한계를 지적. 책임 있는 행동을 보장하려면 공무원 개개인에게 외부통제를 가해야 함	공무원 개인 차원 접근(개인차원의 자율적 책임) 책임 있는 행위는 외부의 힘에 의해 통제되는 것이 아니라, 행정인 개인의 자신의 마음속에 있는 책임감의 촉진을 통하여 자율적으로 유도되어야 한다는 행정책임에 관한 내부적 접근방법을 강조
내용	사법부·입법부 등 제도화된 외부적인 힘(제재)에 의한 외부통제와 외재적 책임 중시(법률이나 규칙에 대한 책임, 상급자와 부하 등 계층구조에 대한 책임, 정책에 대한 책임, 국민에 대한 책임, 의회에 대한 책임 등)	내부통제와 내재적 책임 중시(관료개인의 주관적·자율적 책임이 중요) ㉠ 기능적 책임 : 공무원의 직업윤리나 전문기술적·과학적 기준에 따른 책임 ㉡ 정치적 책임 : 국민의 요구, 즉 민중감정(public sentiment ; 국민정서)에 응답하여 판단하고 행동하는 책임
특징	3권 분립적, 법적, 정치적 제도적, 객관적, 외재적, 공식적, 소극적, 타율적, 가치중립적, 전통적, 간접적(의회에 대한 책임)	전문직업적, 재량적, 기능적, 비제도적, 주관적, 내재적, 비공식적, 적극적, 자율적, 가치지향적, 현대적, 직접적(민중에 대한 책임)

② 제도적 책임(accountability)과 자율적 책임(responsibility)

제도적 책임성(accountability) = 객관적 책임	자율적 책임성(responsibility) = 주관적 책임
공식적인 각종 제도적 통제를 통해 국민에 의해 표출된 국민의 요구를 충족시켜 주기 위해 정부와 공무원들이 임무를 수행하게 하는 타율적 수동적인 행정책임. 전통적으로 의원내각제인 영국의 경우는 정치적 책임을, 대통령제인 미국은 법적 책임을 강조	공무원이 전문가로서의 직업윤리와 책임감에 기초하여 적극적·자발적인 재량을 발휘하여 확보되는 행정책임. 공무원이 내면의 가치와 기준에 따라 자발적으로 적극적인 재량을 발휘하여 합리적인 대안을 선택하고, 국민의 요구와 기대를 정확하게 인식하여 능동적으로 대응하는 것(대응성에 기초)
외부로부터 부과되는 기준에 따라 행동해야 할 의무 타율적·수동적·객관적 책임	인간내부의 도덕적 기준에 따라 행동해야 할 의무 자율적·능동적·주관적 책임

문책자의 외재성, 제재의 존재	문책자의 내재성 또는 부재, 제재의 부재 (양심의 가책만 느낌)
절차의 중시	절차의 준수와 책임완수는 별개의 것
공식적·제도적 통제, 판단기준과 절차의 객관화	공식적 제도로 달성 못함. 객관적으로 확정할 수 있는 기준 없음.
파이너(Finer)의 행정책임론과 관련	프리드리히(Friedrich)의 기능적(functional) 책임성과 연계

③ 롬젝(B. Romzek)과 듀브닉(M. Dubnick)의 행정책임의 유형

통제의 소재(내부·외부)와 자율성(통제)의 정도에 따라 구분한다.

통제의 방향은 외부통제에서 내부통제로, 높은 통제수준에서 낮은 통제수준으로 이동한다.

구분		통제의 원천(source of agency control ; 통제의 소재)	
		조직 내부(내부통제)	조직 외부(외부통제)
통제 정도 (자율성 정도)	높은 통제수준 (낮은 자율성 부여)	위계적(관료적 ; hierarchial) 책임성 • 조직 내외 상급자의 지시사항 중시 • 조직 내부통제를 통한 책임성 담보 • 효율성 중심의 책임성	법률적(legal) 책임성 • 법률적 의무사항 이행을 중시 • 외부감사기관의 합법성 감사를 통한 책임성 담보 • 법치(합법성) 중심의 책임성
	낮은 통제수준 (높은 자율성 부여)	전문가적(professional) 책임성 • 개인적 전문성과 조직의 자율적 운영을 존중 • 개별관료와 조직단위의 성과관리를 통한 책임성 담보 • 전문성 중심의 책임성	정치적(political) 책임성 • 고객집단, 일반대중 등 외부 이해관계자의 만족도를 중시 • 대통령·의회의 통제와 고객만족도를 통한 책임성 담보 • 대응성(반응성) 중심의 책임성

🔑 통제의 원천과 강도에 따른 행정책임성의 유형구분과 거리가 먼 것은?

▶ 2013. 9. 7. 국회사무처

① 정치적 책임성
② 관리적 책임성
③ 수단적 책임성
④ 전문가적 책임성
⑤ 법률적 책임성

Tip B. Romzek&M.Dubnick의 행정책임성 유형

		통제의 원천	
		내부	외부
통제의 정도	높음	관료적 (위계적) 책임성	법률적 책임성
	낮음	전문가적 책임성	정치적 책임성

정답 ③

④ 기타 행정책임 유형

정치적 책임	국민의 의사에 부응해야 할 책임(민주적 책임) → 가치적 차원
기능적 책임 (obligation)	= 직업적 책임 = 직무상 책임 = 전문적 책임 → 기술적 차원 전문직업인으로서 맡은 바 전문적 기술과 지적 능력을 발휘하여 맡은 바 직무를 수행해야 할 책임
법적 책임 (accountability)	공무원의 직위와 권한에 따르는 의무를 이행하지 않았을 경우 법률상의 제재를 수반하게 되는 책임(합법성). 객관적·외재적 행동규범으로, 행정책임의 1차적 대상이 됨
도의적 책임 (responsibility)	공복으로서 국민의 요구에 부응할 책임(도덕적·윤리적 책임)공식적 지위나 권한과 반드시 관련되지는 않고, 주관적·내재적인 공무원의 양심과 관련되며, 사회의 옳고 그름이 판단기준이 됨
합법적 책임	법에 합치되는 행동을 할 책임(합법성), 위배될 경우 위법
재량적 책임	공익목적에 합치되는 행동을 할 책임(합목적성), 위배될 경우 부당
전망적 책임	앞으로 일정 행동기준에 따라야 할 의무를 지고 있는 책임, 장래에 비난 받을 가능성이 있음을 전제로 함
회고적 책임	일정한 행동기준에 따라야 할 의무가 있음에도, 이를 수행하지 않음으로써 초래된 결과에 대해 지는 책임
임무적 책임	수임자(受任者)로서의 임무를 성실히 수행해야 하는 책임
응답적 책임 (answerability)	위임한 자의 지시·요구에 따라 임무를 수행할 책임. 응답적 책임의 일종인 대응적 책임(responsiveness ; 대응성, 반응성)은 위임자인 국민의 수임자 입장에서 국민의 요구에 반응하여 행동해야 할 책임
변명적 책임	자기행위의 정당성을 해명할 책임
수난적 책임	자기행동의 정당성을 해명하지 못할 경우 비난·제재를 받아들여야 할 책임

section 2 행정통제

(1) 행정통제의 의의

① **개념** … 행정책임을 보장하기 위한 사전적·사후적 제어장치로서 행정이 국민의 요구나 입법부, 사법부, 행정수반 등이 원하는 방향으로 수행되고 있는지 평가하고 그 결과에 따라 시정조치를 취하는 계속적 과정을 말한다.

② **특징** … 행정통제는 행정책임의 확보 수단이다. 단 지나친 행정통제는 국민의 요구에 대한 신속한 대응능력이나 공무원의 창의성·전문성을 약화시켜 행정책임을 오히려 저하시킬 수도 있다.

③ 필요성

　㉠ 행정국가적 상황과 행정의 재량권 증대로 인한 재량권 남용 가능성이 증대된다.

　㉡ 행정의 능률성과 민주성을 보장한다(내부통제는 주로 능률성·효과성을 중시하고 외부통제는 민주성을 중시).

④ 행정통제의 변화 방향

19C 근대입법국가		20C 현대행정국가
외부통제 중시		내부통제 중시
법적·민주적·정치적 책임 합법성·민주성 집단적 차원 외부적·타율적 통제(H. Finer)	⇧ 행정의 전문성 증대 외부통제의 한계	기능적·재량적·전문적 책임 행정윤리·직업윤리 개인적 차원 심리적·자율적 책임(C. Friedrich)

(2) 행정통제력의 향상 방안

① **행정정보공개제의 활성화** … 정보의 균형화를 통한 대리손실의 최소화하고 국민 측의 행정통제 비용을 감소한다.

② **행정절차법의 적극적 활용** … 사전적 통제제도로서, 행정재량권의 범위 축소가 목적이다. 국민에게 의무를 부과하고, 권익을 침해하는 각종 행정처분에는 반드시 사전예고와 당사자의 반론권 보장한다.

③ 내부고발인 보호제도의 정착을 통한 내부감시 기능을 활용한다.

④ **정책과정에 대한 시민참여 기회 확대** … 정책공동체·참여예산제 등 거버넌스로의 전환을 확대하고, 주민참여제도를 활용한다.

⑤ **시민단체의 활성화와 협력관계** … 시혜적 재정지원이 아닌, 제도적 지원책을 강구하여 관변단체화를 방지한다. NGO는 정부의 비우호적 세력이 아니라 정부의 역할을 보완하는 파트너로서 협력관계 구축이 필요하다.

⑥ **옴부즈맨 제도의 확대 강화** … 국민권익위원회가 옴부즈맨과 유사한 기능을 수행한다. 옴부즈맨의 독립성·전문성을 보장한다.

⑦ **통제기관 간 협조체제 구축** … 통제기준을 통일하고 과도한 통제비용을 감소시킨다.

⑧ **통제기관의 독립성** … 인사적·재정적 독립성과 자율성을 확보한다.

⑨ **자체 감사기능의 활성화** … 궁극적·실질적 통제는 내부통제에 의해 좌우되므로 자체 감사를 활성화한다

⑩ **행정책임실명제 도입** … 실무책임자와 결정권자를 확정·공표해 공무원이 맡은 업무에 대한 책임을 끝까지 지게 한다.

기출문제

　행정통제의 유효성을 제고하기 위한 개선방안으로 옳지 않은 것은?
▶ 2010. 6. 12 서울특별시

① 행정정보공개제도의 활성화를 통해 행정의 투명성을 높여야 한다.
② 행정절차법의 활용을 높여 열린 행정과 투명행정을 실현해야 한다.
③ 과도한 시민참여로 인한 정책과정 상의 비효율성을 제거해야 한다.
④ 옴부즈맨제도의 확대 및 강화가 필요하다.
⑤ 내부고발인보호제도를 강화해야 한다.

Tip 행정통제를 강화하기 위해 시민참여를 확대시켜야 한다.

▮정답 ③

⑪ 정치인들에 의한 행정통제 강화 … 진정한 삼권분립 확립, 전문성 강화, 정치자금 축소와 공개, 당내 민주주의 확립 등을 통해 행정통제를 강화한다.

⑫ 통제기법의 개선 … 목적이나 기준에 맞는 통제, 신축적이고 적정한 통제, 적극적·사전적·계속적 통제로의 전환 등을 통해 통제기법을 개선한다.

(3) 행정통제의 유형

길버트(C. Gilbert)는 행정통제의 방법을 통제자가 행정조직 내부에 위치하는가를 기준으로 내부통제와 외부통제로 구분하고 통제 방법이 법률 등으로 제도화 되었는가를 기준으로 공식적 통제와 비공식적 통제로 구분한다.

통제자의 위치 / 제도화 여부	외부통제(민주통제)	내부통제(자율통제)
공식적 통제	입법통제(국회에 의한 통제) 사법통제(법원·헌법재판소에 의한 통제) 옴부즈맨에 의한 통제	대통령, 국무총리, 중앙행정기관장, 국무조정실, 감사원, 국민권익위원회, 교차행정조직, 행정심판위원회, 계층제의 감독자 등에 의한 통제
비공식적 통제	민중통제(정당, 이익집단, NGO, 언론·매스컴, 인터넷, 여론, 시민참여·주민참여, 선거·투표 등에 의한 통제)	공직윤리·행정윤리, 행정조직 내의 비공식적 조직, 동료집단의 평가와 비판, 공무원단체, 대표관료제, 행정문화

① 입법통제

ㄱ 의의: 국민의 대표기관인 국회에 의한 통제를 말한다. 현대행정국가에서 행정권의 확대·강화와 대의제의 약화로 인해 중요성이 약해졌지만, 민주국가에서는 여전히 중요한 의의를 가지고 있다.

ㄴ 통제방법

• 입법권에 의한 통제(법률 제정·개폐, 조약체결·비준 동의)

• 재정에 대한 통제(예산 심의·의결, 결산승인)

• 국정운영에 대한 통제(국정조사·감사, 주요인사 임명동의, 해임건의·탄핵소추, 인사청문, 정책에 대한 질의·질문, 청원의 처리)

ㄷ 한계

• 행정의 복잡·전문화와 의회의 비전문성과 정보부족

• 행정의 역할 증대(준입법기능, 위임입법 증가)와 대의제 약화

• 경직성(신축성 부족)

• 의원들의 특수이익 추구

기출문제

🔅 행정통제의 유형 중 외부통제가 아닌 것은?

▶ 2020. 6. 13. 지방직/서울특별시

① 감사원의 직무감찰
② 의회의 국정감사
③ 법원의 행정명령 위법 여부 심사
④ 헌법재판소의 권한쟁의심판

Tip 감사원의 직무감찰은 내부통제에 해당한다.

정답 ①

② **사법통제**

　㉠ **의의** : 국민이 행정에 의하여 위법 또는 부당하게 권익을 침해당한 경우 행정소송이나 헌법소원을 통해 이를 구제하거나 또는 법원이나 헌법재판소가 법률·명령의 위헌·위법 여부를 심사함으로써 사법부가 행정을 통제하는 것을 말한다.

　㉡ **통제방법**
　　• 법원 : 행정소송, 행정명령·규칙 위헌심사
　　• 헌법재판소 : 헌법소원, 위헌법률심사, 권한쟁의심판 등

　㉢ **한계**
　　• 행정의 복잡·전문화와 법원의 비전문성과 정보부족
　　• 사후적·소극적 구제(구체적 규범통제)이며 사전적 구제 곤란
　　• 재판절차 복잡, 시간·비용과다
　　• 행정의 부작위로 인한 권익침해에 대한 구제 곤란
　　• 행정의 비능률성·부당한 재량행위에 대한 통제 곤란
　　• 사법부의 독립성 약화

③ **민중통제**(비공식적 외부통제)

　㉠ **의의** : 일반국민에 의한 통제를 말한다. 국민의 높은 정치의식과 시민의식이 요구된다.

　㉡ **방법** : 정당, 이익집단, NGO(시민단체), 언론·매스컴, 인터넷, 여론, 시민참여·주민참여, 선거·투표

　㉢ **장점**
　　• 주인－대리인 문제를 야기하는 대의민주주의와 주기적으로 치르는 선거제도의 한계를 보완하여 참여민주주의를 신장시킴.
　　• 제도적 견제와 균형의 사각지대 감소.
　　• 정부와 국민 간 정보격차 해소와 행정의 대응성 향상.

　㉣ **단점**
　　• 비공식 통제이므로 공식적 통제에 비해 실효성이 약함.
　　• 결정 지연이나 비전문성 등 시민참여의 일반적 문제점.
　　• 이익집단의 경우 정치권력의 불균형으로 인해 활동적 소수의 특수이익이 반영될 수 있음(대표의 불공정성)

④ **공식적 내부통제**

　㉠ **통제주체**
　　• 행정수반(대통령), 국무조정실에 의한 통제(공직복무관리관)
　　• 감사기관에 의한 통제 : 감사원의 결산검사·회계검사·직무감찰
　　• 국민권익위원회(고충민원처리, 부패방지, 중앙행정심판), 시민고충처리위원회(고충민원처리)

기출문제

문 행정통제에 대한 설명으로 가장 옳지 않은 것은?

▶ 2019. 6. 15 제2회 서울특별시

① 행정 권한의 강화 및 행정재량권의 확대가 두드러지면서 행정책임 확보의 수단으로서 행정통제의 중요성이 커지고 있다.
② 의회는 국가의 예산을 심의하고 승인하거나 혹은 지출을 금지하거나 제한하는 등의 조치를 통하여 행정부를 통제한다.
③ 행정이 전문성과 복잡성을 띠게 된 현대 행정국가 시대에는 내부 통제보다 외부 통제가 점차 강조되고 있다.
④ 일반 국민은 선거권이나 국민투표권의 행사를 통하여 행정을 간접적으로 통제한다.

Tip 행정이 전문성과 복잡성을 띠게 된 현대 행정국가 시대에는 외부 통제보다 내부 통제가 점차 강조되고 있다.

문 행정통제의 유형과 사례를 연결한 것으로 옳지 않은 것은?

▶ 2013. 7. 27 안전행정부

① 외부 · 공식적 통제 – 국회의 국정감사
② 내부 · 비공식적 통제 – 국무조정실의 직무감찰
③ 외부 · 비공식적 통제 – 시민단체의 정보공개 요구 및 비판
④ 내부 · 공식적 통제 – 감사원의 정기 감사

Tip 국무조정실의 직무감찰 행위는 내부 · 공식적 통제에 해당한다.

┃정답 ③, ②

• 교차행정조직(교차기능조직)에 의한 통제
• 행정심판위원회에 의한 통제(행정심판)
• 계층제를 통한 감독자에 의한 통제(headship, 행정적 권위 활용)
• 중앙통제(지방정부에 대한 중앙정부의 통제. 감사, 지방채발행 승인 등)

ⓛ **통제내용**

• 정책 및 기획통제 : 국무회의(주요 정책 심의), 차관회의(조정 및 협의)
• 운영통제(관리통제) : 국무조정실의 정부업무평가, 정책품질관리 및 차관회의 주재
• 요소별 통제 : 법제통제(법제처), 예산통제(기획재정부), 정원통제(행정안전부), 인사통제(인혁신처), 물자통제(조달청), 홍보(문화체육관광부) 등 주로 교차행정조직에 의한 통제
• 절차통제 : 보고, 지시, 내부결재제(품의제), 장부 통제, 민원처리 온라인 공개시스템
• 감찰통제 : 행정감사, 회계검사, 직무감찰

감사원

① 지위 : 대통령 직속 합의제 의사결정기구로 직무 · 인사 · 예산 · 규칙제정 등의 독립성이 인정되는 헌법기관이다(헌법상 설치 근거 규정을 둠). 독립통제기관, 두상조직(頭上組織)에 해당한다.
　　예 독립통제기관(separate monitoring agency) : 행정기관의 중앙통제조직으로 일반행정 계서와 대통령, 외부적 통제중추들의 중간쯤에 위치하며, 상당한 독자성과 자율성을 지니며 행정에 대한 통제작용 수행을 주임무로 하는 조직으로 두상조직에 해당된다. 예 감사원, 국민권익위원회
　　예 두상조직(頭上組織, overhead unit) : 기관의 지위가 높고 대통령에게 직접 보고하는 의사전달 통로를 가지는 조직
② 권한 : 모든 국가기관의 회계검사 및 결산 확인, 행정부 공무원에 대한 직무감찰(국회 · 법원 · 헌법재판소 소속 공무원은 감사원의 직무감찰 대상에서 제외됨).
③ 한계 : 대통령 소속 기관인 점에서 독립성 일부 제약, 사후적 통제수단, 간접적 통제력.

교차행정조직(교차기능조직, 교차통제조직 ; criss-cross organizations)

① 개념 : 행정체제 전반에 걸쳐 조직 · 인사 · 재무관리 등 관리기능을 분담하여 수행하는 참모적 조직단위들로서 계선적 운영조직의 관리적 작용을 대신하여 일반운영기관의 활동을 지원하고 통제하는 역할을 수행한다.
② 예 : 행정안전부는 정원 · 조직관리, 기획재정부의 예산편성, 국무조정실의 정부업무평가, 인사혁신처의 인사관리, 조달청의 물자관리, 법제처의 법령지원, 문화체육관광부의 홍보 등
③ 기능 : ㉠ 정부전체에 적용될 통제기준 설정, ㉡ 운영상의 권한을 갖는 범위 내에서 운영기관들로부터 보고를 받고 활동을 감사, ㉢ 계선운영기관의 실적을 객관적 · 전문적으로 평가, ㉣ 동의권이나 협의권을 가질 경우 계선기관의 일정한 의사결정에 대한 사전적 통제.

⑤ 비공식적 내부통제

　㉠ 공직윤리·행정윤리(공무원으로서의 직업윤리) : 가장 효과적이고 바람직한 통제이다.

　㉡ 행정조직 내의 비공식적 조직, 동료집단의 평가와 비판

　㉢ 공무원단체(부정부패의 내부견제, 정실인사 비판 등)

　㉣ 대표관료제

　㉤ 행정문화 : 조직 내 하위문화에 의한 통제

(4) 옴부즈맨

① 개념 … 공무원의 위법·부당한 직무행위로 인해 권리를 침해받은 시민의 권리구제 신청에 의하여 또는 직권으로 행정활동의 합법적·합목적적인 수행여부를 조사·감찰하여 관계기관에 시정을 권고하고 시민에게 그 결과를 알려주는 제도로서 호민관 또는 행정감찰관이라고도 한다.

② 발달원인 … 전통적인 입법통제나 사법통제가 행정통제 기능을 수행하지 못하자 이를 보완하고 용이하고 적절하게 국민의 권익을 보호하려는 통제수단으로 발달하였다.

③ 연혁 … 1809년 스웨덴에서 최초로 설치되어 스칸디나비아 국가로 확산되었으며 1960년대 뉴질랜드·영국·프랑스 등에 도입되었다. 우리나라는 국무총리 소속 국민권익위원회의 고충민원처리를 옴부즈맨과 유사한 것으로 본다.

④ 특징

　㉠ 입법부 소속(외부통제) : 옴부즈맨은 의회 소속 공무원으로서 의회에서 선출되고 조사활동에 대해 연차보고서를 의회에 제출한다. 다만 정부가 임명하거나, 행정부 소속인 국가(프랑스)도 있다.

　㉡ 직무상 독립성 : 의회 소속이지만 직무수행상 독립성이 보장되며 업무에 대해 의회의 간섭을 받지 않는다.

　㉢ 비당파성 : 당파성이나 정치성이 없는 중립적 조사관이며 강력한 신분보장을 받는다.

　㉣ 직권조사 및 신청에 의한 조사 : 주로 국민의 신청에 의해 조사가 이뤄지지만 국민에 의한 민원제기가 없더라도 옴부즈맨 직권으로 조사할 수 있다.

　㉤ 조사대상 - 위법성(합법성) 및 부당(합목적성)에 대한 통제 : 행정행위의 합법성(위법)뿐 아니라 합목적성(부당) 여부, 태만, 과실, 불합리한 제도 등에 대해서도 조사 가능하다(공직의 요구에서 벗어난 모든 행위가 대상).

기출문제

문 옴부즈맨(Ombudsman) 제도에 대한 설명으로 옳지 않은 것은?
▶ 2019. 6. 15 제1회 지방직
① 행정에 대한 통제 기능을 수행한다.
② 스웨덴에서는 19세기에 채택되었다.
③ 옴부즈맨을 임명하는 주체는 입법기관, 행정수반 등 국가별로 상이하다.
④ 우리나라의 국민권익위원회는 헌법상 독립성을 보장하기 위해 대통령 소속으로 설치되었다.

Tip 국민권익위원회는 국무총리 소속이다.

문 옴부즈맨제도에 대한 설명으로 옳지 않은 것은?
▶ 2010. 5. 22 상반기 지방직
① 옴부즈맨은 입법부 및 행정부로부터 정치적으로 독립되어 있다.
② 옴부즈맨은 행정행위의 합법성뿐만 아니라 합목적성 여부도 다룰 수 있다.
③ 옴부즈맨은 보통 국민의 불평제기에 의해 활동을 개시하지만 직권으로 조사를 할 수도 있다.
④ 옴부즈맨은 법원이나 행정기관의 결정이나 행위를 무효로 할 수는 없지만, 취소 또는 변경할 수는 있다.

Tip 옴부즈맨은 법원이나 행정기관의 결정이나 행위를 무효로 할 수 없고 취소하거나 변경할 수도 없다.

정답 ④, ④

기출문제

ⓗ **통제의 간접성** : 행정행위를 무효화·취소·변경할 수는 없으며, 시정·개선 등의 요구·권고만 가능하므로, 사실의 조사·인정이 주요 기능이고 직접적 통제권이 없다(이빨 없는 감시견 ; watchdog without teeth). 따라서 옴부즈맨 제도는 법적 성격보다는 사회적·정치적 성격이 강하다. 옴부즈맨의 권한으로는 독립적 조사권, 시찰권, 소추권(기소[형사재판 청구]와 탄핵발의 [파면요청])이 있지만 대부분의 나라에서 조사권·시찰권만 인정하고 소추권 은 인정하지 않는다(스웨덴은 소추권 인정).

ⓢ **신속한 처리, 저렴한 비용** : 행정심판·소송 등 기존 사법적 구제와 달리 신속하고 비용이 저렴하며 융통성이 있다.

ⓞ **조정자·중재자 역할** : 개인적 신망과 영향력에 의존하는 바가 커서 엄격한 통제라기보다 조정자·중재자에 가깝다.

⑤ **효용**

㉠ 신속하게 비용부담 없이 국민의 권익 침해 구제가 가능하다. 다른 통제기간 이 간과한 통제 사각지대에 대한 감시가 가능하다.

㉡ 입법·사법통제 등 외부통제를 보완하다(전문지식 보유, 부당한 사항도 통 제, 독립성).

㉢ 행정과 국민 간 완충장치(양자 간 불신을 해소하고 신뢰를 쌓아 양자 간 충 돌을 사전에 방지), 행정과 의회 간 완충장치.

㉣ 행정의 일관성과 통합성을 높이는데 기여하고, 불합리한 행정운영 재검토와 의견 제시로 행정개혁을 지원한다.

⑥ **한계**

㉠ 일반적으로 가용자원이 많지 않아 활동범위가 제약되며 문제의 근본적 원인 에 대해 대책을 강구하지 못한다.

㉡ 직접적 통제권이 없어(시정조치의 강제권 없음) 시민의 불평·고충을 충분히 구제하기는 곤란하다.

㉢ 다른 통제기구와의 관할 중첩에 따르는 마찰 가능성이 있다.

문 **우리나라 옴부즈맨 제도인 국 민권익위원회에 대한 설명으로 옳은 것은?**

▶ 2006. 서울특별시

① 외부통제수단으로 정부로부터 독 립적이다.

② 헌법상 기관이 아닌 법률상 기 관이다.

③ 접수된 고충민원은 접수일로부터 1년 이내에 처리하여야 한다.

④ 국회, 법원, 헌법재판소, 선거관 리위원회, 감사원, 지방의회에 관 한 사항도 업무에 해당된다.

⑤ 위원회의 결정은 법적 구속력 또 는 강제집행력을 가진다.

Tip ① 국민권익위원회는 국무총 리 소속으로 내부통제수단 이다. 단, 직무수행상 독립 성은 갖는다.

③ 접수된 고충민원을 접수일 부터 60일 이내에 처리해 야 한다

④ 고충민원이 국회·법원·헌 법재판소·선거관리위원 회·감사원·지방의회에 관 한 사항인 경우 각하하거나 관계기관에 이송 가능

⑤ 시정이나 개선에 관한 권 고나 의견표명은 가능하나 시정조치(무효화·취소)· 개선조치를 직접 할 수는 없으므로 법적 구속력이나 강제집행력은 없다.

┃**정답** ②

(5) 국민권익위원회의 고충민원 처리제도(우리나라 민원옴부즈맨)

① 설치

  ㉠ 국민권익위원회

   • 설치 : 고충민원 처리와 이에 관련된 불합리한 행정제도 개선, 부패발생 예방과 부패행위의 효율적인 규제를 위해 국무총리 소속 하에 둔다.
     * 기능 : 고충민원 처리＋부패방지(부패행위 신고자 보호 포함)＋중앙행정심판
   • 구성 : 15명의 위원(위원장 1명, 부위원장 3명과 상임위원 3명 포함). 위원장·부위원장은 국무총리의 제청으로 대통령이 임명, 상임위원은 위원장의 제청으로 대통령이 임명, 비상임위원은 대통령이 임명·위촉한다.
   • 위원 임기 : 임기 3년. 1차 연임 가능
   • 특징 : 필수기관. 법률상 기관, 공식적 내부통제기관(행정부 소속기관). 옴부즈맨과 유사한 제도이다.

  ㉡ 시민고충처리위원회 : 지방자치단체 및 그 소속기관에 관한 고충민원 처리와 행정제도 개선을 위해 각 지방자치단체에 둘 수 있다(임의 기관).

② 고충민원 … 행정기관 등의 위법·부당하거나 소극적인 처분(사실행위 및 부작위 포함) 및 불합리한 행정제도로 인하여 국민의 권리를 침해하거나 국민에게 불편·부담을 주는 사항에 관한 민원이다.

③ 독립성 … 국민권익위원회와 시민고충처리위원회(이하 '위원회'라 함)는 그 권한에 속하는 업무를 독립하여 수행한다.

④ 고충민원 신청접수

  ㉠ 신청권자 : 누구든지(국내에 거주하는 외국인 포함) 위원회에 고충민원을 신청할 수 있다. 이 경우 하나의 위원회에 대하여 고충민원을 제기한 신청인은 다른 위원회에 대하여도 고충민원을 신청할 수 있다.

  ㉡ 신청방식 : 문서(전자문서 포함)로 신청한다. 문서에 의할 수 없는 특별한 사정이 있는 경우 구술로 신청 가능하다.

  ㉢ 접수의무 : 고충민원 신청 시 다른 법령에 특별한 규정이 없는 한 접수 보류·거부를 할 수 없으며, 접수된 고충민원서류를 부당하게 되돌려 보내서는 안 된다(단, 고충민원서류를 보류·거부·반려 시 지체 없이 그 사유를 신청인에게 통보해야 함).

⑤ 조사 … 위원회는 고충민원 접수 시 지체 없이 필요한 조사를 해야 한다.

⑥ 기한 … 위원회는 접수된 고충민원을 접수일부터 60일 이내에 처리해야 하며 부득이한 사유 시 60일 범위에서 연장 가능하다.

⑦ **고충민원 각하** ⋯ 국민권익위원회는 접수된 고충민원이 다음 하나에 해당 시 고충민원을 각하하거나 관계 기관에 이송 가능하다.

㉠ 고도의 정치적 판단을 요하거나 국가기밀 또는 공무상 비밀에 관한 사항

㉡ 국회 · 법원 · 헌법재판소 · 선거관리위원회 · 감사원 · 지방의회에 관한 사항

㉢ 수사 및 형집행에 관한 사항으로서 그 관장기관에서 처리하는 것이 적당하다고 판단되는 사항 또는 감사원의 감사가 착수된 사항

㉣ 행정심판, 행정소송, 헌법재판소의 심판이나 감사원의 심사청구 그 밖에 다른 법률에 따른 불복구제절차가 진행 중인 사항

㉤ 법령에 따라 화해 · 알선 · 조정 · 중재 등 당사자 간의 이해조정을 목적으로 행하는 절차가 진행 중인 사항

㉥ 판결 · 결정 · 재결 · 화해 · 조정 · 중재 등에 따라 확정된 권리관계에 관한 사항 또는 감사원이 처분을 요구한 사항

㉦ 사인간의 권리관계 또는 개인의 사생활에 관한 사항

㉧ 행정기관 등의 직원에 관한 인사행정상의 행위에 관한 사항

⑧ **조사결과의 처리**

㉠ **합의의 권고** : 위원회는 조사 중이거나 조사가 끝난 고충민원의 공정한 해결을 위한 조치를 당사자에게 제시, 합의 권고 가능.

㉡ **조정** : 위원회는 다수인이 관련되거나 사회적 파급효과가 크다고 인정되는 고충민원의 신속 · 공정한 해결을 위해 필요하면 당사자의 신청이나 직권에 의하여 조정을 할 수 있음(조정은 「민법」상의 화해와 같은 효력).

㉢ **권고 및 의견표명** : 시정조치(무효화·취소·정지)나 개선조치 등 직접적 통제력은 없으며 간접적 통제력만 인정됨.

• 시정의 권고 및 의견의 표명 : 위원회는 고충민원 조사결과 처분 등이 위법 · 부당하다고 인정할 만한 상당한 이유가 있으면 관계 행정기관 등의 장에게 적절한 시정을 권고할 수 있다. 고충민원 조사결과 신청인의 주장이 상당한 이유가 있다고 인정되는 관계 행정기관 등의 장에게 의견을 표명할 수 있다.

• 제도개선의 권고 및 의견의 표명 : 위원회는 고충민원 조사 · 처리 과정에서 법령 · 제도 · 정책 등의 개선이 필요하다고 인정되면 관계 행정기관 등의 장에게 합리적 개선을 권고하거나 의견을 표명할 수 있다.

㉣ **감사의뢰** : 고충민원의 조사 · 처리과정에서 관계 행정기관 등의 직원이 고의나 중대한 과실로 위법 · 부당하게 업무를 처리한 사실을 발견하면 국민권익위원회는 감사원에, 시민고충처리위원회는 지방자치단체에 감사 의뢰가 가능하다.

㉤ **공표** : 위원회는 권고나 의견표명 내용, 처리결과, 권고내용의 불이행 사유를 공표할 수 있다.

(6) 민원처리제도

① **민원행정** … 국민이 행정기관에 특정한 행위를 요구하여 의사표시에 대응하는 활동을 의미하며 다양성·변동성, 처리·해결을 위한 재정지출 수반, 양적 팽창과 질적 복잡화, 고도의 전문성·기술성 필요 등의 특징을 지닌다.

② **민원행정의 성격**

    ㉠ **서비스 행정** : 민원인이 제기한 요구나 문제를 처리함에 있어 공무원의 구체적인 행위가 요구되고 그들의 전문능력과 태도(친절성·신속성)가 서비스의 질을 결정한다.

    ㉡ **고객의 관점에 부합** : 불특정 다수의 주민(국민)을 상대로 하는 것이 아니라, 개개인의 특별한 요구에 개별적으로 대응한다는 점에서 고객의 관점에 부합한다.

    ㉢ **대외·대민행정** : 행정 밖에 있는 고객(자연인이나 법인)이 대상이다. 예외적으로 행정기관도 사경제(私經濟) 주체로서 요구하는 경우 민원인이 될 수 있는 경우가 있다.

    ㉣ **전달적 행정** : 민원에 관한 주요 정책결정·기획이 아니라, 규정에 따라 서비스를 제공하는 전달적 행정이다.

    ㉤ **정치적 관심의 영역** : 주민의 일상생활과 직결되며 광범위한 영역에 걸쳐 이루어지므로 유권자의 지지를 원하는 정치인에게 매우 중요하다.

③ **민원행정의 기능**

    ㉠ 행정통제 기능

    ㉡ 행정구제수단 기능

    ㉢ 행정에의 주민 참여 기능(국민이 참여하여 자신의 의견과 의사를 표출하는 행정행위에 동참)

    ㉣ 행정의 투명성·신뢰성 제고수단기능(국민과 정부 간의 대화를 위한 중요한 창구역할)

기출문제

(문) 민원행정의 성격에 대한 옳은 설명을 모두 고른 것은?
▶ 2020. 6. 13. 지방직/서울특별시

㉠ 규정에 따라 서비스를 제공하는 전달적 행정이다.
㉡ 행정기관도 민원을 제기하는 주체가 될 수 있다.
㉢ 행정구제수단으로 볼 수 없다.

① ㉠   ② ㉢
③ ㉠, ㉡   ④ ㉡, ㉢

Tip ㉠ 민원에 관한 주요 정책결정·기획이 아니라, 규정에 따라 서비스를 제공하는 전달적 행정이다.
㉡ 예외적으로 행정기관도 사경제(私經濟)의 주체로서 제기하는 경우 민원인이 될 수 있다.
㉢ 민원행정은 매우 간편한 행정구제의 수단으로서의 기능을 수행한다.

∥정답 ③

기출문제

④ 민원 … 민원인이 행정기관에 대하여 처분 등 특정한 행위를 요구하는 것

일반 민원	법정민원		법령·훈령·예규·고시·자치법규 등에서 정한 일정 요건에 따라 인가·허가·승인·특허·면허 등을 신청하거나 장부·대장 등에 등록·등재를 신청 또는 신고하거나 특정한 사실 또는 법률관계에 관한 확인 또는 증명을 신청하는 민원
		복합민원	하나의 민원 목적을 실현하기 위하여 관계법령 등에 따라 여러 관계 기관(민원과 관련된 단체·협회 등 포함) 또는 관계 부서의 인가·허가·승인·추천·협의 또는 확인 등을 거쳐 처리되는 법정민원
	질의민원		법령·제도·절차 등 행정업무에 관하여 행정기관의 설명이나 해석을 요구하는 민원
	건의민원		행정제도 및 운영의 개선을 요구하는 민원
	기타민원		법정민원, 질의민원, 건의민원 및 고충민원 외에 행정기관에 단순한 행정절차 또는 형식요건 등에 대한 상담·설명을 요구하거나 일상생활에서 발생하는 불편사항에 대하여 알리는 등 행정기관에 특정한 행위를 요구하는 민원
고충민원			「부패방지 및 국민권익위원회의 설치와 운영에 관한 법률」 제2조 제5호에 따른 고충민원
다수인 관련민원			5세대(世帶) 이상의 공동이해와 관련되어 5명 이상이 연명으로 제출하는 민원

⑤ 민원인 : 행정기관에 민원을 제기하는 개인·법인 또는 단체

Point 팁

민원인으로 보지 않는 경우(민원처리에 관한 법률 시행령 2조1항)
① 행정기관에 처분 등 특정한 행위를 요구하는 행정기관[행정기관이 사경제(私經濟)의 주체로서 요구하는 경우는 제외]
② 행정기관과 사법(私法)상 계약관계가 있는 자로서 계약관계와 직접 관련하여 행정기관에 처분 등 특정한 행위를 요구하는 자
③ 행정기관에 처분 등 특정한 행위를 요구하는 자로서 성명·주소 등이 불명확한 자(법인 또는 단체의 경우 그 명칭, 사무소 또는 사업소의 소재지와 대표자의 성명이 불명확한 경우)

1 행정통제에 대한 설명으로 옳지 않은 것은?

① 독립통제기관(separate monitoring agency)은 일반행정기관과 대통령 그리고 외부적 통제중추들의 중간 정
도에 위치하며, 상당한 수준의 독자성과 자율성을 누린다.

② 헌법재판제도는 헌법을 수호하고 부당한 국가권력으로부터 국민의 권리와 자유를 보호하는 과정에서 행정에
대한 통제기능을 수행한다.

③ 교차기능조직(criss-cross organizations)은 행정체제 전반에 걸쳐 관리작용을 분담하여 수행하는 참모적 조
직단위들로서 내부적 통제체제로부터 완전히 독립되어 있다.

④ 국무총리 소속 국민권익위원회는 옴부즈맨적 성격을 가지며, 국민권익위원회의 위원장과 부위원장은 국무총
리의 제청으로 대통령이 임명한다.

2 행정책임성의 유형에 관한 다음 표의 ㉠~㉢에 적당한 것을 바르게 나열한 것은?

구분		통제의 원천(source of agency control)	
		내부적인 통제원천	외부적인 통제 원천
통제 정도	높은 통제수준	㉠	㉡
	낮은 통제수준	㉢	㉣

	㉠	㉡	㉢	㉣
①	전문가적 책임성	법적 책임성	관료적 책임성	정치적 책임성
②	전문가적 책임성	관료적 책임성	법적 책임성	정치적 책임성
③	관료적 책임성	전문가적 책임성	정치적 책임성	법적 책임성
④	관료적 책임성	법적 책임성	전문가적 책임성	정치적 책임성

3 다음 중 행정책임에 대한 내용으로 옳지 않은 것은?

① 행정인 또는 행정조직이 윤리적·기술적 또는 법규적 기능에 따라 행동하는 의무를 말한다.

② 행정상의 일정한 권리를 전제로 하여 발생한다.

③ 주로 행동의 결과에 대하여 사후에 이루어진다.

④ 행정책임의 보장을 위해 행정통제가 사용된다.

4 길버트(Gilbert)는 행정통제를 통제자의 위치와 제도화 여부에 따라 다음과 같이 네 가지 유형으로 구분하였다. 각 유형에 해당되는 우리나라의 행정통제 방법으로 옳지 않은 것은?

통제자의 위치 / 제도화 여부	외부	내부
공식적	㉠	㉡
비공식적	㉢	㉣

① ㉠ : 청와대에 의한 통제
② ㉡ : 감사원에 의한 통제
③ ㉢ : 이익집단·언론에 의한 통제
④ ㉣ : 직업윤리에 의한 통제

5 제도적 책임성(accountability)과 대비되는 자율적 책임성(responsibility)에 대한 설명으로 적합하지 않은 것은?

① 전문가로서의 직업윤리와 책임감에 기초해서 적극적·자발적 재량을 발휘하여 확보되는 책임
② 객관적으로 기준을 확정하기 곤란하므로, 내면의 가치와 기준을 따르는 것
③ 국민들의 요구와 기대를 정확하게 인식해서 이에 능동적으로 대응하는 것
④ 고객 만족을 위하여 성과보다는 절차에 대한 책임 강조

정답및해설

| 1 | ③ | 2 | ④ | 3 | ② | 4 | ① | 5 | ④ |

1 ③ 교차기능조직은 행정체제 전반에 걸쳐 관리작용을 분담하여 수행하는 참모적 조직단위들로서, 교차기능조직은 계선기관의 의사결정에 동의 및 협의함으로써 사전적 통제역할을 수행하는 내부통제기구이다.

2 롬젝(B. Romzek)과 듀브닉(M. Dubnick)의 행정책임의 유형

		통제의 원천(소재)	
		조직 내부(내부통제)	조직 외부(외부통제)
통제 정도	높은 통제수준	위계적(관료적 ; hierarchial) 책임성	법률적(legal) 책임성
	낮은 통제수준	전문가적(professional) 책임성	정치적(political) 책임성

3 행정책임은 권리(right)가 아니라 권한(authority)이나 의무를 전제로 한다. 의무의 위반·해태(게을리 함)나, 권한(재량권·자율권)의 남용· 일탈 및 부적절한 행사가 없어야 한다.

4 청와대에 의한 통제는 내부적 공식적 통제에 해당된다.

5 ④ 자율적 책임성은 외부적인 힘이 아니라, 행정인의 내면적·주관적 기준에 의한 내재적 책임이다. 절차에 대한 책임을 강조하는 것은 법령이나 규정에의 준수를 강조하게 되므로 이는 자율적·비제도적 책임이 아니라 객관적·제도적 책임에 해당한다.

section **1** 행정개혁

(1) 의의

① 개념 … 행정개혁은 행정이 현재보다 더 효과적이며 능률적인 상태가 될 수 있도록, 행정의 기구·관리방법·행정인의 능력과 가치관·태도 등을 계획적으로 변화시키는 것을 말한다.

② 목표
　㉠ 행정의 민주성·효과성·능률성을 확보한다.
　㉡ 행정능률의 향상을 도모한다.
　㉢ 새로운 행정수요의 충족을 위함이다.
　㉣ 행정성과를 증진시킨다.
　㉤ 행정인의 행태 변화와 가치관의 쇄신을 도모한다.

③ 필요성
　㉠ 국제적 환경의 변화에 따라 행정개혁이 요구된다.
　㉡ 권력·이익 투쟁의 작용으로 개혁이 요구된다.
　㉢ 행정문제와 수요의 변동이 있다.
　㉣ 인구 및 고객구조의 변화가 있다.
　㉤ 정부역할과 행정수요의 변동이 있다.
　㉥ 공공영역 축소에 대한 국민의 요구가 있다.
　㉦ 조직의 확대경향과 관료이익의 추구경향의 문제가 있다.
　㉧ 정치이념의 변동과 조직구조의 개편으로 인한 개혁이 필요하다.
　㉨ 행정의 능률화와 새로운 기술도입의 필요성이 요구된다.

Point 팁 성공요건
　㉠ 개혁지향성이 존재한다.
　㉡ 저항세력에 대한 정확한 진단이 있다.
　㉢ 여론의 지지와 상승적·횡적 의사소통이 활성화되어야 한다.
　㉣ 행정조직의 신축성과 관리층의 적극적 역할이 필요하다.
　㉤ 정치적·사회적 안정과 강력한 정치적 리더십의 확립이 있어야 한다.

(2) 특성

① **목표지향성 · 가치지향성** … 행정개혁은 그 자체가 목적이 아니라 행정의 바람직한 상태를 달성하기 위한 수단이다.

② **동태성 · 행동지향성** … 성공여부에 대한 불확실성과 위험 속에서 새로운 방법을 고안하여 적용하고 실천하는 동태적 · 의식적 과정이며, 개혁전략이 문제되는 과정이다.

③ **저항 수반** … 행정개혁은 기존의 이해관계에 변화를 초래하므로 기득권을 가진 세력에 의해 저항이 수반된다.

④ **인위적 · 지속적 · 계획적인 변화** … 행정개혁은 자연발생적인 것이 아니다.

⑤ **포괄적 관련성** … 조직의 내 · 외적 요인뿐만 아니라 조직의 개혁 · 정책 또는 절차 등의 개혁까지도 포함한다.

⑥ **정치적 성격** … 행정개혁의 목적 · 대상이나 성공여부는 정치적 환경이나 정치적 지지에 의하여 좌우되며, 권력투쟁 · 타협과 설득이 병행되는 정치적 · 사회심리적 과정이다.

(3) 접근방법

① **구조적 접근방법**
　㉠ **특징** : 공식적 · 합리적 조직과 조직원리에 중점을 두는 전통적 접근방법이다.
　㉡ **기법** : 구조 · 직제의 간소화, 기능의 중복 제거, 권한 · 책임의 명확화, 행정사무의 적절한 배분, 조직원리를 적용한 내부구조 개혁 등의 방법을 사용한다.
　㉢ **배경** : 고전적 조직이론(원리적 접근)을 바탕으로 한다.
　㉣ **문제점** : 후진국의 경우 형식주의에 치중할 위험성이 있고, 인간적 요인을 과소평가하며, 조직의 동태적 성격과 환경적 요인이 충분히 고려되지 않는다.

② **기술적 접근방법**
　㉠ **특징** : 과학적 관리법의 원리를 적용하여, 사무관리 개선에 목표를 두고 행정수행과정을 중시한다.
　㉡ **기법** : OR(운영연구) · SA(체제분석) · 비용편익분석 · EDPS(전산화) · MIS(관리정보체제), 컴퓨터의 활용 등으로 행정 성과의 향상을 도모한다.
　㉢ **배경** : 과학적 관리론을 배경으로 한다.
　㉣ **장 · 단점** : 전산화된 통합적 관리정보체계는 기술적 쇄신을 통해 표준적 절차와 조직의 과업수행에 영향을 줄 뿐만 아니라, 조직의 형태와 인간행태에 영향을 미친다. 그러나 기술과 인간성 간의 갈등을 소홀히 할 수 있다.

기출문제

문 행정개혁의 구조적 접근방법에 해당하지 않는 것은?
▶ 2008. 7. 20. 서울특별시
① 기능중복의 제거
② 의사전달체계의 수정
③ 관리과학의 활용
④ 분권화의 확대
⑤ 책임의 재규정

　Tip 관리과학을 활용하는 것은 기술적 · 공리적 접근법에 해당한다.

문 행정개혁을 추진하는 접근방법 중 관리 – 기술적 접근방법에 해당되는 것들만 묶은 것은?
▶ 2004. 5. 16. 행정자치부
㉠ 행정조직의 계층 간 의사전달체계의 개선
㉡ OR 등을 통한 행정조직 내의 운영과정 및 일의 흐름을 개선
㉢ 행정전산망 등 장비, 수단의 개선
㉣ 행정과정에 새로운 분석기법 적용
㉤ 집단토론, 감수성훈련 등 조직발전(OD)기법 활용

① ㉠㉡㉢　② ㉠㉢㉣
③ ㉡㉢㉣　④ ㉢㉣㉤

　Tip ㉠은 구조적 접근, ㉤은 인간관계론적(행태적) 접근에 해당한다.

┃정답 ③, ③

🔑 행정개혁의 접근방법에 대한 설명으로 옳지 않은 것은?

▶ 2015. 4. 18. 인사혁신처

① 사업(산출)중심적 접근방법은 행정활동의 목표를 개선하고 서비스의 양과 질을 개선하려는 접근방법으로 분권화의 확대, 권한 재조정, 명령계통 수정 등에 관심을 갖는다.
② 과정적 접근방법은 행정체제의 과정 또는 일의 흐름을 개선하려는 접근방법이다.
③ 행태적 접근방법의 하나인 조직발전(OD : Organizational Development)은 의식적인 개입을 통해서 조직 전체의 임무수행을 효율화하려는 계획적이고 지속적인 개혁활동이다.
④ 문화론적 접근방법은 행정문화를 개혁함으로써 행정체제의 보다 근본적이고 장기적인 개혁을 성취하려는 접근방법이다.

Tip 행정활동의 목표를 개선하고 서비스의 양과 질을 개선하려는 접근방법으로 분권화의 확대, 권한 재조정, 명령계통 수정 등에 관심을 갖는 것은 구조적 개혁(restructuring)의 특징에 해당한다. 기능 중복의 해소, 권한과 책임의 재조정, 명령계통 수정 등의 원리전략과 분권화의 확대는 고전적인 구조중심의 접근방법이다.

정답 ①

③ **인간관계론적(행태적) 접근방법**
　㉠ **특징**: 행정인의 가치관·태도 등을 감수성 훈련 등 조직발전기법을 활용하여 인위적으로 변혁시켜 조직 전체의 개혁을 도모한다.
　㉡ **기법**: 인간관계론, 집단동태론, 소집단이론과 관련된다.
　㉢ **배경**: 인간관계론, 행태론을 배경으로 한다.
　㉣ **문제점**: 인간의 행태변화는 장기적인 시간을 소요하며, 권위주의적 행정문화 속에서의 낮은 성공률을 보이며, 행태과학의 전문적 기술 및 지식이 요구된다.

④ **종합적 접근방법**
　㉠ **특징**: 구조적·기술적·인간관계적 접근방법이 상호보완적으로 병행된다.
　㉡ 정치적 성격과 환경적 요인의 중요성을 감안한 방법이다.
　㉢ 현대행정에서 가장 타당한 행정개혁 방안이라고 볼 수 있다.

⑤ **사업중심적 접근(산출중심·정책중심 접근)** … 행정산출의 정책목표와 내용, 소요자원에 초점을 두어 행정목표를 개선하고 서비스의 양과 질을 개선하려는 접근법이다. 정책분석과 평가, 생산성 측정, 직무감사, 행정책임평가 등이 주요 도구이다.

⑥ **문화론적 접근방법** … 행정문화를 개혁함으로써 행정체제의 근본적이고 장기적인 개혁을 성취하려는 접근방법이다. 의식적·계획적인 개입에 의해 바람직한 문화변동을 달성하는 것이다.

(4) 과정(G. Caiden)

① **개혁의 필요성 인식(제1단계)** … 객관적으로 나타난 행정개혁의 필요에 개혁 주체세력의 주관적인 인식이 더해진다.

② **개혁안의 작성(제2단계)**
　㉠ **작성자**: 조직구성원과 외부인사가 각각 작성할 수 있으며, 최종안은 전문기관 또는 막료기관의 자문을 얻어 내려진다.
　　• 개혁안 작성주체에 따른 장·단점

구분	내부인사 – 국내자(局內者), 정부 주도형	외부인사 – 국외자(局外者), 민간 주도형
장점	① 시간·경비의 절감, 기술적·실제적 문제에 관심 ② 집중적이고 간편한 건의, 추가적 연구 불필요 ③ 기관 내부이익 고려 가능, 현실 여건 감안 ④ 집행이 신속·용이, 현실성·실현 가능성 높음	① 객관적·종합적·거시적 개혁안, 개혁의 전문성·체계성 ② 국민의 광범위한 지지 확보 가능 ③ 정치권력 변화 추구 등 개혁의 정치적 측면 고려 가능 ④ 권력구조의 근본적 재편성 가능

단점	① 단편적이고 종합성 결여, 개혁의 전문성 결여 ② 관료의 이익이 우선시되어 객관성 상실 ③ 광범위한 지지 확보 곤란 ④ 정치적 측면의 고려가 없어 기관 간 권력구조의 재편성 곤란 ⑤ 사소한 서무ㆍ관리기능에 치중 ⑥ 보수적 개혁안의 우려	① 시간ㆍ비용 과다 ② 내부인사의 추가 연구 필요 ③ 행정현실과 동떨어진 극단적이고 과격한 개혁안이 건의되어 실행가능성 없음(너무 이상적임) ④ 관료들의 이익을 고려하지 않아 내부 저항 유발

ⓛ 개혁범위와 수준 : 개혁안의 실현가능성을 고려한다.

전략		장점	단점
개혁 속도 ㆍ 범위	급진적ㆍ 전면적 전략	• 유능한 개혁지도세력 존재시 유리 • 신속한 변화 도입 가능 • 혁신적 변화가 필요한 개도국에서 유리	• 저항 유발 • 정책의 일관성 저해 • 사회와 조직의 안정성 저해
	점진적ㆍ 부분적 전략	• 저항 감소, 조직의 안정감 확보 • 정책의 일관성ㆍ예측가능성 유지 • 정책의 불확실성ㆍ복잡성이 높을 때 유리 • 광범위한 지지를 얻을 수 있음	• 신속한 변화 유도 곤란 • 소극적 개혁이 될 우려가 있음 • 기득권의 옹호 • 계혁 방향과 목표 상실 우려
개혁 방향	명령적ㆍ 하향적 전략	• 신속하고 근본적인 변화 필요시 유리 • 리더의 권위가 존재할 때 유리	• 저항 유발 • 개혁 효과의 장기적 지속 곤란
	참여적ㆍ 상향적 전략	• 구성원의 사기와 책임감 제고, 지속적 효과 보장 • 구성원의 의견 반영으로 저항 최소화	• 조직의 의도대로 신속한 변화 유도 곤란

③ **개혁안의 집행**(제3단계) … 집행과정에서는 예측하지 못한 상황들이 발생할 수 있으므로, 융통성과 신축성 있는 집행이 필요하다.

④ **개혁의 평가**(제4단계)

ㄱ 개혁과 개혁의 성과 간의 인과관계를 입증하기가 쉽지 않다.

ㄴ 외부인사ㆍ제3자도 참여하여 객관성ㆍ공정성을 기해야 한다.

ㄷ 평가는 성과와 기준의 비교이므로 정확한 기준 설정이 필요하다.

ㄹ 개혁이 환경변화에 적응하면서 장기간 지속되도록 제도화되어야 한다.

(5) 개혁에 대한 저항의 발생원인

① **기득권의 침해**(이익 침해) … 기득권을 가진 관료나 이익집단·이익당사자는 개혁에 의한 기득권 상실·손실을 우려한다. 이들 간 강력한 제휴 및 연합관계에 의한 위협을 초래할 수 있다. 고객집단은 자신들의 이익을 위한 정책이나 관련 행정기관의 소멸·축소에 반발한다.

② **관료의 저항**

　㉠ 타성(惰性)으로 인한 저항(관료제의 보수적·현상유지적 경향과 변동에 저항하는 자기방어의식)

　㉡ 새롭게 적응해야 할 재교육의 부담, 새로운 상황에의 불안감

　㉢ 자신의 업적에 대한 책임추궁으로 여길 때, 자신의 과거의 행동의 정통성이 상실될 때

　㉣ 피개혁자의 능력부족(새로운 업무처리방법이나 절차에 관한 전문지식·기술의 결여는 저항유발)

　㉤ 개혁추진자의 권위·신망이나 정치적 리더십 부족, 개혁성과에 대한 불신

　㉥ 집단 간 갈등대립 등의 정치적 요인, 의사전달의 미흡

　㉦ 개혁대상자가 소속된 비공식집단의 규범·관례와 개혁의 부조화, 비공식적 인간관계와의 부조화

③ **조직 차원의 저항** … 조직의 동태적 보수주의(항구성), 타 조직과 다르다는 조직의 특수성(uniqueness)

④ **개혁내용·전략의 문제**

　㉠ 개혁내용의 불명확성, 개혁내용에 대한 이해 부족

　㉡ 개혁추진방법의 부적합성, 강압적 개혁 추진이나 참여의 봉쇄

　㉢ 소망스럽지 않은 개혁정책 내용에 대한 불만, 개혁원칙·정당성의 결여

　㉣ 권위주의에 입각한 개혁과정, 비공개적 개혁추진이나 개혁정보의 부족(개혁과정이 지나치게 폐쇄성을 띠거나 경직된 문화를 가진 경우, 조직학습이 결여된 경우 반발·무관심을 유발)

　㉤ 지나치게 급진적·전면적인 개혁 추진

(6) 개혁에 대한 저항 극복 전략(순응 확보방안)

① 규범적 · 사회적 · 협조적 전략

　㉠ 내용 : 개혁의 규범적 당위성을 높이고 적절한 상징조작과 사회적 · 심리적 지원을 통한 자발적 협력과 수용을 유도한다.

- 개혁에 대한 이해와 협조를 구하기 위해 이해관계자의 참여와 의사전달 확대, 학습조직의 활용
- 개혁에 대한 정보를 제공하고, 개혁의 당위성 및 예상되는 성과를 제시하여 설득
- 개혁안에 대한 집단토론 촉진. 집단사고 방지를 위해 생산적 비판이 제도화되는 의사전달 시스템 필요
- 태도 · 가치관의 변화를 위한 교육훈련, 자기계발 촉진시켜 개혁의 필요성을 깨닫게 함
- 조직 전체의 목표 추구에 대한 사명감을 고취하고 개인적 역할의 중요성을 인식시킴
- 개혁지도자의 신망 · 위신 · 카리스마 제고와 변혁적 리더십의 발휘로 개혁의 수용을 쉽게 함
- 개혁에 적응하는데 충분한 시간을 주며(개혁 수용에 필요한 시간 허용), 심리적 불안과 긴장감 해소의 기회 마련
- 기존의 가치와 새로운 가치의 양립가능성 강조하여 가치 갈등으로 인한 저항 극복

　㉡ 효용 : 저항에 대한 근본적인 해결책으로, 조직의 인간화를 강조하는 경우 가장 선호되는 방법이다.

　㉢ 한계 : 시간과 노력이 많이 소모된다.

② 공리적(호혜적) · 기술적 전략

　㉠ 내용 : 관련자의 이익침해를 방지 또는 보상하고, 개혁과정의 기술적 요인들을 조정하여 저항을 극복하는 방법이다.

- 기득권을 덜 침해하거나 기술적인 것부터 실시, 개혁안의 점진적 추진
- 정치 · 사회적 환경이 유리한 시기를 선택
- 개혁안을 가능한 한 객관적 · 계량적으로 제시(개혁안 명확화), 공공성을 강조하는 기술 사용
- 개혁의 방법 · 기술을 융통성 있게 수행하고, 신축성 있는 적절한 인사배치(개혁에 적합한 인사 임용)
- 경제적 손실에 대한 적절한 보상(이익과 손실을 교환하는 협상), 신분과 보수의 유지 약속
- 개혁의 가치와 개인 이득의 명확화

　㉡ 효용 : 피해집단이 저항하는 경우, 기술적 측면에 대한 저항인 경우 유효하다.

　㉢ 한계 : 많은 비용이 들고, 저항에 양보 · 굴복하는 결과를 초래한다. 장기적 효과를 기대하기 곤란하다. 개혁의 의미가 퇴색된다.

③ **강제적 전략**

㉠ 내용 : 최종적인 저항 극복방법으로 저항자에 대해 물리적 제재나 불이익의 위협을 가하는 방법이다.

• 계층제 상 권한(상·하 서열관계) 사용, 의식적인 긴장 조성을 통해 개혁에 순응할 수밖에 없는 분위기 조성
• 권력구조의 일방적 개혁으로 저항집단의 세력 약화
• 신분상 불이익처분 같은 압력을 가하여 저항을 억압

㉡ 효용 : 긴급한 상황에서 개혁추진자가 강한 권력을 보유한 경우 유효하다.

㉢ 한계 : 단기적 대증요법으로 저항을 근본적으로 해결하지는 못한다. 긴급을 요하고 개혁추진자가 강력한 권한을 가진 경우에 사용할 수 있으나, 많은 부작용과 또 다른 저항을 유발할 수 있다.

(7) 각국의 행정개혁

① **OECD 국가의 최근 행정개혁(정부혁신)의 공통적인 방향** … 구조개편보다는 운영기술의 혁신(시장기법 도입)에 중점을 둔다. 신공공관리론적 개혁에 입각한 공통적 흐름을 보인다.

㉠ 정책결정기능과 정책집행기능의 분리와 중앙정부의 전략기능 및 정책능력의 강화(노젓기보다 방향키)

㉡ 작은 정부의 구현 : 민영화, 규제완화, 시장성 검증에 의한 정부규모 축소

㉢ 성과지향 정부 : 통제중심에서 성과중심 관리로 전환, 자율과 책임 강화(권한위임, 성과에 따른 책임·통제 강화, 비용가치의 증대)

㉣ 고객지향 정부 : 고객에 대한 대응성 향상과 서비스 품질 제고, 행정서비스헌장(영국 시민헌장)·TQM 등 도입

㉤ 시장지향 정부 : 경쟁원리와 시장메커니즘의 도입

㉥ 정부규제의 효율화 : 규제정책 간소화, 강제로부터 동의로 규제 패러다임 전환

㉦ 공무원의 전문성 제고 : 공무원의 역량개발을 위한 과감한 교육훈련 투자.

㉧ 전자정부 : 정보통신기술의 발달을 행정개혁의 기반으로 활용하여 행정비용 절감과 공공서비스 개선

㉨ 정부(중앙정부, 지방정부, 국제기구) 간 협력

② **영국의 정부개혁**

㉠ 대처(M. Thatcher) 정부(1979~1990)

• 능률성 정밀진단(1979) : 내각사무처 내 민·관이 혼합된 능률성팀(efficiency team)을 통한 능률성 진단작업을 통해 불필요한 직무 폐지·축소·민간이양, 절차·서식의 개선·간소화, 내부감사 강화, 공무원 정원관리 강화 등을 추진하였다.

- 재무관리개혁(1982) : 투입 중심 관리에서 벗어나 성과제고를 위한 재정가치 (value for money) 실현, 정부지출을 통한 더 많은 가치 창출, 능률성 제고를 목표로 하였다(성과관리체제). 재무성의 각 부처에 대한 예산통제를 완화하여 정원상한제, 총괄운영예산 도입으로 한도 내에서 예산을 자율적으로 운영하도록 재무관리권을 위임하며 재정자율권을 허용하되, 모든 관리자들에게 자신의 업무 목표를 설정하도록 하고 실적에 대한 비용효과성을 평가함으로써 재원의 최적 활용여부에 대한 개인적 책임을 지도록 한다. 발생주의 회계 도입하였다.
- Next Steps Program(1988) : 중앙부처가 담당하는 집행 및 서비스 전달기능을 정책기능으로부터 분리하여 책임집행기관(executive agencies)으로 전환(기관장은 공채방식, 성과급 지급)하는 등 경쟁과 성과를 중시하는 개혁을 단행하였다.
- 의무경쟁입찰제도(compulsory competitive tendering) : 지방정부 공공서비스 공급에 공·사부문이 경쟁입찰에 참여해 가장 낮은 생산가격으로 서비스를 공급하는 주체에게 생산을 맡긴다. 공공서비스 공급의 경쟁화와 정부기능 재조정을 위해 도입하였다.

ⓛ 메이져(J. Major) 정부(1990~1997)

- 시장성 검사(Market Testing) : 정부기능을 원점에서부터 재검토하여 적정하게 축소하려는 프로그램이다. 정부의 모든 기능을 주기적으로 검토하여 그 기능의 존폐 여부 및 기능의 수행주체를 결정한다. 기존의 정부기관의 내부생산에 의한 공공서비스 공급방식에 경쟁과 유인시스템을 내재화시킴으로써 정부부문의 효율성과 생산성을 높이기 위해 도입한다. 정부가 수행하는 기능에 민간과의 경쟁을 어느 정도 도입하느냐에 따라 정부기능의 폐지, 민영화, 외부위탁, 시장성테스트(의무경쟁입찰), 자체 효율화(책임집행기관) 중 하나를 택한다.
- 시민헌장제도(Citizen's Charter, 1991) : 능률성 진단과 Next Steps이 주로 경제성·효율성에 초점을 두었다면, 시민헌장은 고객서비스의 질 향상을 목표로 한다. 행정서비스의 방법·기준·절차와 시정조치·보상 등을 헌장에 규정하였다.
- 고위공무원단(SCS ; Senior Civil Service) 도입(1996) : 공직 내부에서 폐쇄적으로 임용되어 오던 고위공무원에 대해 개방형 계약제로 임용하고 계급제도를 폐지하였다. 성과계약, 성과급 등 경쟁제도 도입하였다.

ⓒ 블레어(T. Blair) 정부(1997~2007)

- 기든스(A. Giddens)의 제3의 길에 기초하여 신사회주의에 기반을 둔 정부개혁 추진하였다
- 시민헌장제도를 'Service First'로 확대하고, 헌장마크(charter mark) 도입하였다
- 최고가치제도(Best Value Program) : 지방자치단체의 의무경쟁입찰제도를 폐지하고, 최고가치 프로그램으로 전환(2000년부터 의무화)하여 정책의 능률성뿐 아니라 질과 효과성 측면을 더욱 강조하였다
- 공공서비스협약(Public Service Agreement, PSA) : 재무부와 개별 정부부처 간에 3년 단위로 체결되는 성과목표 및 지표의 합의로 Top-down 방식의 성과관리제도이다.

② 미국의 정부개혁

㉠ 카터(J. Carter) 정부(1977~1981) : 1978년 공무원제도개혁법을 제정하여 인 사위원회를 인사관리처(OPM, 대통령 소속)·실적제도보호위원회(독립·합의 형)·연방노사관계청(비독립·합의형)으로 분리하고 개방형 임용에 의한 고위 공무원단(SES ; Senior Executive Services) 제도와 성과급제를 도입하였다.

㉡ 레이건(R. Reagan) 정부(1981~1989)

• 영국의 데처리즘의 영향을 받아 신보수주의 정책인 레이거노믹스를 추진하고 신 연방주의로 분권화 추진하였다.

• 대통령 소속의 민간부문 인사로 구성된 조사단인 그레이스(Grace)위원회(1982) 를 설치해 규제완화 개혁 추진(민영화, 규제완화, 수익자부담원칙의 확대)하였다.

• 피터스(T. Peters)와 워터맨(R. Waterman)이 제시한 '탁월한 정부'는 이후 클린 턴 정부의 '정부재창조 운동'의 기반이 되었다.

㉢ 클린턴(W. Clinton) 정부(1983~2001)

• 의의 : 복지국가 위기나 심각한 경기침체와의 관련성이 적은 상태에서 국정운영의 선진화라는 명제에 부합하기 위해 상대적으로 급진적인 구조나 과정보다는 행태나 문화 변수에 초점을 두는 점진적인 혁신전략 채택하였다. 오스본과 게블러(D. Osborne & T. Gaebler)의 '정부재창조(Reinventing Government)'에 기반을 두고 NPR을 통해 'Works Better Costs Less(일은 잘하고 비용은 덜 드는 정부)'를 추 구하였다.

• NPR(National Performance Review ; 국가업적평가단. 1992) : 정부개혁의 강력 한 추진을 위해 고어부통령을 위원장으로 하여 연방·지방정부 행정관료들로 구 성. 오스본 등 소수 민간 자문관이 참여하였다. 1998년에는 NPRG(National Partnership for Reinventing Government)로 전환하였다.

• 고어(Gore) 보고서의 4대 개혁 원칙(NPR 1기 개혁)

- 번문욕례 제거[관료적 형식주의 제거, 행정절차의 간소화](cutting red tape) : 예산 절차의 간소화, 인사정책의 분권화, 연방구매절차의 간소화와 조달청 권한의 부처 위임, 감사관 기능의 재정립, 과잉규제의 탈피, 주정부·지방정부에 대한 권한부여

- 고객우선주의(putting customers first) : 기업수준의 서비스 제공을 위해 고객에 게 의사표현 및 선택기회 부여, 관민의 경쟁 촉진을 통한 정부독점의 포기, 시장 경제원리 중시, 문제해결을 위한 시장메커니즘 활용, TQM 도입, 서비스기준 (service standard, 영국의 시민헌장제도와 유사) 도입

- 결과 달성을 위한 권한부여(empowering employees to get results) : 의사결정 권의 분화, 모든 연방공무원의 결과에 대한 책임주의, 직무수행에 필요한 수단 제공, 근무생활의 질 향상, 노사협조관계 확립, 리더십의 발휘.

- 근본적인 감축[기본적 기능으로의 복귀](cutting back to basics) : 불필요한 군 살빼기, 세입 강화, 높은 생산성을 위한 투자확대, 비용절감을 위한 사업계획의 재설계

② 성과관리체제의 확립
- GPRA[정부 성과 및 결과에 관한 법](Government Performance and Results Act. 1993년) : 예산을 성과와 연계하여 행정의 효율성을 증대. 이전 정부의 주된 개혁수단이었던 계획예산제도(PPBS), 목표관리(MBO), 영기준예산(ZBB) 및 총체적 품질관리(TQM) 등을 결집. 성과계획서·성과보고서 작성
- 성과기반조직(Performance-Based Organization) : NPR 2기 개혁 때 일부 연방기관을 영국의 Executive Agency와 유사한 '성과기반조직'으로 전환
- 성과계약 : 성과관리를 위해 대통령과 장관 간 성과계약서 작성

(8) 시민헌장(행정서비스헌장)

① 전개
- ㉠ 영국은 Major 총리 때 Citizen's Charter(시민헌장)로 도입(1991)하고, Blair 총리가 Service First programme로 개칭(1998)하였다.
- ㉡ 미국은 클린턴 대통령의 NPR 1기 개혁 시 Customer Service Standards(고객서비스 기준. 1993), 캐나다는 Service Standards Initiative(서비스 기준 정책. 1994)을 도입하였다.
- ㉢ 우리나라는 1998년 김대중 정부 때 행정서비스헌장(Public Service Charter)으로 도입하였다. 현재 중앙부처와 각 지방정부와 모든 정부조직에 행정서비스헌장제도를 실시하고 공공기관은 고객헌장제도를 실시한다.

② 개념 … 행정기관이 제공하는 행정서비스의 기준과 내용, 이를 제공받을 수 있는 절차와 방법, 잘못된 서비스에 대한 시정 및 보상조치 등을 구체적으로 정하여 공표하고, 이의 실현을 행정의 고객인 국민에게 약속하는 것을 말한다.

③ 특징
- ㉠ 도덕적 책임을 법적 책임의 영역으로 끌어들여 대응성·책임성이 향상된다.
- ㉡ 새로운 법적 권리를 만드는 것이 아니라, 행정이 시민에게 기존의 권리를 알려주는 것이다.
- ㉢ **신공공관리론**(경쟁원리와 고객주의의 구현과 기업가적 정부운영 등)과 **거버넌스**(시민의 참여·협력) 요소
  - 행정목표 : 고객만족 개념의 도입으로 능률성을 기본가치로 하는 공급자 중심의 운영이 아니라 고객만족을 기본가치로 하는 수요자 중심의 행정운영 방법에 기초한다(고객중심행정). 소비자의 이해관계가 공급자의 이해관계를 지배하는 제도적 장치이다.
  - 공급과정 : 계약 개념의 도입으로 행정기관의 일방적인 공언에 의한 행정서비스의 공급이 아니라 고객인 주민들과의 가시적인 계약에 준거하여 행정서비스를 공급하는 쌍방적 행정구현이다.

• 관리과정 : 성과중심 평가체제의 도입으로 행정서비스의 품질기준을 설정하고, 이를 통해 산출(output)과 성과(outcome)에 대한 평가를 실시함으로써 목표달성 여부를 중점적으로 관리한다.

④ 장점

　㉠ 투명성 : 공공서비스 품질의 표준화와 구체화, 서비스에 대한 국민의 기대수 준을 명확히 한다.

　㉡ 행정서비스의 질 제고, 대응성, 고객위주행정 : 비용절감이라는 능률성 외에도 수요자인 주민의 기대를 충족하는 양질의 행정서비스를 제공하는데 초점을 두고, 고객만족도 평가 · 환류를 통한 서비스 품질을 제고하고, 주민의 지지 증가를 위해 노력한다.

　㉢ 책임성, 행정통제, 대외적 민주성

　　• 정부와 국민 간의 암묵적 · 추상적 관계를 구체적 · 계약적 관계로 전환한다(관료와 시민의 권력관계가 아닌 일반국민과의 계약이라는 관점에서 출발). 종래의 공급자인 행정기관의 일방적인 서비스 공급이라는 행정관행을 수요자인 주민들의 의사가 반영된 공급방식으로 전환한다.

　　• 행정에 대한 주민들의 근접통제의 물리적 한계를 극복한다.

　㉣ 조직의 성과평가 기준 제공

⑤ 단점

　㉠ 공공서비스의 무형성으로 인하여 그 품질을 구체화 · 객관화하는 것이 곤란 하다.

　㉡ 모든 행정오류를 금전으로 연계시켜 보상하려는 편협한 경제적 논리에 치중 되게 된다.

　㉢ 지나치게 서비스기준을 표준화 · 구체화시킨 나머지, 행정의 획일화를 초래 하고 공무원의 창의성과 행정의 유연성을 저해(경직성)하며 서비스의 다양성 보장하지 못한다.

　㉣ 정부와 시민의 관계를 상업적 계약관계로 전락시킨다. 시민관을 배격하고 소비자관만을 강조하여, 국가에 대한 시민으로서의 권리 · 의무나 형평성 · 공익성 등 행정의 상위가치를 경시할 우려가 있다.

　㉤ 일상적 행정업무량이 증가한다.

1 행정개혁의 특징으로 틀린 것은 몇 개인가?

> ㉠ 행정을 인위적 · 의식적 · 계획적으로 변화시키는 것으로 불가피하게 관련자들의 저항을 수반한다.
> ㉡ 매우 역동적이고 의식적인 과정이다.
> ㉢ 행정개혁을 성공시키기 위해서는 정치적 요소를 최대한 배제하고 총체적 계획으로 신속하게 수행하여야 한다.
> ㉣ 행정개혁의 특성상 계속적인 과정이라기보다는 단시간에 결과를 보는 일시적 과정이다.
> ㉤ 개혁의 대상이 되는 조직 내 · 외 요인들이 복잡하게 얽혀져 있어 상호의존적인 포괄적 관련성을 갖는다.
> ㉥ 권력투쟁 · 타협과 설득이 병행되는 정치적 · 사회심리적 과정이다.

① 1개   ② 2개
③ 3개   ④ 4개

2 다음 중 행정개혁 과정에서 개혁안의 작성을 외부인이 하였을 경우 나타나는 장점으로 옳은 것은?

① 경비를 절약할 수 있고, 개혁의 실천가능성이 높다.
② 실제적인 사업계획, 정책에 중점을 둔다.
③ 개혁안의 내용이 보다 간결하고 중점적이다.
④ 객관적이고 종합적이며 국민의 지지획득이 용이하다.

3 행정개혁은 늘 저항을 수반한다. 다음 중 행정개혁의 저항을 극복하기 위한 기술적 · 공리적 전략으로 옳지 않은 것은?

① 개혁의 점진적 추진   ② 적절한 시기의 선택
③ 개혁방법과 기술의 수정   ④ 참여의 확대

4 다음 중 행정개혁의 인간관계적·행태적 접근방법에 대한 설명으로 볼 수 없는 것은?

① 공식적 조직의 구조적 설계를 재조정한다.
② 성공적인 행정개혁의 추진을 위해서는 행정인의 기본적인 가치관의 변화가 선행되어야 한다.
③ 행태과학의 전문적 기술 및 지식이 요구된다.
④ 장기적인 시간이 소요된다.

5 행정개혁의 관리기술적 접근방법에 해당되는 것은?

ㄱ 행정조직의 계층간 의사전달 체제의 개선
ㄴ BPR을 통한 행정조직 내의 운영과정 및 일의 흐름 개선
ㄷ 행정전산망 등 장비·수단의 개선
ㄹ 행정과정에 새로운 분석기법의 적용
ㅁ 집단토론, 감수성 훈련 등 조직발전 기법의 적용

① ㄱ, ㄴ, ㄷ
② ㄱ, ㄷ, ㄹ
③ ㄴ, ㄷ, ㄹ
④ ㄷ, ㄹ, ㅁ

6 행정개혁의 기술적 접근방법에 대한 설명으로 옳지 않은 것은?

① 과학적 관리법의 원리를 적용한다.
② 사무관리 개선에 목표를 두고 행정수행과정을 중시한다.
③ 고전적 조직이론을 바탕으로 한다.
④ OR, SA, EDPS, MIS 등의 기법을 사용한다.

7 행정개혁의 사회·규범적 저항극복 방안으로 옳지 않은 것은?

① 적당한 상징조작
② 사회·심리적 지원을 통한 자발적 협력
③ 합리적인 인사배치
④ 목표에 대한 사명감의 고취

8 행정개혁에 대한 저항을 극복하는 방법에 관한 설명으로 옳지 않은 것은?

① 강제적 방법은 저항을 근본적으로 해결하기보다는 단기적으로 또는 피상적으로 해결하는 방법으로서, 장래에 더 큰 저항을 야기할 위험이 있다.
② 공리적·기술적 방법에는 개혁의 시기조절, 경제적 손실에 대한 보상, 개혁이 가져오는 가치와 개인적 이득의 실증 등이 있다.
③ 규범적·사회적 방법에는 개혁지도자의 신망 개선, 의사전달과 참여의 원활화, 사명감 고취와 자존적 욕구의 충족 등이 있다.
④ 저항을 가장 근본적으로 해결하는 방법은 공리적·기술적 방법이다.

9 조직 개혁에 있어 저항을 극복하는 전략인 '규범적·사회적 전략'에 해당하지 않는 것은 몇 개인가?

> ㉠ 개혁안의 명확화와 공공성 강조
> ㉡ 개혁지도자의 카리스마 활용
> ㉢ 집단 토론과 훈련의 확대
> ㉣ 적절한 시기의 선택
> ㉤ 긴장 분위기 조성과 압력의 행사
> ㉥ 인사이동 등 적절한 인사배치

① 2개   ② 3개
③ 4개   ④ 5개

10 행정서비스헌장제에 관한 설명으로 옳지 않은 것은?

① 처리부서, 관계법령, 정보절차 등 정보를 상세하게 제공하는 것도 서비스헌장 원칙에 포함된다.

② 경찰 등 일부 질서유지 기관의 서비스는 순수 공공재이므로 행정서비스 헌장 제정 대상에서 제외된다.

③ 서비스의 제공에 소요되는 비용과 고객 편익을 고려하여 서비스의 기준을 설정하도록 하고 있다.

④ 미국, 영국 등지에서도 명칭은 다르지만, 행정서비스 헌장제를 광범위하게 채택하고 있다.

정답및해설

1	②	2	④	3	④	4	①	5	③
6	③	7	③	8	④	9	③	10	②

1 ⓒ, ⓔ만 틀림
　ⓒ 행정개혁은 행정개혁의 목적·대상이나 성공 여부는 정치적 환경이나 정치적 지지에 의하여 좌우된다. 또한 총체적이고 신속한 개혁 추진은 저항이 클 수 있다.
　ⓔ 행정개혁은 단발적·단속적·일시적 변화가 아니라, 다발적·지속적 변화이며, 그 결과에 대한 평가·환류가 진행된다. 행정체제 내에는 개혁의 필요가 거의 언제나 있고 행정 내·외의 여건은 계속 변동하면서 행정개혁의 필요를 창출한다. 여건의 현저한 변동이 없더라도 어느 한 시점에서 고쳐야 할 것이 전혀 없는 완벽한 행정이 존재할 수 없다.

2 ①②③ 행정개혁안을 내부인이 작성하였을 경우에 대한 내용이다.
　※ 행정개혁안을 외부인이 작성하는 경우
　　ⓐ 정치인·전문가의 참여로 국민의 지지획득이 용이한 경우
　　ⓑ 객관적·종합적·정치적 측면을 고려한 개혁안인 경우
　　ⓒ 행정조직의 구조문제나 행정원칙에 더 중점을 두는 경우
　　ⓓ 많은 시간·경비가 소요되는 경우
　　ⓔ 집행에 따르는 문제점 및 실행가능성을 검토하기 위한 경우

3 ④ 사회적·규범적 접근방법에 해당한다.

4 ① 구조적 접근방법에 대한 내용이다.

5 ⓑⓒⓔ이 관리기술적 접근. ⓐ은 구조적 접근, ⓓ는 행태적(인간관계적) 접근

6 ③ 구조적 접근방법의 이론적 배경이다.

7 ③ 공리적·기술적 저항극복 방안의 하나이다.

8 ④ 개혁에의 저항을 근본적으로 해결하는 것은 규범적·사회적 방법

9 ⓑⓒ만 규범적 사회적 전략
　ⓐⓔⓕ은 공리적·기술적 전략
　ⓓ은 강제적 전략

10 ② 경찰, 외교 등 순수 공공재의 경우에도 행정서비스 헌장제도를 운영할 수 있다.

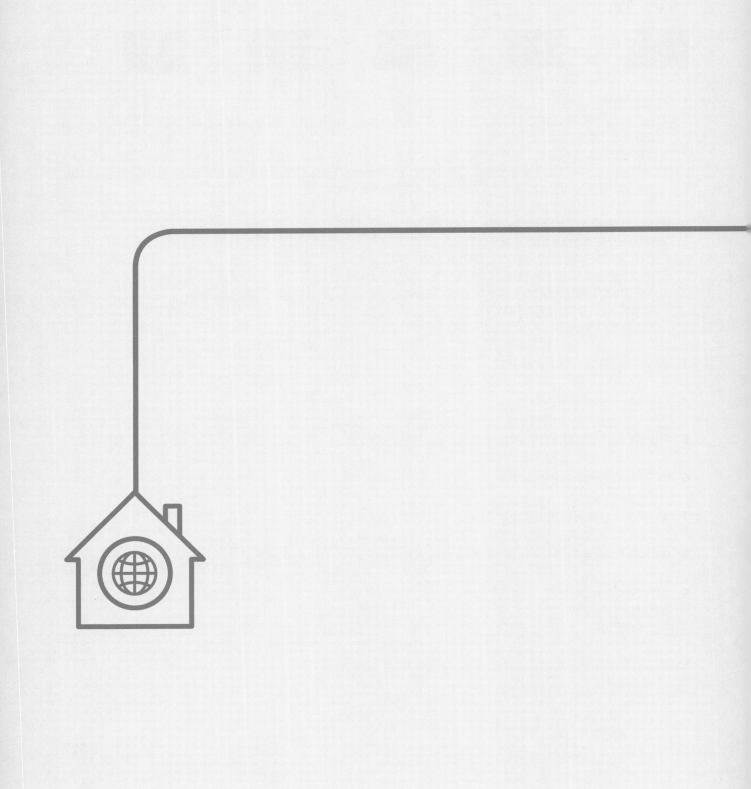

07

지방행정론

01 지방자치단체와 국가와의 관계

02 지방자치

01. 지방자치단체와 국가와의 관계

기출문제

section 1 집권과 분권

(1) 집권과 분권의 개념

조직의 상위계층이나 상급기관에 의사결정권과 권한·책임이 집중되어 있는 현상을 집권이라 하며, 하위계층이나 하급기관에 의사결정권과 권한·책임이 위임·분산되어 있는 현상을 분권이라 한다. 집권은 조직관리에 있어 통합성과 능률성을 향상시킬 수 있으며 분권은 자율성과 민주성을 제고시킬 수 있다. 집권과 분권은 상대적 구분이다.

(2) 유형

① **행정상의 유형** … 조직 상·하 간의 권한 집중과 위임에 따른 유형이다.

② **정치상의 유형** … 중앙집권과 지방분권의 개념이다.

(3) 촉진요인

① 집권화 촉진요인

　㉠ 교통·통신의 발달로 행정이 집권화된다.

　㉡ 행정의 능률성 향상으로 집권화가 촉진된다.

　㉢ 하위조직의 능력이 부족하여 집권화가 촉진된다.

　㉣ 지도자의 강력한 리더십이 집권화를 촉진하는 계기가 된다.

　㉤ 행정의 획일적·통일적 처리 요구가 있어 집권화가 촉진된다.

　㉥ 소규모 영세조직과 신설조직의 경우에는 집권화가 유리하다.

　㉦ 위기 존재 시 신속한 결정을 위하여 집권화가 촉진된다.

　㉧ 특정 활동의 강조와 특정분야의 전문화는 집권화를 촉진한다.

② 분권화 촉진요인

　㉠ 신속한 업무처리로 분권화가 촉진된다.

　㉡ 유능한 관리자 양성은 분권화를 촉진시킨다.

　㉢ 행정의 민주성 확보는 분권화를 촉진시킨다.

　㉣ 민주적 통제의 강화는 분권화를 촉진시킨다.

　㉤ 대규모 조직과 기성조직은 분권화를 촉진시킨다.

　㉥ 지역실정에 맞는 행정의 구현은 분권화를 촉진시킨다.

문 우리나라의 중앙정부와 지방자치단체 간의 관계에 대한 설명으로 옳지 않은 것은?

▶ 2014. 4. 19 안전행정부

① 보충성의 원칙에 따라 중앙정부가 처리하기 곤란한 사무는 지방자치단체가 보충적으로 처리해야 한다.

② 자치권은 법적 실체 간의 권한 배분관계에서 배태된 개념으로 중앙정부가 분권화시킨 결과이다.

③ 적절한 재원 조치 없는 사무의 지방이양은 자치권을 오히려 제약하는 문제를 야기한다.

④ 사무처리에 필요한 법규를 자율적으로 제정할 수 있는 자치입법권에 대해 제약적인 규정을 두고 있다.

Tip 보충성의 원칙에 따라 지방자치단체가 일차적으로 사무를 처리하고 지방자치단체가 처리하기 곤란한 사무는 중앙정부가 보충적으로 처리해야 한다.

ㅣ정답 ①

ⓐ 주변상황의 불확실성과 동태성은 분권화를 촉진시킨다.

ⓞ 권한위임을 통한 부하의 사기앙양과 창의력의 계발 및 책임감의 강화는 분권화의 요인이 된다.

section 2 중앙집권과 지방분권

(1) 의의

① **중앙집권** … 통치상 또는 행정상의 의사결정이 비교적 중앙에 집중되어 있는 경우를 말한다.

② **지방분권** … 통치상 또는 행정상의 의사결정이 지방정부에 분산되어 있는 경우를 말한다.

(2) 중앙집권의 장·단점

① 장점

ⓐ 행정관리의 전문화가 이루어진다.

ⓛ 국가위기에 신속한 대처가 가능하다.

ⓒ 자원배분의 합리화(규모의 경제)를 이룰 수 있다.

ⓔ 대규모의 물질적·정신적 사업에 유리하다.

ⓜ 행정의 통일성, 안정성, 능률성에 기여한다.

ⓗ 광역적·거시적·전국적인 국가사업을 추진할 수 있다.

ⓢ 급변하는 행정수요에 대한 소요재원 확보가 가능하다.

② 단점

ⓐ 행정절차가 복잡해진다.

ⓛ 중앙정부의 행정부담이 가중된다.

ⓒ 행정수요의 지역적 특수성이 무시된다.

ⓔ 공동체 의식, 자치의식 등이 결여되기 쉽다.

ⓜ 참여의식의 저하, 지방 민주화 저해 등의 현상이 나타난다.

ⓗ 지나친 획일화가 될 수 있다.

ⓢ 민주통제 약화, 권위주의적·전제주의적 경향이 나타난다.

(3) 신중앙집권화와 신지방분권화

① 신중앙집권화

ㄱ 개념
- 지방자치를 발전시켜 온 영·미 등에서 행정국가화, 광역화, 국제화 등으로 중앙집권이 새로이 일어나는 현상이다.
- 기존의 지방자치를 부정하는 것이 아니라 지방정부와 기능적으로 협력하고 조화를 모색하기에 민주성과 능률성의 조화로서 등장하였다.

ㄴ 촉진요인
- 행정사무의 양적 증가와 질적 변화(행정국가화) 및 행정수요가 팽창되었다.
- 과학기술과 교통·통신이 발달(행정기술의 발달)하였다.
- 경제권·생활권·교통권이 확대(행정수요의 광역화)되었다.
- 경제에서의 공공재정의 비중 증대되고, 지방재정의 취약성과 지방재정의 중앙에의 의존성이 증대되었다.
- 행정구역의 광역화에 따른 지방사무의 독자성이 상실되면서 지방사무와 국가사무의 연관성이 증대되었다.
- 국제정세의 급격한 변화와 국제적 긴장고조(위기 상황)
- 국민적 최저수준(national minimum)의 유지·확보, 국토의 균형적 개발(지역 간 균형발전) 요청
- 지방·촌락경제에서 국민경제·국가경제로, 분권경제에서 집권경제로, 개발경제에서 보존경제(자원고갈 방지와 공공이익의 옹호)로 발전되었다.
- 규모의 경제의 실현

ㄷ 특징
- 능률성과 민주성이 조화되는 이념이다.
- 비권력적·협력적·수평적·기능적 집권에 해당한다.

전통적 중앙집권	지배적 강압적 집권	관료적 윤리적 후견적 집권	수직적 권력적 집권	절대군주국가시대의 중앙집권적 성격
신중앙집권	지도적 협동적 집권	사회적 지식적 기술적 집권	수평적 병렬적 비권력적 집권	민주성과 능률성의 조화를 위한 중앙·지방의 새로운 협력관계

② 신지방분권화

ㄱ 개념 : 중앙집권적 성향이 강했던 프랑스 등에서 정보화, 국제화, 도시화, 지역 불균형 등으로 1980년대 이후 나타난 지방분권화 경향이다(미국의 Home Rule운동).

ⓒ 촉진요인

- 중앙집권화의 폐해가 발생되었다.
- 중앙정부의 실패와 재정적자 심화로 인한 정부기능의 재분배 필요성과 신자유주의의가 대두되었다.
- 탈냉전체제로 국제정세 변화. 국제화, 세계화에 따른 경쟁환경의 변화, 경제블록화 현상 등이 발생하였다.
- 도시화의 진전에 따른 대도시의 도심에서 교외지역으로 소산되는 현상이 출현하였다.
- 정보화의 확산에 따른 재택근무의 보편화와 인구의 지방분산이 가능하였다.
- 대중사회의 획일화에 대한 염증으로 자신의 개성과 자주성을 추가하는 심리 지향, 포디즘적 축적체제가 붕괴되었다.
- 행정수요의 지역별 다양성, 다품종소량생산체제에의 대응
- 지방자치단체의 행정능력이 향상되었다.
- 거버넌스가 등장(시민공동체 가치의 재발견)하였다.
- 국민최저수준과 시민최저수준의 동시 확보

ⓒ 특징

- 능률성과 민주성이 조화된다.
- 상대적 · 참여적 · 협조적 · 적극적 분권이다.
- 국가는 기본정책결정을 담당하고, 지방은 집행을 담당한다.
- 국가의 사전적 · 권력적 관여를 배제하고, 지식적 · 사후적 관여만 한다.

근대 입법국가의 지방분권 (자유방임주의)	절대적 분권	항거적 분권	배타적 도피적 분권	소극적 분권(방어)
신지방분권	상대적 분권	협력적 분권	수용적 참여적 분권	적극적 분권(동참)

(4) 중앙집권과 지방분권의 측정지표

다음의 경우 중앙집권화 경향이 강화된다.

① 국가의 특별지방행정기관의 종류와 수가 많을수록

② 지방자치단체 중요 직위의 선임방식에서 중앙의 임명직 범위가 넓을수록

③ 국가공무원과 지방공무원의 수에서 국가공무원의 수가 많을수록

④ 국가재정 총규모와 지방재정의 총규모에서 국가재정의 비중이 클수록

⑤ 국세와 지방세 비율에서 국세의 상대적 비율이 높을수록

⑥ 지방자치단체의 예산편성 · 집행 및 회계에 대한 중앙정부의 통제강도와 빈도가 높을수록

문 새로운 시대적 요구에 부응하기 위하여 상대적 의미의 지방분권화를 실현하려는 노력이 세계도처에서 확산되고 있다. 다음 중 신지방분권화의 촉진요인으로 옳지 않은 것은?
▶ 2007. 7. 8 서울특별시

① 중앙집권에 따른 과밀과소의 폐해
② 탈냉전체제로의 국제정세 변화
③ 국민적 최저수준 유지의 필요성
④ 정보화의 진전에 따른 재택근무의 보편화
⑤ 대량문화의 보급에 따른 개성상실의 회복 지향

Tip 국민적 최저수준은 국민의 최저생활수준을 국가가 보장하는 것으로, 중앙집권이나 복지행정을 중시하는 신중앙집권의 촉진 요인이다.

문 특별지방행정기관에 대한 설명으로 옳지 않은 것은?
▶ 2015. 4. 18 인사혁신처

① 관할지역 주민들의 직접적인 통제와 참여가 용이하기 때문에 책임행정을 실현할 수 있다.
② 출입국관리, 공정거래, 근로조건 등 국가적 통일성이 요구되는 업무를 수행한다.
③ 현장의 정보를 중앙정부에 전달하거나 중앙정부와 지방자치단체 사이의 매개 역할을 수행하기도 한다.
④ 국가의 사무를 집행하기 위해 중앙정부에서 설치한 일선행정기관으로 자치권을 가지고 있지 않다.

Tip 특별지방행정기관은 국가가 국가사무를 처리하게 하기 위하여 지역별로 설치한 일선기관으로, 자치단체가 아니기 때문에 지역 주민과 지방의회의 참여가 제약되어 책임행정 실현이 어렵다.

정답 ③, ①

⑦ 고유·단체위임·기관위임사무의 구성비율에서 위임사무(특히, 기관위임사무)
비중이 많을수록

⑧ 지방정부로의 민원사무(인·허가 사무)의 배분비율이 낮을수록

⑨ 중앙의 감사 및 보고요구의 횟수가 많을수록

section 3 특별지방행정기관(일선기관)

(1) 의의

① **개념** … 중앙행정기관이 지방에서의 그 소관사무를 처리하기 위하여 그 하부기
관으로서 지방에 설치한 행정기관을 의미한다.

② **중요성**

㉠ 행정기능의 확대·분화에 따라 일선기관이 신설·확대되는 경향이 두드러지
게 나타나고 있다.

㉡ 일선기관은 직접적인 대민접촉을 통하여 행정목적이 실현되는 현장이다.

㉢ 행정이 국가발전의 주도적 역할을 담당하게 됨에 따라 일선기관의 기능도
적극적으로 추진·집행하는 방향으로 전환되어 가고 있다.

㉣ 정책이 지역적 실정·특수성에 맞게 집행되도록 한다.

(2) 특별지방행정기관의 장점(필요성·설치이유)

① **행정의 전문성·통일성** … 특수한 전문분야 업무를 전국적으로 통일적·효율적으
로 처리할 수 있다. 통일적 기술·절차·장비를 전국적 활용할 수 있고(규모의
경제), 중앙부처에 의한 관리·감독이 용이하다(단 부처이기주의의 초래 가능).

② **기능적 분권화** … 지방자치단체가 독자적으로 해결하기 어려운 지역문제에 대해
기능적으로 전문성을 살려 복잡한 행정문제를 효율적으로 수행할 수 있다.

③ **국가의 업무부담 경감**(수직적 기능 분담) … 중앙행정기관의 업무부담을 경감하
고 정책수립·조정 기능에 전념하도록 한다.

④ **지역별 특성 반영** … 지역별 특성에 따른 구체적 타당성을 확보하는 정책집행을
말한다.

⑤ **근린행정** … 주민과 직접 접촉하여 주민과 가까운 곳에서 주민의 의사를 행정에
반영한다.

⑥ **공공서비스 제공의 형평성 제고** … 지방자치단체의 부적절한 규모나 부족한 자
원, 비효율적인 인적 요원, 지역이기주의 및 공공문제에 대한 시민의 무관심 등
으로 인해 발생할 수 있는 공공서비스 제공의 불공평성을 방지한다.

⑦ 현장에서 업무가 신속하게 처리된다.

⑧ **협력 및 광역행정 수행** ··· 중앙 또는 인접지역과의 유기적인 협력이 가능하고 광역행정 수단으로 활용하여 지방자치단체 수준에서 효율적으로 대처할 수 없는 광역적 사무를 원활하게 처리가 가능하다.

⑨ 중앙정부와 지방정부 간의 의사전달 통로 또는 현장과 결정기능을 연결하는 매개역할

(3) 특별지방행정기관의 단점

① **기능 중복에 따른 비효율성** ··· 지방자치단체와 유사·중복기능 수행에 따른 경비 증가와 인력과 예산 낭비 등 비효율성을 초래하고 정부규모를 확대시킨다.

   * 지방자치단체가 국가의 위임사무를 처리하는 단체자치형 국가의 특징을 지니면서도 영미계에서 운용되는 특별지방행정기관을 별도로 중복하여 다수 설치하는 것은 모순.

② **집권화와 중앙통제 강화** ··· 주민의 선호나 요구를 제대로 고려하지 못하고 중앙정부의 통제를 강화하는 경향이 있다.

③ **지방행정의 종합성 제약** ··· 행정의 전국적 통일성을 높여주지만 분야별로 별도로 설치되어 지방자치단체에 의한 주민에 대한 종합적 행정서비스를 저해한다(지방자치단체에 대한 사무배분 원칙 중 종합성 원칙 저해).

④ **행정의 민주성·책임성 저해, 주민참여의 곤란과 지방자치의 저해** ··· 중앙행정기관의 구체적이고 획일적인 지시에 따라 행정업무를 수행하고 책임은 중앙행정기관이 지므로 주민참여가 원천적으로 봉쇄되고 주민에 의한 행정통제가 곤란해져 주민에 대한 행정책임성을 약화시키고 지방자치의 저해요인으로 작용한다.

⑤ **주민의 혼란과 불편 초래** ··· 관할 범위가 너무 넓어 현지성 확보가 어렵고 특별지방행정기관과 지방자치단체 간 이원적 업무수행으로 주민불편을 초래한다(지역 단위에 기능중심의 일선기관과 지역 중심의 자치단체가 공존·혼재하는데 따른 혼란).

⑥ **기관 상호 간 수평적[횡적] 조정 곤란** ··· 이중행정·이중감독으로 인해 지방자치단체와 특별지방행정기관 간 수평적 조정이 어려워 상호 간 갈등을 초래할 수 있다.

⑦ **행정절차의 번잡하고 신속한 결정 곤란** ··· 독자적 결정권한이 없이 중앙행정기관의 결정과 지시에 따라 업무를 수행해야 하므로 행정절차가 복잡해지고 신속한 결정이 곤란하다.

1 다음은 분권화에 대하여 설명한 것이다. 옳지 않은 것은?

① 신속한 사무처리에 기여한다.
② 규모의 경제를 실현한다.
③ 규모가 클수록 분권화된다.
④ 위기의 존재는 집권화를 촉진한다.

2 다음 중 행정의 집권과 분권에 대한 설명으로 옳지 않은 것은?

① 집권은 의사결정의 권한이 중앙정부, 상위계층, 상급기관에 집중·유보되어 있는 것이다.
② 분권은 하위계층이나 하급기관에 의사결정권과 권한의 책임이 위임·분산되어 있는 현상이다.
③ 집권과 분권은 절대적 개념이다.
④ 집권은 조직관리에 있어서 통합성과 능률성을 향상시킬 수 있다.

3 다음 중 행정 분권화의 촉진요인으로 볼 수 없는 것은?

① 상황의 불확실성과 동태성
② 행정의 능률성 향상
③ 행정의 민주성 확보
④ 민주적 통제의 강화

4 **신중앙집권화 · 신지방분권화에 대한 설명으로 옳은 것은?**

① 신중앙집권화의 관점은 지방자치의 가치와 역사적 공헌을 비판하는 입장을 대표한다.

② 정보통신기술발전은 지방분산화를 통한 분권화의 요인으로 작동할 뿐 신중앙집권화와는 무관하다.

③ 자본과 노동의 세계화는 지역경제의 중요성을 부각시키며 신지방분권화의 동인이 되고 있다.

④ 도시와 농촌 사이의 경제적 · 사회적 불균형 해소가 신지방분권의 주요 촉진요인으로 작용한다.

5 **신중앙집권화의 성격으로 잘못된 것은?**

① 신중앙집권화는 수평적 · 협동적 집권이 아니라 수직적 · 관료적 집권을 의미한다.

② 신중앙집권은 국민생활권의 확대와 행정의 국민적 최저수준유지의 필요성에 의래 촉진되었다.

③ 권력은 분산하나 지식과 기술은 집중함으로써 지방자치의 민주화와 능률화의 조화를 추구한다.

④ 국가와 지방의 공동사무의 증대, 중앙의 정책계획의 증대 등이 신중앙집권화 현상이다.

6 **신지방분권화의 촉진요인과 거리가 먼 것은?**

① 중앙집권에 따른 과밀, 과소의 폐해

② 탈냉전체제로의 국제정세 변화

③ 대량문화에 따른 개성상실의 회복 지향

④ 국민적 최저수준 유지의 필요성

7 **우리나라의 중앙통제의 바람직한 방향으로 적합하지 않은 것은?**

① 기술적 방식의 행정통제 강화

② 지식적 방법의 행정통제 강화

③ 입법 · 사법 · 행정통제의 분화

④ 중앙 · 지방 간의 수직적 관계 강화

8 **특별지방행정기관에 대한 설명으로 틀은 것은?**

① 특별지방행정기관은 국가의 사무를 집행하기 위해 중앙부처에서 설치한 일선 집행기관이다.

② 특별지방행정기관과 지방자치단체 간의 기능 중복으로 인한 비효율성 문제가 있다.

③ 특별지방행정기관은 출입국관리, 노동조건 등 국가적 통일성이 요구되는 업무를 수행하며 법인격과 자치권을 가진다.

④ 특별지방행정기관은 현장의 정보를 중앙정부에 전달하고 중앙정부와 지방자치단체 간의 매개 역할을 수행하는 순기능적 측면이 있다.

9 **지방자치를 발전시켜 온 영·미 등에서 행정국가화, 광역화, 국제화 등으로 새롭게 등장하는 신중앙집권화에 대한 설명으로 옳지 않은 것은?**

① 능률성과 민주성이 조화되는 이념이다.

② 행정사무의 양적 증가와 질적인 전문성의 한계로 인한다.

③ 중앙재정에의 의존도가 높아졌다.

④ 권력적·수직적·기능적 집권에 해당한다.

10 **우리나라의 중앙정부와 지방정부 간 관계에 대한 설명으로 옳지 않은 것은?**

① 중앙정부와 지방정부 간의 인사교류 활성화는 소모적 갈등의 완화에 기여할 수 있다.

② 특별지방행정기관과 지방정부 간 기능이 유사·중복되어 갈등이 발생하기도 한다.

③ 중앙정부와 지방정부 간 재원 및 재정 부담을 둘러싼 갈등이 심화되고 있다.

④ 중앙정부와 지방정부 간 갈등을 해결하기 위하여 설치된 행정협의조정위원회의 결정은 강제력을 가진다.

정답및해설

1	②	2	③	3	②	4	③	5	①
6	④	7	④	8	③	9	④	10	④

1 집권화 · 분권화 촉진요인

집권화 촉진요인	분권화 촉진요인
• 교통 · 통신의 발달 • 행정의 능률성 향상 • 하위조직의 능력 부족 • 지도자의 강력한 리더십 • 행정의 획일적 · 통일적 처리 요구 • 소규모 영세조직과 신설조직의 경우 • 위기 존재시 신속한 결정을 위하여 • 특정 활동의 강조와 특정분야의 전문화	• 신속한 업무처리 • 유능한 관리자 양성 • 행정의 민주성 확보 • 민주적 통제의 강화 • 대규모 조직과 기성조직 • 지역실정에 맞는 행정의 구현 • 주변상황의 불확실성과 동태성 • 권한위임을 통한 부하의 사기앙양과 창의력의 계발 및 책임감의 강화

2 ③ 집권과 분권은 절대적 개념이 아니라 상대적 개념이며, 집권과 분권은 각각 장 · 단점이 있으므로 보완 · 균형되어야 한다.

3 ② 집권화 촉진의 요인이다.

4 ③ 세계화로 인한 경쟁의 심화는 중앙정부와 지방정부 간 기능적 분업화를 통한 경쟁력 향상을 요구하게 되면서 신지방분권의 동인이 되었다.
① 신중앙집권은 과거의 중앙집권과 달리 지방자치의 가치와 역사적 공헌을 인정하는 토대 위에 행정국가의 능률성 향상이라는 사회적 요청에 부응하기 위한 중앙과 지방 간의 권력 구조를 재편성하는 것이다.
② 정보통신기술발전은 시간과 공간을 단축시켜, 과거에는 불가능했던 국가의 지방정부에 대한 즉각적인 지시와 통제가 가능하게 만들어 신중앙집권화를 촉진시키는 요인도 되었다.
④ 도시와 농촌 사이의 경제적 · 사회적 불균형 해소를 위한 국가 관여 범위의 확대는 신중앙집권화의 촉진요인으로 작용했다.

5 ① 신중앙집권화는 수직적 · 권력적 · 관료적 집권이 아니라 수평적 · 비권력적 · 협동적 집권을 의미한다.
※ 전통적 중앙집권과 신중앙집권

전통적 중앙집권	지배적 · 강압적 집권	관료적 · 윤리적 · 후견적 집권	수직적 · 권력적 집권	절대군주국가시대의 중앙집권적 성격
신중앙집권	지도적 · 협동적 집권	사회적 · 지식적 · 기술적 집권	수평적 · 병렬적 · 비권력적 집권	민주성과 능률성의 조화, 중앙 · 지방의 새로운 협력관계

6 ④ 국민적 최저수준(National minimum)은 한 나라 전체국민의 생활복지상 필수불가결한 최소한도의 국민생활수준. 어느 지역에 거주하든 최소한의 행정서비스 향유하도록 하는 것으로 국가전체의 균형적 발전이나 복지국가와 관련되며 신중앙집권의 촉진요인이다. ②의 경우 냉전체제 등 국제정세의 불안정은 20세기 초 신중앙집권화의 촉진요인이며 탈냉전체제는 신지방분권화의 촉진요인이다.

7 ④ 통제의 방향은 수직적 관계에서 수평적 관계로의 전환이 바람직하다.

8 ③ 법인격·자치권을 가진 지방자치단체와 달리 특별지방행정기관(일선기관)은 법인격·자치권이 없다.

9 ④ 신중앙집권화는 비권력적·협력적·수평적·기능적 집권에 해당한다.

10 ④ 우리나라 중앙정부와 지방정부 간의 분쟁을 조정하는 국무총리 소속의 행정협의조정위원회는 직무이행명령권이나 대집행권이 없어 강제력을 지니지 않는다.

02 지방자치

section 1 지방자치의 의의

(1) 지방행정의 의의

① 지방행정의 개념

광의	행정의 주체에 관계없이 '일정한 지역 내에서 주민의 복지증진을 위해 행하는 일체의 행정'	자치행정＋위임행정＋관치행정	후진국	주체를 고려 안 함
협의	일정한 지역 내에서 수행하는 행정 중에서 '지방자치단체가 처리하는 행정'	자치행정＋위임행정 (자치·관치2원형)	대륙형 (단체자치) 우리나라, 일본	주체를 고려함 (지방정부가 수행)
최협의	지방주민이 그들의 일상생활에 관련된 사무를 중앙정부에 의하지 않고 자신들의 의사와 책임 하에 스스로 또는 대표자를 통하여 처리하는 행정	자치행정 (완전자치형)	영미형 (주민자치) 스위스, 호주	

② **지방행정의 특징** ⋯ 일선행정·대화행정, 생활행정·급부행정, 비권력적 행정, 지역행정, 종합행정, 집행적 행정(중앙정부는 계획의 수립과 통제기능을 주로 하지만 지방정부는 집행기능을 주로 수행)

(2) 지방자치의 개념

① **지방자치** ⋯ 일정한 지역의 주민이 그 지역 내 사무를 자주재원으로 자기책임 하에 스스로 또는 그 대표자를 통해 처리하는 것을 말한다.

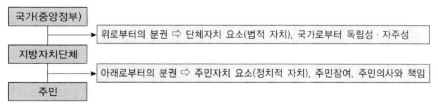

② **지방자치의 3대 구성요소** ⋯ 지역(구역), 주민, 자치권

  ＊4대요소로 지방사무 추가

📖 **지방자치의 이념과 사상적 계보에 대한 설명으로 가장 옳은 것은?**

▶ 2019. 6. 15 제2회 서울특별시

① 자치권의 인식에서 주민자치는 전래권으로, 단체자치는 고유권으로 본다.

② 주민자치는 지방분권의 이념을, 단체자치는 민주주의 이념을 강조한다.

③ 주민자치는 의결기관과 집행기관을 분리하여 대립시키는 기관분리형을 채택하는 반면, 단체자치는 의결기관이 집행기관도 되는 기관통합형을 채택한다.

④ 사무구분에서 주민자치는 자치사무와 위임사무를 구분하지 않지만, 단체자치는 이를 구분한다.

> **Tip** ① 자치권의 인식에서 주민자치는 고유권으로, 단체자치는 전래권으로 본다.
> ② 주민자치는 민주주의 이념을, 단체자치는 지방분권의 이념을 강조한다.
> ③ 주민자치는 의결기관과 집행기관이 통합된 기관통합형을, 단체자치는 의결기관과 집행기관이 분리대립된 기관대립형을 채택한다.

∥정답 ④

(3) 지방자치의 필요성

① 정치적 필요성
ㄱ 독재정치의 방파제 역할을 한다.
ㄴ 민주주의 이념의 실현 수단이 된다.
ㄷ 정국혼란의 지방확산 방지의 효과가 있다.
ㄹ 민주주의 훈련장(주민의 정치교육)이 된다.

② 행정적·기술적 필요성
ㄱ 행정의 민주성을 제고한다.
ㄴ 정책의 지역적 실험이 용이하다.
ㄷ 지역실정에 맞는 행정수행이 요구된다.
ㄹ 중앙과 지방의 능률적 업무분담이 요구된다.

(4) 자치권

① 의의 … 지방자치단체가 그 존립목적을 실현하기 위해 가지는 일정한 범위의 권리나 권한을 말한다. 해당 지역의 문제를 그 주민들이 스스로 처리하도록 제도적으로 보장하고 있는 권리이다.

② 본질
ㄱ 고유권설(지방권설, 독립설, 확인설): 주민자치와 관련. 지방자치단체는 독자의 고유한 정치적 지배권을 향유한다고 보는 이론으로 자연법 사상과 역사적 연유관에 기반을 두고 있다.
ㄴ 전래권설(국권설, 수탁설[受託設]): 단체자치와 관련. 자치권은 국권으로부터 유래한 것으로 본다. 근대의 지방자치는 민족통일국가의 성립을 전제로 하므로, 지방자치단체는 국가 법률의 창조물이며 고유사무가 설정되어도 국가 법률에 의해 수탁된 결과이고, 사무집행 시 국가의 강력한 감독을 받는다. 다만, 자치단체는 독립된 법인격을 가진 단체로서 자기이익을 위해 자기 권리로서 지배권을 행사할 수 있을 뿐이다.

③ 내용
ㄱ 자치입법권: 지방자치단체가 자치권의 한 발현으로서 스스로 법규를 정립할 수 있는 권한을 말한다. 조례(지방의회에서 제정)와 규칙(자치단체의 장이 제정)이 있다.
ㄴ 자치재정권: 자기사무를 수행하는 데 필요한 경비를 충당하기 위해 자주적으로 재원을 조달·관리하는 권능을 말한다.
ㄷ 자치행정권: 자기의 독자적 사무를 가지고 원칙적으로 국가의 관여를 받지 않고 사무를 자주적으로 처리할 수 있는 권능을 말한다.

㉣ **자치조직권** : 지방자치단체가 자기의 조직을 국가의 관여로부터 벗어나 자주적으로 결정하는 권능을 말한다.

(5) 지방자치의 유형 — 주민자치와 단체자치

구분	주민자치	단체자치
의의	지역의 문제를 지역 주민이 자신의 책임 하에 스스로 처리한다는 영국식 모델	국가로부터 상대적으로 독립한 지방정부가 일정사무를 처리한다는 대륙형 모델
자치의 의미 자치의 중점	정치적 의미(민주주의 사상)의 자치 지방정부와 주민과의 기능적 협력관계에서 주민참여에 중점(아래로부터의 참여) → 주민의 권리(참여) 중시	법률적 의미(지방분권주의)의 자치 중앙정부와 자치단체와의 권력적 관계에서 자치단체의 독립에 중점(위로부터의 독립) → 자치단체의 권능(자치권) 중시
자치권의 본질	고유권설(확인설) : 자연적·천부적 권리로서 국가 이전의 권리. 민주주의와 직접적인 관련 있음	전래권설(수탁설·국권설) : 국가에 의해 수여된 실정법상의 권리. 민주주의와 직접적인 관련 없음
자치권의 범위	광범위	협소
중앙통제방법	입법적·사법적 통제 위주(소극적 통제)	행정적 통제 위주(적극적 통제)
수권방법	개별적 수권주의(개별적 지정주의)	포괄적 수권주의(개괄적 위임주의)
중앙과 지방관계	비권력적 감독(기능적 상호협력)	권력적 감독
사무의 구분	고유사무(국가사무와 지방사무의 구분 없음)	고유사무와 위임사무(국가사무와 지방사무의 구분 있음)
자치단체의 성격	단일적 성격(지방자치단체의 성격만 지님)	이중적 성격(지방자치단체이자 국가의 하급행정기관)
기관구성형태	기관통합형(의회제, 위원회제)	기관대립형(의결기관과 집행기관으로 분리)
기관 간 우월적 지위	의결기관 우월주의	집행기관(長) 우월주의
지방세제	독립세주의(조세종목 단순), 분리과세	부가세주의(지방세 수입의 종류 복잡), 중복과세
대표국가	영국형 모델	독일·프랑스 중심의 대륙형 모델

문 우리나라의 지방자치계층에 대한 설명으로 옳지 않은 것은?
▶ 2017. 4. 8 인사혁신처

① 제주특별자치도는 자치계층 측면에서 단층제로 운영되고 있다.
② 자치계층은 주민공동체의 정책 결정 및 집행의 단위로서 정치적 민주성 가치가 중요시된다.
③ 세종특별자치시의 관할구역으로 자치구를 둘 수 있다.
④ 자치계층으로 군을 두고 있는 광역시가 있다.

> **Tip** 세종특별자치시의 관할구역에는 「지방자치법」 제2조 제1항 제2호의 지방자치단체(시, 군, 구)를 두지 아니한다〈세종특별자치시 설치 등에 관한 특별법 제6조 제2항〉.

문 지방자치단체의 계층구조에 대한 설명으로 옳지 않은 것은?
▶ 2011. 4. 9 행정안전부

① 계층구조는 각 국가의 정치형태, 면적, 인구 등에 따라 다양한 형태를 갖는다.
② 중층제에서는 단층제에서보다 기초자치단체와 중앙정부의 의사소통이 원활하지 못할 수 있다.
③ 단층제는 중층제보다 중복행정으로 인한 행정지연의 낭비를 줄일 수 있다.
④ 중층제는 단층제보다 행정책임을 보다 명확하게 할 수 있다.

> **Tip** 중층제는 계층이 많으므로 단층제보다 행정 책임이 모호해질 수 있다.

정답 ③, ④

533

기출문제

지방자치의 두 요소인 주민자치와 단체자치에 대한 설명으로 가장 옳은 것은?
▶ 2018. 6. 23 제2회 서울특별시

① 주민자치의 원리는 주로 영국과 미국에서 발달하였으며, 단체자치의 원리는 주로 독일과 프랑스에서 발달하였다.
② 주민자치가 지방자치의 형식적·법제적 요소라고 한다면, 단체자치는 지방자치를 실현하기 위한 내용적·본질적 요소라고 할 수 있다.
③ 단체자치에서는 법률에 의해 권한이 명시적·한시적으로 규정되어 사무를 자주적으로 처리할 수 있는 재량의 범위가 크다.
④ 단체자치에서는 입법통제와 사법통제가 주된 통제방식이다.

Tip ② 단체자치가 지방자치의 형식적·법제적 요소라고 한다면, 주민자치는 지방자치를 실현하기 위한 내용적·본질적 요소라고 할 수 있다.
③ 법률에 의해 권한이 명시적·한시적으로 규정되어 사무를 자주적으로 처리할 수 있는 재량의 범위가 큰 것은 주민자치이다.
④ 단체자치에서는 행정통제가 주된 통제방식이다. 입법통제와 사법통제가 주된 통제방식인 것은 주민자치이다.

| 정답 ①

(6) 지방자치와 민주주의의 관계

관계긍정설(관계긴밀설)	관계부정설
주로 고유권설에 입각한 영미계의 주민자치에 근거	주로 전래권설에 입각한 대륙계의 단체자치에 근거
펜터브릭(K. Panter−Brick), 브라이스(J. Bryce), 토크빌(A. Tocqueville), 라스키(H. Laski)	랑그로드(G. Langrod), 켈젠(H. Kelsen), 벤슨(G. Benson), 무렝(L. Moulin)

※ 토크빌(A. Tocqueville) 「미국 민주주의」 −"지방자치의 자유에 대한 관계는 초등학교의 학문에 대한 관계와 같으며, 지방자치 없이도 국가는 자유로운 정부를 수립할 수 있어도 자유정신을 가질 수는 없다."
※ 브라이스(J. Bryce) 「근대민주주의론」 −소규모 자치단체는 민주주의의 원천. "지방자치를 실시하는 것이 민주주의의 최선의 학교이며 민주주의 성공을 위한 가장 확실한 보증인이며 민주주의의 풀뿌리이다."

section 2 지방자치단체의 구조

(1) 지방자치단체의 종류

① **보통(일반)지방자치단체** … 존립목적, 조직, 권능, 구성 등이 일반적·보편적·종합적 성격을 가진 자치단체

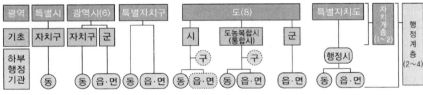

※ 인구 50만 이상 시에 구(행정구)를 둔 경우 구에 읍·면을 둘 수 있음. 도농복합형태의 시에는 행정구 설치와 상관없이 읍·면을 둘 수 있음.
※ 동 밑에 통, 읍·면 밑에 리를 둘 수 있으나 통·리는 하부행정기관이 아니므로 행정계층에 포함시키지 않음. 통장·이장은 명예직(공무원 아님)

　　㉠ **광역지방자치단체**(제2차적·상급·중간 자치단체) : 17개−특별시, 광역시(6), 도(8), 특별자치도(제주), 특별자치시(세종)
　　정부의 직할 하에 둠. 법적 지위는 동일하나 서울특별시·세종특별자치시·제주특별자치도는 지위·조직·운영상 특례를 인정한다.

　　㉡ **기초지방자치단체** : 시, 군, 자치구

② **특별지방자치단체** … 자치행정상의 정책적 관점에서 특정한 목적을 수행하거나 특수한 행정사무를 처리하기 위하여, 또는 행정사무의 공동처리를 위하여 설치되는 지방자치단체이다.

예 지방자치법상 지방자치단체조합, 지방공기업법상 지방공기업 조합

(2) 지방자치단체의 계층

구분	단층제 (single-tier system)	중층제 · 다층제 (multi-tier system)　＊2층제
의의	• 나의 구역 안에 단일의 자치단체만 존재 • 국가와 자치단체 사이에 중간자치단체가 없음 • 지방행정의 종합화를 추구하며 주민자치 전통이 강한 영국에서 유래	• 하나의 구역 안에 여러 자치단체가 중첩된 구조(하나의 일반자치단체가 다른 일반자치단체를 포괄) • 국가와 [기초]자치단체 사이에 중간 [광역]자치단체가 있음 • 광역행정을 통해 능률성을 제고하고자 하며 단체자치 전통이 강한 프랑스에서 유래.
장점	• 행정계층 수가 적어 이중행정이나 이중감독의 폐단을 방지, 경유기관을 줄여 행정의 지연을 방지하고 신속한 행정, 거래비용 · 의사전달비용 감소 • 행정책임의 명확화(단독의 지방정부가 주민생활행정에 대한 책임을 명확히 지게 됨) • 다층제보다 자치단체의 자치권, 지역의 특수성 · 개별성 존중 • 중앙정부와 주민 간 의사소통이 다층제보다 원활, 주민의사의 누수 방지 • 모든 자치단체가 수평적 대등관계에서 상호 간 경쟁 · 협력 · 분담관계를 활성화 • 중간단계가 없으므로 '작은 정부' 차원에서 볼 때 규모의 축소가 구현됨	• 지방정부 간 수직적 분업체계, 행정기능의 적정관리규모에 맞도록 행정구역을 구획하여 전문성 · 효율성 제고(광역 : 전략적 기능, 기초 : 전술적 기능) • 중간자치단체가 보완, 대행, 감독, 광역행정기능 수행(기초자치단체의 능력 부족을 보완, 기초자치단체간 갈등의 사전 조정, 여러 기초자치단체를 포괄하는 광역적 사무 수행) • 국토가 넓고 인구가 많은 대규모 국가에 적합 • 국가와 자치단체 간 원활한 관계 유지, 중앙의 직접통치가 광역자치단체의 감독으로 대체되어 중앙정부의 과도한 감독 · 간섭으로부터 기초자치단체를 보호, 광역자치단체를 통한 국가의 감독기능은 유지됨 • [기초]자치단체의 구역이 작아 주민의 접근성 증대, 주민참여 용이, 행정수요에 대한 지방정부의 대응성 민감성 향상 • 지방행정의 역사적 발전과정 반영(혈연 · 지연적 공동체는 기초자치단체, 중앙정부 수립 후 중앙에서 관리를 파견해 통치권을 행사한 것은 광역자치단체)

問 우리나라 지방자치에 대한 설명으로 옳은 것은?

▶ 2020. 7. 11. 인사혁신처

① 자치사법권은 인정되고 있다.
② 지방자치단체의 예산안 편성권은 지방자치단체장에 속한다.
③ 자치입법권은 지방의회만이 행사할 수 있는 전속적 권한이다.
④ '세종특별자치시'와 제주특별자치도의 '제주시'는 기초자치 단체로서 자치권을 가지고 있다.

Tip ① 자치권에는 자치입법권, 자치재정권, 자치행정권, 자치사법권 등이 있으나 우리나라의 경우 자치사법권은 인정되지 않는다.
③ 자치입법권은 지방의회에 의한 조례제정권과 지방자치단체의 집행기관 장(자치단체장, 교육감)의 규칙제정권이 있다.
④ 세종특별자치시 · 제주특별자치도는 단층제로 운영되는 광역자치단체이며 자치권을 갖는다.
제주특별자치도의 제주시나 서귀포시는 지방자치단체가 아닌 행정시이며 자치권이 없다.

정답 ②

기출문제

● 지방자치의 두 요소인 주민자치와 단체자치에 대한 설명으로 가장 옳은 것은?

▶ 2018. 6. 23 제2회 서울특별시

① 주민자치의 원리는 주로 영국과 미국에서 발달하였으며, 단체자치의 원리는 주로 독일과 프랑스에서 발달하였다.

② 주민자치가 지방자치의 형식적·법제적 요소라고 한다면, 단체자치는 지방자치를 실현하기 위한 내용적·본질적 요소라고 할 수 있다.

③ 단체자치에서는 법률에 의해 권한이 명시적·한시적으로 규정되어 사무를 자주적으로 처리할 수 있는 재량의 범위가 크다.

④ 단체자치에서는 입법통제와 사법통제가 주된 통제방식이다.

Tip ② 단체자치가 지방자치의 형식적·법제적 요소라고 한다면, 주민자치는 지방자치를 실현하기 위한 내용적·본질적 요소라고 할 수 있다.
③ 법률에 의해 권한이 명시적·한시적으로 규정되어 사무를 자주적으로 처리할 수 있는 재량의 범위가 큰 것은 주민자치이다.
④ 단체자치에서는 행정통제가 주된 통제방식이다. 입법통제와 사법통제가 주된 통제방식인 것은 주민자치이다.

단점	• 광역적 행정·개발사무처리에 부적합 • 자치단체 간 갈등이 중앙의 이슈로 될 가능성이 많으며 사전조정 곤란 • 국토가 넓고 인구가 많은 대규모 국가에 부적합(중앙정부의 통솔범위가 넓어져 다수의 지방정부 통제·조정 곤란) • 중앙집권화와 중앙정부의 비대화 우려(광역자치단체라는 여과장치가 없어 자치단체의 능력을 초월하는 사무는 중앙정부가 직접 처리하고 지방정부는 중앙정부에 대항할 힘과 능력을 갖추지 못해 민주주의가 위협받을 수 있음) • 계층 수 축소는 구역의 크기를 확대시켜 다층제보다 행정서비스에 대한 주민의 접근성 저하, 주민참여 곤란, 행정수요에 대한 지방정부의 대응성·민감성 둔화	• 이중감독, 이중행정의 폐단으로 인한 비능률, 경유기관 증대로 인한 행정지연과 거래비용·의사전달비용 증대 • 중간자치단체와 기초자치단체 간 행정책임의 불명확성(책임의 전가, 행정책임의 사각지대 발생) • 지역별 특수성·개별성 경시(기초자치단체의 특수성을 무시하고 구역 내 모든 행정기능을 광역자치단체가 획일적으로 처리), 기초자치단체의 자율성 침해 • 국가와 주민 간 상향적 의사전달과 하향적 행정침투의 왜곡·저해 • 광역자치단체가 기초자치단체 간 자율적 경쟁·협력관계에 대해 간섭·통제하므로 자치단체의 외교적 역량의 성장을 방해

(3) 지방자치단체의 기관구성

① 기관통합형과 기관대립형(의결기관과 집행기관의 분리·통합 여부)

구분	기관통합형 (의원내각제형·일원형[一元型])	기관대립형·기관분립형 (대통령중심제형·이원형[二元型])
의미	권력통합주의에 입각해 지방자치단체의 정책 결정기능(의결기능)과 집행기능을 모두 단일기관에 집중·귀속시키는 유형. 주민이 직접 선출한 지방의회가 지방행정관료를 지휘하고, 자치사무를 집행. 보통 의회의장이 자치단체장을 겸직	권력분립주의에 입각하여 정책 결정기능(의결기능)과 집행기능을 각각 분리하여 다른 기관에 분담시키고 기관 간 견제와 균형(checks and balances)을 통해 자치행정을 수행함. 집행기관의 전문성을 중시하는 형태
채택국가	• 전통적으로 주민자치형 국가에서 주로 채택 • 현재 영국·프랑스에서 주로 채택	• 전통적으로 유럽대륙의 단체자치형 국가에서 주로 채택 • 현재 일본·우리나라·이탈리아에서 채택

‖ 정답 ①

장점	• 지방행정의 권한·책임이 의결기관인 지방의회에 집중되므로, 민주정치와 주민에 대한 책임행정 구현 용이 • 의결·집행기관 간 대립·갈등이 적으므로, 지방행정의 안정성·능률성(효율성) 확보 • 의결·집행기관의 단일화에 따른 정책효과의 극대화 • 소규모 기초자치단체에서 채택 용이	• 견제와 균형 원리의 실현 • 행정의 전문성 향상 • 단일 지도자를 통한 행정의 종합성·통일성 확보. 행정책임 소재가 명확 • 행정부서 간 분파주의의 배제 – 자치단체장에 의한 조정·통합
단점	• 견제와 균형을 통한 민주정치의 이익 손상 • 행정의 전문화·분업화 저해 • 단일의 지도자가 없어서 행정의 종합성·통일성 약화, 행정책임 소재의 불명확 • 지방행정이 정치적 영향력에 좌우됨 • 실·국 간 조정 곤란에 따른 할거주의(분파주의) – 의회의 정치적 파벌주의가 집행 부서 간에도 확산	• 집행기관과 의결기관의 병존에 따른 비효율 • 의결·집행기관 간 대립·갈등시 지방행정의 안정성·능률성 확보 곤란

② **절충형** … 의결기관과 집행기관을 별도로 설치하지만, 상호 대립시키지 않는 유형. 의결기관과 집행기관의 분리라는 점에서 기관대립형의 요소를 지니지만, 의결기관과 집행기관이 대립하지 않는다는 점에서 기관통합형의 요소를 지님

section 3 지방자치단체의 의결기관 – 지방의회

(1) 의의 및 지위

① **성격** … 지방자치단체의 최고 의사결정기관이다. 주민에 의하여 선출된 지방의회의원을 구성원으로 하는 합의제 의사결정기관이다. 지방이익을 추구하는 점에서 국가이익을 추구하는 국회와 다르다. 지방의회는 단원제로 운영한다.

② **지위**

  ㉠ **주민의 대표기관** : 주민이 선출한 의원으로 구성되어 있다. 선출된 선거구 주민이 아닌 전체 주민을 대표하는 기관이다.

  ㉡ **의결기관(의사기관)** : 지방자치단체의 의사를 최종적으로 확정하는 권한을 지닌다.

  ㉢ **입법기관** : 자치법규인 조례 제정권은 지방의회의 전속적 권한이다.

① 「지방자치법」에서는 기관대립형 구조만을 채택하고 있다.
② 기관대립형은 행정책임의 소재가 분명하다는 장점이 있다.
③ 기관통합형은 영국의 의회형이 대표적이다.
④ 기관통합형은 의결기관과 집행기관을 이원적으로 구성해 상호견제와 균형을 도모한다.

> **Tip** 의결기관과 집행기관을 이원적으로 구성해 상호견제와 균형을 도모하는 것은 기관대립형이다.

① 지방의회는 법률에 위배되는 내용을 포함한 조례를 제정할 수 없다.
② 지방의회는 지방자치단체의 장을 감시하고 통제하는 기능을 하지만, 지방자치단체의 장에 대한 불신임권은 갖고 있지 않다.
③ 우리나라 지방자치단체의 기관구성 형태는 기관통합형이다.
④ 조례안이 지방의회에서 의결되면 의장은 의결된 날부터 5일 이내에 그 지방자치단체의 장에게 이를 이송하여야 한다.

> **Tip** ③ 우리나라 지방자치단체의 기관구성 형태는 의결기관과 집행기관이 분리된 기관대립형이다.
> ② 의장 및 부의장에 대한 불신임 결의권은 인정되지만, 지방자치단체장에 대한 불신임권은 인정되지 않는다.

‖정답 ④, ③

ⓔ **행정감시기관** : 의회의 결정사항이 집행기관에 의해 실현되는지 감시·확인한다.

ⓜ **헌법기관** : 헌법 118조는 지방자치단체에 의회를 두도록 한다(지방의회의 조직·권한·의원선거에 대한 사항은 법률로 정함)

(2) 지방의회의원

① 지방의회의원의 선출

ⓐ 주민의 보통·평등·직접·비밀선거로 선출한다.

ⓛ **지역구 의원** : 광역의회의원 선거는 소선거구제(1인 선출), 기초의회의원 선거는 중선거구제(2~4인 선출)

ⓒ **비례대표 의원** : 비례대표 의원 정수는 지역구 지방의회의원 정수의 10%. 정당이 비례대표 후보자 추천시 50% 이상을 여성으로 추천해야 한다(명부 순위 매 홀수에 여성 추천). 다른 선출직과 달리 주민소환투표 대상이 아니다.

ⓔ **정당참여** : 지방의원 선거에서의 정당참여·정당공천을 허용한다

② 지방의회의원의 지위와 신분

ⓐ **지위** : 임기 4년, 정무직 지방공무원, 연임 제한 없고 명예직 규정은 삭제되었다(전문성이 요구되는 직무로 보기 때문에).

ⓛ **면책특권·불체포특권 없음** : 지방의회의원은 국회의원과 달리 면책특권·불체포특권은 없으며 체포·구금이나 형사사건 판결이 확정된 때 의장에게 알려야 한다.

ⓒ **지방의회의원에게 지급되는 비용** : 의정활동비, 여비 월정수당

ⓔ **겸직 금지** : 국회의원, 다른 지방의회의 의원, 헌법재판소재판관, 각급 선거관리위원회 위원, 국가·지방공무원, 「공공기관의 운영에 관한 법률」상 공공기관(KBS, EBS, 한국은행 포함) 및 지방공사·지방공단의 임직원, 농업협동조합·수산업협동조합·산림조합·엽연초생산협동조합·신용협동조합·새마을금고의 임직원과 이들 조합·금고의 중앙회장이나 연합회장, 정당의 당원이 될 수 없는 교원, 다른 법령에 따라 공무원의 신분을 가지는 직을 겸할 수 없다.

ⓜ **영리목적의 거래 및 직무관련 영리행위 제한** : 지방의회의원은 해당 지방자치단체 및 공공단체와 영리를 목적으로 하는 거래를 할 수 없으며, 이와 관련된 시설이나 재산의 양수인 또는 관리인이 될 수 없다. 지방의회의원은 소관 상임위원회의 직무와 관련된 영리행위를 하지 못하며, 그 범위는 해당 지방자치단체의 조례로 정한다.

(3) 지방의회의 권한

① 의결권 … 지방의회는 다음 사항을 의결한다.

  ㉠ 조례의 제정 · 개정 및 폐지

  ㉡ 예산의 심의 · 확정

  ㉢ 결산의 승인

  ㉣ 법령에 규정된 것을 제외한 사용료 · 수수료 · 분담금 · 지방세 또는 가입금의 부과와 징수

  ㉤ 기금의 설치 · 운용

  ㉥ 대통령령으로 정하는 중요 재산의 취득 · 처분

  ㉦ 대통령령으로 정하는 공공시설의 설치 · 처분

  ㉧ 법령과 조례에 규정된 것을 제외한 예산 외의 의무부담이나 권리의 포기

  ㉨ 청원의 수리와 처리

  ㉩ 외국 지방자치단체와의 교류협력에 관한 사항

  ㉪ 그 밖에 법령에 따라 그 권한에 속하는 사항

② 행정감시권

  ㉠ 행정사무 감사 및 조사권

구분	행정사무감사	행정사무조사
대상	행정사무 전반	특정 사안(구체적 · 한정적)
시기 · 요건	매년 1회 정기적(정례회 회기 내에 실시)(광역 14일, 기초 9일 범위)	재적의원 1/3 이상 연서로 발의, 본회의 의결로 조사. 실시 시기 제한 없음
대상기관	상임위원회 소관의 전체기관	특정 사안 관련기관
주체	본회의, 위원회(소관 상임위원회, 특별위원회)	
공개원칙	공개(위원회 의결로 비공개 가능)	

  ㉡ 자치단체장에 대한 서류제출요구권 : 본회의나 위원회는 그 의결로 안건의 심의와 직접 관련된 서류의 제출을 해당 지방자치단체장에게 요구할 수 있다(폐회 중에 의원으로부터 서류제출요구가 있을 때에는 의장은 이를 요구할 수 있음).

  ㉢ 행정사무 처리상황 보고 및 출석 · 답변 요구권

  ㉣ 의견표시권 : 자치단체 폐치 · 분합이나 명칭 · 구역 변경시 주민투표를 거치지 않은 경우, 지방의회의 의견을 들어야 한다. 의견서가 제출되면 자치단체는 그것을 수리할 의무가 있지만 반드시 그 의견에 구속되는 것은 아니다.

문 우리나라 지방자치제에 대한 설명으로 옳지 않은 것은?
▶ 2016. 4. 9 인사혁신처

① 지방자치단체의 의사를 결정하는 의결기관과 의사를 집행하는 집행기관을 이원적으로 구성하는 기관대립(분립)형이다.

② 지방분권화의 세계적 흐름에 따라 지방사무의 배분방식은 제한적 열거방식을 채택하고 있다.

③ 자치경찰제는 현재 제주특별자치도에서만 실시되고 있다.

④ 특별지방행정기관은 중앙행정기관이 소관 사무를 집행하기 위해 설치한 지방행정기관이며, 세무서와 출입국관리사무소는 특별지방행정기관에 해당한다.

Tip 우리나라는 예시적 포괄주의로 지방사무를 배분하고 있다. 지방자치법에서 포괄적 예시만 하고, 동법 시행령에서 광역과 기초 간 사무배분을 하고 있다.

정답 ②

section 4 지방자치단체의 집행기관 – 지방자치단체장

(1) 의의

① 의결기관인 지방의회의 결정에 따라 지방자치단체의 목적을 구체적·적극적으로 실현해 나가는 최고집행기관이다.

② 해당 지방자치단체를 대표하며 교육·학예사무를 제외한 지방자치단체의 일반적인 집행업무를 총괄한다.

(2) 지위

① **주민의 대표기관** … 주민이 선출한 주민의 대표기관이다.

② **지방자치단체의 대표기관** … 외부에 대해 지방자치단체를 대표하는 기관이다.

③ **지방자치단체의 행정수반** … 지방자치단체의 사무(고유사무·단체위임사무)를 실질적으로 집행하는 최고책임자이다.

④ **국가(또는 상급자치단체)의 하급행정기관** … 국가의 사무를 수임·처리(기관위임사무)할 경우 하급행정기관의 지위를 지닌다.

⑤ 정치지도자로서의 지위, 지방의회 견제기관이다.

(3) 신분

① **선거·임기** … 주민의 보통·평등·직접·비밀선거로 선출(정당공천 허용)한다. 정무직 지방공무원. 임기 4년, 계속 재임(연임)은 3기에 한한다.

② **겸임 금지** … 대통령, 국회의원, 헌법재판관, 각급 선관위 위원, 지방의회의원, 국가·지방공무원, 다른 법령의 규정에 따라 공무원 신분을 가지는 직, 「공공기관의 운영에 관한 법률」상 공공기관(KBS, EBS, 한국은행 포함) 및 지방공사·지방공단 임직원, 농협동조합·수산업협동조합·산림조합·엽연초생산협동조합·신용협동조합·새마을금고의 임직원, 교원을 겸임할 수 없음. 겸임할 수 없는 직에 취임시 당연퇴직 사유가 된다.

③ **영리목적 거래 및 영리사업 종사 금지** … 재임 중 그 지방자치단체와 영리 목적의 거래를 하거나 그 지방자치단체와 관계있는 영리사업에 종사할 수 없다.

(4) 권한

① **통할·대표권** … 지방자치단체를 대표하고 사무를 통할한다(단, 교육·학예사무 통할권은 교육감이 지님).

② **사무의 관리 · 집행권** … 지방자치단체장은 해당 지방자치단체의 사무(자치사무와 단체위임사무)와 법령에 의하여 그 지방자치단체장에게 위임된 사무(기관위임사무)를 관리 · 집행한다.

③ **사무위임권** … 권한의 수직적 위임, 권한의 수평적 위탁, 권한의 민간위탁, 권한의 재위임 등을 수행한다.

④ **소속직원 임면 및 지휘 · 감독권** … 소속 직원을 지휘 · 감독하고 법령과 조례 · 규칙으로 정하는 바에 따라 그 임면 · 교육훈련 · 복무 · 징계 등에 관한 사항을 처리한다.

⑤ **지도 · 감독권** … 자치단체장은 소속 각급 행정관청을 지도 · 감독하며, 상급자치단체는 하급자치단체를 지도 · 감독한다.

⑥ **규칙제정권** … 법령이나 조례가 위임한 범위에서 그 권한에 속하는 사무에 관하여 규칙 제정 가능하다.

⑦ **재정에 관한 권한** … 예산편성권과 집행권 및 지방채 발행권 등.

⑧ **기관 · 시설 설치권**

⑨ **지방의회에 대한 권한** … 의회 출석 · 진술권, 임시회 소집 요구권, 의안 발의권, 예산안 발의권, 의회 부의 안건의 공고권, 조례공포권(이송 20일 이내에 공포), 재의요구 및 제소권, 선결처분권, 지방의회 사무직원의 임명권.

(5) 부단체장

① 신분 · 선임방식

	자치단체	부단체장 정수	부단체장의 공직분류	
광역	특별시	3명	행정부시장 (2인)	정무직 국가공무원
			정무부시장 (1인)	정무직 지방공무원
	광역시 · 특별자치시 도 · 특별자치도	2명 (인구 800만 이상 광역시 · 도는 3명)	행정부시장 · 부지사	일반직 국가공무원 (고위공무원단 가 등급)
			정무부시장 · 부지사	별정직 1급 상당 지방공무원이나 지방관리관
기초	시 · 군 · 자치구	1명	일반직 지방공무원(직급은 인구규모에 따라 지방 서기관 · 부이사관 · 이사관)	
	인구 100만 이상 대도시	2명	일반직(지방이사관), 별정직(2급 상당) 또는 임기제 지방공무원	

🔍 우리나라 지방자치제에 대한 설명으로 옳지 않은 것은?

▶ 2016. 4. 9 인사혁신처

① 지방자치단체의 의사를 결정하는 의결기관과 의사를 집행하는 집행기관을 이원적으로 구성하는 기관대립(분립)형이다.

② 지방분권화의 세계적 흐름에 따라 지방사무의 배분방식은 제한적 열거방식을 채택하고 있다.

③ 자치경찰제는 현재 제주특별자치도에서만 실시되고 있다.

④ 특별지방행정기관은 중앙행정기관이 소관 사무를 집행하기 위해 설치한 지방행정기관이며, 세무서와 출입국관리사무소는 특별지방행정기관에 해당한다.

> **Tip** 우리나라는 예시적 포괄주의로 지방사무를 배분하고 있다. 지방자치법에서 포괄적 예시만 하고, 동법 시행령에서 광역과 기초 간 사무배분을 하고 있다.

정답 ②

기출문제

문 「지방자치법」상 지방의회의 의결사항으로 옳은 것만을 모두 고른 것은?

▶ 2013. 8. 24 제1회 지방직

㉠ 예산의 심의 · 확정
㉡ 법령에 규정된 수수료의 부과 및 징수
㉢ 외국 지방자치단체와의 교류협력에 관한 사항

① ㉠, ㉡
② ㉠, ㉢
③ ㉠, ㉡, ㉢
④ ㉡, ㉢

> **Tip** 법령에 규정된 수수료는 법령에 따라 부과 및 징수하므로 지방의회의 의결사항이 아니다. 지방의회는 법령에 규정되지 않은 수수료 등의 부과 및 징수에 대해 의결한다.

문 「지방자치법」상 지방의회에 대한 내용으로 옳지 않은 것은?

▶ 2018. 4. 7 인사혁신처

① 지방의회는 조례로 정하는 바에 따라 위원회를 둘 수 있으며, 위원회의 종류는 상임위원회와 특별위원회로 한다.
② 지방의회는 그 의결로 소속 의원의 사직을 허가할 수 있다. 다만, 폐회 중에는 의장이 허가할 수 있다.
③ 의장은 의결에서 표결권을 가지지 못하며, 찬성과 반대가 같으면 부결된 것으로 본다.
④ 지방의회에서 부결된 의안은 같은 회기 중에 다시 발의하거나 제출할 수 없다.

> **Tip** 의장은 의결에서 표결권을 가지며, 찬성과 반대가 같으면 부결된 것으로 본다〈지방자치법 제64조 제2항〉.

정답 ②, ③

② 권한대행과 직무대리

권한대행	법과 조례 · 규칙에서 정하는 바에 따라 부단체장이 자치단체장의 권한에 속하는 사무를 처리 ㉠ 지방자치단체장이 ⓐ 궐위된 경우, ⓑ 공소 제기된 후 구금상태에 있는 경우, ⓒ 「의료법」에 따른 의료기관에 60일 이상 계속하여 입원한 경우 부단체장이 그 권한을 대행 ㉡ 지방자치단체장이 그 직을 가지고 그 지방자치단체장 선거에 입후보하면 예비후보자 또는 후보자로 등록한 날부터 선거일까지 부단체장이 그 지방자치단체장의 권한을 대행
직무대리	지방자치단체장이 출장 · 휴가 등 일시적 사유로 직무를 수행할 수 없으면 부단체장이 그 직무를 대리함

(6) 지방자치단체의 집행기관

지방자치단체장	특별시장, 광역시장, 특별자치시장, 도지사, 특별자치도지사, 시장, 군수, 자치구청장
보조기관	① 부단체장, ② 지방자치단체의 각 행정기구(실 · 본부 · 국 · 과), ③ 지방공무원
소속행정기관	사업소, 출장소, 합의제행정기관, 자문기관, 직속기관(소방기관, 교육훈련기관, 보건진료기관, 시험연구기관, 중소기업지도기관, 자치경찰기관[제주특별자치도에 한함])
하부행정기관(장)	자치구가 아닌 구(구청장), 읍(읍장), 면[행정면](면장), 동[행정동](동장)
교육 · 과학 · 체육기관	지방자치단체의 교육 · 과학 · 체육에 관한 사무를 분장하기 위해 별도의 기관을 둠

Point 지방의회와 지방자치단체장 상호 간 권한 – 우리나라 지방자치단체 정부조직은 집행기관 우위의 기관대립형

구분	지방자치단체장이 지방의회에 대해 갖는 권한	지방의회가 지방자치단체장에 대해 갖는 권한
평상적 관계 (협력관계, 견제와 균형)	의안발의, 조례공포, 예산안 편성 · 제출, 임시회 소집요구권, 의회 출석 및 진술, 지방의회 사무직원의 임명권, 지방의회의원의 선거일 공고	의결권, 조례제정권, 예산심의 · 의결권, 결산승인권, 행정사무 감사 · 조사권, 지방자치단체장의 출석증언 · 의견진술 · 서류제출의 요구, 행정사무처리상황에 대한 질문
비상적 관계 (대립관계)	의회해산권(우리나라는 인정 안 됨) 재의요구권 및 제소권, 선결처분권	지방자치단체장에 대한 불신임의결(우리나라는 인정 안 됨)

section 5 지방자치단체의 사무

(1) 우리나라 지방자치단체의 사무

구분	자치사무(고유사무)	단체위임사무	기관위임사무
의의	주민의 복리증진과 지방자치단체 존립과 관련된 본래적 사무	국가나 상급자치단체가 지방자치단체에게 개별 법령에 의해 위임한 사무	국가나 상급자치단체가 포괄적 법령 근거에 의해 지방자치단체의 집행기관에게 위임한 사무
사무성질	지방적 이해를 갖는 사무	지방적 + 전국적 이해관계	전국적 이해관계
사무처리주체	지방자치단체	지방자치단체	지방자치단체장 (일선기관의 지위)
결정주체	지방의회	지방의회	국가(집행기관에 위임)
지방의회의 관여	가능	가능	불가능(단, 경비 부담시 관여 가능)
자치입법	조례, 규칙	조례, 규칙	규칙(조례 불가)
경비부담	지방자치단체가 부담 국가보조금은 장려적 보조금	위임기관과 지방자치단체 공동부담 국고보조금은 부담금 (일정 비율 분담)	전액 위임기관이 부담 국고보조금은 교부금 (전액 부담)
배상책임	지방 책임	국가·지방 공동책임	국가 책임
국가의 감독	합법성 통제 사후·교정적 감독	합법성+합목적성 통제 사후·교정적 감독	합법성+합목적성 통제 사후·교정적+사전·예방적 감독
예	지역소방, 상하수도, 오물처리 및 청소, 시장·병원·공원·도서관·운동장 설치, 초등학교 교육, 학교급식, 도시계획, 도서관, 지방세 부과·징수 등	보건소 운영, 시·군의 도세 징수, 시·도의 국세징수, 도의 국도 유지·수선, 광역자치단체의 하천 보수·유지, 국유하천 점유료 및 사용료 징수, 국민기초생활보장사무, 전염병예방접종, 재해구호 등	경찰, 징병, 민방위, 선거, 인구조사, 경제통계, 농업개발, 상공업 및 수산업 진흥업무, 공유수면매립면허, 지적, 국세조사, 병역자원관리

기출문제

문 지방자치단체의 사무에 관한 설명 중 가장 옳지 않은 것은?
▶ 2017. 3. 18 제1회 서울특별시
① 기관위임사무에 소요되는 비용은 원칙적으로 자치단체와 위임기관이 공동으로 부담한다.
② 지방의회는 단체위임사무에 대해 조사·감사를 시행한다.
③ 예방접종에 관한 사무는 통상 자치단체에 위임된 사무로 본다.
④ 자치사무에 대한 국가의 감독에서 적극적 감독, 즉 예방적 감독과 합목적성의 감독은 배제되는 것이 원칙이다.

> **Tip** 기관위임사무에 소요되는 비용은 원칙적으로 위임기관이 전액 부담한다.

문 단체위임사무와 기관위임사무에 대한 설명으로 옳지 않은 것은?
▶ 2020. 7. 11. 인사혁신처
① 지방의회는 기관위임사무에 대해 조례제정권을 행사할 수 없다.
② 보건소의 운영업무와 병역자원의 관리업무는 대표적인 기관위임 사무이다.
③ 중앙정부는 단체위임사무에 대해 사전적 통제보다 사후적 통제를 주로 한다.
④ 기관위임사무의 처리를 위한 비용은 국가가 부담한다.

> **Tip** 보건소의 운영업무는 단체위임사무이지만 병역자원의 관리업무는 기관위임사무이다.

정답 ①, ②

(2) 사무배분의 원칙

① **현지성의 원칙** … 사무배분이 지역주민의 직접적인 통제가 가능하도록 이루어져야 한다.

② **경제성(능률성)의 원칙** … 자치단체의 규모, 인력, 재원, 인구 수 등을 고려하여 광역자치단체와 기초자치단체 간의 사무배분이 능률을 극대화할 수 있는 방향으로 이루어져야 한다.

③ **공평성의 원칙** … 사무배분은 지방자치단체 간에 공평성 또는 형평성을 확보하는 방향으로 이루어져야 한다.

④ **행정책임 명확화의 원칙** … 특정사무를 전적으로 특정한 광역자치단체 또는 기초자치단체에 배분하여 사무(기능)가 상호 간에 중복되지 않도록 함으로써 책임소재를 명확히 한다.

⑤ **종합성의 원칙** … 행정이 국민에게 편의를 주고 능률적으로 처리되려면 종합적으로 행해져야 하고, 기획에서뿐만 아니라 실시단계에서도 중요하다.

section 6 지방재정

(1) 개념

지방자치단체가 그 존립목적인 주민의 복지향상을 실현하기 위하여 필요한 재원 확보 및 확보된 재원을 구체적으로 집행하는 일련의 경제활동을 말한다.

(2) 특성

① **다양성** … 주체의 다양성, 재원의 다양성, 규모의 다양성이 있다.

② **응익성** … 주민의 이익에 상용하는 재정부담이어야 한다.

③ **타율성** … 중앙재정에의 의존성이 강하다.

④ **비탄력성** … 지방자치단체의 경비에는 의무적 경비가 많다.

(3) 지방수입의 분류

① **자치단체의 자주성 정도**

　⊙ **자주재원** : 지방자치단체가 스스로 조달하는 재원으로 지방세 수입, 세외수입 등이 있다.

　ⓛ **의존재원** : 국가나 상급자치단체에 의존하여 확보하는 재원으로 지방교부세, 국고보조금 등이 있다.

② 용도의 제한 여부

　　㉠ 일반재원 : 용도의 제한없이 자유롭게 지출할 수 있는 재원으로 지방세, 지방교부세 등이 있다.

　　㉡ 특정재원 : 지출용도가 정해져 있는 재원으로 국고보조금이 해당된다.

③ 규칙적 확보 여부

　　㉠ 경상수입 : 매년 규칙적·안정적으로 확보할 수 있는 재원으로 지방세, 사용료, 수수료, 보통교부세 등이 있다.

　　㉡ 임시수입 : 불규칙적·임시적·가변적으로 확보할 수 있는 재원으로 특별교부세, 부동산 매각 수입, 지방채 수입 등이 있다.

Point 팁　4대 지방수입 … 지방세, 세외수입, 지방교부세, 국고보조금

(4) 지방재정자립도

① 개념 … 지방자치단체의 세입구조를 지방세 수입, 세외수입, 지방교부세, 보조금으로 분류할 경우 그 중에서 지방세 수입과 세외수입이 세입총액에서 차지하는 비율을 의미한다.

$$지방재정자립도 = \frac{자주재원(지방세·세외수입)}{세입총액(지방세·세외수입, 지방교부세, 보조금 등)} \times 100(\%)$$

② 주요 변수

　　㉠ 주민 1인당 지방세 부담능력

　　㉡ 재정규모

　　㉢ 자주재원 비율

　　㉣ 세출규모 중 투자비 총액의 비중

　　㉤ 잠재적 재원능력(자치단체 소유재산 등)

　　㉥ 개발재정수요(적을수록 재정력 강화)

　　㉦ 국가와 지방자치단체 간 기능배분과 재원배분 관계(일치할수록 재정력 강화)

③ 지방재정자립도 산출방식의 문제점

　　㉠ 지방정부의 재정규모를 고려하지 않기 때문에 지방정부의 재정능력을 파악할 수 없다. 재정자립도가 같다고 해서 지방정부의 재정능력까지 동일한 것은 아니기 때문이다.

　　㉡ 지방정부의 세출구조를 고려하지 않기 때문에 재정자립도에 의해 지방재정의 탄력성을 파악하기 곤란하다.

기출문제

문 **지방자치단체의 재정자립도에 대한 설명으로 가장 옳지 않은 것은?**

▶ 2019. 6. 15 제2회 서울특별시

① 재정자립도는 세입총액에서 지방세수입과 세외수입이 차지하는 비율을 나타낸다.

② 자주재원이 적더라도 중앙정부가 지방교부세를 증액하면 재정자립도는 올라간다.

③ 재정자립도가 높다고 지방정부의 실질적 재정이 반드시 좋다고 볼 수는 없다.

④ 국세의 지방세 이전은 재정자립도 증대에 도움이 된다.

> **Tip** ① 재정자립도란 일반회계 총세입 중에서 자주재원(지방세 + 세외수입)이 차지하는 비중을 말한다.
> ② 자주재원이 적은 상황에서 중앙정부가 지방교부세를 증액하면 재정자립도는 더 낮아진다. 재정자립도는 자주재원의 비중이 클수록, 의존재원(지방교부세 및 국고보조금)이 적을수록 높아진다.
> ③ 재정자립도만으로 세출의 질, 전체 재정규모 등 실질적인 재정상태를 알 수 없으므로 재정자립도가 높다고 해서 지방정부의 실질적 재정이 반드시 좋다고 할 수 없다.
> ④ 지방세는 자주재원이므로 국세를 지방세로 이전시킨다면 재정자립도 증대에 도움이 된다.

정답 ②

ⓒ 지방교부세의 일차적 취지는 지방정부의 재정적 자주성 제고이기 때문에 지방교부세가 증가할수록 재정자립성이 증대해야 하는데도 불구하고 현행 재정자립도 산출방식에 의하면 재정자립도가 하락하는 것으로 예상되므로 지방교부세제도와 상충한다.

> **지방재정력 측정변수 :** 광의의 지방재정력은 지방자치단체의 재정적 능력으로서 지방재정규모, 자율성, 건전성(부채비율), 안정성(재정의변동률) 등을 나타내는 지표를 종합적으로 측정해 파악
>
> ① 주민 1인당 지방세부담능력이 높을수록
> ② 자치단체의 재정규모가 클수록
> ③ 자주재원비율이 높을수록
> ④ 경상수지비율이 낮을수록
> ④ 세출총액 중 투자비 총액이 높을수록   ⇨ 지방재정력 강화
> ⑤ 잠재적 재원능력(자치단체 보유재산 규모)이 클수록
> ⑥ 개발재정수요가 적을수록
> ⑦ 국가와 지방자치단체 간 기능배분과 재원배분 간 비율이 상호 유사할수록

(5) 지방세

① **개념** … 지방자치단체의 운영에 소요되는 필요경비는 가능한 한 지방재원으로 조달하는 것이 바람직한바, 그 주종을 이루는 것이 바로 지방세이다. 지방세란 지방자치단체가 그 기능을 수행하는 데 소요되는 일반적 경비를 조달하기 위하여 당해 구역 내의 주민, 재산 기타 일정한 행위를 하는 자로부터 직접적·개별적인 보상 없이 강제적으로 부과·징수하는 재화를 말한다.

② **지방세의 특징**

ⓐ 강제적 부과·징수

ⓑ 직접적인 대상 없는 징수

ⓒ **일반적 경비의 조달을 위한 징수 :** 벌금, 과태료 등 위법행위에 대한 제재를 목적으로 징수되는 금전적 급부와 구별

ⓓ 금전상의 표시·징수

③ **지방세의 원칙** … 지방세에는 조세의 일반원칙 외에도 부담분임의 원칙, 응익과세의 원칙, 보편성의 원칙, 안정성의 원칙, 정착성의 원칙, 세제자주권의 원칙 등의 고유원칙이 있다.

ⓐ **재정수입의 측면**

• 충분성의 원칙 : 지방재정수요를 충족시키는 데 충분한 수입이 확보되어야 한다.

• 보편성의 원칙 : 각 지방자치단체의 수입이 보편적으로 존재할 것, 즉 세원이 특정지역에 편재하지 않고 어느 지역에 있어서도 존재하며 세수입의 기대가 가능하여야 한다는 것이다.

• 정착성의 원칙 : 세원은 가급적 이동이 적고 일정한 지역 내에 정착하고 있을 것, 이를 국지성 또는 지역성의 원칙이라고도 한다.

• 신장성의 원칙 : 지방자치단체의 수입이 지방자치단체의 발전에 따라 증가될 것, 지방자치단체의 재정수요는 경제발전과 국민소득수준의 상승에 따라 팽창하므로 지방자치단체의 세입도 이에 따라 증가할 필요가 있다는 것이다.

• 안정성의 원칙 : 세수가 매년 안정적으로 수입되고 연도 간의 세수변동이 적어야 한다는 원칙이다.

• 신축성(탄력성)의 원칙 : 지방자치단체가 재정수요의 변화에 따라 탄력적으로 대응할 수 있어야 한다는 원칙이다. 탄력세율제도는 신축성의 원칙과 관련된다. 탄력세율은 정부나 지방자치단체가 법률로 정한 기본세율을 탄력적으로 변경하여 운영하는 세율을 말한다. 지방세에서의 탄력세율은 경기조절 기능의 수행보다는 지역 간의 선호나 특성의 차이를 반영함으로써 자원배분의 효율성을 제고하는 데 목적이 있다.

ⓒ **주민부담의 측면**

• 부담분임의 원칙 : 전 주민이 널리 지방세를 부담할 것, 주민자치의 관점에서 지방자치단체의 구역 안에 거주하는 주민이 자치단체의 행정활동에 소요되는 비용 부담을 널리 분담하여야 한다는 것

• 응익성의 원칙 : 조세부담의 배분에 있어서 지불능력보다도 공공서비스로부터의 편익 양을 기준으로 할 것

• 효율성의 원칙 : 시장의 효율적인 선택행위를 침해하지 말 것

• 부담보편의 원칙 : 동등한 지위에 있는 자에게는 동등하게 과세하고, 조세감면의 폭을 너무 넓혀서는 안 된다.

ⓒ **세무행정의 측면**

• 자주성의 원칙 : 지방자치를 위해서는 지방자치단체가 과세행정상 자주성을 가질 수 있을 것

• 편의 및 최소비용의 원칙 : 징세가 간편하고 경비가 적게 들 것

• 확실성의 원칙 : 징세가 확실히 실행될 것

• 지방세 우선의 원칙 : 지방자치단체의 징수금은 다른 공과금과 기타의 채권에 우선하여 징수한다.

문 다음 설명에 해당하는 지방세의 원칙은?

▶ 2015. 3. 14 사회복지직

• 납세자의 지불능력보다는 공공서비스의 수혜정도를 기준으로 한다.
• 세외수입 역시 이 원칙의 적용을 받는다.

① 신장성의 원칙
② 응익성의 원칙
③ 안정성의 원칙
④ 부담분임의 원칙

Tip ① 늘어나는 행정수요에 대응하여 세수가 확대될 수 있어야 한다는 원칙
③ 경기변동에 관계없이 세수가 안정적으로 확보되어야 한다는 원칙
④ 가급적 많은 주민이 경비를 나누어 분담해야 한다는 원칙

문 다음 중 지방세에 해당하지 않는 것은?

▶ 2013. 9. 7 서울특별시

① 자동차세   ② 재산세
③ 등록세   ④ 취득세
⑤ 교육세

Tip ③ 2013년 기준으로 지방세에 등록세의 명칭이 없기 때문에 논란의 여지가 있어 복수정답 처리되었다.
⑤ 교육세는 국세(지방교육세는 지방세)이다.

문 「지방세 기본법」상 특별시·광역시의 세원이 아닌 것은?

▶ 2016. 6. 18 제1회 지방직

① 취득세   ② 자동차세
③ 등록면허세   ④ 레저세

Tip ③ 등록면허세는 자치구의 세원이다.

┃**정답** ②, ③⑤, ③

④ 과세주체별 지방세의 종류

과세주체		보통세(9개)		목적세(2개)
광역자치단체	특별시세·광역시세	담배소비세, 자동차세, 지방소득세, 주민세[1]	지방소비세[2] 취득세, 레저세	지방교육세 지역자원시설세
	도 세	등록면허세		
기초자치단체	시·군세	담배소비세, 자동차세, 지방소득세, 주민세	재산세[3]	×
	자치구세	등록면허세		

1) 광역시의 자치구는 재정자립도가 낮은 점을 감안하여 주민세 재산분·종업원분을 자치구세로 함. 주민세 균등분만 광역시세.
2) 지방소비세는 국세인 부가가치세의 21%를 재원으로 함. 시·군·자치구에 납입·안분되는 지방소비세액은 시·군·자치구세로 함
3) 특별시의 자치구는 재정자립도가 높은 점을 감안하여, 재산세의 도시지역분을 특별시세로 함. 주택·건축물·토지 재산세는 특별시와 공동과세.
   • 광역시의 군 지역에서는 도세 항목을 광역시세로 함(예 등록면허세).
   • 특별자치도세와 세종특별자치시세에는 전체 지방세가 포함됨.
   • 목적세에 따른 세입·세출은 다른 법률에 특별한 규정이 있는 경우 외에는 특별회계를 설치·운용해야 함

Point 팁 국세의 유형(14개 세목)

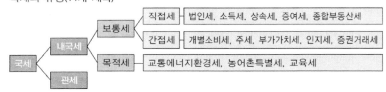

⑤ **특별시 관할구역 재산세의 공동과세** … 자치구간 재산세 수입격차 조절을 위해 서울시특별시 자치구의 재산세(주택·건축물·토지분)는 특별시와 자치구의 공동세로 하여 특별시분과 자치구분으로 각각 50%씩 배분하고, 특별시장은 특별시분 재산세 전액을 특별시 조례로 정하는 교부기준·방법에 의해 자치구에 교부(교부기준 미정시 자치구에 균등배분). 현재 서울시 조례에서 균등배분하도록 규정

⑥ 지방세제의 문제점

㉠ **충분성 부족**
   • 지방세원 빈약 : 중앙정부 우위의 세원 배분으로 인해 지방세원의 자체가 빈약하여 충분한 세수 확보가 곤란하다.
   • 국세에 비해 낮은 지방세 비율 : 국세와 지방세 비율이 약 80 : 20, 과세자주권이 약화된다.
   • 광범위한 각종 조세감면제도로 조세수입이 감소한다.

ⓛ **보편성 부족**(세원의 지역적 편차) : 도농 간 세원 불균형, 대부분의 세원이 수도권에 집중되었다.

ⓒ **세수의 안정성 약함**(자산거래과세 중심) : 자산과세 중심이면서 경기와 관계 없는 안정적 수입인 재산세 비중은 낮고 자산거래과세인 취득세 비율이 높아 부동산 경기침체, 중앙정부 부동산 정책, 지역경제 상황의 영향을 받는다.

ⓔ **세수의 신장성 약함** : 지방세가 자산과세(취득세 · 재산세 등) 중심으로 이루어지고 소득과세나 소비과세가 적어서 신장성이 약하므로 경제성장이나 소득증가에 따른 재정수요 팽창에 대응한 재원확보가 곤란하다.

ⓜ **신축성 · 자율성 부족**(획일적 세제) : 지방세제는 부담의 균형을 도모하기 위해 세목 · 세율 · 과세방법 등을 획일적으로 정하여, 법정세만 인정하고 법정외세를 부정하므로, 조례로 지방세를 만들 수 없어 지방자치단체의 특수성에 입각한 과세는 곤란하며 독자적 과세주권이 결여되었다. 세율의 경우 탄력세율이 도입되었지만 제한적으로만 인정되며 범위도 좁다.

[현 지방세의 세목]

구분		내용
보통세	취득세	- 취득세는 부동산, 차량, 기계장비, 항공기, 선박, 입목, 광업권, 어업권, 골프회원권, 승마회원권, 콘도미니엄 회원권, 종합체육시설 이용회원권 또는 요트회원권을 취득한 자에게 부과한다. - 취득세의 과세표준은 취득 당시의 가액으로 하며, 이는 취득자가 신고한 가액으로 한다. 다만, 신고 또는 신고가액의 표시가 없거나 그 신고가액이 법에서 정하는 시가표준액보다 적을 때에는 그 시가표준액으로 한다.
	등록면허세	- 등록을 하는 자, 면허를 받는 자는 등록면허세를 납부할 의무를 진다. - 부동산 등기, 선박 등기 또는 등록, 자동차 등록, 건설기계 등록, 항공기 등록, 법인 등기, 상호 등기, 광업권 및 조광권 등록, 어업권 등록, 저작권 · 출판권 · 저작인접권 · 컴퓨터프로그램 저작권 · 데이터베이스 제작자의 권리 등록, 특허권 · 실용신안권, 디자인권 등록, 상표 · 서비스표 등록, 영업의 허가 등록, 지식재산권담보권 등록 등
	레저세	- 「경륜 · 경정법」에 따른 경륜 및 경정, 「한국마사회법」에 따른 경마, 그 밖의 법률에 따라 승자투표권, 승마투표권 등을 팔고 투표적중자에게 환급금 등을 지급하는 행위로서 대통령령으로 정하는 것은 레저세의 과세대상이다. - 레저세의 과세표준은 승자투표권, 승마투표권 등의 발매금총액으로 하며 레저세의 세율은 100분의 10으로 한다.

기출문제

담배 소비세	- 담배소비세의 과세대상은 담배로 하며, 담배소비세의 과세표준은 담배의 개비수, 중량 또는 니코틴 용액의 용량으로 한다.
지방 소비세	- 지방소비세의 과세표준은 「부가가치세법」에 따른 부가가치세의 납부세액에서 「부가가치세법」 및 다른 법률에 따라 부가가치세의 감면세액 및 공제세액을 빼고 가산세를 더하여 계산한 세액으로 한다. - 지방소비세의 세액은 과세표준에 100분의 15를 적용하여 계산한 금액으로 한다.
주민세	- 균등분 : 개인 또는 법인에 대하여 법에 따라 균등하게 부과하는 주민세를 말한다. - 재산분 : 사업소 연면적을 과세표준으로 하여 부과하는 주민세를 말한다. 재산분의 표준세율은 사업소 연면적 1제곱미터당 250원으로 한다. - 종업원분 : 종업원의 급여총액을 과세표준으로 하여 부과하는 주민세를 말한다. 종업원분의 표준세율은 종업원 급여총액의 1천분의 5로 한다.
지방 소득세	- 「소득세법」에 따른 소득세 또는 「법인세법」에 따른 법인세의 납세의무가 있는 자는 지방소득세를 납부할 의무가 있다. - 거주자의 개인지방소득은 종합소득(이자소득, 배당소득, 사업소득, 근로소득, 연금소득, 기타소득), 퇴직소득, 양도소득으로 구분된다.
재산세	- 재산세는 토지, 건축물, 주택, 항공기 및 선박을 과세대상으로 한다. - 토지·건축물·주택에 대한 재산세의 과세표준은 시가표준액에 부동산 시장의 동향과 지방재정 여건 등을 고려하여 다음 어느 하나에서 정한 범위에서 대통령령으로 정하는 공정시장가액비율을 곱하여 산정한 가액으로 한다. • 토지 및 건축물 : 시가표준액의 100분의 50부터 100분의 90까지 • 주택 : 시가표준액의 100분의 40부터 100분의 80까지 - 선박 및 항공기에 대한 재산세의 과세표준은 시가표준액으로 한다.
자동차 세	- 자동차 소유에 대한 자동차세는 지방자치단체 관할구역에 등록되어 있거나 신고되어 있는 자동차를 소유하는 자에게 부과한다. - 비과세 : 다음의 어느 하나에 해당하는 자동차를 소유하는 자에 대하여는 자동차세를 부과하지 아니한다. • 국가 또는 지방자치단체가 국방·경호·경비·교통순찰 또는 소방을 위하여 제공하는 자동차 • 국가 또는 지방자치단체가 환자수송·청소·오물제거 또는 도로공사를 위하여 제공하는 자동차 • 그 밖에 주한외교기관이 사용하는 자동차 등 대통령령으로 정하는 자동차

목적세	지역자원시설세	– 지역자원시설세는 지하자원·해저자원·관광자원·수자원·특수지형 등 지역자원을 보호·개발하고, 지역의 소방사무, 특수한 재난예방 등 안전관리사업과 환경보호·환경개선 사업 및 지역균형개발사업에 필요한 재원을 확보하거나 소방시설·오물처리시설·수리시설 및 그 밖의 공공시설에 필요한 비용을 충당하기 위하여 부과할 수 있다.
	지방교육세	– 지방교육세는 지방교육의 질적 향상에 필요한 지방교육재정의 확충에 드는 재원을 확보하기 위하여 부과한다. – 납세의무자 • 부동산, 기계장비, 항공기 및 선박의 취득에 대한 취득세의 납세의무자 • 등록에 대한 등록면허세의 납세의무자 • 레저세의 납세의무자 • 담배소비세의 납세의무자 • 주민세 균등분의 납세의무자 • 재산세의 납세의무자 • 비영업용 승용자동차에 대한 자동차세의 납세의무자

(6) 세외수입

① 개념 … 세외수입은 일반적으로 지방자치단체의 자체수입 중에서 지방세수입을 제외한 나머지 수입을 지칭하는 것이다. 최근에 와서 대부분의 국가는 주민들의 큰 저항 없이 징수할 수 있는 세외수입에 눈을 돌리고 있다. 우리나라의 경우도 동일세목에 동일세율의 적용이 갖는 한계점으로 인하여 자치단체들이 그들의 수입을 실질적으로 늘릴 수 있는 세외수입에 크게 의존함으로써 그 중요성이 인정되고 있다. 세외수입은 분류범위에 따라 개념이 매우 넓다.

② 세외수입의 특성

㉠ 자주재원 : 자치단체의 행정의 자율성과 재정적 자립수준을 높여주는 역할을 한다.

㉡ 잠재수입원 : 자치단체 스스로의 노력 여하에 따라 확대·개발이 상대적으로 용이한 잠재수입원이다.

㉢ 대상적(代償的) 성격 : 공공시설의 사용, 행정서비스의 제공 등 특정서비스에 대한 반대급부로서 응익적 요소를 내포하여 조세수입과는 달리 재원조달에 있어 마찰이나 저항이 적다.

㉣ 수입의 불규칙성 : 지역의 입지조건이나 경제적 환경, 특정사업의 추진, 지방자치단체의 노력 여하에 따라 수입의 규모가 달라질 수 있기 때문에 지역 간·회계연도 간 분포상황 및 구조가 불규칙적이고 불균등할 경우가 많다.

기출문제

문 서울특별시에서 확보할 수 있는 자주재원으로 볼 수 없는 것은?
▶ 2014. 6. 28 서울특별시
① 주민세 ② 담배소비세
③ 상속세 ④ 취득세
⑤ 자동차세

Tip 상속세는 국세에 속하기 때문에 서울특별시에서 확보할 수 있는 자주재원으로 볼 수 없다.

문 우리나라 자치재정권에 대한 설명으로 옳지 않은 것은?
▶ 2012. 5. 12 상반기 지방직
① 지방자치단체는 법률로 정하는 바에 따라 지방세를 부과 징수할 수 있다.
② 지방자치단체는 공공시설의 이용 또는 재산의 사용에 대하여 사용료를 징수할 수 있다.
③ 지방자치단체는 행정 목적을 달성하기 위하여 특정한 자금을 운용하기 위한 기금을 설치할 경우 행정안전부장관의 승인을 얻어야 한다.
④ 지방자치단체의 장이나 지방자치단체조합은 따로 법률이 정하는 바에 따라 지방채를 발행할 수 있다.

Tip ③ 지방자치단체의 기금 설치는 행정안전부장관의 승인을 얻는 사항이 아니다(지방자치법 제142조 참조).
① 동법 제135조
② 동법 제136조
④ 동법 제124조 제1항

정답 ③, ③

문 지방재정의 세입항목 중 자주재원에 해당하는 것은?

▶ 2020. 6. 13. 지방직/서울특별시

① 지방교부세
② 재산임대수입
③ 조정교부금
④ 국고보조금

Tip 자주재원에는 지방세와 세외수입이 있고, 재산임대수입은 세외수입에 해당된다. 의존재원에는 국고보조금, 지방교부세, 조정교부금이 있다.

정답 ②

ⓜ **비도(費度)의 지정** : 세외수입은 수입의 근거에 따라 경비의 용도가 지정되는 경우가 많아 지방자치단체의 구체적 활동과 직접 연결되어 있다.

ⓗ **수입의 다양성** : 세외수입은 수입의 근거나 종류 및 형태가 매우 다양하다.

ⓢ **현금·증지수입** : 세외수입은 그 수입형태를 현금으로 하지만 수입증지(사용료·수수료의 징수)로도 징수한다.

③ 세외수입의 구성

실질상 세외수입	경상적 수입	재산임대수입, 사용료, 수수료, 사업수입, 징수교부금수입, 이자수입	일반회계수입
	사업수입	상수도, 하수도, 지하철, 주택, 공영개발, 기타 특별회계사업	특별회계수입
명목상 세외수입	임시적 수입	재산매각대금, 부담금, 과징금 및 과태료 등, 지난 연도 수입, 기타 수입(불용품 매각수입, 체납처분수입, 보상금수납금, 시도비 반환금수입, 기부금, 그 외 수입)	일반회계수입
	사업 외 수입	지난 연도 수입, 기타 수입	특별회계수입

* 사용료 : 지방자치단체의 공공시설이나 공공용재산 사용으로 인하여 얻는 편익에 대하여 반대급부로서 이용자에게 징수하는 것. 예 도로 사용료, 하천 사용료, 시장사용료, 입장료 수입 등
* 수수료 : 지방자치단체가 특정인에게 제공한 행정서비스에 대해 그 비용의 전부나 일부를 반대급부로서 징수하는 것
* 징수교부금 : 특별시세·광역시세·도세, 사용료·수수료 등을 시·군·자치구가 위임을 받아 징수할 경우 징수위임기관인 자치단체에서 교부하는 것(특별시세·광역시세·도세의 경우 징수액의 3%로 하되 지역실정을 고려해 조례로 교부기준을 달리 정할 수 있음).

(7) 지방채

① **지방채의 개념** … 지방자치단체가 재정수입의 부족을 보충하기 위하여 지방자치단체의 '과세권'을 실질적인 담보로 하여 증서차입 또는 증권발행의 형식에 의해 외부로부터 조달하는 차입(借入)자금이다.

② **지방채의 특징**

ⓐ **장기차입금** : 2년 이상에 걸쳐 장기 분할 상환한다. 해당 연도의 수입으로 상환하는 일시차입금과 다르다.

ⓑ **무담보 무보증** : 지방자치단체의 과세권을 실질적인 담보로 하며 별도의 담보는 없다.

ⓒ **자주재원인가 의존재원인가에 대한 견해 대립** : 정부의 지방재정 지표에서는 자주재원 및 의존재원과 별도로 구분하여 파악하고 재정자립도 계산에서도 지방채를 빼고 계산한다.

기출문제

ⓔ 특정재원(특정한 사업 수행에 필요한 경비에 충당), 임시재원

ⓜ 기채행위(채권발행)시 자금이전이 발생한다.

③ **지방자치단체장의 지방채 발행**

　ⓞ **발행 조건** : 지방자치단체장은 다음 사유를 위한 자금 조달에 필요할 때에는 지방채 발행 가능하다.

　　• 공유재산의 조성 등 소관 재정투자사업과 그에 직접적으로 수반되는 경비를 충당한다.

　　• 재해예방 및 복구사업

　　• 천재지변으로 발생한 예측할 수 없었던 세입결함의 보전

　　• 지방채의 차환(借換 : 빚을 갚기 위해 빚을 냄)

　ⓛ **발행 절차** : 재정 상황 및 채무 규모 등을 고려하여 대통령령으로 정하는 지방채 발행 한도액을 기준으로 한다.

발행 한도액의 범위에서 발행	원칙	지방의회 의결(행정안전부장관의 사전 승인은 필요 없음)
	예외	외채(外債) 발행시 행정안전부장관의 승인을 받고 지방의회의 의결을 거침(외국에서 발행한 채권(외채)은 환율 변동에 따른 재무적 위험[환위험]의 관리 차원에서 통제하는 것임)
발행 한도액을 초과하여 발행	원칙	행정안전부 장관과 협의 + 협의한 범위에서 지방의회의 의결
	예외	재정책임성 강화를 위하여 재정위험수준, 재정 상황 및 채무 규모 등을 고려하여 대통령령으로 정하는 범위를 초과하는 지방채 발행시 행정안전부장관의 승인 받은 후 지방의회 의결

④ **지방자치단체조합장의 지방채 발행**

　ⓞ **발행조건**

　　• 지방자치단체조합의 투자사업과 긴급한 재난복구 등을 위한 경비를 조달할 필요가 있을 때

　　• 투자사업이나 재난복구사업을 지원할 목적으로 지방자치단체에 대부할 필요가 있을 때

　ⓛ **절차** : 행정안전부장관의 승인을 받은 범위에서 조합 구성원인 각 지방자치단체 지방의회의 의결 필요

(8) 국고보조금

① **개념** … 국가의 중앙정부(기획재정부)가 특정행정 수준을 유지하거나 특정사업의 수행과 관련해 용도를 지정하여 자치단체의 재정사정상 필요하다고 인정될 때 그 자치단체의 행정수행에 소요되는 경비의 일부 또는 전부를 교부하는 자금으로 중앙정부와 지방정부 간 수직적 불균형을 조정해주는 제도이며 보조금의 예산 및 관리에 관한 법률에 근거를 두고 있다.

② 국고보조금의 특징

　㉠ 특정재원 : 용도가 지정된 특정재원이므로 국가의 감독·통제가 많아 지방통제수단의 성격이 강하다.

　㉡ 경상재원 : 매년 계속적으로 들어오는 경상재원

　㉢ 의존재원 : 국가가 교부. 법정비율이 정해지지 않아 자치단체의 자율성이 약하며 국가의 재량권이 크게 작용한다.

　㉣ 무상재원 : 대가로서 반대급부가 수반되지 않는 일방적 급부금이다.

　㉤ 지방비 부담(주로 대응지원금) : 대부분 정률보조로서 지방비 부담을 비례적으로 요구한다.

③ 국고보조금의 종류

　㉠ 협의의 보조금(주로 자치사무와 관련됨) : 국가적인 견지에서 일정한 시책을 추진·장려·조장하거나(장려적 보조금) 또는 지방자치단체의 재정 사정상 특히 필요하다고 인정될 때(지방재정 보조금) 국가가 지방자치단체에게 임의로 교부하는 국고지출금으로 예산의 범위 내에서 지급된다.

　　예 각종 사회복지시설에 대한 보조금, 농업시책에 대한 장려적 보조금 등

　㉡ 부담금(주로 단체위임사무와 관련됨) : 지방자치단체 또는 그 기관이 법령에 의하여 처리하여야 할 사무로서 국가와 지방자치단체 상호 간에 이해관계가 있고, 또한 그 원활한 사무 처리를 위하여 국가가 그 경비를 부담하지 않으면 안 될 때에 그 전부 또는 일부를 부담하는 국고지출금으로서 의무적 성질을 가진다.

　　예 생활보호비 보조금, 재난복구비 보조금 등

　㉢ 교부금 : 본래 국가가 스스로 수행하여야 할 사무를 지방자치단체 또는 그 기관에 위임하여 수행하는 경우에 그 소요되는 경비에 충당하기 위하여 교부되는 국고지출금으로서 국가가 소요비용의 전부를 부담한다.

　　예 병사교부금, 민방위교부금, 선거사무보조금 등

④ 국고보조금의 문제점

　㉠ 자주성 저해 : 보조금 교부조건에 의한 국가의 일방적·획일적 지시가 가능하여 자치단체의 자율권이 제한된다. 지방의 여건과 주민의 선호도에 따른 사업보다는 중앙부처의 의도에 의해 사업이 선정되고 관리된다.

　㉡ 보조금의 영세화 : 보조금 사업의 종류는 확대되는 반면 국가의 재정자금은 비례적으로 증가하지 못하여 영세화된다.

　㉢ 자치단체 간 재정격차 심화 : 일률적 보조율을 적용하므로 지방비 부담능력이 없는 자치단체는 보조사업을 포기하고, 재력이 양호한 자치단체 위주로 보조사업이 수행되어 지방정부간 재정격차 심화된다(수평적 재정조정 곤란).

기출문제

② **지방비 부담액의 과중** : 국고보조에 따른 지방비 부담은 해마다 증가되고 그 증가율이 지방재정의 신장률을 상회하는 경우가 있어 지방재정에의 압박요인이 되고 지방재정의 경직화가 심화된다.

⑩ **획일적 보조 조건과 복잡한 교부절차** : 교부조건이 지역실정에 맞지 않고 우선순위가 낮은 사업도 어쩔 수 없이 수행하는 결과를 초래한다. 보조신청, 교부결정, 정산보고, 회계검사 등 복잡한 절차로 인해 부대경비와 행정적 비용이 발생한다.

ⓑ **분산투자** : 중앙부처별 기획관리실 중심으로 종합적으로 관리되지 않고 국ㆍ과 중심으로 사업을 산발적으로 추진해 국고보조금을 둘러싼 나누기식 정치로 인해 집중적 투자보다는 분산적 투자가 된다.

(9) 지방교부세

① **개념** : 지방재정의 지역 간 불균형을 시정하기 위하여 국가가 일정 내국세액 총액의 19.24%, 종합부동산세 전액, 담배부과 개별소비세 45%를 재원으로 하여 일정한 기준에 따라 각 자치단체에 배분하여 교부하는 금액을 말한다.

② **지방교부세의 특징**

㉠ **자치단체 공유의 고유재원** : 내국세 총액의 법정비율을 교부하므로 단순히 국고에서 지원되는 교부금이 아니라 자치단체의 공유한 고유재원 성격을 지녀 '변형된 지방세, 지방세 대체적 성격, 간접과세형 지방세'로 불린다.

㉡ **용도 미지정(일반재원), 지방비 부담 없음** : 비용ㆍ용도에 제한이 없는 보통교부세가 지방교부세의 대부분이므로 지방교부세는 비용의 용도를 자치단체가 자유롭게 결정할 수 있는 일반재원이며 지방비부담이 없다는 점에서 용도가 정해지고 지방비 부담을 요구하는 국고보조금과 다르다(단, 특별교부세, 소방안전교부세는 특정재원).

㉢ **수평적(자치단체 간), 수직적(국가–지방 간) 재정조정** : 수평적 조정으로서 지방재원 간 균형화 기능(재정이 열악한 자치단체에게 더 많이 배분), 수직적 조정으로서 국가재원으로 지방정부 재원에 대한 지원 기능을 한다.

㉢ 용도가 정해지지 않은 보통교부세가 지방교부세의 대부분이므로 비용의 용도를 자치단체가 자유롭게 결정할 수 있는 일반재원이라는 점과 지방비 부담이 없다는 점에서 용도가 정해지고 지방비 부담을 요구하는 국고보조금과 다르다.

문 「지방교부세법」상 지방교부세에 대한 설명으로 옳지 않은 것은?

▶ 2017. 6. 17 제1회 지방직

① 지방교부세의 재원에는 종합부동산세 총액, 담배에 부과하는 개별소비세 총액의 일부 등이 포함된다.

② 보통교부세의 산정기일 후에 발생한 재난을 복구하거나 재난 및 안전관리를 위한 특별한 재정수요가 생기거나 재정수입이 감소한 경우 특별교부세를 교부할 수 있다.

③ 지방교부세의 종류는 보통교부세, 특별교부세, 부동산교부세 및 교통안전교부세로 구분한다.

④ 지방행정 및 재정운용 실적이 우수한 지방자치단체에 재정지원 등 특별한 재정수요가 있을 경우 특별교부세를 교부할 수 있다.

Tip 지방교부세의 종류는 보통교부세, 특별교부세, 부동산교부세, 소방안전교부세로 구분한다.

③ 지방교부세의 기능
 ㉠ 자치단체 간 재원균형화 기능
 ㉡ 자치단체의 재원보장기능
 ㉢ 자치단체의 재정자율성 제고기능

④ 지방교부세의 종류
 ㉠ 보통교부세

의의	모든 지방자치단체가 일정한 행정수준을 유지할 수 있도록 표준수준의 기본적 행정수행경비를 산출하고 지방세 등 일반재원수입으로 충당할 수 없는 부족분을 일반재원으로 보전하는 재원.
재원	일정 내국세 총액의 19.24%의 금액 중 97% *일정 내국세 총액 : 국세 − (관세 + 목적세 + 종합부동산세 + 담배에 대한 개별소비세의 45% + 타 법률에 의해 특별회계 재원인 세목)
성격	일반재원, 경상재원
교부 기준	• 매년 기준 재정수입액이 기준재정수요액에 미달(재정력 지수 1 이하)하는 지방자치단체에 그 미달액에 조정율을 곱하여 지급. 　보통교부세액 = 재정부족[미달액] × 조정률 　　　　　 = (기준재정수요액 − 기준재정수입액) × 조정률 • 기준재정수입액이 기준재정수요액을 상회(재정력지수[기준재정수입액/기준재정수요액]가 1 초과)하는 경우 보통교부세가 교부되지 않음(2015년 서울, 수원, 성남, 고양, 과천, 용인, 화성). • 자치구는 보통교부세의 직접 교부대상이 아님 : 자치구는 기준재정수요액과 기준재정수입액을 각각 해당 특별시나 광역시의 것에 합산 산정하고, 이를 해당 특별시 · 광역시에 교부하고 특별시 · 광역시는 다시 자치구에 조정교부금 형식으로 교부

 ㉡ 특별교부세

의의		보통교부세 산정 시 반영할 수 없었던 구체적인 사정, 지방재정여건의 변동, 예기치 못한 재정수요 등을 고려하여 특별히 교부하는 교부세(보통교부세 산정과정에서 필연적으로 발생할 수밖에 없는 획일성과 시기성을 보완).	
재원		일정 내국세 총액의 19.24%의 금액 중 3%	
성격		특정재원(용도가 정해진 자금), 임시재원(교부사유 발생시 신청에 따라 심사하여 교부)	
교부 기준	재난안전 수요	보통교부세의 산정기일 후에 발생한 재난을 복구하거나 재난 및 안전관리를 위한 특별한 재정수요가 생기거나 재정수입이 감소한 경우(국민안전처 장관이 교부)	특별교부세 재원의 50%
	지역현안 수요	기준재정수요액의 산정방법으로는 파악할 수 없는 지역 현안에 대한 특별한 재정수요가 있는 경우	특별교부세 재원의 40%

정답 ③

시책 수요	국가적 장려사업, 국가와 지방자치단체 간 시급한 협력이 필요한 사업, 지역 역점시책 또는 지방행정 및 재정운용 실적이 우수한 지방자치단체에 재정지원 등 특별한 재정수요가 있을 경우	특별교부세 재원의 10%
교부 절차	행정안전부장관은 지방자치단체장이 특별교부세 교부 신청시 심사하여 교부하되, 행정안전부장관이 필요하다고 인정하는 경우 신청이 없어도 일정한 기준을 정하여 교부 가능. 특별교부세 사용에 조건을 붙이거나 용도 제한 가능. 민간에 지원하는 보조사업에는 교부 불가. 행정안전부장관은 재정분석 결과 재정의 건전성과 효율성이 우수한 지방자치단체에 대하여는 특별교부세를 별도로 교부할 수 있음	

ⓒ 부동산교부세

의의	부동산 보유세제 개편으로 기존 지방세이던 종합토지세와 재산세의 일부를 국세인 종합부동산세로 전환함에 따라 지방자치단체의 재원 감소에 대한 보전과 지역균형발전을 도모하기 위하여 2005년부터 교부
재원	종합부동산세 총액
성격	일반재원, 경상재원
교부 기준	지방자치단체의 재정여건이나 지방세 운영상황 등을 고려하여 대통령령으로 정함 • 특별자치시·시·군 및 자치구 : 재정여건 50%, 사회복지 25%, 지역교육 20%, 부동산 보유세 규모 5%의 비중에 따라 산정한 금액 • 제주특별자치도 : 부동산교부세 총액의 1,000분의 18(1.18%) • 특별시·광역시·도에는 교부하지 않음

ⓔ 소방안전교부세

의의	국민안전처장관이 지방자치단체의 소방인력 운용, 소방 및 안전시설 확충, 안전관리 강화 등을 위하여 교부
재원	담배에 부과되는 개별소비세 총액의 45%
성격	특정재원, 경상재원
교부 기준	지방자치단체의 소방인력 운용, 소방 및 안전시설 현황, 소방 및 안전시설 투자 소요, 재난예방 및 안전강화 노력, 재정여건 등을 고려하여 대통령령으로 정함. 소방 분야에 대해서는 소방청장의 의견을 들어 교부. 단, 담배에 부과하는 개별소비세 총액의 20/100을 초과하는 부분(25/100)은 소방인력의 인건비로 우선 충당

(10) 상급자치단체에 의한 재정조정 – 조정교부금

기출문제

問 우리나라 지방재정조정제도 중의 하나인 조정교부금제도에 대한 설명으로 옳은 것만을 모두 고른 것은?

▶ 2014. 3. 22 사회복지직

㉠ 특별시·광역시 내 자치구 사이의 재정격차를 해소하여 균형적인 행정서비스를 제공하기 위해 도입되었다.

㉡ 중앙정부가 지방정부의 재정수요와 재정수입을 비교하여 부족한 재원을 보전할 목적으로 내국세의 적정 비율에 해당하는 금액을 지방정부에 교부하는 것이다.

㉢ 지방정부가 수행하는 업무 중에서 국가사업과 지방사업의 연계를 강화하고자, 중앙정부가 지방정부의 특정사업에 대하여 경비 일부의 용도를 지정하여 부담한다.

㉣ 특별시장이나 광역시장은 시세수입 중의 일정액을 확보하여 조례로 정하는 바에 따라 해당 지방자치단체의 관할 구역 안의 자치구 상호 간의 재원을 조정하여야 한다.

① ㉠, ㉡
② ㉠, ㉣
③ ㉡, ㉢
④ ㉢, ㉣

Tip ㉡ 지방교부세 중 보통교부세에 대한 설명이다.
㉢ 국고보조금 중 단체위임사무를 위임한 대가로 지급하는 부담금에 대한 설명이다.

정답 ②

① 시·군 조정교부금

의의	광역시·도가 그 관할구역 내 시·군의 재정을 보전해주기 위해 시·군이 징수한 광역시세·도세 수입 일부를 일정기준에 따라 시·군에 배분하는 제도. *기존 재정보전금을 시·군조정교부금으로 명칭 변경(2014. 11.)
재원	다음 금액의 27%(인구 50만 이상의 시와 자치구가 아닌 구가 설치되어 있는 시는 47%)에 해당하는 금액 • 시·군에서 징수하는 광역시세·도세(화력발전·원자력발전에 대한 지역자원시설세, 소방분 지역자원시설세 및 지방교육세는 제외)의 총액 • 해당 광역시·도의 지방소비세액을 전년도 말 광역시·도의 인구로 나눈 금액에 전년도 말의 시·군의 인구를 곱한 금액
교부기준	• 광역시장·도지사는 조정교부금의 재원을 인구, 징수실적(지방소비세는 제외), 해당 시·군의 재정사정, 그 밖에 대통령령으로 정하는 기준에 따라 해당 광역시·도의 관할구역의 시·군에 배분 • 광역시장·도지사는 화력발전·원자력발전에 대한 각각의 지역자원시설세의 65%의 금액(「지방세기본법」제67조제2항에 따른 징수교부금을 교부한 경우 그 금액을 뺀 금액)을 화력발전소·원자력발전소가 있는 시·군에 각각 배분

종류	일반 조정교부금	• 시·군의 행정운영에 필요한 재원을 보전하는 등 일반적 재정수요에 충당하기 위한 교부금. 일반재원 • 재원은 조정교부금 총액의 90%
	특별 조정교부금	• 시·군의 지역개발사업 등 시책을 추진하는 등 특정한 재정수요에 충당하기 위한 교부금. 특정재원 • 재원은 조정교부금 총액의 10%. 특별조정교부금은 보조사업의 재원으로 사용할 수 없음

② 자치구 조정교부금

의의	특별시·광역시가 부과하는 시세 수입 중 일정액을 관할구역의 자치구간 재정력 격차를 조정하기 위해 자치구에 지원하는 제도
재원	특별시·광역시의 시세 중 보통세(광역시는 주민세 재산분·종업원분 제외)
교부기준	조정교부금의 교부율·산정방법 및 교부시기 등에 관하여 필요한 사항은 특별시·광역시의 조례로 정함

종류	자치구 일반조정교부금	일반적 재정수요에 충당하기 위한 교부금. 재원은 조정교부금 총액의 90%
	자치구 특별조정교부금	특정한 재정수요에 충당하기 위한 교부금. 재원은 조정교부금 총액의 10%

section 7 주민참여제도

(1) 주민참여의 의의

① 행정에 있어서의 정책결정이나 집행과정에 공식적 권한을 가지지 않은 주민이다(시민)이 개인적 또는 집단적으로 직·간접적인 영향을 미치기 위한 일련의 행위이다.

② 현대 시민사회와 거버넌스의 등장과 함께 국정운영의 동반자로서 시민의 직접민주주의 방식 중심의 주민참여를 확대하고 있다.

(2) 주민참여의 장점(순기능)

① 대의민주주의(간접민주주의)의 한계를 보완한다.

② 민주주의의 활성화 … 시민과 정부 간 정보의 비대칭성을 완화(정보격차로 인한 대리손실 방지)시키고 국민의 알 권리와 표현의 자유를 충족시켜 줌으로써 참여민주주의의 질을 향상시키며 절차적 민주주의를 확보해 준다.

③ 행정의 책임성·신뢰성 향상 … 시민들은 정책결정과 집행과정 감시, 시민과 정부 간 상호이해를 증진시킨다.

④ 정책에의 순응 확보와 정책집행의 효율성 … 시민이 정책결정과정에 참여했기 때문에 시민의 순응이 확보됨으로써 정책의 집행이 촉진되고 집행비용(순응확보비용)이 절감되어 행정의 효율성을 높인다. 관료제의 획일적인 행정처리와 행정권력의 증대에 따른 전문가 지배를 억제하고, 정책과정에서 시민의사와의 격리를 방지한다.

⑤ 정책능력의 제고 … 상호 정보교환을 통해 지방자치단체의 정책능력 제고에 기여한다.

⑥ 정책의 현실성·적실성 제고, 행정수요 및 지역특성의 반영 … 행정수요를 더 잘 파악하여 사업의 우선순위 결정이 용이해지며 지역단위사업에 지역특성을 반영한다. 주민의 수요와 요구를 반영하여 수요자 중심의 행정서비스를 제공한다.

⑦ 권력의 재배분 … 기존 행정기관이 독점하던 권력을 시민에게 재배분하는 효과가 있다(정치권력의 균등화).

⑧ 이해갈등의 조정 … 상호 토론 과정에서 주민 간 이해갈등의 조정, 혐오시설 설치와 지역이기주의 극복의 대안이 된다.

⑨ 시민협동을 증진하고 민주시민을 양성한다.

⑩ 소외계층의 배려를 통해 형평성을 제고한다.

⑪ 행정 측에서는 주민의 이해·협력 확보와 주민과의 공감대 형성(행정과 시민 간 거리감 축소), 행정 측의 부족한 능력 보완과 공생산, 행정과 주민의 책임 공유 등의 이점이 있다.

기출문제

문 우리나라 지방재정조정제도 중의 하나인 조정교부금제도에 대한 설명으로 옳은 것만을 모두 고른 것은?

▶ 2014. 3. 22 사회복지직

㉠ 특별시·광역시 내 자치구 사이의 재정격차를 해소하여 균형적인 행정서비스를 제공하기 위해 도입되었다.
㉡ 중앙정부가 지방정부의 재정수요와 재정수입을 비교하여 부족한 재원을 보전할 목적으로 내국세의 적정 비율에 해당하는 금액을 지방정부에 교부하는 것이다.
㉢ 지방정부가 수행하는 업무 중에서 국가사업과 지방사업의 연계를 강화하고자, 중앙정부가 지방정부의 특정사업에 대하여 경비 일부의 용도를 지정하여 부담한다.
㉣ 특별시장이나 광역시장은 시세수입 중의 일정액을 확보하여 조례로 정하는 바에 따라 해당 지방자치단체의 관할 구역 안의 자치구 상호 간의 재원을 조정하여야 한다.

① ㉠, ㉡   ② ㉠, ㉣
③ ㉡, ㉢   ④ ㉢, ㉣

Tip ㉡ 지방교부세 중 보통교부세에 대한 설명이다.
㉢ 국고보조금 중 단체위임사무를 위임한 대가로 지급하는 부담금에 대한 설명이다.

정답 ②

(3) 주민참여의 단점(역기능)

① **참여에 따른 비용 증대** … 주민참여제도 운영에 따르는 비용(정보제공비용, 주민투표비용 등)이 증가한다.

② **행정의 지연(능률성 저해)** … 시민참여로 정책집행의 효율성은 증대되지만 여러 절차를 거쳐야 하고 다수 이해관계의 대립으로 문제해결이 지연되며, 시민참여 단계가 의사결정의 거부점(veto point)이 될 수 있으므로 정책과정 전반에서 볼 때 행정의 능률성이 저해될 수 있다.

③ **행정의 전문성 저해** … 정보와 능력이 부족한 일반시민의 참여는 행정의 전문성과 의사결정의 합리성을 저해한다.

④ **대표성·공정성 확보 곤란** … 일부 계층이나 집단이 참여를 독점하여 특수이익에 의한 행정기관 포획 현상을 초래할 수 있고, 소수의 적극참여자나 일부의 특수이익이 과다하게 반영되어 이익대표의 불공정성 우려가 있다.

⑤ **책임 불명확** … 다수가 참여하여 결정하므로 책임소재가 모호해지며 행정 측이 책임을 회피하거나 책임전가의 수단이 될 수 있다.

⑥ **지엽적 특수이익에 집착, 보상만을 노린 맹목적인 집단이기주의의 횡포**

⑦ **시민의 조작 대상화** … 정보와 전문성으로 무장된 공직자들이 일반시민을 압도함으로써 시민을 조작의 대상으로 전락시킬 수 있다. 권력에의 흡수·포섭으로 참여가 형식적 동원화의 과정이 될 우려가 있다.

⑧ **정부의 정책조정능력 저해** … 각 의사결정점(거부점)의 증대, 특수이익에 의한 포획, 집단이기주의에 따른 갈등 증폭 등으로 인해 정부의 정책조정능력이 저해된다.

(4) 주민참여의 유형

① **참여방식**

㉠ **간접적 참여** : 주민의 의사를 각종 위원회나 대의기능과 같은 간접적 수단을 활용하여 반영한다. 지역단위가 크고, 대상주민의 수가 많아서 직접 참여를 유도하기 어려울 때 사용하는 방식이다.

예 간담회, 공청회, 각종 자문위원회와 심의화협의회, 민원과 청원, 주민선거의 투표행위(대표선출)

㉡ **직접적 참여** : 주민들이 직접 행정기관에 자신들의 의사를 전달한다. 공간적 범위가 작고, 주민의 수가 한정된 경우에 효과적이다. 과거에는 간접적 참여가 주류였으나, 최근에는 주민의 실질적 참여를 보장하는 다양한 직접참여제도가 마련되었다.

예 주민투표, 주민발안, 주민소환, 주민감사청구, 주민소송, 주민참여예산, 주민옴부즈맨, 주민총회

② 제도화 정도

　㉠ **제도적(공식적) 참여** : 명문화된 법령이나 조례 등에 따라 참여가 제도적으로 보장된 것을 말한다.

　　〔예〕 자문위원회, 공청회, 심의회, 청원, 민원, 주민투표, 주민발안, 주민소환, 합법적 시위집회 등.

　㉡ **비제도적(비공식적) 참여** : 참여가 법령에 명시되어 있지는 않지만, 주민과 행정기관 간의 직·간접적인 접촉을 통해 참여의 실질적인 효과를 달성해 가는 방법을 말한다.

　　〔예〕 시민운동(법에서 금지한 비폭력시위, 시민불복종), 교섭 등.

(5) 아른슈타인(S. Arnstein)의 제도적 참여−주민참여의 3가지 수준(degree), 8단계(level)

비참여단계 (nonparticipation)	① 조작(manipulation) ② 치료(therapy, 심리적 치유)	본래의 목적이 주민을 참여시키는 것이 아니라, 지방자치단체가 주민을 계도·치료하며, 참여를 조작하거나 흉내 내는 단계. 단순한 주민포섭
명목적(형식적) 참여 (tokenism)	③ 정보제공 (informing) ④ 상담[자문] (consultation) ⑤ 회유[유화] (placation)	주민들이 정보를 제공받아 권고·조언하고, 공청회·심의회나 각종 위원회에 참여하여 정책과 관련한 의견을 제시하는 등 참여의 가능성은 있지만, 최종결정권은 지방자치단체에 있기 때문에 형식적 참여에 그침
주민권력적 참여 (citizen power)	⑥ 협동[대등협력] (partnership) ⑦ 권한위양 (delegated power) ⑧ 자주관리[시민통제] (citizen control)	주민권력이 우월한 단계로, 주민들이 행정과의 협상과정을 통해 정책 결정·집행에 관여하고, 자치를 하는 단계. 주민의사가 적극적으로 반영되고 주민이 실질적인 영향력을 행사하며 정책결정의 주도권을 획득

문 주민참여제도에 대한 설명으로 옳지 않은 것은?

▶ 2019. 6. 15 제1회 지방직

① 주민참여제도에는 주민투표, 주민소환, 주민소송 등이 있다.

② 「지방자치법」에서는 주민소송에 관한 사항을 명시하고 있다.

③ 지역구지방의회의원에 대한 주민소환투표는 당해 지방의회의원의 지역선거구를 대상으로 한다.

④ 지방자치단체가 조례를 제정하면 해당 지역에 거주하는 18세 이상의 외국인에게도 주민투표권이 부여된다.

Tip ④ 주민투표권은 19세 이상의 주민에게 주어진다. 즉, 거주 자격을 갖추고 지방자치단체의 조례로 정한 외국인이라도 19세 이상이어야 한다.
② 지방자치법 제17조에서 주민소송에 관한 사항을 명시하고 있다.
③ 지방자치법 제20조(주민소환) 제1항… 주민은 그 지방자치단체의 장 및 지방의회의원(비례대표 지방의회의원은 제외한다)을 소환할 권리를 가진다.

| 정답 ④

section 8 우리나라의 주민참여제도

(1) 우리나라의 주민참여제도 연혁

구분	시행연도	근거 법률	비고
주민감사청구 조례제정 · 개폐청구	2000년	지방자치법	지방자치법에 1999년 규정
주민투표	2004년	주민투표법	지방자치법에는 1994년 규정(법률로 정하도록 함). 주민투표법 2004년 제정
주민소송	2006년	지방자치법	2005.1. 지방자치법에 규정
주민참여예산	2006년	지방재정법	2006년 1월부터 자치단체가 자율 시행하도록 함. 2011년 9월부터 의무화 함 2019년 예산편성 단계뿐 아니라 예산과정 모든 단계에 참여 허용
주민소환	2007년	주민소환법	지방자치법에는 2006년 규정(법률로 정하도록 함). 주민소환에 관한 법률 2006년 제정

(2) 주민투표제도

① 연혁

ⓐ 1994년 3월 이전의 지방자치법 : 주민투표제도 불인정

ⓑ 1994년 3월 개정한 지방자치법 : 지방자치단체의 장으로 하여금 지방자치단체의 폐치 · 분합 또는 주민에게 과도한 부담을 주거나 중대한 영향을 미치는 주요 결정사항에 대해서는 주민투표 실시, 2004년 7월까지 실행되지 못함

② 주민투표권자 … 19세 이상 주민 중 투표인명부 작성 기준일 현재 그 지방자치단체의 관할구역에 주민등록이 되어 있는 사람, 출입국관리 관계 법령에 따라 대한민국에 계속 거주할 자격을 갖춘 외국인으로서 조례로 정한 사람

③ 주민투표 대상 … 지방자치단체의 주요 결정사항, 국가정책에 관한 사항

④ 주민투표 불가사항

ⓐ 법령에 위반되거나 재판 중인 사항, 국가 또는 다른 지방자치단체의 권한 또는 사무에 속하는 사항

ⓑ 자치단체의 예산 · 회계 · 계약 및 재산관리에 관한 사항과 지방세 · 사용료 · 수수료 · 분담금 등 각종 공과금의 부과 또는 감면에 관한 사항

ⓒ 행정기구의 설치 · 변경, 공무원의 인사 · 정원 등 신분과 보수에 관한 사항

ⓔ 다른 법률에 의하여 주민투표가 직접 의사결정주체로서 참여할 수 있는 공공시설의 설치에 관한 사항

ⓜ 동일한 사항(그 사항과 취지가 동일한 경우 포함)에 대하여 주민투표가 실시된 후 2년이 경과되지 아니한 사항

⑤ **주민투표의 실시요건**

ⓞ 중앙행정기관의 장은 지방자치단체의 폐지·분합 또는 구역변경, 주요 시설의 설치 등 국가정책의 수립에 관하여 주민의 의견을 듣기 위하여 필요하다고 인정하는 때에는 주민투표의 실시구역을 정하여 관계 지방자치단체의 장에게 주민투표의 실시를 요구할 수 있다. 지방자치단체의 장은 주민투표의 실시를 요구받은 때에는 지체 없이 이를 공표하여야 하며, 공표 일부터 30일 이내에 그 지방의회의 의견을 들어야 한다.

ⓛ 지방자치단체의 장은 주민(주민투표청구권자 총수의 20분의 1 이상 5분의 1 이하의 범위 안에서 조례로 정하는 수 이상의 서명으로 단체장에게 청구) 또는 지방의회(재적의원 과반수 출석과 출석의원 3분의 2 이상의 찬성으로 지방자치단체장에게 청구)의 청구에 의하거나, 단체장의 직권(지방의회의 재적의원 과반수 출석과 출석의원 과반수의 동의 필요)으로 주민투표를 실시할 수 있다.

⑥ **주민투표결과의 확정** … 주민투표권자 총수의 3분의 1 이상의 투표와 유효투표수의 과반수 득표로 확정된다. 지방자치단체의 장 및 지방의회는 주민투표 결과 확정된 사항에 대하여 2년 이내에는 이를 변경하거나 새로운 결정을 할 수 없다. 전체 투표수가 주민투표권자 총수의 3분의 1에 미달될 때에는 개표를 하지 아니한다.

⑦ **주의사항** … 지방자치시대를 맞아 주민투표법(2004년) 이전에도 사실상 주민투표는 시행되었다(1996년 광주북구청 동 통합과 1998년 여수시·여천시·여천군 통합). 지방자치법에서는 자치단체장만 주민투표를 실시할 수 있으나, 주민투표법은 주민에 의한 주민투표 발의도 인정한다.

⑧ **실사례** … 2005년 7월 27일 고도의 자치권 부여를 내용으로 하는 제주특별자치도 설치 및 국제자유도시 조성을 위한 특별법 제정의 일환으로 제주도 행정구역 구조개편을 위한 '1개 광역자치단체 - 4개 기초자치단체(제주시, 서귀포시, 북제주군, 남제주군)'를 '단일 광역자치도' 체제로 단순화시키는 혁신안이 주민투표를 실시해 통과됨으로써 2006년 지방선거부터 통합되어 2개 행정시(제주시, 서귀포시)로 전환되고 도지사가 시장을 임명하였다.

기출문제

🔠 우리나라 지방자치단체 주민투표제도에 대한 설명으로 가장 옳은 것은?

▶ 2019. 6. 15 제2회 서울특별시

① 1994년 「지방자치법」 개정에서 도입된 이래 지금까지 시행되고 있다.

② 주민투표에 부쳐진 사항은 법에서 정한 경우를 제외하고는 주민투표권자 총수의 3분의 1 이상의 투표와 유효 투표 수 과반수의 득표로 확정된다.

③ 지방자치단체의 장은 주민 또는 지방의회의 청구에 의한 경우가 아닌 자신의 직권으로 주민투표를 실시할 수 없다.

④ 일반 공직선거와 마찬가지로 외국인은 어떠한 경우에도 주민투표에 참여할 수 없다.

Tip ① 주민투표제도는 2004년 주민투표법이 제정(지방자치법에 근거)되어 지금까지 시행되고 있다.

③ 지방자치단체의 장은 주민 또는 지방의회의 청구에 의하거나 자신의 직권으로 주민투표를 실시할 수 있다. 다만 단체장이 직권으로 주민투표에 부치고자 할 때에는 사전에 지방의회에 동의를 얻어야 한다.

④ 외국인의 경우 출입국관리 관계 법령에 따라 대한민국에 계속 거주할 수 있는 자격을 갖춘 외국인으로서 지방자치단체의 조례로 정한 사람은 주민투표권을 가진다.

정답 ②

기출문제

문 「지방자치법」상 주민참여 수단에 대한 설명으로 옳지 않은 것은?
▶ 2019. 4. 6 인사혁신처

① 지방자치단체의 장은 주민에게 과도한 부담을 주거나 중대한 영향을 미치는 지방자치단체의 주요 결정사항 등에 대하여 주민투표에 부칠 수 있다.

② 19세 이상의 주민은 그 지방자치단체와 그 장의 권한에 속하는 사무의 처리가 법령에 위반되거나 공익을 현저히 해친다고 인정되면 감사를 청구할 수 있다.

③ 주민은 그 지방자치단체의 장을 소환할 권리는 갖지만, 비례대표 지방의회의원을 소환할 권리를 가지고 있지는 못하다.

④ 주민은 행정기구를 설치하거나 변경하는 것에 관한 사항이나 공공시설의 설치를 반대하는 사항의 조례를 제정하거나 개정하거나 폐지할 것을 청구할 수 있다.

Tip 법령을 위반하는 사항, 지방세·사용료·수수료·부담금의 부과·징수 또는 감면에 관한 사항, 행정기구를 설치하거나 변경하는 것에 관한 사항이나 공공시설의 설치를 반대하는 사항은 청구대상에서 제외된다〈지방자치법 제15조(조례의 제정과 개폐 청구) 제2항〉.

⑨ 기타 ··· 지방자치단체의 장은 주민투표의 전부 또는 일부 무효의 판결이 확정된 때에는 그 날부터 20일 이내에 무효로 된 투표구의 재투표를 실시하여야 하며, 관할구역에서 공직선거법의 규정에 의한 선거가 실시되는 때에는 그 선거의 선거일 전 60일부터 선거일까지의 기간 동안에는 주민투표를 발의할 수 없다.

(3) 주민발안제도(조례 제정과 개폐 청구)

주민이 직접 조례의 제정 및 개폐를 청구할 수 있는 제도로 1998년 8월 지방자치법 개정으로 도입되었다.

① **청구권자** ··· 19세 이상 주민으로서 해당 자치단체의 관할구역에 주민등록이 되어 있는 사람, 재외국민도 주민등록 된 경우 청구 가능, 출입국관리법에 따른 영주의 체류 자격 취득일 후 3년이 경과한 외국인으로서 해당자치단체의 외국인등록대장에 올라 있는 사람

② **청구요건** ··· 선거권이 있는 19세 이상 주민이 시·도와 인구 50만 이상 대도시에서는 19세 이상 주민총수의 100분의 1 이상 70분의 1 이하, 시·군·자치구에서는 19세 이상 주민총수의 50분의 1 이상 20분의 1 이하의 범위 안에서 조례로 정하는 주민 수 이상의 연서(서명)로 당해 지방자치단체장에게 조례의 제정이나 개폐를 청구할 수 있다.

③ **청구대상** ··· 종전에 주민은 청구할 수 있을 뿐 조례안의 작성은 단체장이 하였으나, 현행법은 청구인의 대표자가 조례의 제정·개폐안을 작성하여 자치단체장에게 청구한다.

④ **청구불가사항**

㉠ 법령을 위반한 사항

㉡ 지방세·사용료·수수료·부담금의 부과·징수 또는 감면에 관한 사항

㉢ 행정기구의 설치·변경에 관한 사항 또는 공공시설의 설치를 반대하는 사항

⑤ **처리**

㉠ 자치단체장은 청구를 접수한 날로부터 5일 이내에 그 내용을 공표하고 10일간 청구인명부를 공개 장소에 비치하여 열람할 수 있게 한다.

㉡ 열람기안 안에 청구인명부에 대한 이의신청이 없거나 이의신청에 대한 결정이 완료된 때에 유효서명 총수가 청구가능 요건을 갖춘 때에는 청구를 수리한다.

㉢ 청구를 수리한 날로부터 60일 이내에 조례의 제정 또는 개폐 안을 지방의회에 부의하여야 하며, 그 결과를 청구인의 대표자에게 알려야 한다.

┃정답 ④

(4) 주민소환〈주민소환에 관한 법률〉

지방자치법 제20조, 주민소환에 관한 법률에 따르면 주민소환제는 청구사유에 제한을 두지 않고 있어, 이 제도는 사법적인 절차가 아니라 정치적 절차로 설정되어 있다고 할 수 있다. 지방분권특별법(2004.1)에서 도입을 명문화해 2006년 5월 주민소환에 관한 법률이 제정되면서 도입되어, 2006년 7월부터 제주특별자치도에서 시행되었고, 2007년 5월 25일부터 전국적으로 시행되었다.

① **청구권자** … 19세 이상의 주민(해당 자치단체의 관할구역에 주민등록 되어 있는 사람)과 19세 이상의 외국인(영주의 체류자격 취득 후 3년이 경과한 자 중 해당 자치단체의 외국인등록대장에 올라 있는 사람). 단, 주민소환 투표권자에는 재외국민이 포함되어 있지 않다.

② **주민소환 대상** … 선출직 공직자로 자치단체장(특별시장 · 광역시장 · 도지사, 시장 · 군수 · 구청장)과 지방의회의원(시 · 도의회 의원과 시 · 군 · 구의원 해당, 그러나 비례대표의원은 선출직이 아니므로 제외)과 교육감과 교육의원에 대하여 일정 주민의 서명으로 그 소환사유를 서면에 구체적으로 명시하여, 관할선거관리위원회에 주민소환 투표의 실시를 청구할 수 있다.

③ 청구 인적 요건

특별시장 · 광역시장 · 도지사	해당 지방자치단체의 주민소환 투표청구권자 총수의 100분의 10이상
시장 · 군수 · 자치구의 구청장	해당 지방자치단체의 주민소환 투표청구권자 총수의 100분의 15이상
지역구 시 · 도의원과 지역구 자치구 · 시 · 군 의원	해당 지방의회의원의 선거구 안의 주민소환 투표청구권자 총수의 100분의 20이상

④ **청구 내용적 요건** … 주민소환을 청구할 수 있는 사유는 법령에 규정이 없어 제한이 없다. 이는 주민소환이 선거와 같이 정치적 행위로 선출직 공직자에 대한 주민의 정치적 판단에 따른 것으로 보지만 소환의 남용에 따른 행정공백, 국책사업의 지연, 지역갈등 증폭, 막대한 선거비용 등 여러 가지 부작용도 있어 소환사유를 규정해야 한다는 의견도 적지 않다.

⑤ 소환청구의 제한

   ㉠ 선출직 공직자의 임기 개시일로부터 1년이 경과하지 아니한 때

   ㉡ 임기 만료일로부터 1년 미만인 때

   ㉢ 해당 선출직 공직자에 대한 주민소환 투표 실시일로부터 1년 이내인 경우 주민소환 투표를 청구할 수 없다.

⑥ **주민소환 투표결과의 확정 및 효력** … 주민소환 투표권자 총수의 3분의 1 이상의 투표와 유효투표총수 과반수의 찬성으로 확정되며, 전체 주민소환 투표자 수가 주민소환 투표권자 총수의 3분의 1에 미달할 때에는 개표를 하지 아니한다. 주민소환이 확정된 때에는 투표대상 선출직 공직자는 결과 공표된 시점부터 그 직을 상실한다. 그 직을 상실한 자는 해당 보궐선거 후보자로 등록될 수 없다.

⑦ **주민소환 투표 실사례**

    ㉠ 2004년 7월 광주의 시민단체가 연합해 광주시 공직자소환조례 제정안을 제출해 광주시의회를 통과했으나, 상위법령에 근거 없음을 이유로 행정안전부가 반대해 시 집행부가 무효임을 주장하는 소를 대법원에 제출해 2004년 10월 무효 확정판결을 받은 바 있다.

    ㉡ 2007년 12월 광역화장장 유치 문제로 하남시장과 시의원 4명을 대상으로 처음 발의되었는데 그 결과 시장에 대해서는 투표율이 3분의 1에 못 미쳐 무효화되었고, 2명의 시의원은 투표율이 37%가 되어 주민소환이 이루어졌다.

    ㉢ 2009년 6월 서귀포시 강정마을에 해군기지를 건설한다는 정부계획을 제주특별자치도가 받아들인 것에 반대하는 주민소환 투표가 청구되었지만 2009년 8월 11%의 투표율로 소환이 무산되었다.

(5) 주민감사청구

주민감사청구제도는 자치단체와 그 장의 권한에 속하는 사무처리가 법령에 위반되거나 공익을 현저히 해한다고 판단될 때 19세 이상 주민 일정 수 이상의 서명을 받아 상급정부에 감사를 청구할 수 있는 제도이다.

① **청구권자**

    ㉠ 19세 이상 주민으로서 해당 자치단체의 관할구역에 주민등록이 되어 있는 사람(재외국민도 주민등록 된 경우 청구 가능)

    ㉡ 출입국관리법에 따른 영주의 체류 자격취득일 후 3년이 경과한 외국인으로서 해당 자치단체의 외국인등록대장에 올라 있는 사람

② **감사청구 요건** … 광역시·도는 500명, 50만 이상 대도시는 300명, 시·군·자치구는 200명을 초과하지 아니하는 범위 안에서 당해 자치단체의 조례로 정하는 19세 이상 주민 수 이상의 연서로, 감사를 청구할 수 있다.

③ **감사청구 기관** … 광역시·도는 주무장관에게, 시·군·자치구는 광역시·도지사에게 청구한다. 그러나 청구 내용이 둘 이상의 부처와 관련되거나 주무부장관이 불분명한 경우에 행정안전부장관에게 감사를 청구할 수 있다. 행정안전부장관은 관계 부처와 협의를 거쳐 처리, 주무부처를 지정하고 그 부처로 하여금 관계 부처 간 협의를 통해 주민감사청구를 일괄 처리하도록 요청할 수 있다.

④ **감사청구 사유** … 당해 자치단체와 그 장의 권한에 속하는 사무의 처리가 법령에 위반되거나 공익을 현저히 해한다고 인정되는 경우에는 감사를 청구할 수 있다.

⑤ **감사청구 불가기간** … 사무처리가 있었던 날이나 끝난 날부터 2년이 지나면 제기할 수 없다.

⑥ **감사청구 제한사항** … 수사 또는 재판에 관여하게 되는 사항, 개인의 사생활을 침해할 우려가 있는 사항, 다른 기관에서 감사하였거나 감사중인 사항(새로운 사항이 발견된 경우는 가능), 동일사항에 대하여 소송이 계속 중이거나 판결이 확정된 사항

⑦ **감사청구 처리** … 주무부장관 또는 시·도지사는 감사청구를 수리한 날부터 60일 이내에 감사 청구된 사항에 대하여 감사를 종료해야 하며, 그 감사결과를 청구인의 대표자와 당해 지방자치단체장에게 서면으로 통지하고 이를 공표해야 한다.

(6) 주민소송제도

주민소송제도는 자치단체의 업무에 대하여 감사청구한 주민이 그 감사결과에 불복이 있는 경우 감사결과를 통지받은 날로부터 90일 이내에 당해 자치단체장을 상대로 관할 행정법원에 주민소송을 제기할 수 있다. 예산의 편성과 집행에 대해 집행기관 내부의 자율적 통제에 한계가 있다고 보고 주민의 직접 참여를 위해 2006년 1월부터 시행되고 있다.

① **주민소송 대상과 요건**

　ㄱ 공금지출에 관한 사항

　ㄴ 재산의 취득·관리·처분에 관한 사항

　ㄷ 당해 자치단체를 당사자로 하는 매매·임차·도급 그 밖의 계약의 체결·이행에 관한 사항 또는 지방세·사용료·수수료·과태료 등 공금의 부과·징수를 게을리 한 사항을 감사청구한 주민은 주무부장관 또는 시·도지사가 감사청구를 수리한 날부터 60일을 경과하여도 감사를 종료하지 아니한 경우

　ㄹ 감사결과 또는 감사결과에 따른 조치요구에 불복이 있는 경우

　ㅁ 감사결과에 따른 조치요구를 단체장이 이행하지 아니한 경우

　ㅂ 조치요구에 대한 단체장의 이행조치에 불복이 있는 경우에, 감사 청구한 사항과 관련 있는 '위법한 행위나 업무를 게을리 한 사실'에 대하여 당해 지방자치단체의 장을 상대방으로 하여 소송을 제기할 수 있다.

② **주민소송의 원고와 피고** … 제소대상을 감사청구한 주민이라면 누구나 원고가 되며, 1인에 의한 제소도 가능하다. 피고는 해당 지방자치단체의 장이 된다.

📝 **지방자치단체의 예산이 불법·부당하게 지출된 경우 공무원의 책임을 확보하는데 가장 효과적인 주민통제제도는?**

▶ 2011. 6. 11 서울특별시

① 주민감사청구
② 납세자소송
③ 이익단체 활동
④ 주민참여예산
⑤ 주민투표제도

Tip 주민소송제도(납세자소송)는 지방자치단체의 위법한 재무회계행위를 견제하여 지방자치단체 및 주민 공동의 이익을 보호하기 위한 것으로, 주민 또는 납세자에게 원고적격을 인정하는 공익소송 제도이다. 우리나라는 2006년부터 지방자치법 개정에 의해 시행하고 있다.

📝 **다음 중 주민의 직접적 지방행정 참여제도와 가장 거리가 먼 것은?**

▶ 2016. 6. 25 서울특별시

① 주민소환제도
② 주민감사청구제도
③ 주민협의회제도
④ 주민참여예산제도

Tip 주민협의회제도는 간접적 참여방식에 해당한다.
협의회, 연합회, 자문위원회 등은 간접참여방식이다. 지방자치법상 주민의 직접참여제도에는 주민감사청구제도, 주민조례개폐청구제도, 주민투표제도, 주민소송제도, 주민소환제도가 있다.

┃정답 ②, ③

③ 주민소송의 유형

㉠ 중지소송 : 당해 행위를 계속할 경우 회복이 곤란한 손해를 발생시킬 우려가 있는 경우 당해 행위의 전부 또는 일부의 중지를 구하는 소송

㉡ 처분의 취소 또는 무효확인소송 : 행정처분인 당해 행위의 취소 또는 변경을 요구하거나 그 행위의 효력 유무 또는 존재 여부의 확인을 구하는 소송, 게을리 한 사실의 위법 확인을 구하는 소송

㉢ 이행청구 또는 변상명령요구소송 : 당해 지방자치단체의 장 및 직원, 지방의회의원, 당해 행위와 관련이 있는 상대방에게 손해배상청구 또는 부당이득반환청구를 할 것을 요구하는 소송, 단 당해 단체장은 손해배상 또는 부당이득반환의 청구를 명하는 판결이 확정된 날로부터 60일 이내를 기한으로 하여 해당 당사자에게 판결에 의해 결정된 손해배상금 또는 부당이득반환금의 지불을 청구하여야 한다. 지불하여야 할 당사자가 단체장인 경우 당해 지방의회 의장이 그 지불을 청구한다.

④ 주민소송의 절차

㉠ 원고적격 : 주민감사청구를 한 주민에 한하여 주민소송을 제기할 수 있도록 하였다(주민감사청구 전치주의). 개인적으로 또는 집단적으로 모두 가능하며, 직접적인 피해와 상관없이 해당 지역주민으로서 주민감사를 청구한 주민이라면 가능하다.

㉡ 소송의 제한

• 중지청구소송은 해당 행위를 중지할 경우 생명이나 신체에 중대한 위해가 생길 우려가 있거나 그 밖에 공공복리를 현저하게 저해할 우려가 있으면 제기할 수 없다.

• 해당 감사 결과나 조치요구 내용에 대한 통지를 받은 날 등으로부터 90일 이내에 제기하여야 한다.

• 당사자는 법원의 허가를 받지 아니하고는 소의 취하, 소송의 화해 또는 청구의 포기를 할 수 없다.

• 주민소송에 관하여는 이 법에 규정된 것 외에는 행정소송법에 따른다.

(7) 주민청원

헌법은 모든 국민이 국가기관에 대하여 문서로 청원할 권리가 있음을 보장하고 있다. 지방자치법에 따르면 주민이 조례 및 규칙의 개폐나 공공시책의 개선 등 자치단체의 지방행정에 대한 요구나 희망 또는 정치적 의사를 표시하고자 할 때에는 지방의회 의원의 소개를 받아 지방의회에 청원할 수 있도록 하고 있다.

(8) 주민참여예산제

① 의의 … 거버넌스적 예산제도로서 지방의회가 예산안 의결 전에 집행부의 예산 편성과정에 시민이 지역별·주제별 총회 등을 통해 참여해 주제별·사업별 우선순위를 선정하는 사전적 주민통제제도이다.

② 연혁 … 우리나라는 2004년 광주광역시 북구 의회가 최초로 주민참여예산조례 제정. 이후 지방자치단체 예산편성 과정에 대한 주민참여의 법적 근거와 절차를 지방재정법에 규정하여 2006년 1월부터 자율적으로 시행하도록 했으며 2011년 9월부터 의무적으로 시행하도록 하였다.

③ 시행 의무 … 지방자치단체장은 대통령령으로 정하는 바에 따라 지방예산 편성 등 예산과정(지방자치법 39조에 따른 지방의회 의결사항은 제외)에 주민이 참여할 수 있는 제도(주민참여예산제도)를 마련하여 시행하여야 한다.

Point 협의의 주민참여예산는 예산편성단계의 참여에 초점을 두지만 광의로는 예산과정 모든 단계에서의 주민참여를 의미한다. 지방재정법 39조는 종전 '지방예산 편성과정의 주민참여'를 '지방예산 편성 등 예산과정의 주민참여'로 개정되어 사업집행·평가까지 참여할 수 있게 되었다.

※ **지방재정법 시행령 제46조(지방예산 편성 등 예산과정에의 주민참여)**
① 지방재정법 제39조 제1항에 따른 지방예산 편성등 예산과정에 주민이 참여할 수 있는 방법은 다음 각 호와 같다.
  1. 공청회 또는 간담회
  2. 설문조사
  3. 사업공모
  4. 그 밖에 주민의견 수렴에 적합하다고 인정하여 조례로 정하는 방법
② 지방자치단체장은 수렴된 주민의견을 검토하고 그 결과를 예산과정에 반영할 수 있다.
③ 행정안전부장관은 법 제39조제4항에 따라 다음 각 호의 항목에 대해서 지방자치단체를 대상으로 같은 조 제1항에 따른 주민참여예산제도의 운영에 대한 평가를 매년 실시할 수 있다.
  1. 법 제39조제2항에 따른 주민참여예산기구의 구성 여부 및 운영의 활성화 정도
  2. 예산과정에의 실질적인 주민참여 범위 및 수준
  3. 주민참여예산제도의 홍보 및 교육 등 지원
  4. 그 밖에 행정안전부장관이 주민참여예산제도의 운영에 대한 평가를 위하여 필요하다고 인정하는 사항
③ 제1항 및 제2항에서 규정한 사항 외에 예산과정에의 주민참여에 관한 절차 및 지원 등에 필요한 사항은 지방자치단체의 조례로 정한다.

기출문제

❓ 우리나라의 예산제도와 그 목적을 연결한 것으로 옳지 않은 것은?
▶ 2016. 3. 19 사회복지직
① 주민참여예산제도 – 재정사업의 성과 관리
② 예산의 이용과 전용 – 예산집행의 신축성 확보
③ 준예산제도 – 국가 재정활동의 단절 방지
④ 특별회계제도 – 재정운영주체의 자율성 확보

Tip 주민참여예산제도는 재정협치(재정거버넌스)로서 성과 관리(신성과주의예산)와 거리가 멀다.

정답 ①

기출문제

④ **주민참여예산기구** … 주민참여예산 제도 운영 등 관련 사항을 심의하기 위해 지방자치단체장 소속으로 주민참여예산위원회 등 주민참여예산기구를 둘 수 있다. 구성·운영 등은 해당 자치단체 조례로 정한다.

⑤ **의견서의 예산안 첨부** … 지방자치단체장은 예산편성과정에 참여한 주민의 의견을 수렴하여 그 의견서를 지방의회에 제출하는 예산안에 첨부해야 한다.

⑥ **제도 운영 평가** … 행정안전부장관은 지방자치단체의 재정적·지역적 여건 등을 고려하여 대통령령으로 정하는 바에 따라 지방자치단체별 주민참여예산제도의 운영에 대한 평가를 실시할 수 있다.

section 7 광역행정

(1) 개념

기존의 행정구역 또는 지방자치단체의 구역을 초월하여 발생되는 행정수요를 통일적·종합적이고 현지성에 맞게 계획적으로 처리함으로써 행정의 능률성·경제성·합목적성을 확보하기 위한 지방행정의 한 양식을 말한다. 중앙집권과 지방분권의 조화를 꾀하기 위한 제도로서, 광역주의에 입각하면서도 중앙집권화에는 미치지 않는 지역수준에서 행정을 처리하게 하려는 것이다.

(2) 촉진요인과 저해요인

① **촉진요인**

ㄱ 사회·경제권역의 확대와 균질화로 광역이 촉진된다.

ㄴ 광역화·평준화된 서비스의 요구가 광역행정을 촉진시킨다.

ㄷ 급격한 대도시화로 광역행정이 요구된다.

ㄹ 균형잡힌 지역개발의 필요성이 대두되면서 광역행정이 요구된다.

ㅁ 경제적 행정에 대한 요청이 있음으로 광역행정이 촉진된다.

ㅂ 중앙집권주의와 지방분권주의의 조화로 광역행정이 촉진된다.

② **저해요인**

ㄱ 권위주의적이고 수직적·종적인 사회·문화적 요인이 광역행정을 저해한다.

ㄴ 지방자치의 경험부족, 기능배분 불명확의 정치·행정적 요인이 광역행정을 저해한다.

ㄷ 국토면적의 협소, 자치단체의 거대화, 전통적 중앙집권체제 등의 역사·지리적 요인이 광역행정을 저해한다.

ㄹ 행정발전속도의 둔화가 광역행정을 저해한다.

문 광역행정에 대한 설명으로 옳지 않은 것은?

▶ 2019. 6. 15 제1회 지방직

① 기존의 행정구역을 초월해 더 넓은 지역을 대상으로 행정을 수행한다.
② 행정권과 주민의 생활권을 일치시켜 행정 효율성을 증진시킬 수 있다.
③ 규모의 경제를 확보하기 어렵다.
④ 지방자치단체 간에 균질한 행정서비스를 제공하는 계기로 작용해 왔다.

Tip 기존의 행정구역보다 더 넓은 구역을 대상으로 통일적 행정을 수행하므로 규모의 경제를 실현할 수 있다.

‖정답 ③

(3) 장·단점

① 장점

㉠ 국가와 지방 간의 협력관계를 통한 행정사무의 재배분이 가능하다.

㉡ 주민의 사회·경제적 생활권과 행정권이 일치한다.

㉢ 국가적 차원에서 지방조직 재구성으로 능률적 행정이 이루어진다.

㉣ 지역 간 균형발전 및 지역개발 촉진이 이루어진다.

㉤ 종합개발·계획행정의 효과적 수행이 이루어진다.

㉥ 주민의 문화적 수준·복지 증진이 이루어진다.

② 단점

㉠ 지방자치를 저해한다.

㉡ 공동체의식의 약화를 초래한다.

㉢ 재정적 책임부담과 이익형성 간의 불일치를 초래한다.

㉣ 특수여건이 고려되지 않아 비능률을 초래한다.

㉤ 혐오시설로 인한 지역 간 이해충돌 우려가 있다.

(4) 광역행정의 방식

① 처리주체별 방식

㉠ 하급자치단체 방식 : 기초자치단체 수준에서의 광역행정방식이다.

㉡ 상급자치단체 방식 : 광역행정의 본질적 의의의 수준에 해당한다.

㉢ 지방일선기관에 의한 방식 : 국가의 지방행정기관에 의한 광역행정방식이다.

② 처리수단별 방식

㉠ 연합

- 둘 이상의 지방자치단체가 독립적인 법인격을 유지하면서 연합하여 새로운 광역행정기구를 설치하고 광역행정에 대한 일체의 업무를 담당하는 방식이다.
- 토론토의 도시연합, 영국의 대런던 회의, 위그페그 도시연합, 일본 동경·오사카 도시연합 등이 해당한다.

㉡ 합병

- 둘 이상의 지방자치단체가 종래의 법인격을 통·폐합시켜 광역을 단위로 하는 새로운 법인격을 창설(가장 강력)하는 것이다.
- 광역도시문제를 신속히 처리하며 비용을 절약할 수 있다는 것이 이점이며, 단점으로 주민들의 일체감이 희박해지고 기초자치단체의 역할을 경시하는 경향이 있다.
- 광역구, 시·군 통폐합이 해당한다.

ⓒ **공동처리**
- 둘 이상의 지방자치단체가 행정협의회를 구성하여 계획과 조정사무를 담당하게 하고 집행은 참여단체가 개별적으로 담당하는 방식이다.
- 일부사무조합, 협의회, 사무위탁, 기관의 공동설치, 연락회의, 직원파견, 우리나라의 행정협의회가 해당한다.

ⓔ **특별구역 설치**
- 특정한 행정업무만을 광역적으로 처리하기 위하여 기존의 일반행정구역 또는 자치구역과는 별도로 특별구역을 설정하여 처리하는 방식이다.
- 교육구, 소방구, 상수도 특별구역, 항만관리구가 해당한다.

ⓜ **권한·지위 흡수** : 상급자치단체가 하급자치단체의 또는 국가가 상급자치단체의 권한·지위를 흡수하는 방식이다.

ⓗ **특별행정기관(일선기관)의 설치**
- 특정 광역행정사무를 처리하기 위해 인접 자치단체 간의 합의에 의해 일반행정기관과 별도로 하급행정기관을 설치하는 것이다.
- 영·미의 항만청, 지방국토관리청, 지방병무청 등이 해당한다.

③ **처리사업별 방식**

ⓒ **특정사업방식**
- 특정사업을 광역적 입장에서 다루는 방식이다.
- 특별구역 설치, 특별행정기관 설치, 권한흡수, 특정사업이관, 공동처리 등이 해당한다.

ⓛ **종합사업방식**
- 종합사업을 광역적으로 처리하는 방식이다.
- 연합, 합병, 지위흡수 등이 해당한다.

(5) 우리나라의 광역행정

기출문제

① 광역행정 방식

지방 자치법	협력사업 (147조)	지방자치단체는 다른 지방자치단체로부터 사무의 공동처리, 사무처리의 협의·조정·승인 또는 지원요청이 있는 경우 법령의 범위 내에서 협력
	사무위탁 (151조)	지방자치단체 또는 그 장은 소관사무의 일부를 다른 지방자치단체 또는 그 장에게 위탁·처리
	행정협의회 (152~158조)	둘 이상의 지방자치단체와 관련된 사무의 일부를 공동 처리
	지방자치단체조합 (159~164)	둘 이상 지방자치단체가 하나나 둘 이상의 사무를 공동 처리하기 위한 법인체인 조합
	지방자치단체장 등의 협의체와 연합체 (165조)	지방자치단체장 또는 지방의회 의장은 상호간 교류와 협력 증진, 공동의 문제를 협의하기 위해 전국적 협의체 설립, 협의체의 연합체 설립.
지방 공기업법	공기업조합 (44~45조)	지방직영기업 경영 사무의 광역적 처리에 필요할 경우 지방자치단체조합 설립 가능
	공동기업(50조)	지방자치단체 간 지방공사의 공동설립
기타	흡수합병(권한·지위흡수), 구역확장(편입·흡수통합), 시·군 통합, 연락회의, 직원파견, 특별지방행정기관 등	

② 문제점

㉠ 군은 기초자치단체의 구역이 아닌 중앙하급행정기관으로 획정되어 그 규모가 방대하다.

㉡ 국토면적에 비하여 중앙자치단체인 도의 규모가 너무 크고 도시행정협의회는 독립된 법인격을 가지고 있지 못하여 실제로 다루어지는 광역행정사무도 극히 사소한 문제에 국한된다.

㉢ 권위주의 사회, 수직적·종적 문화라는 한계가 있다.

㉣ 지방자치의 경험 부족, 광역과 기초 간 기능배분 모호 등의 문제가 있다.

㉤ 지방자치단체가 자치단체로서 기능하기보다는 국가의 하급기관으로서의 지위에 위치한다.

1 우리나라 지방자치법에서 지방자치단체장 및 보조기관에 규정한 내용으로 볼 수 없는 것은?

① 지방자치단체의 장이 공소 제기된 후 구금상태에 있는 경우 지방자치단체장의 권한 대행이 이루어진다.
② 지방공무원의 정원은 인건비 등 행정안전부령으로 정하는 기준에 따라 그 지방자치단체의 조례로 정한다.
③ 특별시의 부시장의 정수는 대통령령으로 정한다.
④ 지방자치단체장의 임기는 4년이며 재임은 3기에 한한다.

2 지방자치단체의 기관구성에 관한 설명으로 가장 옳지 않은 것은?

① 기관통합형은 의원내각제와 비교적 유사하다.
② 기관대립형은 대통령중심제와 비교적 유사하다.
③ 기관통합형에서는 임기동안 지방자치행정에 대한 효율성과 책임성을 확보할 수 있다.
④ 기관통합형에서는 의회와 집행기관 간 견제와 균형을 통하여 민주성을 확보할 수 있다.

3 지방자치단체장·지방의원의 직권남용·직무유기 등 위법·부당행위뿐만 아니라 정책적 실수나 다른 정치적 이유로도 주민이 소환투표를 청구할 수 있는 지방자치에서의 주민참여방식은?

① 주민청원 ② 주민투표
③ 주민소환 ④ 주민발의

4 중앙행정기관의 장과 지방자치단체의 장이 사무를 처리할 때 의견을 달리하는 경우 이를 협의·조정하기 위하여 설치하는 기구는?

① 중앙분쟁조정위원회 ② 지방분쟁조정위원회
③ 갈등관리심의위원회 ④ 행정협의조정위원회

5 재정수입면에서 본 지방세의 원칙이라고 할 수 없는 것은?

① 신축성의 원칙 ② 안정성의 원칙
③ 충분성의 원칙 ④ 형평성의 원칙

6 자치단체 상호 간의 적극적 협력을 제고하기 위한 제도적, 비제도적 방식에 해당하지 않는 것은?

① 자치단체조합 ② 전략적 협력
③ 분쟁조정위원회 ④ 사무위탁

7 다음 중 우리나라의 지방자치단체에서 수행하는 고유사무와 위임사무에 관한 설명으로 옳지 않은 것은?

① 지방자치단체에서 수행하는 사무 중에서 가장 비중이 큰 것은 기관위임사무이다.
② 고유사무와 위임사무의 구분이 애매하여 갈등의 소지가 많아 책임과 역할에 관한 명확한 구분이 필요하다.
③ 고유사무는 지방자치단체의 존립을 목적으로 하는 사무를 의미한다.
④ 단체위임사무는 상급자치단체와 하급자치단체가 서로 합의하여 위임사무의 내용을 결정하는 것을 말한다.

8 주민의 세대간 비용부담을 공평하게 하는 지방자치단체의 재원은?

① 지방세 ② 지방양여금
③ 지방교부세 ④ 지방채

9 다음은 포괄적 사무배분방식과 관련한 설명이다. 부적합한 것은?

① 국가사무와 자치사무의 구분이 모호한 경우가 있다.
② 사무배분에 있어 지방자치단체의 특성을 고려할 수 있다.
③ 배분방식이 간단하고 간편하다.
④ 운영에 있어 유연성을 확보할 수 있다.

10 지방자치제 실시에 대한 기대효과로 옳지 않은 것은?

① 지역 간 협조체제를 강화한다.
② 행정의 전문성을 높인다.
③ 세수입을 효율적으로 사용할 수 있다.
④ 지역의 경쟁성과 창의성을 고양하는 데 기여한다.

11 다음 광역행정의 순기능에 대한 설명으로 옳지 않은 것은?

① 행정사무의 재배분이 가능하다.
② 주민의 사회·경제적 생활권과 행정권이 일치한다.
③ 지방자치를 촉진시킨다.
④ 지역 간 균형발전 및 지역개발 촉진이 이루어진다.

12 2018년 전국동시지방선거 개표 후에 한 팀원들이 티타임에 나눈 대화이다. 다음 2018년 전국동시지방선거 당시 대화자들의 주민등록지를 고려할 때, 대화내용이 우리나라 지방자치의 실제와 맞지 않는 사람은?

> • 세종특별자치시 : A   • 서울특별시 관악구 : B
>
> • 성남시 분당구 : C   • 대전광역시 유성구 : D

① A : "제가 투표한 후보가 시장으로 당선되었는데 서울특별시장과 동급 자치계층 시장이라고 우쭐대더군요."
② B : "제 고향 제주시에 사시는 부모님은 원하시는 후보들이 제주시의원과 제주도의원으로 당선되었다네요. 제가 보기에도 역량 있는 지역일꾼들로 고향 발전이 기대됩니다."
③ C : "분당구는 웬만한 시 규모 이상의 인구가 사는데 구의원 선거투표하려니 투표대상이 아니라고 해서 당황했어요. 제정신 차려서 성남시의원과 경기도의원 후보들 중 제대로 된 인물에 투표했습니다."
④ D : "저는 대전광역시 유성구에 사는데 시의원은 내가 투표한 분이, 구의원은 내가 투표하지 않은 분이 당선되었어요."

13 다음 중 지방자치의 정치적 필요성에 대한 설명으로 옳지 않은 것은?

① 행정의 통제 및 민주화 촉진
② 독재 및 전제정치에 대한 방어기능
③ 정국혼란의 지방확산 방지의 효과
④ 민주주의의 훈련장

14 다음은 지방자치와 관련한 설명이다. 옳지 않은 것은?

① 규칙은 고유사무, 단체위임사무, 조례에 의해 위임된 사항에 관하여 지방자치단체의 장이 제정한다.
② 훈령이란 상급기관이 하급기관에게 권한행사를 지휘하기 위하여 장기간 발하는 명령이다.
③ 지시란 상급기관이 하급기관에 대하여 개별적 · 구체적으로 발하는 명령이다.
④ 지방자치법은 법률의 위임에 의해 제정된 지방자치에 관한 법이다.

15 지방자치의 특징으로 볼 수 없는 것은?

① 대화행정
② 복지행정
③ 광역행정
④ 종합행정

16 우리나라 광역행정의 문제점으로 볼 수 없는 것은?

① 군은 기초자치단체의 구역이 아닌 중앙하급행정기관으로 확정되어 그 규모가 방대하다.
② 국토면적에 비해 중앙자치단체인 도의 규모가 너무 크다.
③ 실제로 다루어지는 광역행정사무가 너무 방대하고 중요하다.
④ 권위주의 사회, 수직적 · 종적 문화라는 한계가 있다.

17 국가 또는 상급 지방자치단체로부터 지방자치단체의 장 기타 집행기관에 위임되는 사무로 볼 수 없는 것은?

① 재해구호사무　　　　　　　　　　② 징병, 호적사무

③ 인구조사사무　　　　　　　　　　④ 국세조사

18 다음 중 지방의회의 권한을 모두 고르면?

> ㉠ 의결권　　　　　　　　　　㉡ 규칙제정권
>
> ㉢ 의사표시권　　　　　　　　㉣ 행정사무 감사 및 조사권
>
> ㉤ 예산 및 조례안 제안　　　　㉥ 임명권
>
> ㉦ 청원수리권

① ㉠㉡㉢㉣　　　　　　　　　　② ㉠㉢㉣㉦

③ ㉠㉢㉥㉦　　　　　　　　　　④ ㉠㉥㉤㉦

19 다음 중 지방재정의 특성으로 볼 수 없는 것은?

① 다양성　　　　　　　　　　② 독립성

③ 응익성　　　　　　　　　　④ 타율성

20 다음 중 소규모 자치행정 구역을 지지하는 논리로 맞는 것을 모두 고른 것은?

> ㉠ 티부(Tiebout) 모형을 지지하는 공공선택이론가들의 관점
>
> ㉡ 새뮤얼슨(Samuelson)의 공공재 공급 이론
>
> ㉢ 지역격차의 완화에 공헌
>
> ㉣ 주민과 지방정부 간의 소통·접촉 기회 증대

① ㉠, ㉢　　　　　　　　　　② ㉠, ㉣

③ ㉡, ㉢　　　　　　　　　　④ ㉡, ㉣

정답및해설

1	②	2	④	3	③	4	④	5	④
6	③	7	④	8	④	9	②	10	①
11	③	12	②	13	①	14	④	15	③
16	③	17	①	18	②	19	②	20	②

1 행정기구의 설치와 지방공무원의 정원은 인건비 등 대통령령으로 정하는 기준에 따라 그 지방자치단체의 조례로 정한다〈지방자치법 제112조 제2항〉.

2 ④ 의회와 집행기관 간 견제와 균형을 통하여 민주성을 확보할 수 있는 것은 의결기관인 의회와 집행기관인 단체장이 분리되어 있는 기관대립형의 장점이다. 기관통합형은 의결기관인 의회와 집행기관인 단체장이 분리되어 있지 않아 견제와 균형이 잘 이루어지지 않는다.

3 주민소환 … 유권자 일정 수 이상의 연서에 의하여 지방자치단체의 장, 의회의원, 기타 주요 지방공직자의 해직이나 의회의 해산 등을 임기만료 전에 청구하여 주민투표로서 결정하는 제도를 말한다.

4 중앙행정기관의 장과 지방자치단체의 장이 사무를 처리할 때 의견을 달리하는 경우 이를 협의 · 조정하기 위하여 국무총리 소속으로 행정협의조정위원회를 둔다〈지방자치법 제168조(중앙행정기관과 지방자치단체 간 협의조정) 제1항〉.
※ 우리나라 분쟁조정제도

지방정부 상호 간	• 동일 시 · 도내 기초단체 간	지방분쟁조정위원회의 의결에 따라 시 · 도지사가 조정 결정
	• 광역과 기초단체 간 • 시 · 도를 달리하는 기초단체 간	중앙분쟁조정위원회의 의결에 따라 행정안전부 장관이 조정 결정
중앙정부와 지방정부 간	국무총리 소속 행정협의조정위원회에서 조정	

5 ④ 재정수입면에서 볼 때 형평성의 원칙은 적절하지 않다. 이는 주민부담면에서의 원칙에 해당한다.
※ 지방세의 일반 원칙
ㄱ 재정수입면 : 충분성, 정착성, 보편성, 신축성, 안정성
ㄴ 재정부담면 : 평등성, 응익성, 효율성, 부담분임성
ㄷ 세무행정면 : 자주성, 계획성, 편의성, 국지성

6 ③ 지방자치단체 분쟁조정위원회는 제3자에 의한 해결 방법으로 상호 간의 적극적 협력을 제고하기 위한 방식에 해당하지 않는다.

7 ④ 단체위임사무는 국가 또는 상급단체의 사무가 법령에 의하여 지방자치단체에 위임되어 중앙의 교정적인 감독하에 처리되는 사무로 국가가 비용을 일부 부담한다. 보건소 운영, 예방접종사무, 시 · 군의 재해구호사무, 도의 국도 유지 · 보수사무 등이 해당한다.

8 ④ 자본예산 등 지방채 발행은 수익사업을 통하여 재원을 상환하게 되므로 수익자부담주의에 의하여 이용자나 세대 간에 비용을 공평하게 부담하게 하는 장점이 있다.

9 ② 주민자치하의 개별적 수권방식의 장점이다.

※ 수권주의 방식

ⓐ 대륙계의 포괄적 수권방식 : 지방자치단체의 특성이나 사무의 성격을 따져보지 않고 일괄적으로 사무를 배분해 주는 방식이다.

ⓑ 영미계의 개별적 수권방식 : 특수성의 원리에 의거하여 자치단체의 특성과 여건에 따라 개별적으로 사무를 지정해 주는 배분방식이다.

ⓒ 우리나라에서 채택하고 있는 포괄적 수권방식

장점	단점
• 융통성(유연성)이 있다. • 간편하다.	• 자주성을 위협할 우려가 있다. • 지역적 특성을 살릴 수 없다.

10 ① 지역이기주의에 따른 집단 간의 대립이 유발된다.

11 ③ 광역행정은 지방자치를 저해하는 문제점이 있다.

※ 광역행정의 순기능

ⓐ 국가와 지방 간의 협력관계를 통한 행정사무의 재배분이 가능

ⓑ 주민의 사회 · 경제적 생활권과 행정권이 일치

ⓒ 국가적 차원에서 지방조직 재구성으로 능률적 행정이 이루어짐

ⓓ 지역 간 균형발전 및 지역개발 촉진이 이루어짐

ⓔ 종합개발 · 계획행정의 효과적 수행이 이루어짐

ⓕ 주민의 문화적 수준 · 복지증진이 이루어짐

12 ② 제주특별자치도에는 기초자치단체가 없다. 제주시는 행정시로서 지방행정기관이다. 따라서 도의원 선거는 있지만 제주시 의원선거는 존재하지 않는다.

① 자치계층은 광역 · 기초 2계층이며, 세종특별자치시와 제주특별자치도는 광역자치단체로 1계층제이다. 서울특별시나 세종특별자치시는 자치계층에서 광역자치단체라는 점에서 서울시장과 세종시장은 광역자치단체장이라는 지위는 같다.

③ 분당구는 인구 50만 이상인 시에 설치할 수 있는 일반구(행정구, 자치구가 아닌 구)이다. 분당구는 지방자치단체가 아니므로 분당구 지방의회는 없으며 분당구 주민은 성남시 의원과 경기도 의원 선거권을 갖는다.

④ 유성구는 광역시에 두는 자치구이다. 유성구 주민은 기초의회 의원인 자치구의회 의원과 광역의회 의원인 대전시의회 의원 선거권을 갖는다.

13 ① 지방자치의 행정 · 기술적 필요성이다.

14 ④ 지방자치법은 헌법에 근거하여(위임에 의해) 국회에서 제정되는 법률 형식의 법규이다.

※ 지방자치 … 지방자치란 극히 다의적인 개념이다. 그러나 지방자치의 가장 보편적인 정의를 내려본다면 지방자치란 일정한 지역을 기초로 하는 단체가 자기의 사무, 즉 지역의 행정을 그 지역주민의 의사에 따라서 자기의 기관과 재원에 의하여 독자적으로 수행하는 행위라 할 수 있다.

15 지방자치의 특징 … 지역행정, 생활행정(급부행정, 복지행정), 대화행정(일선행정), 자치행정, 종합행정의 특징을 갖는다.

16 ③ 실제로 광역행정의 사무가 극히 사소한 문제에 국한된다.

17 ① 단체위임사무이다. 단체위임사무는 법령에 의하여 국가 또는 다른 공공단체로부터 '지방자치단체'에 위임되는 사무이다.

　※ 기관위임사무

　　㉠ 개념 : 법령의 규정에 의하여 국가 또는 상급지방자치단체로부터 '지방자치단체의 장, 기타 집행기관'에 위임되는 사무(포괄적 수권)

　　㉡ 종류 : 징병, 호적사무(법규 · 판례상에서는 자치사무로, 실제상은 기관위임사무로 처리), 민방위, 선거, 인구조사사무, 경찰, 소방(시 · 군 · 자치구), 지적, 국세조사, 산업통계, 공유수면매립, 상공업진흥, 경제계획사무 등

18 ㉡㉢㉣ 지방자치단체장의 권한이다.

19 ② 지방자치단체는 자치재정권을 가지고 있지만, 국가로부터 일정한 법규의 범위 내에서 통제를 받기 때문에 제한적 독립성을 띤다.

20 ㉡ 중앙정부의 공공재 공급을 설명하는 이론이다.

　㉢ 중앙집권 논리에 해당한다.

　※ Tibout 가설 … 소규모 구역에 의한 지방자치를 옹호하는 이론이다. 여러 지방정부가 존재하므로 선호에 따라 지방간 이동이 가능하다. 이를 통해 지방공공재 공급의 적정 규모가 결정될 수 있다고 설명한다.

　※ Samuelson의 공공재 공급 이론 … 공공재 공급은 정치적 과정으로밖에 공급될 수 없다는 이론으로 중앙정부의 역할을 중요시한다.

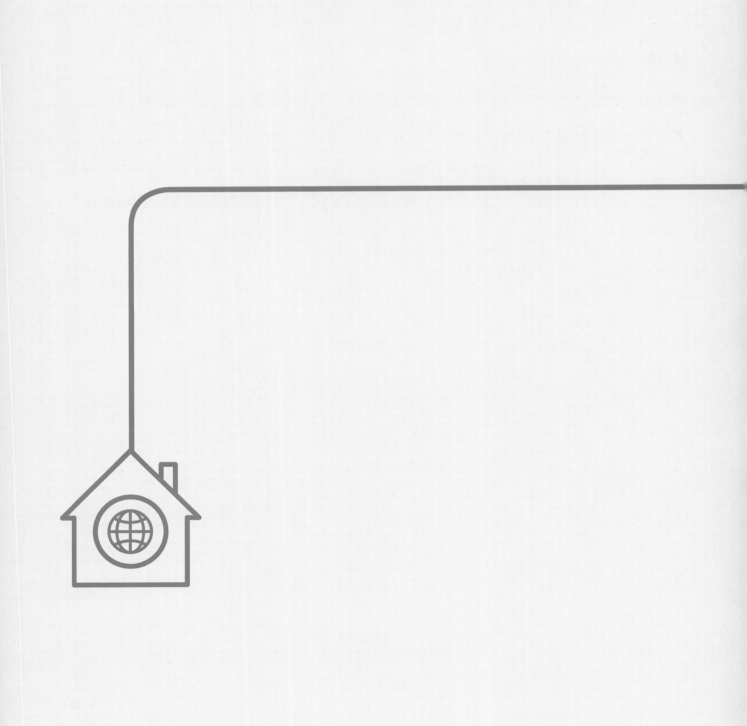

부록

최신 기출문제 분석

2020. 6. 13. 제1회 지방직 / 제2회 서울특별시 시행

2020. 7. 11. 인사혁신처 시행

1 작은정부를 적극적으로 옹호하는 것은?

① 행정권 우월화를 인정하는 정치 · 행정 일원론

② 경제공황 극복을 위한 뉴딜정책

③ 사회복지 프로그램의 확대

④ 신공공관리론

①②③은 현대행정국가의 큰정부 상황과 관련된다. 1930년대 경제대공황(실업) 극복을 위한 루즈벨트의 뉴딜정책, 행정이 정책결정기능까지 맡게되며 정치행정1원론인 통치기능설 대두, 소득분배의 불공평성을 시정하기 위한 정부개입에 따른 복지국가 등장과 사회복지프로그램 확대 등 모두 행정부의 역할과 기능이 확대된 큰정부와 관련된다.

④ 1980년대 이후에는 방만한 복지정책과 '큰 정부(big government)'에 따르는 재정부담을 완화하고 정부실패(government failure)를 교정하기 위한 필요에서 '작은 정부(small government)'를 강조하는 신자유주의의 이념이 확산되었다. 신자유주의 이념에 따라 각국 정부는 정부의 기능과 규모를 축소하고 규제를 완화하는 시장지향적 정부혁신을 추구하게 되었다. 신공공관리는 이러한 정부개혁을 주장한 이론이다.

2 기능(functional) 구조와 사업(project) 구조의 통합을 시도하는 조직 형태는?

① 팀제 조직

② 위원회 조직

③ 매트릭스 조직

④ 네트워크 조직

매트릭스 구조(matrix structure ; 행렬조직, 복합구조, 주형(鑄型)조직) : 기술적 전문성(기능구조의 특성)과 신속한 대응성(사업구조의 특성)이 동시에 강조됨에 따라 등장한 조직구조로서 전통적인 계서적 특성을 갖는 수직적(종적)인 기능구조(직능조직)와 수평적(횡적)인 사업구조(프로젝트조직)를 화학적으로 결합시켜 신축성을 확보하도록 한 혼합적 · 이원적 구조의 상설조직.

Answer 1.④ 2.③

3 **지방재정의 세입항목 중 자주재원에 해당하는 것은?**

① 지방교부세

② 재산임대수입

③ 조정교부금

④ 국고보조금

 Point

- 자주재원에는 지방세와 세외수입이 있고, 재산임대수입은 세외수입에 해당된다.
- 의존재원에는 국고보조금, 지방교부세, 조정교부금이 있다.

※ 지방세입[지방재원]의 분류

- 자주재원

지방세 (11개)	용도별	보통세	취득세, 등록면허세, 주민세, 지방소득세, 재산세, 자동차세, 담배소비세, 지방소비세, 레저세	경상재원	일반재원 (목적세는 특정재원으로 보기도 함)
		목적세	지역자원시설세, 지방교육세		
	과세 주체별		특별시세, 광역시세, 도세, 시·군세, 자치구세		
세외 수입	재산임대수입, 사용료, 수수료, 사업수입, 징수교부금, 이자수입			경상재원	일반재원 특정재원
	재산매각대금, 부담금(분담금), 과징금 및 과태료 등, 지난 연도 수입, 기타수입(불용품 매각수입, 체납처분수입, 보상금수납금, 시도비 반환금수입, 기부금, 그 외 수입)			임시재원	

- 의존재원

국가에 의존	지방 교부세	보통 교부세	기준재정수입이 기준재정수요에 미달하는 경우 지급	경상재원	일반재원
		부동산 교부세	국세인 종합부동산세 총액을 재원으로 하여 지급		
		소방 안전교부세	자치사무인 소방업무와 관련한 지방예산 부족을 보전		특정재원
		특별 교부세	특별한 재정수요 발생시 지급	임시재원	
	국고 보조금	협의의 보조금	자치사무. 장려적 보조금(국가가 부담의무는 없지만 지급)	경상재원	특정재원
		(국고)부담금	단체위임사무. 정률보조(이해관계범위만큼 부담)		
		교부금	기관위임사무. 정액보조(국가사무이므로 전액 보조)		
상급자치단체에 의존	시·군 조정교부금		광역시·도→관할 시·군	경상재원	일반재원 특정재원
	자치구 조정교부금		특별시·광역시→관할 자치구		

- 지방채

| 지방자치단체가 재정상 필요한 재원 충당을 위한 자금조달에 의해 부담하는 채무 | 임시재원 | 특정재원 |

Answer 3.②

| 585

4 국내 최고 대학을 졸업했기 때문에 일을 잘했을 것이라고 생각하여 피평정자에게 높은 근무성적평정 등급을 부여할 경우 평정자가 범하는 오류는?

① 선입견에 의한 오류

② 집중화 경향으로 인한 오류

③ 엄격화 경향으로 인한 오류

④ 첫머리 효과에 의한 오류

 Point

선입견·편견(personal bias), 유형화(類型化 ; 정형화 ; 집단화)의 착오, 상동적(相同的) 오차, 고정관념(stereotyping)
ⓐ 평정요소와 관계가 없는 요소 등에 대해 평정자가 갖고 있는 편견·고정관념이 평정에 영향을 미치는 것.
ⓑ 피평정자에 대해 그가 속한 사회집단이나 고정관념에 비추어 부정확하게 평정되는 현상. 피평정자들이 같은 부류라고 판단하는 오류이므로 상동적 오류라 함(예 기획실 직원이므로 기획력이 뛰어나다고 평정, 동사무소 직원이므로 업무능력이 떨어질 것이라고 평정, 서울대 출신이면 책임감이 높을 것이라는 평정).

5 행정 가치에 대한 설명으로 옳지 않은 것은?

① 공익 과정설에 따르면 사익을 초월한 별도의 공익이란 존재할 수 없다.

② 롤스(Rawls)는 사회정의의 제1원리와 제2원리가 충돌할 경우 제1원리가 우선이라고 주장한다.

③ 파레토 최적 상태는 형평성 가치를 뒷받침하는 기준이다.

④ 근대 이후 합리성은 목표를 달성하는 수단과 관련된 개념이다.

 Point

③ 능률성의 이론적 배경 – 파레토 최적 : 투입(비용) 대비 산출(편익)을 고려해 자원을 배분한다면 최적의 자원배분이 이루어지는데 이러한 최적의 자원배분 상태를 파레토최적이라 함. 파레토 최적은 소득의 공평한 분배(형평성)를 고려하지 않는 경제적 개념이다.
① 사익을 초월한 별도의 공익이란 존재할 수 있다는 실체설과 달리 과정설은 사익과 무관한 공익은 존재할 수 없다고 보며, 공익은 사익의 총합 또는 사익 간 타협·조정의 결과라고 본다.
② 사회정의 기본원리와 바람직한 정책기준(우선순위) – 롤스(Rawls)

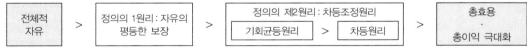

④ 베버(M. Weber) 이래 행정은 '합리성'의 문제로 인식되어 왔다. 일반적으로 수단적 가치로서의 합리성은 어떤 행위가 궁극적 목표 달성의 최적 수단이 되느냐의 여부를 가리키는 개념이다.

Answer 4.① 5.③

6 기술과 조직구조의 관계에 대한 페로(Perrow)의 설명으로 옳지 않은 것은?

① 정형화된(routine) 기술은 공식성 및 집권성이 높은 조직구조와 부합한다.

② 비정형화된(non-routine) 기술은 부하들에 대한 상사의 통솔범위를 넓힐 수밖에 없을 것이다.

③ 공학적(engineering) 기술은 문제의 분석가능성이 높다.

④ 기예적(craft) 기술은 대체로 유기적 조직구조와 부합한다.

Point

② 정형화된 기술 : 일상적 기술
　　예 제품포장
　　- 업무 쉬움(일상적 업무와 관련)
　　- 통솔할 수 있는 부하 수 증가(통솔범위 넓음)
　　비정형화된 기술 : 비일상적 기술
　　예 배아줄기세포 연구
　　- 업무 어려움(비일상적 업무와 관련)
　　- 통솔할 수 있는 부하 수 축소(통솔범위 좁음)
　＊ 기계적 구조보다 유기적 구조는 계층 수 축소되어 통솔범위가 넓어진다는 내용과 구별해서 파악해 둘 것.
　　　비일상적 기술에는 유기적 구조가 적합하지만 통솔범위가 좁아지는 것은 아님(기술 자체의 특징에 초점을 두어 봐야 함)
　※ 페로우(C. Perrow)의 기술유형론 – 기술의 불확실성

구분	과업의 다양성 낮음(소수의 예외) – 정보의 불확실성 낮음		과업의 다양성 높음(다수의 예외) – 정보의 불확실성 높음	
	장인(craft ; 기능·기예)기술		비일상적(non-routine) 기술	
문제의 분석 가능성 낮음 (비일상적 탐색) ｜ 해결 곤란 (정보 모호성 높음)	• 대체로 유기적 구조 – 중간정도 공식화 – 중간정도 분권화 • staff 자격 : 작업 경험 • 중간정도 통솔범위 • 조정·통제 : 수평적, 구두 의사소통	• 정보불확실성 낮고 정보 모호성 높음 • 소량의 풍성한 정보 • 하이테크치 : 개인적 관찰, 면 접회의 * 지혜, 직관, 경험 등 무형 적 요소에 의존. • 사례 : 고급 유기그릇 생 산공장, 도예, 연주, 공예 산업 등	• 유기적 구조 – 낮은 공식화 – 높은 분권화 • staff 자격 : 훈련과 경험 • 좁은 통솔범위 • 조정·통제 : 수평적 의사 소통, 회의	• 정보불확실성과 정보모호 성 모두 높음. • 다량의 풍성한 정보 • 하이테크·하이터치 : 면접 회의 경영정보시스템(MIS), 의사결정지원시스템(DSS) 등 • 사례 : 핵연료 추진장치, 우주항공산업, 기획, 배아 줄기세포연구 등
	일상적(routine) 기술		공학(engineering) 기술	
문제의 분석 가능성 높음 (일상적 탐색) ｜ 해결 용이 (정보 모호성 낮음)	• 기계적 구조 – 높은 공식화·집권화 • staff 자격 : 낮은 훈련과 경험 • 넓은 통솔범위 • 조정·통제 : 수직적, 문서 의사소통	• 정보불확실성·정보모호 성 모두 낮음. • 소량의 분명한 계량적 정보 • 보고서, 규정집, 계획표, 거래처리시스템(TPS ; Transaction Processing System) • 사례 : 표준화된 제품의 대 량생산기술, 민원창구업무	• 대체로 기계적 구조 – 중간정도 공식화·집권화 • staff 자격 : 공식적 훈련 • 중간정도 통솔범위 • 조정·통제 : 문서 및 구두 의사소통	• 정보불확실성 높고 정보 모호성 낮음 • 다량의 계량적 정보 • 하이테크 : 데이터베이스, 경영정보시스템(MIS), 의사 결정지원시스템(DSS) 등 • 사례 : 주문생산기술, 회계, 변론 등

Answer　6.②

7   지방분권 추진 원칙 중 다음 설명에 해당하는 것은?

> • 기능 배분에 있어 가까운 정부에게 우선적 관할권을 부여한다.
> • 민간이 처리할 수 있다면 정부가 관여해서는 안 된다.
> • 가까운 지방정부가 처리할 수 있는 업무에 상급 지방정부나 중앙정부가 관여해서는 안 된다.

① 보충성의 원칙
② 포괄성의 원칙
③ 형평성의 원칙
④ 경제성의 원칙

Point

보충성 원칙은 정부 간 사무배분시 지역주민으로부터 지리·공간적으로 가까운 정부가 처리할 수 있는 사무에 대해 상위정부(상급자치단체, 중앙정부)가 관여해서는 안 되며, 업무처리능력 여부와 관계없이 개별적인 사회구성단위의 활동을 파괴·박탈하면 안 된다는 원칙이다.

8   정책집행의 하향식 접근(top-down approach)에 대한 설명으로 옳은 것만을 모두 고르면?

> ㉠ 집행이 일어나는 현장에 초점을 맞춘다.
> ㉡ 일선공무원의 전문지식과 문제해결능력을 중시한다.
> ㉢ 하위직보다는 고위직이 주도한다.
> ㉣ 정책결정자는 정책집행에 영향을 미치는 정치적·조직적·기술적 과정을 충분히 통제할 수 있다.

① ㉠, ㉡   ② ㉠, ㉢
③ ㉡, ㉣   ④ ㉢, ㉣

Answer   7.①   8.④

Point

㉠㉡은 상향식 접근, ㉢㉣은 하향식 접근

구분	하향적 집행론 (Top-down Approach)	상향적 집행론 (Bottom-up Approach)
의의	① 정책집행이 실제로 현장에서 어떻게 이루어지는지 기술하고 설명하는 데 중점을 두는 경험적 실증적 연구 ② 정책집행을 다수의 참여자 사이에서 발생하는 상호작용으로 이해. 일선관료와 대상집단의 입장에서 파악	① 정책집행이 실제로 현장에서 어떻게 이루어지는지 기술하고 설명하는 데 중점을 두는 경험적 실증적 연구 ② 정책집행을 다수의 참여자 사이에서 발생하는 상호작용으로 이해. 일선관료와 대상집단의 입장에서 파악
특징	① 정치·행정2원론과 합리모형에 근거, 집행의 비정치성 ② 정책결정자의 관점 ③ 규범적 처방의 제시 ④ 거시적·연역적 접근	① 정치·행정원론과 점증모형 ② 일선관료 중시 ③ 집행문제의 해결에 초점 ④ 미시적·귀납적 접근
연구 목적	• 성공적 집행의 좌우요인 탐구(거시적·연역적 연구) • 정책결정자의 집행과정에 대한 영향력을 다룸 • 성공적 정책집행의 요건 및 정책집행 실패요인 파악	• 집행현장의 실제 상태를 기술·설명(미시적·귀납적 연구) • 정책결정자의 집행과정에 대한 영향력 행사에 의문을 제기하고 집행현장을 더 중시
연구 중점	① 정책결정자가 의도한 정책효과 달성을 위한 집행체제의 운영방식에 초점 ② 정책 및 정책결정자 관점 – 정책결정자에게 규범적 처방 제시 • 연구대상 : 중앙정부의 정책결정과 정책집행 • 주요행위자 : 정책결정자	① 집행현장에 참여하는 다수 행위자들(정책네트워크)의 전략적인 상호작용에 초점 ② 결정자의 의도보다는 일선기관이나 일선관료의 행태에 중점 • 연구대상 : 정책 영역 내의 일선집행 네트워크 구조 • 주요행위자 : 정책집행자(일선관료), 정책대상 집단
연구 방향	정책결정(최상층) → 결정집행(최하층) : 정책결정자의 의도, 정책내용을 명확히 서술하고 목표달성을 위한 집행자들의 행위를 단계별로 구체화한 후 집행현장으로 연구대상 이동(하향적 조명).	결정집행(최하층) → 정책결정(최상층) : 집행현장의 일선관료에서 출발하여 이들과 직접 접촉하는 대상집단·관련이해집단·지방정부기관을 파악하고 상부집행조직·정책내용 연구로 이동(상향적 조명).
집행 전략	• 중앙통제적 정형적 집행전략 : 정책의 명확성, 집행요원·대상집단의 정책순응을 강조 – 정책집행자의 재량 제한 – 집행관련집단의 참여에 대해 소극적임 – 집행절차 : 표준운영절차(SOP) 사용	• 현지적응적 집행전략 : 세밀한 집행지침, 과도한 중앙통제는 집행의 신축성을 저해하고 정책실패를 초래한다고 봄 – 일선관료의 광범한 재량 중시 – 집행관련집단의 참여를 중시 – 집행절차 : 상황에 맞는 절차 사용
평가 기준	집행의 충실도와 성과 – 정책목표의 달성도(효과성) 정책결정자의 의도를 실현하는 것이 성공적 정책집행 – 집행의 성공 요건 : 결정자의 통제력과 집행자의 순응	평가기준 불명확 – 집행현장에서의 적응성·문제해결력 중시 집행의 성공은 집행자가 주어진 여건에서 역할의 충실한 수행이라는 상황적 기준으로 파악 – 집행의 성공 요건 : 정책집행자의 역량과 재량
적용 상황	• 핵심정책이 있고 비교적 구조화된 상황에 적합. • 명확한 정책지침, 목표수정 필요성 낮음 • 정책관련자 간 정책내용에 대한 합의 • 기존 이론·기술이 확실 • 정책이 요구하는 변화의 범위가 좁음	• 핵심정책이 없고 독립된 다수 행위자가 개입하는 동태적 상황 • 신축적 정책지침, 목표수정 필요성 높음 • 정책관련자 간 정책내용에 대한 갈등 • 기존 이론·기술이 불확실 • 정책이 요구하는 변화의 범위가 넓음
이론배경	정치·행정2원론(정책결정과 정책집행 구분)	정치·행정1원론(정책결정과 정책집행 미구분)
합리성	완전한 합리성, 도구적 합리성(목표를 달성시키는 수단)	제한적 합리성, 절차적 합리성, 진화론적 합리성(환경에 적응)
Elmore	전방향적 집행(forward mapping)	후방향적 집행(backward mapping)
Berman	정형적 집행(programmed implementation)	적응적 집행(adaptive implementation)

9 조직구성 원리에 대한 설명으로 옳지 않은 것은?

① 분업의 원리 – 일은 가능한 한 세분해야 한다.

② 통솔범위의 원리 – 한 명의 상관이 감독하는 부하의 수는 상관의 통제능력 범위 내로 한정해야 한다.

③ 명령통일의 원리 – 여러 상관이 지시한 명령이 서로 다를 경우 내용이 통일될 때까지 명령을 따르지 않아야 한다.

④ 조정의 원리 – 권한 배분의 구조를 통해 분화된 활동들을 통합해야 한다.

Point

　③ 명령통일의 원리 : 조직구성원 누구나 한 사람의 상관에게 보고하며, 한 사람의 상관으로부터 명령을 받아야 한다는 원리

10 직업공무원제의 단점을 보완하는 것으로 옳지 않은 것은?

① 개방형 인사제도

② 계약제 임용제도

③ 계급정년제의 도입

④ 정치적 중립의 강화

Point

　④ 직업공무원제의 한계로서 관료특권화, 공직침체, 민주통제 곤란을 들 수 있고 이에 대한 극복방안으로서 고위직의 정치적 임용방식 활용을 통한 민주적 책임성 확보를 들 수 있다. 따라서 정치적 중립의 강화는 직업공무원제의 단점 보완과는 거리가 멀다.

〈직업공무원제의 위기와 극복방안〉

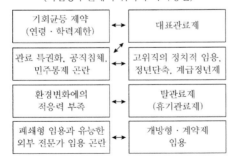

11 A 예산제도에서 강조하는 기능은?

> A 예산제도는 당시 미국의 국방장관이었던 맥나마라(McNamara)에 의해 국방부에 처음 도입되었고, 국방부의 성공적인 예산개혁에 공감한 존슨(Johnson) 대통령이 1965년에 전 연방정부에 도입하였다.

① 통제
② 관리
③ 기획
④ 감축

Point

계획예산제도(PPBS)의 연혁
㉠ 1954년 미국 공군성 랜드(RAND) 연구소에서 노빅(D. Novick)이 개발. 히치(C. Hitch)와 맥킨(R. McKean)은 국방예산에 대한 경제분석인 「핵시대의 국방경제학」에서 PPBS 채택을 국방성에 건의.
㉡ 1963년 케네디 정부 국방장관인 맥나마라(R. McNamara)가 육·해·공군 간 대립을 조정·해결하고 무기체계의 발전을 위해 국방부에 PPBS를 도입하여 육·해·공군성(부서) 간 구분(장벽)을 없애고 프로그램 중심으로 조직 전체적 관점에서 예산을 하향적으로 편성.
㉢ 1965년 존슨(Jhonson) 대통령에 의해 연방정부에 전면 도입했으나 별다른 성공은 거두지 못하고, 닉슨(Nixon) 정부에서 1971년 공식적으로 중단되었으나 PPBS의 많은 요소들은 광범위하게 사용되고 있음.

12 직위분류제의 단점은?

① 행정의 전문성 결여
② 조직 내 인력 배치의 신축성 부족
③ 계급 간 차별 심화
④ 직무경계의 불명확성

Point

①③④는 계층제의 단점이다.
② 직위분류제에서 동일 직렬에서의 승진이나 전보는 가능하나, 다른 직무로의 전직이 어렵기 때문에 인력배치의 탄력성과 신축성이 부족하다(인력활용의 수평적 융통성이 약함).
① 직위분류제는 동일 직렬에 따라 근무하는 것을 원칙으로 하므로 행정의 전문화에 기여한다.
③ 직위분류제는 직급·등급이 직무의 책임도·곤란도에 의해 구분되어 신분상 관계가 아닌 직무상 관계이므로, 상·하위직 간 계급의식이나 위화감이 적다.
④ 직위분류제는 횡적으로 직책의 한계와 종적으로의 지휘·감독관계가 분명하여 권한과 책임의 한계를 명확히 하므로 직무경계가 명확하고 행정활동의 중복과 갈등을 예방한다.

Answer 11.③ 12.②

13 행정통제의 유형 중 외부통제가 아닌 것은?

① 감사원의 직무감찰

② 의회의 국정감사

③ 법원의 행정명령 위법 여부 심사

④ 헌법재판소의 권한쟁의심판

① 감사원은 대통령 소속의 행정부기관으로서 감사원의 직무감찰은 내부 공식적 통제에 해당한다.

14 민간투자사업자가 사회기반시설 준공과 동시에 해당 시설 소유권을 정부로 이전하는 대신 시설관리운영권을 획득하고, 정부는 해당 시설을 임차 사용하여 약정기간 임대료를 민간에게 지급하는 방식은?

① BTO(Build-Transfer-Operate)

② BTL(Build-Transfer-Lease)

③ BOT(Build-Own-Transfer)

④ BOO(Build-Own-Operate)

• Build : 민간투자사업자가 사회기반시설 준공
• Transfer : 해당 시설 소유권을 정부로 이전
• Lease : 대신 시설관리운영권을 획득하고, 정부는 해당 시설을 임차 사용하여 약정기간 임대료를 민간에게 지급

Answer 13.① 14.②

15 정책평가의 논리에서 수단과 목표 간의 인과관계에 대한 설명으로 옳은 것만을 모두 고르면?

⊙ 정책목표의 달성이 정책수단의 실현에 선행해서 존재해야 한다.
ⓒ 특정 정책수단 실현과 정책목표 달성 간 관계를 설명하는 다른 요인이 배제되어야 한다.
ⓒ 정책수단의 변화 정도에 따라 정책목표의 달성 정도도 변해야 한다.

---

① ㉠

② ㉢

③ ㉠, ㉡

④ ㉡, ㉢

Point

정책수단: 원인변수·독립변수
정책목표: 결과변수·종속변수
※ 인과적 추론의 조건(J. S. Mill)

시간적 선행성 (선후성)	원인이 되는 사건·현상은 결과보다 시간적으로 먼저 발생해야 함.	상관관계 파악	내적 타당성은 세 조건이 모두 충족되어야 함
상시연결성 (연관성)·공변성	원인과 결과는 공동으로 변해야 함수		
경쟁가설의 배제 (비허위적 관계일 것)	결과는 원인에 의해서만 설명되어야 하며, 다른 변수(제3의 변수) 에 의한 설명 가능성은 배제되어야 함(경쟁가설 배제)	인과관계 파악	

㉠ 시간적 선행성 조건에 위배된다. 정책수단의 실현(원인변수)이 정책목표의 달성(결과변수)에 선행해서 존재해야 한다.
ⓒ 경쟁가설의 배제(비허위적 관계)로서 인과적 추론의 조건에 해당된다.
ⓒ 수단(원인)과 목표(결과) 모두 변화가 있어야 한다는 것으로 상시연결성(공변성) 조건에 해당한다.

16 비용·편익분석에 대한 설명으로 옳지 않은 것은?

① 분야가 다른 정책이나 프로그램은 비교할 수 없다.

② 정책대안의 비용과 편익을 모두 가시적인 화폐 가치로 바꾸어 측정한다.

③ 미래의 비용과 편익의 가치를 현재가치로 환산하는데 할인율(discount rate)을 적용한다.

④ 편익의 현재가치가 비용의 현재가치를 초과하면 순현재가치(NPV)는 0보다 크다.

Point

① 분야가 다른 정책이나 프로그램이라도 비용과 편익을 화폐가치라는 동일한 척도로 측정하여 비교할 수 있다(이종사업에도 적용 가능).

Answer 15.④ 16.①

17 정책결정 모형에 대한 설명으로 옳은 것만을 모두 고르면?

> ㉠ 만족 모형에서는 정책결정을 근본적 결정과 세부적 결정으로 구분한다.
>
> ㉡ 점증주의 모형은 현상유지를 옹호하므로 보수적이라는 비판을 받고 있다.
>
> ㉢ 쓰레기통 모형에서 의사결정의 4가지 요소는 문제, 해결책, 선택기회, 참여자이다.
>
> ㉣ 갈등의 준해결과 표준운영절차(SOP)의 활용은 최적모형의 특징이다.

① ㉠, ㉡   ② ㉠, ㉣

③ ㉡, ㉢   ④ ㉢, ㉣

㉠ 혼합탐사모형에서 정책결정을 근본적 결정과 세부적 결정으로 구분한다.
㉣ 갈등의 준해결과 SOP의 활용은 회사모형의 특징이다.

18 조세지출 예산제도에 대한 설명으로 옳지 않은 것은?

① 세제 지원을 통해 제공한 혜택을 예산지출로 인정하는 것이다.
② 예산지출이 직접적 예산 집행이라면 조세지출은 세제상의 혜택을 통한 간접지출의 성격을 띤다.
③ 직접 보조금과 대비해 눈에 보이지 않는 숨겨진 보조금이라고 이해할 수 있다.
④ 세금 자체를 부과하지 않는 비과세는 조세지출의 방법으로 볼 수 없다.

Point

④ 조세지출의 유형 : 조세감면 · 비과세 · 면세 · 소득공제 · 세액공제 · 우대세율적용 · 과세이연(課稅移延 ; 기업이나 개인의 자금 활용에 여유를 주기 위해 세금 납부 시점을 미뤄주는 것)

Answer 17.③ 18.④

19 유비쿼터스 전자정부에 대한 설명으로 옳은 것만을 모두 고르면?

> ㉠ 기술적으로 브로드밴드와 무선, 모바일 네트워크, 센싱, 칩 등을 기반으로 한다.
> ㉡ 서비스 전달 측면에서 지능적인 업무수행과 개개인의 수요에 맞는 맞춤형 서비스를 제공한다.
> ㉢ Any-time, Any-where, Any-device, Any-network, Any-service 환경에서 실현되는 정부를 지향한다.

① ㉠, ㉡

② ㉠, ㉢

③ ㉡, ㉢

④ ㉠, ㉡, ㉢

 Point

㉠ 전자정부가 초고속정보통신망, 네트워크, 인터넷 기술을 기반으로 하여 신속·투명한 행정서비스 제공을 목표로 했다면 유비쿼터스정부는 무선과 모바일 네트워크, 시맨틱 웹(Semantic Web), 주변 환경을 감지하는 센싱(sensing)기술, 칩(전자태그 예 RFID)기반 기술을 활용하여 개개인의 선호도·수요에 따라 개별화·지능화 된 실시간 맞춤형 행정서비스 제공을 목표로 한다.

㉡ 지능화와 고객맞춤형 서비스를 특징으로 한다.
• 지능화(Intelligence) : 사회 인프라에 센서나 태그를 이식해 이를 통해 공간 환경·사물·사람에 관한 상황 인식정보를 수집·공유하고 사물·컴퓨터가 직접 지능화된 서비스 제공. 사람이 개입하지 않아도 스스로 필요한 의사결정과 행동조치를 함
• 고객맞춤형(Uniqueness) : 개인별 요구사항·특성·선호도를 사전에 파악하여 맞춤형 서비스 제공.

㉢ 유비쿼터스의 5C와 5Any : 컴퓨팅(Computing), 커뮤니케이션(Communication), 콘텐츠(Contents), 접속(Connectivity), 조용함(Calm)
Any-time, Any-where, Any-network, Any-device, Any-service

Answer 19.④

595

20 민원행정의 성격에 대한 설명으로 옳은 것만을 모두 고르면?

> ㉠ 규정에 따라 서비스를 제공하는 전달적 행정이다.
> ㉡ 행정기관도 민원을 제기하는 주체가 될 수 있다.
> ㉢ 행정구제수단으로 볼 수 없다.

① ㉠   ② ㉢

③ ㉠, ㉡   ④ ㉡, ㉢

Point

㉠ 민원에 관한 주요 정책결정·기획이 아니라, 규정에 따라 서비스를 제공하는 전달적 행정이다.

㉡ 원칙적으로 행정기관에 민원을 제기할 수 있는 주체(민원인)는 행정 밖에 있는 고객(자연인이나 법인)이며 행정기관은 제외되지만, 예외적으로 행정기관도 사경제(私經濟)의 주체로서 제기하는 경우 민원인이 될 수 있다.

〈민원 처리에 관한 법률 제2조(정의)〉…"민원인"이란 행정기관에 민원을 제기하는 개인·법인 또는 단체를 말한다. 다만, 행정기관(사경제의 주체로서 제기하는 경우는 제외한다), 행정기관과 사법(私法)상 계약관계(민원과 직접 관련된 계약관계만 해당한다)에 있는 자, 성명·주소 등이 불명확한 자 등 대통령령으로 정하는 자는 제외한다.

㉢ 민원행정은 주로 행정기관에 대하여 일정한 어떤 행위를 요구하는 의사표시가 전제되고 이러한 의사표시의 내용 중에는 부당한 행정으로 인한 불이익을 시정하고자 하는 의사표시가 포함될 수 있기 때문에 매우 간편한 행정구제의 수단으로서의 기능을 수행한다.

※ 민원행정

① 민원행정: 국민이 행정기관에 특정한 행위를 요구하여 의사표시에 대응하는 활동을 의미하며 다양성·변동성, 처리·해결을 위한 재정지출 수반, 양적 팽창과 질적 복잡화, 고도의 전문성·기술성 필요 등의 특징을 지님

② 민원행정의 성격
  ㉠ 서비스 행정: 민원인이 제기한 요구나 문제를 처리함에 있어 공무원의 구체적인 행위가 요구되고 그들의 전문능력과 태도(친절성·신속성)가 서비스의 질을 결정
  ㉡ 고객의 관점에 부합: 불특정 다수의 주민(국민)을 상대로 하는 것이 아니라, 개개인의 특별한 요구에 개별적으로 대응한다는 점에서 고객의 관점에 부합
  ㉢ 대외·대민행정: 행정 밖에 있는 고객(자연인이나 법인)이 대상. 예외적으로 행정기관이 사경제주체로서 제기하는 경우에는 민원인이 될 수 있음
  ㉣ 전달적 행정: 민원에 관한 주요 정책결정·기획이 아니라, 규정에 따라 서비스를 제공하는 전달적 행정
  ㉤ 정치적 관심의 영역: 주민의 일상생활과 직결되며 광범위한 영역에 걸쳐 이루어지므로 유권자의 지지를 원하는 정치인에게 매우 중요

③ 민원행정의 기능
  ㉠ 행정통제 기능
  ㉡ 행정구제수단 기능
  ㉢ 행정에의 주민 참여 기능(국민이 참여하여 자신의 의견과 의사를 표출하는 행정행위에 동참)
  ㉣ 행정의 투명성·신뢰성 제고수단기능(국민과 정부 간의 대화를 위한 중요한 창구역할)

Answer 20.③

1 정치·행정 이원론에 대한 설명으로 옳은 것은?

① 정당정치의 개입으로부터 자유로운 행정 영역을 강조하였다.

② 1930년대 뉴딜정책은 정치·행정 이원론이 등장하게 된 중요 배경이다.

③ 과학적 관리론과 행정개혁운동은 정치·행정 이원론의 한계를 지적하였다.

④ 정치·행정 이원론을 대표하는 애플비(Appleby)는 정치와 행정이 단절적이라고 보았다.

① 정치·행정 이원론(행정관리론)은 엽관주의가 부정부패와 행정의 비전문성·비능률성을 초래함에 따라 행정에 대한 부당한 정치적 간섭의 배제(정치와 행정의 분리)와 행정의 독자성·전문성·능률성·기술성 확보를 주장하였다.

② 1930년대 뉴딜정책은 정치·행정 일원론(통치기능설)이 등장하게 된 중요 배경이다.

③ 과학적 관리론과 행정개혁운동(공직개혁으로서 진보주의 운동)은 정치행정이원론이 등장하게 된 배경이 되었다.

④ 정치·행정 일원론(통치기능설)을 대표하는 애플비(Appleby)는 정치와 행정은 단절적·배타적이기보다는 협조적이며 연속선상에 있다고 보았다.

2 무의사결정론에 대한 설명으로 옳지 않은 것은?

① 정치체제 내의 지배적 규범이나 절차가 강조되어 변화를 위한 주장은 통제된다고 본다.

② 엘리트들에게 안전한 이슈만이 논의되고 불리한 이슈는 거론조차 못하게 봉쇄된다고 한다.

③ 위협과 같은 폭력적 방법을 통해 특정한 이슈의 등장이 방해받기도 한다고 주장한다.

④ 조직의 주의집중력과 가용자원은 한계가 있어 일부 사회문제만이 정책의제로 선택된다고 주장한다.

④ 무의사결정론은 특정사회에서 지배엘리트는 그들의 이해관계와 일치되는 문제만 정책화하고(밝은 얼굴), 지배엘리트의 이익에 반하는 정책은 정책의제화 되지 못하게 방해·억압(어두운 얼굴. 무의사결정)하므로 일부 사회문제만 정책의제로 선택된다고 본다. 일부 사회문제만 정책의제로 선택되는 이유로 주의집중력의 한계를 드는 것은 H. Simon의 견해이며, 체제의 과부하를 막기 위해 환경에서의 투입요소를 체제의 능력범위 내로 선별 수용하면서 체제의 문지기(행정부 首班)가 선호하는 문제가 의제화된다는 것은 체제이론의 시각이다.

Answer 1.① 2.④

3 **우리나라 지방자치에 대한 설명으로 옳은 것은?**

① 자치사법권은 인정되고 있다.
② 지방자치단체의 예산안 편성권은 지방자치단체장에 속한다.
③ 자치입법권은 지방의회만이 행사할 수 있는 전속적 권한이다.
④ '세종특별자치시'와 제주특별자치도의 '제주시'는 기초자치단체로서 자치권을 가지고 있다.

> **Point**
> ② 지방자치단체의 장은 회계연도마다 예산안을 편성하여 시 · 도는 회계연도 시작 50일 전까지, 시 · 군 및 자치구는 회계연도 시작 40일 전까지 지방의회에 제출하여야 한다〈지방자치법 제127조(예산의 편성 및 의결) 제1항〉.
> ① 자치권에는 자치입법권, 자치재정권, 자치행정권, 자치사법권 등이 있으나 우리나라의 경우 자치사법권은 인정되지 않는다.
> ③ 자치입법권은 지방의회에 의한 조례제정권과 지방자치단체의 집행기관 장(자치단체장, 교육감)의 규칙제정권이 있다.
> ④ 세종특별자치시 · 제주특별자치도는 단층제로 운영되는 광역자치단체이며 자치권을 갖는다. 제주특별자치도의 제주시나 서귀포시는 지방자치단체가 아닌 행정시이며 자치권이 없다.

4 **프렌치와 레이븐(French & Raven)이 주장하는 권력의 원천에 대한 설명으로 옳지 않은 것은?**

① 합법적 권력은 권한과 유사하며 상사가 보유한 직위에 기반한다.
② 강압적 권력은 카리스마 개념과 유사하며 인간의 공포에 기반한다.
③ 전문적 권력은 조직 내 공식적 직위와 항상 일치하는 것은 아니다.
④ 준거적 권력은 자신보다 뛰어나다고 생각하는 사람을 닮고자 할 때 발생한다.

> **Point**
> ② 강압적 권력은 불복종시 발생할 부정적 결과나 처벌에 대한 두려움(공포)에 근거를 두지만, 카리스마 개념과 유사한 것은 준거적 권력이다.
> ※ 프렌치와 레이븐(J. French & B. Raven)의 권력 유형
>   ㉠ 직위권력
>   • 보상적[보수적](reward) 권력 : 타인이 가치 있다고 생각하는 보상을 줄 수 있는 능력에 근거를 둠(공리적 권위와 유사).
>   • 강요적[강압적](coercive) 권력 : 불복종시 발생할 부정적 결과나 처벌에 대한 두려움에 근거를 둠(강제적 권위와 유사).
>   • 합법적[정통적](legitimate) 권력 : 법 · 제도에 근거한 권력. 권력행사자가 정당한 권력을 행사할 수 있는 권리를 가지고 있다고 인정되는 경우 성립하며 '권한'이라고도 함(M. Weber의 합법적 권위와 유사). 상관이 보유한 직위에 기반을 두므로 지위가 높아질수록 커지며 조직에 의해 부여되고 보장됨. 기계적 조직에서는 엄격하며 유기적 조직일수록 불분명함.
>   ㉡ 개인권력
>   • 준거적(referent) 권력 : 복종자가 지배자와 일체감을 가지고, 자기의 행동모형을 권력행사자로부터 찾으려고 하는 역할모형화에 의한 권력으로 어떤 사람이 자신보다 월등하다고 느끼는 무언가의 매력이나 카리스마에 의한 권력. 일체감과 신뢰를 바탕으로 함(Simon의 신뢰의 권위와 일체화의 권위의 성격을 동시에 지니며, M. Weber의 카리스마적 권위와 유사).
>   • 전문가적(expert) 권력 : 전문적 지식 · 기술을 지닐 때 발생하는 권력. 직위나 직무를 초월해 누구나 행사할 수 있으므로 공식적 직위와 일치하지 않을 수도 있음(전문적 권위와 유사).

Answer   3.②   4.②

5 총체적 품질관리(Total Quality Management)에 대한 설명으로 옳은 것만을 모두 고르면?

> ㉠ 고객의 요구를 존중한다.
> ㉡ 무결점을 향한 지속적 개선을 중시한다.
> ㉢ 집권화된 기획과 사후적 통제를 강조한다.
> ㉣ 문제해결의 주된 방법은 집단적 노력에서 개인적 노력으로 옮아간다.

① ㉠, ㉡
② ㉠, ㉢
③ ㉡, ㉣
④ ㉢, ㉣

Point

㉠ 고객의 참여, 고객 만족, 고객의 선택, 고객에의 책임 등을 중시.

㉡ 서비스의 질은 고객만족에 초점을 두므로, 정태적이 아니라 계속 변동되는 목표이며, 산출이 아니라 투입과 과정의 계속적인 환류와 개선에 주력해야 한다고 보므로 결점이 없어질 때까지 개선활동을 반복한다.

㉢ 수평적 분권적 구조 중시, 사전적 품질관리 중시

㉣ 개인적 노력보다는 집단적 노력 · 팀워크 · 협력 중시

TQM의 특징	TQM의 특징이 아닌 것
사전적품질관리	사후적품질관리
서비스의 질적 수준 향상	서비스의 양적 수준 증대
수평적, 분권적 구조	수직적, 집권적 구조
협력	분업
집단적 노력 · 팀워크 · 협력 중시	개인적 개별적 노력 중시, 개인별 성과 측정
통계적 자료와 과학적 절차에 의한 의사결정	통계적 자료와 과학적 절차의 경시
고객위주의 행정 (Post-Fordism, 소비자 중심)	관중심 행정 (Fordism, 공급자 중심)
고객에 의한 서비스 품질 평가	전문가에 의한 서비스 품질평가
장기적, 거시적 안목	단기적, 미시적 안목
투입과 과정의 지속적 개선 · 환류(무결점주의)	결과나 산출에 초점, 일시적
무가치한 업무나 과오 · 낭비의 불허	기준을 초과하지 않는 한 낭비의 허용

Answer 5.①

6 직위분류제와 관련하여 다음 설명에 해당하는 것은?

> • 직무의 곤란성과 책임성을 기준으로 상대적 가치를 결정하는 것이다.
> • 서열법, 분류법, 점수법 등을 활용한다.
> • 개인에게 공정한 보수를 제공하는 데 필요한 작업이다.

① 직무조사　　　　　　　　　　　　　② 직무분석
③ 직무평가　　　　　　　　　　　　　④ 정급

직무평가의 내용이다. 직무의 책임도·곤란도에 따라 직급·등급을 결정하며 서열법, 분류법, 점수법, 요소비교법 등이 활용된다. 등급은 직무급 산정의 기준이 되므로 직무평가는 직무의 책임도·곤란도에 비례한 공정한 보수 제공에 필요한 작업이다.

※ 직위분류제 수립절차

사전준비	계획수립 및 분류담당자· 분류대상직위의 선정

↓

직무조사 (직무기술서 작성)	질문지법, 면접법, 관찰법 등에 의하여 분류될 직위의 직무에 대한 객관적 정보를 수집·기록(실제공무원의 직무 내용 조사·기술)

직무분석	직무기술서를 토대로 직무의 종류·성질에 따라 직류·직렬·직군별로 수직적·종적 분류구조 형성

↓

직무평가
• 직무의 책임도·곤란도에 따라 직급·등급별로 수평적·횡적 분류구조를 형성하는 것.
• 직무수행의 곤란성, 책임성, 복잡성, 자격요건 등의 차이를 기초로 하여 각 직위가 내포하고 있는 상대적 수준 또는 가치·비중에 따라 분류되며, 등급의 설정은 직무급 보수체계 확립의 중요한 기반이 됨.
• 직무평가 방법

특징		직무와 기준표 비교 (절대평가)	직무와 직무 비교 (상대평가)
비계량적(주관적) 방법	직무 전체파악	분류법(정부에서 주로 사용)	서열법
계량적(객관적) 방법	직무구성요소별 파악	점수법(사기업에서 주로 사용)	요소비교법

구분	기준	결정내용	분류구조	기초자료	목적
직무분석	직무의 종류와 성질	직군·직렬·직류별	수직적·종적 분류	직무기술서에 기초	직무 중심의 객관화·과학화·합리화
직무평가	직무의 책임도·곤란도	등급·직급별	수평적·횡적 분류	직무분석 자료에 기초	보수의 공정성·합리화

↓

직급명세서 작성	직급명세서란 ㉠ 직급명, ㉡ 직무내용(직무의 개요)과 직무수행의 예시, ㉢ 자격요건, ㉣ 보수액, ㉤ 채용방법 등 각 직급의 직급별 특징에 관하여 정의·설명한 것

정급	분류대상 직위들을 해당 직군·직렬·직류와 직급·등급에 배정

사후관리·수정	직위분류 실시에 따른 문제점을 발견하여 수정·보완

Answer 6.③

7 다음 설명에 해당하는 정책결정모형은?

> 지난 30년간 자료를 중심으로 전국의 자연재난 발생현황을 개략적으로 파악한 다음, 홍수와 지진 등 두 가지 이상의 재난이 한 해에 동시에 발생한 지역을 중심으로 다시 면밀하게 관찰하며 정책을 결정한다.

① 만족모형
② 점증모형
③ 최적모형
④ 혼합탐사모형

 Point

전국 – 개략적 / 일부 지역 – 면밀 관찰

위 단어로 추정하면 혼합탐사모형의 기본적 결정과 세부적 결정을 연관지을 수 있다. 혼합탐사모형은 의사결정의 계층성을 전제로 근본적 결정과 세부적 결정을 나누는 의사결정모형으로서 거시적이고 장기적인 안목에서 대안의 방향성을 탐색하는 한편(근본적 결정 : 모든 대안을 탐색하되 개략적 예측) 그 방향성 안에서 심층적이고 대안적인 변화를 시도(세부적 결정 : 소수 대안만을 대상으로 세밀한 예측)하는 것이 바람직하다고 본다.

※ 혼합탐사모형의 기본적(근본적) 결정과 세부적(부분적) 결정의 지속적 교호작용

구분	기본적 · 근본적 결정(Fundamental Decision)	세부적 · 부분적 결정(Bit Decision)
구분	세부결정을 위한 테두리나 맥락을 결정하는 행위 환경의 급변, 전체적 문제상황의 변화시 행함	기본적 결정의 구체화 · 집행 안정된 상황에서 단기적 변화에 대처
대안탐색 (고려할 대안의 수)	중요한 대안을 포괄적으로 모두 고려(포괄적 합리모형)	기본적 결정의 범위 내에서 소수의 대안만 고려(점증주의)
대안분석 (각 대안의 결과 예측)	대안들의 중요한 결과만을 개괄적으로 예측(합리모형의 엄밀성을 극복)	대안의 결과는 세밀하게 분석(포괄적 합리모형)

Answer 7.④

601

8 **예산의 집행에 대한 설명으로 옳은 것은?**

① 기획재정부장관은 각 중앙관서의 장에게 예산을 배정한 때에는 감사원에 통지하여야 한다.

② 기획재정부장관은 반기별 예산배정계획을 작성하여 국회의 심의를 받은 뒤에 예산을 배정한다.

③ 중앙관서의 장에게 자금을 사용할 수 있는 권한을 부여하는 것을 예산 재배정이라고 한다.

④ 기획재정부장관은 매년 2월 말까지 예산집행지침을 각 중앙관서의 장과 국회예산정책처에 통보하여야 한다.

⋅⋅⋅Point

② 반기별 ⇨ 분기별 / 국회의 심의를 받은 뒤에 ⇨ 국무회의 심의를 거친 후 대통령 승인을 얻어

※ 〈국가재정법 제43조(예산의 배정)〉
　⊙ 기획재정부장관은 제42조의 규정에 따른 예산배정요구서에 따라 분기별 예산배정계획을 작성하여 국무회의의 심의를 거친 후 대통령의 승인을 얻어야 한다.
　ⓒ 기획재정부장관은 각 중앙관서의 장에게 예산을 배정한 때에는 감사원에 통지하여야 한다.

③ 재배정이 아니라 배정이다.

기재부장관 → 중앙관서 장 → 재무관

	배정	재배정
	(분기별)	(월별or분기별)

예산 배정	기획재정부장관이 중앙관서의 장이 제출한 예산배정요구서에 따라 분기별 예산배정계획을 작성하여 국무회의 심의 후 대통령 승인을 얻어 각 중앙관서의 장에게 예산 배정. 예산배정은 지출원인행위를 할 수 있는 요건적 절차
예산 재배정	각 중앙관서의 장이 배정받은 범위 내에서 다시 산하 재무관(부속기관·하급기관)에게 월별 또는 분기별로 집행할 수 있는 예산액을 배정해 주는 것

④ 기획재정부장관은 매년 2월 말까지 예산집행지침을 각 중앙관서의 장에게 통보. 국회에는 통보 안 함.
　• 기획재정부장관은 예산집행의 효율성을 높이기 위하여 매년 예산집행에 관한 지침을 작성하여 각 중앙관서의 장에게 통보하여야 한다〈국가재정법 제44조(예산집행지침의 통보)〉.
　• 기획재정부장관은 법 제44조에 따른 예산집행지침을 매년 1월말까지 각 중앙관서의 장에게 통보하여야 한다〈동법 시행령 제18조(예산집행지침의 통보) 제1항〉.

예산편성지침	기재부장관이 국무회의의 심의를 거쳐 대통령의 승인을 얻은 다음 연도의 예산안편성지침을 매년 3월 31일까지 각 중앙관서의 장에게 통보	기재부장관이 각 중앙관서의 장에게 통보한 지침을 국회 예산결산특별위원회에 보고
예산집행지침	기재부장관이 예산집행의 효율성을 높이기 위하여 작성해 매년 1월말까지 각 중앙관서의 장에게 통보	

Answer 8.①

9 정책평가를 위한 측정도구의 타당성과 신뢰성에 대한 설명으로 옳지 않은 것은?

① 타당성은 없지만 신뢰성이 높은 측정도구가 있을 수 있다.

② 신뢰성이 없지만 타당성이 높은 측정도구는 있을 수 없다.

③ 신뢰성은 측정도구의 타당성을 담보할 수 있는 충분조건이다.

④ 타당성이 없는 측정도구는 제1종 오류를 범하는 원인이 될 수 있다.

 Point

타당성 : 측정의 정확성 / 신뢰성 : 측정의 일관성

① 측정의 정확성은 없지만 일관성은 있을 수 있음 <mark>예</mark> 체중 90kg인 사람이 체중계 측정시마다 60kg으로 나옴

② 측정의 일관성이 없으면 정확성 확보가 안 됨→신뢰성이 낮으면 타당성도 낮음(신뢰성은 타당성의 필요조건 – 타당성이 확보되려면 최소한 신뢰성은 전제되어야 함)

③ 측정의 일관성이 있어도 정확성까지 보장할 수는 없음. 타당성이 확보되려면 신뢰성이 전제되어야 하나 신뢰성이 확보되었다 해서 반드시 타당성이 확보되는 것은 아님. 신뢰성이 타당성의 충분조건은 아님

④ 정책평가의 타당성은 정책수단과 정책목표간 인과관계와 관련되며 타당성이 없는 측정도구는 인과관계 판단을 정확히 하지 못해 1종 오류(실제 효과가 없는 대안을 효과가 있다고 판단)나 2종 오류(실제 효과가 있는 대안을 효과가 없다고 판단)를 범하는 원인이 될 수 있다.

※ 신뢰도와 타당도

㉠ 신뢰성이 낮으면 타당성도 낮다. – C(신뢰성은 타당성의 필요조건 – 타당성이 확보되려면 최소한 신뢰성은 전제되어야 함).

㉡ 신뢰성이 높다고 항상 타당성이 높은 것은 아니다. – A, B(신뢰성은 타당성의 충분조건은 아님).

㉢ 타당성이 높으면 신뢰성도 높다. – A

㉣ 타당성이 낮다고 항상 신뢰성이 낮은 것은 아니다. – B, C

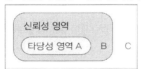

구분	A 영역	B 영역	C 영역
타당성	높음	낮음	낮음
신뢰성	높음	높음	낮음

10 공무원의 인사이동에 대한 설명으로 옳은 것은?

① 겸임은 한 사람에게 둘 이상의 직위를 부여하는 것으로 그 대상은 특정직 공무원이며, 겸임 기간은 3년 이내로 한다.

② 전직은 인사 관할을 달리하는 기관 사이의 수평적 인사이동에 해당하며, 예외적인 경우에만 전직시험을 거치도록 하고 있다.

③ 같은 직급 내에서 직위 등을 변경하는 전보는 수평적 인사이동에 해당하며, 전보의 오용과 남용을 방지하기 위해 전보가 제한되는 기간이나 범위를 두고 있다.

④ 예산 감소 등으로 직위가 폐지되어 하위 계급의 직위에 임용하려면 별도의 심사 절차를 거쳐야 하고, 강임된 공무원에게는 강임된 계급의 봉급이 지급된다.

 Point

③ • "전보(轉補)"란 같은 직급 내에서의 보직 변경 또는 고위공무원단 직위 간의 보직 변경(제4조 제2항에 따라 같은 조 제1항의 계급 구분을 적용하지 아니하는 공무원은 고위공무원단 직위와 대통령령으로 정하는 직위 간의 보직 변경을 포함한다)을 말한다〈국가공무원법 제5조〉.

• 임용권자 또는 임용제청권자는 소속 공무원을 해당 직위에 임용된 날부터 필수보직기간(휴직기간, 직위해제처분기간, 강등 및 정직 처분으로 인하여 직무에 종사하지 아니한 기간은 포함하지 아니한다. 이하 이 조에서 같다)이 지나야 다른 직위에 전보할 수 있다. 이 경우 필수보직기간은 3년으로 하되, 「정부조직법」 제2조 제3항 본문에 따라 실장·국장 밑에 두는 보조기관 또는 이에 상당하는 보좌기관인 직위에 보직된 3급 또는 4급 공무원과 고위공무원단 직위에 재직 중인 공무원의 필수보직기간은 2년으로 한다〈공무원임용령 제45조(필수보직기간의 준수 등) 제1항〉.

※ 배치전환(配置轉換) 제도

전직(轉職)	동일한 등급·계급 내에서 상이한 직렬로 수평 이동 – 원칙적으로 전직시험 필요(직위분류제적 요소).
전보(轉補)	① 동일 직급, 동일 직렬 내에서의 직위(보직)의 변경, 고위공무원단 직위 간 보직변경 – 시험 필요 없음. ② 필수보직기간(전보 제한 기간) : 3년으로 하되, 실장·국장 밑에 두는 보조기관 또는 이에 상당하는 보좌기관인 직위에 보직된 3급 또는 4급 공무원과 고위공무원단 직위에 재직 중인 공무원은 2년으로 함.
전입전출	인사 관할을 달리하는 국회·법원·헌법재판소·선거관리위원회 및 행정부 간 이동 – 전입시험 필요
파견근무	공무원의 소속을 바꾸지 않고, 일시적으로 타 기관이나 국가기관 이외의 기관, 단체에서 근무하게 하는 것.
겸임(兼任)	① 직무 내용이 유사하고 담당 직무수행에 지장이 없는 경우 한 공무원에게 둘 이상의 직위를 부여하는 것. ② 겸임기간은 2년 이내, 필요시 2년 범위에서 연장 가능.

① 겸임은 주로 일반직 공무원에 인정되나, 교육공무원법 상 특정직인 교육공무원에게도 인정되며 겸임기간은 2년 이내로 한다.

• 직위와 직무 내용이 유사하고 담당 직무 수행에 지장이 없다고 인정하면 대통령령등으로 정하는 바에 따라 일반직 공무원을 대학 교수 등 특정직공무원이나 특수 전문 분야의 일반직공무원 또는 대통령령으로 정하는 관련 교육·연구기관, 그 밖의 기관·단체의 임직원과 서로 겸임하게 할 수 있다〈국가공무원법 제32조의3(겸임)〉.

• 제2항에 따른 겸임기간은 2년 이내로 하며, 특히 필요한 경우 2년의 범위에서 연장할 수 있다〈공무원임용령 제40조(겸임) 제3항〉.

② 인사관할을 달리하는 기관 사이의 수평적 인사이동은 전입이며 원칙적으로 시험을 거쳐 임용한다.

전직은 직렬을 달리하는 임명이며, 원칙적으로 전직시험을 거쳐야 하며, 예외적으로 시험의 일부나 전부의 면제 가능

• 공무원을 전직 임용하려는 때에는 전직시험을 거쳐야 한다. 다만, 대통령령등으로 정하는 전직의 경우에는 시험의 일부나 전부를 면제할 수 있다〈국가공무원법 제28조의3(전직)〉.

• 국회, 법원, 헌법재판소, 선거관리위원회 및 행정부 상호 간에 다른 기관 소속 공무원을 전입하려는 때에는 시험을 거쳐 임용하여야 한다. 이 경우 임용 자격 요건 또는 승진소요최저연수·시험과목이 같을 때에는 대통령령등으로 정하는 바에 따라 그 시험의 일부나 전부를 면제할 수 있다〈국가공무원법 제28조의2(전입)〉

Answer 10.③

④ 강임은 별도의 심사절차를 걸쳐야 하는 것은 아니며, 강임된 사람에게는 강임된 봉급이 강임되기 전보다 많아지게 될 때까지는 강임되기 전의 봉급에 해당하는 금액을 지급.
  • 임용권자는 직제 또는 정원의 변경이나 예산의 감소 등으로 직위가 폐직되거나 하위의 직위로 변경되어 과원이 된 경우 또는 본인이 동의한 경우에는 소속 공무원을 강임할 수 있다〈국가공무원법 제73조의4(강임) 제1항〉.
  • 강임된 사람에게는 강임된 봉급이 강임되기 전보다 많아지게 될 때까지는 강임되기 전의 봉급에 해당하는 금액을 지급한다〈공무원보수규정 제6조(강임 시 등의 봉급 보전) 제1항〉.

11 조직 내 갈등에 대한 설명으로 옳지 않은 것은?

① 과업의 상호의존성이 높은 경우 잠재적 갈등이 야기될 수 있다.

② 고전적 관점에서 갈등은 조직 효과성에 부정적인 영향을 끼친다고 가정한다.

③ 의사소통 과정에서 충분한 양의 정보도 갈등을 유발하는 경우가 있다.

④ 진행단계별로 분류할 때 지각된 갈등은 갈등이 야기될 수 있는 상황 또는 조건을 의미한다.

① 과업의 상호의존성(interdependence)은 둘 이상의 집단이 목표달성 행동에 있어서 상호간에 협조·정보제공·동조 또는 협력행동을 필요로 하는 정도이며 상호의존성이 높을수록 갈등이 야기될 수 있는 상황이나 조건(잠재적 갈등)이 될 가능성이 높아진다.

② 갈등 유발(조장)전략의 하나로 의사전달과정에서 정보전달의 통제(정보량 조절 ; 정보전달 억제나 과잉노출)를 들 수 있다. 이는 모든 의사전달을 무비판적으로 받아들이는 무관심 상태를 타파하고, 조직구성원의 정체된 행태를 활성화하며 창의성·자율성을 일깨울 수 있다.

③ 갈등에 대한 고전적 관점, 전통적(traditional) 견해는 갈등 유해론적 시각에서 모든 갈등은 제거대상이며 직무의 명확한 규정 등을 통해 갈등을 제거할 수 있다고 봄.

④ 폰디(L. R. Pondy)의 5단계 갈등모형에 따르면 잠재적 갈등이 갈등이 야기될 수 있는 상황 또는 조건이며 지각된 갈등은 당사자들이 갈등의 잠재성을 알게 된 상태이다.

잠재 단계 (latent stage)	갈등의 선행조건(갈등을 내재한 여러 조건). 갈등이 야기될 수 있는 상황 또는 조건	개 2마리, 개껌은 1개만 제공
지각된(인지된) 단계 (perceived stage)	갈등을 인식(당사자가 갈등의 잠재성을 알게 됨)	개 2마리가 개껌 때문에 문제 생길 것을 인식
감정적(느낀) 단계 (felt stage)	적의(敵意)·적대감정 형성	상대 개를 제압해야 한다는 생각을 함
명백한(표면화·顯在化) 단계 (manifest conflict)	적대적인 행동. 실제로 갈등행동 발생	개싸움. 개껌 쟁탈전
갈등의 여파 (conflict aftermath)	조직이 갈등에 대응한 후 남는 조건 또는 상황. 그 이후의 갈등에 영향을 줌	견주가 1개 더 가져와 1개씩 분배

Answer 11.④

12 **예산제도에 대한 설명으로 옳지 않은 것은?**

① 품목별 예산제도는 일에 대한 정보를 제공하며, 세입과 세출의 유기적 연계를 고려한다.

② 성과주의 예산제도는 업무량과 단위당 원가를 곱하여 예산액을 산정한다.

③ 계획예산제도는 비용편익분석 등을 활용함으로써 자원 배분의 합리화를 추구한다.

④ 영기준 예산제도는 예산 편성에서 의사결정단위(decision unit) 설정, 의사결정 패키지 작성 등이 필요하다.

① 품목별 예산제도는 예산을 투입요소인 지출대상(품목)별(인건비, 소모품비, 출장비 등)로 분류하여, 지출대상과 그 비용 한계를 명확히 규정하는 통제지향적·투입지향적 예산제도이다. 무엇(what?)을 구매하는지 알 수 있지만, 왜(why?) 구매하는지 알 수 없으므로(투입과 산출의 연계 부족), 일에 대한 정보를 제공할 수 없고, 세입과 세출의 유기적 연계를 고려하지 못한다.

13 **행정학의 접근 방법에 대한 설명으로 옳은 것은?**

① 법적·제도적 접근 방법은 개인이나 집단의 속성과 행태를 행정 현상의 설명변수로 규정한다.

② 신제도주의 접근 방법에서는 제도를 공식적인 구조나 조직 등에 한정하지 않고, 비공식적인 규범 등도 포함한다.

③ 후기 행태주의 접근 방법은 행정을 자연·문화적 환경과 관련하여 이해하면서 행정체제의 개방성을 강조한다.

④ 툴민(Toulmin)의 논변적 접근 방법은 환경을 포함하여 거시적인 관점에서 행정 현상을 분석하고, 확실성을 지닌 법칙 발견을 강조한다.

Point

① 법적·제도적 접근 방법은 헌법이나 법률에 근거한 각종 제도·기관·직제 등을 연구하는 이론으로 개인이나 집단의 속성과 행태를 고려하지 못한다.

③ 생태론에 대한 설명이다.

④ 논변적 접근방법은 자연현상의 법칙성을 연구하는 과학과는 달리 행정현상과 같은 가치측면의 규범성을 연구할 때는 결정에 대한 주장의 정당성을 갖추는 것이 중요하다고 보고 행정에서 진정한 가치는 자신들의 주장에 대한 논리성을 점검하고 상호 타협과 합의를 도출하는 민주적 절차에 있다고 본다.

Answer 12.① 13.②

14 단체위임사무와 기관위임사무에 대한 설명으로 옳지 않은 것은?

① 지방의회는 기관위임사무에 대해 조례제정권을 행사할 수 없다.

② 보건소의 운영업무와 병역자원의 관리업무는 대표적인 기관위임사무이다.

③ 중앙정부는 단체위임사무에 대해 사전적 통제보다 사후적 통제를 주로 한다.

④ 기관위임사무의 처리를 위한 비용은 국가가 부담한다.

Point

② 보건소의 운영업무는 단체위임사무이지만 병역자원의 관리업무는 기관위임사무이다.

구분	자치사무 (고유사무)	단체위임사무	기관위임사무
의의	주민의 복리증진과 지방자치단체 존립과 관련된 본래적 사무	국가나 상급자치단체가 지방자치단체에게 개별 법령에 의해 위임한 사무	국가나 상급자치단체가 포괄적 법령 근거에 의해 지방자치단체의 집행기관에게 위임한 사무
사무 성질	지방적 이해를 갖는 사무	지방적＋전국적 이해관계	전국적 이해관계
사무 처리 주체	지방자치단체	지방자치단체	지방자치단체장(일선기관의 지위)
결정 주체	지방의회	지방의회	국가(집행기관에 위임)
지방 의회의 관여	가능	가능	불가능(단, 경비 부담시 관여 가능)
자치 입법	조례, 규칙	조례, 규칙	규칙(조례 불가)
경비 부담	지방자치단체가 부담 국가보조금은 장려적 보조금	위임기관과 지방자치단체 공동부담 국고보조금은 부담금(일정 비율 분담)	전액 위임기관이 부담 국고보조금은 교부금(전액 부담)
배상 책임	지방 책임	국가·지방 공동책임	국가 책임
국가의 감독	합법성 통제 사후·교정적 감독	합법성＋합목적성 통제 사후·교정적 감독	합법성＋합목적성 통제 사후·교정적＋사전·예방적 감독
예	지역소방, 상하수도, 오물처리 및 청소, 시장·병원·공원·도서관·운동장 설치, 초등학교교육, 학교급식, 도시계획, 도서관, 지방세 부과·징수 등	보건소 운영, 시·군의 도세 징수, 시·도의 국세징수, 도의 국도 유지·수선, 광역자치단체의 하천 보수·유지, 국유하천 점유료 및 사용료 징수, 국민기초생활보장사무, 전염병예방접종, 재해구호 등	경찰, 징병, 민방위, 선거, 인구조사, 경제통계, 농업개발, 상공업 및 수산업 진흥업무, 공유수면매립면허, 지적, 국세조사, 병역자원관리 등

Answer 14.②

15 공리주의적 관점에서 공익을 설명한 것으로 옳은 것만을 모두 고르면?

> ⊙ 사회 전체의 효용이 증가하면 공익이 향상된다.
>
> ⓒ 목적론적 윤리론을 따르고 있다.
>
> ⓒ 효율성(efficiency)보다는 합법성(legitimacy)이 윤리적 행정의 판단기준이다.

① ⊙

② ⓒ

③ ⊙, ⓒ

④ ⓒ, ⓒ

 Point

⊙ 공리주의는 공익에 관한 실체설과 관련되며, 공익을 사회전체 효용의 극대화로 본다. 사회구성원의 효용을 계산한 다음 전 구성원의 총 효용을 극대화함으로써 공익에 도달할 수 있다고 본다. 따라서 개인 간 분배의 공평(배분적 정의)은 고려되지 않는다.(📝 사회 구성원 이 A, B 두 명뿐일 때 A의 효용 100, B의 효용 0인 정책(총합 100)이 A의 효용 45, B의 효용 45인 정책(총합 90)보다 공익에 합치)

ⓒ 최대다수의 최대행복을 추구하는 공리주의는 결과를 중시하는 목적론적 윤리론을 따른다.

※ 가치에 대한 상대론(목적론)과 절대론(의무론)

목적론(상대론)적 가치론 (결과주의)	의무론(절대론)적 가치론 (=법칙론)
• 보편적 가치판단기준은 존재하지 않는다고 봄 • 목적 · 좋음(good)에 초점	• 결과에 관계없이 옳고 그름을 판단하는 보편적 기준이 선험적으로 존재함(상황을 초월한 근본적 · 절대적 행동기준에 관심) • 의무 · 옳음(right)의 내용에 초점
• 행위의 '결과'를 기준으로 옳고 그름을 판단	• 행위 자체의 '이유'를 기준으로 옳고 그름을 판단
• 최선의 결과를 가져오는 행위가 좋음	• 일정한 도덕적 의무나 법칙에 일치하는 행위가 옳음
• 공리주의(최대 다수의 최대 행복 추구), 쾌락주의, 마르크스주의	• 사회적 정의나 형평성 칸트(I. Kant), 롤스(J. Rawls)의 정의론

ⓒ 공리주의는 도덕적 의무나 법칙보다는 최선의 결과를 가져오는 행위를 강조하므로 형평성 · 합법성보다는 효율성이나 성과 등 결과적 가치를 강조한다.

Answer 15.③

16 책임운영기관에 대한 설명으로 옳지 않은 것은?

① 기관장에게 기관 운영의 자율성을 보장하고, 기관 운영 성과에 대해 책임을 지도록 한다.

② 공공성이 크기 때문에 민영화하기 어려운 업무를 정부가 직접 수행하기 위해 고안된 것이다.

③ 객관적이고 신뢰할 수 있는 성과평가 시스템 구축은 책임운영기관의 성공 여부를 결정짓는 요건 중의 하나이다.

④ 1970년대 영국에서 집행기관(executive agency)이라는 이름으로 처음 도입되었고, 우리나라는 1990년부터 운영하고 있다.

Point

① 정부가 수행하는 사무 중 공공성을 유지하면서도 경쟁 원리에 따라 운영하는 것이 바람직하거나 전문성이 있어 성과관리를 강화할 필요가 있는 사무에 대하여 책임운영기관의 장에게 행정 및 재정상의 자율성을 부여하고 그 운영 성과에 대하여 책임을 지도록 하는 행정기관.

② 대국민 서비스 기능 중 사업성은 강하나 공공성이 커서 조기에 민영화하기 어려운 기관에 적용된다.
┌ 공공성 요청 < 효율성 요청 → 민영화
└ 공공성 요청 > 효율성 요청 → 책임운영기관(공공성과 효율성 고려)

③ 운영 성과에 대하여 책임을 강조하므로 성과측정기준의 개발과 성과의 객관적 측정이 가능해야 한다.

④ 1988년 영국에서 집행기관(executive agency)이라는 이름으로 처음 도입.
우리나라는 1999년 관련 법률 제정, 2000년부터 설치·운영.

※ 책임운영기관 설치 사례

외국사례	① Executive Agency : 최초로 영국 Next Steps Program에 따라 1988년 지정. 정부조직으로 설치(hive-in 방식) ② Crown Entity(독립사업기관 ; 뉴질랜드 1988, hive-out 방식인 준정부조직 형태로 도입) ③ Statutory Authority(호주, 1988) ④ Special Operating Agency(특별운영기관 ; 캐나다 1990) ⑤ Performance Based Organization(PBO ; 성과기반조직, 미국 1995년 NPR에서 건의 후 1998년 설치) ⑥ 독립행정법인(일본, 1997)
우리나라	1999년(김대중 정부) 「책임운영기관의 설치·운영에 관한 법률」 제정. 2000년부터 설치.

Answer 16.④

17 정책변동에 대한 설명으로 옳지 않은 것은?

① 킹던(Kingdon)의 정책흐름이론에 따르면 정책변동은 정책문제의 흐름, 정치의 흐름, 정책대안의 흐름이 결합하여 이루어진다.

② 무치아로니(Mucciaroni)의 이익집단 위상변동모형에서 이슈맥락은 환경적 요인과 같이 정책의 유지 혹은 변동에 영향을 미치는 정책요인을 말한다.

③ 실질적인 정책내용이 변하더라도 정책목표가 변하지 않는다면 이를 정책유지라 한다.

④ 정책목표를 달성하기 위한 전반적인 정책수단을 소멸시키고 이를 대체할 다른 정책을 마련하지 않는 것을 정책종결이라 한다.

Point

① 킹던(Kingdon)의 정책흐름이론에 따르면 문제흐름(problem stream), 정치흐름(political stream), 정책흐름(policy stream)이 상호 독립적으로 방만하게 흘러 다니다가 일정한 상황에서 만날 때(coupling) 우연히 정책으로 채택됨(정책의 창이 열림)

② 이익집단 위상변동 모형(Interest Group Standing Change Framework)-무치아로니(G. Mucciaroni) : 이슈맥락과 제도적 맥락의 변화로 사적 이익을 추구하는 이익집단의 위상이 바뀌면 정책의 내용도 변동될 수 있음

  ㉠ 이슈맥락 : 정치체제 외부의 상황적 요소로서 특정 이익집단의 이익이나 주장을 옹호하는가, 반대하는가의 여부

  ㉡ 제도적 맥락 : 대통령 · 의회지도자 등 정치체제 구성원들이 특정한 정책이 산업에 대하여 지니고 있는 선호나 행태가 특정 이익집단의 이익과 주장에 대해 호의적인지 여부. 이슈맥락보다 중요

이슈 맥락	→	정책변동	→	이익집단 위상변동
제도적 맥락	→			

구 분		제도적 맥락(더 중요)	
		유리	불리
이슈 맥락	유리	위상 상승 (fortunes rose)	위상 저하 (fortunes contained)
	불리	위상 유지 (fortunes maintained)	위상 쇠락 (fortunes declined)
2개의 맥락이 특정 이익집단에게	모두 유리	이익집단에게 유리한 정책이 유지되거나 불리한 정책이 유리하게 변동 → 이익집단의 위상 상승	
	모두 불리	이익집단에 유리한 정책이 사라지거나 불리하게 변동 → 이익집단의 위상 쇠락	
2개의 맥락이 서로 다른 방향으로 작용할 때		제도적 맥락에 크게 영향 받음(이슈맥락이 유리해도 제도적 맥락이 불리할 때는 정책이 불리하게 돌아가며, 이슈맥락이 불리해도 제도적 맥락이 유리하면 정책이 불리해지지 않음)	

③ 정책목표가 변하지 않지만 실질적인 정책내용이 변하는 것은 정책승계이다. 정책유지의 경우 정책목표나 실질적인 정책내용의 변화는 없다.

• 정책유지(maintenance) : 기존 정책의 기본 성격 유지. 기존 정책의 내용 · 담당조직 · 예산의 기본골격을 유지하며 약간씩만 수정 · 변경. 기존 정책을 새로운 정책으로 대체하는 것이 아니라 본래의 정책목표를 달성하기 위하여 프로그램의 산출이나 정책수단의 일부나 집행절차를 조정 하는 수준.(🔢 정책수혜 대상자의 수나 수혜액, 수혜자의 자격 등 조정)

• 정책승계(succession) : 기존 정책의 목표는 유지하되 의도적으로 정책의 기본 성격을 바꿈. 정책의 근본적 수정을 필요로 하는 경우로 정책내용, 담당조직, 예산항목 등을 대폭 수정 · 변경거나 이들을 모두 없애고 새로운 정책으로 대체하는 것. 신 · 구 정책 간 상당한 연계성 · 중첩성 있으며 기존 정책을 수정 · 조정하는 것임. 정책목표는 변화하지 않는 점은 정책유지와 유사하나 정책승계는 정책수단인 사업, 담당조직, 예산항목 등에서 중대한 변화가 나타난다는 점에서 정책유지와는 다름

Answer 17.③

정책유지	목표 유지 🖾 청년실업 해결	적응적(adaptive) 변화	소폭 변경(산출이나 정책수단 일부 조정), 기본적 성격 유지 🖾 청년인턴제 대상 기업 및 지원금액 조정
정책승계		의도적(purposive) 변경	대폭 변경(수단 자체의 변경 포함), 기본적 성격 변화 🖾 청년인턴제를 폐지하고 청년실업자 구직촉진수당제로 전환

④ 정책종결 : 정부가 개입을 전면 중단하고 의도적으로 기존 정책 및 정책 관련 조직·예산·법령을 폐지고, 다른 정책으로 대체되지 않는 것

🖾 정책승계 중 선형승계 : 정책목표를 변경시키지 않는 범위 내에서 기존 정책을 없애고, 완전히 새로운 내용의 정책으로 대체

18 우리나라 인사제도에 대한 설명으로 옳지 않은 것은?

① 인사혁신처는 비독립형 단독제 형태의 중앙인사기관이다.

② 전문경력관이란 직무 분야가 특수한 직위에 임용되는 일반직 공무원을 말한다.

③ 별정직 공무원의 근무상한연령은 65세이며, 일반임기제 공무원으로 채용할 수 있다.

④ 각 부처의 고위공무원을 범정부적 차원에서 효율적으로 관리하고자 고위공무원단 제도를 운영하고 있다.

① 대통령 소속(비독립), 인사혁신처장(단독제)

② 전문경력관 : 계급 구분과 직군·직렬의 분류를 적용하지 않을 수 있는 일반직공무원으로서 특수 업무에 종사하는 공무원. 소속 장관은 해당 기관의 일반직공무원 직위 중 순환보직이 곤란하거나 장기 재직 등이 필요한 특수 업무 분야의 직위를 인사혁신처장과 협의하여 전문경력관직위로 지정 가능

③ 별정직 공무원의 근무상한연령 : 2009년 원칙적으로 60세로 통일

일반임기제공무원 : 직제 등 법령에 규정된 경력직공무원의 정원에 해당하는 직위에 임용되는 임기제공무원

④ 〈국가공무원법 제2조의2(고위공무원단) 제1항〉 국가의 고위공무원을 범정부적 차원에서 효율적으로 인사관리하여 정부의 경쟁력을 높이기 위하여 고위공무원단을 구성한다.

Answer 18.③

19 정책변수에 대한 설명으로 옳은 것만을 모두 고르면?

> ⊙ 매개변수 – 독립변수의 원인인 동시에 종속변수의 원인이 되는 제3의 변수
>
> ⓒ 조절변수 – 독립변수와 종속변수 간에 상호작용 효과를 나타나게 하는 제3의 변수
>
> ⓒ 억제변수 – 독립변수와 종속변수 간에 상관관계가 없는데도 있는 것으로 나타나게 하는 제3의 변수
>
> ⓔ 허위변수 – 독립변수와 종속변수 모두에게 영향을 미치며 이들 사이의 공동변화를 설명하는 제3의 변수

① ⊙, ⓒ

② ⊙, ⓔ

③ ⓒ, ⓒ

④ ⓒ, ⓔ

Point

ⓒ 매개변수 : 독립변수와 종속변수의 사이에서 독립변수의 결과인 동시에 종속변수의 원인이 되는 변수

ⓒ 조절변수 : 독립변수와 종속변수 사이에서 제2의 독립변수. 두 변수 간 관계(상호작용효과)를 강화시키거나 약화시킴

　　例 다이어트 요법 A, B(독립변수)의 체중감소효과(종속변수) 측정시 효과 동일

　　　다이어트 요법 A, B에 각각 운동요법 결합시 체중감소효과가 A보다 B가 큰 경우 운동요법은 조절변수

ⓒ 허위변수에 대한 설명

ⓔ 허위변수는 독립변수와 종속변수가 실제 관계가 없는 데도 두 변수에 영향을 미쳐 관계가 있는 것처럼 보이게 하는 변수이다. 독립변수와 종속변수에 영향을 미치며 이들 간 공동변화를 모두 설명한다.

• X : 독립변수
• Y : 종속변수
• Z : 제3의 변수

허위변수		혼란변수	
X와 Y 두 변수에 영향을 미치며, 이들 간 공동변화를 모두 설명하는 변수	X　　Y ⓒ↖　↗ⓒ Z	X와 Y 두 변수에 영향을 미치지만, 이들 간 공동변화를 모두 설명하지는 못하는 변수	X —ⓒ→ Y ⓒ↖　↗ⓒ Z
例 까마귀 날자(독립변수) 배 떨어짐(종속변수). 까마귀는 날면서 배나무에 아무 영향을 주지 않고 날아감(허위상관). 아래서 배나무를 흔든 사람(허위변수)이 있었음 • 공동변화 설명 ⓒ 나무를 흔들어서 까마귀 날아갔다. ⓒ 나무를 흔들어거 배가 떨어졌다.		例 배나무 흔들어서 까마귀도 날아가고 배도 떨어짐. 이번에는 까마귀가 배나무를 세차게 건들면서 날아감. 배가 떨어진 요인에 나무를 흔든 것과 까마귀가 건든 것이 작용 • 공동변화를 모두 설명하지는 못함 ⓒ 나무를 흔들어서 까마귀 날아갔다. ⓒ 나무를 흔들어서 배가 떨어졌다. ⓒ 까마귀가 건들어서 배가 떨어지는 데 어느 정도 작용한 지는 설명 곤란	

Answer 19.④

※ 정책평가시 인과적 추론을 어렵게 만드는 제3의 변수

- X : 독립변수(independent variable)
- Y : 종속변수(dependent variable)
- Z : 제3의 변수

* 독립변수는 정책수단, 종속변수는 정책효과에 해당

X·········Y ↖ ↗ Z 독립변수와 종속변수에 모두 영향	허위 변수	독립변수와 종속변수가 실제 관계가 없는 데도(또는 통계적 상관관계만 있는데도) 관계가 있는 것처럼 보이게 하는 변수
	억제 변수	독립변수와 종속변수가 상관관계가 있는 데도 없는 것으로 보이게 하는 변수(사실적 상관관계를 약화·소멸시킴)
	왜곡 변수	독립변수와 종속변수 간 사실상의 관계를 정반대의 관계로 나타나게 하는 변수
	혼란 변수	독립변수와 종속변수가 상관관계가 있는 상황에서 양 변수에 영향을 주어 관계를 과대 또는 과소 평가하게 만드는 변수(교란변수)
X → Y ↑ Z	조절 변수	독립변수와 종속변수 사이에서 제2의 독립변수. 두 변수 간 관계(상호작용효과)를 강화시키거나 약화시킴 예 다이어트 요법 A, B(독립변수)의 체중감소효과(종속변수) 측정시 효과 동일 　다이어트 요법 A, B에 각각 운동요법 결합시 체중감소효과가 A보다 B가 큰 경우 운동요법은 조절변수
X Z Y	매개 변수	독립변수와 종속변수의 사이에서 독립변수의 결과인 동시에 종속변수의 원인이 되는 변수 ㉠ 집행변수 : 정책이나 프로그램의 내용을 실행해 옮기는 데 채택된 구체적 행정적 전략 ㉡ 교량변수 : 정책목적의 달성에 앞서 나타나야 할 일종의 중간 결과
Z X Y	선행 변수	인과관계에서 독립변수에 앞서면서 독립변수에 대해 유효한 영향력 행사하는 변수 * 선행변수가 의미를 가지려면 ㉠ 선행변수, 독립변수, 종속변수가 상호관련이 있고, ㉡ 선행변수를 통제할 때 독립변수와 종속변수 간 관계가 사라지면 안 되며, ㉢ 독립변수를 통제할 때 선행변수와 종속변수와의 관계가 사라져야 한다.

20 세계잉여금에 대한 설명으로 옳은 것만을 모두 고르면?

> ㉠ 일반회계, 특별회계가 포함되고 기금은 제외된다.
> ㉡ 적자 국채 발행 규모와 부(−)의 관계이며, 국가의 재정 건전성을 파악하는데 효과적이다.
> ㉢ 결산의 결과 발생한 세계잉여금은 전액 추가경정예산에 편성하여야 한다.

① ㉠   ② ㉢
③ ㉠, ㉡   ④ ㉡, ㉢

㉠ 세계잉여금은 예산집행 결과 세출예산을 초과한 세입과 세출불용액을 합한 금액을 지칭하므로 일반회계외 특별회계는 포함되나 기금은 제외된다.

㉡ 적자 국채 발행 규모와 반드시 부(−)의 관계(역의 관계)인 것은 아니다. 세계잉여금은 사용우선순위가 정해져 있고, 세계잉여금이 증가해도 긴급한 재정수요가 발생하면 적자국채 발행규모도 늘어날 수 있다 따라서 세계잉여금만으로 국가의 재정건전성을 파악할 수는 없다.

㉢ 세계잉여금(세계순잉여금을 의미함)의 사용 우선순위

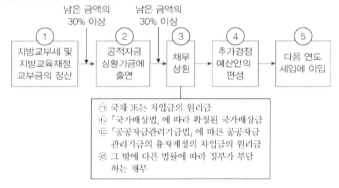

M · E · M · O

M · E · M · O

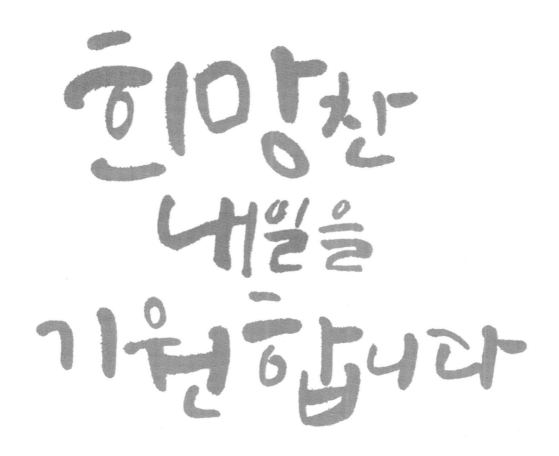

수험서 전문출판사 서원각

목표를 위해 나아가는 수험생 여러분을 성심껏 돕기 위해서 서원각에서는 최고의 수
험서 개발에 심혈을 기울이고 있습 니다. 희망찬 미래를 위해서 노력하는 모든 수험
생 여러분을 응원합니다.

공무원 대비서   취업 대비서   군 관련 시리즈   자격증 시리즈   동영상 강의

수험서 BEST SELLER

공무원

9급 공무원 파워특강 시리즈

국어, 영어, 한국사, 행정법총론, 행정학개론,
교육학개론, 사회복지학개론, 국제법개론

5, 6개년 기출문제

영어, 한국사, 행정법총론, 행정학개론, 회계학
교육학개론, 사회복지학개론, 사회, 수학, 과학

10개년 기출문제

국어, 영어, 한국사, 행정법총론, 행정학개론,
교육학개론, 사회복지학개론, 사회

소방공무원

필수과목, 소방학개론, 소방관계법규,
인ㆍ적성검사, 생활영어 등

자격증

사회조사분석사 2급 1차 필기

생활정보탐정사

청소년상담사 3급(자격증 한 번에 따기)

임상심리사 2급 기출문제

NCS기본서

공공기관 통합채용